教育部人文社会科学重点研究基地北京师范大学史学理论与史学史研究中心重大项目

·白话本·

资治通鉴

（全十册）

第二册

卷第三十至卷第五十九（汉纪二十二至汉纪五十一）

（宋）司马光　编著
张大可　语译

创于1897
商务印书馆
The Commercial Press

第二册目录

资治通鉴（白话本） 卷第三十

汉纪二十二

汉成帝建始元年至阳朔二年（公元前32—前23）

【起屠维赤奋若（己丑，公元前32年），尽著雍阉茂（戊戌，公元前23年），凡十年】

【大事提要】

本卷记事起公元前32年，讫公元前23年，凡十年，当汉成帝建始元年至阳朔二年。汉成帝是西汉第九位国君，在位二十六年。本卷载述汉成帝前期十年的治国情况。汉成帝是典型的昏庸之君，比汉元帝还要糊涂，还要窝囊，完全被掌控在外戚大将军王凤手中。西汉政治大滑坡，政权逐渐转移到外戚王氏之手，最终王莽代汉，就是成帝为其奠定的基础。成帝河平二年六月在一天之中同时册封五位舅舅王谭、王商、王立、王根、王逢时为列侯，世谓之“五侯”。这一非常事件，打破了开国皇帝刘邦与大臣约定的不是刘姓皇室的外姓“非有功不得封侯”的基本国策，开启了外戚靠裙带可以封侯的制度，如此纵容王凤肆无忌惮的专权，外戚日进、皇室日退的局面基本形成。汉成帝政治上无所作为，自然灾害也频繁发生。黄河两次决堤，第一次在建始四年（前29），河决东郡金堤，淹没四郡，三十二县，毁坏村落房屋四万余所，冲毁耕地十五万余顷，民众死亡无数。第二次在河平三年（前26），河决平原郡，淹没两郡，灾害造成的损失是上一次的一半。丞相匡衡反对加固河堤，因此两次决口，造成大灾害，政府不作为占了主要因素。大雨、冰雹、山崩、地震不绝于书。成帝也做了几件好事，斥逐宦官石显，节省皇室开支，以至于许皇后提出了抗议，赈灾、减税，其中人头税减收三分之一，原税一百二十文，减收四十文，大规模整理图书，多次下诏求言。国境四邻尚称安静，不接受匈奴使者的诈降，羁縻西域罽宾，用能吏安抚西南夷，决策正确，成帝尚有英明的一面。可惜成帝生性懦弱、愚孝，在太皇太后王政君和大舅王凤的挟制下，丧失了一切的个人决断，一次又一次地斥逐贤良大臣，丞相王商，京兆尹王尊、王章都蒙冤而死，而心知刘向忠诚却不敢任用。汉成帝违心屈从大将军王凤，丢失了皇帝的威严，令人叹息。

孝成皇帝上之上

汉成帝建始元年（己丑，公元前32年）

春季，正月初一日乙丑，汉宣帝的父亲悼考庙发生火灾。

石显调任长信宫的中太仆，年俸为中二千石。石显已经失去了汉元帝这个依靠，离开了掌握中枢的职权，丞相匡衡和御史大夫张谭列举一条条罪状上奏弹劾，连同石显的党羽牢梁、陈顺等人都被罢官。石显和妻子被遣送回原籍济南郡，心中忧愁悲惧，吃不下饭，死在路上。所有因交结石显而得官的人，全都被罢官。少府五鹿充宗降职外放任玄菟郡太守，御史中丞伊嘉降职外放任雁门郡都尉。

司隶校尉涿郡人王尊上奏弹劾说："丞相匡衡、御史大夫张谭，明知石显等人专权仗势，作威作福，造成了全国性的灾难，不及时报奏皇上惩处他们，反而百般谄媚，曲意奉承，拉拢臣下，欺骗皇上，心怀邪恶，迷惑国家，丧失了大臣辅政应遵守的义理，同样是犯下了大逆不道之罪！幸好这都在去年七月大赦之前，不必追究。但是，在大赦之后，匡衡、张谭上奏弹劾石显时，不但没有陈述自己不忠的罪过，反而诋毁先帝任用了奸险之徒，荒谬地宣称：'文武百官畏惧石显，甚于畏惧天子'；贬低皇上，抬高臣下，不应当是他们说的话，有失大臣的身份！"这样一来，匡衡既羞愧又恐慌，就脱下官帽请罪，交出了丞相和乐安侯的印绶。汉成帝因刚刚即位，不愿重罚大臣，反而把王尊降职为高陵县的县令。但是朝中很多人支持王尊，认为他做得很对。匡衡沉默寡言，心里很不平静，以后凡遇水旱天灾，就请求辞职让位，汉成帝则每次下诏书慰留，不允许他辞职。

册封以前的河间王刘元的弟弟上郡的武库令刘良为河间王。

有彗星出现在二十八宿的营室星附近。

赦免天下。

壬子日，册封舅舅诸吏、光禄大夫、关内侯王崇为安城侯；另外，赐给舅舅王谭、王商、王立、王根、王逢时等五人关内侯的爵位。夏季，四月，黄色的浓雾充满四方天空，汉成帝下诏广泛地征询公卿大夫的意见，不要有任何顾忌。谏大夫杨兴、博士驷胜等都认为："阴气太盛，阳气被压。当年，高皇帝曾有过规定，不是功臣，不可以封侯爵；如今，太后的几位弟弟并没有功劳，却同时加封侯爵，对外戚从未有过这样的恩典，所以上天有此变异。"于是大将军王凤恐惧，上奏请求退休，辞去职务，汉成帝下诏抚慰，不予批准。

御史中丞东海郡人薛宣上奏说："陛下有至高的仁德，但是，阴阳之气仍然聚集不散，大概是官吏们的苛政太多的缘故。十三州各部的巡按刺史，有的不遵守巡查条例办事，纠劾、察举随意进行，多方干预郡县的行政事务，甚至大开后门，接受贿赂，听信谗言。苛求官吏和人民的过失，申斥责问吹毛求疵，要求别人去做不能胜任的事。郡守和县令在压力之下，也随之采取苛刻手段，层层苛责，最后把灾祸转嫁给了民众。因此，乡里之间缺乏真诚对待彼此的欢乐，九族之间，也相互忘了亲密的血缘关系，饮食相助、急难相济的好风尚日益衰退，礼尚往来的礼节也丢了。做人的道德遭到破坏，天地间阴阳之气的流通被阻隔，和睦的气氛被破坏，天象自然发生了变异啊！《诗经》说：'人民丢失了道德，甚至一块干饼也要去争抢。'俗话说：'施政太过苛刻，会伤害亲情；举措太过烦苦，会伤害恩义。'每当一方的部刺史回京奏事，皇上应加以管束，让他们了解朝廷的要务。"汉成帝欣然采纳了他的建议。

八月的一天，早上在东方出现了一上一下两个月亮。

冬季，十二月，汉成帝分别在首都长安南郊、北郊祭祀上天和大地，撤除原在甘泉祭天、汾阴祭地的祭祀，同时撤除在甘泉泰畤的紫坛上所有的装饰、歌伎、车驾、赤色马、神马和石坛等物。

（以上为第一段，写成帝初即位，斥逐权臣石显及其党羽，优礼大臣，大封外戚王氏，采纳薛宣建言，约法省禁，政治出现一丝曙光。）

汉成帝建始二年（庚寅，公元前 31 年）

春季，正月，下诏撤除位于雍县的五天帝祭坛和陈仓的陈宝祠庙，这都是采纳匡衡的奏请。正月二十三日辛巳，汉成帝到京都长安南郊举行祭天典礼。赦免供奉祭天郊县长安县、祭地郊县长陵县，以及在京师各部门服役的轻罪囚徒；减轻赋税，减少人头税四十文。

闰正月，汉成帝把渭城延陵亭一带划定为自己的初陵地，兴建延陵。

三月十四日辛丑，汉成帝首次在京都北郊举行祭地典礼。

三月十九日丙午，册立许氏皇后。许皇后是车骑将军许嘉的女儿。汉元帝因为哀悼母亲恭哀后在位时间不长就惨遭霍氏的毒害，所以特选许嘉的女儿婚配给太子。

汉成帝任太子时，就以喜爱美女闻名。等到即了皇帝位，皇太后下诏选良家女子充实后宫。大将军武库令杜钦劝谏王凤说："按照古礼制度，君王一次婚娶就是九个妻子，主要的用意是要她们多生儿子，繁衍皇族，才对得起祖先。其中嫔妃死亡，不再续配，为的是养息君王的身体能够长寿，也免得争风吃醋。所以，皇后与嫔妃有贞洁善美的德行，那么后代就有圣贤的国君；嫔妃进幸有严格的节制规定，那么君王才会有高寿的福气。君王如果废弃这些规定不遵守，那么就会不断追求女色，不断追求女色，那就不会得到高寿。男子到了五十岁，还是喜好女色；而女子到了四十，容貌就大不如前；以变丑了容貌的女子，侍奉欲望没有衰退的男子，如果不用礼教来克制，就不能挽救那原本好色的心意，对待妻子的态度必然发生变化，那样，原配嫡妻就会起疑心，而宠妃与庶子就会产生夺嫡的野心；所以晋献公轻听骊姬谗言，申生蒙受冤枉而被杀。如今，皇上春秋鼎盛，没有嫡子，正当读书求学的年龄，还不懂得处理与皇后、嫔妃的关系。将军身居辅政大臣，责任重大，应当趁着皇上刚即位之时的隆盛，建立只娶九女的制度，仔细选择德行高尚的仁义之家，物色贤惠善良的女子，不必追求过分的美色和能歌善舞的技能，不必一定会歌舞与其他技能，只求建立可传之万世的宫廷基本法则。须知，青春少年时期，必须克制贪求美色。《诗经·小雅》中的那首《小卞》之诗，实在令人寒心啊！希望将军能常以此事为念！”王凤就转告皇太后，皇太后认为皇帝只限于九个妻子，没有前例可循；王凤是个没主见的人，不能自立法度，于是就只有遵守成例去做而已。王凤一向很器重杜钦，因此把他安排在自己身边做事，经常与他共同商议国家的大事方针，杜钦屡次举荐有名望的人士，补救了政治上很多缺失，当时的一些善政，很多出于杜钦的建议。

夏季，发生大旱灾。

匈奴呼韩邪单于，宠爱左伊秩訾哥哥的两个女儿；长女颛渠阏氏，生了两个儿子，大儿子叫且莫车，二儿子叫囊知牙斯；小女为大阏氏，生了四个儿子，长子叫雕陶莫皋，次子叫且麋胥，二人都比且莫车年长，另外两个小儿子栾提咸、栾提乐，都比囊知牙斯年小。还有其他的阏氏生的儿子共十多个。颛渠阏氏的地位比较显贵，而且莫车又深受宠爱，呼韩邪病危时，想立且莫车为太子。颛渠阏氏说：“匈奴内乱十多年，国家命脉像一根细细的头发，勉强维持，幸赖汉朝的扶持，才得以稳定下来。如今刚安定不久，人民都十分厌弃战争，很想休养生息。且莫车年纪尚幼，百姓还没有亲附他，立他恐怕再次危害国家。我与大阏氏是亲姐妹，不如立雕陶莫皋。”大阏氏说：“且莫车年纪虽幼，但有大臣们共同辅佐他执掌国政。现今若弃贵立贱，恐怕以后会发生战乱。”单于最终还是采纳了颛渠阏氏的建议，立雕陶莫皋继位，并约定将来雕陶莫皋要传位给弟弟且莫车。呼韩邪死后，雕陶莫皋即位，称复株累若鞮单于。他封且麋胥为左贤王，且莫车为左谷蠡王，囊知牙斯为右贤王。复株累若鞮单于再娶王昭君为妻，生二女，长女云，称为须卜居次，小女为当于居次。

（以上为第二段，写杜钦针对成帝好色的秉性，建言大将军王凤建立君王娶妻限额九女的制度，虽未推行，杜钦却受到了大将军的重用，做了一些好事。匈奴呼韩邪单于临终为了安定国家，立长不立嫡，不失为匈奴的明君。）

汉成帝建始三年（辛卯，公元前 30 年）

春季，三月，赦免天下的囚犯。

秋季，关中连绵大雨四十余天。京师的民众都非常惊慌，传言洪水快到了；长安城内百姓霎时都吓得争先恐后逃跑，互相践踏，老弱号呼求救，城内一片混乱。汉成帝就亲自到前殿召集公卿商议。大将军王凤认为：“皇太后和皇上，以及后宫嫔妃，可以登上御船，然后下令官吏民众登上长安城墙去躲避水灾。”群臣一致同意王凤的建议，只有左将军王商反对，他说：“自古以来，即使那些暴虐无道的国君，大水也没有淹没过他的城郭；如今，国内一派升平，又无战争，全国上下都相安无事，洪水不可能突然来到，这一定是谣言！不应该让百姓爬上城墙，那只会使全城更加担惊受怕。”汉成帝决定停止行动。过了些时候，长安城内逐渐安定；查问结果，果真是谣言。汉成帝于是很赞赏王商坚守大臣之节的镇定自若，多次称扬他的提议；王凤大感惭愧，自恨说错了话。

汉成帝准备把朝政大权委任给王凤，所以在八月份就把车骑将军许嘉免职，让他以特进侯爵身份，置身朝列。

御史大夫张谭因举荐人才不真实，被罢官。冬季，十月，任命光禄大夫尹忠为御史大夫。

十二月初一日戊申，发生日食，当天夜晚，未央宫发生地震。汉成帝下诏要求举荐贤良方正以及能直言敢谏的人才。杜钦和太常丞谷永上奏，都认为后宫美女过于受宠，既互相嫉妒，又都想专揽皇上，将有害于继嗣。

越嶲郡山崩。

十二月三十日丁丑，匡衡被控告在他的封邑中多侵占了四百顷土地，他管辖下的主管官员盗取的实物价值十金以上，因此被罢官为平民。

（以上为第三段，写成帝建始三年无大事，实质是君臣无所作为，丞相匡衡贪婪被罢官。全国各地灾害不断，大水、地震、山崩相继发生。）

汉成帝建始四年（壬辰，公元前29年）

春季，正月二十六日癸卯，亳县落下四块陨石，肥累县落下两块陨石。

撤除中书宦官；首次设置尚书五人，分为五曹，分曹办事。

三月初八日甲申，任命左将军乐昌侯王商为丞相。

夏季，汉成帝召集前些时候所举荐的全部直言敢谏的人士，到未央宫白虎殿参加策对面试。当时，汉成帝把国家权力托给王凤，因此，对策士人大都指向王凤提出批评。谷永知道王凤正受重用且握有大权，就想暗中靠拢，于是在对策中说：“如今四方外族都已归顺，都成了我国的臣属，北边没有荤粥、冒顿的祸患，南边没有赵佗、吕嘉的发难，其他边境都很安静，没有战争的警讯。最大的诸侯也不过拥有几个县的封邑，况且有朝廷派去的官吏控制他们的权柄，他们不能有什么作为，不会出现当年吴、楚、燕、梁等诸侯王国那种尾大不掉的形势。加上文武百官互相制衡，皇亲国戚与朝中百官交错共同掌权，在皇上骨肉之亲的大臣中，又有像周宣王的舅舅申伯一样忠诚的人，谨慎敬畏，小心翼翼，更没有像重合侯马通、安阳侯上官桀、博陆侯霍禹那样的乱臣贼子。外戚、诸侯王、臣僚三个方面都没有丝毫的过失，我深恐陛下保留明显的错误，忽略天地赐予明显的警告，听信愚昧盲目的瞎说，归罪于无辜，把政事托付给不可靠的人，那么就大失天心，这是非常不应该的。陛下若能深切考虑愚臣的建议，排除沉溺已久的心意，解除专宠于一个美色的情爱，奋起阳刚的精神，平等布施恩德，使所有美女都能得到皇上的恩宠，多方收纳能生儿子的女人，无论她美丑，无论她是否曾嫁过人，无论她的年龄是否相当。按理说来，陛下若能让出身卑贱的嫔妃生下儿子，反倒是一种福气；因为主要目的，是让皇位得到继承人，只要能生儿子，就不必去计较其母亲的贵贱。即使是后宫的女史宫婢，只要是皇上中意的，便可广泛接纳侍奉皇上，贵与贱都不重要，一旦上天保佑，说不定降下皇子，就可以宽慰皇太后的忧心，一切烦闷就会消失，也会消解上帝的愤怒，那么后嗣繁衍，灾害消除。”

杜钦也效法奏上同样的意见，汉成帝把奏章都传示后宫，并提升谷永为光禄大夫。

夏季，四月，天降雨雪。

秋季，桃树、李树结下丰收果实。

大雨接连不停下了十多天，黄河在东郡金堤缺口。在这之前，清河郡都尉冯逡上奏说：“清河郡处在黄河的下游，土壤松脆，容易崩塌，近些年来很少有大水灾，因为有屯氏河通水，黄河分流为二。如今屯氏河被堵塞，灵县的鸣犊口也一天天淤塞不通，于是只剩下一条黄河，却要容纳几条河水的流量，即使把堤防加高，也无法使它宣泄畅通。如果遇上连续几天的大雨，甚至下上十天也不晴，河水就会涨满。夏禹疏通的九河遗迹，如今无法找到它的位置。屯氏河淤塞的时间不久，若要加以疏通，还不困难；加上黄河分口处地势较高，可以大大分减黄河水流的冲击力，如果再加以疏导，用来分担黄河的水量，既能宣泄暴涨的洪水，又可预防非常险情的发生。若不预先加以修治，一旦在北岸决口，将令危害四五个郡，在南岸决口，将危害十余郡，到那时才担忧操心，就太迟了！”冯逡的奏章转交到丞相匡衡、御史大夫张谭那里去审议，匡衡、张谭奏请派博士许商前往视察，许商视察后，报告说：“现在国家经费困难，暂时不必去疏通它。”三年后，黄河果然在馆陶和东郡的金堤决口，大水泛滥兖州、豫州以及平原郡、千乘郡、济南郡，共淹没四郡、三十二县，耕地十五万余顷，严重的地方水深达三丈多；官府和民间房屋被冲坏了四万多间。

冬季，十一月，御史大夫尹忠因为提出的救灾方案过于粗疏，汉成帝痛切地指责他不尽职责，尹忠自杀。汉成帝命大司农非调筹措经费和粮食，调往受灾各郡实施救济，又派出两名谒者征召河南郡以东的船舶五百艘，到灾区中抢救灾民迁移到丘陵高地躲避，共抢救出来九万七千余人。

十一月二十日壬戌，任命少府张忠为御史大夫。

（以上为第四段，写汉成帝陶醉于后宫美色，贤良方正谷永在大将军王凤唆使下在对策中不再建言国家大事，反而替皇上纵欲辩护；丞相王商尸位素餐，不治黄河，至此终于酿成大祸。）

南山一带盗贼傰宗等数百人，横行抢劫官府和人民，为害一方。汉成帝下诏发兵一千去追捕，花一年多时间，始终没能抓获。有人向大将军王凤建议说："盗贼不过数百人，又临近京师，讨伐无效，这如何向四方外族蛮夷彰显威望？唯有选任贤能的京兆尹，才可以办理。"因此王凤推荐前高陵县令王尊，征调为谏大夫，并代理京辅都尉，执行京兆尹职权。一个月的时间，盗贼便被肃清；后来王尊正式被提升为京兆尹。

汉成帝初即位时，丞相匡衡再次旧事重提，上奏说："射声校尉陈汤，以官居二千石的高位出使西域，在蛮夷民族中专权独行，不能以身作则为部下表率，反而盗取了所收的康居国的财物，还告诉部下说：'我们身在绝域干的事，朝廷是不会认真查究的。'这件事虽发生在竟宁元年七月大赦之前，但陈汤也不适宜再居官位。"陈汤就被免职。

后来，陈汤上奏说："康居王送来入侍天子的儿子，并不是真王子。"调查证明，是真王子，陈汤被辅入狱，判了死刑。太中大夫谷永上奏为陈汤辩护，说："我听说楚国有个大夫名叫得臣，字子玉，由于他贤能，使得晋文公坐不安席；赵国有廉颇和马服君赵奢，使得强大的秦国不敢窥视赵国西界的井陉关；近的说说本朝建立之初，在景帝时有雁门郡太守郅都，而文帝时有云中太守魏尚，匈奴不敢南下靠近雁门、云中这两个郡。由这些例证看来，战胜敌人的将领是国家武臣，不能不慎重地对待他们。自古以来，当君王听到战鼓的声音时，便会想到在战场上冲锋陷阵的将领和统帅。如今臣看到关内侯陈汤，从前击斩郅支单于，声威震慑了所有的蛮夷，功名传播了整个西域，自汉朝开国以来，所有在疆域之外作战的将领中，没有人能赶上陈汤的功勋！现在，陈汤因说话不实，被长期囚禁监狱，历时这么久，案子迟迟不审决，那些执法的官吏是想判他死刑。以前白起当秦国的大将，率军南征，攻陷了楚国首都郢都，北伐坑杀了赵括，后来却仅为了一点细小过失，被赐死在杜邮。秦国人民都哀怜他，无不为他的死而流泪。如今陈汤亲执武器，席卷了郅支单于，血战万里之外，凯旋，把战果呈献在皇家祖宗祭庙上，禀告上帝，所有的战士，无不倾心崇拜。陈汤不过是因为说话犯有罪过，并非严重的罪行。《周书》说：'记住他人的功劳，忘却他人的过失，这样的人才适宜做国君。'即便是犬马死后人们尚不忍舍弃，而要加以埋葬，何况是对国家有大功的功臣呢！只怕是陛下忽视了战鼓的声音，没有去翻阅《周书》的记载，因此忘记给陈汤以报答，用对待平庸之臣的态度来看待陈汤，终于批准死刑，使百姓心里再次怀有当年秦国人民那样的遗憾，这绝不是勉励报国忠臣的办法啊！"奏章呈上之后，汉成帝随即下令释放陈汤，但剥夺爵位，贬为士卒。

恰好当时西域都护段会宗被乌孙国的军队围困，骑驿飞驰奏报京师，请求征调西域城邦及在敦煌的驻兵前去营救；丞相王商、大将军王凤以及文武百官商议，讨论了几天也不能决定。王凤建议说：“陈汤谋略胜人，又熟悉西域各国的事务，可以向他询问办法。”汉成帝于是在未央宫的宣室殿召见陈汤。陈汤在攻击郅支单于时患了风湿，两臂不能屈伸；入见时，汉成帝特意让他不必跪拜，把段会宗的奏章给他看。陈汤回答说：“我认为这件事，用不着担忧。”汉成帝说：“你的根据是什么？”陈汤说：“因为五个胡兵，才能抵挡得住一个汉兵，为什么？因为他们的武器落后，刀剑不锋利，弓箭不强劲。后来尽管学到一些中国兵器的技术，但仍须三个胡兵才能抵得过一个汉兵。《兵法》说：‘攻击部队的人数，必须要超过守军人数一倍，才能势均力敌。’而包围段会宗的人数，不足以胜过段会宗，因此请陛下不必忧虑！况且部队轻装行军，每天才五十里，重装行军，每天不过三十里，现在段会宗想调发西域城邦及敦煌的士兵去解围，那需要很长时间才能抵达，这是用来报仇的军队，不是用来救援的军队。”汉成帝说：“那怎么办呢？段会宗一定能够退敌解围吗？估算一下，需要多久时间才能解围呢？”陈汤知道乌孙军队是乌合之众，不能持久作战，料定结束战斗只需数天时间。于是回答说：“已经解围了。”然后，陈汤又屈指计算日期说：“不出五天，就有捷报传来。”过了四天，战事奏报送到京师，说已经解围了。大将军王凤上奏请求任命陈汤为大将军府的从事中郎，大将军幕府的日常事务由陈汤决断。

（以上为第五段，写段会宗建功西域，用以衬托陈汤的军事才能与功勋，而迂腐大臣匡衡等人却纠缠不休，必欲置陈汤于死地而后快。由于西域边事再起，挽救了功臣陈汤。）

汉成帝河平元年（癸巳，公元前 28 年）

春季，杜钦向王凤举荐犍为人王延世，派他去堵塞黄河缺口。王凤任命王延世为河堤使者。王延世用四丈长的竹笼，粗大的竹笼要九人合抱，里面装满小石头，用两条船夹着搬运，投下河堤的缺口。历时三十六天，堵塞了缺口，完成了堤防。三月，下诏任命王延世为光禄大夫，年俸中二千石，封爵位关内侯，赏赐黄金一百斤。

夏季，四月三十日己亥，发生日食。汉成帝下诏要求公卿百官上书条陈过失，不要有忌讳；大赦天下。光禄大夫刘向上书回答说：“四月三十日月末接连五月，这一天的日食，按月份与孝惠皇帝时相同，按日期与孝昭皇帝时相同，按占卜的显示有人危害后嗣。当时只有许皇后一人专宠，后宫嫔妃很少进御皇上，所以杜钦、谷永以及刘向的对策都特别强调这一点。皇上于是减少椒房、掖庭的用费，压缩御用衣服、车马，以及朝廷百官府署的各项工程的造作，对于皇亲外戚和群臣家属的赏赐依照先帝竟宁以前的规矩办事。”

许皇后上书申辩说：“时代不同，规矩要变，长短互补，只要不超出汉朝的制度，那些细微的地方不一定要完全相同。竟宁时代的元帝与黄龙时代的宣帝难道是一样？服侍后宫的家吏不懂得变通，如今刚颁布节俭的诏书就如此这般，使臣妾想摇摇手都不可能。臣妾如果想在某一个地方放置一个屏风，家吏官员就说：‘没有先例。’臣妾的要求不被理睬，他们用诏书来限制臣妾的需求，这实在是行不通，请陛下明察！按照诏书颁示的旧例，只能用一头牛祭祀祖父母，可是我祖父平恩戴侯许广汉、父亲乐成敬侯许延寿，后来蒙受恩典，可以用牛、羊、猪三牲来祭祀，若一律按照旧制度，就只能用一头牛了，因此请求陛下哀怜，仍准用三牲祭祀。如今家吏刚刚把诏书读给臣妾听，还警告臣妾说不可以和从前一样，把宫廷中的物品当作自己的私产随意支配。才一开始就如此凶狠，将来对臣妾的摆布，恐怕会达到失去人性的地步，请陛下深切考虑！”

汉成帝就把谷永、刘向奏章上关于天变灾祸，其责任都在后宫这一指责转送给许皇后看，并且下诏说：“官吏执行法令，有什么过错！为了矫枉必须过正，古今的道理一样。况且节省钱财，改用一头牛来祭祀先祖，对皇后而言，正好发扬你的美德，使你得到更大的恩宠。如果灾祸的根源不铲除，让它这样继续发展下去，祖宗的祭祀恐怕都会中断，还谈什么平恩戴侯的祭祀啊！《论语》说过：‘保持节俭的美德而犯过失的人是很少有的。’难道皇后真的是追求奢侈？那么朕也应当仿效孝武皇帝了，这样一来，那甘泉、建章两宫就应当派人把它重新修建起来。节俭的孝文皇帝才是朕的老师。皇太后、皇后的待遇应该依循规定。假如皇太后在当年都不能随心所欲，如今皇后受到亲厚，又怎能超过太后呢？皇后应该刻意收敛行为，修养品德，带头谦虚节俭，给众嫔妃做出榜样，使她们能够效法。”

给事中平陵人平当上奏说：“太上皇是汉朝的始祖，元帝时却把他的墓园废除，这是不对的。”汉成帝正忧虑自己没有后代，就采纳平当的建议。秋季，九月，重建太上皇的祭庙墓园。

汉成帝下诏说：“如今仅死刑的条文，就有一千多条，律令繁多，洋洋百余万字；各种附加条文，一天比一天多，就连专门研究和执行法律的法官狱吏，也都弄不清楚，却想拿这些去教导人民，让他们都能知晓，岂不是更难！用刑法来网罗天下的百姓，使无辜的人死于非命，未尽天年，岂不是令人哀痛的事吗？责成主管部门立即商讨减少死刑以及应当废除那些不合时宜的法令，使法律条文明白易知，商议之后，分条详细回奏！”当时那些主管官员，却不能体会皇上的旨意，只不过只求取了一些细微末节，列举了一些毫毛般的小事来搪塞诏书罢了。

匈奴单于派右皋林王伊邪莫演等人前来进贡，将在明年正月入朝。

（以上为第六段，写河平元年汉成帝办了两件大事：一是堵塞了黄河缺口；二是因日食下诏求言，并采纳臣下建议，节省皇室费用，裁减刑法条文。）

汉成帝河平二年（甲午，公元前 27 年）

春季，匈奴使者伊邪莫演朝贡后应当回国，他突然声称要投降汉朝。他说："如果不接受我的投降，我就自杀，誓死不回匈奴。"接待官员如实奏报，汉成帝转发给公卿大臣商议。参加商议的大臣，有的说："依照成例，接受投降。"光禄大夫谷永、议郎杜钦认为："汉朝建立，匈奴多次侵犯边境，所以用黄金和爵位来奖赏，鼓励匈奴来投降。如今单于屈膝跪拜，称臣归顺，列名为北方的藩属，又遣使朝贡，没有二心。汉朝的接待规格应当不同于往时。如今已经接纳了单于使者的朝贡诚意，却又收留他们叛逃的臣子，这将是为了贪图一个人而失掉了一国的归心，为了一个犯罪的臣子，而断送一位向义归顺的国君。设想一种可能，匈奴复株累若鞮单于刚刚即位时，本想依靠中原，却不知是利是害，现在秘密指使伊邪莫演前来诈降，用以试探汉朝对匈奴的态度，我们接受他的请求，那就有亏道义，败坏美德，使单于和我们疏远，不再亲善中国边境的官吏；或者是他设下的反间之计，想要借此惹是生非，若我们接受他的请求，正好中了他们的圈套，使他们有了正当的借口，而理直气壮地责备我们；这正是关系今后边境安危的头等大事，征战与平安的关键，不能不特别慎重考虑。所以不如拒绝他的请降，以显示我们如同日月一样执着的信义，消除他们诈降的阴谋，安抚他们归顺亲近我们的决心，这是最好的办法！"这项建议上奏后，汉成帝采纳了。派遣中郎将王舜前往询问伊邪莫演请降的原因，伊邪莫演骤然改变态度，说："我有精神狂妄症，从前说要投降的话，是一种精神失常的胡言乱语。"最后，伊邪莫演被礼送出境。他回到匈奴后，官位如故，单于不再让他会见汉朝使者。

（以上为第七段，写汉成帝在河平二年春节朝贡时，倾听群臣意见，采纳了正确的建议，没有接受匈奴朝贡使者的诈降，维护了两国的和平友好关系。）

夏季，四月，楚国降落冰雹，大块的冰雹就像一口饭锅。

改封山阳王刘康为定陶王。

六月，汉成帝册封他五个舅舅，全都封侯。王谭为平阿侯，王商为成都侯，王立为红阳侯，王根为曲阳侯，王逢时为高平侯。五人同一天受封，所以世人将他们称为"五侯"。皇太后王政君的母亲改嫁给河内人苟宾为妻，生了一个儿子苟参；皇太后想比照田蚡封苟参为侯。汉成帝说："孝武皇帝封田蚡，不是正典不可效法。"汉成帝任命苟参为侍中、水衡都尉。

御史大夫张忠上奏弹劾京兆尹王尊残暴傲慢，王尊就被免除职务；官民却都很惋惜。湖县三老公乘兴等上奏章为王尊辩护，说："王尊治理京师，能够拨乱反正，铲除凶暴，禁止奸邪，成效卓著，前所未有，即使有名的将领都赶不上；虽然由代理而被正式任命为京兆尹，却没有受到任何特别的封赏。如今御史大夫上书指控王尊：'伤天害理，给国家带来忧患，不执行皇上诏书的旨意，就像《尚书》形容的："言行不一，说得好，做得差，外表好像恭廉，实际上罪恶滔天。"'御史大夫指控的原因，是出自御史丞杨辅，因为杨辅素来与王尊有私人仇怨，表面上公事公办，实际上是周密策划的报复弹劾案，东拼西凑，罗织成奏章，一点一点地加大罪状，存心诬陷，臣等非常痛心。王尊向来廉洁自爱，砥砺品节，一心向公，应当讽刺的人，即便是将相，也不畏惧他们的权势；应诛杀的恶霸，即使是土豪强梁，也不避忌；讨灭了不肯顺服的盗匪傰宗等人，解除了国家的忧患，功绩显著，职事修明，建立了朝廷的威信，实在是国家一位难得的武勇威猛的爪牙和能抗敌保国的功臣。如今一旦无辜地陷入仇人之手，被一篇诬陷的文字打倒，上既不能因功赎罪，下又不能在公堂之上申辩，独自因仇家的片面之词，蒙受到共工所受的恶名，却无处陈冤。王尊在京师社会混乱、群盗横行之时，皇上选举贤能，将他征召入朝，列为公卿之臣；如今贼乱已平，大奸巨猾也都伏法，而王尊却立即被指控奸巧谄媚而遭到贬斥。同样一个王尊，只不过三年的时间，一会儿被尊崇为贤能的人，一会儿被指责为奸佞的人，怎么会是这样？孔子说：'爱这个人，就希望他活着，厌恶这个人，就希望他死去。既希望他活，又希望他死，这就是迷惑。'又说：'点点滴滴，日积月累的毁谤，就像水渗透那样，在你那里都行不通，那你可算是个明白人了。'臣等希望把王尊的案件交给公卿、大夫、博士、议郎去会审，按照王尊的一贯表现定罪。为人臣子，果真犯了伤天害理的罪，就应当诛杀；如果真是说得好、做得差的人，也应该遭到放逐的处罚。如果审查的结果，真像御史大夫上奏所说的罪状，王尊就应当伏诛在宫殿之下，或流放到罕无人烟的边境去，不该是免去官职了事；还有那举荐王尊的人，也应该受到举荐不当的惩罚，不应原谅。如果查明王尊不像奏章所说的那样，那么仅靠文字技巧，罗织罪状，以指控无罪的御史大夫等人，也应当遭到惩罚，用以惩戒谗言之人，断绝诈骗欺人的邪路。请求英明的皇上参酌详察，使黑白分明！"奏章呈上后，汉成帝当即又任命王尊为徐州刺史。

（以上为第八段，写京兆尹王尊果敢执法，触犯权贵，被诬告免官；又因吏民替他辩护而被任用，汉成帝左右摇摆，没有独断之明。）

夜郎王兴、钩町王禹、漏卧侯俞，彼此兴兵互相攻击。牂柯太守请求发兵征讨他们。参与廷议的大臣认为路途太远，不可出兵讨伐，便派遣太中大夫蜀郡人张匡为使节，前往调解。兴等都不听从和解的命令，还用木头刻成汉吏的雕像，立在道路旁边，用箭射击。

杜钦向大将军王凤献策说："蛮夷王侯如此轻视汉朝使节，不惧朝廷的国威，恐怕那些参与廷议的人怯懦手软，到现在仍然坚持和解政策；等到当地太守察知蛮夷王侯的动静有了变化，才呈报上来，这样，就会延误三个月的时间。若蛮夷王侯乘机集结部众，筹划完备了他们的谋略，党徒既多，势力就大，各部落相互之间的愤恨又不能容忍，一定自相残杀。等到他们知道自己犯了罪过时，而罪过已经铸成，就可能会疯狂进犯郡城杀害太守和都尉，然后远远地深藏到烟瘴毒草遍布的地方，到那时，即使有从前名将孙武、吴起当统帅，有古时的勇士孟贲、夏育这样的士兵，也将像跳进火坑、深潭，不是被烧死就是被淹死，智慧和勇敢都无法施展。若派兵去开荒垦田，长期屯守，那费用开支将无法计算。最好是在他们还没有铸成大罪之前，尚未想到汉朝会讨伐的时候，秘密下令相邻各郡的太守和都尉，厉兵秣马，由大司农在各重要军事要冲储备粮草，选用称职的人前去任太守，在秋凉季节发动攻击，诛杀王侯中特别横暴的为首分子，若认为那是不毛之地，无用之民，圣明的君王就不应为此劳烦中国的军队去征讨，那就应当撤销郡县，放弃那里的人民，断绝与他们王侯的关系，不再和他们往来。若认为那里积累几代先帝所建立的万世功业，不可毁坏，也应当在变乱刚刚萌芽之时，及早去消除它，等到变乱已经爆发，再兴师问罪，百姓就更加受害。"于是王凤向汉成帝举荐金城郡司马临邛人陈立为牂柯太守。

陈立到达牂柯郡，给夜郎王兴发布谕告，兴不从命；陈立便上报朝廷，请求杀掉兴，没有等到朝廷回报，陈立就率领随从数十人，巡视所辖各县，当巡视到夜郎国的且同亭时，陈立宣召夜郎王兴觐见。夜郎王兴率领数千部众来到且同亭，带着数十名酋长入见陈立。陈立就指责他的不是，趁机砍下他的头。酋长们说："将军杀掉了不法之徒，为民除害，请求让我们出去告诉部众。"陈立以夜郎王兴的人头示众，数千部众就都弃械投降。钩町王禹、漏卧侯俞听到消息都很害怕，立即呈献粟米一千斛和一些牛羊慰劳将士。陈立回到牂柯郡。

夜郎王兴的岳父翁指和他的儿子邪务，集结残部，裹胁附近二十二个村邑反叛。到了冬天，陈立奏请招募各部落的夷人当兵，和都尉、长史分别率领攻击翁指等。翁指据守险要山寨，壁垒坚固，陈立用奇兵切断粮道，还派出间谍，利用反间计瓦解他的士气。都尉万年说："这场战争不能持久不决，军费已无法供给。"就率军单独挺进，大败而还，直奔陈立营垒。陈立大怒，责令部下举刀相向，不让万年退入营垒。都尉万年只好回军再战，陈立率军援救。此时正遇大旱，陈立攻占水源，切断了夷兵的输水渠道。蛮夷无水供给，不能坚守，就一起杀掉翁指，献出人头投降。于是西夷被平定。

（以上为第九段，写牂柯太守陈立平定了西南夷地区西夷的反叛。）

汉成帝河平三年（乙未，公元前 26 年）

春季，正月，楚王刘嚣到京师朝见天子。二月十六日乙亥，汉成帝下诏褒扬刘嚣品行一向端正，特别优秀，封他的儿子刘勋为广戚侯。

二月二十七日丙戌，犍为郡发生地震，高山崩塌，堵塞了长江，造成江水倒流。

秋季，八月二十九日乙卯，发生日食。

孝成皇上因为宫中藏书失散很多，就派谒者陈农到全国各地征求失传的书籍。命令光禄大夫刘向负责校正经传、诸子、诗赋等各种典籍，步兵校尉任宏负责校正兵书，太史令尹咸负责校正占卜书籍，侍医李柱国负责校正医药书籍。每本书校正完毕，由刘向列出篇章目录，写出内容提要，呈报汉成帝。

刘向眼看王氏权势日益膨胀，而汉成帝还一心欣赏《诗经》、《书经》等古书，刘向就根据《尚书·洪范篇》，收集自上古以来，历经春秋、战国，以至秦、汉等有关祥瑞吉兆、天地灾异的记载，推测每一次祥瑞或灾异发生的经过以及因果祸福关系，占卜与应验的结果，分门别类，编定篇目，共十一篇，名为《洪范五行传论》，呈献给汉成帝。汉成帝心知刘向对汉朝是一片赤诚之心，是由于王凤兄弟的权势过大，才写此书来劝告他；可是始终不忍剥夺王氏的权位。

黄河又在平原郡决口，洪水泛滥到济南郡、千乘郡，所造成的破坏是建始四年那次水害的一半，于是就派王延世和丞相长史杨焉以及掌管宫室建筑的将作大匠许商、谏大夫乘马延年等人共同前往筑河堤，历时六个月，完成决口堵塞。朝廷再次赏赐王延世黄金一百斤。所有参加治河工程没有领工钱的差役民夫，都登记姓名，可以抵免六个月的其他劳役。

（以上为第十段，写刘向受命校理图书，上书成帝抑制王氏外戚势力。成帝不纳，王氏权势日盛。黄河再次决口。）

汉成帝河平四年（丙申，公元前 25 年）

春季，正月，匈奴单于来京师朝见汉成帝。

赦免天下的囚徒。

三月初一日癸丑，发生日食。

琅邪太守杨肜与大将军王凤是联姻关系。琅邪郡发生灾害，丞相王商派人调查。王凤替杨肜说情，王商不听，竟然上奏罢免杨肜，可是免职奏书搁置宫中没有下发。王凤因此怨恨王商，暗中寻找王商的短处，指使频阳人耿定上奏，说："王商和他父亲的近身侍婢通奸，王商的妹妹淫乱，王商的家奴杀了王商妹妹的情夫，怀疑是王商的唆使。"汉成帝认为这些是属于隐私的过失，不足以伤害一位大臣。王凤坚持己见，将这案子移交司隶校尉查办。太中大夫蜀郡张匡，向来是个奸佞小人，再次上奏用最狠毒的语言诽谤王商。主管部门上奏拘拿王商到天子主管的特别监狱审查。

汉成帝一向敬重王商，知道张匡的言论十分阴险，下诏说："不要追究。"王凤坚持查办。夏季，四月二十日壬寅，汉成帝下诏，收回王商的丞相印绶。王商罢官后三天，突发重病，吐血而死，谥号戾侯。王商的子弟亲属任职有驸马都尉、侍中、中常侍、诸吏、大夫、郎官的人，全部外放做地方官，没有一个留在给事中、近卫郎官的任上。主管官员还奏请废除王商的侯爵，削除封邑，汉成帝下诏："王商的长子王安嗣爵为乐昌侯。"

汉成帝任太子的时候，曾跟莲勺县的张禹学习《论语》，等到即皇帝位，赐爵张禹为关内侯，任职诸吏、光禄大夫，年俸中二千石，兼职给事中，领尚书事。张禹与王凤同领尚书，内心惶恐不安，多次称病，上书请求退休，想退避王凤，汉成帝不准，抚慰亲近更加优厚。六月初五日丙戌，任命张禹为丞相，封爵安昌侯。

六月二十九日庚戌，楚孝王刘嚣辞世。

（以上为第十一段，写丞相王商在大将军王凤的报复下被罢官逼死，成帝任用老师张禹为丞相。）

当初，汉武帝打通西域时，罽宾自认为路途遥远，汉兵不能到达，独自不归服，多次劫掠杀害汉朝使节。过了很久，汉使文忠与罽宾的一个附属国容屈王的儿子阴末赴，合谋攻杀罽宾国王，立阴末赴为罽宾国王。此后，汉朝军候赵德出使罽宾，与阴末赴关系闹翻，阴末赴把赵德用铁链拘押起来，杀汉朝副使以下七十多人，派出使者到京师上书请罪。汉元帝因为路途遥远，不接罽宾国使者的上书，把罽宾国的使者流放到县度，断绝邦交，不再通使。

等到汉成帝即皇帝位，罽宾国再次派遣使者来请罪。汉朝打算派遣汉使护送罽宾使者回国。杜钦对王凤进言说："先前罽宾王阴末赴，原本是汉使所立，后来竟然背叛汉朝。最大的恩德莫过于使他当上国王，最大的罪恶莫过于谋杀他国的使节，他们所以不肯报恩，又不怕惩罚，是因为仗恃距离中国太远，汉兵无法前往。因而当他们有所求于我们时，就恭敬谦虚；无所求于我们时，就骄纵怠慢，始终无法使他们感恩归服。大凡中国所以要厚待蛮夷部落，尽量满足他们的要求，为的是双方疆土相接，防止他们因不满意而入境劫掠。如今县度的通道险要，不是罽宾国军队所能越过的；他们如果仰慕而归附汉朝，并不能带动影响西域各国；即使他们不归附，也不会危害已经归汉的西域城邦各国。先前罽宾王亲自谋杀汉使，罪恶已昭彰西域各国，为此，中国才和罽宾断绝来往；如今虽然悔过前来，但是派来的使节，既不是罽宾王的亲属，也不是重要的贵族官员，而是一些从事商业的贱人，不过是想来做生意的，以朝贡为借口罢了。因此，如果派汉使监护他们到县度，他们尊贵的身份不实，比汉使低微，岂不是要被西域笑话。凡是护送外国使节，为的是保护他们不受盗匪伤害。自皮山国以南，不臣属于汉朝的还有四五个国家。汉朝还要派侦察部队百余人，每晚轮班五次，敲打刁斗警戒守卫，但仍不断遭受到袭击。驴子所载负的食粮，需要沿途各国补充，才能自给。有些国家又小又穷，无力供应；有些国家则凶暴狡诈而拒绝供应。奉派前往护送的使节空拿着强大汉朝的符节，在山谷之间，忍饥挨饿，乞讨无门，只要一二十天的时间，人马就会死在旷野，永无生还。沿途又要翻越大头痛山、小头痛山这样的崇山峻岭，以及通过赤土、身热那样的斜坡峭壁，使人浑身发烧，面无人色，头痛、呕吐，连驴马也都是如此。还要穿越三池盘、石阪道的险路，最狭的山径只有一尺六七寸宽，却长达三十里，山径下边是深不可测的险峻山谷，行人与马匹要相互扶持，还要用绳索前后牵连，要走两千余里，才能到达县度。一旦牲畜不慎失足坠落，还没有跌到谷底，已经粉身碎骨；人一不小心，失足坠落，连尸首也不能收殓；艰难险阻，难以说得清楚。从前圣明的君王把全国划分为九州，制定了五服的远近亲疏关系，只求安内，不管外族之事。如今派遣使节，承奉皇上之命，护送蛮夷的商人回去，烦劳那么多的官员士民，跋涉险恶的道路，疲惫国家依靠的官民，去侍奉毫无用处的蛮夷，这不是长久的计策！既然使节已经派定，就不能撤销，但只可以护送到皮山国就返回。”于是王凤向汉成帝呈报，皇上采纳了杜钦的建议。罽宾王确实怀着贪图赏赐的目的来做生意，因此，每隔数年，总要派遣使节前来中原。

（以上为第十二段，写中国与西域罽宾国的通使情况。）

汉成帝阳朔元年（丁酉，公元前 24 年）

春季，二月三十日丁未，发生日食。

三月，赦免天下囚犯。

冬季，京兆尹泰山郡人王章被捕下狱，死在狱中。

这时大将军王凤独揽朝政，汉成帝谦让软弱，又无力约束他。左右侍从曾举荐光禄大夫刘向的小儿子刘歆，说他通情达理，是个奇才，汉成帝就召见他。刘歆在汉成帝面前，朗诵诗赋，汉成帝听了十分高兴，打算任命他为中常侍，就叫左右的人去拿官服，正当要下拜授职时，左右的人都说："这件事还没有告诉大将军。"汉成帝说："这种小事，何必麻烦他呢！"左右惶恐，叩头力争，汉成帝无奈，只好告诉王凤，王凤认为不可以。任命之事，于是作罢。

王氏的子弟，都是卿、大夫、侍中、诸曹等官职，分别把握了要害部门的实权，势力布满朝廷。杜钦看到王凤权势太盛，规劝王凤说："希望将军效法周朝周公姬旦那样谦虚警惧的美德，减少秦朝权臣穰侯魏冉的威势，放弃秦朝武安君白起那样的欲望，不要让范雎这种人抓住把柄挑拨离间！"王凤不听规劝。

这时汉成帝还没有儿子，身体又多病。定陶共王刘康来朝见，皇太后和汉成帝秉承先帝的心意，待刘康很优厚，给他的赏赐十倍于其他的亲王，并不因为先帝曾一度想立他为太子这事而有所嫌隙。汉成帝把刘康留在京师，不让其返回封国。汉成帝告诉刘康："我没有嗣子，人生无常，不必忌讳，有朝一日我有了意外，我们就再没有见面的机会，你就长留在京师，与我做伴吧！"后来汉成帝的病情渐渐减轻，刘康便住在京师的定陶共王府邸，早晚都去陪侍汉成帝；汉成帝也很亲近看重他。大将军王凤心中认为刘康久留京师，对自己不利，恰好遇到日食，王凤借机警告汉成帝说："所以发生日食，是阴气过盛的天象，定陶共王虽然是亲兄弟，依礼他应当回到封国；现今久留京师，这是违犯常规的非常事情，因此上天提出警告，应该遣送定陶共王回国。"汉成帝无力违抗王凤，迫不得已，只好答应。刘康拜辞汉成帝时，兄弟二人相泣而别。

王章一向刚正敢于直言，虽然是王凤举荐的人，但是非常不满王凤的专权，也不亲附王凤，竟然上秘密奏章，说："日食的发生，都是由于王凤专权、蒙蔽主上的罪过。"汉成帝召见王章，详细询问弹劾王凤的事。王章回答说："上天十分耳聪目明，它保佑善良而降灾祸给邪恶的人，常用天变作为信验。如今陛下因为无子，所以特别亲近定陶王刘康，这是为承继祖先宗庙，尊重国家，上顺天意，下安民心的作为，是一桩善事，上天应有祥瑞才对，怎么会有灾变呢？灾变发生，那是因为不能忍受大臣专政的缘故。如今听说大将军王凤把日食的发生归咎于定陶王刘康，建议遣送回藩国，目的是使陛下孤立无助，满足他能控制朝政的私欲，这种行为不是忠臣应该有的。况且日食的发生，是由于阴气侵犯了阳气，是臣子专擅君权的罪过。如今朝廷大小事件，都由王凤来裁定，皇上连插手的机会都没有，王凤不从内心检讨，反而怪罪善良的人，把定陶王排挤到远方。何况王凤毁谤欺骗的不忠之事，何止一件。前任丞相乐昌侯王商，本是宣帝舅舅王武的儿子，品德纯厚，威望素重，因而位居将相，是国家的栋梁之臣。由于他耿直正派，不肯向王凤屈膝，结果竟因闺房隐私，被王凤罢官，以致忧愤而死，大家都为他悲伤而惋惜。还有王凤明知他小妾的妹妹张美人曾出嫁过，依礼不当再配给至尊的皇上，他借口说她能生儿子，把她纳进后宫，徇私偏袒她；可是张美人进宫后，却没有怀孕生子。况且西羌、北胡那些少数民族，对女人第一胎的婴儿，还要杀掉，称为洗肠，目的在于纯正血统，何况皇帝陛下，怎可以接近已嫁过人的女子？这三件都是大事，是陛下亲眼所见，足以推断其他看不见的事情。王凤不当继续主持朝政，应该让他辞职让位，回到他的侯府，另选忠良贤能的人来代替。"

自从王凤上奏罢免了丞相王商，后又遣送定陶王回到封国，汉成帝内心愤愤不平。等听到王章秘密上奏后，顿然醒悟，决定采纳王章的建议。汉成帝对王章说："如果没有你京兆尹的直言，朕就听不到国家大计的言论。况且，只有贤能的人才知道谁是贤人，卿试着给朕找一个可以辅佐的人。"于是王章秘密上奏，举荐信都王刘兴的舅舅琅邪太守冯野王，说他忠心正直，很有谋略。汉成帝为太子时，多次听说冯野王的名声，正要依靠他来代替王凤。王章每次被召见，汉成帝就让身边的人回避。当时皇太后的侄儿王音独自从旁偷听，了解王章的所有呈奏，向王凤报告。王凤听说后，既忧虑又恐惧。杜钦出主意让王凤搬出大将军府，回到自己侯爵住宅，上疏辞职退休，言辞十分悲痛。皇太后听到了，为王凤哭泣，绝食抗议。汉成帝从小就亲近依赖王凤，不忍心罢他的官，于是下诏书亲切挽留，不准辞职，勉励王凤起身任职，王凤于是称病愈，恢复办公。

汉成帝指使尚书上奏弹劾王章说："王章明知冯野王先前因是亲王舅舅的缘故，外放就任地方官，而私自举荐，想让冯野王回到朝中，谄媚诸侯；又明知张美人已经匹配皇上，而荒谬地引用羌胡杀子洗肠的事来比喻，不是臣子应该说的话。"汉成帝把奏章下发主管官吏查办。廷尉罗织罪状判王章大逆不道之罪，判词说："王章把皇上比喻为羌胡蛮族，想用洗肠的办法断绝皇上的后嗣，背叛天子，私心是替定陶王谋划。"王章终于死在狱中，妻子流放到合浦。从此以后，公卿大臣遇见王凤，都侧目而视，敢怒不敢言。

冯野王因为牵连到自己，坐立不安，非常忧惧，就请病假，三个月期满，汉成帝准他带职养病，冯野王便带妻子回到故乡杜陵就医治病。大将军王凤指使御史中丞上奏弹劾，说："冯野王被赐准带职养病，却私自越过郡界而回家，这是对诏书存心不敬。"杜钦给王凤书信劝说："二千石的官员患病，得到皇上恩准带职回家养病，这是有前例可循的；控诉他不应擅离郡界，没有这个法令条文。古书上说：'对奖赏有疑问，宁可奖赏'，目的是在于推广恩德，勉励人立功；'对惩罚有疑问，就免去惩罚'，疑罪从无在于谨慎刑法，避免冤狱。现在把法令和前例丢在一边，而去援引'大不敬'的法条治罪，完全违背'疑罪从无'的古训。如果二千石官员是管辖千里国土，负责军事重任的，不能擅自离开本郡，就应制定新的法条，予以约束后人，而冯野王所犯的罪，却发生在未制定法条之前。惩罚和奖赏必须令人信服，不能不慎重啊！"王凤不听，冯野王竟被免去官职。

当时许多人知道王章死于冤狱，纷纷讥刺朝廷，杜钦为了补救王凤这个过失，又劝王凤说："京兆尹王章被判的罪名，十分隐秘，近在京师的人都不知道，更何况其他远方的人呢？怕天下人不知道王章的确有罪的，而误认为他是因直言规劝才被判刑。如果这样，不仅将会阻塞今后臣下的进谏，杜绝了皇上引纳建议的来源，而且还会伤害朝廷宽厚的德惠。恕我愚昧，应当利用王章的事件，下诏全国举荐直言极谏的人士，以及现任近卫郎官，让他们尽情畅所欲言，比以往更为宽松，用来向四方昭示，让天下的人全都知道皇上圣明，从不因言论治人的罪。如果这样，谣言自然平息，怀疑的人也就没有了。"王凤报告汉成帝，按杜钦的办法实施。

这一年，陈留太守薛宣，调任为左冯翊郡太守。薛宣治理陈留时，所到之处都很有声誉。薛宣的儿子薛惠为彭城县令，薛宣途经彭城，知道儿子没有才能，因此他根本不考查儿子行政方面的事。有人问薛宣："为什么不教导和训诫你儿子怎样当官呢？"薛宣笑着说："当官的诀窍，就是要严格遵守朝廷的法令，以法为师，一问便知。至于能不能当好官的才干，那是天生的，到哪里去学呢？"大家都传颂这句话，认为薛宣说得有道理。

（以上为第十三段，着重写阳朔元年一件大事，京兆尹王章秘密上奏，直言朝政，蒙冤而死。成帝昏庸，大权旁落，可视为王氏代汉的伏笔。）

汉成帝阳朔二年（戊戌，公元前 23 年）

春季，三月，大赦天下。

御史大夫张忠去世。

夏季，四月二十七日丁卯，汉成帝任命侍中、太仆王音为御史大夫。王氏的权势日益强大，郡国守相、刺史都出自王氏家族的门下。从前同一天封侯的王谭、王商、王立、王根、王逢时五位兄弟，争相奢侈攀比，接受贿赂和馈赠的珍珠宝玉，从四方八面涌入王氏家门。他们又都洞晓人事，好士养贤，输财施舍，互相标榜高尚；宾客满门，竞相传诵王氏美好的声誉。刘向对陈汤说："如今灾异如此严重，而皇亲国戚的权势日益强盛，如此下去，势必威胁刘氏王朝。臣有幸是高祖幼弟楚文王刘交的后代，虽然是疏远的族属，但累代都蒙受汉室的厚恩，臣又是宗室老臣，历事宣帝、元帝、成帝三位皇帝。皇上因为臣是先帝老臣，每次接见我，都给予特别礼遇。如果我不说话，谁还有资格进言！"因此呈递秘密奏章，直言竭力规劝，说："臣听说，没有一个国君不盼望安定，但却常常陷于危险之中；没有一个国君不盼望长存而却常常遭到灭亡。这是由于皇上失去驾驭人臣的办法。让大臣操纵朝廷大权，控制国政，没有不因此而危害国家的。因此《书经》上说：'大臣一旦作威作福，不仅对家族造成灾难，而且对国家造成凶险。'孔子说：'国君不能支配俸禄，大夫操纵政权'，这是国家危亡的先兆啊！如今王氏一姓，能坐红色车轮和彩色轴头的华丽车子的，就有二十三人，佩青、紫色印章绶带，帽上有貂尾与蝉纹绣花的列侯，充斥皇宫，排列在皇上左右，密如鱼鳞，大将军王凤主持朝政大权，五侯骄横奢侈，作威作福，随意横行，行为卑污，却伪装廉洁，一身为私，却假装为公，依仗皇太后的尊位，假借甥舅间的亲情，取得权势。尚书、九卿、州牧、郡守都出自王氏家门，掌管国家机要部门，结党营私。赞扬王氏的人都能得到高升，与王氏作对和憎恨王氏的人，不死即伤；游闲说客之流给他们歌功颂德，一些执政的人也替王氏说话。排斥刘氏宗室，孤立刘氏皇族，皇族中稍有智能的人，尤其受到毁谤，不得晋升，阻绝皇族，不准他们在宫中任职或奉朝请，使其跟皇上疏远，害怕皇室宗亲的人分权，削弱了自己的权势，还经常在皇上跟前提起从前燕王、盖主谋反之事，以表示皇族同样可以谋反，使皇上对宗室大臣心生猜忌，却故意回避吕后的娘家吕产、吕禄等擅权专政，以及霍光的子侄和女婿们反逆被杀的往事，迷惑皇上不对王氏外戚起疑心。在内心里，王氏和管叔、蔡叔一样，叛乱之念已经萌芽，外表上，却借口皇上年幼，自比周公摄政，兄弟盘踞朝中重要位置，王氏宗族盘根错节，从上古直到秦朝、汉朝，外戚僭越，冒用皇上的职权，从没有像王氏这个样子。物忌太盛，太盛一定有不同寻常的天变警告，显现这种人的隐微动机。孝昭帝元凤三年，泰山就有大石块自行起立，上林苑中的枯干的柳树复苏重生，昭示孝宣帝即位。如今王氏在济南郡的祖先坟墓，老屋的梁柱上忽生枝叶，枝叶伸出户外，树根深植地下泥土中，比起泰山大石块起立，枯干柳树复活，是更明显的征兆。两个人主必然势不两立，王氏、刘氏也不可能同时并存，若王氏有泰山那样安稳，而皇上就像堆叠起来的蛋，随时都有倾倒破碎的危险。陛下身为刘氏子孙，守持皇位，却将国家的命运转移到外戚的手中，竟使自己降低成贱役之辈，即使陛下不替自己打算，也应为刘氏宗庙考虑！妇人应当是亲近夫家，疏远娘家，而皇太后却反过来亲近娘家，这并非是皇太后的福分。孝宣皇帝不给舅舅平昌侯王无故大权，为的是保护舅家的安全。英明的君王能在无形中为人造福，把灾祸消除在未发生之前。皇上应当发布明白昭示的诏书，吐发善言，提拔宗室的人以为奥援，亲近信用，疏远外戚，不要交出大权，全都让他们解职回到自己的府第，效法先帝孝宣皇帝的行为，生活上厚待外戚，保全他们的宗族，这才符合皇太后的本意，也是外戚的福分。王氏家族永存，保住爵位和俸禄，刘氏皇族长治久安，不丢失江山。这才是和睦内外两姓，让子子孙孙享受无穷的策略啊！如果不这样，那么田氏篡齐的事件又要重现于今了，晋国六卿分晋的事重演于汉朝，为后世子孙带来忧患，这是多么明显啊！请求陛下三思。”

刘向的奏疏呈上后，汉成帝召见了刘向，知道他叹息悲伤的深意，对刘向说：“你不必再说了，我将认真考虑。”然而最终没有采取行动。

秋季，关东发生大水灾。

八月初十日甲申，定陶共王刘康辞世。

这一年，改封迁徙信都王刘兴为中山王。

（以上为第十四段，录载刘向长篇上疏，陈奏外戚专权之祸，指出刘姓政权面临的危机。糊涂透顶的汉成帝得过且过，毫无能力采取措施。）

【点评】

汉成帝昏庸，权落外戚。本卷史事给读者提出了许多沉重的思考。第一，汉成帝这个误国昏君，个性仁懦，人又聪明，心地善良，有一份孝心。皇太后王政君并不是汉成帝的生母，但他贵为天子，却极有孝心，王政君一耍妇人的小脾气，流眼泪，不吃饭，汉成帝就慌了神，撤销了对王凤的罢免令，转而收拾王章，是非不分，黑白不明，这就是昏君的特点。成帝也想把国家治好，一即位就斥逐了中官权臣石显，下诏求言，似乎有一线新生的曙光，但很快政权就旁落外戚。成帝效法先帝汉元帝节俭之风，减少皇室用费，甚至许皇后都提出了抗议；成帝赈灾、减税，水灾后尚思救弊，修治河堤，安定四夷，加强教育投资，大规模整理图书，给历史留下了闪光的一页。这些善政，表现了成帝仁厚的一面。成帝依赖王凤，常常迫于王凤压力违心处理国家大事，每一次斥逐耿直大臣，冤杀王尊、王章，罢免王商，甚至迫使定陶王回到封国，成帝都是违心做出的决定，这表现了成帝的懦弱，畏惧权臣，产生了依赖心理。成帝没能力治国的弱点，他的父亲汉元帝早就看出了，想要废太子，可是儒家有立嫡不立庶的宗法制度，废立太子是举国震动的大事件，不是乾纲独断的帝王是下不了决心的。汉景帝废立太子带来了汉武帝治国的隆盛；汉武帝废立太子，带来了汉室中兴。而匈奴立单于都是以贤立，既可以父死子继，又可以兄终弟及。呼韩邪单于临终，大小阏氏都支持立长君，不以嫡子为意，有利国家。宗法制度造成汉成帝式的昏君接二连三地产生，是专制政体不可克服的又一病根，岂不令人深思。

第二，那些道貌岸然的纯儒君子，迂腐僵化，这等人当政，简直是误国误民。丞相匡衡，知名大儒，官至丞相，历事汉元帝、汉成帝两朝，他干了些什么呢？为了保持爵禄，投靠石显做帮凶；石显倒台，翻脸落井下石；抠死理，钻牛角尖，抓住一个“矫诏”由头，硬是与陈汤过不去，历经元帝、成帝两朝，念念不忘置陈汤于死地。他抓住陈汤贪财做文章，而自己却在封地里强占土地四百余顷，管家盗取财物价值黄金十斤。更不能容忍的是，身为丞相，不为百姓谋利益，反而阻止维修黄河堤，导致后来的黄河大决口，却没有被追究。一个昏庸皇帝，任用玩忽职守的伪君子，要想国家奋发图强，岂不是南辕北辙吗？

第三，还有一些既为善又为恶的骑墙官员，如杜钦、谷永。他们既是权臣王凤的帮凶，又尽可能降低危害国家事件的负面影响。例如为功臣陈汤辩护，保护人才，借王章冤死事件求纳善言，改善紧张关系，缓和矛盾。如果明君当国，政治开明，杜钦、谷永是良臣，而今权臣王凤专政，能够做到和稀泥，也算是不错的了。

汉纪二十三

汉成帝阳朔三年至永始三年（公元前22—前14）

【起屠维大渊献（己亥，公元前22年），尽强圉协洽（丁未，公元前14年），凡九年】

【大事提要】

本卷记事起公元前22年，讫公元前14年，凡九年，当汉成帝阳朔三年至永始三年。这一时期是汉成帝的中期政治，九年之间几无善政可述。成帝更加荒怠政事，极意声色游乐。鸿嘉元年（前20），成帝与嬖宠张放想出新招，微服出游，皇太后和大臣皆以为忧。直到永始二年（前15），班伯进言，皇太后、诸舅大臣及朝官共同劝谏施压，成帝迫不得已斥遣张放出京做外官，还时常优诏慰问。鸿嘉三年（前18），赵飞燕姐妹大受成帝宠幸。到永始元年（前16）赵飞燕竟然夺取正宫成了新皇后，许皇后被废，打入冷宫。赵皇后行为不检，污秽后宫，大臣交章上书切谏。王音、刘辅、刘向、杜业、谷永、梅福等谏书频奏，成帝不纳。本卷长篇摘载奏书，以彰汉成帝的昏聩顽劣。这时西汉国势渐衰，农民起义此起彼伏。阳朔三年（前22），颍川郡铁官徒暴动，永始三年（前14），尉氏县樊并造反，山阳郡铁官徒起事，自称将军，流窜十九个郡国。水旱之灾频繁发生。鸿嘉四年（前17），黄河在清河等郡决口，淹没三十一县，成帝竟然不加修治，任由洪水泛滥。西汉政治的衰败，不可逆转。代汉的王莽在本卷初露头角。

孝成皇帝上之下

汉成帝阳朔三年（己亥，公元前22年）

春季，三月壬戌日，在东郡落下八块陨石。

夏季，六月，颍川郡铸铁官所属服徭役的申屠圣等一百八十人造反，杀了长官，盗取武库的兵器，自称将军，流动作战，历经了九个郡。朝廷派出丞相府长史、御史中丞去追捕，用战时军事法行事，全都被抓获伏法。

秋季，王凤生病，汉成帝多次探问，亲自握住王凤的手，流着眼泪说："将军病重，若有不测，用平阿侯王谭接替将军可以吗？"王凤叩头流泪说："王谭等人虽然和臣是至亲，但他们生活奢侈，行为没有规矩，不能为民众做出表率。与其任用王谭，不如任用御史大夫王音，他做事言行谨慎，臣敢以生命做担保。”等到王凤临死时，又上书汉成帝称谢，再次坚持推荐王音代替自己，细说王谭等“五侯”一定不可重用，汉成帝认为说得对。起初，王谭非常傲慢，不肯向王凤低头，而王音尊敬王凤，恭敬卑谦就像儿子对待父亲一样，所以王凤竭尽全力推荐他。八月二十四日丁巳，王凤去世。九月初二日甲子，任命王音为大司马、车骑将军，而王谭只进位特进，掌管城门卫兵。安定太守谷永认为王谭失去了执政大将军的职位，劝他辞职，不接受掌管城门卫兵的职位。因此，王谭与王音，相互结下了怨恨。

冬季，十一月初六日丁卯，任命光禄勋于永为御史大夫。于永，是于定国的儿子。

（以上为第一段，写阳朔三年，社会发生动荡，东郡铁官徒造反。王凤堂侄王音亲附王凤，得以取代王凤亲弟王谭而继王凤之后执掌国政。）

汉成帝阳朔四年（庚子，公元前 21 年）

春季，二月，赦免天下。

夏季，四月，降雪。

秋季，九月十六日壬申，宣帝的儿子东平思王刘宇去世。

任命少府王骏为京兆尹。王骏，是王吉的儿子。先前，任过京兆尹的赵广汉、张敞、王尊、王章，以至现任的王骏，都以才干闻名，因此京师传颂说：“前有赵、张，后有三王。”

闰十二月初七日壬戌，于永去世。

乌孙的小昆弥乌就屠去世，他的儿子拊离继位，拊离被其弟弟日贰谋杀。汉派遣使臣去封拊离的儿子安日为小昆弥。日贰就逃亡到康居国，安日派贵族姑莫匿等三人也伪装跟随日贰逃亡，找机会刺杀了日贰。于是西域各国都上奏汉天子，请求再派遣前任都护段会宗返回西域；汉成帝批准了这个请求。西域有城邦的国家听到这个消息，都一致亲附了汉朝。

谷永上奏说：“圣明的君王，考查一个人，不仅注重名声，更注重他的实际才能；御史大夫责任重大，少府薛宣精通行政事务，请陛下留意考察！”汉成帝同意他的举荐。

（以上为第二段，写阳朔四年，成帝对京兆尹和御史大夫的任命，以及西域都护的人选，察纳善言，颇为得人。）

汉成帝鸿嘉元年（辛丑，公元前 20 年）

春季，正月初九日癸巳，任命薛宣为御史大夫。

二月二十八日壬午，汉成帝前往视察他自己的寿陵工地，赦免了修建陵墓的囚徒；把陵墓所在的新丰的戏乡改为昌陵县，作为寿陵的奉邑。

汉成帝首次微服出巡，只带十几个期门郎或宫奴跟随，有时乘坐小车，有时大家一起骑马，出入于京师大街、小巷、郊外，甚至远到长安附近邻县地区的甘泉宫、长杨官、五柞宫去看斗鸡赛马，经常自称是富平侯的家人。富平侯是张安世第四代孙张放。张放的父亲张临娶皇上的姑姑敬武公主生下张放。张放任职侍中、中郎将，娶许皇后的妹妹为妻，因此，张放当时受到的宠爱无人可比，汉成帝微服出行就冒称是张放的家人。

三月二十七日庚戌，张禹因年老多病辞职回家，以侯爵的身份每月初一、十五上朝觐见，赐位特进，受到的接见礼遇与丞相一样，所得到的赏赐前后达数千万之多。

夏季，四月二十七日庚辰，任命薛宣为丞相，封为高阳侯；京兆尹王骏为御史大夫。

王音以堂舅父的关系超越亲舅“五侯”而掌握大权，因此特别小心谨慎。汉成帝把王音由御史大夫而直升为车骑将军，却没有封侯，所以在六月乙巳日（疑误），封王音为安阳侯。

冬季，黄龙出现在真定县。

这一年，匈奴复株累单于去世，他的弟弟且麋胥继位，称为搜谐若鞮单于。搜谐若鞮单于派他的儿子左祝都韩王呴留斯侯出使汉朝留侍京师，又任命且莫车为左贤王。

（以上为第三段，写王音以皇上表兄弟之亲取代亲舅“五侯”执政，小心谨慎。汉成帝微服出宫嬉戏游乐。）

汉成帝鸿嘉二年（壬寅，公元前19年）

春季，汉成帝巡幸云阳宫和甘泉宫。

三月，博士举行大射礼，忽然有一群野鸡飞集庭院之中，然后顺着台阶一级一级登上厅堂，发出叫声；随后，野鸡群又飞集到太常、宗正、丞相、御史大夫、车骑将军各府鸣叫一阵，继后又飞集到未央宫承明殿屋顶上留宿。车骑将军王音，待诏宠等人上书说：“天地间的云气，分类凝聚，互相呼应。对君王显示告诫的征兆，即使很细微，却是非常明显的。野鸡听觉敏锐，能先听到雷声而鸣叫，所以《礼记·月令》篇就用野鸡的鸣叫来分别节气。《书经》记载：商代的高宗祭祀祖先成汤时，有野鸡飞到大鼎耳上鸣叫，这是一桩不祥的异兆，高宗改行德政，转祸为福，可说这是历史的见证。而今野鸡在博士举行大射礼之日，顺着台阶，登上厅堂鸣叫，使得众多的人瞪大眼睛茫然看着，惊怪了好几天。野鸡又径直飞集三公的府上，还飞到太常、宗正这些掌管宗庙和骨肉亲属的官府，最后又飞到了未央宫屋顶留宿。野鸡这一连串的非常动作，它所显示的警示意义既完备又深切，即使用人事来劝诫，也没有比这更明显的了。”随后汉成帝命中常侍晁闳下诏书给王音说：“听说捕捉到的野鸡，发现它的羽毛很多被折断，像是被人捕捉来的，莫不是有人故意这样做。”王音再次上书说：“陛下怎么说出这样亡国的话！不知是谁设计的谄媚策略，用来毁坏陛下的圣德，才说出这种话。陛下左右奉承谄媚的人很多，用不着臣再来说奉承话。公卿以下大家都只顾保守好自己的职位，不敢说一句正直的话。臣今吐直言，若能让陛下醒悟，恐怕就要大祸临头，严厉地斥责臣下，无情地用法律制裁，臣王音会第一个被诛杀，哪还有办法解救自己？但臣还是要直言，如今陛下即位已十五年，还没有继承皇位的太子，可陛下却每天驾车出游，过失的行为传遍全国，外地的流言比京师还严重。陛下外有微服私游的毛病，内有疾病缠身，上天多次显示灾异，是警示陛下自己改正错误，而陛下并没有改过。皇天都感动不了陛下，臣等还能有什么办法可指望？唯有极力冒死进言，把生命置于极短的朝暮之间。如果不这样做，大祸到来，臣的老母都不知安身何处，怎又顾得上侍奉皇太后？汉高祖创下的天下，陛下该当交给谁呢？陛下跟贤能智慧的人一起谋划，克制自己的私欲，言行合于礼规，遵循天意，继承人问题才可解决，灾变才会消失。”

当初，汉元帝十分俭约，他的渭陵不再移民充实，也不设立县邑。可是，汉成帝建完自己的初陵，几年后，又认为霸陵曲亭南边的风水更好，重新在那里建造初陵。将作大匠解万年要陈汤上奏，请求往初陵移民，并在那里设置县邑，想为自己邀功，谋取重赏。陈汤便自己请求率先迁移，希望分到豪华的住宅和肥沃的田地。汉成帝采纳了他们的主张，果然建置了昌陵邑。

夏季，迁徙郡国中拥有家财五百万以上的豪富五千户到昌陵。

五月初六日癸未，在杜邮落下三块陨石。

六月，册封中山宪王刘福的孙子刘云客为广德王。

这一年，城阳哀王刘云去世；因无子继承，封国被撤除。

（以上为第四段，写成帝从鸿嘉二年起，行为放纵，微服游乐，铺张建置寿陵。车骑将军王音借口野鸡飞集官府、皇宫这一异常事件，极力直谏汉成帝节制游玩。）

汉成帝鸿嘉三年（癸卯，公元前18年）

夏季，四月，赦免天下。

发生大旱。

王氏家族的五位侯爵，互相攀比豪华奢侈。成都侯王商有一次生病，想避暑，就向汉成帝借用明光宫。后来又凿穿长安城墙，挖掘渠道，把沣水引到他家的人工湖里，用来泛舟取乐。用羽毛编制船篷，在船的四周张挂帷帐，令划船手高唱古越歌谣。汉成帝曾到王商家，看到穿城引水，心里十分不满，但没有发作说话。随后汉成帝微服出行，路过曲阳侯王根家，又看见他园中有人工假山以及建在水中的渐台，格局就像未央宫中的白虎殿，因此皇上大怒，并申斥车骑将军王音。王商、王根兄弟打算请求自己脸上刺字，割掉鼻子，向皇太后请罪，用以胁迫皇上。皇上听说后，越发生气，就派尚书质问司隶校尉和京兆尹，你们明知成都侯王商等人生活奢侈，行为越轨，又窝藏罪犯，你们竟敢徇私放纵，不举奏揭发，绳之以法！司隶校尉、京兆尹二人一起到宫外下跪叩头请罪。皇上又下诏给车骑将军王音说："外戚他们为什么心甘情愿遭受家破人亡！竟然想刺脸、割鼻，要在皇太后的面前羞辱朕，既伤害慈母的心，又扰乱国家！王氏宗族在朝中太过强横，朕在上面一身孤立，软弱姑息很长时间了，现今要对他们下一次狠手，坚决执法，你通知那几位侯爵，命令他们待在家里等候诏命。"当天，汉成帝下诏尚书，要尚书上奏文帝时诛杀将军薄昭的故事。车骑将军王音坐在草垫子上等候处分，王商、王立、王根都背负刑具请罪。过了很长一段时间，才赦免了他们。汉成帝特意这样安排，给他们一个恐吓警告，实际上没有真要诛杀他们的意思。

秋季，八月十五日乙卯，景帝陵园的北门失火。

起初，许皇后与班婕妤都受汉成帝宠爱。汉成帝曾经在后宫游乐，想要班婕妤跟他同坐一辆车上，班婕妤却推辞说："我看古代的图画，贤圣的国君，都是名臣跟随在身旁，夏、商、周三代的末代君王，才有宠爱的姬妾在身旁；今天要我和皇上一同乘车，岂不是和三代的末代国君相似吗？"汉成帝认为她说得对，就不再勉强。皇太后听到这件事，满意地说："古代有个进谏楚庄王好打猎的樊姬，当代有个贤德的班婕妤！"班婕妤举荐她的侍女李平给汉成帝，李平受到宠爱，也封婕妤，赐她姓卫。

后来，汉成帝微服出行，经过阳阿公主家，非常喜欢公主家的一位歌舞女子叫赵飞燕，就召进宫中，大加宠爱；赵飞燕的妹妹也被召入宫，她那天生的姿容仪态，真是纯美无疵，左右侍从看得目瞪口呆，禁不住啧啧称赞。宣帝时在后宫任披香博士的淖方成正站在皇上身后，吐唾沫说："她是祸水，定会把汉朝之火扑灭！"赵飞燕姊妹二人都被封为婕妤，受到汉成帝的宠爱，压倒后宫所有美女。连许皇后、班婕妤都失宠。于是赵飞燕进谗言，诬陷许皇后、班婕妤用妖术诅咒后宫嫔妃，甚至诟骂皇上。

冬季，十月十六日甲寅，许皇后被废，把她幽闭在上林苑的昭台宫，许皇后的姐姐许谒等人被杀害，皇后的亲属都被遣回原籍山阳郡。又拷问班婕妤，班婕妤回答说："臣妾听说：'死生有命，富贵在天。'修行正道，还不一定能蒙受幸福，从事邪恶，还想能有指望吗？假若鬼神有知，就不会接受不守臣道的人提出的控诉；如果鬼神无知，那控诉又有什么用呢？所以我不做这种事。"汉成帝认为她回答得好，就赦免了她，还赏赐黄金一百斤。

班婕妤看到赵飞燕姐妹的骄纵妒忌，担心时间一长自己还会遭到危害，就要求到长信宫侍奉皇太后。汉成帝答应她的请求。

益州广汉郡男子郑躬等六十余人造反，攻打地方官署，裹胁狱中囚犯，盗取武库的兵器，自称山君。

（以上为第五段，写汉成帝惩处王氏五侯，五侯丧胆，表明汉成帝仍有控制朝政的绝对权威，碍于王氏皇太后的袒护，始终不能下定决心罢斥五侯。这时出身微贱的歌舞女子赵飞燕姐妹，闯入成帝的生活，大受宠幸，乃至夺了许皇后之位。汉成帝沉溺女色，更加荒怠政事，无所作为。）

汉成帝鸿嘉四年（甲辰，公元前 17 年）

秋季，勃海、清河、信都各郡境内黄河洪水泛滥，漫过河堤，造成水灾，淹没了三十一县，冲毁邮亭、民房四万多栋。平陵人李寻上奏说：“先前廷议治河的官员，经常想去寻找九河故道的遗迹，重新疏通利用。现今趁着黄河决口，暂不堵塞，用来察看水流的形势，黄河流经的地方，当会逐渐形成自然的河道，冲冒泥沙。然后顺着天意疏通河床，一定能成功，能节省大量经费和人力。”于是停止治河工程，不堵塞黄河决口。朝廷大臣多次上奏说，受灾的百姓可怜，汉成帝这才派出使者前往灾区安置救济，重建家园。

广汉人郑躬的党羽日益壮大，前后侵犯了四个县，部众将近一万人，州郡长官没有能力控制。冬季，起用河东郡都尉赵护为广汉太守。赵护征调广汉郡兵和蜀郡的兵力会合，共三万人出击，又发布命令，如果郑躬的部众互相捕杀，或者投降官兵就免除本人的罪。一个月就平定了叛乱。升迁赵护为执金吾，赏赐黄金一百斤。

这一年，平阿安侯王谭去世。汉成帝后悔没有任用王谭为辅政大臣，王谭就死了，于是重新进用成都侯王商，位居特进，掌管城门屯兵，建置幕府，可以举荐官吏，权力与车骑将军一样。

魏郡人杜邺，当时任郎官，一向与车骑将军王音友好，看到王音先前与平阿侯王谭之间有怨恨，就劝说王音，说：“至亲骨肉得不到殊荣，哪能没有怨恨！从前秦景公是一个拥有千辆兵车的国君，却容不下一个同母弟弟公子鍼，受到《春秋》的讽刺。西周时的周公姬旦、召公姬奭就不是这样。他们都尽忠尽职，彼此情义相辅，互相敬重，平等相待，都不因自己德行高尚而独享国家的恩宠，也不因在位长久，而专享荣华富贵，以陕邑为界，划区分职，共同为弼辅大臣，所以对内没有抱怨，对外没有羞辱，共同享有上天的保佑，两人都获得很高的声誉，大概是他们的忠义带来的。我看到成都侯王商以特进之位掌管城门兵，又有诏命让他和丞相、御史、车骑将军、左将军、右将军等五府一样，有权举荐官吏，这很明显，皇上一定会宠信他。因而将军你应该顺着皇上的意思，要比平常时更要加倍地厚待王商，每一件凡是要协商的政事，都要和他商量，只要出于诚心实意，那么，两颗心就会高兴地融合在一起。”王音很赞同他的见解，从此就和成都侯王商交往亲密。王音、王商也都很敬重杜邺。

（以上为第六段，写黄河再次闹水害，汉成帝采纳错误意见，不堵决口，人民遭殃。外戚集团，王音、王商采纳杜邺之言，和衷共济。）

汉成帝永始元年（乙巳，公元前 16 年）

春季，正月二十二日癸丑，太官冰库发生火灾。正月二十七日戊午，戾后陵园的南门也发生火灾。

汉成帝想立赵婕妤为皇后，皇太后嫌他出身低贱，不同意。皇太后姐姐的儿子淳于长当时是侍中，经常往来于长乐宫说服皇太后；经过一年多努力，才得到皇太后旨意，批准了这件事。

夏季，四月十五日乙亥，汉成帝先封赵飞燕的父亲赵临为成阳侯。谏大夫河间人刘辅上书抗争，说：“从前周武王、周公，顺天应时，上天赐给他们白鱼、乌鸦的祥瑞，然而君臣之间仍是那样的恭敬戒惧，神色严肃地互相诫勉。何况现在，陛下并没有蒙受上天赐给太子的福气，反而多次受到上天愤怒降灾的警告。应该日夜都在自我责备，改过行善，敬畏天命，怀念祖宗的大业，精选品德高尚的人家，考求性情娴静的女子，用来承接宗庙，顺应神明，满足天下人的愿望，即便这样，享受生育子孙的福分，恐怕还要拖很久的时间！如今陛下却放纵情欲，倾心迷恋于卑贱的女子，想立她为皇后，让天下人把她奉为国母，既不敬畏天命，又不怕愧对人民，再没有比这更糊涂的了！俗话说：‘腐朽的木头，不可以做梁柱；出身卑贱的婢女，不可以当主人。’凡是上天和人民所不赞同的事情，只会带来灾祸而决不会带来幸福，这是街巷的小小老百姓都知道的道理，而朝中大臣却没有人出来说一句话，我非常痛心，不敢不冒死以进谏。”

奏章呈上后，汉成帝就派侍御史逮捕刘辅，关押在由宦官掌握的宫廷秘密监狱，大臣们都不知是何缘故。于是，左将军辛庆忌、右将军廉褒、光禄勋琅邪人师丹、太中大夫谷永等四人一起上书说：“刘辅原任襄贲县令，上书求见，皇上提升他为谏大夫，一定是他言论有高明独到的见解，又深合皇上的心意，所以才受到如此提拔。可是才一个月，却忽然被囚禁秘狱。臣等认为刘辅能以皇室宗亲的一员，排在谏臣行列，十分荣幸。但他刚从县里上来，不知朝廷体制，以致触犯忌讳，不应当过分追究。若是小过错，皇上应对他克制忍耐，如果有大的罪过，应公开他的罪状，交由廷尉审理，使大家都知道他犯的罪过。如今上天不高兴，多次降下灾异，水灾、旱灾交替发生，这正应当是皇上宽大为怀，广开言路，褒奖正直，让臣民畅所欲言的时候，可是皇上却对诤谏的臣子施以惨烈的刑罚，使群臣震惊，将会使臣下失去正直效忠的一颗心。如果刘辅不是因犯直言规劝而判罪，他的过失就不明显，那么天下的人就会有疑问而不能去挨家挨户解释。刘辅原本是皇上同姓的近臣，早就因直言而闻名，不论是作为皇族的榜样，还是培植忠良的样板，都不应该把他囚禁在宫廷秘狱。朝廷公卿以下大臣，看到皇上破格提升刘辅，而又突然打击他，人怀恐惧，即使想尽忠心也锐气尽失，没有人敢守节直言，这样就不可能昭示虞舜虚怀纳谏的胸怀。也不可能推广直言敢说的盛德风范！臣等十分痛心，希望陛下留心考察。”汉成帝于是把刘辅移交少府所属的监狱关押，减免死罪，判他三年徒刑，为宗庙采供柴薪。

当初，皇太后王政君有八个弟弟，其中有六个是庶出的弟弟，庶弟中唯有王曼早死，没有被封侯，太后心里非常惋惜。王曼的遗孀名渠，被供养在宫中，儿子王莽，因自幼丧父，不能与堂兄弟们享受到同等的荣华富贵。他的堂兄弟们都是将军。五侯的儿子借着父辈的尊贵地位，生活奢侈糜烂，他们以声色犬马互相攀比来争地位的高低。王莽恰恰相反，言行恭俭，洁身自好，勤奋好学，穿着普通的学生服装，侍奉母亲和守寡的嫂嫂，抚养去世的哥哥王永的儿子王光，都十分尽心尽意。另外，王莽对外结交才智杰出的朋友，对内侍奉伯父、叔父，委曲周备，彬彬有礼。伯父大将军王凤患病时，王莽在床前侍奉，亲自尝药，以致蓬头垢面，连梳洗的时间都没有，好几个月都没有解脱衣带。王凤深为感动，临死前，特意请求皇太后和汉成帝，任命王莽为黄门郎，后来又升为射声校尉。过了一段时间，叔父成都侯王商上奏汉成帝，愿把自己的封邑分出一部分封给王莽。长乐少府戴崇、侍中金涉、中郎陈汤等人都是当代的知名人物，他们都替王莽说好话，汉成帝因此也很器重王莽，而皇太后又一再唠叨，因此在五月初六日乙未，下诏封王莽为新都侯，又升迁为骑都尉、光禄大夫、侍中。王莽在宫中值勤侍奉汉成帝极为小心谨慎。王莽的官爵越尊贵，而他的态度越表现谦逊恭敬。王莽把自己的车马衣裘拿去周济门下的宾客，致使家里没有积蓄，收留供养名士，结交很多将、相、卿、大夫等文武大臣。所以在朝掌权的官员对王莽无不称赞，轮番推荐他，游说帮闲的人到处宣扬他，以至他的声誉大增，远远高于他的伯父、叔父。王莽还敢做出一些非常出人意料的行为，却毫无愧色。他曾经私下买了婢女，被他兄弟们知道，王莽趁势下坡说：“因为后将军朱子元没有儿子，我听说这女子会生儿子，所以买了她。”当天就把这个婢女送给了朱博。他为了隐瞒真情而博取名声，竟能使出这样的手段！

六月初七日丙寅，封赵飞燕为皇后，大赦天下。

赵飞燕被封皇后之后，受汉成帝的宠爱反不如从前。但是她的妹妹却受到汉成帝独特的宠幸，被封为昭仪，住在昭阳宫，庭院的装饰全用朱红色，殿阁漆成黑色，用铜做门槛，外面包上黄金，台阶用白玉雕成，墙壁中带状的横木都用黄金环装饰，还用蓝田玉璧、明珠以及翠色的鸟羽嵌入墙壁作为装饰。自从有皇宫以来，还从没有这样装潢过。皇后赵飞燕另居一宫，经常与侍郎和多子的奴仆私通，希望怀孕。皇后的妹妹赵昭仪曾经对汉成帝说："臣妾的姐姐性格刚强，得罪了不少人，如果有人陷害，那么赵家就要被灭族。"说完哭得非常悲伤。汉成帝相信了她的话，凡有密告皇后奸淫的人，成帝就把告状的人杀害。从此以后，皇后赵飞燕放纵淫乱，也没有人敢揭发，然而始终没有生儿子。

光禄大夫刘向认为君王要教化人民，应当由内向外推广，先从亲近的人开始实施。于是，刘向就摘录《诗经》、《书经》中所记载的能够兴盛国家、显耀家族的贤妃、贞妇以及庶子、宠妾淫乱而亡国的故事，按照一定的顺序编列而成《列女传》，共八篇；又摘录书传上有关国家兴亡的记载，著成《新序》、《说苑》，共五十篇，奏献给汉成帝皇上。还屡次上书评议政事上的得失，陈述治理国家值得效法借鉴的史事。前后上书数十次，供汉成帝观览，用以补救其缺点。汉成帝虽然不能都采用，但心里却认为他说得有道理，常常赞叹他。

（以上为第七段，写汉成帝荒淫而废除许皇后，以及宠幸赵飞燕姐妹的过程。王莽矫情，初露头角。）

汉成帝的寿陵，即昌陵，修建工程时过于浩大奢侈，历时很久仍没有完成。刘向上奏说："臣听说作为一个国家的君主，一定要精通夏商周三统历法的循环，要明白天命承传给予很多人，并不是只有一个姓独占。从古到今，没有不灭亡的国家。孝文帝曾赞美石椁的坚硬，张释之说：'如果石椁中藏有使人想要的东西，即便是与南山浇铸在一起，也会钻凿出缝隙。'说到死亡，是人的必然归宿，国家也有兴盛和衰亡，所以张释之的话是很有远见的。孝文帝领悟了，于是实行薄葬。使用棺椁埋葬，从黄帝时就开始了。黄帝、尧、舜、禹、汤王、文王、武王、周公，他们的坟冢都很小，陪葬的物品也很少，他们的贤臣孝子，也都顺承他们的遗愿，实行薄葬，这才是侍奉君父平安的大忠大孝。孔子将母亲埋葬在防邑，坟墓只有四尺高。延陵季子埋葬他的儿子，坟墓矮得几乎看不见。所以孔子仲尼是孝子，延陵季子是慈父，虞舜、大禹是忠臣，周公友爱弟弟，他们埋葬国君、父亲、骨肉兄弟都是薄葬，并不是抠门节省，而是为了合情合理。秦始皇埋葬在骊山之旁，地下深达三重泉水，用铜铁汁浇铸；地上垒起高高的坟冢，如同山陵，用水银做成江河，用黄金铸成野鸭、飞雁，收藏的珍宝，机械的巧妙，棺椁的华丽，宫殿的雄伟，后人再难以超过。天下的百姓不堪差役的痛苦，群起造反，结果，骊山的坟墓还没有建成，而周章的百万大军已经到达了。项羽入关烧了宫殿和陵寝建筑，牧童点着火把找寻失落的羊只，又失火烧了墓穴中的棺椁。从古到今，没有人的陪葬丰盛得超过秦始皇的。不过几年之间，就外受项籍之灾，内遭牧童之祸，这难道不是很悲哀的事吗？因此，道德越是高尚的，葬礼越是轻微；智慧越高的人，葬礼越是微不足道。既缺乏道德又缺少智慧的人，其葬礼越是富厚，坟墓越是高大，宫殿越是华丽，被人挖掘坟墓的时间就越是快速到来。由此看来，埋葬是吉还是凶，就如同光明与黑暗一样清楚明白。陛下初即位时，带头节俭，开始兴建初陵时，规模很小，天下人民都称赞皇上的贤明；后来改建昌陵，却垫高洼地而成山，挖掘民坟数以万计，还要建置县邑，建造房屋，限期建成，时间紧迫，所花费财力、人力达亿万之多，让死了的人含恨于地下，活着的人忧愁于世上，臣深为忧伤！如果认为死后有知，那么挖掘了人家坟墓，是会带来很多灾害的；若死后无知，那又何必把坟墓修建得那么大呢？大建陵墓的事如果咨询贤能的人，他们是不会喜悦的；如果告诉天下人，他们只会因此而痛苦。如果只是为了使那些愚夫和奢侈的人高兴，那又何必呢！希望陛下上观圣朝制度，作为法则，下览秦王朝灭亡的灾祸，作为戒鉴，初陵的规模，应当听从公卿大臣的建议，使天下人能休养生息！”汉成帝看到这番话，深为感动。

起初，解万年妄说只要三年，就可把昌陵修筑完工，到期却没能竣工。群臣议论纷纷，认为兴建昌陵有很多不方便的地方。汉成帝就把它交给主管部门去商讨，大家都说：“昌陵地势低下，却要用泥土去把它填高，填了三年，陵寝的便殿位置才在平地上，还要搬运别处的土来垒坟，而从别处运来的泥土，不能保护地下幽灵的平安，由于新土松软，所以不坚固。参与建坟的差役和工匠数万人，白天工作不停，晚上还要点上油灯，加班加点抢修，从东山运来的泥土，耗去的费用差不多与粮食价相等，由于连续几年的修筑，使全国民众都感到疲劳。原先所选定的初陵，顺着天然的地势，使用原地泥土，地势高亢宽广，又靠近祖坟，以前又有十年的修筑基础，还是应该建在那里，也不要移民去建置陵邑，这样比较有利。”秋季，七月，汉成帝下诏说：“朕遵守道德规范不够坚定，又没有广泛地征询群臣意见，错误听信了将作大匠解万年说的‘昌陵三年可以建成’的话，至今建造了五年，陵中的寝殿、司马门都还没有开工。国力已经空虚，百姓筋疲力尽，从外地运来泥土，土质疏软不好，始终不能完成，朕念及工程的困难，既伤心又感到不安。古人说过‘有了过失而不改正，那才是真正的过失’。如今撤销修建昌陵，仍建初陵，也不要迁移吏民到初陵去建置县邑，使天下人心安定。”

当初，酂侯萧何的子孙是继承爵位为侯的，因没有儿子继承或犯了法的，共有五次绝代，封国被撤销。高后、文帝、景帝、武帝、宣帝思念萧何的功劳，每次都让他的旁支继承爵位。本年，萧何第七代孙子酂侯萧获因犯教唆杀人罪被判死刑，后来减刑免死，改判四年徒刑。在这之前，汉成帝下诏要主管部门寻访汉初功臣的后代，许久没有结果。杜业劝汉成帝说：“唐尧、虞舜和夏、商、周三代，都是因封建了诸侯，才完成了太平盛世的伟业，因此燕国、齐国的祭祀能和周朝并传，而爵位可以由儿子继承，也可以由兄弟继承，香火永不断绝。这并不是那时的诸侯子孙没有触犯过国法，而是因为君王思念他们祖先竭尽其力，建有功勋，所以庇护他们的子孙而蒙受恩泽。回顾汉朝的功臣也都是剖符受封，世世代代继承，君臣双方立下了‘山河之誓’，然而，不过百余年，那些受封世袭的侯爵，几乎全都撤销。腐朽的骨骸孤单单地躺在坟墓之中，贫苦的后代流落在道路之上，活着的时候充当苦役，死后无葬身之地。拿古代的事和现在相比，实在太悲哀了。蒙皇上的怜悯，下诏寻访功臣的后代，四方人民都因此而欢欣，无不心悦诚服地归向朝廷。但是拖延了好几年，却没有访出头绪来，这恐怕是承办人不明大义，只用虚言应付差事。如此，就会使陛下深恩厚德遭到遮蔽而消失。舍不得封赏，不认真地查访布告天下，这不是传布教化，劝勉后人的办法。汉朝的功臣绝后的比较多，尽管很难都去继承，应该选择那些功劳显著的功臣后代去继承爵位。”汉成帝采纳这项建议。七月十五日癸卯，封萧何六世孙，巨鹿郡南䜌县的县长萧喜为酇侯。

册立城阳哀王刘云的弟弟刘俚为城阳王。

八月十九日丁亥，太皇太后王氏去世。

九月，在山东东莱出现黑龙。

九月三十日丁巳，发生日食。

这一年，任命南阳太守陈咸为少府，侍中淳于长为水衡都尉。

（以上为第八段，写汉成帝修建寿陵，由于计划不密，选址不周，匆匆动工，来回变动，劳民伤财，虚耗国力。在古代，现任皇帝建寿陵是一项国家大工程，而成帝与执政大臣竟然如此荒怠失职，表现了成帝时期的政治昏暗。）

汉成帝永始二年（丙午，公元前 15 年）

春季，正月初三日己丑，安阳敬侯王音去世。在王氏家族中，唯有王音比较修身谨慎，屡次规劝汉成帝，有忠直的节操。

二月二十八日癸未，这一天的夜晚，流星像雨一般地从天上坠落，光芒闪烁，没有掉到地面就消失了。

二月三十日乙酉，发生日食。

三月十二日丁酉，任命成都侯王商为大司马、卫将军；红阳侯王立位特进，领城门兵。

京兆尹翟方进被任命为御史大夫。

凉州刺史谷永，到京师上奏公事。事毕，正要返回凉州，汉成帝派尚书去问谷永还有没有什么话要说。谷永就回答说：“臣听说治理天下的君王，主宰一个国家，最大的忧虑，就是君主有了危亡的事情，而拯救危亡的办法却不能上达。假若拯救危亡的意见能够上达，那么商朝、周朝就不会改朝换代，相继兴起，夏、商、周三代的历法也就不会改变了。夏朝、商朝将灭亡的时候，连走路的人都知道，但当时的在位君王，却自以为自己就是天上的太阳，没有人能够危害他，因而罪恶一天一天增多，而他自己却毫无察觉，甚至政权即将倾覆，仍不醒悟。《易经》说：‘危机出现，有使它转为安全的方法。灭亡的征兆显现，有使它保全的方法。’陛下如果真正垂意听取臣属的意见，使他们不因触犯忌讳而遭到杀头，让那些像草芥一样的小臣，敢于将自己所见所闻向皇上陈述，这是群臣最大的心愿，也是国家长久的福佑！

“去年九月，有黑龙出现，当月三十日，发生日食。今年二月二十八日己未夜晚，有流星陨落；三十日乙酉，又发生日食。在六个月的时间内，就发生四次大的天象变异，而四次却是九月、二月，每月发生两次。看看夏、商、周三代的末期，春秋时的天下大乱，都没有这种现象。臣听说夏、商、周三代所以丧国、丧宗庙，都是因为妇人和一群恶劣的小人，沉湎在酒中。秦王朝所以只传两代，共十六年就被灭亡，也是由于他们生活太骄纵奢侈，死后埋葬过于丰厚。这两样，陛下现在同时都具有，臣愿简要地陈述它的后果：

“建始、河平年间，许皇后，班婕妤两姓外戚，尊贵无比，震动一时，像烟火一样熏灼四方。皇上对美女的宠爱，已登峰造极。当今后起的赵氏姐妹、李平等女人受到的宠爱，却又十倍于先前的许氏、班氏。废弃了先帝的法度，轻信女宠的谗言，随意任官封爵，犯了死刑的罪人无端释放，还让她们的亲属骄奢无比，赐给他们权力，横行霸道，扰乱朝政，负责纠察的官员，无人敢执法办事。另外，宫中掖庭的诏狱简直就是害人的陷阱，苦刑拷打的痛苦犹如殷纣王时的炮烙之刑，灭绝人性，夺取生命，原来只是皇上替赵飞燕、李平两家报仇出气。罪证确凿的犯人，却无罪释放；公正办事的官吏，反而受到逮捕审问。监狱中大多数都是无罪之人，是在苦刑之下屈打成招而有罪。赵、李两姓贵戚，甚至替人放债，自己坐地分利，或接受其财物报谢。活着入狱，死后出牢的事件，不可胜数。因此上天便一再地发生日食，来彰明赵飞燕、李平两家外戚的罪恶。

“一个君王，一定是自己先毁灭自己，然后上天才会毁灭他。如今陛下不顾身为一国之尊，而喜欢做家奴小人的微贱之事；厌弃崇高至美的皇帝称号，却喜欢冒顶一个普通男子的名字让随从呼唤。又集结一些无赖、轻佻、好斗的小子，当作自己的宾客。经常离开稳固的深宫，挺身外出，不分昼夜，同那一群小人相伴随，就像乌鸦一样时聚时散，醉饱在官吏小民的家里，穿着平民的衣服，不分尊卑，共起共坐，酗酒戏弄，男女相混无别，尽情欢乐，日夜在外而不回宫，让负责门禁和奉命宿卫的武臣，手执干戈，在那里保护一座空宫。公卿等百官，都不知道陛下在什么地方。这种情况已经连续好几年了。

“君王是以人民作为根基，民众又是以财产作为根本，财产枯竭，那么民众就会反叛，民众反叛，则国家灭亡。因此，圣明的君王都十分爱护、保养这个根基和根本，不敢穷奢极侈，使唤老百姓就像承奉重大祭祀一样，必须谨慎恐惧。如今陛下却那样轻易地剥夺民众财产，不爱惜民力，听信邪臣的计谋，放弃高大开阔的初陵，改变方案去修建昌陵，役使修陵的人工，超过楚灵王修建乾溪宫殿一百倍，财力的耗费可与秦始皇修建骊山陵相比。如此耗尽天下人民财产，经过五年苦修，仍不能建成，然后只好再回去修建初陵。以致百姓愁恨动天，饥荒连年发生，百姓四散逃荒乞讨，饿死在道路上的就有好几百万人。国家没有够一年用度的储蓄，百姓没有十天的积蓄，上下匮乏，彼此都无法相救。《诗经》说：'商朝子孙的借鉴，近在前朝，看一看夏桀是怎么灭亡的就够了。'希望陛下能仔细回顾夏、商、周、秦失去天下的原因，作为镜子照照自己，若陛下的言行不像他们那样，我愿意服妄言之罪，接受诛杀。

"汉朝的建立，已经历九代，一百九十余年，子继父位的国君不过七位，他们都是承天顺命，遵守祖先的法度，或以中兴隆盛，或以太平治世，国家安定；偏偏传到陛下，却独自违背天道，放纵情欲，轻贱自身的健康而任意妄为。正值盛壮之年，却享不到有儿子的福气，又有国家危亡的忧虑，长久不履行君王的责任，言行都不合天意，这样的事例实在太多了。身为子孙，却如此承继着先人的功勋事业，难道不觉有愧吗？如今社稷、宗庙的祸福安危的关键，全在于陛下一人所为。陛下若真能明白，醒悟过来，专心一意回到正道上来，彻底改掉从前的过失，那么，等到重新建立显著德行之后，巨大的天地灾异就可能消除，已失去的天命也可能兴复，社稷、宗庙也许可以得到保全！请陛下再三注意，仔细考察我的建议。"

汉成帝性情宽厚，喜好文章，却沉迷于饮宴作乐，这都是皇太后和诸舅们日夜忧虑不安的。由于都是至亲，故不好再三劝谏，所以共同推请谷永等趁着天象变异时机，向汉成帝直言极谏，希望皇上能够接受。谷永知道有他们的内应，因此尽情陈述，毫无顾忌，每次规劝，都能得到汉成帝的回答和礼敬，但是这次呈上的奏章，汉成帝却很生气。卫将军王商得到消息，暗中透露消息，要谷永赶快离开京师回凉州。皇上命侍御史拘捕谷永，又告诫侍御史，若谷永走出离长安六十里的交道厩，就不要追了。结果侍御史追到交道厩，谷永已远去。这时皇上的心情也宽和了，后悔派人拘捕谷永。

汉成帝曾经与张放以及赵、李两姓中的侍中在宫中宴饮，大家举起满满的酒杯一饮而尽，发狂地大笑取乐。在皇上座位附近有一扇展开的绘画屏风，画面上是殷纣王醉坐在妲己身上通宵取乐。当时侍中、光禄大夫班伯也在座，他久病初愈，汉成帝回头指着屏风上的画问班伯，说："纣王昏庸无道，真是这个样子吗？"班伯回答说："《书经》只是说纣王'听信妇人的话'，哪至于放纵到坐在妲己身上的样子啊！这就是说，一个人一旦做错了事，就把所有的坏事加到他身上。"汉成帝说："如果不是这样，那么这幅画又警示些什么呢？"班伯回答说："《书经》记载，商纣王‘沉湎于酒’，所以微子数谏无果之后就告知箕子、比干而离开了纣王。《诗经·大雅·荡》说：酗酒过度，就‘大喊大闹’，所以写《大雅·荡》的诗人禁不住涕泣横流。《书经》、《诗经》对于淫乱的劝诫，追根究底，因酒而起！”汉成帝感叹地说：“朕很久没看到班先生，今天又听到你正直的话。”在座的张放等人很不高兴，陆续起身托言上厕所，趁势溜走。

这时，长信宫的一位庭林表恰好来到未央宫，看见了这一幕。后来汉成帝到东宫朝见皇太后，皇太后流着眼泪说：“皇上近来脸色又瘦又黑。班侍中是大将军王凤推荐的人，皇上应当特别亲爱优待，更应该多找几个像班侍中这样的人来辅助皇上你的德行。像富平侯张放这样的人，应遣送他回国。”汉成帝说：“是。”汉成帝的舅舅们听到这个消息，就暗示丞相薛宣、御史大夫翟方进，去寻找张放的过失。于是薛宣、翟方进就上奏说：“张放骄慢不驯，又放肆，奢侈荒淫，超越定规，竟敢闭门拒绝使者到他家搜捕盗贼，又因私怨杀伤无辜，他的随从亲属都仗着他的权势为非作歹，因此请求遣送张放回到他的封国。”汉成帝不得已，只好把他降职为北地都尉。后来又因连年多次发生灾变，所以张放长久回不了京师，但汉成帝慰问他的诏书却不断。后来他的母亲敬武公主患病，才诏令征召他回家探视。数月之后，敬武公主的病已痊愈，又把他外放去任河东都尉。汉成帝虽然喜爱张放，但上有皇太后的压力，下有掌权大臣催逼，所以汉成帝常常是流着泪送走张放。

（以上为第九段，写谷永上书，直言极谏成帝纵情酒色，荒于政事。在皇太后、诸舅执政的压力下，成帝迫不得已外放嬖臣张放。此时王氏外戚集团尚有护持汉朝之心，而汉成帝太不争气，迷途不返。）

汉成帝祖母邛成太后王氏去世，丧事突然，主办官吏加收赋税来草草完事。汉成帝知道后，就责备丞相薛宣和御史大夫翟方进。冬季，十一月己丑日，下诏免除薛宣的丞相职务，贬为平民。御史大夫翟方进降职为执金吾。过了二十多天，丞相职位仍然空缺，群臣大多数推荐翟方进，汉成帝也很器重他的才能。十一月初二日壬子，提升翟方进为丞相，封为高陵侯。任用诸吏、散骑、光禄勋孔光为御史大夫。翟方进因精通经术进入仕途，他做官后，用法苛刻严酷，喜欢运用权势来树立个人威信，他对自己猜忌厌恶的人，就用苛酷的法条让对方深陷法网，因此受到他陷害的人很多。有人指控他隐藏私心，诬害欺骗，办事不公，汉成帝却认为他所主持的案件，都能合乎法律条文，不认为不妥。孔光是褒成君孔霸的小儿子，担任尚书，掌管中枢机要十多年，奉公守法，一切都依照前例成规办事，汉成帝有什么问题问他，他都依据经典和法令，以问心无愧的话去回答，而不是揣摩汉成帝的意旨，去苟且迎合；汉成帝若不听从，他也不敢坚持力争，因此能较长时间保持他的地位。有时上书建议，奏书写好，就把草稿毁掉，认为显露君王的过失，以博得忠直的美名，是人臣的一项大罪。他要举荐一个人，唯恐被推荐的人知道。休假日回家，在与兄弟、妻子拉家常中，对朝中政事丝毫也不涉及。有人问孔光："温室殿宫中种的树，都是什么树木？" 孔光沉默不答，改用别的话岔开。他就像这样，一点也不泄密朝中之事。

汉成帝巡幸雍邑，祭祀五帝庙。

卫将军王商厌恶陈汤，就上奏说："陈汤胡说皇上又要迁徙吏民到昌陵邑去，还说冬天出现黑龙，都是皇上多次微服出行惹的祸。"廷尉也上奏说："陈汤说了他不应该说的话，是犯大不敬的死罪。"汉成帝下诏：念及陈汤有功，只贬为平民，发配到边疆去。

汉成帝册立赵飞燕为皇后，淳于长出了很大的力气，所以，汉成帝很感激他，就追溯他建议撤销昌陵的功劳，要公卿们商讨，册封他。光禄勋平当认为："淳于长虽然提出过很好的建议，但还没有达到封侯的法规标准。"平当因此被降调去任巨鹿太守，皇上下诏令，因常侍王闳、卫尉淳于长首先提出撤销昌陵良策，所以赐封两人都为关内侯。

将作大匠解万年奸佞不忠，流毒民众，因而也和陈汤一起被发配敦煌。

起初，少府陈咸、卫尉逢信的官位都在翟方进之上。翟方进是资浅新进的人，他在任京兆尹时和陈咸交情很深，等到御史大夫空缺，陈咸、逢信、翟方进三人都是著名的公卿，三人都列在候选人中，结果被翟方进取得。赶巧丞相薛宣因办邛成太后的葬礼，被控有罪，牵连了翟方进，汉成帝命五位二千石的大臣一起会审丞相薛宣、御史大夫翟方进。陈咸责问翟方进，穷追不舍，希望取代翟方进的职位，翟方进怀恨在心。陈汤向来以卓越的才干得到王凤、王音的宠信，而陈咸、逢信两人与陈汤的关系很好，陈汤几次在王凤、王音面前称赞他们，因此陈咸、逢信才被任命为九卿。等到王商贬斥陈汤时，翟方进就上奏说："陈咸、逢信都因依附陈汤，被升为九卿，毫无廉耻。"最后陈咸和逢信都被撤职。

这一年，琅邪太守朱博被任命为左冯翊。朱博治理郡事时，常常责令所属各县选用当地的豪杰，充任地方官吏，不论文武，只要有才干，就任用他们。县里如果有大盗巨贼以及其他非常事变，朱博就行文责成所用的地方豪杰，他们如果能尽心出力，而且卓有成效，必加厚赏；如有心怀诡诈而不称职的，就受到诛杀或处罚。所以地方土豪劣绅，全都畏惧顺服，没有什么不能完成的事。

（以上为第十段，写成帝永始二年外朝的权力斗争和人事调整，薛宣被免相，功臣陈汤再次遭斥免。翟方进、朱博得势，翟方进升任丞相，朱博由地方郡守升任左冯翊。）

汉成帝永始三年（丁未，公元前 14 年）

春季，正月三十日己卯，发生日食。

起初，汉成帝采纳匡衡的建议，撤销了甘泉的泰畤，当天，大风突然兴起，吹坏了甘泉的竹宫，吹断或连根拔起泰畤祠中的一百多颗大树，汉成帝十分奇怪，召见刘向询问。刘向回答说："普通平民尚且不愿拆毁家庙，何况是一国的神室旧庙！再说，甘泉、汾阴和雍邑这几个地方的神庙，在初建的时候，都有神灵显应，不是随便建的。在武帝、宣帝时，侍奉这三个地方的神灵，祭礼仪式十分周到，神光也显现得特别灵验。祖宗所建立的神坛庙宇，实在不应该随意变动。从前元帝采纳贡禹的建议，后人相继遵循，所以变动很多。《易经·大传》说：'诬蔑神灵的人，三代都要受到灾祸。'这个责任，恐怕不能只由贡禹等人单独承当吧！"汉成帝心里很后悔。又因为一直没有继承的后嗣，冬季，十月初十日庚辰，汉成帝禀告皇太后，命令主管官员恢复甘泉的泰畤和汾阴后土的祭祀，一切照旧，雍邑的五帝神坛、陈宝祠，以及长安和郡国中著名的神祠，也都要加以恢复。

这时，汉成帝由于没有继嗣，就十分喜好鬼神、方术这一类的说法，民间上书谈论祭祀和方术而等待候补想做官的人很多，皇上用在祭祀方面的费用也相当庞大。谷永就上书劝诫皇上说："臣听说，一个人如果明白天地的本性，就不可能拿神怪来迷惑他；了解万物生长的本性，也不可能用鬼神之类的事物来欺骗他。种种违背仁义的准则，不遵守'五经'的合乎礼法的言论，而去极力称赞鬼怪神奇，多方推崇祭祀的妙方，祈求那些不能带来福音的鬼神庙宇；还有，说世间确有仙人，可以服用长生不死的仙药，能够羽化而成仙；又说有可以冶炼丹砂变成黄金的法术，这些都是妖言惑众，挟持邪门旁道，心怀欺诈，以蒙骗君王。听他们的吹嘘，绘声绘色，似乎随时可以与神仙相遇，如果真的去寻求，却空空荡荡，如同捕风捉影，始终见不到什么神仙。所以，英明的君王都会闭耳不听，圣人们也是闭口不语。以前秦始皇派遣徐福征召一批男女，到大海去寻求神仙，采摘灵药，结果徐福趁机逃亡，不再返回，遭到天下人的怨恨。汉朝建立，又有新垣平、齐人少翁、公孙卿、栾大等人，都因法术不灵，诈骗被揭穿，全都遭到杀头、灭族。因此请求陛下拒绝这些不可信的鬼话，不要让那些奸猾的人，觊觎朝廷的官位。"汉成帝赞同他的建议。

（以上为第十一段，写刘向、谷永上书言事，刘向请求成帝恢复已被撤销的神灵祭祀，谷永请求成帝拒绝方术迷信。两人的奏疏，显现当时的政治光怪陆离，君臣们把国计民生置诸脑后，而在神鬼祭祀、方术迷信上无聊地争论不休。）

十一月，尉氏县的男子樊并等十三人谋反，杀死陈留太守，裹胁官吏和民众，自称将军。囚徒李谭、称忠、钟祖、訾顺等共同击杀了樊并，报告朝廷，都被封为列侯。

十二月，山阳郡铁官所管属的矿工苏令等二百二十八人造反，攻打山阳郡，杀了长史，夺取武库兵器，自称将军；流窜十九个郡国，杀了东郡太守和汝南都尉。汝南太守严䜣捕杀了苏令等人，汉成帝晋升严䜣为大司农。

前南昌县尉九江人梅福上奏说："从前，高祖接纳善言，常恐来不及；听从规劝，就像转圆环那样快；听取意见，只考虑意见对不对，而不计较提意见的人有无才干；列举功劳而行奖赏时，只看他的功劳大小，不考察他平常的行为。陈平不过是个亡命之徒而被任用为谋臣；韩信不过是普通士兵，而授命为上将；所以天下的人才，都从四面八方像云一样来归附汉王，大家争相奉献奇谋妙计。有才智的人，尽力献出他的策略，就是愚昧的人，也尽力地献出他的一得之见，勇士们用生命捍卫操守，懦夫们也鼓励自己不怕死。集合天下人的聪明才智，团结天下的力量，因而举起秦王朝就像鸿毛那样轻飘，夺取楚就像捡起地下遗物那样容易，这就是汉高祖天下无敌的原因。孝武皇帝欢迎忠言规劝，喜欢听到至理名言，加官晋爵只看功劳大小，不论孝廉、茂才的资历；赏赐嘉许只看现实贡献，不论先前的显赫功勋。因此，全天下的人民都磨砺志节，竭尽忠诚奔赴朝廷效力，毛遂自荐的人不计其数，汉朝所得人才，这时候最多。假使孝武皇帝采纳当时贤人的建议，可以立即获得天下太平。不幸的是，一连串战争爆发，尸首堆积，枯骨满野，皆因孝武皇帝一定要灭亡匈奴、南越才甘心，所以淮南王刘安钻空子，乘机而起，刘安之所以造反失败，计谋泄露，因为众多贤才聚集在朝廷，刘安的臣僚可以控制局势，不随从附和反叛啊。而当今一个平民百姓都在窥视朝廷的不足，乘机而起的事件有蜀郡人郑躬在鸿嘉四年造反，到山阳郡亡命之徒苏令等人践踏了名都大郡，搜罗党羽，寻求随风附和的人毫无逃跑躲藏的意思，表现了他们轻视朝廷大臣，无所畏忌，正是由于国家权势衰退，所以一介匹夫也敢于起来与皇王相争。

"贤能的士人，是治国的重要工具。得到他们，国家才有权威；失掉他们，国家会被轻视。《诗经》说：'满朝都是贤才，文王得以享受安宁。'朝廷大事，本来一个山野草民没资格议论，但是臣不愿意活着埋没在山野，死后埋葬如同普通士兵一样，所以多次上书请求召见，每次都被搁置。臣听说齐桓公的时候，有人进献九九乘法表得到召见，齐桓公没有拒绝，想以此引来更重要的建议。如今，臣的建言比九九乘法表重要得多，陛下却多次拒绝召见臣，这就是天下的贤才不替朝廷效力的原因。从前，秦武王喜欢武勇蛮力，当时的勇士任鄙入关自荐；秦穆公实施霸业，由余投奔秦国。当今想要招致天下的人才，民众有上书请求召见的，就应当准许他们到尚书府陈述，所提建议值得采纳的，赐给他升斗的俸禄，赏给他一束布帛。如果这样，那么天下的贤才，都会一抒怨气，吐发忠言，将美好的谋略天天上奏皇上，天下也就秩序井然，朝廷内外，光辉灿烂。

"凭着国家疆土的广大，民众的众多，肯进忠言的贤能人才也很多。然而要这些贤才们指出现实政治的利弊，说出富有文采的建议，能够不违背古代圣人的教训，实施在当代也合于时务，这样的人也没有几个。所以封爵、俸禄、绸缎、布匹，不过是一种鼓励，是汉高祖用来磨砺世人，招揽英才罢了。孔子说：‘做工的人想把器物做好，一定先要把工具磨锋利。’到了秦朝却不是这样，张开法网，说句不慎的话也要治罪，恰好替汉王朝的建立开辟道路，这好比是倒拿着泰阿宝剑的剑锋，把剑柄交给楚人。如果真能不失剑柄，即使天下人背叛，也不敢去触犯剑锋，这正是孝武皇帝所以开疆拓土，建立功业，成为汉代世宗的原因。

“如今陛下不但不采纳天下贤才的建议，而且还要杀害进言的人。那不祥的猫头鹰被害，仁爱的凤凰就要飞走；愚昧的人都受杀戮，那么智士就要深藏。近来有无知小民上书，多触犯了不合理的法律，有的被逮捕下狱，遭廷尉处死的人很多。自从阳朔年间以来，天下的人忌讳直言，在朝官员尤其如此。大家都顺从皇上的旨意，不敢坚持公正直言。何以证明这种情况呢？不妨在人民所上奏章中，选取陛下所赞许的，交给廷尉，廷尉一定会说：‘这不是他们应当说的话，是犯了大不敬皇帝之罪。’依此推测，就可看出群臣办事都是一个样子。前京兆尹王章，性格忠直，敢当着皇上的面在朝廷上据理诤谏，孝元皇帝特意提拔他，用以砥砺那些握有权力的现任臣子，矫正朝廷的歪风邪气。但是，到了陛下手上，不但王章被杀头，连他的妻子也被株连流放到合浦。况且，惩治恶人，只应限于本人，再说王章并不是犯了谋反叛乱的重罪，祸殃竟波及全家，这是摧残正直人士的气节，扼住进谏之臣的口舌。群臣都知道这样处理是错误的，却不敢进言劝谏。所以天下人都以闭嘴不说话为戒，这是国家最大的祸患啊！

“臣希望陛下遵循高祖的法则，杜绝亡秦的道路，撤除烦琐不宜的法令，发布不必讳言的诏书，多看多听，即使是疏远卑贱的人，也要询问他们的意见，使藏身深处的人，不再退避，被疏远的人，不再遭到阻隔，正如《书经》所说：‘广开四门招请贤能，张大眼睛观察四方。’过去的事情，不可以追悔，未来的事情，还可以补救。如今大臣们已侵夺了君王的权力，外戚的权势也日益膨胀。陛下虽然看不见这种形势的具体形象，但可以察觉它造成的影响。从建始年间以来，日食、地震，大概说来是春秋时的三倍，水灾更多，无法比较。阴盛阳衰，金铁化成流星飞上天，这是什么景象？汉朝建立以来，政权出现三次危机，吕氏、霍禹、上官桀，都是皇太后的娘家人。亲爱亲戚的最上策是保全他们，应当给外戚子弟聘请贤良的教师和师傅，教育他们尽忠尽孝的道理。如今不是这样，尊宠他们的官位，授给他们以权力，养成他们骄横背叛的习性，到头来被灭族，这实际是失去了亲爱亲人的大义。即使霍光那样贤明的人，也没有很好地为子孙考虑。所以权力太大的臣子，第二代就陷于危险境地。《书经》说：‘不要忽视火星，一场大火开始时很微弱。’等到权臣势力压倒了君王，权力高过了主上，然后再来防范，那就来不及了。”汉成帝不予采纳。

（以上为第十二段，写成帝永始三年，人民起义此起彼伏。南昌县尉梅福忧虑星火燎原，痛切上书成帝，直言劝谏，希望成帝纳谏用贤，疏远奸佞，抑制外戚，成帝不听。）

【点评】

论汉成帝刘骜。汉成帝昏聩颓劣，但不是智力不够，而是性情软弱；他荒怠政事，也不是一个傀儡皇帝。汉成帝微服出游，亲眼看到外戚王谭、王商骄奢过制，感到了政权危机。成帝一反常态，严惩王侯，表演了一番大义灭亲的雄主威风，确实打击了外戚的嚣张气焰。只是成帝并没下定决心诛杀外戚，不过是恐吓他们使其有所收敛罢了。此事发生在鸿嘉三年（前 18），成帝正在微服出游，宠幸赵飞燕姐妹的兴头上，做出了这一番政治秀，可以说明两个问题。其一，成帝头脑清醒，当亲眼看到外戚的骄奢逾制，皇权受到威胁，也能采取果断措施。第二，王侯受惩，并不甘心，上书自请黥劓之刑，以舅父之尊，挟皇太后之势，胁迫成帝，别无反抗手段。成帝不吃这一套，把诸舅送上设计的假法场，像是真要诛杀他们似的。这说明汉成帝仍牢牢地控制着皇权，成帝的昏聩，不是不能为，而是不作为。这充分暴露了皇权至高无上的体制弊端。举国体制听命于一人是多么的危险。成帝清醒时，也能听几句臣下的劝谏，谷永、刘向这些大臣也能切言直谏；成帝糊涂时，诛杀言官，群臣就噤若寒蝉了。

赵飞燕姐妹，出身寒微，没有任何依靠，仅凭天生丽质，就迷倒了汉成帝，赵飞燕夺了正宫之位，污秽后宫，竟也没受到惩罚。姐妹一心，相互掩护是其一，成帝天生好色，不爱江山爱美人是其二。成帝随心所欲，宴饮大呼小叫，没有一点九五之尊的体统，可算得上是一个风流皇帝。

永始元年（前 16），成帝采纳刘向疏奏，停建昌陵，不失为一桩善政，也表明成帝洞察形势的清醒。当时国库空虚，头一年黄河决堤，政府没有经费修治，以寻求黄河故道为由，听任洪水泛滥。昌陵修建，选址不当，劳民伤财，五年不成，裁撤这一工程是明智之举。成帝的昌陵工程，比起秦始皇骊山陵，只是小巫见大巫，在汉代诸陵中也不是最大的，仍然劳动几万人，修建了五年还没完工，为了取土填坑，竟然挖掘了周围一万多平民的坟墓。汉民族敬祖，坟墓被挖是一件大事。破了祖坟，就是惊了祖先的灵魂，灾祸将及于子孙。皇帝建陵，为的是死后灵魂安居，却不顾上万平民，这还能算是天下子民的父母吗？每一座帝王坟墓，都是人民血泪和愤怒的见证。

资治通鉴（白话本） 卷第三十二

汉纪二十四

汉成帝永始四年至绥和元年（公元前13—前8）

【起著雍涒滩（戊申，公元前13年），尽昭阳赤奋若（癸丑，公元前8年），凡六年】

【大事提要】

本卷记事起公元前13年，讫公元前8年，凡六年，当汉成帝永始四年至绥和元年，是成帝执政的后期。重大事件有永始四年谷永上书阻止朝廷对梁王刘立骄奢横行、违法犯禁、与舅妈姑母乱伦案的调查，此乃皇室糜烂的延伸。元延二年（前11），段会宗出使西域，安定了乌孙，影响所及，康居遣子入质。匈奴、乌孙、康居三大国归附汉朝，标志西汉的极盛，实质是昭宣中兴的回光返照。此时王氏外戚势力日益隆盛，成帝浑浑噩噩，无所作为。元延三年，蜀地大山崩，成帝居然动员数十万民众抓捕野兽以实上林苑取乐。连年灾异不断，谷永、刘向、朱云等大臣上疏，劝谏成帝有所作为，成帝不纳。绥和元年（前8），成帝恢复三公建制，确定定陶王刘欣入继大统。王莽攀附红阳侯王立，利用王立与淳于长两人的权力之争，既铲除了政敌淳于长，又沉重地打击了王立，一箭双雕。王莽长于政治，工于心计，终于夺取了执政中心的大司马职位，崭露头角，身手不凡。

孝成皇帝中

汉成帝永始四年（戊申，公元前13年）

春季，正月，汉成帝巡幸甘泉宫，祭祀天帝太乙神。大赦天下。三月，巡幸河东郡，祭祀后土神。

夏季，大旱。

四月十一日癸未，长乐宫的临华殿、未央宫的司马门都发生火灾。六月二十三日甲午，霸陵园的正门也发生火灾。

秋季，七月三十日辛未，发生日食。

冬季，十一月二十一日庚申，卫将军王商因病免职。

梁王刘立骄横放纵，没有节制，甚至一天之内，犯法达十一次之多。梁国丞相禹上奏说："刘立对外戚怀有怨恨，因此恶言相加。"汉成帝交由主管部门查办，由此还揭发出刘立与姑母刘园子通奸乱伦的丑事，就奏报说：“刘立有乱伦的禽兽行为，请处以死刑。”太中大夫谷永上奏说：“臣听说依照礼仪，天子应当在门外修建屏风小墙，为的是不要看到外面的事情。因而帝王的心意，是不过问他人闺门的隐私，窃听他人在内室的私房话。《春秋》大义，要为亲属隐讳过失。如今刘立年纪还轻，疯癫病又很厉害，开始被恶言指控，而查无事实，转而却又告发他闺房中隐私，已不属原指控的内容了。刘立又不承认，竟以鄙陋的手段勉强弹劾，附会罗织这些难以查明的事，只根据一面之词，就行定罪，无益于国家的法治之道。这是在污蔑皇族，把说不清的乱伦丑恶，披露宣扬于天下，这绝对不是隐讳皇族过失，增加朝廷的光彩，宣扬圣德教化的办法。臣愚昧地以为：第一，刘立年少，而姑母年长，两人辈分年龄都不相当；第二，以梁国的富裕，足以用重金选聘美女，罗致绝色美女，而身为姑母的刘园子，也应有耻辱之心；第三，调查的人本来是查问恶言的事，为什么当事人忽然承认自己乱伦？从这三个方面推测，通奸的事，不合人情。因此臣怀疑供词是在逼迫的情况下，一时惊恐失言，被调查人员抓住一句话不放，并顺着错话追查，越追越离谱，以致无法转回。现在此案，才刚刚开始，请陛下特别开恩，不要受理，这才是上策。既然已经立案调查，可以依据刘立拒绝承认为理由，下诏令给廷尉，另选道德高尚、通情达理的官吏，重新审理，问个明白，证明事出无据，肯定初审的失误，命令将调查无罪的事实材料交付有关官吏，以发扬使疏远的皇族亲附的美德，洗刷宗室被诬蔑的耻辱，从而维护亲情。”汉成帝于是就把此案搁置不办。

这一年，任命司隶校尉蜀郡人何武为京兆尹。何武任官时，奉公守法，能引进良善的人，斥退邪恶的人。在任时，虽没有显赫的功劳和名声，但离开后，人们常常怀念他。

（以上为第一段，写永始四年谷永上书，阻止朝廷对梁王刘立乱伦案件的调查。谷永按常理人情，做出强有力的推论雄辩，掩盖了嫌疑人刘立的犯罪事实，救了一个恶棍的命。在不平等的制度下，刑不上大夫，法律是保护特权的，谷永的辩护才得以奏效。）

汉成帝元延元年（己酉，公元前 12 年）

春季，正月初一日己亥。发生日食。

正月二十四日壬戌，王商被重新起用为大司马、卫将军。

三月，汉成帝巡幸雍邑，祭祀五畤。

夏季，四月初一日丁酉，天空无云而有雷声。有流星从太阳下方向东南方向划过，光耀四射，仿佛下了一场流星雨，从申时到戌时才停止。

赦免天下。

秋季，七月，在东方井宿出现彗星。

汉成帝因为灾害和变异不断发生，广泛征询臣下意见。北地太守谷永回答说：“一个君王能够亲身实行道德，承顺天地旨意，那么下雨、天晴、寒冷、炎热、刮风五种气象，就会按时运转，人民就能长寿，吉祥纷纷降临。君王如果违背正道，胡作非为，违背天意，浪费资源，那么五种气象就会反常，妖孽随之出现，大饥荒也一齐来到。到这地步，君王仍不醒悟改过，就会恶贯满盈，灾变丛生，上天不再发出警告，天命转移，另寻有德的人。这是天地行事的正常道理，它对历代的所有君王是一样的。加上功德有厚有薄，天资有高有低，所处时代有中期、晚期，形势有盛有衰。陛下继承汉家累计八代的基业，正当阳九的晚期，临近七轮三十年的二百一十年的劫数，正碰上《易经》上‘无妄’之卦的命运，又恰逢‘百六’的灾难，不同的三种灾难日食、地震、暴雨，混杂着同时到来。自建始元年以来，二十年间，各种灾害和天象大变异交替发生，比《春秋》记载的乱世还要多。这表示，在宫廷之内有骄横的内臣和凶悍的嫔妃，他们纵酒狂欢，终究会败坏国家。在深宫的花园街巷之中，在侍从之臣和姬妾之家的幽暗僻静之处，将会出现崔杼与夏征舒一样的变乱。在朝廷之外的广大国土之上，将会出现樊并、苏令、陈胜、项梁振臂一呼一样的叛乱祸事。如今国家处在安全与危乱的分界线上，是宗庙社稷最使人担忧的时候，这就是臣谷永敢于冒着胆破心寒，多次上书的缘故啊！人间有不安的苗头，上天才用灾异示警，这可要谨慎小心啊！祸乱起于细微，奸邪生于随意。臣希望陛下端正君臣之间的大义，不要再与那群小人猥亵淫乱，宴饮作乐；严格按照三纲的原则，建立后宫的秩序，疏远恃宠骄悍的嫔妃，亲近和顺、端庄、品德好的美女。皇上出行要有法驾的仪仗护卫，还要警卫戒严，不要随便微服出宫，到近侍和后妃娘家去吃吃喝喝。剔除出游、酗酒、好色三种恶习，那么，产生内乱的道路就被堵死。全国各地兴兵造反，起因是民众饥饿而官吏们不加体恤，赋税沉重使民众困苦，民情怨恨而皇上不知。《洪范传》说：‘不采取措施减轻人民的饥饿，反而宣扬国泰民安，一定会兴起灾祸而灭亡。’地方郡国连年遭受水灾伤害，谷子小麦都没有收成，应该是减免正常税额的时候，而主管官员却上奏增加赋税，这种违背经典大义的奏请，背离民心，完全是一种制造怨恨，招致灾祸的做法啊！臣希望陛下不要批准增加赋税的奏请，更要减少奢华享受所需要的费用，广施恩泽，救济贫困的民众，劝勉他们耕田种桑，用来抚慰黎民大众的心，全国各地的造反才可平息。”

中垒校尉刘向接着上书说：“臣听说帝舜曾经告诫大禹：‘不要像帝尧的儿子丹朱那样骄傲。’周公告诫成王：‘不要学殷纣王的样。’圣明的帝王常常把别人的败亡作为自己的警戒，不忌讳说兴亡，所以臣才敢极力奉献愚见，请陛下留心考察。

“臣谨慎考察了《春秋》二百四十二年，记载了日食发生了三十六次，现今连续三年发生日食，自建始以来，二十年间发生了八次日食，平均两年零六个月就发生一次，这是从古以来罕有的现象，变异有大有小，有疏有密，占卜显示有轻有重，有缓有急。看一看秦汉的改朝换代，想一想汉惠帝、昭帝之断绝后代，察考昌邑王刘贺被废太子之位，对照孝宣帝从平民中崛起，都有天象变异而明确地记载在汉朝历史上。上天疏远谁和亲近谁，难道不是昭然若揭吗？臣有幸为皇族的支脉，看到陛下有宽厚的德行，希望能消除变异，而能中兴像商高宗、周成王那样的业绩，以增加刘氏的声誉，所以才不断恳切地冒死上书。天文复杂，难以向陛下说明白，臣虽然绘制了天文图表，呈献陛下，但仍需口头说明才能更为明白，希望陛下能赐给闲暇的时间，让臣指着图表向陛下详述天文变异的情状！”汉成帝立即召见刘向，但还是没有采纳他的建议。

红阳侯王立举荐陈咸为方正，通过对策被任命为光禄大夫、给事中。丞相翟方进再次上奏说：“陈咸从前位列九卿，由于贪赃邪恶而被罢官，因而他不该以方正资格被举荐，并充任朝廷侍从大臣。”同时还弹劾“红阳侯王立，在选拔举荐人才时，有意不如实报告情况”。汉成帝下诏免去陈咸的官职，不追究王立的责任。

十二月初二日乙未，任命王商为大将军。十二月十八日辛亥，王商去世。依照顺序，当由他的弟弟红阳侯王立担任辅政大臣，因为从前王立曾派他的门客通过南郡太守李尚以荒野草田为名，占夺由百姓开垦的田数百顷，然后上书说是新开垦的田，请求政府收购，却乘机高价索取国库超过时价一亿万以上的钱财。丞相司直孙宝揭发此事，汉成帝因此废弃王立，而任用他的弟弟光禄勋、曲阳侯王根。十二月二十七日庚申，任命王根为大司马、骠骑将军。

官位特进的安昌侯张禹，请求皇上将平陵的肥牛亭那片土地赐给他。曲阳侯王根坚决反对，认为这块地在昭帝陵园附近，是皇帝祭祀衣冠出游庙园必经之地，因此应换另一块地方赐给他。汉成帝不听，终于将那块地赐给张禹。王根因此很忌妒张禹的得宠，就多次在汉成帝面前毁谤张禹。但是汉成帝却越发尊敬厚待张禹，张禹每次患病，汉成帝都要亲自坐车到张禹家问候，甚至亲临张禹床前安慰，张禹叩头谢恩。当时张禹的小儿还没有官职，张禹频频用眼看着小儿，汉成帝会意，就在张禹床前任命他小儿为黄门郎、给事中。张禹尽管住在家里，但以特进为天子的老师，因此国家每有大事，汉成帝都一定要与他商议后才决定。

当时官民中有许多人上书，讽刺指责王氏专政而招致灾异。汉成帝心里也同意这个看法，但又认为证据不明显；就坐车到张禹家，屏退左右侍从，亲自询问张禹关于天象变异的原因，同时把吏民谈论到有关王氏的事情告诉张禹。张禹知道自己年纪太老，子孙太弱，加上又和曲阳侯王根关系不好，恐怕遭到王氏的怨恨，就告诉汉成帝说：“《春秋》上所记载的日食、地震，或是由于诸侯互相攻杀，或是因为夷狄侵犯中原。上天降下灾害变异的原因，含意是很深远的，因而难以明见。所以圣人孔子很少谈论天命，也不说有关鬼神的事。像性命与天道的问题，连子贡他们都没有听到孔子谈论过，更何况那些见识肤浅的儒生所说的话呢？陛下应当勤于政事，以行善来应对天地所显示的变异，尽量与臣下共享福泽，这才是经术的大义。那些初学小生，胡言妄语、误人不浅，不要相信和任用他们，一切都要按儒学经术来判断事理！”因为皇上非常宠信张禹，从此不再怀疑王氏。后来曲阳侯王根以及王氏的子弟，听到了张禹的这番话，都很高兴，于是都亲近张禹。

先前的槐里县令朱云，上书请求谒见，当着公卿大臣，朱云说：“如今朝廷大臣，对上不能纠正君王的过失；对下不能有利于人民；都是占着职位白吃饭的人，如同孔子所说的那样：‘庸俗小人，不可以让他侍奉君王，总是提心吊胆失去官位，便会无所不用其极了。’臣希望皇上赐给一口尚方斩马剑，杀一个奸巧谄媚的人头来警诫其他的人！”汉成帝问：“要杀谁呀？”朱云回答说：“安昌侯张禹！”汉成帝大怒说：“你这个大胆的小小臣子，身居下位而毁谤上级，竟敢在朝廷之上侮辱朕的师傅，拉下去砍他的头！”御史拽住朱云往殿下走，朱云死死抓住殿边的栏杆，栏杆都折断了。朱云呼喊着说：“小臣可以到地下去和龙逄、比干交朋友了，心满意足啦！只是不知道圣明的朝廷将会怎么样！”御史把朱云押了下去。于是左将军辛庆忌脱掉官帽，解下了官印和绶带，在大殿之下叩首说：“这个小臣一向以任性直率闻名当世，假如他说得对，就不可杀；他说得不对，本也该宽容他。我胆敢以死相争！”辛庆忌叩头流血。汉成帝的怒气消除了，然后这事才算了结。等到后来该修理栏杆了，汉成帝说：“别换新的，就拼补原有的，用以表彰直臣。”

匈奴搜谐单于准备到长安朝贡，还没有入塞，就病死了。他弟弟且莫车继立，称号车牙若鞮单于；任命囊知牙斯为左贤王。

北地都尉张放任职几个月后，重新被征召入朝当侍中。皇太后给汉成帝下手谕说：“前次我要皇上特别照顾班伯，你却未办，怎么富平侯张放反倒回了京师，我还能默不作声吗？”汉成帝谢罪说：“请让我立即奉诏去办！”于是汉成帝就让张放外出任天水属国都尉；接着任命少府许商、光禄勋师丹为光禄大夫，班伯为水衡都尉，仍兼侍中，都是官俸中二千石。汉成帝每次朝见太后，常让他们随从前去。遇有国家大事，就让他们给公卿传谕旨意。汉成帝也逐渐厌倦微服出宫游乐饮宴，重新开始研习儒家经书。太后非常高兴。

这一年，左将军辛庆忌逝世。辛庆忌是国家一名武臣虎将，适逢天下太平无事，匈奴、西域都亲附汉朝，也十分敬畏辛庆忌的威信。

（以上为第二段，写汉成帝元延元年仍依赖外戚王氏专政，灾异不断，大臣谷永、刘向、朱云等人，不断上书，希望成帝有一番作为，成帝依然故我，不采纳善言。）

汉成帝元延二年（庚戌，公元前11年）

春季，正月，汉成帝巡幸甘泉宫，祭祀天帝泰一神。三月，巡幸河东，祭祀后土。祭祀完毕，汉成帝出游龙门，登上历山的道观，在回归京师的途中又登游了华山。

夏季，四月，册立广陵孝王的儿子刘守为王。

当初，乌孙国王小昆弥安日，被投降乌孙的人所杀，各翎侯大乱。成帝下诏征召前任金城太守段会宗为左曹、中郎将、光禄大夫，派他去西域安抚乌孙。段会宗扶立安日的弟弟末振将为小昆弥，安定了乌孙国之后回到京师。当时大昆弥雌栗靡健壮勇猛，末振将害怕被他吞并，就派遣贵人乌日领去诈降，乘机刺杀了雌栗靡。汉朝想派兵去征伐，感到力量不足，就又派中郎将段会宗前去扶立解忧公主的孙子伊秩靡为大昆弥。过了一段时间，大昆弥和翎侯难栖杀掉了末振将，由安日的儿子安犁靡代替末振将为小昆弥。汉朝悔恨没有能杀掉末振将，又再一次派遣段会宗调发戊己校尉所辖诸国的兵马，前往诛杀末振将的太子番丘。段会宗担心大军一到乌孙，会惊动番丘，番丘可能逃跑，那就难以捕杀。因此就让大军留驻在垫娄，只挑选三十名精良的弓弩手，直入昆弥的住地，召见番丘，宣布末振将的罪行，当场亲手举剑刺死番丘，番丘手下的官属惊恐逃走。小昆弥安犁靡听说后，率领数千骑兵包围了段会宗，段会宗向他们讲明杀番丘的原因，并宣示说："现在你们包围了我们，杀了我，对于汉朝的损失，不过是拔了牛身上的一根毫毛。从前的大宛国王、郅支单于的人头悬挂在长安稾街上，想必你们乌孙都是知道的。"如此，小昆弥及其下属都畏服了。小昆弥说："末振将有负于汉朝，可以杀他的儿子，然而为什么不先通报我们呢？好让我们为他送些饮食饯行！"段会宗说："如果预先告诉你，你与他是叔侄关系，就可能让番丘隐藏或逃跑，你就要犯大罪。假使让你为他饯行后，再交由我们处置，那会伤害你们骨肉恩情。因此没有事先告诉你。"小昆弥及其部属听后，都放声大哭，撤兵而去。段会宗回朝奏报，汉成帝赐爵关内侯，赏黄金百斤。段会宗认为，难栖杀末振将有功，奏请任命他为坚守都尉。又追究乌孙的大禄、大监没有尽到保护大昆弥雌栗靡的责任，于是收回原在宣帝时赐给他们的金印、紫绶，改给他们铜印、墨绶。末振将的弟弟卑爰疐，本是共同谋杀大昆弥的主犯，他率领八万部众逃往北方，去依附康居国，图谋借用康居兵马兼并两昆弥。汉朝又派遣段会宗和都护孙建共同防范他。

自从乌孙分为两个昆弥以来，汉朝甚为忧虑和辛劳，没有一年能得安宁。这时，康居国恢复派遣王子入侍天子，并进贡财物，都尉郭舜上书说："当匈奴强盛时，并不是因为兼并了乌孙、康居两国；等到匈奴称臣归顺汉朝时，也不是因为失去了这两国。汉朝尽管接受了这三个国家的质子，而三国之间仍相互贸易赠送，交往与以前一样。同时也相互探察，窥伺时机，得到机会就攻击对方。三国友好时互不相信，交恶时谁也征服不了谁。就现在的状况来说，从武帝以来，汉朝就与乌孙缔结姻缘，不但没有得到什么好处，反而给中原惹是生非。既然乌孙与汉朝早已结好，现在又和匈奴一起都称臣归顺，从礼义出发，是不好拒绝的。而康居却傲慢狡猾，直到今天，康居国王对汉使们不叩拜。当都护官员到康居国都时，都护的座位却排在乌孙各国使者后面；吃饭时，国王和贵人先饮食完毕，才让都护饮食。故意轻慢都护，表示看不起中原，用以向邻国夸耀。由此推测，康居现在为什么要遣子入侍汉朝呢？其目的是想同中原做生意而已。他们遣子入侍，说一番漂亮话，不过是一场欺骗。匈奴，是外族中最强大的国家，如今侍奉汉朝，礼仪特别详备。如果知道康居王不拜汉使，就会使匈奴单于产生自卑羞愧的心理。应当遣回康居王子，不派汉使护送，断绝外交，用以显示汉朝不与不懂礼仪的国家交往。”朝廷认为，康居新近才与汉朝往来，应重视边远国家的关系，终于还是采取联络态度，不断绝交往。

（以上为第三段，写段会宗三番出使西域，安定了乌孙，影响所及，康居派质子，并向汉朝进贡。于是，匈奴、乌孙、康居，三大强国归附汉朝，西域稳定。）

汉成帝元延三年（辛亥，公元前 10 年）

春季，正月初十日丙寅，蜀郡的岷山发生山崩，土石堵塞岷江水流三天，下游江水枯竭。刘向非常震惊，说：“从前周朝岐山崩塌，泾水、渭水、洛水三江枯竭，结果周幽王灭亡。岐山是周朝兴起的地方。汉朝原本兴起于蜀汉，如今兴起的地方，山崩川竭，彗星尾巴扫到了摄提、大角星座，又从参星到辰星扫过，汉朝恐怕要灭亡了。”

二月二十日丙午，册封淳于长为定陵侯。

三月，汉成帝巡幸雍邑，祭祀五天帝。

汉成帝要向各国使节贵宾夸耀花园中的众多珍禽怪兽，秋季，下令右扶风郡守征发人民进入终南山，西起褒斜道，东到弘农郡，南达汉中，在绵延千里的山峦中，张挂罗网，捕猎熊罴等禽兽，用槛车装运到长杨宫的射熊馆，四面架设网形围障，把捕来的禽兽都装在里面，让胡人赤手空拳与野兽格斗，谁打死野兽就归谁所有。汉成帝到场观看取乐。

（以上为第四段，写成帝元延三年，蜀郡发生大山崩，按古时观念，此为上天发出了严重警告，而成帝毫不觉醒，不恤民生，大搞排场，发动数十万民众捕兽以取一乐的行为，浑浑噩噩，匪夷所思。）

汉成帝元延四年（壬子，公元前 9 年）

春季，正月，汉成帝巡幸甘泉宫，祭祀太乙天神。

中山王刘兴、定陶王刘欣都进京朝见。中山王只由太傅一人陪同，而定陶王则由太傅、相、中尉三人陪同。汉成帝觉得奇怪，就问定陶王刘欣，刘欣回答说："按照法令规定：诸侯王朝见天子，可以由诸侯王国里全体二千石的官员陪同。太傅、相、中尉都是国里二千石的官员，所以就让他们都来了。"汉成帝命令他诵读《诗经》，他不仅能熟练背诵，而且还能理解其中义理。另一天，皇上问中山王刘兴："你只要太傅一人陪同，这是根据哪一条法令呢？"刘兴答不上来。命令他诵读《尚书》，又背诵不下去。等到皇上赐餐，刘兴最后一个吃饱，起身下殿，袜带子松开了也未察觉。汉成帝因此认为刘兴没有什么才能，而认为刘欣贤能，并经常称赞他的才干。当时在诸侯王中，只有他们两人是汉成帝至亲。定陶王祖母傅太后，随定陶王一起来朝见时，曾暗中贿赂赵皇后、赵昭仪和骠骑将军王根。皇后、昭仪和王根看到皇上无子，也想预先私自和定陶王结交，作为自己的长久打算，因此轮流在汉成帝面前称赞定陶王，劝说汉成帝立他为嗣。汉成帝自己也很欣赏他的才能，并亲自为他主持加冠礼，然后才令其回国，刘欣当时是十七岁。

三月，汉成帝巡幸到河东，祭祀后土神。

在关东坠落两块陨石。

王根推荐谷永，于是就把他从北地太守征召入朝，任命为大司农。谷永前后上书四十余次，内容大致相同，专门抨击汉成帝过分专宠后宫美女而已。谷永是王氏外戚党羽，汉成帝也十分了解，所以对谷永并不亲信。谷永任职大司农一年多后，因病休假三个月，汉成帝不给他延长病假，立即将他免职。过了几个月，谷永去世。

（以上为第五段，写成帝亲爱定陶王，以及王氏外戚党羽谷永之死。）

汉成帝绥和元年（癸丑，公元前8年）

春季，正月，大赦天下。

汉成帝宣召丞相翟方进、御史大夫孔光、右将军廉褒、后将军朱博进宫，召开特别御前会议，商讨"中山王刘兴与定陶王刘欣，两人谁最合适做继承人"。翟方进、王根、廉褒、朱博都认为："定陶王是皇上亲弟的儿子。《礼记》说：'兄弟的儿子，就如同自己的儿子。只要做了谁的继承人，也就是谁的儿子了。'所以定陶王刘欣适宜立为继承人。"唯独孔光一人表示反对，他认为："依礼，确立继承人要选择血缘关系最亲近的人，以《尚书·盘庚》中所记载的殷王的继承情形来比较，殷法是兄终弟及的，从外丙、中壬，一直到盘庚，都是兄弟代立。中山王刘兴，是先帝的儿子，皇帝的亲弟弟，应当选他为继承人。"汉成帝以"中山王刘兴没有才干，依礼，兄弟的牌位不能同时入祀宗庙"为由，没有采纳孔光的建议。二月初九日癸丑，汉成帝下诏册立定陶王刘欣为皇太子。封中山王的舅父、谏大夫冯参为宜乡侯，又增封中山国采邑三万户，以示安慰。接着派执金吾任宏临时代理大鸿胪，拿着特使的符节征召定陶王入京。定陶王推辞说："以臣的才能资质，不足以充任太子位，臣请求暂留住在京师的定陶王官邸，早晚进宫问候皇上起居，等到皇上有了亲子，再回定陶国守藩。”奏章呈上，天子回报说“知道了”，不批准他的请求。十四日戊午，因为孔光的建议不合汉成帝的心意，被降职为廷尉。任命何武为御史大夫。

当初，汉成帝曾下诏访求殷商的后代，却发现殷商子孙已分散为十多个姓，无法查考出嫡系子孙。匡衡、梅福都认为可以封孔子的后世子孙为商汤王的后嗣，皇上允准了，封孔吉为殷绍嘉侯。三月，殷绍嘉侯与周承休侯，都进爵位为公爵，地方各一百里。

汉成帝游幸雍邑，祭祀五天帝。

当初，何武担任廷尉时，曾上奏建议：“俗世弊端，政事繁多，当今宰相的才能又不如古人，而丞相之位，却兼管三公的事务，所以国家长时间事务废弛，没能治理好，请恢复古代三公制度，分担国家大事。”汉成帝采纳了何武的建议。夏季，四月，赐曲阳侯王根大司马金印、紫绶，设置办事机构，免去骠骑将军职务。任命御史大夫何武为大司空，封汜乡侯，大司马、大司空的俸禄都增加到和丞相一样，这样，三公制就备齐了。

秋季，八月初九日庚戌，中山王刘兴逝世。

匈奴车牙单于死，弟弟囊知牙斯继位，称乌珠留若鞮单于。乌珠留若鞮继位后，任命弟弟栾提乐为左贤王、栾提舆为右贤王。汉朝派遣中郎将夏侯藩、副校尉韩容出使匈奴。

有人告诉王根说：“匈奴有一块突出的地方，伸入汉地，和张掖郡接壤，它出产奇异箭竿、鹫羽等材料。若能得到这块地方，汉朝边郡就更加富饶，国家有开疆拓土的实惠，将军也可因功业显著而名垂千古！”王根禀报皇上，陈述获得这块地方的好处。皇上想直接向单于请求割让，又怕遭到拒绝，伤害诏令的尊严，损害朝廷的威信。王根就将皇上的旨意告诉汉使夏侯藩，指使他以个人意见向单于求地。夏侯藩到达匈奴后，在与单于交谈中转移话题提出了求地。夏侯藩说：“我看到匈奴有块突出的土地，伸入汉地，和张掖郡接壤，汉朝要派三名都尉沿边驻守，需要几百名士兵，那里天寒地冻，守望时间长了，实在太劳苦。单于应当主动上书向汉天子献上这块土地，取直边界线，把突出部分割给汉朝，可以使汉朝省去两名都尉和数百名士卒守卫，以此报答汉天子的厚恩，天子必然会有丰厚的回报。”单于问：“这是天子给你的旨意？还是你自己提出的要求？”夏侯藩说：“是天子的旨意。不过，这也是我替单于筹划的善计。”单于说：“这块地方是温偶骁王的辖区，不知道地理形势与物产，等我派人前去调查。”

夏侯藩、韩容归国后，再次被奉派出使匈奴。一到匈奴，就正式提出求地的要求。单于说：“从呼韩邪单于开始，我们父子兄弟已传位五代，汉朝从未要求过这块土地，唯独到我囊知牙斯继位忽然提出这个要求，这是什么原因呢？我已问过温偶骖王，他说匈奴西部各诸侯制作帐幕和车辆，全都依赖此地山上出产的木材。况且它是祖先遗留下来的土地，我不敢丢失它。”夏侯藩只好回国复命，被调任太原太守。后来单于遣使上书，陈述夏侯藩要求割地之事。汉成帝下诏回复单于说：“夏侯藩擅自假称诏旨，向单于求地，依法应当处死，因为经过两次大赦，现改任他为济南太守，不再让他出使匈奴。”

冬季，十月十四日甲寅，王根因病被免职。

汉成帝因为太子既然人奉为大宗，依礼就不能再顾念自己生父的骨肉亲情。十一月，册封楚孝王的孙子刘景承继定陶王。太子与左右商议，想上书叩谢。少傅阎崇认为：“既然做了别人的继承人，依礼对生父就不能再有父子亲情，所以不应叩谢。”太傅赵玄则认为：“应当叩谢。”太子听从了太傅赵玄的建议。汉成帝诏问太子为何叩谢，尚书就以此事弹劾赵玄，赵玄被降职为少府，任命光禄勋师丹为太傅。

当初，太子年幼时，由定陶王祖母傅太后亲自抚养。等到立为太子，汉成帝诏令傅太后和生母丁姬留住京师定陶国府邸，不许与太子相见。不久，王太后想让傅太后、丁姬每隔十天到太子宫探望一次，汉成帝说：“太子已承继正统，礼应奉养太后，不应再去照顾自己的骨肉亲人。”王太后说：“太子自小就是傅太后养大的，现在让她到太子宫看望，不过是以乳母的身份罢了，这没有什么关系。”汉成帝这才同意傅太后到太子宫看望。丁姬由于没有抚养太子，就没有让她去。

（以上为第六段，写成帝绥和元年恢复三公建制，确立太子人选，侄儿定陶王刘欣入承大统。）

卫尉、侍中淳于长因为受到汉成帝的宠爱，而大受重用和信任，权力和尊贵压倒公卿。他又交结诸侯、州牧、太守，那些人贿赂他的钱财和汉成帝给他的赐赏，累积亿万之多，因而整天纵情于声色之中。许皇后的姐姐许孊，原是龙雒思侯韩宝的夫人，守寡在家，淳于长和她私通，而后娶她为妾。许皇后当时住在长定宫，就通过姐姐贿赂淳于长，想托他在汉成帝面前为她求情，能重做婕妤就心满意足了。淳于长接受了许皇后送的金钱、车马、衣物器件等，前后共有千余万，却欺骗许皇后，假装答应为她向汉成帝请求，立她为左皇后。许孊每次去长定宫看望许皇后，淳于长就让许孊捎书信给许皇后，内容充满戏弄侮辱的话，甚至轻薄污秽的话也敢说。这种情况，持续了好几年。

这时是曲阳侯王根辅政，因久病在床，多次请求辞职。淳于长以外戚身份，位列九卿，按顺序应当是他代替王根职位。侍中、骑都尉、光禄大夫王莽对淳于长心怀妒忌，就暗中探听到他的不少坏事。王莽在伺候曲阳侯王根的病时，就乘机说：“淳于长见将军久病，心里很高兴，自以为应当代替将军辅政，甚至还对士大夫及贵族子弟封官许愿。”王莽把淳于长的罪过，一一说出。王根大怒说：“竟然有这样的事，为什么不早告诉我！”王莽说：“因为不知将军心里的想法，所以不敢告诉你。”王根说：“速去禀告太后！”王莽去求见太后，详细讲述了淳于长骄奢淫逸，想代替曲阳侯辅政，私通许孊，并暗中与许皇后交结，接受她贿赂的衣物等罪状。太后也发怒说：“竟敢如此放肆！走！快奏告皇上！”王莽又上奏汉成帝。汉成帝因淳于长是太后姐姐的儿子，只免去淳于长的官职，没有治他的罪，把他遣回到定陵侯国去。

当初，红阳侯王立不得辅政时，曾怀疑是淳于长在诽谤诬陷他，因而时常怨恨淳于长，痛切入骨。汉成帝也知道这些情况。等到淳于长将要离开京师到封国去时，王立的嫡长子王融，请求淳于长把他坐的车骑送给他。淳于长就趁机送了许多珍宝财物的重礼，托王融带给王立。王立改变态度，上密封奏书，替淳于长求情留在京师。密封奏书说：“陛下诏书说看在皇太后的份上，所以真的不可给他加别的罪，不必到封国去。”正由于王立态度的突然转变，汉成帝起了疑心，把奏书转给主管部门调查。办案官员逮捕了王融，王立命令王融自杀来灭口。汉成帝更加怀疑有大奸谋，于是逮捕淳于长关押在洛阳诏狱，严厉追究。淳于长招供了戏弄许皇后，承诺立她为左皇后的事，定罪名为“大逆不道”，处死在狱中。老婆、儿子遭株连治罪，放逐到合浦。淳于长的母亲王若被遣送回原籍魏郡。汉成帝派廷尉孔光持节送药给废皇后许氏，令其自杀。丞相翟方进又上奏弹劾王立，说：“红阳侯王立，狡猾无道，请求逮捕下狱。”汉成帝说：“红阳侯王立，是朕的舅舅，不忍心法办他，送他回到封国去。”于是翟方进又上奏弹劾王立的党羽后将军朱博、巨鹿太守孙闳，全都罢官，与原光禄大夫陈咸等人，都回归故里。陈咸明白自己已被废弃禁锢，忧愤而死。

翟方进很有智谋和才能，又精通法令文书和官吏行政事务，还善于用儒学经典装饰自己，被人称为通达明理的丞相，深受天子的器重。又善于揣摩天子的细微的心思，所奏之事，无不合天子的心意。当淳于长受重用时，翟方进只和淳于长交往，并在汉成帝面前称赞和推荐他。直到淳于长犯有大逆不道的死罪，汉成帝因翟方进是朝廷重臣，特意为他掩饰与淳于长的关系。翟方进内心深感惭愧，就上疏称病乞求辞职。汉成帝批复说：“定陵侯淳于长已经伏罪，你虽然曾与他有过交往，古书上不是说过：‘早上的过失，晚上就改正，君子都会赞许的。’还有什么好怀疑呢？你应当专心一意休养，不要耽误了医治，自己保重。”于是翟方进又出来任职办事，再次上奏，分条弹劾与淳于长有特别交往的京兆尹孙宝、右扶风萧育，以及刺史二千石以上的官员二十余人，全都被罢官。函谷都尉、建平侯杜业，素来与翟方进不和，翟方进上奏说：“杜业曾接受红阳侯书信嘱托，犯了大不敬之罪。”杜业因此也被罢官，遣回封国。

汉成帝认为王莽首先揭发淳于长的奸恶，称赞他忠心正直。王根因此保荐王莽接任自己的职务。[十二月] 二十六日丙寅，任命王莽为大司马，时年三十八岁。王莽从同辈中被破格提拔上来，继四位伯父、叔父而成为辅政大臣，想让自己的名誉超越前辈，就竭力克制私欲，自励不倦。聘请各种贤良人士担任自己的部属，助理政事。汉成帝的赏赐和封邑的收入，全部都用来供养名士。自己却比从前更加俭朴节约，当他母亲患病时，公卿诸侯都派夫人去探问，王莽的妻子出来迎接她们，衣服长不拖地，围裙长不过膝，看见她的人，还以为是他家里佣人，询问之后，才知是王莽的夫人。王莽伪装，博取虚名，竟是这个样子。

丞相翟方进、大司空何武上奏说："《春秋》上所讲的大义，是用尊贵的人去治理卑贱的人，而不是让卑贱的人凌驾在尊贵的人之上。刺史官位低于大夫，却要监督二千石的官员，这轻重的关系被颠倒了。因此臣请求废掉刺史，改设州牧，以符合古制。"十二月，下诏废掉刺史，改设州牧，官秩二千石。

犍为郡有人在水边拾得十六枚古代石磬，言事的人认为这是一种吉祥的征兆。刘向借此劝诫汉成帝说："应当在京师设立太学辟雍，在各地开办学堂，陈设礼乐，大力提倡规范的语言，讲究谦让的礼仪，用以教化天下。如果这样，仍治理不好天下，那是从未有过的。或许有人会说：'治理天下，不能只靠礼仪。'礼是以培养人为根本，如果礼有些差错，也只是培养人的效果不显著罢了。如果刑罚有了差错，就要造成人的死伤。如今的刑法，早已不是皋陶时代的简朴刑法，主管部门制定的标准刑法，该删的就删，该增的要增，目的是为了救治时弊。一提到礼乐，却推辞说不敢妄动，岂不是敢于杀人，而不敢于培养人。如果是俎豆祭器、管弦乐器，稍稍不齐全，就索性放弃礼乐不作为，岂不是因一点器乐不齐备的小事就丢了礼乐不做的大事，没有比这更糊涂的了。教化与刑法两者比较，教化重而刑法轻，不兴礼乐，岂不是弃重取轻。教化，是治理国家的依靠；刑法，是治理国家的辅助手段。如今丢了要依靠的东西而去树立辅助的东西，就不可能把天下治理太平。从京师起，总有些悖逆不孝的子孙，甚至被处了死刑，但仍然有许多不孝的受到刑戮，这都是由于不学习仁、义、礼、智、信五常道德的结果。汉朝承袭了历经千年而衰弱的周朝，接受了残暴秦朝留下的积习，民风逐渐浇薄恶劣，贪婪奸险，不明义理，若再不用仁义教化来教导他们，而单靠刑罚来约束他们，那么，目前这种现状是无法改变的！"皇上把刘向的建议交由公卿讨论，丞相、大司空也奏请设立京师太学，并派人在长安城南郊选址树立了标志。可是尚未开工，就又搁浅了。当时又有人说："孔子只是一位平民，却有弟子三千人，现在天子太学的弟子太少。"于是又增太学弟子到三千人。只实行了一年多，又恢复原来一千员的人数。

刘向见自己能得到汉成帝的信任，就常常公开替皇族受压抑打抱不平，而讥讽王氏以及在位大臣，言词都沉痛恳切至诚，发自内心。汉成帝多次想任用刘向为九卿，但是却得不到身居高位的王氏及丞相、御史大夫的支持，所以刘向始终未能升迁。他停留在大夫的行列，前后三十多年，直到他去世。在他死后十三年，王莽取代了汉朝。

（以上为第七段，写王莽攀附并利用红阳侯王立，铲除了政治竞争对手淳于长，又沉重地打击了王立的威信，可以说是打击政敌，一箭双雕。王莽长于政治，工于心计，终于夺取了辅政大臣大司马的职位。）

【点评】

论汉成帝后期政治三大事件。本卷载汉成帝后期执政三大启人深思的事件。第一件，永始四年，梁王刘立违法犯禁，有时一天多达十余起，是一个恶棍。特别是刘立乱伦，与自己的亲姑母兼舅妈刘园子通奸，丑闻被揭发，谷永上书阻止朝廷调查。谷永用常理推断，说刘立与刘园子不仅辈分不同，而且年龄相差太大，不可能有这等事。即使有，也是闺门隐私，为了皇室颜面，也要停止调查。成帝采纳了谷永建议，搁置案件，保护了刘立这个恶棍。谷永、刘向、朱云许多大臣上奏言得失，成帝均不采纳，唯独这件混淆是非的上奏，成帝偏偏采纳了。成帝、谷永为何要保护梁王刘立呢？主要原因有二。其一，专制制度，法律不平等。“刑不上大夫”有着根深蒂固的影响，更何况是宗室王。其二，成帝生活糜烂，刘立乱伦，是皇室腐朽的外延，成帝不欲深究。谷永是外戚王氏党羽，上书强调为尊者讳、为亲者讳的伦常观念，成帝自然心领神会而搁置案件了。

第二件，成帝侄儿刘欣入继大统，立为皇太子，却让刘欣生母丁姬、祖母傅太后与刘欣割断关系。宗法制度，无情有理。皇太后王政君下诏，说傅太后抚育刘欣，可以以奶娘身份十天入见皇太子刘欣一次。这个口子一开，就为傅太后入宫打开了大门。等到刘欣即位，是为哀帝，傅太后就堂而皇之地以祖母身份入宫，控制了哀帝，其后生出许多事端，虽非王政君始料所及，却是亲情斩不断的生动证明。

第三件，段会宗安边，给千疮百孔的西汉王朝打了一剂强心针，制造了成帝时的虚假强盛，段会宗也成为继陈汤之后又一员出使西域的名将。段会宗，字子松，天水上邽人，曾在竟宁元年（前 33）、阳朔四年（前 21），两度出任西域都护。西域都护一任为三年。段会宗既懂军事，又懂政治。他既能宣明汉王朝的恩信、国威，又十分注意汉王朝与乌孙等各国的友好关系。段会宗在西域各国树立了很高的声望，赢得了尊重。元延二年（前 11），段会宗已 73 岁高龄，再次受命，以左曹、中郎将、光禄大夫身份出使西域，率领戊己校尉的军队前去平定乌孙国内乱，以大勇精神智取乌孙国叛臣番丘的首级，可以说是兵不血刃结束了平叛任务，使汉王朝威震西域。两年后，乌孙再度发生内乱，75 岁高龄的段会宗又一次受命前往西域。段会宗与西域都护孙建一起平定了乌孙内乱。段会宗因积劳成疾，又因高龄经受远行风霜以及征战之劳，病死在乌孙。西域各国人民听到噩耗都十分悲痛。段会宗的一生献给了国家，献给了西域各国人民。段会宗出使西域期间，西域各国人心安定，一心归顺汉朝，社会生产得到发展。因此，段会宗死后，人民十分怀念他，西域各国为他发丧，并立祠庙祭祀他。

汉纪二十五

汉成帝绥和二年至汉哀帝建平元年（公元前7—前6）

【起阏逢摄提格（甲寅，公元前7年），尽旃蒙单阏（乙卯，公元前6年），凡二年】

【大事提要】

本卷记事起公元前7年，讫公元前6年，凡二年，当成帝绥和二年至哀帝建平元年，新老皇帝交替之际。两年史事，洋洋一卷，其实并没多少有关国计民生或对外事务的大事件，主要笔墨写的是统治集团的权力斗争和宫廷黑幕。绥和二年二月，成帝逼死丞相翟方进以应天变，但并没有挽救自己的死亡。三月十八日成帝无疾暴崩，这是一桩疑案。成帝死，哀帝立，宗法伦理与亲情的矛盾立即突显，母以子贵，傅太后入宫掣肘哀帝，阻止对成帝死因的调查，保护皇太后赵飞燕，因为赵飞燕替哀帝入继大统出过力。傅太后又无中生有，以谋反罪逼死中山王太后冯氏，以报昔年两人争宠之仇。哀帝嗣位，无所作为。师丹上书建言限田，贾让上书献治河三策，均议而不决，最终搁置。只有耿育上书为陈汤鸣冤，陈汤被召还终老京师，陈汤的功过是非，终于画了句号。在调查成帝死因中，牵扯出成帝亲手杀死皇子以讨好赵飞燕之妹赵昭仪之事。宫中黑幕，违反伦常，竟至于此。

孝成皇帝下

汉成帝绥和二年（甲寅，公元前7年）

春季，正月，汉成帝巡幸甘泉宫，祭祀太乙天神。

二月十三日壬子，丞相翟方进去世。

当时，火星徘徊在心宿星区，丞相府议曹平陵人李寻向翟方进递交公函，说：“天象显示大灾难将要发生，责罚与日俱增，恐怕不是罢官斥逐能够了结的事，相府全家三百余口，只好在其中选择君侯您来负责，自己牺牲，保全节操，才可转祸为福。”翟方进非常忧虑，不知怎么办才好。正好郎官贲丽精通天文，向汉成帝奏说只有大臣负责可以消除灾祸。汉成帝就召见翟方进。翟方进从宫中回家，还没有来得及自裁，汉成帝的谴责诏书就送达下来，斥责翟方进没有办理好政务，导致天灾人祸并起，百姓穷困。诏书中还说：“本想免掉你的职位，又不忍心，现在派尚书令送给你美酒十石，肥牛一头，你自己谨慎地处理吧！”翟方进当天就自杀了。汉成帝对这件事秘而不宣，派九卿拿着皇上策书，赠送翟方进用于陪葬的官印和绶带，赐给车辆、棺材、明器，由少府供给丧葬费用，特赐翟方进住宅的房柱及栏杆可以裹上白色绸缎。天子多次亲自到灵堂吊唁，葬礼的规格高于其他丞相。

臣司马光评论说：晏婴说过：“天命不可怀疑，命数无法改变。”祸与福真的来了，难道可以转移吗？从前楚昭王、宋景公不忍心把灾祸转移到大臣身上，说：“把心腹的病痛，转移到大腿和胳膊上，有什么好处？”假如灾祸可以转移，仁爱的君主尚且不忍心那样做，何况灾祸根本就不可以转移呢？如果翟方进没有犯下死罪而杀了他，用来承当天变，就是欺骗上天；如果翟方进犯有死罪应当正法，却隐瞒了他的罪状，赐给他丰厚的葬礼，是欺骗人民。孝成皇帝既欺骗了天，又欺骗了人民，却没有什么好处，实在是不知道天命。

三月，汉成帝巡幸河东，祭祀后土神。

三月十八日丙戌，汉成帝在未央宫逝世。

成帝身体向来强壮，没有疾病。当时，楚思王刘衍、梁王刘立来京朝见，第二天早晨，两王就应当辞别回到封国。当夜汉成帝留宿在铺设帷帐的白虎殿；汉成帝还想任命左将军孔光为丞相，已经刻好了侯印，写好了委任大臣的赞辞。到了黄昏时候，汉成帝身体还和往常一样。到了清晨，汉成帝手拿裤袜想起床，突然手指抓不住衣服，说不出话，很快逝世，计时的漏斗正指向十刻。民间谣言哗然，都归罪于赵昭仪。皇太后下诏大司马王莽与御史大夫、丞相、廷尉一同调查汉成帝的死因，查问汉成帝的起居和发病情况。赵昭仪自杀。

班彪评论说：臣的姑姑曾经在后宫充当婕妤，父子兄弟都在皇帝身边侍奉，他们多次对臣说过：“成帝十分注重仪表，乘车端庄严肃，不向后顾，不大声说话，不用手指指点点，临朝听政，不多说话，庄重严肃像一尊神，而严肃中又透露出温和的容貌，真是一副天子的仪容。学识渊博，贯通古今，心胸宽容，听得进逆耳的直言，因此，公卿臣下的奏议，都有充实可称赞的内容。适逢太平盛世，上下和睦。可惜，成帝沉迷于酒色，赵飞燕姐妹秽乱后宫，外戚专权，说起来让人痛心！”从建始年间以来，王氏开始执掌国家大权，哀帝、平帝短命而死，于是王莽篡位，王氏作威作福，是长时间逐渐酿成的啊！

成帝逝世的当天，孔光在大行皇帝灵堂前就任丞相，接受博山侯爵的印章、绶带。

富平侯张放听说成帝逝世，思念悲痛过度，也跟着死去。

荀悦评论说：张放并不是不爱皇上，但只有爱心，而没有忠心。如果只有爱心而没有忠心，就是伤害仁义的蠹贼。

皇太后下诏，恢复在京师长安城南郊祭天、长安城北郊祭地的大典。

（以上为第一段，写丞相翟方进、汉成帝之死。成帝聪明而多才艺，仪容庄重，待人宽容，可做一个英明天子，只可惜生性风流，沉迷于声色，不仅误了国家，也枉送了性命。翟方进枉死，也没能替这位风流天子免祸。皇太后下诏，大臣合议会审，逼死赵昭仪，挽救不了西汉衰颓的国运。成帝可恶，汉祚可悲。）

夏季，四月初八日丙午，太子刘欣即位，祭告汉高祖刘邦陵庙。尊皇太后为太皇太后，皇后为皇太后。大赦天下。

哀帝即位之初，亲自力行节约，减省各项开支，政事都由自己处理，朝廷上下和谐，大家都认为有希望治理好国家。

五月十二日己卯，葬孝成皇帝于延陵。

太皇太后下诏允许傅太后、丁姬每十天一次到未央宫探望哀帝。

汉哀帝下诏询问丞相、大司空："定陶太后应当住在哪个宫里才适宜？"丞相孔光素来听说傅太后为人刚强暴戾，工于心计，善于弄权，当汉哀帝还是婴孩时，就由她亲自抚养长大，教导成人，汉哀帝被立为太子，她又尽了力。孔光害怕傅太后干预政事，不希望她这位祖母与汉哀帝旦夕相处，于是便建议说："定陶太后应另建宫室居住。"大司空何武却说："可以住在北宫。"汉哀帝采纳了何武的建议。北宫紫房的楼阁复道直通未央宫，傅太后果然从复道早晚到皇上住所，请求汉哀帝加封她尊号，还要汉哀帝重用她宠信的亲属，迫使汉哀帝不能按正规法定程序办事。高昌侯董宏迎合汉哀帝和傅太后的心意。上奏说："秦庄襄王的母亲，本是夏氏，后因被华阳夫人认为嗣子，等到即位后，夏氏、华阳夫人都尊称太后。应当立定陶共王后为帝太后。"皇上把奏章转给有关部门，大司马王莽，左将军、关内侯、主管尚书事师丹联名上奏弹劾董宏，说："董宏明知皇太后是最尊贵的称号，现在天下一统，他却引用亡秦的事例来做比喻，引导圣朝向错误路上走，这是不应该说的话，犯了大逆不道的罪！"汉哀帝初即位，还谦逊忍让，采纳王莽、师丹的意见，把董宏免职，贬为平民。傅太后大怒，要挟汉哀帝，一定要称尊号。汉哀帝就禀告太皇太后，太皇太后就命令汉哀帝下诏尊称定陶恭王为恭皇。

五月十九日丙戌，册立傅氏为皇后，她是傅太后堂弟傅晏的女儿。

汉哀帝下诏说："《春秋》上说，母以子贵。因此应尊称定陶太后为恭皇太后、丁姬为恭皇后。各自设置左右詹事，采邑和长信宫皇太后、中宫皇后一样。”还追尊傅太后的父亲为崇祖侯，丁姬的父亲为褒德侯。封舅父丁明为阳安侯，舅父的儿子丁满为平周侯，皇后的父亲傅晏为孔乡侯，皇太后赵飞燕的弟弟侍中、光禄大夫赵钦为新城侯。太皇太后王政君诏令大司马王莽辞职回家，以回避汉哀帝的外戚。王莽就上奏请辞。汉哀帝派尚书令持诏书起用王莽，又派丞相孔光、大司空何武、左将军师丹、卫尉傅喜一同向太皇太后禀报说：“皇上听到太皇太后的诏书，非常悲痛！大司马如果不起来办事，皇上也就不敢听政！”太皇太后于是又命令王莽上朝理事。

汉成帝的时候，靡靡之音的郑乐非常流行，以致著名歌手丙强、景武之流跻身黄门郎，成了巨富，皇亲国戚甚至与汉成帝争夺歌伎舞女。哀帝在做定陶王时，就憎恶这种事，他生性就不喜好音乐，于是在六月下诏说：“孔子不是说过：‘不要听郑国音乐，郑国音乐太淫乱。’应撤销乐府官。郊祭天地大典的音乐及古代军乐、经典中有记载的乐曲由太常管理，那些不是郑国、卫国合于传统的音乐，可由另外的有关部门来管理。”因此裁减的乐曲过半。然而百姓长久以来习惯于那种音乐，而又没有制定其他高雅的音乐来替换，因而富豪和官民之家，仍然一如既往地沉湎在郑、卫之音中。

王莽推荐中垒校尉刘歆，因为他有才能德行，任命为侍中，稍后又升为光禄大夫，地位尊贵，又受到汉哀帝宠信，就改名刘秀。汉哀帝又命令刘秀负责审核校对“五经”，完成其父刘向未完成的事业。刘秀于是汇总群书的精华，编成六略，有：《辑略》、《六艺略》、《诸子略》、《诗赋略》、《兵书略》、《方技略》，其中分类书目，共有六略，包括三十八种著作，五百九十六家言论，一万三千二百六十九卷。其中叙述诸子的，分为九大流派，有儒家、道家、阴阳家、法家、名家、墨家、纵横家、杂家、农家。刘秀认为：“九家都是兴起于王道衰微、诸侯争霸的时代，当时各国的君主好恶大不相同，因而九家学派一时蜂起，各自提出一种主张，坚持自己所称扬的学说，拿它到处游说，希望说服各个诸侯而被采用。他们的学说虽然不同，看起来就像水火不能相容，实际上又是相互而生。仁与义，敬与和，尽管彼此相反，却又彼此相成。《易经》说：‘天下的人走向一个目标可以有不同的道路，治理天下这一个目标，可以有不同的方案。’如今要从各个不同学派中找出它的长处，深入研究，明白它的主旨，虽然各有所短，但综合各家学说的宗旨和内容，也不过是儒家《六经》的支派和末流。这些人的学说若能遇到圣明国君，将其取长补短，加以折中，那样就可成为国家的栋梁之材。孔子说过：‘失传了的古代礼仪，往往可以在乡村中找到遗存。’现在距离圣人的时代，已经很远了，那时的道德治术都已经消失了，无法追寻。而现存的九家学说，岂不是远远胜过去山野寻求吗？若能专心钻研儒家的《六艺》，再参考九派的学说，取长补短，那么，也就可以精通万种方略了。”

河间惠王刘良能承继祖先献王刘德的高尚品德，母亲王太后逝世，刘良穿戴丧服治丧，完全符合礼制。汉哀帝下诏增加一万户封邑，让他作为皇族的表率。

起初，董仲舒劝汉武帝说："秦国采用商鞅变法，废除井田制度，人民可以自由买卖土地，以致富豪的土地连成一大片，贫穷的人却没有立锥之地，每个县邑都有如帝王之尊的豪绅，每个村庄都有公侯一样的富人，小民怎能不贫困！古代的井田制虽然难以突然推行，但也应该稍稍靠近古代制度，限制百姓占有土地数额，调剂田亩，补助耕地不足的民户，堵塞兼并的道路，废除奴婢私有制度，取消主人可以杀害奴婢的特权，减轻赋税，减少徭役，使人民得以休养生息，然后才可以把国家治理好。"等到汉哀帝即位，师丹再次建言说："如今，经历了几代人的太平，富有的豪绅和官吏，资产有几个亿，而贫困弱小的细民更加困难，应该限制占有土地的数量。"汉哀帝把师丹的奏议转给臣下讨论。丞相孔光、大司空何武上奏请求说："从诸侯王、列侯、公主起，所占有的田亩都要有限制。关内侯、官吏和富民，占地都不能超过三十顷，家庭奴婢不能超过三十人。定下三年期限，过期仍多占田亩和奴婢的人，罚没入官。"这样，造成了一时田亩、奴婢的价值下跌，贵族、外戚以及汉哀帝亲近的人，都深感不利，于是汉哀帝又下诏书说："暂缓执行。"这样，限田建议被搁置没有实行。汉哀帝又下诏："设置在齐地的织造厂三服官以及其他主管皇室服装的官员，因为刺绣绮罗，织造艰难，伤害女红，全部停业，不再向皇室输送。废除任子令和诽谤诋欺罪的法令条文。掖庭中一般宫女年三十岁以下的，放出宫嫁人，官奴婢五十岁以上的，免除服役为平民。增加三百石以下官吏的俸禄。"

（以上为第二段，写汉哀帝即位，诸侯入继大统的宗法继嗣伦理与亲情的矛盾就尖锐地呈现出来。此时，西汉土地高度集中的社会矛盾也呈现出来，师丹建言限田法令，因触犯贵戚官僚的既得利益，而被搁置。刘歆完成《七略》的编制，是目录学史上的一件大事。）

汉哀帝在未央宫设置酒宴，内者令为傅太后设置座位，紧靠在太皇太后座位旁边。大司马王莽巡视检查，斥责内者令，说："定陶太后只不过是藩王的妾，怎么能够和至尊太皇太后并排平起平坐！撤去她的座位，另外安排座位。"傅太后听说后，怒不可遏，不肯参加酒会，加倍痛恨王莽。王莽再次请求辞职。秋季，七月初一日丁卯，汉哀帝批准王莽辞奏，赏赐给王莽黄金五百斤，四马驾的安车一辆，让他回到自己府第。公卿大夫多称赞王莽，汉哀帝就给予特殊的恩宠，特派中黄门官，到王莽家供其驱使，每隔十天，汉哀帝赐宴一次。又下诏加封曲阳侯王根、安阳侯王舜、新都侯王莽、丞相孔光、大司空何武采邑户数，多少不等。又加官王莽为特进、给事中，每月初一、十五朝见天子，朝见礼仪和三公一样。又将红阳侯王立召回京师。

傅太后堂弟右将军傅喜，喜好读书，很有学问，志节操守也很高尚。王莽罢退后，大家都认为傅喜会接替王莽。起初，汉哀帝加封外亲的官爵，唯独傅喜称病不肯接受。傅太后刚开始干预朝政，傅喜就多次进言规劝，因此傅太后不想让傅喜来辅政。七月初四日庚午，任命左将军师丹任大司马，封高乡亭侯，赐傅喜黄金百斤，交回右将军印信绶带，以光禄大夫的身份在家养病。任命光禄勋淮阳人彭宣为右将军。大司空何武、尚书令唐林都上奏说："傅喜操行与道义都很高尚廉洁，忠诚忧国，是最好的辅弼大臣，如今却以卧病为借口，突然将他遣送回家，大家都感到失望，都说：'傅喜是傅氏家族的贤能人才，因为见解与定陶太后不合，所以被罢退。'文武百官没有不为国家惋惜的。忠臣是国家的卫士。鲁国的治乱兴衰，全靠季友是不是当权，楚国因子玉的生死而影响国家地位的高低，魏国依仗公子无忌而战胜强敌，项羽则因范增的去留决定了楚国的存亡。百万之众，抵不过一个贤能的人才。所以秦国用千金行贿来离间赵王与廉颇的关系，汉高祖散万金使项羽疏远范增。傅喜能担任朝廷大臣，是陛下的光辉，也是傅氏兴废的关键。"汉哀帝自己也很器重傅喜，因此过了不久，又举用他。

建平侯杜业上奏诋毁曲阳侯王根、高阳侯薛宣、安昌侯张禹，而举荐朱博。汉哀帝从小就知道王氏骄横，内心对他们没有好感。由于刚即位，所以对他们暂且表示优待。杜业上书一个多月后，司隶校尉解光上奏说："曲阳侯王根，在先帝陵墓还没有完成时，就公然聘娶后宫女乐五官殷严、王飞君等，在家设酒歌舞。王根侄子、成都侯王况，也公然聘娶先帝后宫的贵人为妻。因此，王根、王况都丧失人臣的礼节，犯了大不敬和大不道的罪！"于是汉哀帝说："先帝对待王根、王况父子，何等优厚，想不到他们却如此忘恩负义！"由于王根曾参与建议立定陶王为太子的决定，仅遣送他返回封国；撤销王况的侯爵，贬为平民，遣归故里。由王根和王况的父亲王商所举荐而任职的官员，全都免职。

九月二十五日庚申，发生地震，从京师到北边郡国，三十多处城郭被损坏，共压死四百余人。汉哀帝就以这次灾异询问待诏李寻，李寻回答说："太阳，是所有阳性物质的主宰，也是君王的象征。君王昏乱不修道，那么太阳就失去它的常态，暗淡无光。近来太阳尤其不明亮，光明被外物侵犯而失去原来的光泽，太阳四周，环绕黑色云气，多次出现晕霓。小臣不知宫内的事，但个人从太阳的变化来观察陛下的行为，比刚即位时差了许多。希望陛下紧握天子的权柄，坚定不移，恪守法令制度，不要听从美女、邪臣的摆布，拒绝保姆、乳娘私下甜言蜜语的请托，要努力实现大义，断绝小不忍的私情。实在不得已时，可赐予他们钱财珍宝，千万不可私授官职爵位，因为这实在是上天所禁止的！

"我听说月亮是阴性物质的主宰，也是后妃、大臣、诸侯的象征。近来，月亮屡次发生变异，这显示后宫干预朝政，扰乱朝纲，阴阳两败俱伤，两相妨碍。臣是一个没有职任的编外之臣，不知朝廷的事，只是个人就天象变化推断如此。亲近大臣已经不能依靠了。请求陛下亲自另求贤德之士，切忌不要增强奸佞小人的势力，这样才能使国家昌盛，使汉朝强大！

“臣听说五行以水为根本，水的特性是公平。治理国家之道，就是公正廉明，那么，百川顺畅，经脉流通；如果偏向私党，王纲失坠，那么，百川洪水泛滥，外溢成灾。如今汝水、颍水暴涨泛滥，与雨水一起肆虐，给人民带来巨大的灾害。这正像《诗经》里所说的‘百川沸腾’，这些灾害应归咎于皇甫卿士这些人。希望陛下稍稍抑制外戚大臣！

“臣听说大地温柔平静，是阴性事物的正常状态。近来关东地区多次发生地震，应当崇扬阳刚，抑制阴柔，这样才能补救过失，坚定地建立威严，杜绝私下请托的道路，提拔引进英杰人才，罢免不称职的官吏，才能使朝廷根基强盛！根基强盛了，那么就会精神振奋；根基衰弱了，那就招灾惹祸，被邪恶的阴谋所欺凌。听说从前淮南王谋反之时，他所害怕的只有汲黯一人，认为公孙弘等人不值一提。公孙弘是汉朝的名相，今天没有人能比得上他，但是，还被人看轻，何况如今连公孙弘之辈都没有呢！所以说，如果朝廷没有贤能的人才，就会被乱臣贼子轻视，这是很自然的道理。”

（以上为第三段，写哀帝欲整朝纲，却受到傅氏、王氏两股外戚势力的牵制，二者互相角斗，天变灾异，不断示警。）

骑都尉平当，被委派主管治理河堤事务。他上奏说：“古代的九河，如今都填塞难寻。依照经义记载，治水只有决开堵塞、深挖河床使河水畅通的记载，而没有修筑堤防、堵塞水流的事例。黄河从魏郡以东多次发生河水泛滥决口，从洪水流动的走向，难以找到九河的遗迹，四海之内那么多百姓，是欺骗不得的。应广泛征求能挖深水道、疏浚河水的人才。”汉哀帝采纳了他的建议。

待诏贾让上奏说：“治河有上、中、下三种方案。古人建筑都城，居住人民，划界治理，垦辟土地，都要选择在水势所不能到达的地方。河不应修堤防，以免限制河床，让众多小溪可以流入大河，山坡下的低洼地，任其聚水成为湖泊沼泽，这样秋水涨时可以蓄洪水，水面宽阔，水流就缓慢不急。大地上有河、川，就像人有口一样，用土石去阻塞河流泛滥，就像为了不让小孩子啼哭，而去塞住他的嘴巴，啼哭声停止了，但小孩的死期也就跟着到了。所以说：‘懂得水利的人，开决堤防，疏导水势；懂得治理天下的人，开导人民，使他们畅所欲言。’堤防的修筑，大致是兴起于战国时代。各国只顾自己利益，修筑堤防，堵塞百川。齐国与赵国、魏国以黄河为界，赵、魏靠近高山，而齐国地势低下，因此齐国在距离黄河岸边二十五里处修筑堤防。黄河水东下到达齐国堤防，受阻，则向西流入赵、魏，使其泛滥成灾。

赵、魏也在距离黄河岸边二十五里处修筑堤防。尽管双方采取的方法不正，但因河床比较宽，河水还有流动的地方。洪水不断地时来时去，洪水过去后，使河水挟带的泥沙淤泥沉积成为肥沃的土壤，百姓在上面耕种，或者经过很长的时间未发生水灾，于是就逐渐修建住宅，聚成村落。一旦洪水到来，就泛滥成灾，以致田宅人畜漂没，为了自救，就加高堤防的修筑，逐渐离开居于高地的城郭，排除积水而定居下来。由于这样，黄河沿岸人民常常遭受水灾，也是无可奈何的事。如今黄河堤防，狭窄的河段，两岸距离仅数百步，宽的河段，两岸距离也只有几里，在旧有的大堤之内又筑起数道小堤防，人民居住在里面，这都是前代将水排出而形成的。黄河从河内郡的黎阳到魏郡的昭阳，东西两岸都有用石头筑成的堤防，疾驰的洪峰受到石堤阻挡而回转，百余里的间隔，黄河两次向西，三次向东弯折，如此急迫，自然不断发生灾害。

“如今最好的治河方案，就是迁移冀州洪泛区人民，掘开黎阳遮害亭的堤坝，使河水向北溃决，流入渤海。黄河的西边靠近太行山，东边被金堤拦阻，水势不可能冲击很远，决堤造成的泛滥，一个月后自然会平定下来。有人会责难说：‘若这样，必定毁坏数以万计的城郭、田地、房屋和坟墓，人民会怨恨的。’从前大禹治水，山陵挡路则毁掉山陵，因而凿通龙门山，洞穿伊阙山，中分厎柱山，破开碣石山，为了治水，可以毁坏了大地固有的面貌。而今那些城郭、田地、房屋和坟墓，不过是人力所造，还有什么舍不得的。如今靠近黄河的十个郡，每年整治堤防的费用以亿计，一旦发生大的决口，堤防几乎全被毁坏。若拿出数年治河的费用，来安置迁移的人民，遵照古代圣贤的做法，确定河水山川的位置，使神与人各得其所，互不相扰。何况大汉朝国土广阔万里，何须与河水去争那一尺一寸的土地呢？这个方案一旦实现，黄河稳定，人民安居乐业，千年不会发生水灾，因此是上等方案。

“若在冀州地区开凿运河渠道，既能使人民用来灌溉田地，又能分杀水势。这虽然不是圣人的作法，但也不失为使损毁降到最低限度的办法。可以从淇口开始，向东修筑石堤，多设水闸门。恐怕有人会怀疑，黄河这样的大河用渠道、水门难以控制。荥阳的粮道运河，就足以为例说明问题。冀州的灌溉水渠，全依靠荥阳运河的水门节制，各条灌溉渠，都从这里取水分流。天旱时，打开东方水流向下的水门，灌溉冀州附近的田地；一旦洪水到来，则打开西方高处的水门，分散水流，使农田受到保护，河堤也不会毁坏而得到保存。这实在是富国安民、兴利除害、能控制水灾数百年的办法。因此算是中等方案。

“若只是修补原有的堤防，把低的地方增高，单薄的地方加厚，徒费人力物力永无止境，而人民已经遭受了无数次的水灾。因此这是最下等方案。”

（以上为第四段，详细摘载贾让的治河三策，朝廷议而不决，没有下文。）

孔光、何武联名上奏，说：“拆除或变更皇室宗庙祭祀的大事，应当提上议事日程确定下来，请与群臣合议。”于是光禄勋彭宣等五十三人，一致认为：“孝武皇帝虽然有伟大的功业，但亲情已尽，应该拆毁。”太仆王舜、中垒校尉刘歆反对，说：“按照《礼记》，天子应有七座祭庙，‘七’是法定的礼数，是永远不变的。被尊为‘宗’的，不在‘七庙’之内，是一个变数，也是永远不毁的。因为，如果建立了伟大功业而被尊为‘宗’的，不可以预先设定数字，臣愚昧地认为孝武皇帝既然建立了被尊为‘宗’的功业，孝宣皇帝又是那样的尊崇孝武帝，不应该毁庙。”汉哀帝看了这个奏议，批示说：“太仆王舜、中垒校尉刘歆的建议可行。”

何武的后母在原籍蜀郡，何武派官员接后母到长安居住。正逢汉成帝逝世，迎接护送的官员怕路上有盗贼，就把何武的后母留在蜀郡，没有接来。汉哀帝左右的近臣有的就指责何武奉养后母不厚道，汉哀帝正想更换大臣，因此在冬季十月，下诏将何武免职，以列侯身份遣归封国。十月初九日癸酉，任命师丹为大司空。师丹见汉哀帝屡次更改成帝时的政令，就上书说：“古代天子居丧时间，不发政令，国家大事，听从大宰处理。三年之内，不能改变先父的治国之道。先帝的尸棺尚停在灵堂，而臣等却升官封爵，赫然显贵起来。皇上封舅父丁明为阳安侯，皇后的尊号还未确定，就预封她父亲傅晏为孔乡侯。侍中王邑、射声校尉王邯等却被解除职位，逐出宫中。诏书连连颁布，人事变动突然，不再温和渐进。臣固然不明大义，又不能坚决辞让爵位，随波逐流，跟着凭空接受封侯，更增加了陛下的过失。近来郡国多次发生地震，涌出大水，淹死百姓。太阳、月亮昏暗无光彩，五星失去它正常的运行，这都是举措失当，号令摇摆不定，法令制度失去常理，阴阳混浊不清的反映。

“臣观察人之常情，假若没有儿子，虽然年龄已到六七十，仍然多娶妻妾，广为求子。孝成皇帝深明天命，独自觉察到陛下有至高的品德，他尽管还在壮年之时，就能克制自己，毅然立陛下为太子。先帝突然舍弃天下，而陛下继位，四海安宁，人民没有丝毫惊慌。这是先帝的圣德，正符合天人合一的功德。臣听说：‘上天的威严不远，近在咫尺之间。’希望陛下深思先帝之所以选择你作为继承人的心意，要努力克制自己，身体力行，以此观察群臣的效法归化。说起天下，既然是陛下的私产，还愁皇亲国戚不能富贵吗？不应当如此迫不及待，那样是不能长久的。”师丹上书数十次，言辞多痛切直率。

傅太后的堂侄傅迁，侍奉在汉哀帝的身边，行为特别阴险奸邪，汉哀帝很讨厌他，就罢免他的官职，遣回原郡。傅太后知道后很生气，汉哀帝无奈，又将傅迁留下。丞相孔光、大司空师丹上奏，说：“两次诏书内容，前后相反，使天下人迷惑，无法取信于民。臣请求仍将傅迁送回原郡，以清除奸党。”但傅迁最终也没有被遣归，又被任命为侍中。汉哀帝受傅太后胁迫的窘况，由此可见一斑。

（以上为第五段，写大臣议迭毁之制，以及傅太后掣肘朝政。）

议郎耿育上书为陈汤鸣冤，说：“甘延寿、陈汤为大汉扬威于边远蛮荒的西域，洗雪国家长久以来的耻辱，讨伐边远西域不驯服的国君，捕捉万里之外难以制服的强虏，他们的功绩有谁能比得上呢？先帝嘉奖他们，而且明确发布诏书，宣扬他们的突出功绩，甚至为此改元竟宁，使英雄业绩传之无穷。于是，南郡贡献白虎，边陲再没有警报。恰遇先帝卧病在床，但是，仍然关怀不忘，多次派尚书责问丞相，催促他们迅速拟定功序等级。唯独丞相匡衡从中阻挠，最后只封甘延寿、陈汤数百户的采邑，因而功臣战士，无不大失所望。孝成皇帝承继的是先人创下的基业，乘征伐之威，战争平息，国家安宁无事。但是大臣歪邪作恶，意欲独占君主的权威，排斥、嫉妒有功之臣，使陈汤孤身被囚禁于监狱，而无法向皇帝剖明辨冤，最终使一个年老的功臣，被遗弃边陲。敦煌正当通往西域的要道，让一个威震远方的功臣名将，转眼成了阶下囚，岂不遭受郅支单于残部的讥笑，实在令人可悲！直到今日，汉朝奉命出使各国的使节，无不以远诛郅支单于的事情来宣扬汉朝的强盛。利用英雄的功绩使敌人惊惶害怕，可是自己却把英雄放逐囚禁，而使谗言陷害的人称心快意，难道不令人痛心吗？何况平安时要不忘危险，鼎盛时一定要想到衰落。如今国家已没有文帝多年节约留下的积蓄，又没有武帝时延揽的那么多贤才和勇猛杀敌的将领，独有陈汤一人而已！假若陈汤已经过世，未能赶上陛下当政的时代，还希望国家能追录他的功劳，加封他的坟墓，用以激励后来的仁人志士。陈汤有幸得逢圣世，他立功的时间也不太久，反而听信奸臣的谗言，把他放逐到偏远的边塞，四处逃亡，死无葬身之地。有远见的人士无不思量，认为陈汤的功劳几代以来无人可比，而陈汤的过失，却是人情之常见，陈汤的下场尚且如此，我们纵使为国家粉身碎骨，捐躯疆场，仍不免被奸臣的口舌所钳制，被嫉妒之臣陷害而成囚犯。这正是我之所以为国家特别忧愁的原因。”奏章呈上后，汉哀帝下诏让陈汤回到长安，后来在长安逝世。

（以上为第六段，写耿育上书为陈汤鸣冤，功臣得以终老京师。陈汤的功过是非，至此画上句号。）

孝哀皇帝上

汉哀帝建平元年（乙卯，公元前 6 年）

春季，正月，在北地郡落下十六块陨石。

赦免天下。

司隶校尉解光上奏，说：“臣听说许美人和已故皇后女史曹宫都曾经蒙受孝成皇帝幸御，生下儿子，可是儿子下落不明。臣派官员查问，知道了全部实情。元延元年，曹宫怀孕，到了十月，曹宫在宫中牛官令的官舍生下儿子。中黄门田客拿着皇帝手诏给掖庭狱丞籍武看，命令籍武把曹宫关进暴室狱。并吩咐：‘不许问生的是男是女，不管他是谁的儿子！’曹宫在被捕时对籍武说：‘请好好照顾我儿子，你狱丞知道我儿是谁的孩子？’三天后，田客又拿手诏给籍武，并问：‘小孩死了没有？’籍武回答说：‘没有死。’田客说：‘皇上和赵昭仪很生气，问你为什么不杀死！’籍武叩头哭着说：‘不杀男孩违抗了命令，自知难逃一死；杀了，也是死！’就让田客代为呈递密封奏书说：‘陛下还没有继承人，自己的儿子还分什么贵贱，请陛下要三思！’奏入，田客又拿着诏书来取走了小孩，交给了中黄门王舜。王舜接受手诏，把小孩送入内宫殿中，为他挑选奶妈，并对奶妈说：‘好好喂养小孩，会有赏赐的，此事不准泄露出去！’王舜选了官婢张弃当奶妈。三天后，田客又拿着手诏和毒药，让曹宫自尽。曹宫哭着说：‘果然，赵飞燕姐妹俩想独霸天下！我生的是一个男孩，额头上有一束突出的头发，与孝元皇帝一样。如今我儿在哪里？大概被她们杀害了吧！拜托公公想法子告诉皇太后。’于是饮毒药而死。张弃喂养那个小孩，仅十一天，宫长李南就拿着手诏，把小孩带走了。此后就再不知其下落。

“至于许美人，她在元延二年怀孕，十一月分娩。赵昭仪对孝成皇帝说：‘你每次欺骗我说从皇后那里来。既然从皇后的宫里来，许美人的孩子是从哪里生出来的？难道许氏还想被立为皇后吗？’赵飞燕非常怨恨，用手打自己，用头撞墙壁和门柱，从床上故意滚到地下，哭泣着不肯吃饭。说：‘你现在就打发我好了，我想回家！’皇帝说：‘我今天特意告诉你，反而使你大吼大叫，真是令人搞不懂！’孝成皇帝也不吃饭。赵昭仪说：‘陛下认为自己是对的，为什么也不吃饭？陛下曾亲口说：“誓不负你！”现在许美人有了孩子，竟然违背誓约，陛下还有什么说的？’孝成皇帝说：‘就因为朕与你赵氏有誓约的缘故，不仅不立许氏为皇后，而且让天下的人没有能在赵氏之上的，你不要忧虑！’后来孝成皇帝下诏派中黄门靳严从许美人那里抱走小孩，装在苇草编的箩筐里，放在昭阳宫门帘的南边而离开。孝成皇帝和赵昭仪坐着，命侍从于客子解开箩筐的绳子。一会儿，孝成皇帝叫于客子和其他侍从都退出去，自己将门关好，单独与赵昭仪在一起。不久，打开门，呼喊于客子，叫他将箩筐捆好，并写手诏令中黄门吴恭把箩筐交给籍武，还交代说：‘告诉籍武，箩筐里有死婴，把他埋在隐秘的地方，不许让人知道！’籍武在狱楼墙下挖了个坑，将那死婴埋下。

“其他强迫喝毒药、堕胎的事也不少，都是发生在绥和二年四月十八日丙辰赦免令发布之前。臣谨考察：永光三年，一个男子叫忠的一伙人盗掘长陵傅夫人的墓，事经大赦，孝元皇帝下诏说：‘这件事，朕不予赦免！’于是彻底追究，严厉处理，全体伏诛。天下人都认为处理得当。赵昭仪倾覆扰乱圣朝，亲手杀害皇家继嗣，家属应为天所诛伐。但是她的兄弟姐妹仍然高高在上，位居高官，亲近天子，天下人无不寒心。请陛下彻底追查这件事。”丞相以下朝廷大臣都认为应按正常法制处理。于是汉哀帝罢免了新成侯赵钦以及赵钦侄子咸阳侯赵䜣的爵位，贬为平民。将赵氏家属流放到辽西郡。

（以上为第七段，写由调查成帝死因而牵引出宫中嫔妃争宠而明争暗斗的黑幕，充满血腥。汉成帝恋美，乃至于亲手杀害儿子，比老虎还毒，简直是有悖人伦。）

议郎耿育上疏，说："臣听说，嗣位继承，不按大统顺序，废弃嫡子而立庶子，正是圣人立法所禁的，从古以来都引以为戒。可是吴太伯发现二弟王季适合作继承人，虽然犹豫，仍然坚决辞让，逃到吴、粤躲藏，这是在特殊情况下的通权达变，不按常规办法，把嫡子的嗣位让给了王季，以尊崇圣嗣，结果周朝得了天下，子孙继承，绵延七八百年之久，功业居于夏商周三代王业之首，道德最为完备，因而王位的尊号追加到古公亶父，称为太王。所以，时事要有非常的变化，然后才有非常的谋略。孝成皇帝自知早年没有生下继嗣，不能及时立下太子，考虑到如果晚年得子，自己万岁之后，儿子年幼，没有能力掌握国家政权，那么国家大权就要控制在母后女主之手。母后骄纵过度，就会贪欲无厌，少主幼弱，大臣们也束手无策，到那时，如果没有周公姬旦那样抱负成王，尽心辅佐的臣子，恐怕就要危害国家，天下大乱。先帝了解陛下有贤圣英明的品德，仁爱孝顺的恩情，因此独具慧眼，不再召幸嫔妃，所以废除寝宫的侧室，断绝了晚年生子可能带来的祸乱，一心一意把皇位传给陛下，以安定宗庙。愚臣没有能力稳定国家，治定出长治久安的计策，又没有智慧发扬光大圣德，宣扬先帝正大无私的志向，于是反复在宫禁内调查，揭露了宫闱中的隐私，抹黑先帝竟然被美色所迷惑，造成因宠妃的妒忌而残杀，有失先帝圣贤远见的英明，辜负了先帝为国忧虑的本意。评论伟大人物的品德，不要拘泥于世俗的见解，建立了盖世之功的人，不能用常人的标准去衡量，这正是孝成皇帝深谋远虑，高出众臣万万倍的原因，也是陛下圣德茂盛符合皇天选择的原因，岂是当代庸俗鄙陋的小臣所能及的呢？况且赞扬遵循君父的美德，补救消除已往的过失，是古今共同的大义。遇到事情不对时，就应坚决力争，以防患于未然，但却各自见风使舵，顺从主上的心意以取宠；等到先帝已经逝世，赵太后的尊号已经确定，万事都已完毕，这才来追查无法挽回的往事，揭发暴露那昏暗不明的过错，这实在是令臣深感悲痛！希望陛下把此事交给主管官吏讨论，若同意臣的意见，就应宣布于天下，使天下人都知道先帝圣德的用心。不然，平白让诽谤波及死去的成帝，还要流传到后代，而且远传异族，近布海内，这绝对不是先帝托付给陛下的本意。孝顺的人，是善于遵循先父的遗志，善于完成先人未完成的事业，请陛下省览详察！"汉哀帝也觉得自己被立为太子，赵太后是出了力的，于是最终不再追究这件事。傅太后感激赵太后立哀帝之功，赵太后如今又心悦归服，因此太皇太后以及王氏权贵们都怨恨赵太后。

正月初四日丁酉，任命光禄大夫傅喜为大司马，封高武侯。

秋季，九月十五日甲辰，在虞县坠落两块陨石。

郎中令泠褒、黄门郎段犹等又上奏说："定陶共皇太后、共皇后都不应再使用定陶藩国的名称加在尊号的上面。车马、衣服也都应与皇室的身份相称。可以设置二千石以下官吏在那里供职。还应当为恭皇在京师长安建立宗庙。"汉哀帝又将这奏章交由大臣们商议，大多数大臣都顺从汉哀帝旨意说："母以子贵，应当建立尊号，以厚孝道。"唯独丞相孔光、大司马傅喜、大司空师丹认为不可以如此。师丹说："圣王制定礼仪，是取法于天地。上尊下卑，是确定天地的位置，决不能混乱。如今定陶共皇太后、共皇后以'定陶共'为号，正是表示母从子，妻从夫的意思。想要建官设吏，车马、衣服和太皇太后一样，这就无法表明'尊无二上'的道理。定陶共皇的尊号、谥号前已确定，在道理上是不能再更改的。《礼记》记载：'父亲为士，儿子是天子，祭祀父亲时，虽然儿子要用天子之礼去祭祀，但父亲的殡服仍必须是士服。'因为没有儿子加封父亲爵位的道理是表示尊重父母。过继为他人作后嗣的，也就是他人的儿子，所以就要为过继的父母穿不缝边的粗麻布制成的衣服守孝三年，而对亲生父母守孝的时间则要缩短，以表明尊崇所过继的祖先，而持重正统。孝成皇帝圣恩深远，特意为共王选定了继承人，以承奉祭祀，使共皇能长久为藩国的太祖，香火万代不灭，恩义已备至。陛下既然为先帝的继承人，身居嫡系大宗的重要地位，承袭了宗庙、天地、社稷的祭祀，在道义上就不能再承奉定陶共皇到共皇庙去祭祀祖先。如今想在京师建立共皇庙，让臣下去祭祀。这就成为无主的祭祀。再有，亲情尽后，其庙当毁，现在徒然去除掉一个藩王万世不毁的祭祀，而去趋就一个既无主，又将撤除，而且按礼仪又不符合正道的祭祀，这不是尊崇厚待共皇的做法！"由此，师丹渐渐不合汉哀帝的心意。

正好有人上奏说："古代用龟甲、贝壳当货币，如今用钱币来取代，民众因此贫困，应该改革币制。"汉哀帝问师丹的意见，师丹回答应该更改。奏章交给主管部门商议，都认为使用钱币的时间已很久了，难以骤然改变。师丹年纪大了，忘了他回答汉哀帝说过的话，又顺从公卿们的议论，反对改变。此外，师丹让属官抄写奏章，属官私自抄写了一份副本。丁、傅两家子弟得到消息，马上派人上书告发说："师丹呈上机密奏章，街上行路的人，都手捧一份机密奏章的副本。"汉哀帝问将军和朝中大臣对此事的看法，都回答说："忠臣是不炫耀他对君王的规劝。大臣上奏的事情，更不可向外泄露，应把师丹交廷尉治罪。"此案交由廷尉审查，廷尉弹劾师丹犯大不敬罪。皇上还未最后判定，给事中、博士申咸、炔钦上奏说："师丹的经学与德行无人可比，在近世大臣之中，像师丹这样的人太少了。师丹因宣泄郁闷，上呈机密奏书，未能深思熟虑，就让主簿抄写，泄露的过错不在师丹，以这个理由将他贬黜，恐怕不能使大家心悦诚服。"汉哀帝将申咸、炔钦各降级二等。接着下策书罢免师丹，说："朕见你官位尊贵，责任重大，却心怀欺诈，误导国家，行动举止有背诏令，说话反复无常，前后矛盾，朕深为君感到羞耻！只因你曾居太傅之位，我不忍心将你依法治罪，令你交还大司空、高乐侯的印信绶带，免职回家！”

尚书令唐林上奏说：“我看到罢免大司空师丹的策书，非常沉痛悲切。君子写文章，要为贤德的人掩饰过错。师丹精通‘五经’，是当代儒学的宗师，品德高尚，是国家的老前辈，亲自教导圣上，位居三公；而被指责的过失十分轻微，全国人民都没有看到师丹犯有重大过错。事情已经过去了，免除爵位的处分，未免太重。京师有识之士都认为应当恢复师丹的爵位封邑，使他能参加朝会请召。请陛下考虑众人的心意重新做一个决断，用以安慰报答当过师傅的大臣！”汉哀帝采纳了唐林的意见，下诏赐师丹关内侯的爵位。

汉哀帝采纳杜业的意见，召见朱博，再任用他为光禄大夫；后升调京兆尹。冬季，十月二十三日壬午，任命朱博为大司空。

中山王刘箕子，从小就患有肝厥症，祖母冯太后亲自抚养看护，多次祈祷，求神保佑。汉哀帝派遣中郎谒者张由带医师去给刘箕子治病。张由原本就有癫痫病，到中山国后，突然发病，就发狂而离开，西回长安。尚书下公文责问张由擅自离开中山国的原因，张由恐惧，就诬告中山太后祝祷诅咒汉哀帝及傅太后，特地回京师奏报。傅太后与冯太后都是一起侍奉元帝的，傅太后追想旧怨而怀恨冯太后，于是派遣御史丁玄调查核实。调查几十天，没有查出实据。就另派遣中谒者令史立去审理。史立受了傅太后的旨意，想因此立功封侯，于是处置了冯太后的妹妹冯习以及弟媳君之，被折磨死的竟达数十人。随后史立上奏诬告说：“冯太后诉于鬼神，加害皇上，另立中山王。”但史立责问冯太后，冯太后拒绝认罪。史立就讥讽说：“当年熊从栏中逃出，直扑皇上殿前，你上前直立，用身相挡，是何等勇敢，如今为什么如此胆怯不敢认罪呢？”冯太后回宫后对身边的人说：“这是宫中的事，史立怎么知道的？这明显是想要陷害我的人提供的！”于是服毒自杀。宜乡侯冯参、君之、冯习与丈夫及儿子等被此案牵连而治罪，有的自杀而死，有的受刑而死，共死了十七人。人们都很同情他们。

司隶孙宝奏请重新审理冯氏一案，傅太后大怒说：“皇上设置司隶官，难道是为了追查我！冯氏谋反的事情很清楚，孙宝想故意挑剔，是为了显扬我的过失，那好，我去投案！”汉哀帝只好顺从傅太后的旨意，将孙宝关进监狱。尚书仆射唐林为孙宝辩护，汉哀帝以结党营私的罪名把唐林贬调敦煌郡效谷县当军侯。大司马傅喜、光禄大夫龚胜极力争辩，汉哀帝就把此事告诉傅太后，这才释放孙宝，恢复他的官职。张由因为首先告发，赐爵关内侯，史立升中太仆。

（以上为第八段，写哀帝在傅太后挟制下执政昏庸，黑白颠倒。傅太后感谢赵飞燕皇太后拥立之功，讽耿育上书阻止了对成帝死因案的彻查；而傅太后欲报昔日冯婕妤当熊而立，使自己尴尬这一莫名之怨，数十年后还大兴冤狱，竟以谋反罪逼杀中山王冯太后。傅氏又索求尊号，贪婪无比，师丹谏之而被罢官。）

【点评】

论集权之弊。极端的皇权，就是所谓的绝对权威，而绝对权威必然带有野蛮性。本卷所载统治集团的权力斗争，以及宫中黑幕，活生生地表现了皇权的野蛮性，上演了一出又一出的悲剧，包括皇帝本人在内亦不幸免。丞相翟方进之冤死，汉成帝之暴崩，张放效愚忠之死，中山王冯太后被诬谋反而死，赵昭仪专宠丧失人性终被逼死，无一不表现了专制政治的弊端，很有警世意义。专制不除，这些悲剧的上演就不会停止。

先说翟方进之死。按照古代的天人感应学说，人间政治昏乱，上天就要降灾示警。荧惑守心，自然天象，被说成是兆示国君有灾难，但可以转移到大臣身上。春秋时楚昭王二十七年（公元前489年），楚国上空出现火烧红云，像一群火鸟围绕太阳飞奔了三天。楚昭王芈轸派使者到周王室向太史请教。太史说："楚王有灾难，可以用祭祀祷告的法术，转移到大臣令尹或者司马的身上。"楚昭王说："大臣是寡人的臂膀，把腹心的疾病转移到臂膀，有什么好处。"楚昭王不做祷告。孔子称赞楚昭王是一个懂得大道的人。又春秋时宋景公三十七年（公元前480年），荧惑守心，心宿是宋的分野，司星官子韦说："宋公有灾，可转移到国相身上去。"宋景公说："相是我的手和脚。"子韦说："可转移给人民。"宋景公说："国君依靠的是人民。"子韦说："可转移给收成。"宋景公说："没有收成，人民没有饭吃，我这国君有何用。"子韦祝贺说："上天高高在上，听得见下界的声音。国君说了三次善言，荧惑将要后退。"荧惑果然退了三度。如今成帝绥和二年（公元前7年），荧惑守心，成帝却逼死丞相翟方进，企图嫁祸于人，结果自己并没有免祸，只比翟方进多活了一个月零五天。二月十三日翟方进被赐死，三月十八日成帝暴崩。正如司马光所说："假定灾祸可以转移，仁慈的君主也不忍心去做，楚昭王芈轸、宋景公头曼做出了榜样。何况灾祸根本就不可转移。对于翟方进来说，他没有犯死罪，为了承当天变，把他杀了，是冤死而侮辱上天；如果翟方进犯了死罪，借他的人头承当天变，却是在掩盖他的罪行，赐给他丰厚葬礼，是侮辱人民。汉成帝刘骜既欺天，又欺人，而自己并没有得到好处，实在是糊涂而不知天命。"

再说成帝之死。班彪称赞成帝美姿容，是一个帅哥，很注意修饰仪容，乘车必立正，不左顾右盼，说话从容，从不发火，上朝时神情庄重，严肃得像一尊神，很有天子派头。成帝博览古今，知识渊博，听得进逆耳之言，很有权威，力能制奸，是一个聪明天子。很可惜，成帝一门心思沉溺女色，大臣直谏的话，能听不能行，只当耳边风，他沉溺于女色达到了癫狂和心理变态的地步，甚至于亲手杀死皇子来讨好心上人赵昭仪。虎毒不食子，癫狂天子比虎还毒，令人发指。成帝无疾而暴崩，有人推断是服了过量春药而死，这叫作“自作孽，不可活”。

再说一人之死，那就是富平侯张放。张放是西汉名臣张安世的后裔，成帝宠信的大臣，任侍中、中郎将，与成帝同卧起，经常微行出游，又斗鸡走马长安市中，遭到大臣弹劾，王政君太后斥责，成帝不得已外放张放，三进三出，最后遣就国。成帝死后，张放思慕哭泣而悲死。荀悦认为，张放引导成帝放纵玩乐，不是一个忠臣，但他确实很爱成帝，以至于死。荀悦评论说：“爱而不忠，是仁义的蟊贼。”张放之爱，是对成帝的百依百顺，是典型的奴才之爱。成帝放纵，本不应由奴才负责。奴才殉主，是非同一般的爱，只有效极忠的人才舍得生命。奴才的效忠，也就是愚忠。对昏暴之君效愚忠的人，客观上可以说是助纣为虐，说他是仁义的蟊贼未为不可，但主观上，效愚忠的人与阿谀藏奸的人有本质的不同，不能说是仁义的蟊贼。效愚忠的人，其情可悯，而奸险小人，则令人憎恨。张放是值得同情的，但并不可爱。

中山王冯氏王太后被诬谋反而死，比翟方进还要冤。翟方进之冤，死于荒唐的意识形态，替皇帝御灾，用自己的生命去换取皇帝生命的安全，还可以与忠字挂钩，所以死了享受国葬。冯太后之死，则是人为制造的冤案，无中生有，表现了皇权政治体制下司法的无边黑暗。史立奉命造冤狱，仍得不到口供，硬是颠倒黑白，做成冯氏王太后诅咒皇上的冤案。亲王之家尚且如此，平民百姓更是诉告无门，只能发出“屈死不告状”的哀鸣。法律应该是神圣的，但实际上却只为权势和金钱服务。傅太后因嫉妒而生恨，几十年后仗着接近皇权而赤裸裸地制造冤案，株连而成大狱，即便是朝中大臣，只要同情冯氏王太后，就要受到打击，司隶校尉孙宝请求调查而被下狱，尚书令唐林出来申辩而遭流放，制造冤案的小人却有功，张由因检举揭发被封关内侯，颠倒黑白的审判官史立被提升为中太仆。

赵昭仪以天生丽质迷倒汉成帝，不仅专宠后宫，而且逼迫成帝杀害皇子，颐指气使，不可一世，成帝死了，她的末日也就到了。

从翟方进之死，到赵昭仪之死，一连串的悲剧发生，无一不是由一人至高无上的皇权生出的弊端。成帝是至高权威，他可以随意让人去替死。傅太后接近了皇权，她才可以呼风唤雨，制造冤案。张放匍匐皇权，才效愚忠而死。其实皇权也是一把双刃剑，它给一个人带来绝对权威，而绝对权威的滥用，也会伤及自身。成帝本人暴死而又无子的悲剧，不也是极端皇权异化人性的产物吗？

汉纪二十六

汉哀帝建平二年至四年（公元前5—前3）

【起柔兆执徐（丙辰，公元前5年），尽著雍敦牂（戊午，公元前3年），凡三年】

【大事提要】

本卷记事起公元前5年，讫公元前3年，凡三年，当汉哀帝建平二年至四年。哀帝是一个短命皇帝，二十岁即位，二十五岁死，在位六年。本卷写哀帝即位前半段，即前期执政的三年史事。哀帝比成帝还要昏庸暴虐，几乎没有一件善政可言。哀帝即位后的第一件大事就是背叛入继大统尊奉成帝为正宗的伦理，他用提拔朱博等群小的办法完成对生父、祖母等直系亲属称尊号的愿望，从而排挤正直的人，亲近小人。董贤、息夫躬、傅宴、傅商等一班奸佞充斥朝廷。诤臣郑崇死在狱中，执金吾毋将隆、谏大夫鲍宣上书劝谏，言民疾苦，哀帝充耳不闻。傅太后挟制天子，干预朝政，哀帝无所作为，既无能，也无心。哀帝尊宠丁氏、傅氏，加上王氏，三家外戚明争暗斗，政治一片昏暗，西汉王朝急剧衰落。

孝哀皇帝中

汉哀帝建平二年（丙辰，公元前5年）

春季，正月，有彗星出现在牵牛星旁。

外戚丁、傅宗族骄横奢侈，他们十分忌恨傅喜谦恭节俭。又，傅太后想要称尊号，与成帝母亲王政君太皇太后平起平坐。傅喜与孔光、师丹一起坚决不同意。汉哀帝难违众大臣的正当主张，可又内受傅太后的逼迫，犹豫了一年多。傅太后大怒，汉哀帝不得已先罢了师丹以逼迫傅喜，而傅喜始终不顺从。朱博与孔乡侯傅晏勾结，一起谋划傅太后称尊号的事，多次受汉哀帝召请宴饮，于是递上秘密奏书，诽谤傅喜和孔光。五月二十日丁丑，汉哀帝于是下诏罢了傅喜的官，以侯爵身份回家。

御史大夫的官职已被裁撤，很多廷议大臣认为古今制度不同，汉朝上自天子的称号，下至佐史的名称，都和古代不同，而唯独更改三公的称号，责任与职权难以分清，对治理国家毫无益处。于是朱博上奏说：“按照惯例，选拔地方郡守、国相治绩最优的担任朝廷二千石的官职，再从二千石的官员中挑选御史丈夫。御史大夫称职的再担任丞相。这样，官位按一定顺序晋升，就能尊重皇上的恩德，加重丞相的地位和权力。如今官至中二千石，没有经历御史大夫的阶梯，就担任了丞相，地位卑，权力轻，不能加重国家的权威。臣愚昧地认为，大司空官职可以裁撤，恢复御史大夫的官职，遵从旧制。臣尽心竭力做好御史大夫，成为百官的表率。”汉哀帝采纳了朱博的建议。夏季，四月初二日戊午，改任朱博为御史大夫。又任命丁太后的兄长阳安侯丁明为大司马、卫将军，设置官属。大司马所加尊号和先前一样。

傅太后又亲自给丞相、御史大夫下诏说：“高武侯傅喜，附和下属，蒙蔽皇上，和前任大司空师丹思想一样，共同背离，不听教令，毁坏宗族，不应当让他奉朝会请召，遣送他回封国去！”

丞相孔光，在先前先帝讨论立继承人时，就对定陶王持有异议，现在又严重地违背傅太后、哀帝的旨意，因此傅氏在朝廷任职的人，就和朱博内外勾结，一起诋毁孔光。四月十九日乙亥，汉哀帝下策书将孔光免职贬为平民。任命御史大夫朱博为丞相，封为阳乡侯。又任命少府赵玄为御史大夫。当二人随皇上登殿接受天子策书时，忽然传来像钟鸣的洪大声音，殿上中郎、吏以及卫士全都听到了。

汉哀帝把这件怪事询问黄门侍郎蜀郡人扬雄和李寻。李寻回答说：“这是《洪范》里所说的那种鼓妖。依据师授之法，认为国君耳目闭塞，被人迷惑，使有名无实之人进入朝廷，并担任重要职位，那时出现有声音而没有形状的怪事，使人不知从何处发出。《洪范五行传》说：‘鼓妖出现在年、月、日的中期，预示正卿要承受灾难。’现在是四月，又是一天的辰时、巳时出现怪异，正是岁、月、日的中期。正卿，指的是执政大臣。应当罢免丞相、御史大夫，以适应上天的变异。即使现在不罢免他们，不到一年，他们自己也会遭受灾祸。”扬雄也认为：“鼓妖的出现，是国君耳目失灵的象征。朱博为人刚强坚毅，多权变之谋，适宜为将，不宜为相，如不引退，恐怕会激怒上天，将很快遭到极凶险的灾祸。”汉哀帝没有听从他们的意见。

朱博既为丞相，汉哀帝就采纳他的建议，颁诏说：“定陶共皇这个称号，不应当再有‘定陶’二字。现尊共皇太后为帝太太后，所居之宫称永信宫；共皇后为帝太后，所居之宫称中安宫。并为共皇在京师建立寝庙，依照宣帝的父亲悼皇考的寝庙规定建立。”于是，汉宫内傅太后、丁太后、赵太后、太皇太后四位太后并立，各自设置少府、太仆，官秩都为中二千石。

傅太后取得尊号，越发骄横，在和太皇太后说话时，甚至称她为“老妪”。当时丁、傅两家在一二年内，权势格外强盛，被封为公卿列侯的人很多。但是汉哀帝并不赋予他们很多的实权，在实权上还赶不上王氏在成帝时。

丞相朱博、御史大夫赵玄上奏说：“前高昌侯董宏，首先倡议尊号之事，却遭受关内侯师丹的弹劾，被贬为平民。当时天子正在守丧，国家政事都交由师丹处理，师丹不深思褒扬推崇尊号的大义，反而妄加陈说，压抑贬低尊号，损害陛下的孝道，这是最大的不忠！陛下圣明仁慈，彰明大义确定了尊号，董宏因为忠孝而再封为高昌侯；师丹背叛皇上的罪恶暴露无遗，尽管蒙受赦免不治他死罪，也不应当再有爵位封邑，请求皇上将他贬为平民。”汉哀帝批准。

朱博、赵玄又上奏说：“新都侯王莽，从前为大司马，不弘扬尊崇尊贵的大义，反而压抑贬低尊号，损伤陛下的孝道，应当明正典刑，杀头示众。幸蒙赦令得免死罪，但不应当有爵位封邑，请求陛下把他贬为平民。”汉哀帝说：“王莽是太皇太后的亲属，不要免除他的爵位和封土，遣送回封国算了。”另外，平阿侯王仁隐藏赵昭仪亲属，都被遣送回封国。

天下人大多为王氏受屈而不平。谏大夫杨宣呈上机密奏疏说：“孝成皇帝深思宗庙的重要，称赞陛下至高的品德，让陛下承继帝王的正统。圣明的决策，意义深远，对陛下的恩德极其深厚。追念先帝的本意，莫不是想陛下代替自己来侍奉太皇太后吗？太皇太后已年高七十，屡经国丧的忧伤，又下令要自己亲属引退，以避让丁、傅二氏，路上的行人都为此而伤心落泪。更何况陛下呢！陛下如果登高远望，面对成帝的陵寝，难道不感到羞愧吗？”汉哀帝深为此言所感动，就又封成都侯王商的次子王邑为成都侯。

朱博又上奏说：“依据汉家前例，设置部刺史，官秩低俸禄薄，但权力大，容易得到升迁的厚赏，因此人人劝勉立功，乐于进取。前几年，撤销刺史，更设州牧，官禄为二千石，官位次于九卿；九卿中有缺额，就由州牧中优胜者递补。州牧中的中等人才，就只求苟且自保而已，如此，恐怕州牧的职能就会逐渐废弛，奸邪不轨的行为就不能禁止。我请求撤销州牧，还和以前一样，设置刺史。”汉哀帝采纳了他的建议。

六月初五日庚申，帝太后丁氏逝世，汉哀帝下诏，运回定陶国，葬于定陶共皇的陵园。征召陈留郡、济阴郡靠近定陶地区的民夫五万人，挖土筑坟。

（以上为第一段，写哀帝依靠提拔朱博等群小的办法，终于完成对生父及其亲属称尊号的愿望，而对继承大统的操守，不免亏缺。）

当初，成帝在位时，齐国人甘忠可伪造《天官历》、《包元太平经》十二卷，称汉朝正遇到天地的一次轮回大终极，应该重新受命于天，并把这个观点传授渤海人夏贺良等。中垒校尉刘向上奏说，甘忠可假借鬼神，欺骗皇上，蛊惑人心。于是抓捕甘忠可关进监狱，在审理中他招认了挟诈欺罔之罪，还没判决，他就病死了。夏贺良等人还在私下互相传授。汉哀帝即位后，司隶校尉解光、骑都尉李寻向汉哀帝引见夏贺良等人，使他们都成为待诏黄门。夏贺良等人多次被汉哀帝召见，并向汉哀帝述说：“汉朝的寿命已中途衰落，应当重新接受天命。成帝不受天命，因而断绝子嗣。如今陛下长年生病，天灾变异不断发生，这是上天对人们发出的谴责和警告。

应当尽快更换年号，才能延年益寿，诞生皇子，这样，才能平息灾害异变。知道这个道理，而不实行，那么灾祸就会无处不有：洪水将涌出，大火将会燃起，人民将遭到冲击而流离失所。”汉哀帝久病在床，渴望病情好转，就采纳夏贺良等人的建议，下诏大赦天下，并改建平二年为太初元年，号称陈圣刘太平皇帝。还将计时的刻漏改为一百二十刻度。

秋季，七月，汉哀帝选中渭城西北原上永陵亭一带划为自己的陵墓区，但不迁移郡国的百姓去居住。

汉哀帝改元易号一个多月以后，他的病情还和以前一样，并未好转。夏贺良等人又想改变朝廷政事，大臣们就和他们争辩，认为不能答应他们。夏贺良等上奏说：“大臣们都不知天命，应当将丞相、御史罢免，任用解光、李寻等辅助朝政。”天子因为他们的话没有应验，八月，就下诏说：“待诏夏贺良等人，建议改元易号，增加漏器的刻度，认为这样就可以使国家永保平安。由于朕对天道的信奉不笃厚，误听了他们的话，想因此而为百姓谋取幸福，结果没有得到好的报应。有过失而不改正，才是真正的过错！六月初九日甲子下诏，除大赦令外，全部作废。夏贺良等背离天道，蛊惑人心，奸恶行为应彻底追究。”于是夏贺良等人都关进监狱，处以死刑。李寻和解光减死罪一等，被放逐到敦煌郡。

汉哀帝因为卧病在床，恢复前代所有曾经祭祀过的各种神祠共七百余所，一年需要祭祀的次数，多达三万七千次。

傅太后对傅喜越来越怨恨，就派孔乡侯傅晏劝告丞相朱博，让他上奏要求免除傅喜的侯爵。朱博就和御史大夫赵玄商议，赵玄说：“此事先前已做了裁决，再提恐怕不合适吧？”朱博说：“我已经答应孔乡侯了。匹夫间相交，尚且能以死相报，何况是傅太后的相求！我朱博唯有一死，单独去做！”赵玄也就答应去做。朱博不好单独上奏指控傅喜一人，因为大司空汜乡侯何武前些时也因过失被免职而遣归封国，情况和傅喜相似，就同时上奏弹劾说：“傅喜、何武两人从前在位时，对治理国家都没有帮助，虽然已经罢免官职，但还保有爵位封邑，这是不妥当的。请求把他们都贬为平民。”汉哀帝知道傅太后一直怨恨傅喜，就怀疑朱博、赵玄是受傅太后旨意，因此立即召赵玄到尚书处，查问缘由，赵玄认罪。汉哀帝下诏说：“左将军彭宣和中朝官一同审问此事。”彭宣等上奏弹劾说：“朱博、赵玄、傅晏都犯有不道、不敬之罪，请求将他们召到廷尉诏狱审查。”皇上减赵玄死罪三等，削去傅晏四分之一的封邑；又派谒者持节召丞相朱博到廷尉那里受审，朱博自杀，封国撤销。

九月，任命光禄勋平当为御史大夫。冬季，十月初一日甲寅，升迁平当为丞相。由于冬季不宜封侯，因而暂时先赐爵关内侯。又任命京兆尹、平陵人王喜为御史大夫。

汉哀帝想把丁、傅两族亲人安置在捍卫王室的重位上以为爪牙，于是在这一年，下策书免去左将军淮阳人彭宣的官职，以关内侯身份回家，而任命光禄勋丁望代替彭宣为左将军。

乌孙国卑爰疐侵犯劫掠匈奴西部边境地区，匈奴单于派兵还击，杀死数百人，掠夺千余人，驱赶牛畜而归。卑爰疐恐慌，派他的儿子到匈奴充当人质。单于接受了，亦将此事呈报汉朝。汉朝派使节到匈奴责怪单于，诏令他归还卑爰疐作为人质的儿子。单于接到诏令，就将他送回乌孙。

（以上为第二段，写待诏方术士夏贺良等人，以及朝廷大臣丞相朱博、御史大夫赵玄等佞臣，钻营取巧，终于奸事败露，一个个都没有好下场。）

汉哀帝建平三年（丁巳，公元前 4 年）

春季，正月，册立广德夷王刘云客的弟弟刘广汉为广平王。

帝太太后傅氏居住的桂宫正殿发生火灾。

汉哀帝派使者宣召丞相平当，想封他为侯。平当时逢病重，没有应召进宫。妻妾们有人劝平当说："为何不强打精神进宫接受侯印，替子孙们着想呢？"平当说："我任职丞相高位，已经背负不干事吃闲饭的指责了，如果抱病起身去接受侯印，然后回家卧床而死，那真是死有余辜。今天我不起身接受侯印，正是为子孙后代着想啊！"于是上书请求辞职，汉哀帝不允准。三月二十八日己酉，平当逝世。

有孛星出现在河鼓星旁。

夏季，四月十七日丁酉，任命王嘉为丞相，河南太守王崇为御史大夫。王崇是京兆尹王骏的儿子。王嘉认为当时施政急迫苛暴，郡国的长官太守和国相频繁变动，于是上疏说："臣听说圣王的最大功德就是取得人才。孔子曰：'人才难得，难道不是这样的吗？'所以'选立诸侯的继承，力求像他的祖父、父亲那样贤能。'虽然诸侯王不可能全都是贤才，但天子尽可能要为诸侯王选择贤良大臣，任命贤卿来辅佐他们。守在封国之内，一连数世，代代尊荣，然后国人才会归附，礼教文化才可以推行，政绩自然显著。如今，一个郡太守的职权重于古代诸侯，因此，以往极力选择贤才担任郡太守，由于贤能的人才难得，就提拔可以胜任的人，甚至不惜起用囚犯。从前魏尚因事犯法，汉文帝被冯唐的话所感动，便派遣使者持符节去赦免魏尚的罪，重新任用他为云中郡太守，匈奴对他很害怕。汉武帝（应是景帝）从罪犯中选拔出韩安国，任命他为梁国内史，因此使刘氏骨肉得以平安。张敞为京兆尹，犯了罪本当被赦免，狡猾的小吏明知而故意冒犯张敞，张敞抓住小吏，就把小吏杀了。死者家属为死者鸣冤叫屈，使者详查此案后，弹劾张敞残害杀人罪，上奏皇帝，请求逮捕张敞，宣帝搁置不批，不久，恰逢赦免，张敞逃亡十多天后，宣帝征召他任冀州的刺史，终于得到重用。前代君王并不是偏爱他们三人，而是看中他们的才能，有益于国家和人民。孝文帝时，做官的小吏，有些人就让子孙长大用官名作为姓氏，如仓氏、库氏就是仓库官的后代。那些官秩在二千石的高级官员也安于官位，乐于尽职。然后上下相互监督，没有得过且过的念头。后来情况稍微有所更改，公卿以下的官员调动频繁，又不断更改法令规章，司隶、部刺史检举弹劾十分苛刻，细微的过失都不放过，还揭发宣扬别人的隐私，以致有的官吏在位仅几个月就被罢免，如此送走旧官和迎接新官的人，交错行走在道路上。中等才能的人苟且处事，以求自保；下等才能的人不敢做事，满怀恐惧，内心忧虑很多，不论干什么都只是谋私保饭碗。郡太守和封国丞相等二千石的地方大员，权力削弱，被人轻视，下属和普通民众都看不起他们，有的揪住他们的轻微过失，扩大而成罪状，向司隶、刺史报告，或者直接上书向皇上告发，大众平民都知道官吏那么容易倒台，稍有不如意，就产生背叛之心。前些时，山阳郡的亡命徒苏令等横冲直撞，官吏士民面临危难，没有一个人肯尽节死义，原因是郡太守、诸侯相的威信和权力一向受到削弱。孝成皇帝感到懊悔，下诏书说，二千石的官员不是故意纵容犯罪的，就派使臣赏赐他们黄金，以示安慰厚待。这实在是国家有急难，需要二千石的官员出力办理，唯有加重二千石官员的权威，在危难时才能便宜从事，有能力指挥。孝宣皇帝爱惜那些善于治理地方的官吏，有弹劾他们的奏章都留在宫中，不予批复，遇到大赦，就令解除一切。根据以前事例：尚书很少将奏章转交有关管理部门查办，为的是怕骚扰百姓，取证、审查、下狱治罪，有些人就冤死狱中。弹劾奏章上必须写有'敢告之'三字，才把它转交有关部门查办。希望陛下留意选择贤能之人，记住他的功绩，忘掉他的过失，宽容对待他们，不要对他们求全责备。二千石、部刺史、三辅县令中有才能称职的官员，在人情关系上难免会有过失，应当宽恕其小过失，让竭尽心力者受到勉励。这是当前最紧急的大事，直接关系到国家的利益。前些时发生苏令作乱，想派遣大夫去追击他们，并询问他们作乱的原因，当时朝廷中大夫竟然没有一个合适的人选，就征召盩厔令尹逢，授为谏大夫，派遣他去。如今那些大夫中有才能的非常少，应当预先培养可造就的人才，才能使他们赴难时不惜以死报效朝廷。否则，事到临头，才仓促去寻求，这就不能表示朝廷有人才了。”王嘉在奏疏中趁机推荐儒家学者公孙光、满昌以及能干的官吏萧咸、薛修，他们都是从前二千石官员中卓有名望的，汉哀帝采纳了王嘉的建议而任用了他们。

六月，册封鲁顷王的儿子部乡侯刘闵为王。

汉哀帝因卧病不安。冬季，十一月初五日壬子，由太皇太后王政君下诏书：恢复甘泉泰畤、汾阴后土祠的祭祀，撤销长安南、北郊的祭祀。汉哀帝不能亲自到甘泉、河东郡祭祀，就派主管官员代他去祭祀。

无盐县内危山的泥土自动翻起覆盖草木，像是一条宽广的驰道。另外，瓠山上的石头突然翻转起立。东平王刘云和王后谒亲自前往石头地方祭拜。并在王宫树立一块和瓠山立石相似的石块，捆扎上黄倍草，一并祭祀。河内人息夫躬、长安人孙宠合谋一起向朝廷告发这件事，两人互相祝贺说："这是取得封侯的好计谋！"就与中郎右师谭一同通过中常侍宋弘入奏变乱之事予以告发。此时汉哀帝生病，对很多事情都很厌恶，就将这件事交付主管部门处理，主管官员立即逮捕王后谒，关进监狱，查询审理。王后谒招认"祭祀山石，诅咒皇上，为求神灵保佑刘云做天子。以山石起立，是从前宣帝应天命而为天子的预兆"。主管官员请求杀东平王，汉哀帝下诏，罢免刘云的王位，放逐到房陵。刘云自杀，王后谒和刘云舅父伍宏，以及成帝的舅母安成共侯夫人放，都被处以死刑，并将尸体暴露街头。事情牵连御史大夫王崇，王崇被贬为大司农。擢升孙宠为南阳郡太守，右师谭为颍川都尉，宋弘、息夫躬都升为光禄大夫、左曹、给事中。

（以上为第三段，写哀帝以诸侯入继大统，心存猜忌，屡兴大狱。丞相王嘉上奏，劝谏哀帝要珍惜人才，施政宽和，苦口婆心，哀帝似有所悟，任用了王嘉推荐的一些人。紧接着因病又兴大狱，奸险小人息夫躬等得志于朝。）

汉哀帝建平四年（戊午，公元前 3 年）

春季，正月，大旱。

关东地区的民众，无故惊恐奔走，每人手拿一支麦秆或一支麻秆，互相传递，告诉说："这是西王母娘娘的信牌，拿着它可以走遍天下。"沿途互相转告奔逃的人多达上千人，有的披散头发，打着赤脚，有的夜半闯关，有的翻墙而入，有的乘车骑马奔驰，有的公然坐在驿车上沿途传递，经二十六个郡国，向京师长安进发，官府无法禁止。民众又聚集在街巷、田间，摆设赌博工具游戏，载歌载舞祭祀西王母，一直闹到秋天才停止。

汉哀帝想封傅太后叔父的儿子堂弟侍中、光禄大夫傅商为侯，尚书仆射平陵人郑崇劝谏说："孝成皇帝封亲舅五侯，天变为赤黄，白天昏暗，太阳中有黑斑云气。孔乡侯傅晏是皇后父亲，高武侯傅喜位列三公而封侯，既破坏了汉家制度，又违反天人的心意，不是傅氏家族的福分。臣愿意以自身性命承担官家惩处。"王崇说罢拿着诏书起身就走。傅太后大怒说："哪有天子反被一个臣下摆布的道理。"二月二十八日癸卯，汉哀帝仍然下诏封傅商为汝昌侯。

（以上为第四段，写傅太后干预朝政，挟制哀帝封堂弟傅商为汝昌侯。）

驸马都尉、侍中云阳人董贤很受汉哀帝宠爱，出行同坐一辆车，入宫陪伴在左右，得到的赏赐价值几个亿，尊贵震动了朝廷。董贤经常与汉哀帝睡在一起，曾经有一次白天睡午觉，董贤侧身睡在汉哀帝的袖子上，汉哀帝想起床，但是看到董贤还未睡醒，不想惊醒董贤，就用剑把袖子割断再轻轻起来。又诏命董贤的妻子列名通籍玉牒，出入皇宫，与董贤同住在宫内。又召董贤的妹妹入宫，封为昭仪，地位仅次于皇后。董昭仪、董贤与其妻子早晚侍候在皇上身边。任命董贤的父亲董恭为少府，赐爵关内侯。还下诏书，命令将作大匠为董贤在未央宫北门外建造豪华住宅，有前后两重大殿，殿门广阔如同宫门，土木工程浩大，精巧豪华无与伦比。又赐给他武库里专供给宫中用的兵器和宫中珍宝。经过挑选，上等的精制珍宝器物，都进了董贤的家中，而天子所用的却是次等的。甚至连皇家丧葬用的棺木、用珠串缀成的短寿衣、用玉制成的寿裤，都预先赐给董贤，无不齐备。又下令将作大匠在义陵旁边为董贤建造墓园，墓内建有密室，存放用坚实的柏木做成的外椁题凑，墓园外修建有巡行警戒的道路，墓园的围墙有数里之长，门墙上的防御设施，威严壮观。

郑崇认为董贤受宠过度而劝谏汉哀帝，因而更加得罪汉哀帝，汉哀帝多次借公事谴责他。后来，郑崇颈部长毒痈，想请求退休，又不敢提出。尚书令赵昌是个谄媚之人，平时就想陷害郑崇，知道皇上已疏远了郑崇，就趁机上奏说："郑崇与刘氏宗族中的人交往密切，我怀疑有奸谋，请求查处。"汉哀帝责问郑崇说："你家门庭若市，为什么要禁止朕交朋友？"郑崇回答说："我家是门庭若市，但我内心像水一样清白，希望皇上审核。"汉哀帝受了顶撞后，勃然大怒，将郑崇关进监狱。司隶孙宝上书说："尚书令赵昌上奏指控仆射郑崇一案，经过反复审查，笞击拷问，把郑崇打得半死，但终无一句口供。道路上的行人都说郑崇冤枉。我疑心赵昌与郑崇怀有私人的宿怨，因此用诬告来陷害郑崇。假若连皇帝身边主管机要的大臣，都遭诬陷而蒙受冤屈，致使国家受到损威，这个诽谤不小。我请求追查赵昌诬谤罪，以解众人心中的困惑。"奏章呈上后，汉哀帝下诏说："司隶孙宝附和臣下，欺蒙皇上，利用春季宽赦之时，毁谤赵昌，欺骗朝廷，想达到救助郑崇的奸恶用心，是害国的奸贼。罢免孙宝的官职，贬为平民。"郑崇最终死在狱中。

三月，任命诸吏、散骑、光禄勋贾延为御史大夫。

汉哀帝打算封董贤侯爵，苦于没有理由，侍中傅嘉劝汉哀帝更改息夫躬、孙宠控告东平王刘云奏章，将宋弘的名字抹去，改说是由董贤告发的，就可以借口这个功劳来封董贤侯爵，第一步，把告发有功的人都先封为关内侯。不久，汉哀帝想正式加封董贤等人为侯，心里又怕王嘉反对，就先派孔乡侯傅晏拿诏书给丞相、御史大夫看。于是王嘉和御史大夫贾延呈进机密奏章说："臣注意到董贤等三人刚被赐封关内侯时，众人议论纷纷，都说董贤受封是因皇上的宠爱，其他两人是借光而受封，至今流言还没有平息。陛下对董贤等人还要加恩，就应当把董贤等人的奏章原文公布，询问公卿、大夫、博士、议郎，请他们考察是否合乎古今的事例，让大家显明地看到加封合乎道义，然后再加封爵位采邑。否则的话，恐怕大失众心，天下人就要伸长脖子议论抨击。如果公开让大臣们议论此事，必定有人主张应当加封他们，如此，陛下不过是采纳其建议，天下人即使不高兴，责任也有人分担，就不由陛下一人承担责任了。从前定陵侯淳于长初封时，也是经过讨论的，大司农谷永认为淳于长当封侯，众人就怪罪于谷永，先帝因此没有单独蒙受讥刺。臣王嘉、臣贾延，无才无能，又不称职，死有余责，明知只要顺从陛下的心意，不违逆陛下，可以暂时安稳保身，之所以不敢这样做，实在是想报答皇上深德厚恩。”皇上无奈，暂且搁下这件事。

夏季，六月，尊帝太太后傅氏为皇太太后。

秋季，八月十九日辛卯，汉哀帝下诏严厉斥责公卿说：“从前楚国有子玉得臣，晋文公为此忧虑不敢正坐。近代有汲黯，阻止了淮南王叛乱的阴谋。如今东平王刘云等人企图谋杀天子，可是公卿大臣们没能尽心职守，及早发觉，在阴谋没有发生之前消除祸患。幸赖祖宗在天之灵，侍中、驸马都尉董贤等人及时察觉并报告给朕，才使叛臣贼子全都被正法。《书经》不是说过吗：‘要以恩德来彰明善行。’封董贤为高安侯、南阳太守孙宠为方阳侯，左曹、光禄大夫息夫躬为宜陵侯，赐右师谭关内侯爵位。”又封傅太后同母弟郑恽子郑业为阳信侯。息夫躬既然亲近了汉哀帝，他就趁机多次向汉哀帝进言，议论抨击，毫无顾忌，上书诋毁所有公卿大臣。朝廷百官都害怕他那张嘴，遇见他都不敢正视。

汉哀帝派中黄门到武库拿兵器，前后共有十次，送给董贤，又送给汉哀帝乳母王阿的家中。执金吾毋将隆上奏说：“武库兵器，是天下人公用的。国家的武器装备，修理制作，所有费用开支都由大司农支付。大司农的钱，就连天子的生活费用都不供给。天子的生活费和对臣下的慰劳赏赐，都出自少府。因此，从不把国家用于根本的储备，供给君王作赏赐，也从不把民力拿去做无谓的消耗，公私分明，显示光明正道。古代诸侯、方伯受命专行征伐的任务时，才赐给他们斧钺。汉朝守边官吏的职责是抵御外来入侵，也赐给他们武库的兵器，这都是因为有军事任务，然后才接受兵器。《春秋》上说的大义，官民之家不能私藏器甲，目的就是抑制臣下的威势，削弱私人的势力。如今董贤等人不过是阿谀逢迎而成为皇上所亲近狎玩的小臣，是对皇上有微小恩惠的卑贱奴仆，皇上却将天下公用的兵器赠给私人门户，显示国威的兵器，供给私家作武备，使民力分散到狎玩之臣的手中，把国家武库的兵器摆放在卑贱奴仆之家，这种做法是很不妥当的，将更增强他们骄横，使其超越身份，不是显示给四方之民做榜样啊！孔子说：‘天子祭祖之礼，怎么能行于三家大夫祭祖的厅堂上！’我请求陛下收回兵器归库。”汉哀帝很不高兴。

后来，傅太后派谒者以低价收买执金吾官府的八名官婢，毋将隆上奏说：“买官婢的价钱太低，请改付公平市价。”汉哀帝因此下诏给丞相、御史大夫说：“毋将隆位列九卿，不但不能扶正朝廷的过失，反而奏请与永信宫的傅太后争论价格的高低，有伤教化，败坏风俗。因念他从前有安定国家的建议，只贬黜降职为沛郡都尉。”当初，成帝末年，毋将隆任谏大夫，曾进呈密封奏章说：“古代选拔诸侯入朝为公卿，是为了褒奖功德。应当征召定陶王入京，令他住在定陶王府邸，以镇定天下。”因此汉哀帝念及他的话而宽恕了他。

谏大夫渤海人鲍宣上奏说：“我看成帝时，外戚把持权柄，人人都引荐各自所偏爱的亲信来充满朝廷，阻碍贤能之士晋升的道路，混乱天下，穷奢极欲，没有节度，使百姓穷困，所以发生了十次日食，彗星四起。这些危亡的征兆，是陛下所亲眼见到的，如今为什么比从前更厉害呢？

“如今百姓逃亡有七种原因：阴阳不和造成水旱之灾频繁，此其一；县吏加重征收更赋和税租，此其二；贪官污吏借口为公，勒索无度，此其三；豪强大族，压榨地方，贪得无厌，此其四；苛刻繁杂的徭役，使农人误了农时，此其五；村落不靖，鸣鼓示警，男女列队，捕盗不迭，此其六；盗贼抢劫，掠夺民众财物，此其七。这七种苦难，人民尚可勉强忍受。但是还要面对七种死亡：其一，被酷吏殴打致死；其二，入狱后，遭虐待致死；其三，无端被冤枉陷害致死；其四，被盗贼杀死；其五，因仇怨而互相残杀致死；其六，荒年饥饿，被活活饿死；其七，被瘟疫传染而死。人民有七种苦难没有一种可以逃避，想让国家安定，实在太难了；人民有七死却没有一条生路，想无人犯法，刑法搁置不用，更是难上加难。这难道不是公卿、守相贪婪残忍成风所造成的结果吗？

“群臣有幸能身居高位，享受丰厚的俸禄，哪里还有谁肯对小民有恻隐之心，帮助陛下推行教化啊！他们唯一的志向，就是如何经营自己的私产，满足宾客的要求，为奸图利而已。他们认为，苟且偷生、迎合时势、委曲安身就是贤德。又认为拱手沉默、尸位食禄，才是高度的明智，认为像臣这样的人是愚蠢的。陛下将臣从布衣提升为朝臣，希望臣对朝廷能有丝毫助益，难道只是让我饱尝美食、身居高位、无所作为地站在高门大殿上吗？

“天下，是皇天的天下。陛下，上为皇天之子，下为黎民百姓的父母，是替上天来管理和教养人民，应一视同仁，就如同《尸鸠》一诗中布谷鸟怜爱它的七个儿子一样。如今穷人连野菜都吃不饱，衣不蔽体，父子、夫妇不能相互保全，实在令人悲痛而辛酸。陛下如果不救助他们，让他们到哪里去安身呢？为什么只供养外戚和宠臣董贤，赏赐之多动辄上亿，使奴仆、宾客视酒肉如同白水豆汁。奴仆、侍从都成为富翁，这可不是皇天的心意啊！

“至于汝昌侯傅商无功而被封侯。要知道，官爵不是陛下的官爵，而是天下人的官爵。陛下选定的人不配受此官爵，此官也不应当授此人，却希望上天喜悦，民众心服，岂不是太难了吗？方阳侯孙宠、宜陵侯息夫躬，巧言善辩，足以煽动民众的情绪，强暴的手段足以使他们闹独立。这两人是奸邪人中的魁首，迷惑世人中最厉害的人物，应立即将他们罢免。那些外戚幼童不懂经术的，都应命令他们辞职回家，跟老师学习经术。尽快征召前大司马傅喜，令他统率外戚。前大司空何武、师丹，前丞相孔光，前左将军彭宣，他们的经学都由名师传授，而官位都列三公。龚胜为司直，郡国都谨慎严肃地向朝廷举荐人才。这样的人应该委以重任。陛下前些时，因一时生气，罢了何武等人的官，让天下大失所望。陛下对许多无功无德的人尚且能容忍，为什么竟然不能容忍何武等有用的人呢？治理天下的人，就应该以天下人的心意为自己的心意，不能仅凭自己高兴而独断行事。”鲍宣的话尽管深刻激烈（令汉哀帝不满），但汉哀帝认为鲍宣是名儒，因此也就宽容了他。

（以上为第五段，写哀帝嬖宠董贤贵盛，息夫躬等奸邪小人朋比乱政，直臣尚书仆射郑崇冤死狱中，执金吾毋将隆、谏大夫鲍宣上书劝谏，哀帝充耳不闻。）

匈奴单于上奏请求于建平五年入朝。此时汉哀帝正在病中，有人说：“匈奴从黄河上游的西北方向来，气势压人。从黄龙、竟宁年间起，单于每到中原朝见，中原就会发生重大丧事。”汉哀帝因此感到为难，就询问公卿大臣的意见。大家都认为接待单于朝见，白白地浪费国家钱财，可暂且拒绝。单于使节辞别而去，尚未动身，黄门郎扬雄上书劝谏说：“臣听说，儒家《六经》所讲的治国之道，最重要的事是把祸乱清除在未发生之前；最高明的兵家是不战而胜。这两件事，做好不容易，都很精微深奥，但这都是治国最根本的理论，不可以不明察。如今单于上书请求入朝，国家拒绝而辞去，臣认为这将使汉朝与匈奴从此种下怨恨的种子。匈奴原本是五帝所不能臣服，三王所不能控制的国家，因此不能使匈奴有怨恨之心是显而易见的。臣不敢追溯太远的历史来议论，谨就秦朝以来的史实加以说明。

“凭着秦始皇的强大，蒙恬的雄威，仍然不敢窥伺西河，只能修筑长城，作为界限。等到汉朝兴起，以高祖的声威和英明，三十万汉军仍被困于平城，当时奇异的谋士、筹划决策的谋臣很多，最后能脱险的原因，后人都不知道。又，高后时，匈奴违逆傲慢，幸赖大臣们通权达变，将谦卑之词的回信交给单于，才将危险化解。到了孝文帝时，匈奴大举侵犯北部边境，巡逻侦察骑兵深入汉朝雍城、甘泉，京师震骇，派遣徐厉、周亚夫、刘礼三位将军，率兵分别驻守棘门、细柳、霸上以防备匈奴，双方对峙了几个月，匈奴才撤兵而回。孝武帝即位，设下马邑之计，希望引诱匈奴主力深入，结果既浪费财物，又劳累军队，连一个匈奴人也没有见到，更何况单于呢？此后，武帝深思熟虑国家的安危大计，拟定了万年的太平策略，动员数十万大军，派卫青、霍去病统率，前后奋战十余年，渡过西河，穿过大漠，攻破窴颜山，袭击单于所居之地——王庭，深入匈奴内地，追击逃奔的单于和残兵败将，在狼居胥山筑坛祭天，在姑衍山祭地，汉军迫近瀚海，擒获名王、贵人数百人。自此以后，匈奴震惊惧怕，越发迫切要求和亲。但是，仍不肯向朝廷称臣。

“前代祖先难道愿意耗费庞大的费用，驱使无罪的国民，去狼烟遍地的北方浴血奋战，只是求一时之快吗？那是因为不做一次劳师动众，就得不到长久的安逸，不暂时花费钱财，就得不到长久安宁，因此，才狠下心来，投入百万大军，定要摧毁饿虎之口，不惜动用府库的钱财，用以填塞卢山的沟壑，也绝不后悔。至本始初年，匈奴有暴戾不顺之心，企图劫掠乌孙国，侵害乌孙公主，于是宣帝果决地派出田广明、范明友、韩增、赵充国、田顺五员大将，率领十五万骑兵去袭击匈奴。当时收获很少，仅仅是震扬汉朝的国威，显示汉军行动像风雷般的疾速而已。由于这次出征，徒劳往返，朝廷诛杀了田广明、田顺两位将军。所以北方的蛮族不顺服，中国就不能高枕无忧。等到元康、神爵年间，朝政清明，皇恩浩荡，而匈奴内部发生叛乱，五个单于争夺汗位，日逐、呼韩邪率领部落归顺汉廷匍匐称臣，但是朝廷还要对他们实行笼络，以客礼相待，而不能把他们完全控制。从那以后，匈奴想来朝见，都不拒绝，不想来朝见，也不勉强。这是为什么呢？因为化外之人天性凶猛好怒，体魄魁梧健壮，仗恃气力，难以感化他们向善，却容易引导他们作恶。他们性情倔强，难以使其屈服，与他们保持和睦相处，又十分难得。所以，他们未顺服时，朝廷劳师远攻，竭尽国力，耗光财物，伏尸沙场，血流成河，攻坚破城，打败敌人，是如此的困难；已经降服之后，朝廷还要慰劳安抚，往来赠送礼物，接待的礼节隆重威严，又是如此完备而周详。从前汉军曾攻破大宛的都城，夷平乌孙的军营，袭击姑缯的营壁，践踏荡姐的战场，砍断朝鲜国的旗柄，拔取两越的军旗，时间短的战役，不过十天一个月，长的也不超过半年辛劳，一定能夷平王庭，耕为桑田，改编原来的部落设置郡县，就像云之散，席之卷，天清地净，不会给后世留下丝毫祸根。只有北狄不是如此，他们才是中国真正的强敌，东、西、南三陲之敌和它相比，实在相差太远了。正由于此，前世对匈奴很重视，如今也绝不可等闲视之。

“现今单于归心教化，怀着诚恳之心，想离开自己的王庭，来京师朝见陛下，这是前代遗留下来的策略，也是祖先神灵所盼望的。国家为此要支出些费用，也是不得不如此。怎么能用‘匈奴从上游来厌人’一句荒唐话，就加以拒绝呢？而且拒绝又含糊其辞，只说以后来朝，没有说定确切日期，把历年积下的所有恩德一笔勾销，开启未来的怨恨。匈奴因被拒绝而有疑心，由疑心产生出怨恨，自然背叛与汉朝和好的承诺，而一味抓住以往的和好，比照今日被拒绝入朝而为辞，把全部怨恨归罪于汉朝，由此与汉朝决裂，最终放弃臣服汉朝之心，到那时，我们的威力吓不住匈奴，好言开导安抚不了匈奴，怎能不构成重大忧患呢？眼明的人能看到无形的东西，耳聪的人能听到无声的音响，果真事先防患于未然，也就能兵革不用，而忧患不生。不然，猜忌一旦开始，尽管有智者在朝廷内辛苦策划，善辩者在外面频频接触，奔走相劝，还是不如在事情没有发生的时候有一个正确的决策。况且从前图谋西域，制服车师国，设置三十六国城郭都护，哪里是为了防备康居国、乌孙国能越过白龙堆沙漠来侵犯我西部边境呢？不过是为了制服匈奴啊！百年的辛劳，一天之间就被破坏而失去，当初开支十分费用去克制匈奴，而今却只为了爱惜一分费用而激发匈奴背叛，臣私下深为国家感到不安。希望陛下在还未发生变乱、战争之时稍加注意，以遏止北边战祸的萌生！”奏书呈上，汉哀帝醒悟，召回匈奴使节，更改给单于的书信，答应单于朝见的要求。赐给扬雄绸缎五十匹，黄金十斤。单于尚未启程，就赶上生病，于是，又派遣使节来京师，希望明年入朝，汉哀帝批准。

（以上为第六段，写汉哀帝朝议匈奴单于请求入朝事宜，公卿大臣主张拒绝，黄门郎扬雄独持异议，认为不可疏远匈奴，接受入朝。哀帝裁决可，虽在病中，头脑还算清醒。）

董贤的尊贵，日益隆盛。丁氏、傅氏两家外戚非常嫉妒董贤受宠。孔乡侯傅晏与息夫躬谋划想要获得辅政大臣的官位，正好赶上匈奴单于因生病没能来汉朝京师朝见孝哀皇上，息夫躬趁机上奏，认为：“单于应在十一月入关，其后借口生病没有来，疑有其他变故，乌孙两位昆弥势弱，卑爰疐势力强盛，与东方匈奴连接，派出儿子入质匈奴，恐怕他们要联合起来吞并乌孙，如果乌孙被吞并，那么匈奴就强盛而西域就危险了。可以派归降的乌孙人假扮成卑爰疐的使者来长安上书，请求借中原天子的权威施压匈奴，归还乌孙入侍匈奴的质子，皇上把奏章转交朝臣廷议，让匈奴的使臣知道。这就是所谓‘用兵的最好策略是破坏敌人的计谋，其次是断绝敌人的外援’。”

奏书呈上，汉哀帝召见息夫躬，又召集公卿、将军召开御前会议。左将军公孙禄认为：“中原一贯以威望和信义安抚夷狄，息夫躬假想敌人欺诈，进献不讲信用的计谋，不可允许。况且，匈奴依赖先帝的恩德，保卫边塞，自称藩园，如今单于因病不能胜任来京师朝贺，派使者来做了说明，没有失去臣子的礼节。臣公孙禄敢于担保，在臣的有生之年都不会有匈奴为患边界！”息夫躬接着公孙禄的话说：“臣为国家安危考虑，希望事先谋划，制止敌人可能的行动，防患于未然，为万世太平着想。而公孙禄只考虑到自己有生之年这眼前的安危，臣与公孙禄意见不同，不在一个档次。”汉哀帝说：“说得好。”于是让群臣退朝，单独与息夫躬商议。

息夫躬建议说：“灾异多次出现，恐怕一定有非常的事变，可派大将军巡视边境，整顿军备，斩一个郡的太守以树威，震慑四方蛮族，以此回应变异。”汉哀帝认为有道理，就拿这个建议去询问丞相王嘉，王嘉回答说："臣听说影响下民，要靠实际行动，不能靠空洞的言辞，顺应天命要靠切合实际的内容，而不能靠表面文章。下民尽管微小，尚且不能诈骗，更何况上天神明，难道是可以欺骗的吗？上天显示变异，是用来警戒君王，想使君王觉悟，更正自己的过失，诚心诚意施行善政，民心喜悦，上天也就满意了。能说会道的人只看见事物的一点迹象，有的就随意用自己的想法去附会，凭空捏造匈奴、西羌将要发难的谎言，想大动干戈，预设下随机应变的策略，这不是顺应上天的办法。太守、国相如果犯了死罪，应当用囚车迅速地押赴皇帝的宫阙，反缚双臂，接受死刑，岂可阴谋杀戮制造恐怖。而今，那些善于言谈的人却想动摇国家的安全大计，走向危亡之途，徒逞口舌之快，其实是不能听从的。商议国家大事，最可恨的就是那些阿谀奉承、阴险狡诈、花言巧语、用心恶毒的人。从前，秦缪公不听百里奚、蹇叔的劝告，以致丧师辱国，后来悔恨自责，痛恨那些贻误大事的大臣，思念黄发老人的诤言，作《秦誓》以悔过，得以名垂后世。希望陛下观览古代的戒鉴，反复考虑，不要先入为主！"汉哀帝没有理会。

（以上为第七段，写邪恶佞臣息夫躬策划挑起人为的边患，侥幸立功封侯，独揽朝政大权。息夫躬很不高明的诈计，竟然蛊惑了汉哀帝。）

【点评】

论汉哀帝刘欣。哀帝入宫即位大统，效法成帝荒淫，年纪轻轻就患上严重的风流病，又受制于祖母傅太后，被丁氏、傅氏以及息夫躬、董贤等群小包围，整天稀里糊涂，浑浑噩噩，不知所为。匈奴单于来朝，朝议拒绝，扬雄上书陈说利害，哀帝有所醒悟，做出了正确的决策，息夫躬一番巧言，哀帝又改变了主意，做出错误的决定。绝对权威的皇权，掌握在这样一个人的手中，国运还能昌盛吗？集权制度使国家安危系于一个人的智愚与精神状态，实在是太危险了。儒家学者制造天人感应理论来制约皇权，利用天象说事，所以昏暗之朝，天象变异不绝于书。没有制度的约束，靠虚无的理论维系政治天平，可收一时之效，绝无长远之福。天人感应是古代的一种意识形态。意识形态代表不了善政，更代表不了合理的制度，而且荒唐的意识形态还要靠强权维护，它更是一把双刃剑。本来借天象说事，是用来限制恶性皇权的，其结果往往是大臣受祸，翟方进之死不就是这样的吗？

成帝纵淫，天象变异不断；哀帝步尘，变异天象更是层出不穷，好像天人之间真有感应似的。皇帝英明，为政不恶，天象自然不为人注意，就好像是正面的感应。一样的自然灾害，水患天旱，在圣明之朝，国家有备，应对有序，不会为民害；若发生在昏暗之朝，政府不管，人民流离，社会就要动乱。古代圣哲荀子早有警言："天行有常，不为尧存，不为桀亡。应之以治则吉，应之以乱则凶。"吉凶善恶，在人不在天。成帝、哀帝朝的天象变异，都是人为说事，并不是真有什么感应。

本卷所载谏大夫鲍宣上书，是一个亮点。鲍宣，字子都，渤海郡高城县人。鲍宣明经好学，为官清廉。他从基层一步一步上来，了解民生疾苦。鲍宣为县乡啬夫，代理束州丞，为郡功曹，举孝廉为郎，历官议郎、大司空府西曹掾、丞相司直等职，几起几落，复为谏大夫，名重当时。鲍宣上书，把人民的疾苦和官吏的暴虐，描写得历历如画。他列举人民有七种苦难和七种死亡。水旱灾害、沉重赋税、贪官勒索、土地兼并、差役不断、社会不宁、强盗横行，是为七苦。陷入法网、入狱受虐、无处申冤、落入贼手、雪恨仇杀、荒年饿死、瘟疫传染，是为七死。人民处于七苦七死的水深火热之中。鲍宣认为，民有七苦七死，完全是朝廷高官、地方郡县官吏贪赃枉法的结果。他为民呼喊:“陛下不救，将安所归命乎！”两千年后，再读此文，忍不住动容落泪。可是哀帝看了奏章，无动于衷，还想惩治鲍宣，慑于他的声望，又是为民代言，没有触及统治集团的罪恶，没有犯颜冒昧，置之不理作罢。西汉王朝在哀帝带领之下，向着败亡加速前进。

资治通鉴（白话本） 卷第三十五

汉纪二十七

汉哀帝元寿元年至汉平帝元始二年（公元前2—公元2）

【起屠维协洽（己未，公元前2年），尽玄黓阉茂（壬戌，公元2年），凡四年】

【大事提要】

本卷记事起公元前2年，讫公元2年，凡四年，当哀帝元寿元年至平帝元始二年。两代皇帝交接，权臣大换班，王莽乱中取势，西汉实际上已名存实亡，只待举行禅让仪式了。元寿元年，挟制哀帝的祖母傅太后死，丁、傅外戚集团立即失势，嬖佞董贤贵盛，哀帝赏赐违礼过制，丞相王嘉犯颜直谏，蒙冤下狱，绝食而死。元寿二年匈奴单于来朝。六月二十六日，哀帝死于未央宫，太皇太后王政君当天赶到未央宫，收了皇帝印玺，夺回权力，立即启用王莽。凭借多年蛰伏韬晦获得的虚誉，以及果决毒辣的手段，王莽迅速攫取了汉家政权。元始元年，王莽给自己加上了安汉公的名号，又夺了太皇太后王政君垂帘的权力，为自己逼宫篡位铺平了道路。元始二年，王莽送女入宫，备位皇后，还耍了一番权术，表演推让屈从的政治秀，没有一个人敢于直言上奏，西汉国祚，走到了尽头。

孝哀皇帝下

汉哀帝元寿元年（己未，公元前2年）

春季，正月初一日辛丑，汉哀帝下诏给将军、中二千石的高官，每一位各自举荐一位明习兵法的人，借此任命孔乡侯傅晏为大司马、卫将军，阳安侯丁明为大司马、骠骑将军。

这一天，发生日食。汉哀帝下诏公卿大夫尽心陈述朝廷过失，又命令各自举荐一位敢于直言的贤良方正。大赦天下。

丞相王嘉上密封奏书说："孝元皇帝承继帝位，温良恭俭，很少有个人欲望，国库存钱达四十亿。曾经游幸上林苑，猛兽受惊突然跳出兽圈，冯贵人挺身上前，挡住猛兽，汉元帝嘉奖她的义勇，赏赐也不过五万钱。在深宫中见到亲爱的嫔妃，要给予特别的赏赐，总是嘱受赏的人不要在众人面前谢恩，不愿使人觉得不公，有偏心，很重视人的心理平衡，而且赏赐也很节省。那时外戚的资产很少达到一千万，所以少府、水衡两部门存钱很多。国家虽然遭遇初元、永光年间的荒年饥馑，加上西羌叛变，对外要供给军队的费用，对内救济贫民，但没有倾覆的忧虑，因为国库储备充实。孝成皇帝时，谏臣们都指出微服出行的危害，以及过度宠爱美女，过度酗酒，不但损害品德，还要减少寿命，言辞恳切激烈，但成帝总是包容，不怨恨，不发怒。宠臣淳于长、张放、史育等人，史育多次遭到贬斥降职，家产不满千万，张放被放逐回到封国，淳于长被拷死狱中，没有以私情伤害公义。所以，成帝虽然在朝内受到许多讥评，而国家平安无事，这才把帝业传给了陛下。

“陛下在定陶封国的时候，喜爱《诗经》、《书经》，崇尚俭朴节约，被征召来京师任皇太子时，沿途经过的郡县，大家都称颂陛下的美德，这正是天下人民把爱戴成帝之心转移到陛下身上的原因。陛下刚即位时，更换帷帐，撤去锦绣的服饰，车马和座位的靠垫只不过用粗厚的绨缯包边作为装饰而已。共皇寝庙屡次应当兴建，都因怜悯百姓，念及国家经费不足，以义割恩，常常将它暂停修建，直到现在才开始建造。而驸马都尉董贤却在上林苑里盖了官府，陛下还为他修建高大的邸宅，邸宅的正门正对着皇宫北门，引导御渠的水来灌溉园林水池。在皇上使节监督下，日夜赶工，对吏卒的赏赐，远远超出修建宗庙时的规制。董贤的母亲生病，由长安的厨官供给她祈祷、施舍用具和食品，道路过往行人都可获得一份饮食。陛下还为董贤制造器具，器具制成，必须呈奏陛下审查后方可送去，有工精艺巧的，还特地赏赐匠工。即使奉献宗庙、三宫，都没有这样认真隆重。每逢董贤家有宾客、办婚礼或接待亲戚，各官府都要摊派供奉财物，赏赐给管家、奴仆、婢女的钱，每人达十万。在皇帝使者的监护下，董贤家人强行用低价购买货物，各行各业的商人震惊恐惧，道路上的行人都喧哗奔跑，文武百官都感到惶惑。诏书裁撤皇家园林，却把两千多倾田地赐给董贤，破坏了限制官员占田的均衡制度。过分的挥霍纵欲，僭越制度，导致阴阳错乱，天象变异频频发生，百姓听信谣言，手持禾稼麻秆，互相惊恐奔走，是上天迷惑他们，自己身不由己，不能停止。陛下一向仁慈智慧，谨慎行事，可一个董贤却让陛下蒙受这样大的讥讽。

“孔子说：‘看到危险不去解除，看到颠覆不去扶持，要这样的宰相有什么用。’臣王嘉侥幸得任丞相之位，内心经常暗自悲伤，无法在陛下面前表达受信任的愚忠。如果我身死有益于国家，绝不敢爱惜。希望陛下能审慎地对待自己偏爱的宠臣，考虑大家共同的疑虑。从前邓通、韩嫣骄横显贵失去约束，安乐无厌。这些小人不能摆脱心中的私欲，最终犯下大罪，扰乱了国家，自己也丧生，不能终身享受荣华富贵。正所谓‘本是爱他，却反而害了他’。应当深入观览前代的教训，节制对董贤的宠爱，以保全他的生命。”汉哀帝从此对王嘉渐渐不满。

前凉州刺史杜邺，以方正身份，用对策上奏说：“臣听说阳尊阴卑，是上天行事之道。所以男子即使卑贱，仍然是各家之阳；女子即使尊贵，仍是国中之阴。所以礼教明确规定女子在家从父、出嫁从夫、夫死从子的三从准则，即使有周文王母亲的德行，也必须依从于儿子。从前郑庄公顺从母亲姜氏的意愿，以致酿成共叔段篡国的大祸。周襄王内受母后责难，外受亲弟弟叔带召狄人的攻击，而遭遇逃亡到郑国的危难。汉朝兴起后，吕太后把朝廷大权私自交由她的亲属，几乎断送了汉王朝。臣看到陛下修身，想重新开创新局面，但祥瑞没有降临，反而降临日食、地震。查阅《春秋》记载的灾变，那是上天显示的一种警告。日食，表明阳被阴侵犯。阴为坤，坤象征地，称地为土、为母，而大地以安静为美德。地震，是不安定，表明大地没有遵循阴之道。占卜的卦象也十分明显，臣不敢不直率地据实报告。从前曾子曾经询问孔子，听从父命是否就是孝顺。孔子说：'这是什么话！'孔子特别称赞闵子骞谨守礼仪，不随便盲从父母的命令，但他的所作所为没有不合乎道理的，因此别人也就无法离间他和父母的关系。如今这些外戚子弟，不管是贤能的，还是不贤的，一律侍奉皇上，分布在重要的岗位上，有的掌握了禁兵，有的统率驻防军队，宠爱集中于一家，权力迅速膨胀，古今世上罕见，闻所未闻。甚至同时设置两个大司马、将军，周代皇甫卿士的强盛，鲁国三桓势力的隆贵，建置了三军，也无法与今天的傅氏、丁氏相比。就在任命两个大司马、将军的当天，天空昏暗，发生日食，不前不后，偏偏在授官拜职的时候发生，十分鲜明地表现了陛下太过谦虚，不敢独行专断，秉承傅太后的旨意不止一次，她说的话都听，她想要的都给，外戚中犯了罪的不惩处，无功无能的，都授官拜爵，这类事情越积越多。上述这些过错，使皇天一再发出警告，明明白白地是要唤醒陛下啊！从前诗人的讽刺，《春秋》中的讥刺，所指正是今天的现象，恐怕不是其他方面。从后世人来看前代人的过失行为，不必愤愤不平，想想自身所作所为，拿前人作镜子照一照，还自以为自己正确，那就大错特错了。希望陛下精诚治国，想一想刚即位时的作为，每件事都要察考古人的事例做借鉴，用以满足人民的心愿。那么，黎民大众没有不喜悦的，上帝百神也都收回威怒，何愁吉祥福禄不降临呢？”

汉哀帝又征召孔光到公车府，询问日食的事，任命他为光禄大夫，秩中二千石，给事中，列位次于丞相。

当初，王莽回到封国后，把自己关在家中，谢绝宾客。他的第二个儿子王获杀死家奴，王莽痛斥王获，命他自杀。在封国三年，官吏、百姓上奏为王莽申冤的，数以百计。直到此时，贤良周护、宋崇等应对策问，又大加赞颂王莽的功德。汉哀帝于是征召王莽和平阿侯王仁回到京师，让他们侍奉太皇太后。

董贤争宠，利用日食的变异，反击傅晏、息夫躬，说日食是因为两人挑动对匈奴的战争引起的。[正月十一日辛亥]，汉哀帝收缴傅晏印信绶带，免职回家。

正月十七日丁巳，皇太太后傅氏逝世，和元帝合葬于渭陵，称为“孝元傅皇后”。

丞相、御史上奏弹劾息夫躬、孙宠等人的罪过，汉哀帝因此罢免了息夫躬、孙宠的官职，责令他们回到封国。又罢免了侍中、诸曹、黄门郎数十人。

鲍宣上奏说：“陛下把天地当作父母来侍奉，把黎民百姓当作子女来抚养。即位以来，上天欠缺光明，大地发生地震，黎民百姓讹言流传，互相惊恐奔走。现在日食又发生在正月初一，实在令人畏惧。小民们在正月初一这天都小心翼翼，唯恐损坏一件器具，更何况日食发生在这一天呢！陛下应在内心深刻地责备自己，避开在正殿听政，选拔直言的人，征询过失，罢免斥退外戚以及身边不称职之人，征召任命孔光为光禄大夫，审察孙宠、息夫躬的过错罪恶，把他们罢官遣送回封国。众人都很高兴，没有一个不心服的。天人同心，人心喜悦，那么上天的愤怒本应自然消解。但是在二月十六日丙戌，白虹侵犯太阳，气候又连阴不雨，这表示国家重大的忧虑纠结还没有化解，黎民百姓心怀不满还没有平息。侍中、驸马都尉董贤，原本和陛下毫无亲戚关系，仅凭着他的花言巧语，以及他那副奴颜媚态，博取陛下欢心，以致陛下对他赏赐没有限度，竭尽了府库钱财，合并三座上等房屋为一座赐给他，他还嫌太小，又拆除暴室来扩充面积。董贤父子可以随意呼唤天子的使者。皇上派将作大匠为他修建宅第，连夜间巡逻的吏卒都得到赏赐。董贤上坟祭奠祖先和会见宾客，所需祭用品和食物全都由皇家厨房供应。全国各地进献的财物本当是奉养天子一人，如今反而都在董贤的家里，这难道是天心和民意吗？上天是不可以长久背弃的，对董贤如此厚待，反而会因此而害了他。假使真心想怜悯董贤，就应当向天地承认过错，解除天下人对他的仇视，罢免他的官职，遣送回封国，收回所赐御用的器物，还给官府，如此，董贤父子方可保全性命。不这样，董贤就犯了全国人民的众怒，不可能有长久平安。孙宠、息夫躬不应当封侯，都应免除爵位，以告示天下。重新启用何武、师丹、彭宣、傅喜，使百姓清楚看到陛下所垂示的无私，以顺天心，那么治理之政得到重建，这是太平盛世的开始。”汉哀帝览奏，感到灾异之事严重，就采纳鲍宣的建议，征召何武、彭宣，并授任鲍宣为司隶。

汉哀帝假称傅太后的遗诏，请太皇太后下令给丞相、御史大夫，要他们给董贤增加食邑二千户，赐孔乡侯傅晏、汝昌侯傅商、阳新侯郑业三人侯国封邑。王嘉把诏书封起来，退呈给天子，并呈上密封奏书劝谏说：“我听说爵位、俸禄、土地，都是上天所拥有的。《书经》说：‘上天命有德的人为天子、诸侯、公卿、大夫、士五个等级，有五种显示尊卑的衣服，五种衣服的色彩、原料、图案都不相同。’天子代表上天，对人民封爵任官，应该特别慎重。裂地封国，处理不当，人心不服，触动阴阳，就会使天子的病情加重。现在陛下圣体久不能痊愈，这使臣王嘉内心深感不安。高安侯董贤，是个靠巧言谄媚而受宠的臣子，陛下恨不得把所有爵位都封给他，使他显贵，把所有钱财都赐给他，使他大富，甚至降低皇帝的身份去宠爱他，因此，君王权威已受损伤，国库的储积已被耗尽，而仍唯恐不能满足。财富都是人民创造的，孝文帝想修建露台，因吝惜那百金的兴建费而克制自己没去兴建。如今董贤散发国家的赋税来布施他个人恩惠，甚至一家可得千金的赏赐，古往今来的宠臣还没有像董贤这样的。关于董贤的所作所为，已流传全国各地，人们都很怨恨他。里巷流行的谚语说：‘千人所指，无病而死。’臣常为此而寒心。如今太皇太后拿永信太后的遗诏命令丞相、御史，增加董贤采邑人户，赐给三个侯国，臣王嘉私下感到很迷惑。山崩、地震、日食同时发生在正月初一，这都是上天因为阴侵阳而显示的警告。前不久，董贤已是第二次封爵，傅晏、傅商也再次改换封国采邑，郑业因私宠而贪求无度，陛下对他们的恩惠已很优厚了，他们仍恣意求索，不知满足，如此则深深伤害尊崇傅太后本意，实在无法向天下人公布，为害极大。臣属骄横，欺蔽圣上，使阴阳失去调节，阴阳二气互相冲动，伤害身体。陛下久病不愈，继承人尚未确定，应当想到把万事纳入正轨，顺应天心人心，以求上天的保佑，岂能任意轻视自身健康，不念及高祖创业的艰苦，创立制度，而使它传之无穷！臣谨慎地将诏书封还，不敢拆开来看，并非爱惜生命不敢承认违抗诏旨，实在是怕天上人知道诏书的内容，因此不敢自我弹劾。”

当初，廷尉梁相审理东平王刘云一案时，正是冬月不到二十天，梁相疑心刘云一案是冤案，有不实的供词，因而上奏，想把案犯押解到长安，改由公卿再加重审。尚书令鞫谭、仆射宗伯凤认为可以答应。汉哀帝却认为梁相等人看到自己身体不适，别有居心，内外观望，两面讨好，企图把刘云一案拖过冬季，就可减刑免死，毫无讨伐贼寇、痛恨奸恶、为主上复仇的心意，因此罢免了梁相等人的官职，都贬为平民。几个月后，大赦，王嘉又推荐说：“梁相等都有才能德行，圣明的君王对臣下总是录其功，免其过，臣暗自为朝廷惋惜这三个人。”书奏呈上，汉哀帝愤慨不平。只过了二十多天，王嘉又把增封董贤食邑的诏书封还，汉哀帝更是大发雷霆，召王嘉到尚书处，责问他：“梁相等人从前犯了不忠之罪，罪恶昭著，当时你也曾自我弹劾；现在你又称赞他们，说什么‘为朝廷怜惜他们’，这是什么意思？”王嘉脱帽谢罪。

汉哀帝把王嘉一案交由文武大臣讨论，光禄大夫孔光等人弹劾王嘉，说：“王嘉迷乱国家，蒙蔽圣上，大逆不道，请皇上派谒者宣召王嘉到廷尉府接受审判，关入诏狱。”议郎龚等认为：“王嘉奏言之事，前后互相矛盾，应当剥夺爵位食邑，免去官职，贬为平民。”永信少府猛等认为：“王嘉的罪名虽然应当依法处置，但把国家大臣束结其发，带上镣铐，裸露身体受拷打，这不是尊重国家、褒扬宗庙的做法。”汉哀帝不听猛等的劝告，下诏“令谒者持节，召丞相王嘉入廷尉诏狱。”

使者到了丞相府，相府的掾、史等官吏流泪哭泣，一起将毒药调好，送给王嘉，王嘉不肯喝。主簿说：“将相犯罪，不和执法官面陈冤屈，这是世代相沿而成的惯例，君侯该自杀才是。”使者严肃端正地坐在府门，主簿又走上前去，将毒药呈给王嘉。王嘉拿起药杯掷在地下，对相府的官吏说：“我有幸位居三公，如果奉职不谨慎，辜负了国家的重托，应该公开伏法受死，以昭示百姓。丞相难道是小儿妇女吗？为何要喝毒药而死！”王嘉于是穿上朝服，出来见使者，再拜接受诏书，然后乘坐吏属的小车，除掉车篷，不戴官帽，随着使者去廷尉处。廷尉收缴了王嘉的丞相印绶和新甫侯印绶，把王嘉捆绑起来，送到都船诏狱。汉哀帝听到王嘉活着去投案，十分震怒，派出将军共五位二千石的高官会审。主审官讯问王嘉，王嘉回答说：“负责审案的人要的是实情。我看到梁相等人前些时审理东平王案件，不是认为刘云没有犯死罪，想的是知会公卿，表示慎重，实在看不出他们对朝廷内外有所顾虑和观望，阿谀攀附刘云的证据，更谈不上企图侥幸大赦。梁相他们都是善良官吏，臣只是为国惜才，并不是偏袒他们三人。”主审官说：“若是这样，那么凭什么给你定罪呢？现在你犯了有负国家的罪，不是凭空把你关进监狱的。”狱吏开始刑讯凌辱王嘉，王嘉喟然仰天长叹说：“臣有幸能充任丞相，却不能引进贤才，斥退不正派的人，所以是犯有负国家的罪，死有余辜。”主审官问王嘉，谁是贤才，谁是不正派的人，王嘉说：“贤能的人是前丞相孔光、前大司空何武，但他们却不能进用；恶者，是高安侯董贤父子扰乱朝政，却不能斥退他们。罪当处死，死而无恨！”王嘉关押在监狱二十多天，不进饮食，吐血而死。

（以上为第一段，写哀帝贵宠董贤，违礼过制，大失君德。丞相王嘉犯颜直谏，蒙冤而死。）

后来，汉哀帝看到王嘉的供词，思考王嘉的话，正好御史大夫贾延被免职，于是在夏季五月十七日乙卯，任命孔光为御史大夫。秋季，七月初九日丙午，任命孔光为丞相，恢复他原先的博山侯的爵位。又任用汜乡侯何武为御史大夫。于是汉哀帝才知道孔光从前被免职，并非他真的有罪，而是亲近自己的大臣诋毁诬陷所造成的，于是说：“傅嘉从前为侍中，谗言诽谤仁贤，诬陷大臣，以致杰出的人才长久失去他的职位。现在免除傅嘉的官职，贬为平民，回到原籍去。”

八月，何武被调任前将军。八月二十四日辛卯，任命光禄大夫彭宣为御史大夫。

司隶鲍宣被控告侮辱丞相，闭门拒绝使者的逮捕，犯了丧失臣子礼仪的罪，免除死刑，判处髡刑。

大司马丁明一向尊重王嘉，对王嘉的死十分痛惜。九月十九日乙卯，丁明被罢官，回到侯爵府第。

冬季，闰十一月十七日壬午，任命前定陶王太傅、光禄大夫韦赏为大司马、车骑将军。闰十一月二十四日己丑，韦赏去世。

十二月初六日庚子，任命侍中、驸马都尉董贤为大司马、卫将军，封册诏书说：“封立你为三公，作为汉朝的辅佐大臣，今后要悉力尽忠，扶正国家众事，公平处理政务。”当时董贤才二十二岁，尽管位在三公，却常在皇帝左右侍从主管尚书事，百官必须通过董贤才能进呈国事，因董贤的父亲卫尉董恭不再适宜处在卿的位置，汉哀帝就调升他为光禄大夫、官秩二千石。董贤的弟弟董宽信接替董贤为驸马都尉。董氏亲属都被任命为侍中、诸曹、奉朝请，所受宠爱远在丁、傅两家之上。

当初，丞相孔光为御史大夫时，董贤的父亲董恭为御史，侍奉孔光。等到董贤做大司马，与孔光并列三公。汉哀帝特意让董贤私下去拜访孔光。孔光素来恭敬谨慎，知道皇上想尊宠董贤，听说董贤的车驾快到了。孔光很谨慎地穿戴衣冠走出大门等候，等看到了董贤的车驾，孔光才退入中门内。董贤车驾到了中门，孔光退到客厅旁的小门，等候董贤下车后，孔光马上出来拜见，迎候之礼非常恭敬，不敢把董贤看成与自己是同等地位的宾客，使用平等的礼节相待。汉哀帝知道后，非常高兴，立即任命孔光两个侄儿为谏大夫、常侍。从此董贤的权势与汉哀帝相当了。

此时，成帝的外祖父母和舅舅家王氏已衰落微弱，只剩下平阿侯王谭的儿子王去疾担任侍中，弟弟王闳做中常侍。王闳的岳父是中郎将萧咸，萧咸是故将军萧望之的儿子。董贤的父亲董恭很仰慕萧咸。想为儿子董宽信求娶萧咸的女儿为妻，就请王闳去示意萧咸。萧咸恐惧不敢答应，私下对王闳说：“任命董贤为大司马时，策书中有一句：‘允执其中。’这是唐尧禅让皇帝位给虞舜时所说的一句话，而不是策封三公所惯用的话，长者们看了，无不感到恐惧。这岂是我们普通人家的女儿能够承受得起的？”王闳原本有智谋才略，听了萧咸的话，也就领悟了。因此就回答董恭，转达了萧咸自感地位卑微，高攀不上的意思，代致深深的歉意。董恭叹息说：“我家有什么地方得罪了天下，而竟被人们如此地畏惧。”内心很不高兴。后来，汉哀帝在麒麟殿设置酒宴，董贤父子、亲属都参加了宴会，侍中、中常侍都在旁边侍候。汉哀帝有醉意，从容地看着董贤，笑着说：“我想效法唐尧禅让帝位给虞舜，你看怎么样？”王闳当即进言说：“天下是高皇帝的天下，并非陛下所独有！陛下既然承继宗庙，就应该传给子孙万代，继统天下大业，事关重大，天子不可戏言！”汉哀帝默然不悦，左右两旁的人都感惶恐。因此，就命王闳出宫，回到郎署，不得再侍禁中。

过了很久，太皇太后替王闳向汉哀帝谢罪，才又将王闳召回。王闳就上奏劝谏说：“臣听说帝王设立三公的官职，是效法天上日、月、星的意思，身居此位的人必须是贤德的人。《易经》说：‘鼎的脚如果被折断，里面的食物就会倾倒出来。’这是比喻三公人选不当将导致倾覆的后果。过去孝文皇帝宠爱邓通，只不过让他做一个中大夫的官；武帝宠爱韩嫣，也不过多加赏赐而已，他们两人都不居高位。如今大司马、卫将军董贤，既无功于汉朝，更不是皇上的近亲，更没有著名的事迹、崇高的德行可以纠正世风，却连年擢升，位居三公，而且还掌管禁卫军队。无功而受封爵位，父子、兄弟蒙受越级的提拔，赏赐之多，使国库虚空，万民为之喧哗，路上行人不禁窃窃私语，实在不合天意。从前褒邑的毒蛇变化为人，后来生下褒姒，致使周王朝大乱。臣恐惧陛下会有过失而被讥讽，董贤会因小人不知进退而遭灾祸，这可不是永垂后世的榜样。”汉哀帝虽然听不进王闳的劝谏，但却赞赏他年少志壮，因而也就未加罪于他。

（以上为第二段，写哀帝朝嬖宠董贤贵盛，取代傅氏、丁氏，更有过之，汉室朝政一片昏暗。）

汉哀帝元寿二年（庚申，公元前1年）

春季，正月，匈奴乌珠留若鞮单于栾提囊知牙斯，以及乌孙大昆弥伊秩靡，同时来中原朝见，汉朝感到很荣耀。当时，西域共有五十国，从翻译官到将军、丞相、侯、王都佩戴汉朝印绶，总计外宾三百七十六人。此外，康居、大月氏、安息、罽宾、乌弋等国，都因太遥远，不包括在五十国之内。只有在他们进贡时，汉朝才做回报，但不属西域都护管辖。自黄龙年间以来，单于每次来朝，所赏赐锦绣、缯絮等都比从前丰厚，用以慰劳接待他们。单于在设宴时面见汉哀帝，群臣们在殿前作陪，单于见董贤那么年轻感到惊奇，就询问翻译官。汉哀帝命翻译官回答说：“大司马尽管年轻，却是因有极大才能而居高位。”单于就起身，跪拜恭贺汉朝得此贤臣。这时皇上因太岁在申，申为南向，为了能以诅咒之术制服煞神，将单于安排住在上林苑蒲陶宫。告知宫里的人对单于要以特别礼待。后来单于知道汉朝把他视为煞神，就十分不满。

夏季，四月三十日壬辰，发生日食。

五月初二日甲子，确定三公官名和各分管的职权范围。任命大司马、卫将军董贤为大司马；丞相孔光为大司徒；御史大夫彭宣为大司空、封为长平侯。

六月二十六日戊午，汉哀帝在未央宫逝世。

汉哀帝亲眼看到汉成帝时代政权旁落在王氏手中的情况，等到自己即位后，屡次诛罚大臣，想效法汉武帝、宣帝以加强国君的权威，但是宠任奸佞，听信谗言，憎恶痛恨忠心耿直的大臣，汉朝的大业自此开始衰落。

太皇太后听说哀帝逝世，当天就驾临未央宫，收取皇帝印玺。太皇太后召大司马董贤，在未央宫东厢房接见，询问皇上丧葬如何安排。董贤内心忧虑，不能回答，只好脱帽谢罪。太皇太后说：“新都侯王莽，从前任大司马，曾办理过先帝的丧事，熟悉丧事中的规章制度，我命王莽来帮助你。”董贤叩头说：“这太好了。”太皇太后派使者飞驰征召王莽，又下诏尚书，所有征调发兵的虎符、节信、百官奏事、中黄门、期门武士都由王莽掌管。王莽按太后的旨意，命尚书弹劾董贤，称在哀帝生病时没有亲自侍奉用药，因此禁止董贤进入宫殿司马门，董贤手忙脚乱，不知如何是好，只好到宫门前摘掉官帽，光着脚请罪。六月二十七日己未，王莽派谒者拿着太皇太后的诏书，就在宫门前给董贤颁发免职策书，说："董贤年轻，未经事理，任职大司马不合民心，应当收回大司马印绶，免职回家。"当天，董贤与他的妻子都自杀了。董贤家人惶恐不安，连夜下葬。王莽怀疑董贤诈死，主管部门上奏，请求开棺验尸，把尸体抬到监狱核查，就便埋在狱中。太皇太后下诏，命"公卿大臣举荐可以担任大司马的人选"。王莽曾经担任过大司马，为了避让丁、傅两家而辞退职位，大家都称赞他贤德，又是太皇太后的近亲，从大司徒孔光以下满朝文武百官，全都推举王莽担任大司马，只有前将军何武和左将军公孙禄二人相互商议，认为："先前在惠帝、昭帝时代，外戚吕氏、霍氏、上官氏把持朝政，几乎危及刘家天下。现今孝成、孝哀两代连续没有后嗣，正面临选立刘氏近亲辅佐幼主，不应再让外戚大臣把持朝政。应当让外戚与异姓大臣互相掺杂，为国家考虑，这样最方便。"因此何武推举公孙禄为大司马人选，而公孙禄也推举何武为大司马。六月二十八日庚申，太皇太后亲自决定任用王莽为大司马，主管尚书事。

太皇太后与王莽商议皇位继承人选。安阳侯王舜，是王莽的堂弟，为人处事谨慎，深受太皇太后的宠爱和信任，王莽奏请太皇太后，任命王舜为车骑将军。秋季，七月，派王舜和大鸿胪左咸持着符节迎接中山王刘箕子进京，立为皇位的继承人。

王莽又奏请太皇太后，下诏主管官员惩治哀帝外戚集团。皇太后赵飞燕与妹妹赵昭仪专宠恃爱，堵塞后宫侍寝之路，残害灭绝成帝后代，将她贬为"孝成皇后"，迁住到北宫去；又因为定陶共王太后傅氏和孔乡侯傅晏同心合谋，背恩忘本，专横放肆，图谋不轨，将孝哀皇后贬居桂宫，傅氏、丁氏两家都免除官职，剥夺爵位，遣回原郡，傅晏和妻子全家流放到合浦。唯独下诏嘉奖表扬傅喜说："高武侯傅喜，生性端正笃诚，议论忠正耿直，虽然跟已故定陶太后有亲属关系，但始终不肯顺从旨意，依附邪恶，坚定不移地信守名分，保持节操。因此被斥遣回封国。古书不是说：'岁寒然后知松柏之后凋也。'应当将傅喜召回长安，官位特进，并参加朝会。"傅喜尽管例外被褒赏，但内心深感忧惧和孤立。此后重新被遣回封国，终其天年。王莽又把傅太后号贬为"定陶共王母"，丁太后贬为"丁姬"。王莽又请求说：董贤父子骄横放纵，挥霍无度，请求将财物没收归还官府。所有依靠董贤而做官的都一律免职。他的父亲董恭、弟弟董宽信及其家属流放合浦，他的母亲例外地遣归故郡巨鹿。长安城内的市民欢呼喧哗，一些无赖向着董家府第哭泣，实际想趁机偷点东西。官府变卖董家的财物，共得钱四十三亿之多。董贤从前厚待过的沛郡人朱诩自我弹劾，辞去大司马府的官职，买了棺材、寿衣等，收殓董贤的尸体安葬。王莽知道后，借口其他的罪名将朱诩处死。王莽因为大司徒孔光是著名的儒家学者，辅助过成帝、哀帝、平帝三位君主，为太皇太后所尊敬，天下人也都信赖他，因而对孔光非常推崇尊重。擢升孔光的女婿甄邯做侍中、奉车都尉。王莽平日所不喜欢的人，就罗织罪名，用弹劾奏章的形式，让甄邯拿给孔光，并暗示孔光这是太皇太后的旨意。孔光素来胆小谨慎，不敢不呈上去。王莽然后向太后说明自己的意见，因此太皇太后就同意孔光送上奏章。于是，弹劾何武、公孙禄互相荐举之罪，都免除官职，何武遣回封国。又奏请说高昌侯董武的父亲董宏，奸佞邪恶，应当剥夺董宏爵位。又奏说南郡太守毋将隆从前担任冀州牧时，审理中山王冯太后一案，冤枉陷害无辜；关内侯张由诬陷皇帝骨肉之亲；中太仆史立、泰山太守丁玄，陷害人至死；河内郡太守赵昌，诬陷郑崇，这些人幸运地遇上大赦令，可以免除死罪，但都不应再留居中原地区，一律免职，贬为平民，流放到合浦。中山王一案，原是史立、丁玄亲自审理的，而毋将隆只是联名上奏。王莽年轻时非常仰慕毋将隆为人，渴望和他结交，而毋将隆却不怎么依附他，王莽因此借故把他排挤掉。

红阳侯王立，是太皇太后的亲弟弟，尽管不居官位，王莽因为他是叔父的关系，内心对他既敬重又畏惧，担心王立在太皇太后面前说长道短，使自己不能为所欲为。就命孔光弹劾王立的罪状，说："先前，王立知道定陵侯淳于长犯了大逆不道的罪行，却接受贿赂，为淳于长说情，贻误朝廷。此后又建议将婢女杨寄的私生子当作皇子，大家都说：'吕氏和少帝的局面再度出现。'天下人纷纷质疑问难，无法垂示后世，这才破灭了王立要实现辅佐幼主的功绩。请求遣送王立回封国。"太皇太后不答应。王莽说："现在汉家天下衰落，接连两代皇帝都没继承人，太皇太后独自代替幼主护理朝政，形势令人畏惧。就算尽力做到公正无私，而先为天下人着想，尚怕人心不服；现在因私人的恩情而拒绝大臣们的公议，这样一来，恐怕邪恶的人在下面互相倾轧，祸乱自此而起。应当暂且派人送他回封国，等局势安定之后，再征召他回来。"太皇太后无奈，只能遣送王立回封国。王莽用威胁强迫上下都听从他的安排，类似于此的事情诸多。

于是，附会顺从王莽的人被擢升，不顺从、怨恨他的人就被诛杀灭绝。任用王舜、王邑为心腹；甄丰、甄邯主管举劾断狱；平晏主管机要；刘秀掌管礼乐法度；孙建任武臣。甄丰的儿子甄寻、刘秀的儿子刘棻、涿郡人崔发、南阳人陈崇，都因有才能而受到王莽的重用。王莽外貌矜严，说话庄重，他想要做什么，只需略微有点表示，他的党羽就能承其意公然上奏。王莽却叩首哭泣，坚决辞让。用这种手段，对上迷惑太后，对下显示他的谦恭美德，让众民信任他。

八月，王莽又奏报太皇太后，要求废黜孝成皇后赵飞燕、孝哀皇后傅氏为平民，遣送到成帝、哀帝的陵园守墓。当天，她们都自杀了。

大司空彭宣因为王莽专权，就上书说："三公好比鼎的三只脚，共同承奉国君，若一只脚不能胜任，就会使鼎倾覆，倒出鼎中美食。臣资质浅薄，年纪又老，屡次患病卧床，头脑昏迷，记忆不好，愿奉上大司空、长平侯印绶，请求批准我辞职，归回乡里，以待寿终。"王莽告诉太皇太后下诏免去彭宣官职，让他返回封国。王莽怨恨彭宣请求辞职，因而不按惯例赐给他黄金、安车、驷马。彭宣在封国居住数年而逝世。

班固评论说：薛广德能保住悬车的荣耀；平当不受封侯，明礼知耻；彭宣看到险境而中止做官，他们实在与苟且患失之辈截然不同！

八月二十七日戊午，任命右将军王崇为大司空，光禄勋东海人马宫被任命为右将军，左曹、中郎将甄丰被任命为光禄勋。

九月初一日辛酉，中山王刘箕子即帝位，大赦天下。

平帝即位，时年九岁，太皇太后临朝听政，大司马王莽主持朝政，百官统一听命于王莽。王莽的权势日渐上升，孔光忧虑惧怕，不知如何是好，就上奏请求辞职。王莽告诉太皇太后，说皇帝年幼，应当为他设置师傅，于是调孔光为平帝的太傅，位居四辅，兼给事中，管理皇宫宿卫、供养，出入禁中，掌管御用服饰、车马、食物供给事务。任命马宫为大司徒，甄丰为右将军。

冬季，十月十二日壬寅，葬孝哀帝于义陵。

（以上为第三段，写哀帝之死，王莽复职为大司马，挟太皇太后之威，持多年韬晦赢得的虚誉，以及果决毒辣的手段，迅速攫取汉家政权，百官总己以听，汉室已名存实亡。）

孝平皇帝上

汉平帝元始元年（辛酉，公元1年）

春季，正月，王莽讽谕益州刺史，命令边塞外的蛮族自称越裳氏部落，通过辗转翻译才语言相通，向汉朝献上一只白色的野鸡，两只黑色的野鸡。王莽禀报太后，请她下诏令，将一只白色野鸡进献宗庙。因此，群臣极力赞美王莽的功德，称王莽“像周公一样，周公使成王获得白色野鸡的祥瑞。周公在世时，就赐号为周公，现在王莽也是安国定汉的大臣，应赐号为安汉公，增加封邑人户，以与爵号相称”。太皇太后下诏，令尚书详细报告这件事的始末。王莽上奏说：“臣和孔光、王舜、甄丰、甄邯共同决策拥立今皇上，现在只希望让孔光等人论功行赏，至于臣的一点些许贡献，就不要和他们一起列举。”甄邯奏请太皇太后下诏说：“‘不偏私，不偏袒，先王之道广远。’你有安邦定国的大功，不能因为你是我的骨肉亲戚，就遮盖隐瞒起来而不宣扬，请你不要推辞了。”王莽又上奏四次坚决推辞，甚至称病不视事。左右大臣禀报太皇太后说：“最好不要强夺王莽的心意，只给孔光等人论功行赏吧。”王莽才肯入朝视事。二月二十八日丙辰，太皇太后下诏：“任命太傅、博山侯孔光为太师，车骑将军、安阳侯王舜为太保，都增为万户侯；又任命左将军、光禄勋甄丰为少傅，封为广阳侯；他们三人都授予四辅的职位。封侍中、奉车都尉甄邯为承阳侯。”四人已经接受了封赏，而王莽还是称病不起。群臣又上奏说："王莽虽然谦让，但朝廷应当彰明他的功绩，及时予以奖赏，以表明重视首功之人，不要使百官和人民感到失望！"于是，太皇太后就下诏："任命大司马、新都侯王莽为太傅，主管四辅之事，号为安汉公，增封二万八千户。"于是，王莽假装更加感到惶恐，害怕官职还要加高，不得已而抱病视事，接受太傅、安汉公的称号，却推辞增加封邑的赏赐。王莽说："臣希望等待天下百姓都能自足之后才能接受加赏。"群臣又替王莽力争，太后下诏说："他自己期望等到天下百姓都能自给之后才接受加封，这可以听从他，只有他的俸禄和岁时常赐著明在令，应当比往常增加一倍。等到天下百姓都能自给自足时，大司徒、大司空再行奏报。"王莽再次推辞，还是不肯接受两倍俸禄，并建议表扬奖赏宗室群臣。因而，册立已故东平王刘云的太子刘开明为东平王；又，册立已故东平思王刘宇的孙子刘成都为中山王，承奉中山孝王之后；封宣帝的曾孙刘信等三十六人都为列侯；又封太仆王恽等二十五人为关内侯。又命诸侯王公、列侯、关内侯，凡没有儿子而有孙子或同母兄弟的儿子的，都可承继王位、爵位；皇宗近亲支系的后代，因犯罪而被断绝的，恢复其属籍；全国俸禄二千石以上的高级官吏，因年老退休的，以原俸禄的三分之一作为退休金，直至死为止。下至平民百姓、鳏夫寡妇，都给以照顾，有关恩德之政，无不实施。

王莽既然已讨好了全国的官员和民众，就想要追求更高的独断权力。他知道太后年老，厌恶政事，就示意公卿上奏说："从前官吏因功绩按顺序逐渐升到二千石的高官，以及部刺史所推荐的茂材异等的人被委任官职的，大多数是不称职的，应当让他们在被任命之前都去见安汉公，由安汉公亲自考察。此外，太后年事已高，不适宜再亲自过问小事。"并由太皇太后下诏说："从今以后，只有封爵之事禀报给我，其他事情，可由安汉公、四辅公平处理。州牧、二千石以及茂材出身，第一次任职的、上疏奏事的，应该引进召见，一律直接到大内的官署晋谒安汉公，由安汉公考核他们前任的治绩，并询问到任后如何施政，从而了解他们是否称职。"于是王莽对新任官员一一召见询问，并向他们表示周到的恩情，还赠送丰厚礼品。对其中不迎合他的人，就公然奏报，予以免职。王莽的权势与天子相当了。

设置羲和官职，官秩二千石。

夏季，五月初一日丁巳，发生日食。大赦天下。公卿以下官员各举荐一位敦厚能直言的人。

王莽怕汉平帝外戚卫氏夺去他的权力，就禀告太后说："先前哀帝登基，背离恩义，只信任自己外戚傅、丁二家，让他们显贵，因而扰乱了国家，几乎使国家处于危险境地。如今汉平帝年幼，又继承大宗而成为成帝之后，应当明示正统相承的大义，以防备再次出现从前的事情，并为后代所效法。"六月，派遣甄丰捧着玺绶，在中山国拜汉平帝的母亲卫姬为中山孝王后，赐平帝舅父卫宝、卫玄为关内侯。赐汉平帝的三位妹妹尊号为君。他们都留居在中山国，不得来到京师。

扶风郡功曹申屠刚在对策中直言说："臣听说周成王年幼，周公旦摄政，能听取直言，礼贤下士，均衡权力，广施恩宠，作为顺应天地之心意，举措没有过失。即便如此，朝内有召公的不满；朝外诸侯有管、蔡、商、奄四国散布没有根据的恶语。如今皇上刚离襁褓，即位以后，就与亲骨肉分离，外戚隔绝，使恩情不能相通。况且汉朝用人制度，即使任用优秀贤良人才，仍然要引进姻亲，亲疏交错，堵塞空隙，这是用来安定宗庙，巩固社稷的良策。应当赶快派遣使者征召中山太后进京，安置于别宫，以使母子按时相见。再征召冯、卫两家来京，授予闲散的官职，让他们能执持武器，亲自担任宫中的警卫，以抑制祸患的发生。这样，上可安定国家，下可保全四辅。"王莽让太皇太后下诏说："申屠刚的话，是离经叛道的邪说，违背大义！"因此罢免申屠刚官职，令他回乡里。

六月二十日丙午，封鲁顷公的八世孙公子姬宽为褒鲁侯，承奉周公的祭祀。又封褒成君孔霸的曾孙孔均为褒成侯，承奉孔子的祭祀。

太皇太后下诏："天下凡是被判刑的女子，准予释放回家，令每月出三百钱，由官府雇人在山上伐木以自赎。每乡推选一名贞节女子，免除她家的差役。派大司农部丞十三人，前往十三州，每人负责一州，鼓励农妇耕织。"

秋季，九月，赦免天下囚犯。

（以上为第四段，写王莽运用权术，给自己加号安汉公，又直接代替太皇太后主宰朝政，铺平了逼宫篡位的道路。）

汉平帝元始二年（壬戌，公元 2 年）

春季，黄支国进贡犀牛。黄支国在南边大海中，距离京师三万里。王莽想要炫耀威德，所以送给黄支国王以厚礼，让黄支国王派使臣进贡。

越嶲郡内出现黄龙在长江中游动，太师孔光、大司徒马宫等都认为："王莽的功德可以与周公相比，应该告祭宗庙。"大司农孙宝说："周公是最高的圣人，召公是最大的贤人，他们两人尚有嫌隙，显明地记载于经典，但对两人的声誉并没有损害。现在风雨失调，百姓贫困，每有一件小事，群臣异口同声赞扬，恐怕有些失常吧！"当时大臣们都惊恐变色。甄邯立即宣布，奉旨停止议论。正巧这时孙宝派遣府吏迎接母亲，母亲在途中患病，就留住在孙宝弟弟的家中，让孙宝的妻子先到京师。司直陈崇借此事弹劾孙宝，事情交由三公立即审讯，孙宝回答说："我年已七十，老迈糊涂，供养母亲的恩情衰退，只思虑妻子，和奏章所说一样。"孙宝因此获罪免职，病死家中。

汉平帝更名为刘衎。

三月二十一日癸酉，大司空王崇称病辞职，是为了避让王莽。

夏季，四月十六日丁酉，任命左将军甄丰为大司空，右将军孙建为左将军，光禄勋甄邯为右将军。

册立代孝王刘参玄孙的儿子刘如意为广崇王，江都易王刘非的孙子盱眙侯刘宫为广川王，广川惠王刘越的曾孙刘伦为广德王。续封汉朝兴起以来大功臣的后代周共等一百十七人为列侯或关内侯。

郡国发生大旱灾、蝗灾，青州尤为严重，人民流散逃亡。王莽禀报太后：宫中应该改穿没有文采的丝服，大大减少膳食费，向天下人表示皇室节俭。王莽又乘机上书，愿意捐钱一百万，献田三十顷，交归大司农以赈济贫民。于是，公卿大臣都仰慕而效法，共有二百三十人捐献田宅，依照贫民人数而分给田宅。又在长安城里建了五个里坊，共有住宅二百所，用以安置贫民。然后，王莽率领群臣上奏太后说："国家有幸，仰赖陛下的恩德，近来风雨适时，甘露下降，灵芝出现，蓂荚生长，朱草兴旺，嘉禾茂盛，各种祥瑞，同时并至。希望陛下恢复穿帝王的正常服装以及供应正常的膳食，使做臣子的各能竭尽欢心，精心奉养！"王莽又让太皇太后下诏，表示推辞。每逢有水旱灾害，王莽就吃素食。左右近臣就把这事禀报太皇太后，太皇太后派使臣诏令王莽说："听说安汉公只吃素食，真是为民众忧心太深了。今年秋天，庄稼幸而丰收，你应当及时吃肉，为国家保养自己的身体。"

六月，有两块陨石坠落在巨鹿县。

光禄大夫楚国人龚胜、太中大夫琅邪人邴汉看不惯王莽专权，都请求辞职。王莽使太皇太后下策书说："朕不能勉强把官职加到你们身上烦劳两位大夫，你们可以按自己的意愿修身守道，以终天年。"都给予两人优厚的赐赏，遣送回乡。

梅福觉察出王莽必定要篡夺汉朝政权，突然有一天抛弃家人出走，不知去向。后来，有人在会稽郡看到梅福，已更名换姓，在吴县守门。

秋季，九月三十日戊申，发生日食。赦免天下囚犯。

派遣执金吾候陈茂去劝降江湖盗贼成重，成重等二百余人都投降自首，把他们各自送回原籍安置。成重则迁到云阳县安顿，并赐给他公田和住宅。

王莽想让太皇太后高兴，说她的威望和恩德已达到顶点，是前无古人的，就暗示单于，让单于派遣王昭君的女儿须卜居次云入宫侍奉太后，因而对单于的赏赐非常丰厚。

车师后部有一条新道直通玉门关，往来交通比从前的大道要近，戊己校尉徐普想拓宽成大道。车师后王姑句认为他们正处于西域前往中原的要冲，若果拓宽成大道，担心汉朝派往西域使者的供给全落在他们身上，因此心里不愿意。徐普想要勘明新道的路线分界，然后上奏朝廷，就召来姑句，让他证明新道确较旧道为近，姑句不肯证实，徐普便将姑句扣押了。姑句的妻子股紫陬对姑句说："从前车师前王被都护司马所杀，现在你长久囚禁必死，不如投降匈奴！"当即疾驰突围，冲出高昌壁，逃亡匈奴。就在此时，婼羌国的去胡来王唐兜与相邻的赤水羌多次互相攻击，唐兜不能取胜，就向西域都护告急，都护但钦没有及时援助。唐兜被困危急，怨恨但钦不救援，就向东退走，想进入玉门关，而玉门关守将又不让他进关，他只好率领妻子、百姓千余人逃亡投降匈奴。单于收容他们后，安置在左谷蠡王所居住的地方。单于派出使臣到汉朝，把收容姑句、唐兜两人情况据实上奏，说："匈奴很谨慎地接受他们来降。"朝廷下诏遣中郎将韩隆等出使匈奴，指责单于不该收纳他们。单于叩头谢罪，并将姑句、唐兜拘捕起来，交给使者。汉朝又下诏派遣中郎将王萌在西域恶都奴的边界上等待接受姑句、唐兜。单于派遣使者护送汉使押解姑句、唐兜到恶都奴，并代请朝廷宽恕他两人被迫逃亡之罪。汉朝使节回到长安，向王莽转告了单于的请求，王莽不理会，下诏召集西域各国国王来长安，陈列军队，当众将姑句、唐兜斩首。为此，还制定了禁止匈奴接纳降人的四项新的条例：第一，逃亡到匈奴的中国人；第二，逃亡投降匈奴的乌孙国人；第三，投降匈奴的西域诸国佩戴中国印绶的人；第四，投降匈奴乌桓国人。这四种人都不能接纳。派遣中郎将王骏、王昌，副校尉甄阜、王寻出使匈奴，向单于颁布四条新规定，将它与玺书同函封好，交付单于，命令单于遵照执行。并就此机会将过去宣帝所制定的约束匈奴的诏令加封收回。这时王莽上奏，要求下令命中原人不准取两个字的名字，因而派遣使节暗示单于应当上书表示向往并接受教化，改为一个字的名字，汉朝一定加以优厚的赏赐。单于同意，就上奏说："臣单于有幸能充当汉朝的藩国臣属，私下为太平圣制而高兴。臣原名囊知牙斯，现在恭敬更名为知。"王莽非常高兴，禀报太皇太后，派遣使节到匈奴答复知晓，并给单于以丰厚的奖赏。

王莽想将女儿嫁给汉平帝而成为皇后，用来巩固自己的权力，就上奏说："皇上即位已有三年，皇后尚未确定，掖庭陪嫁的女子也不够数。以往国家的危难，在于皇帝无子，而皇帝无子，则是因为皇后的来路不正。请考查《五经》的有关记载，制定聘娶皇后的礼仪，使天子一娶十二人的规定纳入正轨，以广求继嗣，多方采纳殷、周二王的后裔，周公、孔子的后代，以及列侯在长安的嫡女。"太皇太后将此事交由主管官吏办理，主管官吏呈上众女名单，王氏的女子多数在被选的名册里。王莽害怕王氏其他女子和自己的女儿竞争，就上奏说："我没有高尚品德，女儿才能低下，因此她不适宜与众女子一起参加挑选。"太后以为王莽是诚心实意谦虚，就下诏说："王氏女子，是我的娘家人，就不必参加挑选。"庶民、诸生、郎吏以上官吏，守候在皇宫大门前上奏的，每天有一千多人；公卿、大夫有的来到殿廷之中，有的俯伏在省门之下，一致请求说："安汉公有如此高显盛大的功德，如今挑选皇后之时，为什么偏偏要排除王莽的女儿入选呢？如此怎能让天下归心呢？臣等都希望安汉公的女儿做国母皇后。"王莽派遣长史以下官员分别布置，劝阻公卿及诸生的请愿。但上奏请求的人，反而增加很多。太皇太后无奈，就听从公卿的请求，挑选王莽的女儿为皇后。王莽又为自己辩白说："应当广选众女。"公卿们争辩说："不应当采纳其他女子而有失正统。"王莽只好说："好吧，让我女儿接受朝廷的考察。"

（以上为第五段，写王莽上欺太皇太后，下压群臣，耍尽权术表演政治秀，没有一个敢于直言的人劝阻，西汉国祚，走到了尽头。）

【点评】

本卷有三大事件值得点评。其一，哀帝嬖幸董贤；其二，丞相王嘉之冤死；其三，王莽诈伪之术。分别讨论如次。

一、哀帝嬖幸董贤。董贤是一个美男子，又天生一副媚骨，因其父董恭为御史，董贤得以为太子舍人，侍从哀帝刘欣。但直到哀帝即位两年之后，董贤在殿下值班报时刻，才被哀帝发现，一见钟情，立即升迁董贤，拜为黄门郎，不久又升为驸马都尉侍中，出入宫禁，陪伴哀帝卧起，宠爱无比，董氏一门贵幸。哀帝升迁董贤之父为少府，赐爵关内侯。立董贤妹为昭仪，位次皇后。任命董贤弟为执金吾，董贤妻父为将作大匠。哀帝又诏令将作大匠用国家公款在皇家上林苑中给董贤盖豪华宅第，董贤家中日用器物，乃至祭祀祖先器物费用，也由皇家供给。封董贤为高安侯，竟然在封策文中使用皇帝禅让的命辞"允执其中"，而且哀帝竟然在一次宴会上因醉酒说出要禅位给董贤的话。哀帝昏庸到"不爱江山爱男宠"的地步。西汉国祚弄到这个地步，不亡何待？柏杨读史至此深深长叹，写下一段精彩评论，摘载以供欣赏。柏杨说："刘欣先生跟董贤先生之间，是一种狂热的同性恋。中国君王群中，刘欣不是唯一搞同性恋的君王，但他却是为了同性恋，而把政府体制全部摧毁的君王。刘奭、刘骜，已把汉王朝蹂躏得奄奄一息，但官员人民效忠的惯性，仍在继续，刘欣先生如果稍微有一点点正常，小心翼翼，收拾残局，汉政府仍有维持下去的可能。然而，刘欣先生却是个败家子。任何一个富贵太久的家庭，最后必然要出个败家子，把家产一扫而光。皇家的家产就是政权，这是中国传统政治的悲剧——君王是一个拥有无限权威的司机，他如果决心把车开进万丈深谷，谁都挡不住，谁都救不了。"西汉灭亡，社会阶级矛盾还未到对立阶级总爆发的程度，也就是爆发农民大起义的条件尚未成熟，而是统治阶级自身腐朽，皇位继承人一代不如一代，败家子一个接一个，使刘氏自毁江山。这叫作"自作孽，不可活"。阴谋家王莽应运而生。

二、丞相王嘉之冤死。汉哀帝昏庸误国，亲近小人，远离君子。哀帝滥赏滥杀，群臣恐惧，噤若寒蝉。自元帝、成帝以来，长时期的是非颠倒，黑白混淆，正气衰弱，邪气旺炽，到哀帝一朝，满朝文武，鲜有直言者。丞相王嘉，虽然才干平庸，尚保持一丝正气，他仅仅两次上奏密封奏折，劝谏哀帝不要过分宠信董贤，拒绝执行给董贤、傅宴、傅商、郑业增加采邑，既非国家大政，又非当朝直谏，仅仅是提了一点正确建议，哀帝就要赐死王嘉。王嘉拒绝服毒自杀，拍案而起，对部属说，自己有幸位居三公，如果奉职不谨慎，辜负了国家的重托，应该公开伏法受死，用以昭示百姓。身为丞相，难道要像一个妇人服毒自尽吗？何等慷慨，何等自信，气冲斗牛。王嘉理直气壮接受审判，是对昏庸哀帝权威的挑战。王嘉知道必死，但他要死个明白，让天下人知道他的冤。于是哀帝更加愤恨，立即组织五位大臣会审，成立特别法庭，定要把王嘉打成铁案，给他罗织罪状。光禄大夫孔光指控“王嘉背叛国家，欺骗主上，大逆不道”，无限上纲上线。享有一代贤才美誉的孔光，原是一个伪君子。五大臣合议庭据此审问王嘉，王嘉一一驳斥。所谓“叛国罪”，指的是梁相等三人在审理东平王刘云案件时，没有按照哀帝旨意诬枉刘云，王嘉替三人说了几句公道话，被孔光上纲上线为不与哀帝同一条心，就是“背叛国家、欺骗主上”，自然是“大逆不道”之罪。议郎龚、永信少府猛认为罢官就够了。五大臣只能按孔光定的调子判王嘉大逆之罪，却又说不出道理。于是问王嘉：“照你的说法，我们如何定你的罪。”然后就刑讯逼供。王嘉自己认罪说：“我身为丞相，不能除掉奸邪，进用贤才，这就是辜负国家的罪。”五大臣问：“奸臣是谁，贤才是谁？”王嘉说：“奸臣是董贤，贤臣是孔光、何武。”说完绝食二十余日死于狱中。

王嘉经过堂堂正正的五大臣会审，但没有讨回清白，仍然蒙冤而死。这说明专制集权制度下的司法，权大于法，没有公正可言。王嘉身为丞相，为百官之长，但他的权力大不过皇上，皇上要他死，他就得死，他不服毒好好死，就叫他皮开肉绽横死、饿死。权臣专政，奸佞当道，当官的贪赃，那老百姓就没活头了。这是审理王嘉这场滑稽戏带给人们的思考。

此外，相映成趣的是，王嘉说孔光是一代贤才，而恰恰是这个享有虚誉的贤才说话最毒，他揣摩哀帝心思，为哀帝代言，必置王嘉于死地。后来孔光又阿附王莽，分享了一杯篡国残羹。那么王嘉为何说孔光是一代贤才呢？主要原因有二。一是孔光虽然虚伪奸猾，但还不是奸险阴毒之人。孔光圆滑世故，是根墙头草，他只是苟且偷生要自保。孔光给王嘉上纲上线，是要夺他的相位。孔光损人利己，当然是坏；奸险阴毒之人，损人不利己，坏中之坏。二是，当时贤人隐蔽，孔光虽坏，当不是坏中之坏。王嘉直臣，在矮子里拔将军，为国家惜才，美言孔光，可以说是以德报怨了。

孔光可鄙，王嘉可嘉。王嘉之死，惜哉！冤哉！

三、王莽诈伪之术。元、成、哀三代昏君，把西汉王朝弄得国将不国。恰好王莽姑母王政君为汉元帝皇后，生子成帝刘骜，她又高寿，经历元、成、哀、平四朝，身份屡变，皇后，皇太后，太皇太后。皇帝死后，皇后、皇太后、太皇太后就成为皇室政权的象征，享有极高的威望，在新旧两君交替之际代掌皇权。王政君生性贤淑，才能平庸，不喜好专权，这一切为王莽篡汉提供了条件。王莽是一个野心家和政治家，他的才干当世莫及。王莽类似曹操，从小就有心机，成年后深谋远虑，每下一步棋都有精确计算。王莽对上讨好王政君，对下沽名钓誉，获取好名声，待士卑恭谦让，在朝中有好人缘。王莽兄早死，有子名王光，王莽恩养视如己出。王光为博士弟子，王莽在休息日亲自带上羊肉、美酒慰问王光的老师，一并慰问王光的同学，博取好名声。哀帝即位，王莽受到哀帝外戚傅氏集团的排挤，一度罢官归第。王莽闭门谢客，韬光养晦。他的次子王获杀奴，王莽令其子偿命自杀，表示王子犯法与庶民同罪。王莽这样做，就事件本身而言无可指责，但他将其作为攫取政权的手段，不仅残忍，而且狡诈。哀帝死后，王政君立即召王莽入京，官复大司马，夺了董贤的权，王莽的凶残本性立刻显露无遗。他逼杀董贤，打击政敌，诛杀斥逐傅氏、丁氏外戚集团及废皇后赵飞燕等。这些乱国嬖幸和外戚，当然应当铲除，不过王莽是带着报复心理的，手段残忍。对潜在政敌王莽也毫不手软。红阳侯王立是太皇太后王政君亲弟，并无过错，王莽担心王立说自己坏话，把他排斥出京。大司徒何武、大司空彭宣、大司农孙宝稍有不满，王莽就罢了他们的官。丞相孔光，原本是见风使舵之徒，由于他的名声高，王莽也要排斥，让他去做小皇帝的师傅，明升暗降，夺其实权。王莽在排斥异己的同时，安插私党，王舜、王邑、甄丰、甄邯、崔发、陈崇等小人受到重用。王莽还利用王政君依赖他的心理，动不动就称病不办公，让群臣三请，王政君迁就，冠冕堂皇地达到自己的目的。王莽送女儿入宫是一个最典型的例证。本来王莽有绝对权威让太皇太后王政君出面给小皇帝平帝指婚，直选自己的女儿。王莽不这样做，他发令公选，让太后、大臣来评选一个最优秀的女子。王莽自知他的女儿不够条件，却偏要用这样的方式把女儿送进宫中，既捞取公正之名，又宣扬了他的女儿是绝对的天下第一。王莽的办法是，自己的女儿不参选，闹得大臣不干，三番五次上书太皇太后要求王莽之女参选。如此一番折腾，谁还敢送女参选？于是王莽之女大摇大摆以天下第一优秀女子身份堂皇入宫为皇后。明明是王莽自己要做安汉公，却让群臣三请，自己多次谦让才肯答应。王莽每谦让一次，就在篡国之路上前进了一步，谦让得越厉害，夺取的权力就越多。如此诈伪之术，说是中国历史上的第一人，亦不为过。

资治通鉴（白话本） 卷第三十六

汉纪二十八

汉平帝元始三年至王莽始初元年（公元3—公元8）

【起昭阳大渊献（癸亥，公元3年），尽著雍执徐（戊辰，公元8年），凡六年】

【大事提要】

本卷记事起公元3年，讫公元8年，凡六年，当汉平帝元始三年至王莽初始元年。本卷详载王莽代汉的过程。元始三年，王莽借吕宽事件，兴大狱，进行大屠杀，消灭政敌，王政君太皇太后被王莽玩于股掌之上，既是护身符，又是挡箭牌。元始四年，王莽称宰衡，狂妄地比德伊尹、周公。元始五年，王莽加九锡。居摄元年，王莽称"摄皇帝"，并毒死平帝，改立幼君孺子婴。王莽篡国夺位之心，已是路人皆知。接着，王莽当了三年代理皇帝，镇压了宗室刘崇等人以及地方的反抗。王莽认为篡国条件成熟，借口天降祥瑞，万民请愿，他顺天应人即真称皇帝，改国号为新。王莽玩弄政治权术，一步一步问鼎，堪称旷世奸雄。

孝平皇帝下

汉平帝元始三年（癸亥，公元3年）

春季，太皇太后派长乐少府夏侯藩、宗正刘宏、尚书令平晏到王莽家下聘礼，并面见他的女儿。夏侯藩等回到长乐宫，上奏说："安汉公的女儿受德教感化，而有良好的道德修养，窈窕美丽，适宜继承帝王的世系，可以承奉祭祀。"太师孔光、大司徒马宫、大司空甄丰、左将军孙建、执金吾尹赏、行太常事兼太中大夫刘秀以及太卜、太史令等众官员，都戴鹿皮帽，穿淡雅的白色衣服，按照礼仪一起占兆和占卦。然后，众官员一起把占兆和占卦的结果上奏说："龟兆显示金生水，卦相显示父母各得其位，可以说是本身安康强健，子孙大吉大利的征兆。"又用太牢和策书祭告宗庙。主管官吏奏报说："依照先例，皇后的聘礼，黄金二万斤，折合钱是二万万。"王莽执意推让，只接受钱六千三百万，还在其中拿出四千三百万，分给十一个被选为陪嫁女子的家人和王氏九族中的贫苦亲属。

夏季，安汉公王莽上奏有关乘车及衣冠服饰的礼仪等级制度，全国官吏平民的日常生活、丧葬送终、男婚女嫁，以及奴婢的买卖与待遇、田地房产的转移、各种器械的使用，都分别制定等级。又设置祭祀五谷稷神的神庙。还在各郡国、县邑、乡聚都设置学官。

大司徒司直陈崇命张敞的孙儿张竦起草奏章，歌颂王莽的功德，说："应当增加王莽的封国采邑，扩大到像周公当年一样，王莽的长子，也应当像周公的儿子伯禽一样得到封爵，所赏赐之物的数量和品级，也都要比照他们。其他儿子的封赐，也应当像周公的六个儿子一样。"太皇太后将奏章交由大臣们讨论。正当大臣们在商议这件事时，发生了吕宽事件。

当初，王莽长子王宇反对王莽隔离卫氏，害怕以后要受到报复，就私下与卫宝通信，怂恿卫后上书谢恩，捎带着陈述丁、傅两家从前的罪恶，希望能召来京师。王莽禀报太皇太后，下诏让主管官员褒扬赏赐中山孝王后，增加汤沐邑七千户。卫后日夜哭泣，思念儿子，想和汉平帝见面，但得到的只是增加封邑的户数。王宇又怂恿她上书，请求来京师。王莽不理会。王宇又和老师吴章以及内兄吕宽商议怎样办好这件事。吴章认为王莽不能劝谏，但他相信鬼神，可用灾异变怪之事来惊吓他，吴章就根据灾异变怪而类推，劝说王莽将政权移交卫氏。王宇就让吕宽在夜里拿血涂洒王莽的住宅，结果被看门的官吏发觉，王莽逮捕了儿子王宇，送进监狱，命他服毒药自杀。王宇的妻子吕焉，因怀有身孕，被关进监狱，等她生了孩子后，再杀掉。甄邯等禀报太皇太后，太皇太后下诏表扬王莽说："安汉公身处周公的地位，辅佐像周成王这样的幼主，而施行周公对管叔、蔡叔的诛杀，不因为骨肉私情而损伤君臣的大义，朕特予嘉奖王莽！"于是王莽把卫氏家族全都屠杀，只留下卫后。吴章被腰斩，并在东市门施以分尸。

当时，吴章是著名的儒家学者，传授学业很盛，学生达千余人之多。王莽认为他们都是恶人的党徒，都应该禁锢起来，不得为官，后世永不起用。因此，学生们都隐瞒自己的身份，改投他人为师。平陵人云敞，当时任大司徒掾，上书自我弹劾，承认是吴章的学生，替吴章收尸，并用棺材收殓埋葬，京师人都称赞他的品德。

王莽于是抓住吕宽事件的机会，下令彻底追查吕宽的同党，牵连平素他所厌恶的人，将他们都杀害。包括汉元帝的妹妹敬武长公主，因为她平素与丁、傅两家关系友好，现今又不满意王莽；红阳侯王立，是王莽的亲叔父；平阿侯王仁，为人一向刚强正直。王莽都以太皇太后的名义颁下诏书，派使者监督，强令他们自杀。王莽禀报太皇太后，说敬武长公主暴病身亡；太皇太后要亲临她家祭吊，王莽就竭力阻止，才未去。甄丰派使者乘驿马车前往各地清查处理卫氏同党，各郡、国的豪杰以及仍效忠汉朝的忠臣义士，凡不依从王莽的，都被诬陷而杀掉。前任前将军何武、前任司隶校尉鲍宣以及王商的儿子乐昌侯王安，前任左将军辛庆忌的三个儿子：护羌校尉辛通、函谷都尉辛遵、水衡都尉辛茂，南郡太守辛伯，全都被判处死刑。此次共计杀死数百人，全国为之震惊。北海人逄萌对朋友说："君臣、父子、夫妇的伦常都已丧尽，我们若再不离开，大祸就要临头。”说完后，就脱下官帽悬挂在东都城门上，回家后，携带家属乘船过渤海，旅居辽东。

王莽召精通古礼的少府宗伯凤入宫向太皇太后说明为人后者，不得顾及私亲的道义，并禀报太皇太后令公卿、将军、侍中及朝廷文武百官，都要参加听宗伯凤的讲解，王莽是想借此对内讽谕劝勉天子，对外杜绝百姓的议论。在此之前，秺侯金日磾的儿子金赏、都成侯金安上的儿子金常，都因为没有儿子而封国被废除，王莽就让金日磾的曾孙金当和金安上的孙儿京兆尹金钦，分别继承他们的爵位。金钦在宫殿上说：“金当应当给他父亲、祖父建立祭庙，而派大夫主持伯祖父金赏的祭祀。”甄邯当时正在旁边，就当廷叱责金钦，弹劾上奏：“金钦诬陷祖先不孝，犯了大不敬之罪。”于是，金钦被关进监狱，在狱中自杀而死。甄邯被认为是维护国家纲纪的贤人，不徇私情，忠孝两全，因此增封邑一千户。另封金安上的曾孙金汤为都成侯。金汤受封的当天，不敢回家，以明为人后的道义。

这一年，尚书令颍川人钟元，改任大理之职。颍川郡太守陵阳人严诩，当初因为对父母孝顺而被举荐做官，他把掾、史等属官当作老师和朋友，每遇有过失，就闭门自责，从来不说夸大的话。后来，郡中骚乱，王莽派遣使臣征召严诩，郡府官吏数百人，设宴为严诩饯行，严诩伏地哭泣。掾、史说：“朝廷征召您，这是吉祥的征兆，不应当悲伤。”严诩说：“我是为颍川人悲伤，哪里是为我自身忧愁啊！我因柔弱被征召，一定会派选一位刚猛的人来接替。等到接替的人到任，必定会有人死亡，所以悲伤啊！”严诩到了京师，被任命为美俗使者，改任陇西太守。何并为颍川太守。何并到任后，当即逮捕钟元的弟弟钟威以及阳翟侠士赵季、李款，都杀掉，全郡人都震惊害怕。

（以上为第一段，写王莽巩固权势后，借吕宽事件，兴大狱，进行大屠杀，排除政敌。太皇太后被王莽玩弄于股掌之上，既是护身符，又是挡箭牌。）

汉平帝元始四年（甲子，公元 4 年）

春季，正月，汉平帝在郊外祭祀汉高祖，把他与上天同享，在明堂祭祀孝文帝，把他与上帝同享。

改封殷绍嘉公叫宋公，周承休公叫郑公。

汉平帝下诏：“妇女不是亲身犯法，以及八十岁以上的男子、七岁以下的小孩，如果家庭没有犯不道之罪，或皇帝下诏指名逮捕的罪犯，其他都不准逮捕，其中需要审问取证的，到他家里调查。这些规定为法令！”

二月初七日丁未，派大司徒马宫、大司空甄丰等带着皇帝的乘舆和皇家法驾仪仗队到安汉公府第迎接皇后，送上皇后印玺，迎入未央宫，大赦天下。

派遣太仆王恽等八人为钦差大臣，各又设置副使，凭朝廷的“符节”，分别巡视全国各地，考察社会风俗。

夏季，太保王舜等率领官民八千余人上书，一致请愿："采纳大司徒司直陈崇的建议，重赏安汉公王莽。"奏章交由主管官吏，主管官吏上奏说："加封安汉公王莽的封地，将召陵、新息二县以及黄邮聚、新野县的耕田全都划归王莽。合并伊尹、周公的称号，尊称安汉公为'宰衡'，位列上公，三公与安汉公论事，需称'敢言之'。封王莽母亲为功显君，封王莽的两个儿子：王安为褒新侯，王临为赏都侯。增加皇后聘礼三千七百万，前后合计是一万万，用以表明盛大典礼。太皇太后亲临前殿拜官授爵，安汉公王莽跪拜在前，两个儿子跪拜在后，依照周公的先例。"王莽叩首谦让，出宫后就送上密封奏章："我只愿接受对母亲的封号，而归还王安、王临的封爵和采邑。"此事交由大臣们商议，太师孔光等都说："赏赐不足以酬谢大功，谦逊退让是安汉公的一贯节操，但皇上决不可批准他的请求。因为，忠臣的气节有时也应自屈而伸张主上的大义。应当派遣大司徒、太司空持节，代表皇上，征召安汉公尽快入朝视事。并诏令尚书不得再接受安汉公的谦让奏章。"奏章被批准。王莽这才出来视事，只是减少召陵、黄邮、新野等三县的封田罢了。

王莽又在所增加的聘礼中拿出一千万赠给太皇太后左右侍从人员。王莽尽管独揽大权，但仍千方百计迷惑逢迎取悦太皇太后，甚至连太皇太后左右的女官、婢女，都用尽各种方法进行贿赂，耗费成千上万。又提议尊崇太皇太后的姐姐、妹妹封号为君，赐汤沐邑。因而，太皇太后身边的人员就日夜在太皇太后身边赞誉王莽。王莽知道太皇太后仍是个妇道人，厌恶久居深宫的生活，就想用娱乐来换取还掌握在她手里的权力，于是，一年四季，都请太皇太后坐车到长安四郊游览，慰问孤儿、寡妇、贞妇，所到各处，都施布恩惠，赐给平民钱、帛、牛肉、酒，每年都是如此。太后身旁的弄儿有病，住在外舍，王莽就亲自去看望，王莽就是采用这些手段得到太皇太后的欢心。

太保王舜奏请说："天下百姓听说安汉公王莽不接受增封的采邑，又拒收黄金万两的聘礼，所有的人都仰慕而向往教化。蜀郡男子路建等人停止诉讼，惭愧地回去了，即使周文王感化虞、芮二国国君停止争地一事也没法与此相比！应当布告天下，让全国百姓都知道这件事。"于是，孔光更加惧怕，一再声称有病，要辞去职位。太皇太后下诏："太师不必上朝，每十天入朝一次就可以了。朝廷为你置备几案和手杖，赐给十七种美食，然后再回家。太师府的属官各自照常行使职务。"

王莽上奏建议兴建明堂、辟雍、灵台，给学员建房一万间，规模庞大而且隆重。在太学设立《乐经》课程，增加博士名额，每经各五人。征召全国精通六经中某一经的，而又传授弟子十一人以上的经师，凡收藏有《逸礼》、古书、天文、图谶、钟律、《月令》、兵法、《史篇》文字，或能通晓其意义的人，都请到公车署来。聚集全国奇才异士，前后来到京师的数以千计，都把他们的学说记录下来，想用他们的学说来改正谬误，统一学说，消除异端。

（以上为第二段，写王莽进一步膨胀权势，自称“宰衡”，夸耀德比伊尹、周公，迷惑太皇太后以固其权位，施小恩小惠以取虚誉，王莽确是一个玩弄政治的高手。）

王莽又征召能治理黄河的人才一百多名，各人的治河方案并不相同。长水校尉平陵人关并认为：“黄河溃决的地点，常常是在平原、东郡这一带，地势低下，土质松软。听说夏禹治理黄河时，原本就把这一带空出来调节水位。水大泛滥时，这一带就可蓄水成湖，水少时就逐渐干涸。尽管时代变更，但这个办法不能改变。上古时代的事遥远，难以知道。考察近代秦、汉以来的状况，黄河总在济阴、定陶、东郡及魏郡黎阳等地决口，而南北相距不过百八十里。可以让这块地方空起来，不要在此修建官亭、民宅。”御史临淮人韩牧认为：“依据《禹贡》记载，黄河下游有九条支流，只需在九条河流的故道上略加疏通即可，即使不能疏通九条河流，只要疏通四五条河，应该是大有好处的。”大司空掾王横说：“黄河流入渤海，在入口处地势高于韩牧主张要疏通的河道。过去，阴雨连绵，东北风起，海水倒灌，以致黄河水向西南倒流，淹没数百里，古代九河的故道，早就被海水逐渐覆盖了。夏禹当初疏导黄河，原本是顺着太行山向东北流去。《周谱》说：‘周定王五年，黄河改道。’现在黄河所经的河道，并不是当年夏禹所挖掘的河道。此外，过去秦国灭亡魏国时，决黄河堤，用黄河水灌入魏国国都大梁，因而决口地方扩大，无法进行堵塞。应当迁走人户，在宽平地另行开通河道，使黄河水顺着太行山的山麓，居高临下向东北流入渤海，才能避免水灾。”司空掾沛国人桓谭主持这次商讨，他对少傅甄丰说：“这些不同的方案，一定有一种方案是正确的。应当详细考察，就能比较利弊得失。计划选定后开始行动，费用不过几亿万，还可以安置一些无业游民。这些无业游民不从事生产，与其让他们闲着，还不如让他们服役，同样都是穿衣吃饭。现在由县官供给他们的衣服和饮食，而让他们修治黄河，这对朝廷和他们都有好处。如此上可以继承夏禹的功绩，下可以为百姓除害。”当时王莽只是崇尚空话，因此没有具体加以施行。

文武大臣们上奏说：“以前周公代周成王处理国政七年，国家制度才制定下来。现在安汉公辅助国政只四年，建造明堂、辟雍不过两旬，就大功告成。因此，应该把宰衡的地位升高在诸侯王之上。”汉平帝下诏说：“可以。”随之下令商议九锡的法规。

王莽奏请尊孝宣庙为中宗，孝元庙为高宗。又奏请被毁的孝宣皇考庙不要修理；撤销南陵、云陵而改成为县。平帝下诏批准。

王莽自认为他的德威感化了北方的匈奴，东边到达海外，南边怀柔黄支国，唯有西边还没有施加影响，所以派遣中郎将平宪等人携带很多金币礼物去引诱塞外的羌人，使他们献出土地，同意归顺汉朝。平宪等人上奏说："羌人首领良愿等部落，人口约一万两千，愿为汉朝的属国，献出鲜水海、允谷、盐池，平原美草，都给汉民居住耕种。自己退到险峻边塞地区游牧，为汉朝的屏障。询问良愿归降的意愿，他回答说：'太皇太后英明，安汉公最仁慈，天下太平，五谷丰收，禾苗有的长一丈多高，一粟有的包含三粒米，有的不种植而自己生长，不要养蚕而茧可以自结而成；甘露自天而降，甘美的泉水从地下涌出；凤凰来舞，神雀汇集。自从安汉公辅政四年以来，羌人没有遭受过什么痛苦，因而很乐意归属汉朝。'故应及时安排他们居所和生业，设置属国领护。"事情交由王莽处理，王莽再次上奏说："如今已有东海、南海、北海三个郡，请求接受良愿等所献的土地设立为西海郡。请将全国分为十二州，以合古代的制度。"上奏被批准。冬季，设置西海郡。又增订法律五十条，犯法的被流放到西海郡。被流放的人，数以千计，百姓开始生出怨恨。

梁王刘立被控犯了与卫氏往来的罪，废除封国，放逐到南郑县。刘立自杀。

划分京师长安为前辉光、后承烈两个郡。更改公卿、大夫、八十一元士的官名、等级以及十二州名、分界线。更改各郡、各国的管辖区域，采取撤除、新置、改动、变更等办法，自此天下事端增多，官吏都难以记住。

（以上为第三段，写王莽好大喜功，却不恤民生，修治黄河议而不决，只是空喊口号给自己增添光环。王莽又讽喻四夷来朝，更改官名、地名，凡此，表现自己的绝对权威，为加号九锡铺平道路。）

汉平帝元始五年（乙丑，公元 5 年）

春季，正月，平帝在明堂举行三年一次的祖先大合祭。征召来京助祭的诸侯王二十八人，列侯一百二十人，宗室子弟九百多人。祭礼完毕，凡有封爵的增加采邑户数，无封爵的赐爵位，以及赏赐金钱、丝绸，增加秩禄，无官的任命官职，各有等级。

安汉公王莽又奏请恢复在南郊祭天、北郊祭地的典礼。三十多年以来，祭祀天地的祠坛改变了五次。

汉平帝下诏说："皇家宗室子弟，从汉朝建立以来，至今已有十多万人。现敕令各郡、各封国，都要设置宗室教师督导他们的行为，完成对他们的教育。"

夏季，四月初一日乙未，博山简烈侯孔光逝世，赐赠丰厚，葬礼隆重，参加送葬车就有一万余辆。任命马宫为太师。

全国吏民因为王莽不接受新野县为采邑而上奏请愿的，前后有四十八万七千五百七十二人，以及诸侯王、公卿、列侯、宗室被召见的，都叩头说："应当赶快增加赏赐给安汉公。"于是，王莽上书说："全国臣民所上奏章而交下商议的，其中有关赏赐之事，都扣下不要呈上，使我王莽能竭尽全力来完成制礼作乐。待这项任务完成，希望准许辞职回家，给贤能人才进用让路。”右将军甄邯等禀报太皇太后，太皇太后下诏说：“安汉公每次进见，都流着眼泪叩头说，希望不要接受赏赐；若一定要给予赏赐，他就辞位。现在制礼作乐的任务尚未完成，这事必须由安汉公自己决定，暂且听从安汉公专心制礼作乐。等任务完成，群公告知，再商议大家从前的建议。但关于九锡礼仪须尽快制定上奏！”

五月，策书任命安汉公王莽，赐给九锡。王莽再次叩首下拜，接受绿色祭服的蔽膝，礼服、礼帽，家常便服，用黄金装饰刀柄的佩刀，用玉璧装饰的刀鞘，尖端上翘的御鞋，四匹骏马拉的带铃御车，悬垂九个尾梢的龙旗，白鹿皮制作的盔帽，白色的棉制战袍，四马拉的战车一辆，朱红色的弓、箭一副，黑色的弓、箭一副，大门外左边竖着红色大斧，右边竖着金色大斧，一套铠甲、头盔，两樽香酒，两个用玉石做的酒器，两枚上公举行隆重仪式时用的青色玉珪，府第大门可以用朱红色装饰，厅堂有纳陛台阶，可以设置宗官、祝官、卜官、史官，以及护卫勇士三百人。

（以上为第四段，写王莽加号九锡，距离篡夺帝位只有一步之遥了。）

王恽等八人奉命考察风俗回京，称全国风俗齐同美好。编造郡、国歌谣，歌功颂德，共三万字。闰五月初四日丁酉，汉平帝下诏命羲和刘秀等四人，负责兴建明堂、辟雍，使汉朝土木工程与周文王建筑灵台、周公建筑洛邑能相符合。太仆王恽等八人奉命考察风俗，宣扬朝廷的德治教化，使全国风俗一致，刘秀等四人、王恽等八人，都册封为列侯。

此时唯有广平国相班稚不肯进献祥瑞和民歌童谣，琅邪郡太守公孙闳在郡府公开讲说民间灾害。御史大夫甄丰派遣属官迅速赶到广平国、琅邪郡，示意官吏和平民进献祥瑞而隐瞒灾害，并上奏弹劾：“公孙闳捏造灾害的消息，班稚拒绝反映祥瑞的征兆，他们二人嫉恨朝廷的圣政，都犯有不道之罪。”班稚是班婕妤的弟弟。太皇太后说：“不宣扬美德，应当和捏造灾害的处罚不同。况且班稚是后宫有贤德的班婕妤的弟弟，所以我同情他。”因此，单独将公孙闳关进监狱，诛杀。班稚害怕，上书陈述自己世受国恩，请求恕罪，愿意归还相印，到延陵，补个掌守园寝门户的园郎。太皇太后批准了他的请求。

王莽又上奏制定全国商品买卖，只有一个价格，官府没有诉讼案件，城市没有盗贼，乡村没有饥民，路不拾遗，以及男女分路行走的制度。凡是违犯的，仅在服装上加以象征刑罚的标志，以示耻辱。

王莽还上奏说：“定陶共王的母亲傅太后、王后丁姬，从前不遵守臣妾的规矩，坟墓竟然和元帝坟墓一样高，而且怀抱着帝太后、皇太太后的印玺埋葬。请求挖掘定陶共王的母亲以及丁姬的坟墓，取出印玺。将定陶共王母的遗体迁往定陶国，葬在定陶共王的墓园。”太皇太后认为这都是过去的事情，不必再提起。王莽坚持己见，太皇太后只得下诏，用傅太后原来的棺木改葬。王莽又奏说："定陶共王母亲和丁姬的棺材，都是用最名贵的香梓木制成的，穿着金缕玉衣的殓服，这都不是一个藩臣之妾应该享有的。请求改用普通棺木，剥去金缕玉衣，将丁姬葬在陪嫁女子坟墓旁边。"上奏被批准。在位的公卿大臣都迎合王莽的旨意，捐献钱帛，各家都派出子弟，以及众儒生、东夷、西戎、南蛮、北狄四夷共十余万人，拿着锹、箩筐等工具，帮助挖掘定陶共王母亲、丁姬的坟墓。二十天左右，全都铲平。王莽又用荆棘把原地围起来，作为后人的鉴戒。又下令毁坏共皇的陵庙，追查当初提议造庙的泠褒、段犹，都被流放到合浦。

征召师丹到公车府，赐给关内侯的爵位，恢复他从前的封邑。数月后，改封师丹为义阳侯；一个多月后，师丹去世。

当初，哀帝时，马宫为光禄勋，和丞相、御史商议傅太后的谥号为孝元傅皇后。等到王莽追究诛杀从前参与会议的人，马宫被王莽所看重，唯独没有被杀。马宫内心感到惭愧害怕，因此上书说："臣从前在商议定陶共王母的谥号时，臣迎合上级的旨意，随声附和，离经叛道，随意胡说，迷惑皇上，这是臣的不忠。幸而改过自新，实在无颜面再在朝廷议政，也没有心思再留居官府，更不应当再享有封爵食邑。臣愿交出太师、大司徒、扶德侯的官印，给贤能的人让路。"八月二十日壬午，王莽以太皇太后的名义，下诏赐马宫的策书说："四辅的职务是维护国家的法度；三公的责任，就像鼎的三足辅佐君王。不能精明干练处事和坚持节操，就无法居于高位。你的陈述，十分诚恳，不掩盖自己的错误，朕非常欣赏。仍保留你的爵位食邑，可上交太师、大司徒的官印给使者，以侯爵身份回家。"

王莽认为他的皇后女儿有多生子女的祥瑞，于是开凿子午道，从长安杜陵县穿过终南山，直通汉中郡。

泉陵侯刘庆上奏说："周成王年幼，由周公居位摄政。如今平帝年幼，应该让安汉公王莽正式代理天子执政，就像周公一样。"文武群臣都说："应当如此。"此时平帝年龄益长，因为自己母亲卫后不能到京城的缘故，就怨恨王莽而郁郁不乐。冬季，十二月，王莽趁腊日大祭，向平帝进献椒酒的时候，将毒药放入酒中。平帝中毒生病，王莽写下祷文策书，到泰畤替平帝向天神祈求，愿用自己的生命，代替平帝去死。并把策书藏在金縢柜里，放置前殿，告诫文武大臣不准泄露。丙午日（疑误），平帝在未央宫逝世。大赦天下。王莽命令全国年俸六百石以上官吏，都要居丧三年。又上奏太皇太后，尊称成帝庙为统宗，孝平庙为元宗。将平帝收敛，穿戴成人的衣冠，葬在康陵。

班固评论说：孝平帝在位期间，由王莽发号施令，褒扬善德、宣扬功绩，用以显示他自己的威严尊贵。如果只看那些华丽文章的记载，边远地区的蛮夷，没有一个不归顺的，吉祥的征兆不断显现，颂扬之声四起。事实上，上有天象的变异，下有黎民百姓的怨恨，这些，王莽也就无法掩饰了。

任命长乐少府平晏为大司徒。

太皇太后和文武大臣商议册立皇帝继承人。此时元帝的后代已断绝，而宣帝的曾孙中被封为王的有五人，为列侯的四十八人。王莽嫌他们长大成人，就说："兄弟不能相继为后代。"于是，就征召宣帝玄孙，审慎选拔一人立为皇帝。

这一月，前辉光人谢嚣上奏说，武功县令孟通在掘井时得到一块白色的石头，上圆而下方，石头上写着"告安汉公王莽为皇帝"的朱红色的文字。关于上天赐下帝王征兆的议论，从此兴起了。王莽指使诸大臣将这件事禀报太皇太后，太皇太后说："这是在欺骗天下的人，不能让它流行！"太保王舜对太皇太后说："事已至此，无可奈何。要想阻止它，已没有力量了。再说王莽不敢有别的企图，不过是想公开摄政来加强自己的权势，好去镇服天下人心罢了！"太皇太后心里知道不可以这样做，但无力制止，只好听从。王舜等人就一同逼迫太皇太后下诏说："孝平皇帝短命逝世，已命主管官吏征召孝宣皇帝玄孙二十三人，选择其中适宜的，承继帝位。可是，玄孙年龄幼小，若得不到有德高望重的君子来辅弼，谁能保护小皇帝的安全呢？安汉公王莽，辅政已经三世，和周公的时代尽管不同，但事迹却相同。现在前辉光人谢嚣、武功县令孟通上奏说红字白石的符命，朕深思其意，所谓'为皇帝'的意思，就是代理皇帝的职权。应当由安汉公为代理皇帝，如同周公的成例，准备行礼的仪式上奏。"于是大臣们上奏说："太皇太后神圣的道德，昭示全国，深深知道天意，下诏让安汉公代理天子之位，臣等请求安汉公即天子之位，穿着天子的礼服，背后是画着斧形图案的屏风，面向南方，接受群臣朝拜，听取政事。他的进出要有侍卫，所经过的地方，沿途要清道戒严，臣下和平民要向他自称臣妾，与天子的礼仪制度完全一样。在郊外祭祀天地，在明堂和宗庙祭祀祖宗，祭祀各种神灵。在祭祀中司仪称安汉公为'假皇帝'，平民和臣下称其为'摄皇帝'，自称为'予'。裁决国家大事，发号施令，不用'诏书'，而用'制书'，这样才可以顺应上天的心意，辅佐汉朝，保护孝平皇帝的幼小继承人，完成受托付的大义，弘扬教化，使国家太平安定。代理皇帝朝见太皇太后、帝皇后，仍然用臣子的礼节。安汉公在他自己的宫馆、家宅、封国、采邑，可以独立实行一套礼仪教化，其他方面，仍依照诸侯礼仪的往例。"太皇太后下诏说："可。"

（以上为第五段，写王莽毒死平帝，加号"摄皇帝"，其篡国夺位之心，已是路人皆知。）

王莽上

王莽居摄元年（丙寅，公元 6 年）

春季，正月，王莽在南郊祭祀上帝，又举行迎春、大射、养老的典礼仪式。

正月二十五日己丑，册立宣帝玄孙刘婴为皇太子，称号“孺子”。刘婴，是广武侯刘显的儿子。时年两岁。假托占卜和面相最吉利，因此册立他。尊皇后为皇太后。

任命王舜为太傅、左辅，甄丰为太阿、右弼，甄邯为太保、后承。又设置四少，秩禄都是二千石。

四月，安众侯刘崇与侯国相张绍商议说：“安汉公王莽一定会危害刘氏，全天下的人都责怪他，但没有人敢首倡举事，这是皇室的耻辱。我刘崇率领宗族发难起来，全国一定响应。”张绍等附从的有一百多人，于是进攻宛城，没有攻破就失败了。

张绍堂弟张竦与刘崇堂叔刘嘉，到京师宫门前自首请罪，王莽赦免不治他们的罪。张竦代笔刘嘉写奏书，称颂王莽的美德，斥责刘崇的罪状，声称：“我刘嘉愿意作为宗室的带头人，父子兄弟背着土笼，扛着铁锹，飞速赶到南阳，捣毁刘崇的住宅，用水灌注使其变成污水池，这是惩治叛逆的古制。还要拆毁刘崇的祖庙，如同当年周朝拆毁殷商的祭坛亳社一样，把祭器分赐诸侯，永远作为鉴戒！”于是王莽非常高兴，封刘嘉为率礼侯，刘嘉的七个儿子，全都赐爵关内侯，稍后又封张竦为淑德侯。长安城内流传谣歌说：“要想封，找张伯松，拼命斗，不如巧为奏。”从这以后，凡是造反的人，家宅都被拆毁变为污水池。

文武百官再次建议：“刘崇等人敢于阴谋造反，是因为王莽的权力还轻，应当加重王莽的权力以镇服天下的人。”五月十七日甲辰，太皇太后下诏，王莽朝见太皇太后，自称“代理皇帝”。

冬季，十月初一日丙辰，发生日食。

十二月，群臣上奏请求把安汉公在宫中休息的便殿称为摄省，办公地称为摄殿，住宅称为摄宫。这个奏章被太皇太后认可。

这一年，西羌人庞恬和傅幡等人怨恨王莽掠夺他们的土地，于是反叛，进攻西海郡太守程永，程永逃走。王莽杀了程永，派护羌校尉窦况进攻西羌。

（以上为第六段，写孺子婴即位，王莽居摄为代理皇帝。宗室刘崇反抗，昙花一现。）

王莽居摄二年（丁卯，公元 7 年）

春季，窦况等人打败西羌。

五月，改铸发行新货币：错刀，一枚值五千钱；契刀，一枚值五百钱；大钱，一枚值五十钱；这些货币和五铢钱同时流通，民间私铸货币的很多。王莽下禁令，从列侯以下不准私藏黄金，私人黄金应送缴御府按市值兑换现钱，可是上缴黄金的人，始终没有得到价款。

东郡太守翟义是翟方进的儿子，和姐姐的儿子上蔡人陈丰密谋说："新都侯王莽代理皇帝，向全国发号施令，故意选择宗族中的幼小娃娃，称他为孺子，假托周公辅助成王之义，用以试探全国人心，将来必定要取代汉朝，它的迹象日益明显。如今京师皇族衰弱，外地又没有强大的同姓诸侯，以致天下人全都俯首顺从，也没有人能抗御国家面临的灾难。我有幸是宰相的儿子，自己又是大郡的太守，父子都秉受汉朝的厚恩，有义务为国家讨伐叛贼，使国家安定。因此想兴兵西进，诛灭那不应代理皇帝的人，而另选择宗室子孙，辅助他当皇帝。若这个使命不能完成，为国牺牲，即使姓名不被人知，但可以不愧对于先帝。我准备马上起兵行动，你肯跟从我吗？"陈丰时年十八岁，勇武雄壮，一口承诺。翟义于是与东郡都尉刘宇、严乡侯刘信、刘信的弟弟武平侯刘璜合谋，决定在九月检阅部队的那天，发动起事，斩杀观县县令，收编他的战车、骑兵和射手，再征召郡中勇士，委派将领。刘信的儿子刘匡，当时是东平王，因此就联合东平国的军队，拥立刘信为皇帝。翟义自称大司马、柱天大将军。用檄文通告各郡国，说："王莽用鸩酒毒死孝平皇帝，称代理皇帝，其意是想断绝汉室。如今，天子已经即位，当共同代天行罚。"各郡国大为震动。大军抵达山阳郡时，人数已有十余万。

王莽听到这个消息，惊惶失措，不思饮食。太皇太后对她的近臣说："人心所见略同。我尽管是女流之辈，也知道王莽一定会感到危险。"王莽出动他的党羽和亲属来应对：轻车将军、成武侯孙建为奋武将军，光禄勋、成都侯王邑为虎牙将军，明义侯王骏为强弩将军，春王城门校尉王况为震威将军，宗伯、忠孝侯刘宏为奋冲将军，中少府、建威侯王昌为中坚将军，中郎将、震羌侯窦况为奋威将军，共七人，由各人自己选择关西人做校尉、军吏，率领关东士兵，发出紧急命令，去攻打翟义。又派太仆武让为积弩将军，驻防函谷关：命将作大匠、蒙乡侯逯并为横壄将军，驻防武关；羲和、红休侯刘秀为扬武将军，驻防宛县。

京畿附近的三辅地区知道翟义起兵的消息，东自茂陵县，西到汧县，共二十三县，打杀官兵的盗贼一哄而起。槐里县男子赵朋、霍鸿等自封将军，攻打、焚烧官衙，杀死右扶风都尉以及嫠县县令，他们相互商议说："各将领都率领精锐部队去了东边，京师空虚，我们可以直接进攻长安！"这时人数渐渐增加到十多万，火光照耀未央宫前殿。王莽又封卫尉王级为虎贲将军，大鸿胪、望乡侯阎迁为折冲将军，向西攻击赵明等。任命常乡侯王恽为车骑将军，驻防平乐馆；骑都尉王晏为建威将军，驻防城北；城门校尉赵恢为城门将军；各位将军统率军队进入临战状态以自备。派太保、后承、承阳侯甄邯任大将军，在高庙接受最高军权——一把象征专断诛杀的大斧，统率天下的军队，在军帐左边执持符节，右边把握大斧，驻扎在京师城外。

王舜、甄丰昼夜在宫殿里巡视。

王莽每天抱着孺子到郊庙里祈求，集合文武百官声称："当年周成王年幼，由周公代行国事，而管叔、蔡叔却挟持殷纣王的儿子武庚禄父叛变。现在翟义也挟持刘信而作乱。自古以来伟大的圣人都惧怕发生这种事，何况一个才识短浅的我呢？"群臣们都说："不遭遇这样的变乱，就不足以显示你的圣德！"冬季，十月十五日甲子，王莽按照《周书·大诰》而作《大诰》，说："当接到翟义造反奏书的那天，刘家宗室才俊之士有四百人；民众愿意贡献忠诚的贤士有九万人；我敬重和依靠这些人，共同图谋国事，保护皇室继承人，以成功业。"派遣大夫桓谭等到全国各地传达宣布，王莽将来一定要把帝位还给孺子。

各路将领向东抵达陈留郡菑县，与翟义的军队交战，打败了翟义，杀了刘璜。王莽非常高兴，又下诏先赐封车骑都尉孙贤等五十五人为列侯，就在军中颁授爵位。又向全国发布大赦令。于是，精锐的部队围攻翟义于圉城。十二月，攻下圉城，翟义与刘信丢弃军队，只身逃亡。逃到固始县的边界，翟义被捕，押解到淮阳国所属陈县，施以分裂肢体的酷刑，放在闹市示众。但刘信始终没有抓到。

（以上为第七段，写王莽大规模镇压拥汉派。）

王莽初始元年（戊辰，公元 8 年）

春季，发生地震，大赦天下。

王邑等人从前线回到京师，又向西和王级等人会合攻击赵朋、霍鸿。二月，赵朋等人被消灭，各县之乱平息。军队凯旋，王莽在未央宫白虎殿举行庆功宴会，慰劳和奖赐将帅。诏令陈崇考核军功，评列他们的高下，按照周朝的制度，把爵位分为五等，功臣受封只有公爵以下的侯、伯、子、男四等，共三百九十五人。说："你们都怀着愤怒的心情，东征西讨，羌寇、蛮盗、反虏、逆贼，尚未转过脚后跟，就立即被消灭，天下人无不由衷敬服。"所有人的封爵都用这个理由。应当封关内侯的，改名附城，共数百人。王莽下令挖掘翟义父亲翟方进，以及在汝南的翟氏祖先坟墓，烧掉棺柩，杀死翟氏三族，连幼儿都不放过。斩杀之后，将男女老少的尸体都推到一个大坑中，再放入荆棘、五毒一起埋葬。又将翟义、赵朋、霍鸿同党的尸体，聚集在濮阳、无盐、圉、槐里、盩厔等五个县的交通大道的旁边，把写有"反虏、逆贼、鲸鲵"标志的木牌，插在尸堆上。翟义等人都失败了，王莽自认为他的声威德行日益兴盛，就密谋正式夺取皇帝之位。

群臣们又上奏：代理皇帝王莽的儿子王安、王临应晋升为公爵。赐封王莽哥哥王永的儿子王光为衍功侯。这时，王莽交还了自己的封国新都国，群臣们又上奏赐封王莽的孙子王宗为新都侯。

九月，王莽的母亲功显君逝世。王莽自认为是代理帝位，登上宫廷的宝座，承继汉朝大宗的后代，因此不能为母亲功显君穿儿子尽孝的丧服，只能穿天子吊唁封国国君的丧服，用细麻布制作，帽檐上环绕着麻带。王莽到灵前做一次吊唁集合众人两次祭拜。由孙儿——新都侯王宗主祭当丧主，守丧三年。

司威陈崇奏说：王莽的侄儿衍功侯王光私下勾结执金吾窦况，命窦况代他杀人，窦况便为他拘禁了那个人，并施以刑法。王莽大怒，严厉地责备了王光。王光的母亲说："你看看自己的样子，和长孙、中孙相比哪一个亲？"长孙、中孙，是王莽之子王宇、王获的字。于是王光母子就自杀了，连窦况也都死了。当初，王莽因服侍母亲、供养嫂嫂、抚育侄儿而出名，到后来悖逆暴虐，为了篡权，不惜利用骨肉之亲显示公正无私。命王光的儿子王嘉继承衍功侯的爵位。

这一年，广饶侯刘京称齐郡出现一口新井，车骑将军下属千人名叫扈云的人说巴郡发现一头石牛；太保下属名叫臧鸿的人说扶风郡雍县发现石文。这些符命，王莽都接受。十一月二十一日甲子，王莽向太皇太后奏报说："陛下正遇到汉朝十二代'三七'数字的困厄，秉承上天威严的命令，下诏让我王莽代理皇帝之位。广饶侯刘京上奏说：七月中，齐郡临淄县昌兴亭长名叫辛当的人一夜做了几次梦，梦中有人对他说：'我是天公的使者。天公让我告诉你亭长：代理皇帝应当做真皇帝。若不相信我，这个亭中应当有口新井'，亭长早晨起来，到亭里去看，果真有口新井，井深将近一百尺。十一月初九日壬子，这一天正当是冬至，日月连星，巴郡出现石牛；十一月十五日戊午，雍县发现石文，都运送到未央宫的前殿。臣和太保安阳侯王舜等前去看时，忽然刮起大风，尘土飞扬，天色为之晦暝，当大风停止时，在石头面前得到铜符帛图，上面的文字是：'天告帝符，献者封侯。'骑都尉崔发等人看了这些文字并能说出它的意思。孔子说：'怕天命，怕王公大人，怕圣人的话。'臣王莽不敢不接受这种推崇！臣请求在祭祀天神地祇、宗庙，以及向太皇太后、孝平皇后奏报时，都自称代理皇帝。至于向全国发号施令，全国臣民向臣奏报事情，都不再称是'摄政'，今年本是居摄三年，现改为初始元年，将计时的漏刻改为一百二十刻，用来顺应上天的旨意。臣王莽一定日夜培养教育使孺子健康地成长，使他能与周成王的德行相媲美，要大力宣扬彰明太皇太后威德，传播万国，期待孺子在年幼成长中受到良好的教育。等到孺子加冕后，臣再把明君的权力归还给他，与周公当初所做的一样。"太皇太后同意了。广大群众知道王莽信奉符命的意图，大臣们又广采众议，分别奏报太皇太后，以证明正式登上帝位的现象逐渐形成。

期门郎张充等六人筹划一起劫持王莽，拥立楚王刘纡为皇帝。结果被察觉而处死。

（以上为第八段，写王莽借口天降符瑞，蚕食汉家国祚，由居摄皇帝再进一步称假皇帝，即代理皇帝。）

梓潼县人哀章在长安求学，平素品行不好，好说大话，看到王莽称代理皇帝，决心押上赌注，冒险制作一只铜匮，又制作两道封书题签，一道上写的是“天帝行玺金匮图”，另一道写的是“赤帝玺某传予皇帝金策书”。所谓某，就是高皇帝的名字。策书说王莽是真天子，太皇太后要遵照天命行事。图和书都写有王莽的八个大臣，再增加王兴、王盛的名字，还把哀章自己的名字也塞进里面共十一人。都写明了官职和爵位，作为辅佐。哀章听说齐郡新井、巴郡石牛事件已交由下面有关部门办理，就在当天黄昏的时候，穿着黄色的衣服，拿着铜匮到高庙去，将它交给了仆射。仆射就向上奏报。十一月二十五日戊辰，王莽亲自驾临高庙向铜匮叩拜，接受天神的命令受禅帝位。王莽戴上皇冠，拜谒太皇太后，回到未央宫，登上前殿，颁布文告说：“臣德行浅薄，有幸是皇初祖考黄帝的后代，皇始祖考虞帝的后裔，又是太皇太后的亲族，皇天赐给臣厚重的恩典，保佑臣继承皇帝大统，于是上天降下符契、图文、铜匮、策书，都是在明显指示，把天下人民托付给臣。赤帝是汉朝高祖皇帝的神灵，谨遵天命，用铜匮传下旨意，让帝位给臣，臣十分敬畏，不敢不谨慎接受。十一月二十五日戊辰，应当是接受天命的吉日，臣戴上皇冠，登上真天子的宝座，即皇帝位，定国号为‘新’。决定更改历法，变易服色，改变祭祀用的供品，改变旗帜，改变用具，以十二月初一日为每年的元旦，今年十二月初一日癸酉，为始建国元年正月初一日，以鸡鸣的丑时作为十二时的开始。服装的颜色为淡黄色，祭祀用的牲畜全是白色，使节所持符节的旄头都采用纯黄色，上面书写着‘新使五威节’，用以显示秉承皇天上帝威严的命令。”

王莽要正式登基即皇帝位，就先让人捧上那些符命祥瑞，向太皇太后禀报，太皇太后看后大吃一惊。此时，因为孺子刘婴还没有即位，所以皇帝御印放在太皇太后住的长乐宫里。等到王莽即位、请太皇太后交出御印，太皇太后不肯给王莽。王莽让安阳侯王舜告知旨意。王舜一向谨慎而自饬，深受太后的宠爱和信任。王舜见了太皇太后，太皇太后知道他是为王莽来索取御印的，勃然大怒，当面骂王舜：“你们父子兄弟、家庭宗族，蒙受汉家的恩惠，几代享受荣华富贵，不仅没有报答，反而利用别人托孤寄国的时机，夺取别人的政权，不顾念恩德情义。这种人，连猪狗都不吃他剩余的东西，天下怎么会有像你们兄弟这样的人？且王莽自认为凭着铜匮符命当上新皇帝，改变历法、服饰制度，就应当刻一枚自己的御印，让它传之万世，为什么要用这颗亡国的不祥之物，何必一定要讨取呢？我是汉家的一个老寡妇，早晚就要死了，想要跟这块御玺一同埋葬，别打主意，我不会给他。”太皇太后一边说，一边流泪，身旁的侍从人员也陪同流泪，王舜也悲痛流泪，不能自已。过了很久，王舜才抬头对太皇太后说：“臣已没有话可说了，只是王莽一定要得到传国御印，太皇太后难道能始终不给他吗？”太皇太后听王舜的话恳切，又担心王莽要逼迫她，就把御印投掷在地上，说：“我快要老死了，看不到你们兄弟全族的灭亡！”

王舜得到传国的御印之后，就进呈给王莽。王莽非常高兴，就在未央宫渐台宴请太皇太后，让大家纵情地作乐。

王莽又想要改太皇太后在汉朝原有的称号，更换她的印信，又怕太皇太后不听从。而王莽的远房亲属王谏想讨好王莽，就上奏说："皇天废除汉朝而命令建立新朝，太皇太后不应再用汉朝的尊号，应该随着汉朝而同时废除，以顺应天命。"王莽把这奏书禀报太皇太后，太皇太后说："这话说得好呀！"王莽看太皇太后神色不对，改换口气说："这是个惑乱德行的人，其罪当杀！"于是，冠军人张永献上玉璧形状的铜片，上面有神秘文字，说太皇太后应当称"新室文母太皇太后"。王莽就下诏采纳。于是王莽便用鸩酒毒死王谏而封张永为贡符子。

班彪评论说：三代以来，君王或诸侯失去政权，很少不是因为宠爱女人的结果。直到王莽的兴起，也是如此。孝元帝皇后王政君经历四代皇帝，身居国母的高位，享受朝廷奉养六十余年，王氏家族的一些小人物，也居然世代把持政权，掌握国家命脉，总计出现五个大将军，十个侯爵，最后终于促成王莽篡汉。君王的名位、尊号都已转移他人而建立新王朝，而太皇太后还眷恋地紧握一颗御印，不想交给王莽，妇人这种仁慈之心，令人可悲！

（以上为第九段，写王莽完成篡国夺取皇帝大位最后冲刺的过程。玩弄政治权术，王莽堪称旷世奸雄。）

【点评】

论王莽篡汉。本卷详载王莽篡汉的全过程，生动地揭示了专制政体下野心家是怎样进行政治暗箱操作的，给人们留下深刻的历史教训。

王莽篡汉分为五个步骤，一点一点蚕食汉家政权。第一步，王莽晋爵安汉公，位在四辅之上。第二步，改爵号为"宰衡"，意思是王莽德高无比，享有西周冢宰周公和商朝伊尹阿衡之德。第三步，加赐九锡。第四步，居摄为代理皇帝。第五步，即真篡位为新朝皇帝，西汉终结。

王莽是中国古代第一个懂得大搞政治运动树立个人崇拜的野心家。王莽搞的政治运动有两手，一手正面宣传，大搞造神运动，要全国万众庶民齐呼王莽得了天命，是全民的代表。一手负面打压，运用各种暴力运动，颠倒黑白，不准官民有反对意见，制造万马齐喑的政治局面。野心家得逞，黑箱政治一路绿灯，这两手缺一不可。

王莽大搞个人崇拜，手法诡谲而变化多端。第一，拉大旗作虎皮，他的意志总是通过太皇太后王政君下诏来实施的。这比假手傀儡皇帝平帝更为有效。当然，平帝、孺子婴更是王莽的虎皮。王莽辞封、少要赏赐，甚至捐钱百万，都要太皇太后下诏褒扬。第二，王莽指示公卿大臣上疏颂扬自己。例如大司徒司直陈崇命张竦上疏歌颂王莽功德，提议加封采邑。第三，发动成千上万官民上疏，集体颂扬王莽。太保王舜就率领官民八千余人请愿，让太皇太后加封王莽，全国官民有四十八万多人请愿，加封王莽采邑。王莽装腔作势地辞让。第四，由亲信或投机家在全国范围制造符瑞，说齐郡临淄县有位亭长夜梦神人授命王莽应做真皇帝。巴郡出现石牛，有石文曰："天告帝符，献者封侯。"于是在京师有个叫哀章的人，狂妄地制作了一个铜匮，又制作两道封书题签，说什么"天帝行玺金匮图""赤帝玺某传予皇帝金策书"。所有上天降下的符契、图文、铜匮、策书，无一不是人为制作。第五，宣传洗脑。王莽命少府宗伯凤入宫给太皇太后讲宗法正统的大义，朝廷大臣也要听讲。王莽还派王恽等八位大臣巡行全国考察风俗，实质是对天下万民洗脑，伪造郡国民谣，对王莽歌功颂德。第六，建造形象工程，修建明堂、辟雍、灵台，皇家宗庙祭祀大搞排场等。

造神运动必须在高压政治下进行，不然就会被人识破。对造神运动不力，甚至敢于揭露的人，王莽就用暴力打杀。王莽借吕宽事件，杀了自己的长子王宇，杀灭卫氏家族，杀灭王宇的妻族吕氏宗姓，又借机把事件扩大成为全国性的政治运动，排除政敌。汉元帝的妹妹敬武公主，王莽的诸父红阳侯王立、平阿侯王仁，以及效忠汉室的大臣、地方官吏，有前将军何武、前司隶校尉鲍宣、前丞相王商之子王安，左将军辛庆忌的三个儿子：护羌校尉辛通、函谷都尉辛遵、水衡都尉辛茂，以及南阳太守辛伯等数百人全都被处死刑。太学博士大儒王宇的老师吴章被腰斩、分尸。王莽打压不同的声音，使舆论一律，甚至抛弃假面具，赤裸裸地镇压。广平国宰相班稚、琅邪郡长公孙闳不附和王莽，不制造民谣祥瑞，如实报告民间灾情，遭到指控，说二人不与中央朝廷保持一致，是痛恨"圣政"。公孙闳被杀头，班稚受到王政君的保护得免一死，被罢官回家。

在王莽的高压政治下，不肯说假话的官僚士大夫采取了回避策略，如逢萌辞官回家，深恐避祸不及。明哲保身的大臣孔光、平当、马宫，以及平当的儿子平晏、平咸等都阿顺取容，一个个成了谄媚拍马之士。班固批评他们不配任职宰辅。

王莽篡汉，大树特树个人权威，对此，柏杨先生在他的现代语文版《资治通鉴》中做了可圈可点的精彩评论。柏杨说："王莽先生的个人崇拜运动，如火如荼，这正是王氏集团大显身手的良机，一面是寡廉鲜耻的歌功和颂德，一面是动刀动枪的监狱和诛杀，二者结合成一种狂热，在这狂热之中，上位的人为了夺权，下位的人为了夺利，纯洁的青年群众，则被拨弄成一群疯狗，理性全失。白的变成黑的，黑的变成白的，是非忠奸，完全颠倒。于是，道德崩溃。"

奸险诈伪，放到政治天平上，也是一种成熟。王莽巴结王政君身边的侍从、宫女，花了上千万的赏钱，人人替他唱赞歌。王莽倡导太学，为士子盖了一万间房舍。

王莽征召全国几千名知识分子到公车府，让他们口述著述，确实笼络了许多士人。像扬雄、刘歆这样的大儒，也俯首帖耳地服务于新朝。

王莽的黑箱政治操作之所以能够得手，是因为依靠了王政君这块招牌。于是班固把西汉之亡归咎于女人当政，说什么自从三代以来，国君失去权势，无不种因于女宠。于是女人是祸水就成为一种封建意识。不错，外戚干政是来自女宠。没有王政君，就没有王莽。但这只是一种表面现象，当然，这也是原因之一。但更深层的原因是皇权制度这一固有的弊端，正如柏杨先生的比喻，专制君王就像“一个拥有无限权威的司机，他如果决心把车开进万丈深谷，谁都挡不住，谁都救不了”。王莽打了王政君这块招牌，他假了皇权，于是王莽成了这个开向深渊的车的“一个拥有无限权威的司机”，王莽的种种倒行逆施，谁又能阻挡得了呢？杜绝王莽的产生，就要铲除专制皇权，让人民当家作主，让舆论监督，使王莽的政治黑箱暴露在光天化日之下。其次，汉家皇帝连续几代都是败家子，女人专宠，首要的是男性是败家子而宠幸其人。这样说来，王政君的责任，充其量也是第三位的，所以班固的评论颠倒了是非，这个案要翻过来。此外，还有一个社会原因，由于专制政治的高压，更由于汉家几代败家子皇帝，以及王莽的诛杀，讨伐异己，舆论一律，士人丢了气节，官吏丢了职守，皇室宗姓忘了祖宗创业之艰难，全都投入造神运动之中，不识王莽庐山真面目，或有识之，为了明哲保身，而远离是非，如梅福、逢萌等，辞职归隐，鲜有反抗王莽者。如果个人崇拜成为一种社会时尚，识者钳口，于是群众成了群氓，是非颠倒，黑白混淆，理性全失，道德崩溃，这时，一场社会的浩劫就不可避免了。在一个道德崩溃的社会中，谁能振臂一呼，大声说：“王莽是个骗子，他不是真命天子，他不是人民的代表。”这个人就是发难者，因为他的一声吼唤醒了人民。这个人粉身碎骨了，但他的精神却永远长存。王莽居摄，宗室刘崇、刘快，名臣之子东郡太守翟义（他是前丞相翟方进之子），他们起兵反抗王莽，就是这样振臂一呼的人。他们明知力量弱小，反抗王莽等于飞蛾扑火，但他们肩负正义，带笑走向死亡，却给王莽敲响了丧钟，得到了王夫之的高度评价。王夫之在《读通鉴论》中说：“二刘、翟义不忍国仇，而奋不顾身，以与逆贼争存亡之命，非天也，其志然也；而义尤烈矣。义知事不成而忘其死，智不逮子房而勇倍之矣。”又说：“当莽之篡，天下如狂而奔赴之，孔光、刘歆之徒，援经术以导谀，上天之神，虞舜之圣，周公之忠，且为群不逞所诬而不能白。义正名其贼，以号召天下于魔魅之中，故南阳诸刘一起，而莽之首早陨于渐台。……义也，崇也，快也，自输其肝脑以拯天之衰而伸莽之诛者也。不走而死，义尤烈哉！”翟义不逃，赴义而死，两千年后的知音当数戊戌变法中的谭嗣同，以血警世，悲夫！壮哉！

汉纪二十九

王莽始建国元年至天凤元年（公元9—公元14）

【起屠维大荒落（己巳，公元9年），尽阏逢阉茂（甲戌，公元14年），凡六年】

【大事提要】

本卷记事起公元9年，讫公元14年，凡六年，当王莽始建国元年至天凤元年，新朝前半期，王莽推行改朝换代的大规模改制。始建国元年，王莽首先推行官制改革，用新官名、新爵号，目的是用新朝制度取代汉家制度，用以消除汉朝的影响。后来王莽改地名，重构行政区划，贬低周边民族的封爵地位，目的都是如此。这种毫无实际意义的理念改革，旨在消除旧朝观念，却适得其反，打乱了人们的生活习惯与语言，只能招来人民怨恨。接着推行井田制度，改革土地制度，禁止买卖，以抑制兼并。始建国二年（10年），设置五均六筦，用以平抑物价。王莽由于用人不当，推行急迫，违背社会的发展规律，均遭失败。王莽改革货币，目的就是用通货膨胀的手法巧取民财，根本得不到推行。王莽贬低周边少数民族封爵地位，轻启边衅，连年征伐，骚动天下，数年之间，边境地区成了无人区。王莽的改革可以说是自掘坟墓。清流士大夫，大多归隐山林，拒绝与新朝合作。龚胜绝食而死，是威武不屈的榜样。

王莽中

王莽始建国元年（己巳，公元9年）

春季，正月初一日，王莽率领公侯卿士捧着新制的皇太后御印，献给太皇太后，顺从上天的符命，除去了汉朝的尊号。

当初，王莽娶前丞相王䜣的孙子宜春侯王咸的女儿为妻，册立为皇后，生有四个儿子，王宇、王获早先被诛死，三子王安神志不清，于是册立小儿子王临为皇太子，封王安为新嘉辟。册封王宇的六个儿子都为公爵。大赦天下。

王莽策命封汉王朝的孺子刘婴为安定公，赐食邑一万户，土地方圆一百里，在封国内建立汉朝祖宗祭庙，和周朝的后代一视同仁，安定公可以沿用汉朝的历法、服饰和颜色。孝平皇后改立为定安太后。宣读策书完毕，王莽亲自握着孺子刘婴的手，流泪叹息说："从前周公摄政，最后还是把明君的王位归还给成王；现今我只是迫于上天威严的命令，而不能按自己的意思去做！"悲伤叹息许久。中傅带着孺子刘婴下殿去，向北面称臣。百官全体作陪，没有人不悲伤。

王莽又按照哀章所呈献的金匮图、金策书上的人名，都加封为辅政大臣：任命太傅、左辅王舜为太师，封安新公；大司徒平晏为太傅，封就新公；少阿、羲和刘秀为国师，封嘉新公；广汉郡梓潼人哀章为国将，封美新公；这是四辅，位列上公。又任命太保、后承甄邯为大司马，封承新公；丕进侯王寻为大司徒，封章新公；步兵将军王邑为大司空，封隆新公；这是三公。另外，太阿、右弼、大司空甄丰为更始将军，封广新公；京兆人王兴为卫将军，封奉新公；轻车将军孙建为立国将军，封成新公；京兆人王盛为前将军，封崇新公；这是四将。共十一公。王兴这个人，原是城门令史，王盛这个人，原是卖饼的小贩。王莽按照符命预言的姓名，找到十多个姓名相同的人，其中王兴、王盛这两人只是相貌符合占卜和看相的要求，就直接从一介平民，提升到高位，用以向天下显示，一切出于神意。

同一天，还任命卿大夫、侍中、尚书官共几百人。所有刘氏皇族担任郡太守的，都调任谏大夫。把明光宫改为定安馆，让安定太后居住，把大鸿胪府定为定安公住宅，都设置警卫，派专门使者监督管理。告诫刘婴的乳母不准跟定安公说话，让他经常一人住在空洞洞的屋子里，直到长大成人，让他叫不出六畜的名称。后来王莽把王宇的女儿嫁给他。

王莽用策书规定百官的职责，都以《尚书》典、诰的文章为标准。设置大司马司允、大司徒司直、大司空司若，称号为孤卿。把大司农改称为羲和，后来又改称纳言。大理改称作士；太常改称秩宗；大鸿胪改称典乐；少府改称共工；水衡都尉改称予虞；和司允、司直、司若三公司卿分别归三公管辖。设置大夫二十七，元士八十一，分别担任京师各官府中的各种职务。又把光禄勋等改为六监，称号为上卿。郡太守改称大尹，都尉改称大尉，县令、长改称宰；长乐宫改称常乐室，长安改称常安；其余百官、宫室、郡县全部换了名称，无法完全记载下来。

对王氏家族的封赐，凡丧服为齐缞的亲属封为侯爵，服期九个月的封为伯爵，服期五个月的称为子爵，服期三个月的称为男爵；其中女的都封为任爵。男的以"睦"字作称号，女的用"隆"字作称号。

王莽又说："汉朝有的诸侯称王，甚至四方夷族也称王，这是和古代典制相违背的，也背离了大一统的原则。现在规定诸侯王的称号都称公，还有，四方夷族称王的都改为侯。"因此汉朝诸侯称王的三十二人都降为公，王的子弟称侯的一百八十一人都降为子，后来他们的爵位又被削夺。

王莽又赐封黄帝、少昊、颛顼、帝喾、尧、舜、夏、商、皋陶、伊尹的后代都为公、侯，让他们分别供奉自己祖先的祭祀。

王莽继承了汉王朝盛世的庞大基业，以及丰厚的官府仓库和文武百官财产，四方夷族都归附依从，天下安定。王莽尽管占有了这一切，仍不满足，认为汉朝的制度格局太小，而想恢复古制的简略宏阔。王莽自称是黄帝、虞舜的后裔，一直传到齐王田建的孙子济北王田安才失去政权，齐人称田氏是“王家”，就以此为姓“王”。因此姓王的初祖应是黄帝，始祖应该是虞舜。王莽下诏追封陈胡公为陈胡王，田敬仲为田敬王，济北王田安为济北愍王。还建立五座祖宗祭庙，四座皇亲祭庙。天下姚、妫、陈、田、王五姓都是宗室，世世代代免除赋税、徭役。赐封陈崇、田丰二人为侯爵，让他们分别作陈胡王妫满、田敬王田完的后代。

全国州牧、太守，在翟义、赵朋等人造反时，都能掌领州郡，坚守职位，心怀忠孝，因此王莽便将所有州牧都封为男爵，太守都封为附城。

王莽把汉高庙作为文祖庙。在京师的刘家皇帝陵园寝庙，仍维持原状，祭祀和原来一样。刘氏皇族继续享有免除赋税徭役的优惠，直到本人去世。各州州牧要经常去慰问安抚，不要使他们遭受侵辱和冤屈。

王莽认为“劉”字是由“卯、金、刀”拼成的，因此下诏，禁止正月刚卯和钱币金刀的通行。于是废除错刀币、契刀币和五铢钱，另制小钱，直径六分，重量一铢，上面铸有“小钱值一”的文字，与以前“大钱五十”的货币为两类，同时通行。为了防止民间私自铸造，就下令禁止私人携带铜、炭。

夏季，四月，徐乡侯刘快集结党羽数千人，在他的封国里起兵反抗。刘快的哥哥刘殷，是从前汉朝的胶东王，时已改为扶崇公。刘快兴兵攻打即墨城，刘殷关闭城门，自投监狱上书请罪。由于官民合力抵抗刘快，刘快被打败而逃亡，到了长广县就死了。王莽赦免刘殷之罪，还增加他的封国达一万户，面积方圆一百里。

（以上为第一段，写王莽改官制、改封爵，推行一套新朝制度，以此消除汉朝的影响。）

王莽说：“古代一个成年男子耕田一百亩按十分之一交租税，因此国家丰裕，百姓富足，到处是歌功颂德的声音。秦朝破坏圣人定立的制度，废除井田，所以土地兼并之风兴起，贪婪卑鄙的行为发生了，强者占田以千亩计算，而贫者却毫无立锥之地。还设置买卖奴婢的市场，和牛马一同关入栏圈，被主人控制，甚至专断他们的性命，实在是违背‘天地本姓，人最尊贵’的大义。汉朝减轻土地租税，以三十分之一征税，但是经常的赋税，还有更赋，即便是年老病残而丧失劳动能力的人都要计口交税。贫民还要受到豪强们的侵犯欺凌，以及租佃关系的残酷剥削，名义上是以三十分之一征税，实际上都是十分之五的税。因此豪富之家犬马有吃不完的粮食，骄纵而为恶；贫穷人家却连糟糠都不能吃饱，因贫困而作邪恶。他们都陷于犯罪，刑罚因而常用不能搁置。现在将天下的田地改名为‘王田’，奴婢为‘私属’，都不准买卖。那些家庭男子人数不满八人，而占有田亩超过九百亩的，就必须把多余的田地分给亲属、邻里和同乡亲友。让原来的无田户，现在应当分得田地，依照限定的标准办理。若有敢于破坏井田这一圣人首创的制度，无视法纪，蛊惑民众的人，就把他流放到四方边远的地方，去抵御妖怪鬼神，就像朕的始祖虞舜惩罚四凶的成例。”

秋季，派五威将王奇等十二人分别到各郡县颁行四十二篇符命：德祥类五篇、符命类二十五篇、福应类十二篇。五威将捧着符命，手持着印信，凡是王侯以下和官吏更改名称的，还有边境匈奴、西域和远方的异族，都就地授予新朝的印信，并且收缴原来汉朝的印信。大赦天下。

五威将乘坐绘有天文图像的车子，套着六匹母马，后面插着锦鸡的翎羽，服装佩饰很雄伟。每一位五威将都在下面设置五个元帅，由五威将手持符节，五帅举着旌旗，向东到达玄菟郡、乐浪郡、高句丽县、夫余国，向南越过边塞之外，经过益州郡，将句町王改为为句町侯，向西则到达西域，将那里的各国国王都改为侯。向北方到匈奴王庭，授予单于印信，改换汉朝印信的文字，即不用玺字而用章字。

冬季，打雷，桐树开花。

任命统睦侯陈崇为司命，负责监督三公以下的朝廷官员。又任命说符侯崔发等人为中城、四关将军，分别负责京城十二城门和绕霤、羊头、肴黾、汧陇的防务。在陈崇、崔发两人官衔头上，增加“五威”两个字。

王莽又遣谏大夫五十人，分别到各郡国去负责铸造钱币。

这一年，真定县、常山郡降下大冰雹。

（以上为第二段，写王莽内政推行复古的井田制度，骚动全国；对外推行大汉族主义，贬低四夷属国的封号，激化了民族矛盾。王莽建国伊始，就开始了自掘坟墓。）

王莽始建国二年（庚午，公元 10 年）

春季，二月，赦免天下。

五威将与所属的五威帅七十二人回到京师奏事，说：汉室诸侯王改称为公的，全都缴还公爵印信，自愿为平民，没有人敢违抗。只有原广阳王刘嘉呈献过符命，鲁王刘闵呈献过神书，中山王刘成都呈献过颂德文章，三人改封列侯。

班固评论说：从前，周王朝分封了八百个诸侯国，同姓封国五十多个，这就是友爱亲人，尊重贤人，它是关系国家盛衰的重大措施，深深扎根，成为不可摇动的根本。所以，西周的强盛，有周公、召公共同辅政治理，达到了刑罚停止不用的境界，西周衰弱时，又有五霸诸侯来扶持，周王室与诸侯霸主共同维护王室政权，是天下的共主，尽管诸侯势力强大，但没有诸侯敢灭周，周朝历经了八百多年，直到命运终了，德行已尽，周赧王才被贬为平民，而仍能享尽天年。秦王朝讥笑夏商周三代，自称“皇帝”，却让皇室子弟做匹夫，使得这个政权在内没有骨肉之亲的辅佐，在外没有藩属封国的护卫。陈胜、吴广揭竿而起，刘邦、项羽继而灭了秦朝的命。所以说，周王朝长到超过了预想的期限，而秦王朝短命到只有两代没达到期限，这是封藩建属的形势不同造成的啊！

汉朝刚建立之时，鉴于秦王朝孤立而失败作为教训，因此大封刘姓宗室子弟为王，一开始就封了九个诸侯王国。从雁门郡以东到辽阳，是燕国、代国；从常山郡以南到太行山折向东，渡黄河，过济水，一直延伸到渤海，是齐国、赵国；从谷水、泗水以南到龟山、蒙山一带，是梁国、楚国；从东边连接长江、太湖，临近会稽郡，称为荆国、吴国；北边以淮河为界，经过庐山、衡山，是淮南国；沿着汉水而下，直到九嶷山一带，为长沙国。各封国边界相接，环绕东、南、北三面边疆，北面连接匈奴，南边连接南越。皇帝直接控制的地区，只有河东郡、河南郡、河内郡、东郡、颍川郡、南阳郡，东起江陵县，西到巴郡、蜀郡，北自云中郡，南到陇西郡，加上京师、内史，共十五个郡。在这十五个郡中，又有许多公主、列侯的食邑。大的藩国跨州兼郡，城池相连几十个，封国的宫室、百官制度和朝廷完全相同，可以说是矫枉过正。即使如此，高祖创建大业，政务繁忙，没有空闲；孝惠帝在位的时间又短，高后吕雉代居帝位临朝执政，但全国却一派升平，没有叛乱的忧虑。后来终于平定了吕氏篡权的阴谋，出现太宗的盛世，这也是仰赖诸侯的力量。

但是，封国的诸侯原本是皇族的末流，末流太滥，就会满溢出来，造成灾害。危害小者荒淫无道，触犯朝廷法律，大者则背离朝廷而横行，结果危害自身，丧失封国。因此文帝分割齐国、赵国，景帝削弱吴国、楚国，武帝颁布推广恩惠的教令，而让封国自行分解。自此以后，齐国分为七国，赵国分为六国，梁国分为五国，淮南国分为三国。天子开始封亲王时，大的封国也不过十几个城镇。长沙、燕、代等国，尽管仍保留原有名称，已不再紧邻南北边塞。景帝遭遇吴、楚等七国之乱，越发贬抑诸侯王地位，减少封国官员的编制。武帝时衡山王刘赐、淮南王刘安谋反，更严厉地制定诸侯置官的法律，以表示诸侯国官员的地位低于朝廷的官员。又设置附益之法。封国诸侯只能获得供穿衣吃饭的租税，不能参与政事。到了哀帝、平帝时代，那些诸侯都是后代子孙，与皇帝的血缘关系尤其疏远，生长在封闭的王宫之中，受不到士民的尊敬，事实上和富豪的财主没有什么不同。特别是本朝皇帝在位年限短促，成帝、哀帝、平帝都过早去世，接连三代没有继嗣。因此王莽知道汉朝内外都已瘫痪，无论是作为根本的朝廷，还是作为枝叶的诸侯，都已经衰弱，故而才肆无忌惮敢于妄为，并产生邪恶之心，凭借太皇太后的权势，假托伊尹、周公之名，在朝廷上作威作福，不用走下台阶就将汉朝政权转移到自己手中。诈谋成功以后，就凭借皇帝的权势，分派五威将、帅，疾驰全国，颁行符命。而汉家的诸侯王顿足叩头，双手捧上印信，唯恐落在人后。有些人还歌颂王莽功德，以求取欢颜，难道不令人悲哀吗？

（以上为第三段，以班固评论为中心，论说封建诸侯与国运盛衰的关系。汉初封国过大而有吴楚七国之乱，其后贬抑诸侯过甚，导致王莽篡国。）

国师公刘秀建言说："周朝设置泉府的官职，收购民间的剩余物品，供应民间缺少的物资，也就是《易经》所说的'治理国家，社会财物分配的法令公正，就能禁止人民为非作歹'。"王莽于是下诏说："《周礼》记载有赊欠贷款的方法，《乐语》记述了设置调节物资五均官的机构，这说明古书记载了前代各种财政的主管制度。如今要开办信贷，设置五均官，建立主管的制度，目的是帮助平民，对抗富豪的侵吞兼并。"于是在长安，以及洛阳、邯郸、临菑、南阳、成都六大城市设置五均官司市和钱府官。司市官在春、夏、秋、冬每个季度的第二个月，对物价进行评估，定出上、中、下三等价格，保证市场价格的稳定。民间卖不出去的五谷、布帛、丝绵等物品，由均官调查核实，按照略高于成本的平价收购，当物价上涨超过平价一钱时，均官就以平价卖出给平民百姓。物价低于平价之下时，就任由百姓自由买卖。百姓如果缺乏资金需要借贷，就由钱府官贷出，月息百分之三。

同时，王莽又按照《周官》征税的办法，规定：凡有田不耕让其荒芜，就叫作"不殖"，按三倍交纳人头税。

城市居民在住宅周围空地上不栽种果木、蔬菜的，就叫作"不毛"，一个人要交纳三个人的布匹。对游手好闲没有职业的人，必须交纳布一匹，交纳不出一匹布的，必须为官府做杂役散工，由官府供给生活费。所有在山林、水泽开采金矿、银矿、铜矿、锡矿的工人，捕猎鸟、兽、鱼、鳖的猎人和渔民，与从事畜牧业的牧民，养蚕、种桑、纺织、缝纫的妇女，工匠、医生、巫师、算卦、祭祀以及其他技能的人等，还有摊贩、商人，全都各自申报盈利所得的总额，由地方官府扣除他们的成本，在纯利润中征收十分之一作为贡税。若有拒绝申报或申报不实的，就没收其全部资产，还要处罚为官府服役一年。

羲和鲁匡又上奏请求酒类由官府专卖，王莽听从这一建议。还下令禁止民间携带弩弓、铠甲，违反者就流放到西海郡。

（以上为第四段，写王莽改制，设置五均、六筦，用以平抑物价，延缓兼并。）

当初，王莽向匈奴颁布了关于处理归降匈奴的四条规定，后来，护乌桓使者告诉乌桓各部落，不要再向匈奴进贡兽皮、布匹税。匈奴派遣使者向乌桓催税，并把乌桓的酋长抓起来，捆绑着倒挂起来。酋长的兄弟非常愤怒，共同将匈奴的使者杀了。匈奴单于知道这件事后，发动左贤王的属兵侵入乌桓，进行攻击，杀戮民众，掳掠妇女儿童一千人离开乌桓，安置在左贤王属地，告诉乌桓说："拿马匹牲畜、兽皮和布匹来赎人！"乌桓只好将马畜、兽皮和财货送去赎人，但是匈奴收了如数的实物，却不释放被掳掠的群众。

等到五威将王骏等六人到达匈奴，赠送单于黄金、丝绸等厚重礼物，说明新朝接受天命取替汉朝，所以须收换单于的旧印信。旧印的字是"匈奴单于玺"五个字，王莽更改为"新匈奴单于章"六个字。汉将帅到达后，授予单于新印信，诏令交回旧印信。单于拜谢，接受诏书。翻译人员走上前去，想从单于身上解取旧印信，单于抬起手臂向使者送交旧印信。匈奴左姑夕侯苏在旁边对单于说："还没有看到新印文，暂且不要交给他们。"单于就放下手臂，不肯交出旧印信。就请使者坐在帐幕里，单于准备上前敬酒。五威将说："旧的印信应当按时上交。"单于说："好。"又举起手臂想解开交给翻译人员。此时苏又说："我们还没有看印章的文字，暂且不能给他们。"单于说："印文怎会变更。"于是解下旧印呈交五威将帅，接受新印；没有打开包装看印章的文字，就开怀畅饮，直至午夜才散。右师陈饶对将帅们说："刚才姑夕侯怀疑印文，差点使单于不交出旧印。假如让他看到印章，发现印文变改，一定要求拿回旧印，这不是用话语所能阻挡得了的。旧印已经到手而又失去，是对我们的使命最大的侮辱。干脆将旧印击坏，以断绝祸根。"五威将帅们都犹豫不定，没有一人响应。陈饶是燕人，果敢而勇悍，当即举起斧头将旧印劈坏。第二天，单于果真派遣右骨都侯当对五威将帅说："汉朝发给单于的印信是'玺'而不是'章'，又没有'汉'字。各王以下的官员的印文有'汉'字，最后一个字也是'章'。现在，不但将'玺'改成'章'，而且又加上'新'字，这样使单于和臣属之间没有分别。希望得到旧印章。"五威将帅拿出击破的旧印给他看，向他解释说："新朝承受天命，制定新的印章，旧印自交回后，就存放在我们身边，没有人动它，它却自行损坏。单于应承受天命，奉行新朝的制度！"右骨都侯当回去报告单于，单于知道事已至此，也无可奈何，况且又得到新朝许多馈赠，只好派他的弟弟右贤王舆带着进贡的牛马，随五威将帅到新朝谢恩，仍上书请求袭用旧印。五威将帅回国途中，经过左犁污王咸管辖的地区，见到许多乌桓人，就询问咸，咸就将从前掠夺乌桓的情况详细告诉他们。五威将帅说："从前中原对匈奴曾有密封四项约束，其中有一项就是不能接受逃亡投降的乌桓人，请立刻放他们回去！"左犁污王咸说："请允许我秘密与单于商议，只要得到单于批准，就让他们回去。"单于教左犁污王咸询问："应当在塞内遣回他们，还是在塞外遣回他们？"五威将帅不敢擅自决定，就禀报朝廷。王莽下诏回答说："从塞外放回。"王莽对出使匈奴的五威将帅全都加封，封五威将为子爵，封帅为男爵。唯独陈饶因立下击坏单于旧印玺的功劳，特赐封为威德子。

单于当初因为拒绝了汉朝中郎将夏侯藩向匈奴求取土地，后来匈奴因为向乌桓索取赋税而没有得到，就掠夺乌桓百姓，中原和匈奴之间裂隙由此产生。再加上这次印文的改变，所以对中原怨恨。于是派遣右大且渠蒲呼卢訾等十多人，率领一万多骑兵，以护送乌桓民众回国的名义，屯军于朔方郡边塞附近，朔方郡的太守知道此事后，就奏报朝廷。王莽任命广新公甄丰为右伯，准备出使西域。车师后王须置离听到这个消息，害怕供给的费用庞大，就计划逃亡，投归匈奴。西域都护但钦便召见须置离，将他斩首。须置离的哥哥辅国侯狐兰支率领须置离的部属两千多人，投降匈奴。匈奴单于接受了他们，还派兵和狐兰支一同侵入掠夺，攻打车师，斩杀车师后城长，击伤西域都护司马，又和狐兰支一起撤回匈奴。

此时，戊己校尉刁护生病，校尉史陈良、终带，司马承韩玄，右曲侯任商共同商量说：“西域各国大多背叛，匈奴又大举入侵，我们面临死亡的危险，可以杀掉校尉，率领大家投降匈奴。”于是，杀了校尉刁护和他的儿子、兄弟，挟持戊己校尉所属的吏士两千余男女投奔匈奴。单于任命陈良、终带为乌贲都尉。

冬季，十一月，立国将军孙建上奏说：“闰九月十九日辛巳，陈良、终带自称废汉大将军，逃入匈奴。此外，本月十二日癸酉，不知道从何处闯出一名男子，拦阻在我的车前，自称‘汉氏刘子舆，是成帝小妻的儿子。刘氏要重新登基，快去把宫殿腾让出来’。当时逮捕了这名男子，经审问，原来是常安人，姓武名仲。这些人都是逆天行事，违背符命，大逆不道。所以，汉朝的宗庙不应当设置在常安城里，刘姓家族为官者应当全都罢官待在家中。陛下仁德之至，一直不忍早下决定。从前原安众侯刘崇等聚众谋反，以致一些狂妄狡猾之徒又依托已亡的汉朝，使得犯杀身灭族大罪接连不断发生，这就是圣上一味开恩未及早杜绝邪恶在萌芽状态的缘故。臣建议：凡是在京师的汉朝君王祠庙，全部废除；凡是在朝廷为官的刘氏宗室，都予以罢免，在家听候派遣。”王莽说：“可以。嘉新公、国师刘秀响应符命任我的四辅，明德侯刘龚、率礼侯刘嘉等三十二人，都听从上天符命，有的进献天符，有的献上善言，有的拘捕或告发反贼，他们的功劳都很大。各刘姓皇族与三十二人同宗共祖的，都不免职，但赐姓为王。”只有国师公因为将女儿许配给王莽的儿子王临，因此不赐姓。

安定公太后自从刘氏被废以后，常常假称有病，不去朝见。此时她还不满二十岁，王莽对她既尊敬害怕，又忧伤哀怜，想让她改嫁，便取消安定公太后称号，改称黄皇室主，想以此与汉朝断绝关系。命孙建的儿子身着华美的服饰，带着御医前去请安问疾。安定公太后大怒，鞭打她身边的侍从官。因为生气动怒而发病，卧床不肯起。王莽因此就不再勉强她。

十二月，打雷。

王莽自恃国库储存丰厚，想在匈奴面前树立国威，就将匈奴单于改称“降奴服于”，下诏征伐。派遣立国将军孙建等率领十二个将领，分路并进：五威将军苗䜣、虎贲将军王况从五原郡出发；厌难将军陈钦、震狄将军王巡从云中郡出发；振武将军王嘉、平狄将军王萌从代郡出发；相威将军李棽、镇远将军李翁从西河郡出发；诛貉将军杨俊、讨濊将军严尤从渔阳郡出发；奋武将军王骏、定胡将军王晏从张掖郡出发。还有偏将和裨将以下一百八十八名，招募天下囚犯、壮丁、甲士共三十万人，运输军衣皮服、兵器、粮食，从沿海、长江、淮河流域直到北部边郡，使者驾驿站车马急行监督敦促，依照战时军法办事。先到达的部队驻扎在边郡，等大军全部结集后才同时出动。要穷追匈奴，直追到丁令。把匈奴的土地和百姓分成十五个部分，立呼韩邪单于的十五个子孙做单于。

（以上为第五段，写王莽立威四夷，贬抑匈奴单于爵号，挑起边患。）

王莽因为新朝钱币始终在社会上得不到通行，就再次下诏说：“货币由于面额过大，不便于小买卖的交易，货币如果都是小面额，恐怕就要雇用车装船载搬运货币，也很麻烦。货币的面额有大有小，各有等级，那才使用方便，人民乐意。”于是改制金、银、龟、贝、铜钱、布货等六种货币，总称宝货。其中钱币六种，金币一种，银币二种，龟币四种，贝币五种，布币十种。总计，宝货用金、银、铜、龟、贝五种物质制成，有金币、银币、龟币、贝币、钱币、布币六种名称，共二十八个品种币值。钱币、布币都用铜铸造，其中混杂铅、锡。因为货币种类太多，十分混乱，货币不能流通。王莽知道人民怨愁，于是又下令只用值一钱的小钱和值五十的大钱两种，龟币、布币等暂时停止使用。私铸货币屡禁不止，就加重刑罚力度，一家私铸货币，五家连坐，将他们没入官府作奴婢。官民外出必须携带货币，作符传通行证的附带物，才能通行；不持货币的，沿途住宿、饮食之处，不准收留，关卡和渡口要盘问扣留。公卿大夫都要带着货币才能进入宫殿之门，想用这样的办法使其货币流通。当时百姓认为汉铸的五铢钱简便安稳，而王莽铸的大、小钱两种同时流通，不容易分辨。又经常变动，百姓不信任它，都私下用五铢钱在市场上购买物品。一时间谣言四起，说大钱将被废除，都不肯携带。王莽深感忧虑，又再次下诏书：“凡携带五铢钱，传言大钱要废除的人，等同诽谤井田制度判罪，放逐到四方极远的地方去。”以致被指控买卖田宅、奴婢、私自铸钱的人，从诸侯、卿大夫到庶民，因犯罪而受到惩处的人，多得难以计算。因而，农民、商人失业，全国经济崩溃，以至百姓在市道旁边哭泣。

王莽阴谋篡位时，官民争先恐后地伪造符命呈献，都被封为侯。那些没有呈献伪造符命的人，都相互戏言说：“唯独你没有接到上帝的任命书吗？”司命陈崇禀报王莽说：“这是为奸臣开辟追求利禄的途径而扰乱天命，应当斩绝其源。”王莽也厌恶这些伪造符命的人，于是便派尚书大夫赵并负责查处，只要不是五威将帅所颁布的符命，而自行制造的人都逮捕入狱。

开始，甄丰、刘秀、王舜都是王莽的心腹，都为王莽夺取大权充当吹鼓手，给王莽歌功颂德。安汉公和宰衡的称号以及赐封王莽的母亲、两个儿子、侄子，都是由甄丰等人所共同谋划的，而甄丰、王舜、刘秀也得到王莽的恩惠，都名利双收了，但并不想让王莽居位摄政。王莽居位摄政的初谋，出自泉陵侯刘庆、前辉光人谢嚣和长安令田终术。此时，王莽羽翼丰满，想要居位摄政，当代理皇帝，甄丰等人就顺从他的旨意，王莽就又封王舜、刘秀、甄丰等人的子孙加以报答。甄丰等人爵位已显赫，心意也得到满足，又害怕刘氏宗室和天下豪杰。而那些被王莽疏远的人，就想造作符命以此得到信任而升官，王莽便依据哀章等人的符命，而正式登上帝位。王舜、刘秀只是在心里恐惧罢了。甄丰一向刚毅强硬，王莽发觉甄丰不高兴，因此就假借符命的文字，将他调任更始将军，和卖饼儿王盛地位相当。甄丰父子默默无言。此时，甄丰的儿子甄寻任侍中、京兆大尹，封为茂德侯，就制造符命，说新朝应该把京师附近地区以陕县为界分开治理，设置两个地区长官，任命甄丰为右伯，太傅平晏为左伯，依照周公、召公的先例。王莽当即听从，任命甄丰为右伯。甄丰述职后准备出发西行时，甄寻又制造符命，称原汉平帝的皇后黄皇室主是甄寻的妻子。王莽凭借骗术登上帝位，心里害怕大臣怨恨指责，正想要显示自己的威严来慑服臣下，于是发怒说："黄皇室主是天下人之母。甄寻说的是什么话！"就下令拘捕甄寻。甄寻逃跑了，甄丰自杀。甄寻跟着江湖术士躲进了华山，过了一年多后才被抓到，供词牵涉到国师公刘秀的儿子隆威侯刘棻，刘棻的弟弟右曹、长水校尉、伐虏侯刘泳，大司空王邑的弟弟左关将军、掌威侯王奇和刘秀的学生侍中、骑都尉丁隆等人，牵引公卿、乡党、亲戚、列侯以下，被处死的就有数百人。因此将刘棻流放到幽州，将甄寻流放到三危山，丁隆被杀死在羽山（几人先后而死），都用驿车装运他们的尸体，运送到流放地点。

这一年，王莽开始迷信神仙，听信方士苏乐的话，兴建八风台，耗费黄金万两。又在宫殿里种植五色谷米，播种之前，先用煮宝玉的水去渍种，一斛粟的成本，需要黄金一斤。

（以上为第六段，写王莽改革币制，以及制造符命引发的内部矛盾。币制改革，由于新币品种面额极其复杂，难以通行，旧币、私铸货币通行，于是犯法者众，天下骚动。王莽诡称符命，暗箱操作政治，死党甄丰等如法炮制，引发矛盾。）

王莽始建国三年（辛未，公元 11 年）

派遣田禾将军赵并征发边防士兵在五原、北假屯田，开荒耕种，用以资助军粮。

王莽派遣中郎将蔺苞、副校尉戴级率一万余骑兵，携带大量金银财物到云中郡的边塞附近，招引匈奴呼韩邪单于的几个儿子，打算按照顺序任命为十五个单于。蔺苞、戴级派翻译人员出塞，引诱左犁汙王栾提咸和他的儿子栾提登、栾提助三人来到云中郡的边塞。到达后，就用威胁手段，任命栾提咸为孝单于，栾提助为顺单于，都给予丰厚的赏赐，并用驿车将栾提登、栾提助兄弟二人送到京师长安。王莽封蔺苞为宣威公、虎牙将军，封戴级为扬威公、虎贲将军。匈奴单于栾提知听说这个消息，勃然大怒说：“呼韩邪单于所受汉宣帝的恩惠，不能辜负。如今的皇帝不是宣帝的子孙，凭什么做皇帝！”因此派遣左骨都侯、右伊秩訾王呼卢訾和左贤王乐，率领军队入侵云中郡益寿塞，大肆屠杀官民。从此以后，匈奴单于栾提知逐一告诉左右大都尉、靠近汉朝边界的那些王侯，让他们入侵边塞，从事抢劫掠夺，大规模的一次有一万多人，中等规模的一次也有数千人，规模最小的一次则数百人。他们杀死雁门郡、朔方郡太守、都尉，掠夺官民牲畜，不可胜数。边境自此衰败。

这时，将领们尽管都在边塞，但是应到的兵马却没有完全结集，因此不敢主动出击匈奴。讨濊将军严尤劝谏说：“臣听说匈奴侵害中原，由来已久，但是从未听说上古之时有必须征伐他们的先例。后来，周、秦、汉三代才以武力征讨他们，但是都没有找到上策。周朝用的是中策，汉朝用的是下策，秦朝则是无策可言。周宣王的时候，猃狁部落入侵，深入到达泾阳，周朝就命令将领率兵还击，将他们逐出境外而归。周宣王视夷狄的入侵如同蚊子、虻子一般，只要赶走也就算了，因此天下都称赞他英明，这是中策。汉武帝挑选将领，训练军队，携带少量衣装和粮草，深入远地戍守，虽然有克敌制胜的功绩，但是匈奴也常常回击，以致战争相连，祸患不息，前后三十多年，中原疲惫空虚，匈奴也受到惩戒而畏惧，但是天下人都称赞勇武，这是下策。秦始皇忍不住小的耻辱，轻率地浪费民力，修筑长城，坚固结实，长达万里，又修建运输的通道，从海滨开始，尽管保持疆界的完整，国内却告枯竭，终于使秦王朝丧失了国家政权，这是没有策略。现在天下正遭受灾荒和厄运，连年饥馑，西北边境，尤其严重。但朝廷发动三十万大军，储备三百天粮食，东方牵动海滨、岱山，南方取自长江、淮河，然后才齐备。计算它的路程，耗时一年，兵马还不能集合完成。而先到达边塞的军队露天而宿，无所隐蔽，以致士气疲惫，武器损坏，在气势上已不可以作战，这是困难之一。边塞已经空虚，无力供应军粮，从内地各郡国征集运送，难以保证供给，这是困难之二。估计一个士兵三百天所用干粮，就需要十八斛，不用牛力运输是不能胜任的。但牛本身也要携带饲料，再加上二十斛，牛的负担实在太重了。匈奴境内，都是沙漠碱地，缺乏水草，按照以往的经验判断，军队出发不到一百天，牛必定全部死光，剩下的粮草却很多，士兵又无法背负，这是困难之三。匈奴境内秋冬天气严寒，而春夏风大，行军要携带很多炊具、柴炭，重得背不动，吃干粮喝水，一年四季如此，使军队有发生疾病的忧虑，因此从前讨伐匈奴都不超过一百天，并不是不想久战，而是势力不足，这是困难之四。部队随身携带供给物资，轻装精锐的部队就很少，因此不能快速行军，即使敌人慢慢撤退，也无法追上。即使追上，能与他们交战，又被携带物资所累，难以获胜。若遇到险阻，队伍前后单行，不能并驱，敌人若在前后夹击，危险不能预测，这是困难之五。大规模动用民力，功劳又未必能建立，这是臣所担心的！现在既然派出军队，就应该让先到边塞的军队发动攻击，命令臣严尤等对匈奴进行迅速猛烈的攻击，并且给予严重创伤。”王莽不听从严尤的谏言，跟从前一样运输兵器粮物，因此天下动乱不安。

被王莽封为孝单于的栾提咸，趁防卫不备纵马飞驰出边塞，回到匈奴王庭，把自己被胁迫的情况详细向单于栾提知报告。单于便封他为于栗置支侯，这是匈奴低等的官职。后来，被王莽封为顺单于的栾提助病死，王莽就让栾提登为顺单于。

在边塞集结的军士四处骚扰，不循常规。而关内诸郡又为征兵催税而发愁，百姓不堪痛苦而离乡背井，开始逃亡而当盗贼，其中以并州、平州最为严重。王莽命令七公、六卿都兼称将军；派遣著武将军逯并等镇守各地重镇名都；派中郎将、绣衣执法各五十五人，分别镇守边境大郡。本来派出去的这些钦差使臣，是监察大奸巨猾和擅动干戈生事的人，结果他们自己却趁机在各地贪赃枉法，作奸犯科，扰乱州郡，贿赂像做买卖一样公开，还掠夺百姓财物。王莽下诏书严厉指责他们说：“从今以后，胆敢再犯此法的，就逮捕入狱，把名字报上来。”但是他们还是照样放纵胡作非为。北部边境从汉宣帝以来，几代看不见战争的警报，人丁旺盛，牛马遍野。到王莽扰乱匈奴，和匈奴结成仇怨，边境人民不是死亡，就是被抓，几年之间，北方边境一片荒凉，野外已有无人掩埋的白骨。

（以上为第七段，写王莽构难匈奴，大发兵征讨，骚动天下。数年之间，边境地区成了无人区。）

太师王舜从王莽篡位以后，患上心跳病，日益加重而死。

王莽为太子设置师友各四人，俸禄比照大夫。任命原大司徒马宫等人为师疑、傅丞、阿辅、保拂，这是四师。任命原尚书令唐林等人为胥附、奔走、先后、御侮，这是四友。又设置师友、侍中、谏议、《六经》祭酒各一人，共有九位祭酒，秩禄比照上卿。

王莽派遣使者带上加盖皇帝印的诏书、官印、安车、驷马迎接龚胜，立即任命为师友祭酒。使者和郡太守、县长吏、三老、官属、行义、诸生浩浩荡荡一千多人到龚胜的乡里宣读诏书。使者想让龚胜起身出门迎接，长久地站立在龚胜家门外，龚胜称说病重，不能起立，就把床安放在卧室西侧南窗之下，头向东方，把朝服披盖在身上，拖着大带。使者送上诏书、官印，献上安车、驷马，上前对龚胜说：“圣朝没有忘记您，典章制度尚未完备，等待您去行政，希望听听您的施政意见，以便安定天下。”龚胜回答说：“臣向来愚昧，加之年老病重，命在旦夕，如果随您上路，必定死在途中，实在没有一点好处。”使臣威胁劝说，还要把印绶佩戴在龚胜身上，龚胜推辞不接受。使臣只能奏说：“时值盛夏季，天气炎热，龚胜生病，体力不好，可否等到秋凉时再动身？”王莽下诏同意。使臣每隔五天就与太守一起去问候龚胜起居饮食，并向龚胜的两个儿子以及学生高晖等人说：“朝廷毫无成见地以封侯的礼仪对待龚老先生，他虽然身患疾病，也应当移动到驿站去住官舍，以示确有启程的诚意，这样也可为子孙后代留下封邑。”高晖等人将使臣的话转告给龚胜，龚胜知道自己不能顺从，对高晖等人说：“我受汉家的厚恩，无以报答。现今年已衰老，危在旦夕，在道义上，岂能以一身而侍奉两个不同姓的君王？死后以何面见故主？”便吩咐准备棺木、殡敛后事，说：“衣服只要包住身体就够了，棺材只要包住衣服就可。葬后，不可随俗动冢土、种植柏树，修建祠堂。”话一说完，便不再开口喝水吃饭，历时十四天而死。死时，七十九岁。

当时的清名人士，又有琅琊人纪逡、齐郡人薛方、太原人郇越与郇相、沛人唐林与唐尊，都以精通经学、谨慎行事而闻名于世。纪逡、唐林、唐尊都在新朝为官，被封侯爵，地位尊贵，深受敬重，历任公卿的位置。唐林屡次上奏直言规劝，有忠直的节操。唐尊则身着破衣服，脚穿破鞋，假冒俭朴，享受虚名。郇相是王莽太子王临的四友之一，去世后，太子派使臣送去寿衣、寿被，郇相的儿子手扶着棺材拒绝接受，说：“父亲死前留有遗言：‘对教师与宾友的馈赠，不可接受。’现在皇太子自称是我父亲的朋友，故而不能接受。”因此受到京师人们的称赞。王莽用安车迎接薛方，薛方通过使臣婉谢说：“上有唐尧、虞舜，下面就应有巢父、许由。现在圣明的君主美德堪与唐尧、虞舜比高，小臣我愿像许由一样隐居箕山守节。”使臣禀报王莽。王莽听后很高兴，不再勉强征召来京。

当初，隃麋人郭钦任南郡太守，杜陵人蒋诩任兖州刺史，也以廉洁正直而闻名。王莽代帝位而摄政时，郭钦、蒋诩都因病免除官职，回到家乡，卧病闭门不出，在家去世。在哀帝、平帝的时候，沛郡人陈咸因为通晓律令而被任命为尚书。王莽辅佐朝政，大量更换汉朝制度，陈咸内心很怨恨。等到何武、鲍宣被杀，陈咸叹息说：“《易经》说：‘抓住时机，立即行动，不要坐等错过时机。’我应该离开了。”就请求辞职退休。等到王莽篡位，征召陈咸任掌寇大夫，陈咸就以病婉谢，不肯答应。这时，他的三个儿子陈参、陈钦、陈丰都在当朝做官，陈咸命令他们都辞官回家，闭门不出，年终祭祀，还是沿用汉家的礼仪和时间。别人问他这样做的缘故，陈咸说：“我的祖先岂能知道新王朝年终的腊祭呢？”还把家中所有的律令、书籍都藏在墙壁里。还有齐郡人栗融、北海郡人禽庆与苏章、山阳人曹竟，都是儒生，都辞去官职，脱离新王朝。

班固评论说：从春秋列国卿大夫一直到汉朝的将相名臣，因为沉溺宠爱而丧失自己的世家，举不胜举。因而具有高洁节操的士人极为可贵。但是，大多数人只能约束自己，而不能影响别人。王吉、贡禹的才能强过龚胜、鲍宣，但是坚守死节，弘扬正道，龚胜却是实际履行了。坚守正道，而不必讲小信，薛方很接近。郭钦、蒋诩不仕于王莽，遁逃浊乱，不污志节，和纪逡、唐林、唐尊又完全不同。

这一年，靠近黄河的各郡发生蝗灾。

黄河在魏郡决口，以致清河以东数郡泛滥成灾。在此之前，王莽害怕黄河决口淹没元城自己的祖坟。等到黄河决口，水向东泛滥，元城就可免水灾，因此决定不筑堤堵塞。

（以上为第八段，写情操高洁的士人，拒绝出仕新朝，龚胜绝食而死，是威武不屈的榜样。也有一些士人，如纪逡、唐林、唐尊之流，入仕新朝。）

王莽始建国四年（壬申，公元 12 年）

春季，二月，赦免天下。

厌难将军陈钦、震狄将军王巡上奏说："抓捕匈奴俘虏，经过审问，供认匈奴多次侵犯边境，都是孝单于栾提咸的儿子栾提角所为。"王莽于是召集在京的各族夷人，在聚会中将栾提咸的儿子栾提登斩于长安闹市以示众。

大司马甄邯去世。

王莽在明堂下诏书说："将洛阳定为东都，常安定为西都。邦畿相连为一体，受封的男、女各有食邑。按照《禹贡》将全国分为九州。依照周代爵位分为公、侯、伯、子、男五等。诸侯为一千八百名，采邑城的数量也是如此，以等待有功之人。所有公爵，都是地方百里，一万户人家。其他爵位，以此为等差。现在已经受封的，公侯以下共七百九十六人，采邑城一千五百五十一人。因为户籍地簿还没有调查测量完毕，无法授给封国食邑，暂且向大司农所属都内府领受俸禄，每月支钱数千。"诸侯们都很贫困，甚至有替人帮工的。

王莽性情急躁好动，不能平静，每做一件事总是羡慕古代的制度，无论是否适合当时的需要，而制度又始终不能确定。贪官污吏趁机为非作歹，天下怨声载道，犯罪的人也很多。王莽知道百姓愁苦怨恨，便下诏说："国家土地，都可以自由变卖，不受法律拘束。私自买卖平民的，一律暂且不追究。"但是，其他政令惑乱，刑罚残酷，赋税繁重，还是和过去一样。

当初，五威将帅出使西南夷，将句町王改为侯，句町王邯怨恨愤怒而不服从。王莽示意牂柯郡大尹周歆采取欺骗手段杀死了句町王邯。邯的弟弟承起兵杀死周歆。

王莽命州郡发兵讨伐承，却不能使他降服。王莽又动员高句骊的军队去进攻匈奴，高句骊军队不愿去，因被郡府强迫，便都逃出边界，沦为贼寇。辽西大尹田谭追击他们，被他们所杀。州、郡官府把罪责归在高句骊侯驺的身上，严尤上奏说："貉人犯法，不是从驺开始的。若驺别有用心，也应当命令州郡去安抚他们。现在突然加以重大罪名，恐怕促成他们叛变，而其余部族一定会有附和的。匈奴没有平定，夫余、濊貉又兴起，这是很大的忧患！"王莽不加安抚，濊貉因此反叛。王莽下诏令严尤进攻他们。严尤引诱高句骊侯驺到来，将他斩首，亦将首级传送到长安。王莽很高兴，将高句骊改为下句骊。如此一来，貉人更加侵犯边境，东部、北部和西南的各蛮夷都作乱了。王莽正值志得意满，认为四方蛮夷不值得去吞并消灭，专心研习古事，又下诏说："在本年二月，我要到东方巡视，有关部门需把礼仪程序开列出来。"后来，因为文母太后身体不适，暂缓出发。

当初，王莽为安汉公时，想讨好太皇太后，借口斩杀匈奴郅支单于的功劳，上奏尊称汉元帝庙为高宗，等太皇太后去世后，牌位就该送到高宗庙，与元帝分享祭祀香火。等到王莽新朝建立后，王莽将太后的名号改为新室文母，表示与汉朝断绝关系，为了不让她跟元帝为一体享受汉王朝的祭祀，便毁坏孝元庙，而另为文母太后建庙，仅保留孝元庙的一个旧殿作为文母放置膳具之堂。建成之后，称为长寿宫。因为太后健在，因此不能叫庙。王莽在长寿宫设置酒会，宴请太后。太后到了之后，看到孝元庙被彻底毁坏，满地泥土，不可收拾，忍不住惊骇悲伤，哭着说："这是汉家宗庙，都有神灵保佑，什么地方得罪了你，非毁坏它不可？假若没有鬼神，又何必要建庙呢？若有鬼神，我是他妻子，岂能将他的庙堂改成陈设祭食之处，以侮辱元帝？"她私下对侍从说："这个人得罪神灵的地方很多，能长久获得神灵的保佑吗？"酒宴在不愉快中结束。王莽篡权后，知道太后怨恨他，因此用尽一切手段讨好太后，这反而使太后更加不高兴。王莽改汉家宫廷黑貂服装为黄貂服装。又将汉朝以正月一日作为元旦，改为十二月一日作为元旦。太后命令她的下属仍旧穿黑貂服装。甚至在汉朝元旦和祭祀百神之日，独自和左右聚餐。

（以上为第九段，写王莽复古，倒行逆施，好大喜功而又轻狂，边衅四起。又贬损汉家，触怒太皇太后王政君。）

王莽始建国五年（癸酉，公元 13 年）

春季，二月，文母皇太后王政君去世，享年八十四岁，安葬在渭陵，与汉元帝合葬，中间用一条沟分开。规定王氏新朝世世代代要祭奠文母寝庙。汉元帝配祭，汉元帝的牌位安放在太后神位的龛架下面。王莽为太后守丧三年。

乌孙大、小昆弥派使者来朝贡。王莽认为乌孙的人大多亲附小昆弥，又看到匈奴的那些边境都受到侵掠，就想博得乌孙人的欢心，于是派使臣带领小昆弥的使者坐在大昆弥使者的上位。师友祭酒满昌上奏弹劾使臣说："夷狄因为中原是礼义之邦，因此委屈服从。大昆弥是国君。现在将臣子使者坐在国君使者的上位，这并非是使夷狄归顺的方位。接待的使臣犯了不大敬之罪！"王莽大怒，罢免满昌的官职。

西域各国因为王莽多次失去恩德、信义，焉耆国率先背叛，杀死西域都护但钦。西域和新室的关系因此瓦解。

十一月，出现彗星，经过二十余天，消失。

这一年，因为私藏铜、炭的人太多，就废除了这项法令。

匈奴乌珠留单于去世，执事大臣右骨都侯须卜当，他是王昭君的女儿伊墨居次云的丈夫。云常想与中国和亲相好，又一向和伊栗置支侯咸很友好，看到咸被王莽封为孝单于，因此就立咸为乌累若鞮单于。乌累单于咸即位后，封弟弟舆为右谷蠡王。乌珠留单于的儿子苏屠胡，原是左贤王，后来改称为护于，想将单于的宝座传给他。咸怨恨乌珠留单于贬低自己的称号，就将护于苏屠胡贬为左屠耆王。

（以上为第十段，写汉太皇太后去世，西域背叛新朝。）

王莽天凤元年（甲戌，公元 14 年）

春季，正月，赦免天下。

王莽下诏说："在今年四个季度的第二个月周游天下，行巡守之礼，太官准备干粮干肉，内者令准备帐篷及坐卧用具，不接受沿途地方的供应。等到巡视完毕，在回归途中停留在四方之中的洛阳，并在那里定都。"众大臣上奏说："皇上非常孝顺，最近又逢文母的丧事，容颜没有恢复，饮食又减少。现在一年四次出巡，行程万里，年岁已高，不是干粮干肉所能支持得了的。可暂不巡守，待三年丧服期满之后，再行巡守，以保重身体。"王莽同意了，约定天凤七年为巡守之期；第二年，到全国的中心洛阳城。因此，派遣太傅平晏、太司空王邑前往洛阳，选择基地，兴建宫殿。绘出宗庙、社稷、祭祀天地的坛址。

三月三十日壬申，发生日食。大赦天下。因为灾异之故，王莽下策书大司马逯并以侯爵就朝位，免去太傅平晏所兼尚书事。任命利苗人王䜣为大司马。王莽正式登上帝位后，十分提防大臣，限制、剥夺大臣的权力，朝中之臣有说大臣过失的，就加以提拔。孔仁、赵博、费兴等人由于敢于攻击大臣，因而获得信任，让他们担任好的官职。国将哀章行为很端正，王莽特意为他设置了和叔的官位，敕令说："不但要保住国将的家门，还要护住他在西州的亲属。"诸公都被王莽所轻贱，尤其是哀章最被轻视。

夏季，四月，霜降冻死了草木，沿海格外厉害。六月，黄雾弥漫。七月，大风将树连根拔起，刮走了北阙直城门屋上的瓦。下冰雹，击死牛羊。

王莽按照《周官》、《王制》的文字，设置卒正、连率、大尹，职务类似太守。

又设置州牧、部监二十五人。将长安城郊划分为六个乡，每乡设置乡帅一人。将三辅地区划分为六个尉郡，把河内郡、河东郡、弘农郡、河南郡、颍川郡、南阳郡作为六个队郡。改称河南大尹为保忠信卿。扩充河南郡属县达三十个。设置六郊州长各一人，每人管辖五个县，别的官名也全都更改。大的郡甚至分为五个郡，全国共计一百二十五个郡。九州之内，共有二千二百零三县。又按照古制六服，将国土分为惟城、惟宁、惟翰、惟屏、惟垣、惟藩等六个区域，各自按其方位称呼，总计是一万封国。此后，每年都有变动，甚至一个郡改了五次名称，最后，又恢复它原来的名称。官民难以记住，每次下诏书，总要在新名之下加上旧名。

匈奴右骨都侯须卜当、伊墨居次云劝单于栾提咸与中原和亲，栾提咸同意，派人到西河郡虎猛县制虏塞下，对边塞官吏说："匈奴单于想见和亲侯。"和亲侯，就是王昭君的侄子王歙。中部都尉奏请朝廷，王莽派王歙与王歙的弟弟骑都尉、展德侯王飒出使匈奴，恭贺栾提咸登基，赏赐黄金、衣服、被褥、纺织品，欺骗说作为人质的栾提登还活着，并趁机悬赏寻找陈良、终带等人。单于栾提咸就把陈良等二十七人逮捕，全都带上枷锁、镣铐，囚禁起来，交给中国使者。派遣厨唯姑夕王栾提富等四十人护送王歙、王飒回国。王莽就制造一种烧杀刑，将陈良等人活活烧死。

北方边境地区发生严重饥荒，出现了人吃人的现象。谏大夫如普巡察边境驻军，回到京师建议说："军士长期在寒苦的边境戍守，边郡没有办法供应。现单于刚刚与我们和好，应当趁此机会撤军。"校尉韩威进言说："以新朝的威严，吞并匈奴，就如同吃掉口里的跳蚤虱子一样。臣愿意求得勇敢的士兵五千人，不携带一斗粮食，饿了就吃胡虏的肉，渴了就喝胡虏的血，在匈奴境内横冲直撞。"王莽觉得他的话很豪壮，就任命韩威为将军。然而，王莽采纳了如普的建议，调回驻守在边境的将士，免去陈钦等十八人职务，又撤回四关镇都尉的那些屯兵。

匈奴单于贪图王莽贿赂的财物，因此在表面上仍保持对汉朝原有的礼节；实际上却以侵掠为利。同时，匈奴使者从中原回去后，知道单于的儿子栾提登早已被处死，栾提咸单于十分怨恨，便不断地从左地一带入侵边境。王莽使者质问栾提咸单于，单于就回答说："乌桓勾结匈奴中的无赖奸猾入盗边境，譬如是中国的强盗一样。我栾提咸刚刚即位，主持国政，威信不高，尽力禁止，不敢有二心。"王莽重新派军队到边地戍守。

益州蛮夷因为愁苦困扰，全都反叛，又把大尹程降杀了。王莽派平蛮将军冯茂征发巴郡、蜀郡、犍为等郡地方的官兵，就地从民间征收粮饷，用来攻击叛乱的蛮夷。

王莽重新申令使用金、银、龟、贝等货币，仅仅调整了大小的价值，废除了大钱、小钱，更改为货布、货泉两种货币一并通行。又因为大钱通行已久，一旦废除又担心无法禁止人民携带，就允许大钱暂时通用，以六年为期，六年以后禁止使用。每改变一次货币，百姓跟随破产一次，常常因此蹲监狱。

（以上为第十一段，写王莽随意更改制度，变更官名、行政区划，屡变货币，民不堪命。对外四夷也无诚信，边患不断。新朝内外交困。）

【点评】

王莽的改革闹剧。本卷集中载述王莽前期统治，推行改革的闹剧，给全社会带来混乱与灾难，导致新朝短命灭亡。王莽改革，分为政治、经济、文化三个层面来说。

王莽的政治改革。王莽出于“革汉立新，废刘兴王”的目的，大肆更张汉朝制度，大力推行新朝制度。但王莽的改革既没有整顿吏治，也没有启用贤人治国，更没有创建新的国家制度，有何善政可言！王莽的政治改革，只是改官名、地名、变更周边民族归附汉朝的封章和名号，这样的三大改革内容，完全是在形式上玩文字游戏，徒事扰民的一场闹剧。王莽改变原有的官名，如大司农称羲和、纳言，少府称共工，太守称大尹，县令、县长称宰等，名称极为复杂，而职能仍是汉制，没有丝毫触动。王莽改地名，重新划分行政区，改汉十三州为九州，增设郡、县，全国共九个州，一百二十五个郡，一千二百零三个县，比西汉增加二十二个郡，增加六百一十五个县。王莽又恢复古代周制的五等封爵，滥加封赏，设立一千八百个封国。有的地名年年变更，甚至一郡五易其名，最后又回到了原来的名称。

王莽改官名、地名，要消除一切带汉的字眼，想要以这种方式强制人民忘掉汉朝，一下子弄得语言很混乱，全社会各阶层的人都感到很不方便。在改变官名和改变行政区划的过程中，王莽滥用那些无行无德的歌功颂德之徒，打击忠于汉朝和反对新政权的官吏。所以王莽的政治改革只是一场权力的重新分配，没有一丝治国爱民、整顿官吏、淳化风俗的内容，除了扰民乱政外，没有任何积极意义，完全失败了。

王莽对周边民族，改变他们的王号名称，用新印章换旧印，消除汉朝的痕迹，虚张新朝国威的声势。结果引起周边各民族的反感。王莽改制彻底失败了，已到不可收拾的地步，他为了挽回面子，转移国内尖锐的社会矛盾，找借口挑起边衅，大力征讨匈奴、乌桓、西南夷和西域各国，导致四边告急，几十万士兵出征，骚动天下，府库空虚，物价飞涨，米价高达五千到一万钱一石。人祸加上旱、蝗、水灾，民不聊生，从而爆发农民大起义。

王莽的经济改革。计有三大内容，即王田私属、币制改革与五均六筦。分述如次。

其一，王田私属。始建国元年（9），王莽下诏，历数西汉社会土地兼并之弊，以及奴婢盛行的问题。王莽认为井田制瓦解和土地买卖是造成社会危机的根源。王莽运用行政命令宣布天下土地一律改称王田，天下奴婢一律改称私属，都不许买卖。命令规定，男口不足八人而土地超过一井，即九百亩土地的，要把多出的部分分给九族、邻里、乡党。无田者按一夫百亩的制度授田，违令者处罪。王莽不懂土地私有和买卖是社会的进步，他要复古回到井田制根本办不到。高官、豪强地主多占的土地没法征收，全国几十万流民和更多无地的农民也没有授田。王莽推行井田制的结果，只是形式上禁止买卖，而走投无路手中还有几亩薄田的农民，出卖土地反而犯罪。出卖子女或出卖自身也是犯罪。当贫民只有出卖土地或出卖自身为奴还能多存活几天的路都被堵死，那真是没有活路了。王莽试图解决土地、奴婢的问题，用心应该是好的，其主观意图无可厚非。但他的方法不对，也无解决问题的综合措施和政策，只是强制禁止买卖，更沉重地打击了贫困的农民。始建国四年（12），王莽被迫宣布王田可以买卖，触犯奴婢买卖的也不治罪。王田私属的改革彻底失败。

其二，币制改革。王莽从居摄二年至天凤元年，即公元7年至公元14年，八年间进行了币制改革。居摄二年，王莽新铸错刀、契刀、大钱等三种钱币，规定错刀一枚值五千，契刀一枚值五百，大钱一枚值五十，与汉朝的旧币五铢钱同时流通。显然王莽是在制造大额币值，实际上就是政府无限制发行大额钱币，用通货膨胀的办法巧取民财。这种不等值的大额货币带动了全社会的人都来私铸货币。王莽下令，私铸货币判重刑，甚至不允许铜和炭的交易，也不准人民携带铜和炭，违令者判罪。于是成千上万的人被判罪，重者被杀，轻者入狱。大额货币不便交易，又不保值，人民不用新币；而王莽下令，不用新币也要判罪。

始建国元年，王莽发现，汉皇帝姓刘，而“劉”字由“卯、金、刀”三字组成，于是又禁止错刀、契刀流通。这更是荒唐。王莽的币制改革，带来了社会的大混乱，简直是一场浩劫。

其三，五均六筦改革。始建国二年（10），王莽推行对工商业和市场的改革，有两项措施，一是五均，二是六筦。五均，又称五均赊贷。五均是指在当时全国六大工商城市，即长安、洛阳、邯郸、临淄、南阳、成都设置五均司市平。目的是平抑物价。司市管理人员和市场，每季的中月评估本地物价，叫作“市平”。物价低于市平，司市买进，物价高过市平，司市卖出。赊贷，指由五均官下属的泉府，即国家银行向急需用钱的民众放贷，不取利息。六筦，指盐、铁、酒、铸钱、名山大泽、五均赊贷六项事业统由国家掌管，不许私人经营。

王莽施行五均六筦的目的是“齐众庶，抑并兼”，主观用心还是好的，但实际推行仍成为害民政策。王莽的五均六筦，并没有多少新鲜东西，是汉武帝筹措战争经费实施平准、均输和盐铁专卖政策的继续，只是多了一项赊贷，即国家放债。汉武帝的平准、均输、盐铁专卖，目的既不是发展经济，也不是消除两极分化、改善人民生活，而是筹措战争经费。汉武帝的经济政策，沉重地打击了工商自由市场，遏制了社会经济发展，受到太史公司马迁以及昭帝时始元六年（前81）贤良文学的严厉批判。汉武帝的经济政策，可以说是为了抗击匈奴推行的战时经济体制，集中全社会的财富服务于战争，有它存在的理由。加上汉武帝的雄才大略，强有力的控制，国家得到了资财。王莽的五均六筦也效法汉武帝，启用富商大贾来管理，而王莽没有力量来控制他们，所以掌管五均六筦的商贾官吏借机与郡县贪官污吏勾结，盘剥人民，损公肥私，给百姓带来了深重的灾难。

最后，王莽的文化改革。文化改革主要指统一意识形态和大力办教育。汉武帝“罢黜百家，独尊儒术”，要用崇儒来取代黄老。汉武帝大办教育，兴学校，置博士弟子员，培养有文化的治国人才，都取得了很大的成功。王莽在新朝的教育上没有什么成就，而在统一意识形态上不遗余力，措施最笨拙，内容极荒唐。统一意识形态最核心的内容就是为新王朝制造合理存在的理论依据。王莽改正朔，易服色，这是改朝换代最基本、最正常的行政措施，无须多谈。王莽独创了一套国家机器，大力宣传说谎话的愚民运动，既笨拙又荒诞。说谎运动就是用各种手段在全国范围宣传符瑞，制造符瑞，要百姓相信，王莽是真命天子。王莽篡位的过程，就是一个说谎逐步升级的过程。王莽篡位以后，正式建立国家机构，向全国派出五威将来宣传符瑞，迫使地方政府官员动员百姓集体上奏章，歌颂王莽，献民歌民谣，献符瑞，闹出许多笑语，司马光详载于史册，这里不再一一细述。

总上，王莽的改革是一场闹剧。《汉书》的王莽传和司马光的《资治通鉴》，生动翔实载于史册。很快，新朝衰亡，王莽身首异处。汉朝的班固和宋朝的司马光两位古代的史学大家，用历史事实否定了王莽的改革，近现代一些历史学家为王莽翻案，说他是改革家。一个被农民起义送上断头台的窃国大盗成了改革家，岂非咄咄怪事。

汉纪三十

王莽天凤二年至地皇三年（公元 15—公元 22）

【起旃蒙大渊献（乙亥，公元 15 年），尽玄黓敦牂（壬午，公元 22 年），凡八年】

【大事提要】

本卷记事起公元 15 年，讫公元 22 年，凡八年，当王莽天凤二年至地皇三年，是王莽执政的后期。王莽违众施政，导致从内外交困到社会各种矛盾总爆发。重大事件有七个方面。其一，王莽由擅权篡位而得天下，为了防止臣下效法自己，走上极端揽权自毙的道路，变乱官制及名称以削弱臣下之权，而自己事无巨细都要亲躬，结果是大权旁落，臣下舞弊，荒废政务，举国不宁。其二，官吏无俸，层层贿赂自供，导致政府机构、大小臣工全面腐败，民不堪命。其三，王莽新政全面失败，五均、六筦扰民，币制屡变，通货膨胀，人民犯法者众。其四，王莽对周边少数民族政策失误，运用不诚信的诈计挑动民族之间的矛盾，企图渔利，或用金钱外交羁縻，而常常运用重兵征讨吓阻，这是下下策，结果北方匈奴全线侵扰，又用兵西域、西南夷，均遭失败。其五，百姓受苛暴政治压迫，赋役繁重，经不起天旱、水灾、瘟疫、蝗灾的打击，流民四起，聚众为盗，终于酿成绿林、赤眉大起义。其六，王莽拒谏，日听谄媚之言，直臣隐退，群小得进。平定民变，王莽不用公孙禄之言，不听大司马士的下情上传，不用贤将，田况有功而生猜忌，用兵如儿戏，庸将征讨，屡遭败绩而不悟，以致事不可为。其七，地皇二年（21），太子王临谋诛王莽，发动了一场未遂的宫廷政变，统治集团上层分崩离析。地皇三年，南阳刘氏起兵，与绿林各军联合反对王莽，新朝已到了崩溃边缘。

王莽下

王莽天凤二年（乙亥，公元 15 年）

春季，二月，大赦天下。

民间谣传黄龙摔死在黄山宫中，老百姓奔走相告，前去观看的有上万人。王莽讨厌这件事，下令逮捕、追查谣言的来源，但没有找到。

匈奴单于栾提咸既然与中原和亲，就要求新朝归还他儿子栾提登的尸体。王莽想派使者护送到匈奴，又担心栾提咸怨恨，杀害使者，就逮捕先前建议诛杀质子栾提登的将军陈钦，用别的罪名处死他。王莽挑选善于言辞的济南人王咸任大使。夏季，五月，王莽又派和亲侯王歙和王咸等人护送右厨唯姑夕王，趁便归还先前被斩首的质子栾提登和各位侍从贵人的尸体。单于派伊墨居次云、右骨都侯须卜当的儿子大且渠奢等人到边境迎接。王咸到了单于王庭，陈述王莽的声威德行，王莽也馈赠了许多金银珍宝，趁机劝说单于改变称号，改匈奴叫恭奴，单于叫善于，接受新朝颁发的印信。封骨都侯须卜当为后安公，须卜当的儿子奢为后安侯。匈奴单于栾提咸贪图王莽的金币，所以勉强听从。但是，对边境的侵扰抢劫依然如故。

王莽认为，制度确定以后，天下就会太平，所以精心思考划分地域，制定礼仪，创作乐曲，考证儒家《六经》的理论。公卿大臣早上入朝，晚上退朝，整天议论，连续几年没有定论，没有时间审理积案和平反冤狱，以及处理民众的急迫事务。有的是县长缺位好几年，仍由别官代理。各种贪赃枉法的行径，日益严重。派往各郡各诸侯国的中郎将、绣衣执法，都凭借自己的权势，互相检举奏报。还有十一个公士分布各地，劝课农桑，颁布季节时令，考核各种规章制度，这些官吏往来不绝于道路。每到一地，就集合官民，逮捕证人。郡县官府，苛征暴敛，层层贿赂，以保平安。是非混淆，黑白不分，到朝廷申冤告状的人很多。王莽自己清楚先前因为专权才取得汉朝政权，所以王莽一定要亲自总揽各种事务，主管部门只是按照既定的政令办事，以图免除罪责罢了。各种珍宝名器、钱库、谷粮等主管官吏，均由宦官充任、掌管；官民奏上的密封奏章，也都由宦官与身边的近臣拆封，尚书不得参与。王莽提防害怕臣下到如此地步。王莽又喜欢改变制度，政令繁多，原本奉命执行的事，也要多次请示询问确认后才去办理，造成前一件事没办完，后一件事又接上来，以致心乱目昏而不能理事。王莽经常熬夜在灯下办公直到天亮，仍办不完。尚书趁机舞弊，压下一些紧急事务不报，上奏等待回报的地方使者连年得不到回答不能离去，关押在郡县监狱的人，只有等到大赦才能出去，卫戍一年的京城士兵，过了三年还没人来换防。粮谷经常是高价，二十多万戍边的士兵都靠官府供给衣食。五原、代郡尤其遭殃，戍兵群起为盗，几千人为一伙，转移进入邻近各郡。王莽派遣捕盗将军孔仁领兵与郡县官兵联合攻击，经过一年多才平定。

邯郸以北地区，连绵大雨，平地涌水，深的地方有几丈，冲走淹死了几千人。

（以上为第一段，写王莽惧怕臣下专权，自己总揽朝政，事无巨细亲理，结果荒废政务，臣下舞弊，举国不宁。）

王莽天凤三年（丙子，公元 16 年）

春季，二月二十四日乙酉，发生地震，下大雪，关东地区尤其严重，积雪厚达一丈，竹子、柏树都枯死了。大司空王邑上书，因为地震请求辞职退休。王莽不准，批示说："大地有动有震，'震'有害而'动'无害。《春秋》记载地震，《易·系辞》记载地动。大地动时张开，静时闭合，动静得宜，万物滋生。"王莽喜欢自我欺骗，自我粉饰，这类事情很多。

此前，王莽借口制度还没有完备，上自公卿，下至小吏，都拿不到俸禄。夏季，五月，王莽下诏书说："我因遭遇阳九困厄的命运，灾害会聚，国家用度不足，百姓骚动，从公卿以下，一个月的俸禄只有两匹十緵布，或者帛一匹。我一想到这事，感到十分悲伤。如今厄运已经度过，国库虽然还不充足，但稍微宽裕。将从六月一日庚寅开始，按照制度发给官吏俸禄。"从四辅、公卿、大夫、士，下至舆、僚共分十五个等级。僚吏的俸禄每年六十六斛，按照等级增加，到四辅每年一万斛。王莽又下诏说："古时候，年岁丰收俸禄按全额发放，年岁歉收就要减少，表示与百姓共欢乐同困苦。所需费用是每年郡国上计京师的总额，与丰年收入的标准做比较，天下没有灾害，太官供应膳食品类齐备，如果有了灾害，按照灾害轻重以十为比率而减少膳食供应。从十一公、六司、六卿以下，分别到各州、郡、国去负责减灾保护，也以十为比率而减少俸禄。在京师领取俸禄的郎官、侍从官、政府各部门的官吏，依照太官供应膳食多少的比例为标准决定俸禄的高低。希望上下同心同德，勉励农业生产，安定百姓。"王莽的制度烦琐细碎到这地步。由于年岁丰歉等级难以确定，比率计算无法精确，所以官吏始终得不到俸禄，各级官吏就利用自己的职权做不法之事，靠收取贿赂来供养自己。

五月戊辰日（疑误），长平馆西岸坍塌，阻塞了泾河水，使河水冲破河堤向北横流。大臣们向王莽祝贺，认为《河图》说的"用土填塞水流"，正是匈奴灭亡的吉兆。王莽于是就派并州牧宋弘、游击都尉任萌等领兵出击匈奴，到达北方边境驻扎下来。

秋季，七月辛酉日（疑误），霸城门发生火灾。

[七月三十日戊午]，发生日食，大赦天下。

平蛮将军冯茂讨伐句町国，士兵染上瘟疫而死亡的就有十分之六七；向民众征收专项的军事费用，高达十分之五，以致益州民穷财尽，而战争仍然没有取得胜利。王莽将冯茂召回，投进监狱而死。冬季，王莽另派宁始将军廉丹和庸部牧史熊，大举征调天水县、陇西县的骑兵，以及广汉、巴、蜀、犍为等郡官民十万人，加上负责粮草运输的人共二十万人，再次攻打句町。大军始达句町，一交战，斩杀数千敌人。后来，军粮供应不上，士兵饥寒，又染上瘟疫。王莽征召廉丹、史熊回京师，廉丹、史熊要求增加支援，重新部署，一定要取胜才班师还朝。于是，大举征收捐税，就都大尹冯英不肯供给，上奏说："自从西南夷叛变以来，连续将近十年，郡、县先是不停地出兵抗击，接着派出冯茂，严酷地用尽了所有办法都没能平定。僰道县以南，山高水险，谷深林茂，冯茂将百姓赶到远地居住，耗费以亿计算，官兵不服水土中毒气而死的达十分之七。现在廉丹、史熊害怕追究自己的责任，就约定期限调用各郡的士兵、粮秣，又搜刮民财的十分之四，以致耗尽梁州地方的财力，但仍无法取得胜利。应当停止战争实行驻兵屯田，明令设置重赏，公开征求建功的军民。”王莽大怒，免除冯英的官职。后来他有点醒悟，说：“对冯英不应该这么深责。”重新任命冯英为长沙郡连率。越嶲郡蛮夷酋长任贵造反，杀死太守枚根。

翟义的党羽王孙庆被抓获，王莽命令太医、尚方和高明的屠夫一同将王孙庆进行剥皮剖腹，测量五脏，用小竹签通他的经脉，弄清脉搏走向，据说是为了治病用活人做解剖。

这一年，王莽派大使五威将王骏、西域都护李崇、戊己校尉郭钦出使西域。各国都到郊外迎接，提供士兵和粮秣。王骏打算袭击焉耆国，焉耆假装投降，却秘密集结军队自卫。王骏等人率领莎车、龟兹的军队七千多人，分为几个梯队，命令郭钦和佐帅何封另率一支军队作为后卫。王骏等人进入焉耆国。焉耆国的伏兵突起，截断王骏等人退路。而姑墨、封犁、危须等国军队，突然全部叛变，掉头和焉耆军队一起进袭王骏，把王骏等人全部斩杀。郭钦稍后抵达焉耆国，此时，焉耆军队还没有回来，郭钦发动袭击，屠杀老人、妇女、儿童，取道车师进入边塞回国。王莽任命郭钦为镇外将军，封为剿胡子，封何封为集胡男。李崇集结残余的军队，退还护卫龟兹。等到王莽新王朝覆灭，李崇去世，西域就跟中原隔绝。

（以上为第二段，写王莽内外交困。内政繁苛，官吏无俸，盘剥民众，靠层层贿赂自供。外交与周边民族交恶，北拒匈奴侵扰，用兵西域与西南，均遭败绩。）

王莽天凤四年（丁丑，公元 17 年）

夏季，六月，王莽在明堂重新授予诸侯王茅草和泥土。王莽亲自砌平有纹理的石头坛位台阶，陈列青茅和四色泥土，祭告泰山、泰社、后土、先祖、先妣，然后颁授诸侯。王莽喜好说空话，羡慕古代的法制，大肆封爵给人，其实本性吝啬，推托行政区域还没有划定，所以暂时只先授给茅土，用以安慰那些喜欢封爵的人。

秋季，八月，王莽亲自到南郊，监督铸造威斗，用五色石和铜一起烧炼，铸一个像北斗的器物，长二尺五寸，用来诅咒镇压所有叛乱的敌兵。铸成之后，命令司命背着它，王莽外出巡视，威斗在前开路，王莽回宫，威斗就放置在御座的旁边。

王莽设置羲和命士，督促实施五均、六筦制度。每郡有几人主持，都用富商大贾担任。他们乘坐驿车，谋求私利，来往全国，乘机和郡、县官吏相互勾结，设立假账。府库钱财都不确实，而百姓更加穷困。这一年，王莽又下诏，重申六筦制度，每一管都制定了法令规章，防止犯禁，触犯的人最高处以死刑。贪官污吏与奸猾之徒，密切勾结，共同侵害百姓，以致黎民大众的生活不安定。此外，征收公爵以下拥有奴婢的人头税，每一个奴婢每人平均要缴纳三千六百钱的税金。全天下的人更加愁苦。纳言冯常规劝撤销六筦制度，王莽大怒，将冯常免职。新朝的法令琐碎苛刻，百姓动辄就触犯法令，加上繁重的差役，无法耕田纺织。同时，旱灾、蝗虫灾接连发生，诉讼案子长久不能判决。官吏用苛刻残暴的手段建立威严，依靠并利用王莽的禁令，掠夺百姓财物。以致富人不能自保，穷人无法活命。因此，无论贫富，都起来造反做强盗，盘踞高山大湖，官吏无法捕捉，只好蒙骗上级，以致逐渐扩大，日益增多。临淮人瓜田仪盘踞会稽郡的长州苑，琅邪人吕母聚集党徒数千人，杀死海曲县宰，逃入海中做海盗，人数越来越多，达到近万人。荆州发生大饥荒，人们逃入山林沼泽，挖荸荠为食，因荸荠有限而互相争夺。新市人王匡、王凤因为处理民间纠纷公正，而被推举为首领，有众数百人。于是一些逃亡在外的人，如南阳人马武、颍川人王常、成丹等都来跟随王匡；他们一同攻打离乡聚，躲藏在绿林山中，数月之间，集结七八千人。还有南郡人张霸、江夏人羊牧等，和王匡同时兴起，人数都达上万人。王莽派出使臣，就地赦免这些盗贼。使臣回到京都上奏说："盗贼解散之后，很快就又聚集一起。问他们原因，都说：'苦于法令烦琐而苛刻，手脚动弹不得，又难以靠劳力谋生，辛苦所得尚不足以缴纳赋税。即使闭门自守，也往往因邻居私自铸钱币或携带铜器而要连坐入狱，贪官污吏趁机害苦民众。'百姓走投无路，全都起来做强盗。"王莽大怒，罢了使臣的官职。有的人顺着王莽的心意说："老百姓傲慢狡猾，应该诛杀。"或者说："时运遭劫，不久当灭。"王莽就会高兴，给他升官。

（以上为第三段，写王莽五均、六筦政策扰民，赋役苛重，民变四起，绿林起义爆发。）

王莽天凤五年（戊寅，公元 18 年）

春季，正月初一，北军南营门发生火灾。

任命大司马允费兴为荆州牧，王莽接见费兴，询问他到任后的施政方针，费兴回答说："荆、杨二州的百姓大都依靠山林湖沼，以捕鱼、采樵为业。近来，国家设置六筦制度，征收山林湖沼税，损害剥夺了百姓的利益，加上连年旱灾，百姓饥饿贫穷，所以沦为盗贼。我到任后，想要明令晓喻盗贼，返回乡里，贷放农具、耕牛、种子和粮食，放宽他们的租税，希望能使他们消解愁怨，安于其业。"王莽发怒，罢了费兴的官。

全国的官吏由于得不到俸禄，都靠贪赃枉法，牟取私利，郡尹、县宰家里都积累上千斤黄金。王莽调查从始建国二年匈奴扰乱中国以来，所有军吏和边境官吏大夫以上因非法牟取利益而增加产业发了财的，下令没收他们全部财产的五分之四，用以资助边防急需。此令一下，各公府官吏乘坐驿车迅速跑遍全国，调查审核贪官污吏，启发士兵控告自己的将领，奴婢告发自己的主人，本来希望以此来禁止奸邪，结果奸邪反而越发严重。

王莽的孙子功崇公王宗，自画了一幅穿戴皇帝衣幅的画像，且私刻三枚印章，事情败露，王宗自杀。王宗的姐姐王妨是卫将军王兴的夫人，犯了诅咒婆母的罪，为了灭口，又杀死婢女；王妨、王兴都自杀身亡。

这一年，扬雄去世。最初，汉成帝时，扬雄为郎官、给事黄门，和王莽、刘秀官位并列；哀帝初期，又与董贤官位相同。后来王莽、董贤任三公之职，权力超过皇帝，只要王莽、董贤推荐保举，没有不被提拔的。但是，扬雄历经了三任皇帝，却仍是原职。等到王莽篡夺帝位，扬雄才以长久官位不升的老前辈资格，提升为大夫。扬雄把势利看得很淡漠，只崇拜古人古事，乐守圣贤之道，想以文章使自己留名于后世，于是撰写《太玄》一书，以综合天、地、人三方面的道理。扬雄又发现先秦诸子的学说，各有其智慧之言，和儒家背道而驰，大多是诋毁儒家学派的圣人，奇异荒诞，似是而非的巧言邪说，扰乱时政。虽然是有一些小小的辩论技巧，但终究可能破坏儒家学派的大道，而迷惑群众，让人们信奉它，而不知道它是不对的。因此当时有人向扬雄提出问题，扬雄都用合乎礼法的言论回答，于是收集成书，定名《法言》。只求内省，不向外宣扬，受到当时人的轻视。唯有刘秀和范逡尊敬他，而桓谭也认为他的书无与伦比，钜鹿人侯芭拜扬雄为师。大司空王邑、纳言严尤听说扬雄去世，对桓谭说："先生经常称赞扬雄的著作，难道能留传后世吗？"桓谭说："必然能留传，只可惜你和我都看不到罢了。平庸的人以近为贱，以远为贵，看见扬雄官位这么小，地位这么低，容貌又这么平庸，都没有动人之处，因此瞧不起他的著作。从前，李耳著虚无之说两篇，轻视仁义，抨击礼学，但是，后来喜欢它的人，还认为它的价值超过《五经》，从汉文帝、汉景帝到司马迁，都有这样的说法。现在扬雄的著作，文字功力和内容都十分深刻，但所发议论却不违背儒家学派，将来必定超过其他学派的学说。"

琅邪人樊崇在莒城聚众起兵，有一百余人，辗转进入泰山。为盗民众佩服樊崇的勇猛，纷纷依附，一年之间，集聚了万余人。樊崇同郡人逄安，东海人徐宣、谢禄、杨音各自聚众起兵，总共达数万人。于是，领兵与樊崇会合，一同回军进攻莒城，没有攻下。就转移到青、徐二州一带抢劫。还有东海人刁子都，也聚众起兵，在徐、兖二州一带劫掠骚扰。王莽派遣使臣征调各郡、国的军队攻击，不能取胜。

匈奴乌累单于去世，他的弟弟左贤王栾提舆继位，称为呼都而尸道皋若鞮单于。栾提舆即位后，贪恋赏赐，就派遣大且渠奢和伊墨居次云的妹妹的儿子醯椟王一起到长安进贡。王莽派遣和亲侯王歙与大且渠奢等人一起到制虏塞，去和伊墨居次云、须卜当会面。王歙趁机用兵将伊墨居次云、须卜当二人胁迫到长安。伊墨居次云、须卜当的小儿子从塞下逃脱，回到匈奴。须卜当到长安后，王莽任命他为须卜单于，想派出大军帮助他在匈奴登位，而大军一时难以集结。于是，匈奴更加愤怒，在北边全线侵扰抢劫。

（以上为第四段，写扬雄之死和山东赤眉起义。匈奴怨恨新朝，大举扰乱北边。）

王莽天凤六年（己卯，公元 19 年）

春季，王莽眼见全国民变增多，就命令太史推算三万六千年的日历，每六年改元一次，布告天下。王莽下诏书自称："我当和轩辕黄帝一样成仙升天。"想用这办法欺骗迷惑老百姓，消除民变，听到的民众都哑然失笑。

王莽首次将他御制的《新乐》呈献于明堂、太庙。

更始将军廉丹攻击益州郡叛乱的蛮族，不能取胜。益州蛮族栋蚕、若豆等部落起兵谋反，杀死郡太守。越嶲郡夷人大牟也起兵谋反，屠杀官民。王莽将廉丹召回来，另派大司马护军郭兴、庸部牧李晔去攻打蛮夷若豆等部落，派太傅羲叔士孙喜去清除江湖的民变。此时，匈奴侵犯边境，形势更为严峻。王莽就大举招募全国壮丁以及死罪囚犯、官吏及平民的家奴，起名为豬突、豨勇，作为精锐部队。扩大征收捐税，所有赋税均由全国官民承担，收取民众财产的三十分之一，绸绢全部运送到长安。又下令公卿以下直到郡县最低级官员，都要负责饲养并保护军马，其数目根据各人的俸禄规定等级，而官吏都把它转给百姓饲养又广泛招募全国有可以攻击匈奴的奇巧技术的人才，对他们破格越级提升。于是，上书陈述方略的数以万计。有的声称：渡过江河可以不用舟船，只要将战马首尾相接，就可运送百万雄师。有的声称：不用携带军粮，只要服一种药物，军队就不会饥饿。有的声称：能够飞行，一日飞行一千里，可以深入匈奴腹地侦察。王莽就当场让他们试验，他们拿大鸟羽毛做成两个大翅膀，头上和全身都贴满羽毛，全身用环形扣结缠绕，飞行几百步就摔下来了。王莽知道这种技术不能用，又想博取珍惜人才的名声，都任命为理军，赐给车马，等候出发。

当初，王莽想引诱须卜当来长安，大司马严尤劝谏说："须卜当在匈奴右部，他的部众从来没有进犯过边境，匈奴单于的一举一动，他都及时告诉中原，这对中原有很大的帮助。现今若将须卜当迎来安置在长安槀街，那不过是一个普通的匈奴而已，不如让他留在匈奴，对中原更有益。"王莽不听。把须卜当召诱来后，王莽想派严尤和廉丹去攻打匈奴，特赐姓征氏，号称二征将军，要他们杀死单于栾提舆，然后好用须卜当去代替他。从长安车城西横厩出发，正在等待起行日期。严尤是一名很有智谋和才干的将领，素来反对王莽攻打四方夷族，屡次规劝，王莽都没采纳。此次出征时，举行廷仪，严尤坚持说："匈奴可以暂且不管，我们最大的忧虑，应该是山东地区的盗贼。"王莽大怒，下策书罢免严尤。

大司空议曹史代郡人范升，向大司空王邑提出书面建议，说："我范升听说，做儿子的，不离间父母之间的感情，才算孝子。做臣子的，有过即谏，不诋毁国君，才是忠臣。现今，人们都歌颂皇帝神圣，赞扬你英明。但是，英明就是无所不见，神圣就是无所不闻。现今天下大事，像日月一样昭明，像雷霆万钧一样震撼。然而，皇上看不见，你也听不到。那么，天下黎民到哪里去呼喊苍天？你认为措施是对的而不说，那过错还小。明知是错的却仍奉命执行，那么过失就大了。这两种情况，你都不可能避免，难怪天下人将所有的怨恨都集中在你的身上。朝廷以为四夷不服，是最大的忧虑，我范升则认为国内人民不心悦诚服，才是最大的忧虑。如今任何举措都不合时宜，所决定的事情与常规相背。在翻车的道路上疾驰，在失败的轨迹上步步逼近，往后降临的灾祸越发令人震惊，爆发得越晚就越可怕。如今，正逢一年开始的春天，却兴兵远征。野菜都不够吃，田地荒芜，无人耕种，谷价猛涨，一斛竟高达数千钱，官吏和百姓都陷于水深火热之中，已不再是国家的基石。如此，就好比胡人、貊人把守未央宫宫门，青州、徐州的贼寇近在帐幕之内。我范升有一句话，可以解除天下危急，免除百姓的痛苦。难以用文字表达，希望承蒙你引见皇帝，当面陈述。”王邑没有理会。

翼平郡连率田况奏报郡、县所报人民的财产不属实，王莽又按三十分之一征税一次。王莽认为田况进呈忠言，忧国忧民，晋升为伯爵，还赐给两百万钱，百姓都咒骂田况。青、徐二州的百姓大批背井离乡，向外逃亡。老弱饿死于道路，而年轻力壮的则加入盗贼。

夙夜郡连率韩博奏报说：“有名奇士，身高一丈，腰粗十围，来到臣的官府，声称：要从军出征匈奴，自我介绍名叫巨毋霸，生长在蓬莱山东南、五城西北的昭如海边，小车无法载他，三匹马拖不动他。当天，我就用四匹马的大车，竖立虎旗，载着巨毋霸前来京师。巨毋霸躺着就用鼓做枕头，用铁筷子吃饭，这是皇天派他来辅助新朝的。希望陛下能为他特制大铠甲、高车，勇士孟贲、夏育穿的衣服，派遣一员大将，勇士百余人，在道路上迎接他。京师门户若不能容纳，就增高加大，用以展示给所有蛮族看看，以镇服天下。”韩博意在讽刺王莽。王莽听说大为厌恶。就命巨毋霸留在所到达的新丰县，并将他的姓改为巨母氏，说是因文母太后而出现这个人，而使自己成为霸王的符命。然后，征召韩博，关进监狱，以说话不当为由，将他在闹市斩首示众。

函谷关以东连年饥馑荒旱，刁子都等党羽日渐增多，已达六七万人。

（以上为第五段，写王莽拒谏，施政屡失，横征无已，民怨沸腾，与匈奴交恶，全线告警。）

王莽地皇元年（庚辰，公元 20 年）

春季，正月乙未日（疑误），赦免天下。改元年号为地皇，根据三万六千年日历六年一改的理论。

王莽下诏书说："正当大军出征，有人敢在大街奔跑、号叫，触犯法令的立即斩首，不必等到行刑的秋季。"于是春、夏季节也在街市杀人，百姓震惊害怕，路上行人只能以目示意，不敢说话。

王莽看到四面八方盗贼越来越多，再次想用诅咒妖术镇伏盗贼，于是下诏书说："我的皇初祖黄帝平定天下，自己统领军队任大将军，内设大将，外置大司马五人，从大将军到士吏，总计七十三万八千九百人，士兵一千三百五十万人。我接受符命，效法古人，将逐项设置齐备。"于是设置前、后、左、右、中五个大司马的职位，各地州牧至县宰，都赐给大将军、偏将军、裨将军、校尉的称号。乘着驿车的使者，经过各郡、国传达诏命，每天都有十几批，仓库已经没有存粮供给，驿站车马也不能满足，途中见到民间行驶的车马，就强行征用，或者向民间直接征用。

秋季，七月，狂风摧毁未央宫的王路堂。王莽下诏书说："在壬午下午三至五时，发生狂风暴雨，摧毁房屋，折断树木，我内心十分担忧。沉思十天之久，才终于解开这场迷惑。先前上天下降符命文说要立王安为新迁王，王临的封国在洛阳，为统义阳王。参与封王讨论的人都说：'王临封国洛阳，又有统字为称号，是说他居于全国的中心，是新室的正统，应当做皇太子。'因此封王临为皇太子，自此以后，王临长久生病，后来虽然痊愈，但身体尚未恢复健康。王临上有兄长而称皇太子，名分不正。我从即位以来，阴阳不能调和，粮食歉收，蛮夷侵犯中原，盗贼违法作乱，百姓惶恐不安，不知如何安放手脚。深思其过错，在于名分不正的缘故。应当正式按符命立王安为新迁王，王临为统义阳王。"

王莽又下诏书说："黄色尊贵，赤色轻贱，郎官、侍从官都只应穿深红色的衣服。"

专门观察天象的人很多都说出现了大兴土木工程的征兆。九月甲申日（疑误），王莽于是在长安城的南面建筑九座祭庙，其中以轩辕黄帝的祭庙最大，占地四十平方丈，高十七丈，其他祭庙则仅有它的一半大，规模富丽堂皇，极为壮观。大力征召全国工匠并倡导官民义务捐粮赞助兴建，人员和物资，在路上络绎不断。整个工程极尽百工精巧之能事，耗费数百万钱，服劳役的人死亡以万计。

自九月份开始，大雨一连下了六十多天。

巨鹿郡男子马适求等人在燕、赵地区阴谋发动兵变，以讨伐王莽，大司空的属吏王丹发现后，向上禀报。王莽派遣三公大夫逮捕其党羽，加以治罪，牵连地方绅士豪杰数千人，都处以极刑。封王丹为辅国侯。

王莽规定，所有私自铸造钱币的处以死刑；损坏宝货的一律流放到四方荒远之地。因为犯法的人太多，以致法律无法执行。因此，就把处罚减轻。私自铸钱的，夫妻同时送进官府做奴婢，官吏和邻居知道而不检举告发的同罪。散布谣言败坏钱币信誉的，如果是百姓就罚一年劳役，官吏就免其官职。

太傅平晏逝世。任命予虞唐尊为太傅。唐尊说："国家空虚，人民穷苦，原因在于奢侈过甚。"因而，就身穿小袖短衣，骑母马，乘坐简陋的车子，用草作坐卧的衬垫，用瓦器作餐具，又用瓦器盛着食物赠送给公卿。外出时，看到男女不分路而走，唐尊就亲自下车，给予象征性的刑罚，用红土泥水弄脏他们的衣服。王莽听说后，很赞赏他的做法，下诏给所有文武官员："你们要向唐尊学习。"封唐尊为平化侯。

汝南人郅恽深明天文星象、历法，认为汉氏一定复兴，上书劝诫王莽说："上天所以发生灾异，是想使陛下醒悟，早日回到臣子的位置。陛下的帝位，取之于天，如今应还之于天，才算是知道天命。"王莽大怒，将郅恽投入诏狱，过了一个冬天，遇到赦免，才得以出狱。

（以上为第六段，写王莽面对民变四起，不思抚恤，反而变本加厉横征暴敛，派出使者扰民，又用改封皇子的办法以应天变，自欺欺人，结果民变更加如火如荼发展。）

王莽地皇二年（辛巳，公元 21 年）

春季，正月，王莽妻子去世，谥号为孝睦皇后。当初，王莽妻子因为王莽一连杀了两个亲生儿子王获、王宇，哭瞎了眼睛，王莽就让太子王临住在宫中奉养母亲。王莽妻子身边有一个侍女叫原碧，王莽召幸了她，王临也和她私通，害怕事情败露，就共同商量杀死王莽。王临的妻子刘愔，是国师公刘秀的女儿，能观看星象，告诉王临说，宫中将有丧事发生，王临很高兴，认为谋划一定会成功。之后贬为统义阳王，出宫住在自己的府第，更加忧愁恐惧。正巧王莽的妻子病重，王临写了一封信，说："皇上对子孙最为严厉，先前长孙王宇、中孙王获都是年三十岁被处死，如今臣王临年岁又正三十，担心母后一旦有什么不幸，臣不知道会死在什么地方。"王莽去探视妻子的病情，看到了这封信，大怒，疑心王临有恶意，妻子死后，不让王临参与丧礼。王莽把妻子安葬完毕，逮捕原碧等人拷打审问，原碧原原本本承认通奸以及谋杀的事，王莽要掩盖这件丑闻，决定杀人灭口，派人秘密杀死审问案件的司命从事，就地埋在监狱中，连家里人都不知道下落。王莽赐给王临毒药，王临不肯饮药，用剑自杀而死。王莽又下诏给国师公说："王临原本不懂星象，事件由刘愔而起。"刘愔也自杀而死。

这一月，新迁王王安病死。当初，王莽为侯回到封国时，宠幸侍女增秩、怀能，生子王兴、王匡，都留在新都国，因为两子身份不明。等到王安死了，王莽就用侯王的专车派使者迎接王兴、王匡。册封王兴为功修公，王匡为功建公。

卜卦算命的王况对魏成郡大尹李焉说："汉家会复兴，李氏将任辅佐大臣。"就替李焉编造预知未来的谶书，合起来有十多万字。这件事被告发，王莽就诛杀了这两人。

王莽派遣太师羲仲景尚、更始将军护军王党，领兵攻打青、徐二州地区的贼寇，国师和仲曹放协助郭兴攻打句町，两支部队都没有取胜。军纪败坏，百姓越发困苦。

王莽又把全国的粮食、绢帛转运到西河、五原、朔方、渔阳等郡。每郡以百万计，想用以攻击匈奴。此时须卜当病死，王莽将庶女王捷嫁给须卜当的儿子后安公须卜奢，因此对他尊荣赏赐，都很优厚，并决心要用武力送他回国即位。很快，王莽失败，而栾提云、须卜奢也先后在中原去世。

秋季，霜冻伤害庄稼，函谷关以东大饥馑，蝗虫成灾。

王莽减轻私自铸钱的处罚后，犯法的人愈来愈多。邻居五人连坐被收作官府奴婢。其中男子装入囚车，女子步行，都用铁锁链锁住他们的脖子，押解到长安铸钱官府，人数以十万计。到了那儿，拆散夫妇，强迫改配，愁苦而死的十有六七。

上谷郡人储夏季，自我举荐，愿去说服变民首领瓜田仪投降。瓜田仪还没有出面就去世了。王莽要回他的尸体，将其安葬，为他修墓与祠庙，谥号为瓜宁殇男。

闰八月二十七日丙辰，大赦天下。

郎官阳成修进献符命，称要继立皇后。又说："轩辕黄帝后宫有一百二十个女子侍候才成了神仙。"王莽于是派中散大夫、谒者各四十五人，分路到全国各地，广泛地挑选乡间大家赞许的美丽淑女，呈送她们的芳名。

王莽十分憎恶汉高祖庙的神灵，就派遣虎贲郎武士进入高庙，拔剑四面砍击，用斧头砍坏门窗，用桃木煮的水挥洒墙壁，又用红色鞭子乱抽乱打，命令轻车校尉住在庙中。

（以上为第七段，写王莽皇后及太子王临之死。王临因为策划了一场未遂的宫廷政变，被王莽逼杀。王莽的奸诈与猜忌，连儿子都看不惯而要背叛，王莽的下场可想而知。）

这一年，南郡人秦丰聚众近万人，平原人女子迟昭平也聚众几千人，活动在黄河险要地带。王莽召集群臣询问剿拿动乱民众的策略，大家都说："这些乱民是违犯天规的囚犯，只不过是行尸走肉，顷刻之间就将灭亡。"召来前左将军公孙禄参与议事，公孙禄说："太史令宗宣，主管星象历算。占候气节的变化，把凶险的征兆说成是吉祥的征兆，扰乱天文，贻误朝廷。太傅平化侯唐尊，用巧饰虚伪的言行窃取名誉地位，害了人家的子弟。国师嘉信公刘秀，颠倒《五经》，破坏师法，造成学士们的思想混乱。明学男张邯、地理侯孙阳，造作井田制度，使农民丧失了土地产业。羲和鲁匡，设置六筦制度，使工商业陷入崩溃。说符侯崔发，阿谀拍马，阻塞下情上传。应当处死这几个人，用来平息全国的民愤。"又说："匈奴不可以去攻击，应当和亲。臣担心新朝的忧虑不在匈奴，而是在国内。"王莽大怒，命令虎贲郎将公孙禄扶出宫去，但采纳了他的一些建议，降职鲁匡为巨原卒正，因为老百姓怨恨抨击他。六筦制度不是鲁匡一个人的创造，王莽为了满足大家的愿望，把鲁匡外放。

当初，四方各地的百姓都因饥寒贫困才铤而走险，群起为强盗，逐渐聚集在一起，经常想念年岁丰收回到乡里。聚众尽管以万计，但不敢夺取城邑，每天只求当天吃饱就满足了。地方州牧、长吏都是自己乱撞乱斗被兵刃所伤而死，盗贼并不敢也不想攻杀他们。可是王莽始终不明白民众为什么要做盗贼。这一年，荆州牧调发奔命士兵两万人讨伐绿林军。绿林军帅王匡等领兵在云杜县迎战，大败荆州牧的官兵，杀死几千人，剿获了官兵全部军用物资。荆州牧打算向北撤退，马武等又进行伏击，用铁钩钩住了荆州牧坐车的车前挡泥板，刺杀了荆州牧的陪乘，始终没有敢杀荆州牧。贼众于是攻占了竟陵，转而攻击云杜、安陆，大量掳掠妇女，还归绿林山中，众达上万余口，州郡官府无可奈何。又，大司马士到豫州办案，被贼盗抓获，贼盗将他送交县府。大司马士回到朝廷，上书报告他的经历详情，王莽大怒，认为他编瞎话骗人，便下诏书指责三公四辅，说："吏的意思是治理国家，宣扬德政，彰显恩泽，用以管教养育人民，这就是仁的原则。压制豪强，督察奸邪，这就是义的准则。如今却不是这样，盗贼四起却不及时捕拿，到了成群结党，甚至劫掠乘坐驿车的政府官吏，官吏脱身后又胡言乱语，说什么'我责备盗贼，为什么做强盗？盗贼回答说：因为家里贫困啊！盗贼还护送我出境'。如今平庸的人，说起盗贼的事大多如此。想想看，只因贫困饥寒就为非犯法，大群的就去抢劫，小股的就入室偷窃，不外就是这两种。如今却是结党合谋，人数成百上千，已经是罪大恶极的叛乱，岂能用饥寒来解释吗？着四辅、三公要严厉告诫卿大夫、卒正、连率、庶尹各级官吏，认真抚养善良的民众，紧急捕杀消灭盗贼！若有不同心合力痛恨狡猾的盗贼，反而胡说他们因饥寒才做盗贼的人，就把他逮捕入狱，查办他的罪过！"这样一来，朝廷官吏更加惶恐，没有人敢说盗贼的实情，州郡又不能擅自发兵，盗贼因而始终无法平定。

只有冀平郡的连率田况，一向果断勇敢，他擅自动员十八岁以上的丁壮四万多人，发给他们府库的兵器，将纪律法令刻在石头上，樊崇等人听说了，不敢入侵冀平郡。田况自己弹劾上奏，王莽下诏斥责田况，说："没有赐给虎符而擅自调动军队，这是玩弄兵权，与犯贻误军机的王兴罪同等。由于田况自己定下一定擒灭盗贼的军令状，所以暂且不予治罪。"之后，田况自动请求出境击贼，所到之处，攻无不破。王莽便用玺书诏令田况代理青、徐两州的政务。田况上书说："盗贼刚起来时，原本势力很小，地方治安官员和同伍的人就能擒拿，但是地方长官不放在心上，县欺骗郡，郡欺骗朝廷，实际盗贼一百人，只上报十人；实际上一千人，只上报一百人。朝廷也没有重视，不能及时督察问责，于是蔓延发展到连片几个州，这才派遣将帅和许多使臣，辗转督察。郡县尽力伺候上司，应付搪塞，回答推脱责任，供给好酒好饭，奉献金银财宝，用以解救自己的死刑，哪有功夫去考虑盗贼、办理公事。再说将帅又不能身先士卒，一交战就被盗贼打败，官兵士气沮丧，白白地耗费了百姓的资财。前次幸而蒙受朝廷的赦免，盗贼想要解散，想不到有的遭到官兵伏击，他们只能惊恐地又逃入山谷，互相转告，以致各郡县已经投降的盗贼都更加惊骇，害怕受骗遭到消灭，趁着因为饥荒人民容易被激动的机会，十天之间便集聚了十多万人，这就是盗贼所以众多的缘故。如今洛阳以东，一石米售价二千，臣看到诏书，朝廷打算派遣太师、更始将军出征，两人是朝廷的爪牙重臣，随从人员众多，沿途无力供给，随从人员少了又无法威震远方。应当赶快在州牧、大尹以下选拔人才，申明赏罚，由他们去收集离散的乡众，没有城邑的小封国，将其境内的老弱迁移安置到邻近的大城市中，积蓄粮谷，合力固守，盗贼来攻城，无法攻破，所经过的地方没有粮食，形势逼使盗贼不能大规模聚集，如果这样，招抚盗贼，一定会投降；进攻盗贼，一定被歼灭。如今徒然派出许多将帅，郡县受到的困苦反而超过盗贼的骚扰，应当尽快召回乘驿车的使者，让郡县休养生息。委任我田况负责青、徐两州的盗贼事务，一定能够平定消灭。”王莽忌恨田况逞能，暗中布置取代他。王莽派出使臣颁赐田况玺书。使者到达，召见田况，宣布接替他掌管兵权，送田况西到长安任职，被任命为师尉大夫。田况离开青、徐二州，齐地局势全部乱了套。

（以上为第八段，写王莽刚愎自用，不听公孙禄之言，不纳大司马士的实情报告，不用田况有效的征抚方略，一切征剿措施都按错误的方向走，于是禄林、赤眉大起。）

王莽地皇三年（壬午，公元 22 年）

春季，正月，王莽建造的天子九庙落战，各庙都安放了神主。王莽前去祭拜，乘坐六马拉车的大驾，马身上披着用五色羽毛织成龙文图案的套子，马头上装饰假角，长三尺。还制造华丽的九层车盖，高八丈，御车装置有四个车轮，拉车的人高呼“登仙”的口号。王莽出行时，用这辆车在前开路。文武百官窃窃私语说：“这像一辆载着棺材的丧车，不是什么仙物。”

二月，青、徐二州的民变首领樊崇等人杀死了攻打他们的朝廷大臣景尚。

函谷关以东地区出现人吃人的现象。

夏季，四月，王莽派太师王匡、更始将军廉丹东出讨伐盗贼。起初，樊崇等人的部众日益增大，于是与众约定：“杀人抵命，伤人偿创。”其中，最高首领称号三老，其次叫从事，再次叫卒史。等到得知太师、更始将军出兵来讨伐，担心自己的部众与王莽的官兵相混，就把部众的眉毛涂成红色相区别，因此称号叫赤眉军。王匡、廉丹合计率领精锐士兵十余万人，军纪败坏，所过地方没有约束。东方百姓流行歌谣说：“宁可遇上赤眉，不愿碰到太师。太师勉强过得去，更始来了就没命。”确实如同田况说的一样。

王莽又大批派出大夫、谒者到各地去传授民众用草木煮成酪浆充饥，酪浆无法食用，更是加重了民众的负担。

绿林军突然染上严重的瘟疫，死亡将近半数，因而各自分散离开绿林山。王常、成丹向西进入南郡，称为“下江兵”；王凤、王匡、马武及其支党朱鲔、张印等人，向北进入南阳，称为“新市兵”，各个首领都自称将军。王莽派司命大将军孔仁统领豫州、纳言大将军严尤、秩宗大将军陈茂出击荆州。各自带领随从官员一百多人，乘坐驿车到各自任所招募士兵。严尤对陈茂说：“派出将领，却不给发兵的兵符，遇事一定要先请示然后才行动，这好比是用绳子拴住猎狗韩卢却要求它去捕获猎物啊！”

蝗虫从东方兴起，飞满天空，遮蔽了太阳。

流亡难民进入函谷关的有几十万人。朝廷在各地设置养赡官吏供给食物，由使臣监督，他们却和小吏一起盗窃这些食物，以致流民饿死的十有七八。

先前，王莽派遣中黄门王业负责长安城市场商贸管理，用很低的价格强购民间货物，百姓深受其苦。王业却因节省收购费用而立功，被赐爵为附城。王莽听说京城里发生饥荒，就询问王业，王业回答说：“这些都是流民。”还从市场上买来售卖的好米饭、肉羹，呈送给王莽看，说：“本城居民吃的都是这些东西。”王莽相信了他的话。

秋季，七月，新市兵首领王匡等进攻随县。平林人陈牧、廖湛，也聚众一千余人，称为平林兵，以响应王匡。

王莽下诏书斥责廉丹说：“仓库粮食已尽，国库财物已空，应该愤怒出击了。将军身受朝廷的重任，若不能捐躯于战场，就无法报答朝廷的厚恩，尽到应尽的责任！”廉丹恐惧，当晚就召唤他的文书冯衍，将诏书拿给他看。冯衍趁机对廉丹说：“张良因为五代都是韩国的相国，因而才在博浪沙中，用铁锥谋刺秦始皇。将军的祖先，是汉朝的忠信之臣。新王朝兴起，天下英雄豪杰都不亲附。如今全国溃散混乱，百姓怀念汉朝的恩德，远远超过周朝百姓怀念召公。人们所歌颂赞美的，上天一定顺从他。现今，我替将军谋划，最好将部队驻扎在一个大郡，安抚吏士，然后砥砺他们的志节，接纳英雄豪杰之士，请教忠直智慧的谋略，为国家兴利，替万民除害。那么，你的福禄就会流传无穷，功业将永垂青史。何苦要连同你的军队一齐在战场被毁灭，使你的躯体同草本一起腐烂在荒野，身败名裂，使祖先蒙辱！”廉丹没有听冯衍的劝告。冯衍是左将军冯奉世的曾孙。

冬季，无盐县索卢恢等人聚众起兵，占据县城，响应赤眉，廉丹、王匡攻陷无盐县城，杀死一万余人。王莽派中郎将奉诏书慰劳廉丹、王匡，晋升二人为公爵，又封有功官吏十多人。

赤眉别校黄宪等数万部众，据守梁郡，王匡想攻击董宪，廉丹认为刚攻下县城，军队疲劳，应当暂且休整，恢复军威。王匡不听，率领军队单独挺进，廉丹只好跟随。在成昌交战，王匡兵败逃走。廉丹派人将他的印信、绶带、符节全送交王匡。叹息说："小儿可以逃走，我却不能！"于是留下来战死。校尉汝云、王隆等二十余人正在别处作战，听说廉丹战死的消息，都说："廉将军已死，我们还为谁活？"驰马冲入敌阵，都战死。

国将哀章，主动请求去平定山东地区的盗贼，王莽便派遣哀章赶往东部地区和太师王匡会合。又派遣大将军阳浚防守敖仓。司徒王寻率领十余万人驻守洛阳，镇戍南宫。大司马董忠在北军中垒营地训练士兵骑射。任命大司空王邑兼掌三公的职责。

（以上为第九段，写王莽倾全力大规模镇压起义军，由于军纪败坏，更加使民众痛苦不堪，加上瘟疫、天灾，民变更加如火如荼，赤眉军、绿林军虽受挫折，却愈战愈强，新朝已呈溃败之势。）

起初，汉朝长沙王刘发，生舂陵节侯刘买，刘买生戴侯刘熊渠，刘熊渠生考侯刘仁。刘仁因为南方地势低下，气候潮湿，请求改封到南阳郡的白水乡，便与他的家族定居在南阳。刘仁死后，儿子刘敞继承爵位，正遇王莽篡汉，建立新室，封国被废除。节侯刘买的幼子刘外，任郁林太守，刘外生巨鹿郡都尉刘回，刘回生南顿县令刘钦。刘钦娶湖阳县樊重的女儿为妻，生了三个儿子：刘縯、刘仲、刘秀，兄弟三人幼年丧父，由叔父刘良抚养成人。刘縯个性刚强坚毅，慷慨大度，自从王莽篡夺汉朝政权后，他一直愤愤不平，抱有光复汉朝的志向。平常非但不经营家产，反而倾家荡产，用以广交天下英雄豪杰。刘秀鼻子很高，额角中心隆起，形状如日，爱好农事生产。刘縯经常讥笑他，将他比作汉高祖刘邦的兄长刘仲。刘秀的姐姐刘元是新野县邓晨的妻子，刘秀曾经与邓晨一起拜访穰县人蔡少公，蔡少公对宣扬符命占验的书很有研究，说："刘秀当为天子！"有人接着说："是说国师公刘秀吗？"刘秀开玩笑说："你怎么知道不是我呢！"在座的人都哄堂大笑。唯有邓晨暗自高兴。

宛城人李守，喜好星象、谶书，任王莽的宗卿师，曾对他的儿子李通说："刘氏当复兴，李氏为辅佐大臣。"等到新市兵、平林兵纷纷崛起，南阳郡人心骚动，李通的堂弟李轶对李通说："如今天下混乱，汉王朝应当复兴。南阳郡刘家宗室，唯有刘縯兄弟博爱大众，容纳人才。可以与他们图谋国家大事。"李通笑着说："我正有此意！"恰好，刘秀运粮食到宛城出卖，李通派李轶去迎接刘秀，相互见面，李氏兄弟就详细地将谶文上的事告诉刘秀，彼此投缘，盟誓结交，共同商定计谋。李通主张在立秋那天，趁着骑士总考试时，劫持南阳郡守甄阜和属正梁丘赐，趁此号令大众起兵，让李轶和刘秀回舂陵县起兵响应。于是，刘縯召集当地豪杰计议说："王莽残暴酷虐，百姓分崩离析；如今连年旱灾，到处兵荒马乱，这是上天败亡王莽的时机。恢复汉高祖的大业，奠定千秋万世基业的时候到了！”大家一致赞同。于是，分别派出亲近宾客，到各县策动兴兵起事。刘縯自己发动舂陵县的子弟。各家子弟一听说是谋反都很害怕，纷纷逃避，说：“刘縯害死我！”但是，一见刘秀身穿红衣，头戴武官的大帽，都吃惊地说：“谨慎忠厚的人也都这样干了！”心里才逐渐安定下来。最后，刘縯他们一共集结子弟七八千人，把宾客加以调配安置，自称柱天都部。刘秀此时二十八岁。李通聚众起兵还没有实现就泄露了，李通逃亡，他的父亲李守和家属被牵连犯罪遭王莽杀害，一共死了六十四人。

刘縯派同族人刘嘉去招抚说服新市兵、平林兵，与他们的主帅王凤、陈牧联合西击长聚。攻陷唐子乡，又杀死湖阳县尉。军中由于分配抢夺来的财物不均，大家都很怨恨，要反击刘縯的兵马。刘秀就收集同族人所得的财物，全部交给他们，大家才高兴，军队又向前挺进，攻下棘阳县，李轶、邓晨都率领宾客前来会合。

严尤、陈茂打败下江兵。成丹、王常、张卬等收集散兵，败退转入蒌溪，在三钟山和石龙山一带掳掠，重整部队。接着，带领军队在上唐乡和荆州牧作战，大破州府官军。

十一月，有彗星出现在南方张宿。

刘縯想攻打宛县，挺进到小长安聚，和甄阜、梁丘赐交战。当时大雾迷漫，刘縯率领的汉军大败。刘秀单骑逃命，遇到妹妹刘伯姬兄妹共乘一马逃跑。在逃亡的路上，又碰见姐姐刘元，刘秀叫她赶快上马。刘元挥手说：“快走！你们不能救我，不要彼此都死！”此时追兵已到，刘元和三个女儿都被杀害。刘縯的弟弟刘仲和宗族子弟，战死的有几十人。

刘縯又集结残兵，撤到棘阳县拒守。甄阜、梁丘赐乘胜把辎重装备留在蓝乡，率领十万精兵南渡潢淳水，到达沘水，依托潢淳水和沘水两水之间的险要地区扎营布防，破坏后退的水上桥梁，以示必死而无法后退的决心。新市兵、平林兵眼看到刘縯的汉军屡次遭受失败。而甄阜、梁丘赐的军队又大批到来，就打算脱离刘縯各自逃走，刘縯深感忧虑。正好，下江兵五千余人到了宜秋聚，刘縯立即带领刘秀、李通到营寨拜访，说：“我们想会见下江兵的一位贤明将领，商议大事。”下江兵推举王常。刘縯见到王常，向他说明只有联合作战才能有利的道理。王常大为醒悟，说：“王莽残酷暴虐，百姓都思念汉朝。如今刘氏再次兴起，就是真命天子。我们应当挺身而出为之所用，助你完成大业。”刘縯说：“若大事成功，我岂敢独自享受！”于是与王常深相结交而后离去。王常回到军营，就向其他将领成丹、张卬详细说明这件事情。成丹、张卬凭仗自己的兵力强大，说：“大丈夫既然起事，就应当各自做主宰，为什么要受别人控制呢？”王常不慌不忙地向将帅们说明利害，说：“王莽苛刻残酷，久失百姓之心，民众思念汉朝，已经不是一天的事。正因为如此，我们才能乘机兴起。民众所怨恨的，上天定会铲除；民众所思念的，上天定会赐予。兴举大事，必须下顺民心，上合天意，功业才能告成。若只凭借自己强大勇猛，为所欲为，即便得到天下，最后还是要失去的。像秦始皇、项羽当年的威势，尚且遭到覆灭，何况如今我们这些平民，相聚在山林水泽，也想横行天下，那是自取灭亡。现在，南阳郡刘氏家族领头起兵，观察他们派来跟我们商议的几位首领，都有深谋远虑，王公之才和他们合作，大功必成，这正是上天派来保佑我们的啊！”下江兵的将领们尽管倔强，缺少见识，却素来尊敬王常，于是都道歉说：“没有王将军，我们几乎成为不义之人！”立即率军和汉军、新市兵、平林兵会合。这样一来，各部同心合力，士气高昂。刘縯大宴士卒，订立盟约，让士卒休息三天，分兵为六个部分。十二月三十日乙巳，刘縯下令秘密拔营起寨，乘夜袭击蓝乡，将甄阜军的物资全部夺获。

（以上为第十段，写南阳刘氏起兵反对王莽，刘縯、刘秀兄弟说服各支绿林兵众将联合作战，初战告捷，起义兵士气大振。）

【点评】

王莽末年的农民大起义。先说起义的发生。王莽末年的农民大起义，首先发生在北方边郡地区。王莽改革失败，为了转移矛盾，人为地挑起边界事端，特别是出击匈奴，在北方沿边长年驻屯几十万大军，后勤供给不足，驻军大肆骚扰百姓，边民不堪其苦，有的流亡内地为人奴婢，有的铤而走险，聚众为盗。始建国三年（11）以后，并州、平州、五原、代郡不断发生农民起义。全国大乱后，河北为甚，有铜马、大彤、高湖、重连、铁胫、大枪、尤来、上江、青犊、五校、五幡、五楼、富平、获索等大小农民军数十支，大股的有数万、数十万，合计有几百万。天凤四年（17）南方民变四起，绿林、赤眉军起义，形成了全国农民大起义。绿林军活动在荆州，赤眉军活动在齐鲁，这两支是最大的农民起义军。

天凤四年，荆州一带发生严重饥荒，新市人王匡、王凤聚众起义，被推为首领，王常、王丹也聚众来附。他们隐蔽在今湖北京山市北的绿林山中，因而被称为绿林军。几个月后，绿林军发展到七八千人。地皇二年（21），绿林军打败荆州牧的镇压，发展到数万人。第二年，由于瘟疫流行，绿林军死亡过半，余下的不得不分兵活动，王常、王丹西入南郡，称下江兵；王匡、王凤、马武等北上南阳，称新市兵。这时，平林人陈牧、廖湛聚众响应，称平林兵。

沿海东部地区也在绿林军起义的天凤四年发生民变。在琅邪海曲，今山东日照地区，有吕母起义，在会稽长州，今江苏苏州地区有临淮人瓜田仪起义。第二年，即天凤五年（18），琅邪人樊崇率众在莒县起义。青徐各地起义首领还有徐宣、逄安、谢禄、杨音等人，都率众归附樊崇。为了作战时与敌人相区别，起义军把眉毛涂红，因此号称赤眉军。地皇三年（22），赤眉军在成昌（今山东东平县）击败王莽军，杀王莽大将廉丹，人数达到数十万，势力扩展到黄河两岸、长江之北的华北、江淮两大平原。

南阳大地主集团的代表人物刘縯、刘秀兄弟在地皇三年也拉起队伍加入反对王莽的起义军行列。刘氏兄弟居南阳春陵，在今湖北枣阳市，这一支地主武装史称春陵军。春陵军训练有素，目标明确，即光复汉室。刘氏兄弟长期隐蔽活动，宣扬汉室复兴，于是掀起“人心思汉”的思潮。由于春陵军与王莽军接战不利，刘氏兄弟游说下江兵合纵。在“人心思汉”思潮的影响下，各支绿林军与春陵军联合，并正式建立汉家旗号，拥立刘姓宗室刘玄做皇帝，史称更始皇帝。更始旗号下的联军，史称汉军。

有了明确政治目标的汉军，成为反抗王莽的中坚和主力军，当然也是王莽的眼中钉。王莽进行全国总动员，集中了四十二万大军征讨，号称百万。地皇四年（23），王莽军和汉军在昆阳决战，这就是历史上有名的以少胜众的昆阳之战。刘秀率领的一万余人的汉军，打败王莽的四十二万大军，不久新朝就灭亡了。刘秀一战成名，是人们心中的真龙天子，他就是中兴汉朝的光武帝。当然，这是后话，在后面的点评中详说。

再说起义原因。王莽革新政制，不但没有解决社会问题，没有消除尖锐的社会矛盾，反而变本加厉地扰民。因买卖王田、奴婢，私铸钱币，被诛杀的有几十万人。五均六筦也引起愈来愈大的社会混乱。王莽为了挽回威信，拯救灭亡局面，一面继续玩弄符命把戏，欺骗人民；一面虚张声势，发动对匈奴、西南夷和西域的边境战争。结果，王莽军处处受挫，四边告急，物价暴涨，米价高达二千、五千、一万钱一石，灾区甚至人相食。战争的骚扰，加重了原本沉重的赋役，再加上残酷的刑法，使农民完全没有了活路。广大农民被王莽的改制新政弄得“摇手触禁，不得耕桑”，不得不起为盗贼。政治昏暗，加重天灾，旱灾、水灾、蝗灾不断。北方农民起义由兵祸引起，天凤四年的严重饥荒成为南方绿林军起义的导火索，而山东吕母起义则是吕母之子被冤杀引起。总之，天灾人祸逼得广大劳动人民无法再生活下去了。而统治集团内部也不稳，全国人民推翻王莽政权的起义时机成熟了，于是全国农民起义大爆发。王莽后期，连儿子也起来反对他，发动了未遂的宫廷政变。王莽末年的农民大起义是三分天灾，七分人祸。

王莽违道施政，自掘坟墓。这里所说的道，既不是指抽象的天道，也不是指德义的人道，而特指一个正常人的常理人道。人道万端，内容很多，而作为君王的常理人道，一是要圣明，二是要用贤。君王不明，则政治昏乱；君王圣明，则政治清明。王莽聪明绝伦，是玩弄政治的高手，他完全有智慧有能力治理好西汉，而成为汉家周公、刘氏伊尹，不辜负自诩的“安汉公”和“宰衡”的称号。可惜王莽动了窃国之心，一念之差，一切都颠倒了。不能说王莽一登上政治舞台就有野心。王莽的野心，是成帝、哀帝的昏庸政治栽培的，而王政君的长寿为其搭建了平台。王莽一旦有了野心，一切为了夺权窃国，他就要掩人耳目，他的聪明就走上了邪道，于是行为诡异，久而久之，他的心理被扭曲，人性被权力异化。王莽不遗余力宣扬符命，竟异想天开下诏书说自己要“成仙升天”，想用这个办法来欺骗人民，化解民变，岂不让人哑然失笑。王莽专权篡国，害怕臣下效仿成了他的一个心病。有了心病，王莽就变得疯狂，他事无巨细，把一切权力揽在手里，原来奉命执行的事，臣下也要多次请求询问后才能办理。公卿大臣，入朝议事，敷衍搪塞，整天空谈，国家大政连续议论几年没有定论，地方奏报的紧急政务，久久不能上报，许多地方使者整年得不到回答。因为王莽白天黑夜忙得晕头转向，竟致不能理事。尚书趁机舞弊，上下其手，王莽的大权实际旁落。上行下效，加之地方官吏手脚被束，关押在郡县监狱的人，没有人审理，只有等到大赦才能出来。如此行政，国家还能治理得好吗？

王莽不明，用人更是一团糟。阿谀逢迎之徒得到重用，什么巨毋霸、哀章之流盈于朝廷。王莽忌用贤人。眼见民变大起，王莽不听公孙禄之言，不纳大司马士的实情报告，不用田况为将。有一个效忠又懂军事的严尤，王莽却不听其正面意见，始终不用他独当一面。百万大军交给王邑、王寻。田况早就指出，王邑、王寻辈不宜为将，王莽就是不听。

农民起义，为饥饿所迫，只是找一条活路，因此起义时往往为盗，掠取妇女财物，并无攻城略地的打算。绿林军打败荆州军，俘虏了荆州牧并不敢杀害，送还官军，赤眉军和绿林军一样，只盼望王莽换一个清官，年成丰收，他们好回乡归农。费兴被任命为荆州牧，王莽问他如何治理。费兴说：“明令晓谕盗贼，返回乡里，贷放家具、耕牛、种子和粮食，放宽他们的租税，希望能使他们消解愁怨，安于其业。”王莽听了大怒，罢了费兴的官。王莽要杀灭起义的农民，天下人都反，难道能把天下人杀光吗？

更为荒唐的是，王莽不给官吏俸禄，让官吏自己供给。有了俸禄还十官九贪，没有俸禄，不就是明目张胆给贿赂开绿灯吗？各级官吏，利用职权贪赃枉法。朝廷派出的各种各样的使者、公士，一到地方，公开扰民。王莽改革失败，最大的原因是贪官污吏盛行。官逼民反，新朝最为典型。新朝末的农民大起义，完全是王莽的诡异施政造成的。

资治通鉴（白话本） 卷第三十九

汉纪三十一

汉淮阳王更始元年至二年（公元23—公元24）

【起昭阳协洽（癸未，公元23年），尽阏逢涒涒滩（甲申，公元24年），凡二年】

【大事提要】

本卷记事起公元23年，讫公元24年，凡两年，当淮阳王更始元年、二年。两年间历史发生大转折。更始元年二月，刘玄称帝，六月一日昆阳大战，汉兵大捷，刘秀建立殊功。九月新朝覆灭，王莽被斩首分尸。刘玄迁都洛阳，遣使巡行全国劝降，多不奉命，刘秀持节安抚河北，脱离更始帝，独当一面。更始二年，刘玄入关都长安，荒怠政事，官民离心。是年，刘秀在河北，历经艰险，平灭王郎，收编铜马，诛杀谢躬，与更始帝决裂。赤眉军西征，公孙述称帝于蜀，梁王刘永、邔县人秦丰、汝南人田戎各自起兵，更始帝号令不行，全国进入群雄纷争的局面。

淮阳王

汉淮阳王更始元年（癸未，公元23年）

春季，正月初一日甲子，汉兵与下江兵一起攻打甄阜、梁丘赐，将二人斩首，杀死官兵二万多人。王莽派出的纳言将军严尤、秩宗将军陈茂率兵想坚守宛城，刘縯与官兵在淯阳县交战，大破严尤、陈茂军，于是进围宛城。早先，青、徐两州的起义军有数十万人，但始终是没有公文、号令、旌旗、部曲编制的乌合之众，等到汉兵兴起，才各自称号将军，攻城略地，到处张贴告示，指斥王莽罪恶。王莽听到消息，开始惧怕。

春陵戴侯曾孙刘玄在平林兵中，称更始将军，这时汉兵已发展到十多万人，众将领一同商议，认为军队众多，却没有统一，想拥立一个刘姓首领以顺从民望。南阳郡的豪杰和下江兵王常等，都主张拥立刘縯，而新市兵、平林兵的将领喜欢松散放纵，害怕刘縯的威严明察，贪图刘玄懦弱无能，事先就商量好拥立刘玄，然后去征求刘縯的意见。刘縯说："蒙各位将军厚爱，尊奉刘氏宗室，很好！但是如今赤眉在青、徐二州兴起，有众数十万，一旦听说南阳拥立了宗室称帝，恐怕赤眉军也要拥立一个宗室皇帝。王莽还没消灭而宗室互相攻击，这会造成天下人迷惑而不知所从，自我伤害，这不是破灭王莽的好办法。春陵县离宛城只有三百里，仓促自称皇帝，会成为天下攻击的目标，使得后来的人趁机利用我们的凋敝，这不是好的谋略。不如暂时称王以号令天下，而王的权力也足可以斩杀犯禁的诸将。如果赤眉拥立了一个贤能的皇帝，我们就率领人而去依附它，他们一定不会不授给我们官爵。如果赤眉没有拥立皇帝，等消灭了王莽以后，再降服赤眉，然后再称皇帝，也不算晚。”众将领大多数赞成说：“好。”张印抽出宝剑砍在地上，说：“做事怀疑就不能成功，今天只能有一个决定，不能有两个想法。”大家一致同意拥立刘玄称帝。二月初一日辛巳，在淯水河岸沙滩设置坛场，刘玄登坛即皇帝位，南向站立，接受群臣朝拜。刘玄羞愧流汗，紧张得举手却说不出话。于是宣布大赦，改元年号，任命族叔刘良为国三老，王匡为定国上公，王凤为成国上公，朱鲔为大司马，刘縯为大司徒，陈牧为大司空，其余将领都有职位，分任九卿将军。刘玄的表现，使豪杰感到失望，内心不服。

（以上为第一段，写绿林军拥立更始皇帝，表明起义军要消灭王莽，重建汉室。）

王莽为了对外显示镇定自若，特地把白了的头发和胡须染黑，选立杜陵人史谌的女儿为皇后。设置后宫。后宫嫔妇的封号地位，分等级比照公、卿、士大夫、元士待遇，有一百二十人。

王莽大赦天下，下诏书说：王匡、哀章等人讨伐青徐二州的盗贼，严尤、陈茂讨伐前队地区南阳郡的丑虏，公开告示投降的人不杀，立字为信，如果仍然执迷不悟，拒绝放下武器不解散，将派大司空兼隆新公领兵百万大军剿灭叛乱。

三月，王凤与太常偏将军刘秀等围攻昆阳、定陵、郾城等三县，全都攻克了。

王莽听说严尤、陈茂战败，就派司空王邑乘驿车迅速前去，与司徒王寻发兵平定山东地区的叛乱，征召懂得兵法的人有六十三家以充军吏，用长人巨毋霸为垒尉，又驱赶各种猛兽虎、豹、犀牛、大象之类来壮军威。王邑到了洛阳，各地州郡选派精兵，由州牧、郡守自己率领，限期会合的已达四十三万人，号称百万；其余还在道路上，行进的旌旗、辎重，络绎千里不绝。夏季，五月，王寻、王邑等向南出发到颍川，与严尤、陈茂会合。

起义军各个将领们看到王寻、王邑声势浩大，都退走，进入昆阳，恐慌不安，挂念妻子儿女，想分兵散归各城，刘秀说：“如今兵粮既少，而城外的敌人又强大，合力抵御，尚有成功的一线希望；若想要分散，势必无法保全。况且宛城还没攻破，不能前来救援；昆阳若被敌人攻下，只要一天的时间，各路军队也就会被消灭。如果今天不同心协力，共取功名，反倒想要守住妻子儿女和财物行吗？”各位将领发怒说：“刘将军岂能这样无礼！”刘秀笑着站起身。此时正好侦察的骑兵回来，说：“大兵即将到达城北，军阵长达数百里，不见尽头。”各位将领一向看不起刘秀，等到形势紧急，才互相说："再去请刘将军来商量！"刘秀再给大家筹划成败，各位将领都说："是。"此时城中只有八九千人，刘秀让王凤和廷尉大将军王常守昆阳，趁夜里自己和五威将军李轶等十三骑出昆阳城南门，到外边去征调援兵。

此时王莽大军到达城下的已将近十万，刘秀等人差点出不去。王寻、王邑摆开兵马包围昆阳，严尤劝谏王邑说："昆阳城小而坚固，现在假称皇帝的人住在宛城，赶快将大军开过去，这伙人一定逃走；宛城那边溃败了，昆阳自然就会降服。"王邑说："我上次围攻翟义，因为没有当场将他生擒受到谴责，现在统率百万大军，碰上城池不把它攻克，不能显示军威。应该先屠灭此城，踏血前进，前歌后舞，岂不痛快！"于是就将昆阳城包围上几十重，布列营垒数以百计，钲鼓的声音传出数十里，有的地段挖掘地道攻城，有的用冲车、𫐐车撞城，弓箭乱发，箭如雨下，城中的人只能背负门板去打水。王凤等人乞求投降，也不允许。王寻、王邑等自认为顷刻之间就可成功，不再为军事操心。严尤说："兵法上说，围城要留有缺口。应当让他们能够逃出去，使宛城外的敌人感到恐惧。"王邑又不听从。

棘阳守长岑彭与前队副将严说共守宛城，汉军围攻了几个月，城中缺粮，人相食，不能抵抗，全城投降。更始皇帝刘玄进入宛城，作为临时首都。各位将领都想杀岑彭，刘縯说："岑彭是一郡的长官，坚守城垣，是他应尽的节操。我们现在兴起大事，应当表扬义士，还不如封他官爵为好。"刘玄便封岑彭为归德侯。

刘秀到郾城、定陵，把各路军营里的兵马全部调出来，各位将领贪恋财物，想要分兵看守。刘秀说："现在若能打败敌军，珍宝比这里多上万倍，大功也可告成；若被打败，连脑袋都留不住，还能有什么财物！"因此就把军队全部调出来。六月初一日己卯，刘秀和诸营兵马进逼敌军，他亲自率领了一千多步兵、骑兵充当前锋，在距敌军四五里处摆下阵势。王寻、王邑也派出几千兵马来交战，刘秀带兵冲杀过去，斩杀好几十个敌人。各位将领高兴地说："刘将军平日见到小敌胆怯，今天遇到大敌反而勇敢，真令人惊奇！请将军再作前锋，我们帮助将军！"刘秀再次向前冲击，王寻、王邑的军队后退，各路兵马一同冲杀上去，斩杀成百上千人首级。接连获胜，就乘势杀过去，各位将领的胆子更大了，无不以一当百，刘秀就和三千敢死队员从城西水边冲击敌阵的主将营垒。王寻、王邑轻视汉军，亲自率领一万余人在阵前巡视；指示各营按部停驻不可妄动，单独迎战汉军，不利，大军又不敢擅自救援；王寻、王邑的军阵混乱，汉军乘着锐气击溃他们，就此杀了王寻。城里也擂起战鼓，喊叫着冲杀而出，内外呼应，杀声惊天动地；王莽军全线溃败，逃命的相互践踏，长达百余里的路上躺满尸体。恰逢遇上气候剧变，巨雷响起，狂风大作，屋上的瓦片都被刮飞。暴雨倾盆而下，滍川的水涨溢出来，虎、豹都很害怕，士卒跑到水里逃命被淹死的，数以万计，以致水都堵塞而流不动。王邑、严尤、陈茂率领轻装骑兵从死人尸体上渡水逃走。王莽军的辎重统统被汉军缴获，多得无法清点，连月搬运都没有运完，余下的就只能烧掉。王莽军溃散的士卒，四处逃走，各自回到自己的郡邑，唯有王邑和他率领的长安勇士数千人返回洛阳。关中听到这个消息，大为震惊。因此海内豪杰一起响应，都杀死当地的州牧、太守，自称将军，改用汉朝的年号以等待诏命；不到一个月的时间，遍及全国。

（以上为第二段，写昆阳大战，刘秀建功，王莽军溃败，形势急转，新朝的灭亡进入倒计时。）

王莽听到汉军说他用鸩酒毒杀了汉平帝，就召集公卿到王路堂，打开铁柜，取出从前他为平帝向上天请命，解除疾病的策书，哭着拿给大臣们看。

刘秀又向颍川一带进军，进攻父城县没有攻克，大军驻屯巾车乡。颍川郡掾冯异督察五个县，被汉军生擒。冯异说："我有老母在父城县，希望回去，献上这五座县城，以报答恩德！"刘秀答应了他的请求。冯异回去后，对父城县长苗萌说："刘玄的各位将领多数凶暴蛮横，唯独刘秀将军所到之处，不抢劫百姓和财物，看他的言谈举止，不是一个庸碌之辈。"就与苗萌一同率领五县的官民投降刘秀。

新市兵、平林兵的各位将领，因为刘縯兄弟威名日盛，暗中劝刘玄把他们除掉。刘秀对刘縯说："看情况，事情对我们不妙。"刘縯笑着说："一向就是如此。"不久，刘玄集合全体将领，叫刘縯拿出他的宝剑，刘玄接过去仔细观察。此时，绣衣御史申徒建随即献上玉玦，刘玄不敢发令。刘縯的舅舅樊宏对刘縯说："申徒建莫非有范增杀刘邦的意图？"刘縯不理。李轶最初与刘縯兄弟感情很好，后来转向谄媚有权柄的新贵，刘秀提醒刘縯说："对这个人不能再信任了！"刘縯不听。刘縯的部将刘稷，勇冠三军，听说刘玄登位当皇帝，就发怒说："当初兴兵图谋大事的，是刘縯兄弟。现在刘玄算个什么！"刘玄任命刘稷为抗威将军，刘稷不肯拜受。因此刘玄就与将领们布置数千士兵，先逮捕刘稷，准备杀掉，刘縯坚决反对。李轶、朱鲔趁机劝刘玄把刘縯一起抓起来，并于当天就把他们二人杀了。刘玄任命堂兄光禄勋刘赐为大司徒。刘秀听说这个消息，当即从父城奔回宛城，向刘玄请罪。司徒所属官员迎接刘秀，并表示哀悼，刘秀不和他们说一句私话，只是深自责备而已，不曾自夸昆阳之战的功劳。又不敢为刘縯穿丧服，饮食说笑与平常一样。刘玄因而惭愧，任命刘秀为破虏大将军，封武信侯。

道士西门君惠对王莽卫将军王涉说："谶书上说刘氏应当复兴，国师公的姓名就是。"因而王涉就和国师公刘秀、大司马董忠、司中大赘孙伋商议，准备用他们所统领的部队，劫持王莽，投降刘玄，以保全自己的家族，秋季，七月，孙伋向王莽告密。王莽就召见董忠责问，并当场格杀，命虎贲武士用斩马剑将董忠尸体剁成碎片，逮捕董忠的家族，全推入一个大坑里，浇上浓醋、毒药、利刃、荆棘搅拌，然后埋葬。刘秀、王涉都自杀。王莽因为王涉是他的亲属，刘秀是他的旧臣，嫌恶他们从内部崩溃，只好秘而不宣。王莽因为军队在外面吃了败仗，大臣们又在内部反叛，身边没有可以信任的人，无法再考虑远方的郡国，就把王邑召回，做大司马。同时，还任命大长秋张邯为大司徒，崔发为大司空，司中寿容苗䜣为国师。王莽忧愁烦闷，吃不下饭，只是喝酒、吃鳆鱼。阅读军书疲倦了，就靠着几案打盹，不再上床睡觉。

成纪人隗崔与隗义、上邽人杨广、冀县人周宗同时聚众起兵，响应刘玄的汉军，攻打平襄县，杀死王莽的镇戎郡大尹李育。隗崔的侄儿隗嚣向来很有声望，喜好读经书，隗崔等人共同推举隗嚣作总首领称上将军，隗崔为白虎将军，隗义为左将军。隗嚣派遣使者聘请平陵人方望担任军师。方望对隗嚣说，在平襄县东郊兴建汉高祖祭庙。七月二十一日己巳，祭祀汉高祖、太宗、世宗，隗嚣等人都称臣执事，杀马盟誓，同心合力以振兴辅佐刘氏宗亲。还向各郡、国传递文告，声讨王莽罪行。统率十万军队，击杀雍州牧陈庆，安定大尹王向。又分别派遣将领招抚陇西、武都、金城、张掖、酒泉、敦煌等郡，都归顺隗嚣。

（以上为第三段，写昆阳之战后，敌对双方在新形势下均发生微妙变化。更始皇帝火并刘縯，为刘秀兴起留下伏笔。王莽内部分崩离析，再次发生宫廷未遂政变。新朝后院陇西反叛，王莽四面楚歌。）

起初，茂陵人公孙述任清水县长，很有才干闻名于世，调任导江卒正，郡城治所临邛县。汉兵兴起，南阳人宗成、商县人王岑也起兵响应，攻下汉中郡，杀死王莽委任的庸部牧宋遵。宗成、王岑合兵有数万人。公孙述派人迎请宗成等人，宗成等到了成都，横暴抢劫。公孙述召集郡中豪杰说：“全天下的人被新朝害苦，想念汉朝很久了，所以听到汉室将军到来，都跑到路上迎接，如今百姓无罪，他们的老婆子女被抓捕，这是强盗，不是义军。”便派人假称汉室刘玄的使者，任命公孙述为辅汉将军、蜀郡太守兼益州牧，颁发印章绶带。公孙述挑选精兵西击宗成等人，杀了宗成、王岑，合并了他们的部众。

前钟武侯刘望在汝南起兵，严尤、陈茂前往归附。八月，刘望即皇帝位，任命严尤为大司马，陈茂为丞相。

王莽派太师王匡、国将哀章守卫洛阳。更始皇帝刘玄派定国上公王匡攻打洛阳，西屏大将军申屠建、丞相司直李松攻打武关，三辅震动。析县人邓晔、于匡在析县南乡起兵响应汉兵。汉兵进攻武关都尉朱萌，朱萌投降。汉兵进攻右队大夫宋纲，杀了宋纲。向西挺进，攻下湖县，王莽更加忧虑，不知道怎么办。崔发说：“古时国家有了大灾难，可以用哭声来化解，并向上天祷告求救。”王莽听信了，就率领群臣到南郊，陈述他得到符命的始末，仰天大哭，声嘶气绝，然后伏地叩头。众儒生与老百姓，一早一晚集合大哭，王莽为大哭的人准备稀饭。对哭得十分悲哀的人，就任命为郎官，使郎官达到了五千人。

王莽任命了九个将军，都用虎为称号，率领北军精兵数万人出发东征，把将官们的老婆、孩子召入宫中为人质。当时宫中还有黄金六十多万斤，其他财宝也值这么多。王莽到了末日，更加珍爱财物，赏赐给九虎战士每人四千钱，大家非常怨恨，毫无斗志。九虎将军行进到华阳县回溪坂，拒守险要，壬匡、邓晔挥兵攻击，六位虎将军败走，其中两位虎将军回到朝廷请罪，王莽派使者责问战死的人在哪里，两位虎将军都自杀，其他四位逃走。还有三位虎将军收集残兵败将，退入渭口保卫京师仓。

邓晔打开武关迎接汉兵。李松率领三千人到达湖县，会合邓晔等一起攻打京师仓，没有攻下。邓晔任命弘农掾王宪为校尉，率领几百兵士渡到渭水北岸，进入左冯翊郡界，李松派出副将韩臣等人直接向西到达新丰县，攻击王莽的波水将军窦融，窦融败逃，韩臣追击直到长门宫。王宪北进到达频阳县，沿路招降。各县的大姓豪强各自起兵都称号汉室将军，率领部众追随王宪。这时，李松、邓晔率众到达华阴县，而长安周围各路军队，从四方起来，在长安城下会合。又传来消息，天水的隗氏军队也抵达长安，大家都争着进入长安，以图大功，并占得抢掠财物的先机。王莽赦免城中的囚徒，都发给兵器，杀猪饮血，与他们立誓说："有人不替新朝尽力，由土地神记住他！"派更始将军史谌率领，渡过渭桥，全都逃散，史谌一人回来。各路汉兵挖掘王莽老婆、儿子、父亲、祖父的坟冢，烧掉棺椁以及九庙、明堂、辟雍，火光照亮了长安城。

九月初一日戊申，汉兵从宣平门攻入长安城，大司徒张邯巡视城门遭遇汉兵被杀死。大司马王邑与王林、王巡、𨻰恽等人分别率领军队在未央宫北门抵御汉兵。赶上天黑，官府、邸宅的人们都已逃亡一空。九月初二日己酉，长安城中青年朱弟、张鱼等人担心被抢劫，就成群结队，奔跑呼喊，直扑未央宫西北作室便门，放火焚烧，砍开敬法殿的小门，大声叫喊："反贼王莽，为何还不出来投降！"大火延烧到掖庭后宫、承明殿。承明殿是黄皇室主的居所。黄皇室主说："我有什么脸面去见汉家的人。"自己纵身投入火中而死。

王莽逃到未央宫室前殿避火，而火也接着烧到此处。王莽穿着深青色而露着红色的衣服，拿着虞帝匕首。天文郎在前面持着星盘，随时拨动指针，王莽转动座位，随着斗柄所指的方向而坐，说："上天降下大德在我王莽身上，汉军能把我怎样呢？"九月初三日庚戌，天刚亮，大臣们扶着王莽从前殿逃往渐台，凭借池水阻挡汉兵，此时公卿侍从还有一千多人追随左右。王邑日夜作战，疲倦不能支持，士兵死伤殆尽。王邑跑回皇宫，辗转进入渐台，遇见他儿子侍中王睦脱下官衣官帽，准备逃跑，王邑就大声斥责他，命令他回来，父子一起保卫王莽。汉兵进入殿中，听说王莽在渐台，就把渐台重重包围了数百层。此时渐台守军还射箭抗拒，等到箭射光了，汉兵冲近，双方短兵相接。王邑父子、𨻰恽、王巡战死，王莽逃入室内。下午申时，也就是傍晚，大批士兵杀入渐台。国师苗䜣，太傅唐尊、王盛等，全被杀死。商县人杜吴杀死王莽，校尉东海郡公宾就砍下王莽人头。众士兵肢解分割王莽的身体，切成碎块，争着砍杀的有几十人。公宾就便拿着王莽人头，进献给王宪。王宪自称汉室大将军，城里几十万士兵都归属他。王宪住在长乐宫，将王莽的妃嫔都作为妻妾，乘坐穿戴王莽的车马、衣服。九月初六日癸丑，李松、邓晔进入长安，将军赵萌、西屏大将军申屠建，接连到达长安，由于王宪缴获皇帝玉玺印信不肯上交，又挟持很多宫女，建立天子旗帜鼓号，就将他捉来杀掉了。把王莽的人头送到宛城，悬挂街市示众。愤怒的人群一起砍王莽的人头，有人甚至割下他的舌头来吃。

班固评论说：王莽开始由外戚起家，屈己下人，尽力做事，以便博取声誉。等到身居高位成了辅政大臣，操劳国事，按照正道为人做事，难道不是孔子所说的“表面上爱好仁德，实际行动却违背仁德”的人吗？王莽本无仁德，却擅长奸邪巧佞的才干，又利用四位伯父、叔父历代掌握的权势，适逢汉朝中途衰落，成帝、哀帝、平帝三代没有皇帝继承人，而王政君太后又高寿，成为王莽依靠的宗主，所以能够大行其奸恶，造成窃国篡位的灾祸。按照这个历程说来，也是天道时势，不是人力能够做得到的。等到他窃取帝位，南向称尊，颠倒的局势比夏桀王、殷纣王时还要危险，而王莽却安然自得，以为是黄帝、虞舜重新出世，便开始放纵暴戾，施展他的威力和诈术，祸害流毒全国，混乱蔓延到周边蛮夷各族，还没有满足他逞能的欲望。因此，全国之内，一片愁苦，人民丧失了生存的乐趣，朝廷内外愤怨，远近四方同时发生起义，城池不能坚守，自身躯体被分裂，于是使天下城邑变为废墟，害苦了黎民苍生，自有书传记载以来的乱臣贼子，考察他们带来的失败与灾祸，没有一个能超过王莽。从前，秦朝烧毁《诗》、《书》典籍，贯彻一姓的主张，王莽却利用《六经》来文饰奸言，殊途同归，都走向灭亡，不过是替圣明的君王开辟道路罢了。

（以上为第四段，写新朝的覆灭，王莽被砍头分尸而遗臭万年。）

定国上公王匡攻陷洛阳，活捉王莽的太师王匡、国将哀章，皆斩首。冬季，十月，奋威大将军刘信在汝南击败刚刚称帝的刘望，并斩杀刚刚被任命的大司马严尤、丞相陈茂，所属郡县，全都归附。

更始皇帝刘玄准备建都洛阳，任命刘秀为代理司隶校尉，派他先赴洛阳修建宫殿和宫府。刘秀设置属官，用正式公文通知所属郡县，派出从事司察政务，一切按照西汉旧制，此时三辅吏士派代表到洛阳迎接刘玄，人们看到各位将领路过，用布包头，穿着女人的服装，没有不讥笑的。等到看见刘秀的下属官吏，都高兴得不能自己，年纪大的官吏甚至流泪说：“想不到今天还能看到汉朝官员的威仪！”自此，有见识的人，都心悦诚服地归附刘秀。

刘玄北迁定都洛阳，就分别派遣使臣巡视郡国，宣布诏命说：“率先投降的，保持他的封爵官位。”使臣到达上谷郡，上谷郡太守扶风人耿况出城迎接，缴纳印信，使臣接受。但是，过了一夜，并无发还的意思。功曹寇恂带兵去见使臣，请求发还印信，使臣不给，说：“我是天子的使臣，功曹想要威胁我吗？”寇恂说：“不敢威胁使君，只是痛惜使君的计谋前景不妙。现在天下刚平定，使君持节宣布诏命，各郡国没有一个不是伸长脖子洗耳恭听的。如今使君刚到上谷郡，便先自毁承诺，将拿什么再向其他的郡发号施令呢？”使臣不理。寇恂大声斥责左右随从，教他们借使臣的名义召耿况来；耿况来后，寇恂上前去拿印信交给耿况。使臣不得已，只好以承奉天子的制命赐给他，耿况接受印信后告辞回府。

宛城人彭宠、吴汉逃亡到渔阳郡，同乡韩鸿为更始的使臣，到北方沿边郡县巡视，以奉承天子的制命，任命彭宠为偏将军，代理渔阳郡太守；任命吴汉为安乐县令。

更始帝刘玄派遣使臣劝降赤眉。樊崇等人听说汉室复兴消息，就将部众留下，率领二十余名将领，随同使臣到洛阳，更始帝封他们全都为侯爵。但樊崇等人不但没有采邑，而且留在原地的部众有人开始背叛离去，樊崇等又逃回他们的营地。

王莽庐江连率颍川人李宪占据本郡，自称淮南王。

前梁王刘立的儿子刘永前往洛阳。更始皇帝封他为梁王，王都设在睢阳县。

更始皇帝打算派亲信大将招抚河北地区，大司徒刘赐说：“南阳宗族子弟中，唯有刘秀可以胜任。”朱鲔等认为不可以，刘玄却犹豫不定，刘赐恳切地规劝更始帝，这才任命刘秀兼任大司马之职，执持符节，北渡黄河，安抚慰问各州郡。

刘玄任命大司徒刘赐为丞相，派他先进入函谷关，修建宗庙、宫室。

大司马刘秀到达河北，所经郡县，考察官吏政绩，有才能的晋升，表现不好的贬退，平反冤假错案，废除王莽时代的暴政，恢复汉朝官名制度。官民一片欢欣，争先恐后地拿着牛肉、美酒来迎接慰劳。刘秀一律不接受。

南阳人邓禹策马投奔刘秀，追到邺城，才见到刘秀。刘秀说：“我有封爵任官的权力，先生从那么远追来，难道想进入仕途？”邓禹说：“不想做官。”刘秀说：“既然如此，你想干什么？”邓禹说：“只希望明公的威望与恩德普及全国，我能在明公的手下尽尺寸之力，使功业、名声流传在史册而已！”刘秀笑笑，就留邓禹住下，私下交谈。邓禹进而建议说：“如今山东依旧没有完全平定，赤眉、青犊所属的部队都数以万计。更始帝刘玄不过是一个平凡人物，况且又不能自己做主听取意见，做出决断，各位将领是平庸之辈，靠着机运而骤然兴起，他们的志向在于发财，卖弄权势，只图眼前快乐罢了，他们没有忠良明智、深谋远虑，更没有安邦尊主、治国安民的志向。历观古代圣明君主的兴起，只有两个条件：天时与人事。现今从天时来看，更始即位之后，灾变更多；从人事来看，帝王大业不是平凡人所能胜任的。分崩离析的形势，极为明显。明公尽管建立辅佐的功勋，到时候恐怕也会无立足之地。何况明公一向具有盛大的德行与功业，为天下人心所向。无论治军，还是治政，纪律严肃，赏罚明信。当今之计，莫如招揽英雄，收取民心，创立汉高祖当年创立的功业，拯救万民于水深火热之中。以明公的远虑，天下不难平定！”刘秀非常高兴，因此命邓禹经常在营中下榻，与他随时商定计谋。刘秀每次任命将领，大多征求邓禹的意见，而所用的将领都与他们的才干相当。

刘秀自兄长刘縯枉死后，表面上非常平静，但每逢独处之时，就不吃酒肉，枕头上常有他悲伤哥哥的泪痕。主簿冯异独自跪下叩首，宽慰劝说大计。刘秀阻止他说：“你不要乱讲！”冯异趁机建议说：“更始政治混乱，百姓失望，无所依从。一个人饥渴得太久，就容易使他吃饱。现在明公独当一面，应当派遣部属巡行郡县，宣扬善政恩德。”刘秀采纳了他的建议。

骑都尉宋子县人耿纯在邯郸觐见刘秀。告辞后，发现刘秀的属官带兵的方法与其他的将领大不相同，就主动留下来，和刘秀结交。

汉朝已故赵缪王的儿子刘林向刘秀建议，将黄河在列人县的那段堤防掘开，用以淹没赤眉军。刘秀没有听从，离开列人县到了真定县。刘林在赵、魏一带素来仗义行侠，王莽时，长安城中有人自称是成帝的儿子刘子舆，王莽将他杀了。现在邯郸有一位占卜先生王郎，便借此谎称自己是真正的刘子舆，他解释说：“母亲从前是成帝的歌女，曾见一股黄气罩到她的身上，就怀了孕。赵飞燕想谋害她，就假换别人的儿子顶替，因而才得以保全生命。”刘林等便信以为真，于是，和赵国有影响力的豪绅李育、张参等人商议，准备立王郎做天子。正好这时民间传说赤眉将西渡黄河，刘林等趁机公开说“赤眉应立刘子舆做天子”，以拭探民心，而百姓大多数相信这件事。十二月，刘林等率领车骑数百人，在凌晨进入邯郸城，停息在以前的赵王宫中，立王郎为天子。然后，分别派遣将领攻下幽、冀二州，发送文告到各郡、州，赵国以北，辽东以西，听到消息，都望风响应。

（以上为第五段，写更始皇帝刘玄迁都洛阳，分派使者巡行全国劝降，多不奉命。刘秀持节安抚河北，豪杰之士邓禹、耿纯等多从之。）

汉淮阳王更始二年（甲申，公元 24 年）

春季，正月，大司马刘秀因为王郎新起兴盛，就向北攻占蓟县。

申屠建、李松从长安来迎请更始帝刘玄迁都，二月，更始从洛阳出发。当初，三辅的豪杰假称汉室将军诛杀王莽，人人都盼望封侯，申屠建把王宪诛杀了后，就公开扬言说：“三辅的男子太狡猾，他们一起杀了自己的君主。”因而，官民一片恐慌，所属各县屯聚自保，申屠建等人不能攻下。更始帝到了长安，发布诏令大赦，除王莽的子孙外，其余的都免罪，于是三辅的局势才告平定。

此时长安只有未央宫被烧，其他宫室、供帐、仓库、官府仍旧保持原状，城里街市也与原来的一样没有什么改变。更始帝刘玄住在长乐宫，登上前殿，接见群臣，官员们依照次序，排列在前殿的院子里等候朝见。更始一见这庄严肃穆的场面，羞愧变色，低头擦席，不敢看人。有些将领后到的，刘玄便问："你掳掠所得有多少？"左右侍从官都是宫中的旧吏，听到更始如此问话，都惊异不已，相视无语。

李松和棘阳人赵萌向更始帝进言，说应该将功臣都封为王。朱鲔不同意，指出汉高祖刘邦约定，不是姓刘的，不能封王。更始就先封刘氏宗室：刘祉为定陶王，刘庆为燕王，刘歙为元氏王，刘嘉为汉中王，刘赐为宛王，刘信为汝阴王。然后再封非刘姓的功臣：王匡为泚阳王，王凤为宜城王，朱鲔为胶东王，王常为邓王，申屠建为平氏王，陈牧为阴平王，卫尉大将军张卬为淮阳王，执金吾大将军廖湛为穰王，尚书胡殷为随王，柱天大将军李通为西平王，五威中郎将李轶为舞阴王，水衡大将军成丹为襄邑王，骠骑大将军宗佻为颍阴王，尹尊为郾王。只有朱鲔一人推辞不受。刘玄就任命朱鲔为左大司马，宛王刘赐为前大司马，让他们和李轶等人安抚函谷关以东地区。又派李通镇守荆州，王常兼任南阳郡太守。任命李松为丞相，赵萌为右大司马，共同主持朝政。

更始帝刘玄娶赵萌女儿做夫人，因而将朝政大权都委托赵萌处理，他自己日夜在后宫欢宴。大臣们想奏请或议论政事，更始往往因醉酒而不能接见，实在不能推辞，就命侍中坐帐幕之中代替他回答。韩夫人尤其爱好喝酒，每当侍奉更始帝喝酒，看见中常侍前来奏事，就大发脾气说："我正在陪皇上喝酒，你偏要在这个时候来奏事！"跳起来，击破书案。赵萌独揽大权，肆无忌惮，想杀谁就杀谁。郎官中有人说赵萌过于放任，不受约束，更始帝就发怒，拔剑杀了那个郎官，从此之后，再没有人敢说赵萌的不是。以致成群的小人、厨子，都被授官封爵。当时长安街头流传这样的歌谣："灶下会炊烹，可做中郎将；煮烂羊胃，可做骑都尉；煮烂羊头，可做关内侯。"军师将军李淑上奏规劝说："陛下完成大业，尽管是靠着下江兵、平林兵的势力，但这仅能在当时有所帮助，却不能用它安邦定国。只有名号和器物，是圣人所看重的，不可随便给人。如今所赐给的爵位，都是不应该给的人，希望他们对国家有万分贡献，这就像缘木而求鱼，登高山而采珠。四海之内看到这样，定会有人暗中窥伺汉朝皇位。"更始帝大怒，将李淑逮捕下狱。各位将领在全国各地，各自施行诛杀和赏赐，各自设置州牧和太守，州、郡行政官吏互相重叠，不知服从谁好。因而关中地区百姓离心，全国民众怨恨，有的开始叛乱。

更始帝刘玄征召隗嚣与他的叔父隗崖、隗义等人。隗嚣即将出发，方望认为刘玄政权的成败还是一个未知数，就极力劝阻；隗嚣不听，方望便留下辞职书而离去。

隗嚣等人到达长安，刘玄就任命隗嚣为右将军，隗崖、隗义仍保留原来的称号。

（以上为第六段，写更始皇帝入都关中，荒怠政事，官民离心。）

耿况派他的儿子耿弇到长安奏事，耿弇当时二十一岁。耿弇走到宋子县，正赶上王郎起事，耿弇的随从官员孙仓、卫包说："刘子舆是成帝正统，丢掉这近处不去归附，长途远行干什么呢？"耿弇拿着宝剑说："刘子舆这个坏东西，终究是个俘虏！我到长安，向国家陈奏上谷、渔阳两郡兵马，回来发动精锐骑兵，用它来踏平乌合之众，如同摧枯拉朽罢了。看你们两位不懂归属取舍，遭灭族之祸不会太久。"孙仓、卫包两人不听，于是逃亡，投降王郎。

耿弇听说大司马刘秀在卢奴县，便调头北上，驰马去觐见刘秀，刘秀留下耿弇暂时担任长史，并和耿弇一起北行到蓟县。王郎发布捉拿刘秀的公文，悬赏十万户封邑。刘秀派功曹令史颍川人王霸到闹市上公开招募兵士讨伐王郎，市人全都大笑，做出戏弄的手势，王霸没有招募到一个士兵，羞愧而回。刘秀将要南归，耿弇说："如今敌人从南向北来，不可以南行。北方渔阳太守彭宠，是明公老乡，上谷太守就是我耿弇的父亲。发动这两郡的兵马有善射骑士一万人，扫平邯郸不必忧虑。"刘秀的心腹部属都不同意，说："即便是死，头也要向着南方，为何还要北行钻入口袋中！"刘秀指着耿弇说："他就是我北行路上的主人啊！"

正巧前广阳王的儿子刘接在蓟县起兵响应王郎，城内混乱，传言邯郸使者已到，二千石以下官员都要出城迎接。于是刘秀赶紧驾车出城，到了南门，南门已经关闭，发起进攻，才得以出城。于是日夜兼程南跑，不敢进入城邑，吃住都在路边。行到芜蒌亭，当时天气寒冷异常，冯异只端上豆粥。到达饶阳，部属全部都没吃饭。刘秀自称是邯郸派来的使者，进入驿站，驿站属吏刚摆出食物，跟随刘秀的人饥饿已极，大家争抢食物，驿站属吏怀疑刘秀是冒牌使者，便擂鼓数十捶，欺骗说："邯郸派来的将军到了。"刘秀的部属全都变了脸色。刘秀想登车逃跑，转而一想逃跑免不了被抓回，于是不慌不忙回到座位上，说："请邯郸的将军进来。"过了很长时间，刘秀才驾车离去，日夜兼程，冒着霜雪赶路，冻得脸部破裂。

到达下曲阳，传闻王郎追兵跟在后边，随从官吏全都惊恐。快到滹沱河，前面探路的候吏回来说："河水漂浮着冰块，没有船，无法渡河。"刘秀派王霸前去察看，王霸担心众人惊恐，想让大家往前走，到了河边被水阻挡再回头，当即诳称，说："河冰坚实可渡。"随从官吏全都高兴。刘秀笑着说："候吏果然是胡说。"于是前行。等到了河边，河冰结满了河面，便命令王霸指挥渡河，还剩下几匹马和几个人人没渡过河，这时河冰破裂。到了南宫县，遇上狂风暴雨，刘秀驾车进入路边的空房，冯异抱柴，邓禹烧水，刘秀对着灶烤衣，冯异送上麦米饭。

前行到博城西，惶恐疑惑不知到哪里去。有一位穿白衣的老头在路边，举手指路说："再努一把力，信都郡的长官，替长安政权坚守，离开这里八十里。"刘秀立即奔驰前往。这时，河北郡国都投降了王郎，只有信都太守南阳人任光、和戎太守信都人邳彤不肯附从。任光自己认为信都一座孤城，难以单独坚守，担心不能保全，听到刘秀来到，十分高兴，官民全都呼喊万岁。邳彤也从和戎来会合。议事的人多数说可凭借信都的兵马亲自带领护送，向西回长安。邳彤说："官民讴歌思念汉朝很长时间了，所以更始皇帝高举尊号，全国响应，三辅清洁宫殿，扫除道路迎接皇帝。如今卖卦人王郎，冒名乘势，驱赶一群乌合之众，于是收取了燕、赵之地，并没有巩固的根据地。明公振奋信都、和戎两郡的兵力讨伐王郎，何愁不胜。如今丢了这机会而西归，岂不是白白地丢了整个河北，一定还会惊动三辅，损害声威，这不是一个好计谋。如果明公已没有征伐叛逆的意思，那么即使信都的兵，也难会合。为什么呢？明公既然西走，那么就成就了邯郸的形势，百姓不肯丢掉父母，背叛已成的主子远行千里护送明公，必定要离散逃亡的。"刘秀于是留下来，停止西行。

刘秀认为两郡的兵力单薄，打算投奔城头子路、力子都的军队。任光认为不可。便征召邻县的丁壮，得到四千精兵。刘秀任命任光为左大将军，信都郡都尉李忠为右大将军，邳彤为后大将军兼任和戎太守，信都县县令万修为偏将军，都封为列侯。留南阳人宗广代理信都郡太守，命令任光、李忠、万修率领兵马随从刘秀讨伐王郎。邳彤率兵充任前锋。任光散发大量的声讨文告说："大司马刘公率领城头子路、力子都等大军百万，自东方西征，讨伐各路叛贼！"派出骑兵赶到钜鹿郡内散发。吏民看到声讨文告，互相转告。刘秀在傍晚时进入堂阳县界，布置骑兵拿着火把，布满在草泽中，远远看去水边一片光亮，堂阳县令误以为大军压境，当夜就开门投降。紧接着攻打贳县，贳县也投降。城头子路，是东平郡人名叫爰曾，在黄河、济水一带抢劫掳掠，有部众二十余万，而力子都部众也有六七万，所以刘秀想依附他们。昌城人刘植聚集军队数千人，占据昌城县，迎接刘秀。刘秀任命刘植为骁骑将军。耿纯率领宗族宾客两千多人，年老患病的，各自带着棺木，也相随在育县迎接刘秀。刘秀任命耿纯为前将军。攻打下曲阳，下曲阳投降。此时刘秀军队逐渐增多，已达数万人，又向北进攻中山郡。耿纯怕宗族怀有二心，就派他的堂弟耿䜣回到故乡，将所有房舍都纵火烧掉，以断绝他们回头的希望。

刘秀攻下卢奴县，所到之处，就紧急征发地方兵马，传送檄文给边塞郡、县，一起攻打邯郸城。郡、县反戈纷纷响应。此时，真定王刘杨起兵依附王郎，部众十余万。刘秀派遣刘植去游说刘杨，刘杨果真投降。刘秀因而留在真定县，并娶刘杨的外甥女郭氏为夫人，用以团结刘杨。接着攻打元氏县、防子县，全都攻下。进抵鄗县，击杀王郎部将李恽。进抵柏人县，又击败王郎部将李育。李育撤回柏人县城。刘秀围攻，未能攻下。

南郑人延岑，兴兵占据汉中。汉中王刘嘉攻打延岑，延岑投降。刘嘉部众有数十万。校尉南阳人贾复，眼见更始政治混乱，向刘嘉建议："如今天下还未安定，而大王却安守汉中郡，汉中郡恐怕未必能保？"刘嘉说："你说的话，关系重大，不是我所能胜任的。大司马刘秀在河北，必定能任用你。"因而写信给刘秀，推荐贾复和长史南阳人陈俊。贾复等人在柏人县拜见刘秀，刘秀任命贾复为破虏将军，陈俊为安集掾。

刘秀的年轻仆人在军市中犯了法，军市令颍川人祭遵用刑杖把他打死。刘秀大怒，命人逮捕了祭遵。主簿陈副劝谏刘秀说："明公经常要求众军军纪整肃，眼下祭遵执法毫不回避，这正是在执行明公的教令呀！"刘秀因此饶恕了祭遵，用他担任刺奸将军。刘秀跟众将说："你们要当心祭遵！我的小仆人犯法，都给杀了，他决不会偏袒你们。"

当初，王莽杀害鲍宣时，上党郡都尉路平就想趁机杀死鲍宣的儿子鲍永。上党郡太守苟谏竭力保护，鲍永才得以保命。更始征召鲍永为尚书仆射，代理大将军事，率领军队安抚河东郡和并州所属郡县，可以自行任命偏将和裨将。鲍永到达河东郡，攻打青犊兵，大败青犊。鲍永任命冯衍为立汉将军，驻守太原郡，和上党郡太守田邑等人整治兵甲，训练士卒，以保卫并州疆土。

有人劝说大司马刘秀，与其固守柏人县，不如去平定巨鹿郡。刘秀采纳，便率军向东北，攻下巨鹿郡的广阿县。刘秀翻开地图，指给邓禹看，说："天下郡国这么多，至今我才得到其中的一个。先生此前却认为我不必忧虑天下不平定，是什么道理？"邓禹回答说："眼下天下混乱，人们渴望出现英明的君主，就仿佛初生的婴儿思念慈母。古代兴起的帝王，都取决于他们品德的厚薄，而不在于他们占地盘的大小。"

蓟中之乱时，耿弇与刘秀分散，向北逃到昌平县，回到他父亲耿况那里，劝说他父亲耿况攻打邯郸。当时，王郎派遣将领进掠渔阳郡、上谷郡，并紧急征调沿边郡县的部队，北方沿边州郡恐惧不安，但多数都打算听从王郎。上谷郡功曹寇恂、门下掾闵业向耿况建议说："邯郸突然崛起，难以信赖。大司马刘秀是刘縯的亲弟弟，礼贤下士，我们应当归附他。"耿况说："邯郸势力正日渐强盛，我们不能单独抵抗，应该怎么办？"寇恂回答说："现在上谷郡充实坚固，拥有骑兵万人，应当认真选择去就。我寇恂愿意到东方联络渔阳郡的彭宠，同心合力，就用不着把邯郸放在心上。"耿况同意，就派遣寇恂前往东方联合彭宠，打算各自派出骑兵突击队两千人、步兵一千人，去支援大司马刘秀。

安乐县令吴汉、护军盖延、狐奴县令王梁也力劝彭宠归附刘秀，彭宠赞同。但是，他的部属都想归附王郎，彭庞拿不定主意，没有做出决定，吴汉出城巡查，在城外的亭子里休息时，遇到一位儒生，就召他一同进餐，并向他打听消息。儒生说：

"大司马刘秀，所经过的郡、县都受到当地官民的称赞；邯郸那位皇帝，并非刘氏子弟。"吴汉很高兴，立即伪造一份刘秀致渔阳郡的文告，教那儒生拿去送交彭宠，嘱咐他把所听到的消息详细告诉彭宠。正好寇恂抵达，彭宠因而决定派出步骑三千，命吴汉为代理长史，和盖延、王梁一起率领南下攻打蓟县，杀死王郎大将赵闳。

寇恂返回上谷郡，于是与上谷郡长史景丹以及耿弇率军南下，并和渔阳郡的军队会合，所经过的地方，斩杀王郎的大将、九卿、校尉以下吏士，共计约三万人。平定涿郡、中山、巨鹿、清河、河间等二十二县。前锋到达广阿县，听说城里兵马很多，景丹等停兵打听消息，问："这是什么人的军队？"回答说："是大司马刘秀的。"众将都很高兴，当即抵达城下。城里最初谣传上谷、渔阳二郡的军队是援助王郎的，大家都十分惶恐。刘秀整治军队，亲自登上西城楼，询问来意。耿弇下马，就在城下拜见。刘秀当即请他进城，耿弇就详细说明了两郡发兵经过。刘秀因此把景丹等将领全请到城里来，笑着说："邯郸将领多次说我征调了渔阳、上谷二郡的兵力，我随声附和说：'我是征召了。'想不到二郡兵马真的是为我而来！我正好与各位士大夫共同建功立名。"就任命景丹、寇恂、耿弇、盖延、吴汉、王梁等为偏将军，让各自回去统领自己的部队。擢升耿况、彭宠为大将军。封耿况、彭宠、景丹、盖延等为列侯。

吴汉为人忠厚朴实，不善言辞，遇到紧急情况，就词不达意，但沉着稳重，有智谋才略。邓禹曾屡次向刘秀推荐，刘秀逐渐对他亲近敬重。

更始派尚书令谢躬率领六位将军讨伐王郎，毫无进展。刘秀到后，谢躬便与刘秀军队会合，向东围攻巨鹿郡，一月有余，还没有攻下。王郎派遣将领攻打信都郡，城内世家大族马宠等人打开城门迎接。更始派军队反击，收复信都郡，刘秀命李忠返回信都郡，代理太守。王郎派遣将领倪宏、刘奉带领数万士兵救巨鹿郡，刘秀在南栾迎战，遭遇失利。景丹等及时派出突击骑兵横冲敌阵，倪宏等大败。刘秀说："我听说突击骑兵，是天下的精锐部队，现在亲眼看到他们作战，高兴得无法用语言来说。"

耿纯对刘秀说："我们长久困在巨鹿城下，官兵疲惫。不如用我们精锐部队，直接进攻邯郸，一旦王郎被杀，巨鹿不用去打就自动降服了。"刘秀采纳了他的建议。夏季，四月，刘秀留下将军邓满继续围困巨鹿；亲自率领大军向邯郸挺进，连战连胜，王郎支持不住，派他的谏大夫杜威请求投降。杜威强调王郎确实是汉成帝嫡亲骨肉，刘秀说："假如成帝复活，也不能再得天下，何况他还是个冒牌儿子？"杜威请求封王郎万户侯，刘秀说："饶他不死已经足够了。"杜威发怒告辞。刘秀向邯郸城发动猛烈攻击，历时二十余天。五月初一日甲辰，王郎少傅李立打开城门，迎接汉军，邯郸陷落。王郎当夜逃走，被王霸追获，就地斩首。刘秀在收缴王郎文书档案时，里面有自己手下吏民交通王郎，诽谤自己的文书达数千件之多。刘秀不加追查，集合全体将领，当大家的面，将这些文书用火烧毁，说：“使反复无常的人安心！”

（以上为第七段，写刘秀历经艰险，平定王郎。）

刘秀整编部队，分派新编官兵隶属各位将领，大家都说愿意隶属大树将军。大树将军，就是偏将军冯异。冯异为人谦逊不夸耀。冯异申令自己的部属，只要不是与敌交战或受到攻击，平时行军都要走在其他部队的后面。每次驻停一个地方，各位将领聚在一起议论战功，只有冯异独自隐在树下。所以军中称他“大树将军”。

护军宛人朱祜对刘秀说：“长安政令混乱，明公有帝王的相貌，这是天命啊！”刘秀说：“快教刺奸将军祭遵收捕护军朱祜！”朱祜便不敢再说了。

更始派使臣封刘秀为萧王，命令他们解散军队，并和有功将领一同返回长安。另行任命苗曾为幽州牧，韦顺为上谷郡太守，蔡充为渔阳郡太守，同时到北方赴任。

萧王刘秀住在邯郸赵王宫，白天睡在温明殿，耿弇入殿，走到床边请求单独谈话。乘机说：“吏卒死伤太多，请允许我回上谷郡补充兵源。”刘秀说：“王郎已经消灭，河北也稍微太平，还补充兵力干什么呢？”耿弇说：“王郎虽被消灭，全国性的战争才刚刚开始。现在更始的使臣从西方来，想解散军队，决不可听从。铜马、赤眉之类的团伙有数十个之多，而每一个团伙都有数十万人，有的甚至百万人。所向无敌，更始帝不能制服他们，不久就会失败。”刘秀从床上坐起来说：“你说了不该说的话，我只有杀你！”耿弇说：“大王怜爱厚待我如同父子，因此我才掏出赤心。”刘秀说：“我只是跟你开玩笑罢了，您想说什么，都讲出来吧！”耿弇说：“全国人民被王莽害得苦不堪言，因此思念刘氏，听说汉军兴起，无不高兴，就像脱离虎口而回到慈母怀抱一样。现今更始做皇帝，而山东的各位将领不听节制，在长安的皇亲国戚，恣肆横行，随意抢掠，老百姓捶胸顿足，怨愤不已，甚至思念王莽。因而可以断定更始必定失败。明公您的功业英名传播海内，以仁义为号召进行讨伐，传递檄文，天下就可平定。夺取天下是最重要的事，明公可自行夺取，切莫让外姓的人得到它！”刘秀于是以河北尚未平定为借口，而推辞回长安，开始和更始离异。

当时，铜马、大彤、高湖、重连、铁胫、大枪、尤来、上江、青犊、五校、五幡、五楼、富平、获索等贼寇，各自所属部众，合计有几百万人，到处抢夺掳掠。刘秀打算攻打他们，就任命吴汉、耿弇为大将军，持节征调幽州所属十郡的骑兵突击队。幽州牧苗曾听到这个消息，暗中吩咐各郡不予理会。吴汉率领二十余骑兵驰往幽州无终县。苗曾出城迎接，吴汉当即逮捕苗曾，就地斩首。耿弇到达上谷，也逮捕韦顺、蔡充，就地斩首。北方各州大为震惊，于是纷纷发兵，听从调遣。

秋季，刘秀在鄡县攻打铜马。吴汉率领骑兵突击队赶到清阳与刘秀会合，士马精强。吴汉到幕府呈上所有官兵名册，然后再请指令，不敢私自留用，萧王刘秀愈发敬重他。刘秀任命偏将军沛国人朱浮为大将军、兼幽州牧，将州府设在蓟城。铜马被困粮尽，乘夜逃跑，刘秀追击到馆陶县，大败铜马。刘秀接受铜马投降还没完成，而高湖、重连等各部从东南杀来，与还没有投降的铜马会合，且战且退。刘秀又与他们在蒲阳县大战，高湖等各部被彻底打败，全都投降。刘秀封他们的首领为列侯。刘秀的将领们不敢相信降兵降将的诚意，而降兵降将内心也不能自安。刘秀知道他们的心意，便命令降将各自回到营地、整编队伍，统率军队，刘秀自己只带少数轻装的骑兵，依照次序去巡视部队。降兵降将们互相告诫说："萧王对我们推心置腹，怎能不让我们为他效死命呢？"从此大家心悦诚服。刘秀将投降的部队分配给各将领，这时人数已达数十万。赤眉的另一位头领和青犊、上江、大彤、铁胫、五幡等共约有十余万人，集结在射犬聚，刘秀率领军队，前去攻打，大获全胜。刘秀向南招抚河内郡，河内郡太守韩歆投降。

当初，更始的尚书令谢躬与萧王刘秀一起消灭王郎，但他们之间多次因看法不一致而发生争执，谢躬常想偷袭刘秀，却因畏惧刘秀军队强大而不敢动。双方的部队，尽管都在邯郸，但各有营地防区，而且萧王刘秀经常安慰谢躬。谢躬长于行政，办事很勤勉，刘秀常常称赞他说："谢尚书，真是一个好官吏！"所以谢躬也就不怀疑。谢躬的妻子知道这情况，就常常告诫他说："你跟刘秀的怨仇已深，互不相容，但是你却相信他表面上那套虚情假意，最后会被他制裁的。"谢躬不接受她的劝告。不久，谢躬率领他几万军队回到邺城驻守。等到刘秀向南攻打青犊时，命谢躬在隆虑山截击尤来，谢躬的军队被打得大败。刘秀趁谢躬领兵在外，命吴汉和刺奸将军岑彭乘虚偷袭占据邺城。谢躬不知道城内变化，只率领少数轻装骑兵返回邺城，吴汉等把谢躬抓起来杀了，他的部队也就全部投降。

（以上为第八段，写刘秀剿灭铜马，诛杀更始所署幽州牧苗曾和将军谢躬，与刘玄决裂。）

更始帝派遣柱功侯李宝、益州刺史李忠率军万余人去攻打蜀郡、汉中郡。占据成都的公孙述派他的弟弟公孙恢在绵竹县攻击李宝、李忠，李宝、李忠大败逃走。公孙述便自立为蜀王，建都成都。汉民、外族都归附他。

冬季，更始派遣中郎将归德侯刘飒、大司马护军陈遵出使匈奴，向单于颁发汉朝旧有印信，顺便将栾提云与须卜当尚存的亲属、贵人、随从送回匈奴。匈奴单于栾提舆态度傲慢，对陈遵、刘飒说："匈奴和汉朝本来是兄弟，由于匈奴曾一度内乱，因孝宣皇帝帮助而立了呼韩邪单于，所以才称臣以示尊敬汉朝。如今汉朝也大乱，政权被王莽篡夺，匈奴也曾出兵攻打王莽，使他的北方边境空虚，引起天下骚动而人心思汉。王莽最终失败，而汉朝复兴，也有我们匈奴的一份力量，汉朝应当称臣，反过来尊敬匈奴。”陈遵与他争执不下，单于栾提舆坚持自己的意见。

赤眉首领樊崇等率军进入颍川郡，将部队分为两部分。樊崇、逄安率领一部分；徐宣、谢禄、杨音率领另一部分。赤眉尽管屡打胜仗，但已筋疲力尽，厌恶作战，忧愁不安，日夜哭泣，都想回到自己的家乡东方。樊崇等商议，认为一旦回到东方，部众势必一哄而散，各奔家乡。不如向西攻打长安。因此樊崇、逄安从武关，徐宣等从陆浑关，分成两路，向长安进军。更始帝派王匡、成丹和抗威将军刘均等人分别驻守河东郡、弘农郡拦截赤眉。

萧王刘秀想向北夺取燕、赵地区，因估计赤眉必定会攻破长安，因此又想利用刘玄和赤眉的争斗而并吞关中，但不知道将这任务交给谁好。最后任命邓禹为前将军，分兵交给他精兵两万，派他西入函谷关，并由他自己选择随同副将和幕僚。此时，更始帝的将领朱鲔、李轶、田立、陈侨率领军队，号称三十万，与河南郡太守武勃，共同防守洛阳。另外鲍永、田邑驻军并州。刘秀因河内郡地势险要，物产充足，想在诸将领中选择一位有才干的人守河内郡，却难以找到，就问邓禹。邓禹说："寇恂文武兼备，既有行政之才，又有御众的能力，除了他再没有更合适的人。”刘秀就任命寇恂为河内郡太守，并代理大将军职务。刘秀对寇恂说：“从前，汉高祖将关中交给萧何，现在我把河内郡委托给你。应当使军粮充足，统率训练兵马，防范其他的军队，不使他们北渡黄河就可以了！”刘秀又任命冯异为孟津将军，统领魏郡、河内两郡的地方兵力，沿着黄河北岸布防，以抗击洛阳方面的更始军队。刘秀亲自送邓禹到野王县，邓禹西去以后，刘秀就又率领军队北上。寇恂征调干粮，制造兵器，供给前方军队使用；军队即便推进很远，也不匮乏物资。

隗崔、隗义阴谋背叛更始帝，回到天水郡。隗嚣害怕事情败露而牵连自己，就向更始帝告发他们。更始帝诛杀隗崔、隗义，任命隗嚣为御史大夫。

梁王刘永，在他的封国起兵，招揽各郡的豪杰，沛郡人周建等都被任命为将领。一连攻陷济阴、山阳、沛、楚、淮阳、汝南等郡，共获得二十八座城池。又派遣使者任命西防县贼帅山阳人佼强为横行将军，东海郡贼帅董宪为翼汉大将军，琅邪郡贼帅张步为辅汉大将军，督察青、徐二州，并将军队都集结起来，在东方称霸。

邛县人秦丰起兵于黎丘，攻破邛县、宜城等十余县，有部众万余人，自称楚黎王。

汝南人田戎攻陷夷陵县，自称扫地大将军。转战劫掠各郡县，有众数万人。

（以上为第九段，写刘秀称雄于河北，公孙述称王于蜀，赤眉军西进长安，梁王刘永、邛县人秦丰、汝南人田戎各自起兵，更始帝刘玄号令不行，全国进入群雄纷争的局面。)

【点评】

论更始帝刘玄。本卷记述淮阳王，即更始帝刘玄得天下又失天下来去匆匆的历史事件，它给人们留下这样一个历史思考：不是真命天子，得了天下也是保不住的。刘縯首先打出了兴汉的旗号，但他也不是真命天子，事业刚开始就悲剧结局。刘秀胜利了，说明他是真命天子。那么三人之间，各有什么特点？他们的差别在哪里呢？刘秀的问题，在下一卷点评中还要评说，这里只评说刘縯和更始帝刘玄失败的原因，刘玄是评说的重点。

刘縯、刘秀兄弟是刘姓皇室宗亲，兄弟三人，刘縯老大，刘秀老三是小弟。中间老二刘仲早夭。刘縯、刘秀兄弟是西汉景帝子刘发的第九代孙，舂陵侯的后裔。新朝建立，王莽废除了舂陵侯国。兄弟两人的父亲刘钦早死，兄弟二人由叔父刘良养大成人。

对王莽夺了刘氏天下，刘縯从小就愤愤不平。刘縯性情刚毅慷慨，发誓要夺回政权，因此野心勃勃，不事生产作业，反而卖田卖宅，投身江湖，有汉高帝刘邦之风度。刘秀性情温和，谨慎小心，勤事农作，被刘縯讥笑，把他比为刘邦的二哥刘仲。但刘秀与刘仲虽同在种田，而心胸完全不同。有一个穰县的民间星象家蔡少公说：图谶有言“刘秀当做天子”。王莽的国师公也叫刘秀。人们都认为图谶上的刘秀是指国师公刘秀，而舂陵刘秀却坦然笑说：“怎么就不是说我呢？”这说明刘秀心中也在图谋大志，他的勤恳务农，不过如同刘备卖鞋，只是一种韬晦术，竟然瞒过了其兄刘縯。由此比较，刘秀比刘縯更有城府。

地皇三年（22），刘縯起兵，与新市兵、平林兵联合。在一次战斗中因分配抢夺的财物不公平，新市兵、平林兵愤怒喧哗，要发动对刘縯的攻击，刘秀在这紧要关头，当机做出决断，把掠得的财物全部交出，维护了大局，也赢得了忠厚长者之称。

昆阳大捷，刘秀立下首功，名声大震。这时，拥戴更始帝的绿林兵诸将谋害了刘縯。眼看大祸就要落到刘秀身上，刘秀连忙从前线赶回南阳，向刘玄赔罪，不接近刘縯的部属，不给刘縯披丧服。刘玄找不到杀刘秀的理由，而内心愧疚，任命刘秀为破虏大将军，封武信侯。白天刘秀饮食说笑与平常一样，夜里为兄长的惨死流泪，湿透了枕巾。沉稳的韬晦使刘秀化险为夷。坚强隐忍的性格和控制力，有如勾践卧薪尝胆。这表明刘秀确实有帝王气度。刘秀外貌“隆准日角”，也就是高鼻梁，高额角，相术家称为帝王之相，也使刘秀赢得不少英雄志士的亲爱。

刘縯也恢宏大度，诚信待人，顾全大局。绿林兵首领多是农民和无赖出身，没有文化，没有远见，所以他们也很容易被“汉家当复兴”“人心思汉”的舆论征服，于是嚷嚷着要立一个刘姓皇帝。诸将本能地敌视刘縯，以张卬、朱鲔为首，强行拥立心无主见又胆小如鼠的刘玄做傀儡皇帝，不仅刘縯诸将不服，绿林军中有许多将领也不服，例如王常。但是刘縯为了顾全大局，做了让步，以强让弱，表明刘縯有帝王气度。刘縯还推诚与人相交。他的舅舅和刘秀都向他提出警告，李轶不可信任，张卬等诸将要提防，刘縯置若罔闻。当更始朝一班人找茬要诛杀刘縯时，刘縯还是没有意识到，也不做防范。更始朝诸将先杀刘縯部将刘稷进行试探。刘縯为了保护自己的部将刘稷，当众抗命刘玄，结果把自己的命也搭进去了。刘縯不知韬晦，不知防人，维护部属表现妇人之仁，这些都说明刘縯政治上的不成熟，有野心家的胸怀气度，而没有野心家的残忍和手段，所以他失败了，他不是真命天子。

刘玄是偶然因素把他推上政治舞台的，如同赤眉军拥立牧羊童刘盆子为帝一样，本来就是做傀儡的，更不是真命天子。刘玄登坛即皇帝位，南向站立，接受群臣朝拜，他没见过这个场面，羞愧得流汗，紧张得举手说不出话。诸将攻入长安，灭了王莽，更始帝从洛阳迁都长安，住在长乐宫，登上前殿，接见群臣，官员们依照秩序，排列在前殿院子里等候朝见。刘玄看到这庄严肃穆的场面，又羞愧变色，低头擦席，不敢看人。刘玄与诸将说话，竟然问："你抢了多少东西？"简直不成体统。刘玄进宫，沉迷酒色。他娶了赵萌的女儿做夫人，就把朝政大权交给赵萌处理，自己乐得日夜在后宫欢宴。大臣奏事或议论朝政，刘玄有时醉得不省人事。如此一个国君，处在乱世之中，怎么能削平群雄做成大事呢？

更始朝诸将拥立傀儡皇帝，只是要一个名义上的皇帝，拉一张遮羞布来掩盖自己的抢劫本性，因此不接受制度约束，打进长安就发生了一场火并。抢先进入长安的王宪自称汉室大将军，他缴获了王莽的皇帝玉玺不肯上交，又挟持很多宫女，在军中建立天子旗帜鼓号，被将军赵萌、申屠建等人抓了把柄就地正法。皇上如此，更始朝诸将如此，一群好利之徒，不忘抢掠本性，不脱农民意识，哪能识天命，审时度势，统一群雄呢？

何为天命？孟子有言："得天下有道：得其民，斯得天下矣；得其民有道：得其心，斯得民矣……"（《孟子·离娄上》）得到了民心的人就能得天命，赢得人民拥护的人就是真命天子。天命在地上人心，不在天上神灵。怎么样叫得民心？抓住时机，拿出办法，想民之所想，去民之所恶，就得到了民心。英雄仰慕，服从领导，是得民心的一大标志。王莽末年，王莽成了天下人的公敌，反抗王莽就能得民心。刘玄被推为皇帝，因为他参加了农民军，他反对王莽，所以得了民心。刘玄入都洛阳，全天下的人都渴望统一，更始帝刘玄成了天下的人心所望。赤眉军首领樊崇等主动归附，接受收编。天水人隗嚣也抚安关西大片土地。此时天下形势，赤眉军活动中心在濮阳，城头子路、力子都在河济间，铜马、大彤在燕赵，李宪在淮南。最大的敌对势力是赤眉军。如果更始皇帝能审时度势，定都在洛阳，遣一能吏入关中，以稳定局势为根本，全力在东靖乱，安抚好赤眉军，那么天下就大定了。刘秀在河北也未敢轻举妄动。王夫之说：“当其时，气乍盈而易弛，机至速而难留。”（《读通鉴论》）樊崇入洛阳，是统一之机的到来，樊崇逃出洛阳，统一之机丧失。“更始之亡，所以决于樊崇之入见也。”（王夫之语）真是一针见血，说得是何等的好啊！

从形势上说，更始之亡，亡于舍弃定都洛阳而西入长安。更始失败的教训成为光武帝刘秀的财富。从人格魅力上说，刘玄无智力，顶多是一个中等才干的人，不能控驭诸将。刘玄无大略，不知天下形势。刘玄不懂政治，不仅拿不出治理天下的一套方略，而且对归降的人不知怎样安抚。樊崇接受招安，到了洛阳，却又跑了。如此糊涂皇帝，当然不是真命天子。

更始帝刘玄丧失了难得的一次统一机会，于是刘秀称雄于河北，公孙述称王于蜀，隗嚣据陇西，梁王刘永、邔县人秦丰、汝南人田戎各自起兵，更始帝号令不行。赤眉军西进长安，更始政权灭亡，全国进入群雄纷争的局面。

资治通鉴（白话本） 卷第四十

汉纪三十二

汉光武帝建武元年至二年（公元 25—公元 26）

【起旃蒙作噩（乙酉，公元 25 年），尽柔兆阉茂（丙戌，公元 26 年），凡二年】

【大事提要】

本卷记事起公元 25 年，讫公元 26 年，凡两年，当光武帝建武元年、二年。这是群雄逐鹿中原局势发生重大变化的两年，绿林军、赤眉军、南阳光武帝汉军等三大建立帝位的武装集团发生剧烈的变化，绿林军瓦解，赤眉军削弱，光武帝汉军独大，东汉建立。第一件大事，光武帝刘秀扫平河北，即位鄗邑，建立了东汉，开始了统一战争。第二件大事，赤眉军入长安，立牧羊童刘盆子为帝，更始政权被颠覆，绿林军瓦解，诸将军溃散。光武帝封刘玄为淮阳王，所以史称更始政权为淮阳王。刘玄为赤眉军所控制，未能投归光武帝，后为赤眉军所杀。第三件大事，更始朝覆没，西北局势发生重大变化。窦融保有河西五郡，隗嚣据天水，卢芳称帝于塞北，赤眉军祸乱关中，关中成为主战场。赤眉军遭到光武帝、隗嚣、公孙述三方围攻，不到一年退出了长安，在东归途中为光武帝所灭。第四件大事，光武帝部署全国统一战争。光武帝用离间之计，使更始朝大将朱鲔杀洛阳守将李轶，接着光武帝又赦朱鲔谋杀其兄刘縯之罪，不战而下洛阳。第五件大事，光武帝在天下纷争之时，不失时机推行教化，表彰清廉官吏代表人物卓茂，尊礼耿正大臣宋弘，淳风俗，清吏治，尽显一代明君风采。第六件大事，光武帝大将贾复、吴汉南讨，军纪不肃，抢掠滥杀，南人降而复反。幽州牧朱浮逼反渔阳太守彭宠。建武二年末，光武帝北讨彭宠受挫，南方战争也陷入胶着。突发事件，延缓了光武帝的统一事业。贾复、吴汉、朱浮三功臣之过，光武帝含容不惩，有圣德焉。

世祖光武皇帝上之上

汉光武帝建武元年（乙酉，公元 25 年）

春季，正月，方望与安陵人弓林共同拥立前安定公刘婴为天子，聚众数千人，占据了临泽县。更始刘玄派丞相李松等领兵击破，将其全都斩首。

邓禹抵达箕关，打败河东郡都尉，进兵包围了安邑县。

赤眉军的两支军队在弘农郡会合。更始刘玄派遣讨难将军苏茂拦截，苏茂军大败。赤眉军大规模集结，每一万人编成一营，一共编为三十营。三月，更始刘玄派丞相李松与赤眉军大战于蓩乡，结果李松等大败，死了三万余人。赤眉军掉头向北推进到了湖县。

蜀郡功曹李熊劝说公孙述自称天子。夏季，四月，公孙述即帝位，称号成家，改年号为龙兴。公孙述任命李熊为大司徒，弟弟公孙光为大司马，公孙恢为大司空。越嶲人任贵占据了越嶲郡。归降公孙述。

萧王刘秀率军北进在元氏县攻打尤来、大枪、五幡等几支盗贼，追至北平县，接连打败他们。又在顺水河的北岸交战，乘胜轻率冒进，反被打败。刘秀被逼走投无路，独自逃到悬崖之上，幸而遇到骑兵突击队的王丰，王丰将马给刘秀，刘秀才免于一死。溃散的兵卒退守范阳县时，发现刘秀不见了，有人说刘秀已经被敌军所杀，众将领都不知该怎么办。吴汉说："大家再加一把劲！刘秀哥哥的儿子就在南阳郡，我们何必担心没有国君！"然而大家仍然感到恐慌，过了几天才安定下来。贼军虽然打了胜仗，然而畏惧刘秀的威名，反而乘夜撤走。刘秀的军队又追到安次县，接连交战，都大败贼军。贼军退入渔阳郡，所过之处，大肆掳掠。强弩将军陈俊向刘秀进言，说："贼军没有粮食辎重，应当派轻骑兵挡在贼军的前面，让沿途的百姓各自坚壁清野，以断绝他们的粮食，如此就用不着攻打，贼军自会消灭。"刘秀十分赞同，随即派遣陈俊率领轻骑兵疾驰到贼军前面，视察那些坚固完整的壁垒，下令百姓固守待援；那些分散在野外荒郊的食物，便抢先掠夺走。贼军到达之后，什么也得不到，就自然溃散。刘秀对陈俊说："困苦这些贼军，全是将军的计策。"

冯异写信给李轶，讲明利害关系，劝他归附萧王刘秀。李轶知道长安已危在旦夕，但因为刘縯之死，心里很不安。因此回信给冯异说："我李轶本来与刘秀首先合谋重建汉朝。现在我守洛阳，将军您镇守孟津，都是据守战略重地，这是千载难逢的良机，你我二人齐心协力，足可断金。请你将我的意思转达给萧王，我甘愿进献愚策，以助他定国安民。"李轶自和冯异通信后，就不再与冯异交战，所以冯异能向北进攻天井关，占领了上党郡的两个县城，又挥师南下，攻取河南郡成皋以东十三个县，收编降军十余万人。更始的将领武勃率领万余人攻打那些叛变的部队，冯异与武勃在洛阳东士乡聚展开激战，大破武勃军，杀了武勃。李轶却紧闭城门，不予救援。冯异见李轶守信而使自己获得实效，便详细向萧王刘秀禀报。刘秀回复冯异说："李轶诡计多端，一般人都抓不到他的要领。如今把他给你的信转告各守、尉将领，加以警备。"大家都奇怪刘秀何以要公开李轶的书信。不久，朱鲔听到消息，派人刺杀了李轶，因此，洛阳城中人心背离，有很多人出城投降。

朱鲔听说萧王刘秀北征，河内郡势单力孤，便派部将苏茂、贾强领兵三万多人，从巩县渡过黄河，进攻温县，朱鲔亲自率领数万人马进攻平阳县牵制冯异。檄文传到河内郡，寇恂立即领兵迅速出击，并传令所属各县，火速发兵会聚温县。军吏都劝阻说："如今洛阳兵渡河，前后不断，应该等到各县的兵集结以后，才可出击。"寇恂说："温县是河内郡的屏障，丢了温县，郡城就保不住了。"于是寇恂飞奔赶赴温县。第二天早晨，两军交战，这时冯异派来的救兵，以及各县来救的兵恰好赶到，寇恂命令士兵登上城墙击鼓呐喊，大声呼叫说："刘公大军到了。"苏茂军听到喊声，阵列骚动，寇恂趁机冲击，大败苏茂军。这时，冯异也渡过黄河攻击朱鲔，朱鲔退走，冯异与寇恂追击到洛阳，环城绕了一圈撤回。从此洛阳震惊恐惧，白天也紧闭城门。

冯异、寇恂发出公文，向萧王刘秀呈报战果，各位将领纷纷向刘秀祝贺，乘机恳请刘秀称帝。将军南阳人马武首先说："尽管大王您谦虚退让，但国家宗庙社稷怎么办？最好是您先即帝位，然后再讨论征伐的事。如今号位不正，东闯西杀，到底谁是贼、谁是盗？"刘秀吃惊说："将军怎么说出这种话，该当杀头！"于是率军返回蓟县。又派遣吴汉率领耿弇、景丹等十三位将军追击尤来等贼寇，斩杀一万三千余人。直追到浚靡县才返回。贼寇分散进入辽西、辽东郡，被乌桓、貊人部落劫掠击杀，几乎死光。

都护将军贾复在真定与五校交战，贾复身负重伤。刘秀得知大惊说："我之所以不让贾复单独率军，就是怕他轻敌。果真，丧失我一员名将！听说他的妻子身怀有孕，若生女，将来我的儿子便娶她为妻；如果生男，将来我的女儿就嫁给他。告诉贾复，不要为妻子儿女担忧。"贾复的伤势不久痊愈，在蓟县追上刘秀，两人见面后十分高兴。

萧王刘秀回到中山县，各位将领再次请求他即位皇帝，刘秀再次拒绝。大军行进到南平棘，众将领又坚决请求刘秀即位皇帝，刘秀仍不同意。众将领将要告辞而出，耿纯进劝说："天下的士大夫，抛弃亲人，离开故土，冒着飞箭滚石追随大王您，目的是希望能攀龙附凤，以成全自己的志向。现在大王您拖延时间，违背众意，不正号位，我耿纯担心天下的士大夫希望破灭，无计可施，因而产生退归故里的念头，不想长久忍耐下去。大家一散，就很难再集合在一起了。"耿纯的话非常诚恳真切，萧王刘秀大受感动，说："容我再想一想吧。"

刘秀到达鄗县，召见冯异，询问各地的动静。冯异说："更始必败，宗庙社稷的忧虑，全落在大王您的身上，应当接受大家的建议。"正好此时儒生强华从关中捧着《赤伏符》来进见，符上说："刘秀发兵捕不道，四夷云集龙斗野，四七之际火为主。"群臣们乘机又上奏请。六月二十二日己未，刘秀在鄗县南郊即皇帝位，改换年号，大赦天下。

（以上为第一段，写刘秀扫荡河北，南挫更始，在鄗邑即皇帝位，东汉建立，汉室复兴。）

邓禹围攻安邑县，几个月都没攻下。更始帝的大将军樊参率领几万人从大阳渡过黄河，准备攻打邓禹。邓禹率军在解县南郊迎头痛击，杀了樊参。王匡、成丹、刘均合兵有十余万，再次攻打邓禹，邓禹的军队交战失利。第二天，二十六日癸亥，王匡等人认为癸亥是一轮甲子的最后一天，是忌日，不宜出战。因此邓禹得到喘息，调整部署。二十七日甲子，王匡等倾巢而出攻击邓禹，邓禹下令军队不可轻举妄动，等王匡的军队到达营垒附近时，才传令诸将，突然击鼓反击，大破敌军。王匡等人逃走，邓禹乘胜追击，杀了刘均和河东郡太守杨宝，于是平定河东。王匡等逃回长安。

更始帝刘玄的卫尉大将军张印与众将军商议，说："赤眉军很快就要到来，我们的灭亡就在眼前。与其等死，不如抢掠了长安的财物，向东回到南阳郡。事情若不成，我们就回到江湖重新做强盗罢了！"于是便一同入宫，说服更始帝。更始帝满脸怒气，一言不发，张印等人也不敢再说。更始命王匡、陈牧、成丹、赵萌率军驻守新丰县，命李松驻军掫地，以抵抗赤眉军。张印、廖湛、胡殷、申屠建和隗嚣合谋，想趁立秋大祭之时，劫持更始帝，实现原先东归南阳的计划。刘玄得知这消息后，到立秋大祭时，称病不出，召张印等进宫，准备将其全部斩首。当时只有隗嚣称病没有进宫，与他的宾客王遵、周宗等布置警卫戒备。更始帝犹豫不决。张印、廖湛、胡殷怀疑事情有变化，便突然出宫。只有申屠建仍留在宫中，更始帝就杀了申屠建，派执金吾邓晔率兵包围隗嚣的住宅。张印、廖湛、胡殷率领军队，火烧宫门，杀进宫中，更始帝大败。隗嚣也突破包围，逃出长安回到天水郡。第二天早晨，更始帝逃出宫中往东投奔驻守在新丰县的赵萌。更始帝又怀疑王匡、陈牧、成丹和张印等是共同谋划，便将他们一同召入。陈牧、成丹先到，立即斩首。王匡害怕，就率领军队进入长安，与张印等会合。

赤眉军进入华阳县，随行在军中有一位齐国的巫师，经常击鼓狂跳，祭祀城阳景王刘章。巫师口出狂言："景王刘章大发雷霆，说：'要作就作天子，为什么要做盗贼！'"当时军中只要讥笑巫师的人就生病，因而军中惊恐骚动。方望弟弟方阳劝说赤眉军首领樊崇等人说："如今将军拥有百万大军，向西京长安进军，却没有一个称号，被人看作一伙盗贼，这样是不可能长久的。不如立一个刘氏宗室，挟天子的名义前往讨伐，以此发号施令，谁敢不服从！"樊崇等人认为说得不错，而巫师的狂言也越来越厉害。军队前进到达郑县，他们互相商议说："如今已逼近长安，而鬼神的旨意如此明显，应当寻求一位刘氏宗室来当皇帝。"

在这之前，赤眉军经过式县，将西汉时故式侯刘萌的儿子刘恭、刘茂、刘盆子三人劫持随军行动。刘恭自幼学习《尚书》，随着樊崇等人到洛阳投降更始帝刘玄，重新被封为式侯，为侍中，留在长安。刘茂与刘盆子，仍留在赤眉军中，归右校卒史刘侠卿管辖，负责放牛。等到樊崇等人要立刘氏为帝，就在军中寻找景王刘章的后代，一共找到七十余人，其中只有刘茂、刘盆子以及前西安侯刘孝是血统最接近的。樊崇等人说：“听说古代天子亲自率领军队都称上将军。”因此就将“上将军”三个字写在木简上，作为符命，又将两片未写字的木简一起放在竹筐中。在郑县的北面设置祭坛，祭祀城阳景王，各位三老、从事都参加祭典。请刘盆子等三人排列在中间站着，按照长幼顺序抽取木简。刘盆子年纪最幼，最后抽取，抽得有符命的木简。众将领都向刘盆子称臣，下跪行礼。刘盆子当年十五岁，披头散发，光着双脚，穿着破衣服，脸发红、身冒汗，看到各位将领向他称臣跪拜，惊恐得想哭。刘茂对他说：“把你抽得的符命藏好！”刘盆子却把它咬断、扔掉。但是，他已经是任人摆布的皇帝了。因此任命徐宣为丞相，樊崇为御史大夫，逢安为左大司马，谢禄为右大司马，其余将领都被任命为卿、将军。刘盆子尽管被立为皇帝，但每天早晚还要向刘侠卿跪拜，时常想出去和牧童玩耍。刘侠卿发怒制止他，樊崇等人也不再来问候探视。

（以上为第二段，写更始政权发生内讧。赤眉军西进，立牧羊童刘盆子为主，以正号位。）

秋季，七月初五日辛未，光武帝派遣使臣持符节任命邓禹为大司徒，封为酂侯，食邑万户。当时邓禹二十四岁。又商定选拔大司空，光武帝因为《赤伏符》上说的“王梁主卫作玄武”，七月十一日丁丑，任命野王县令王梁为大司空。光武帝又想依谶书的记载，任用平狄将军孙咸为代理大司马，大家都不高兴。七月十六日壬午，任命吴汉为大司马。

当初，更始帝任命琅邪人伏湛为平原郡太守。当时全国各地纷纷起兵，只有伏湛所在的平原郡安然无事，因为他安抚百姓，才避免战祸。门下督为伏湛筹划起兵的事，伏湛将他抓起来杀了。于是吏民信赖归向他，整个平原郡都依靠他得以保全。光武帝征召伏湛为尚书，由他负责审订旧有的典章制度。又因为邓禹率军西征，任命伏湛为司直，代理大司徒之职理事。光武帝每次外出亲征，常常将伏湛留下镇守。

邓禹率军从汾阴县渡过黄河，进入夏阳县。更始帝的左辅都尉公乘歙率领十万大军与左冯翊的军队在衙县阻击邓禹。邓禹再次大败更始军，公乘歙等逃走。

宗室刘茂在京密地区聚众起兵，自称厌新将军，攻下颍川、汝南两郡，有部众十余万人。光武帝派骠骑大将军景丹、建威大将军耿弇、强弩将军陈俊攻打刘茂，刘茂前来投降，被封为中山王。

七月己亥日，光武帝巡幸怀县，派耿弇、陈俊驻军五社津、防御荥阳以东的敌情，同时派出吴汉率领建议大将军朱祜等十一位将军围困朱鲔于洛阳。八月，光武帝南进临幸河阳。

李松从掫地率领军队回到新丰，追随更始帝与赵萌会合一同攻打在长安的王匡、张印。交战一个多月，王匡等兵败溃散，更始帝重新占据长安，迁居长信宫。

赤眉军到达高陵县，王匡、张印率军投降赤眉军，于是他们联合一同攻打长安的东都门。李松出城迎战，被赤眉生擒。李松的弟弟李况任城门校尉，就打开城门，迎接赤眉军进城。九月，赤眉军进入长安。更始帝刘玄单人独骑从厨城门逃出长安。式侯刘恭因为赤眉军立他弟弟刘盆子为皇帝，就自己投案被囚禁在诏狱里。听说刘玄兵败逃走，才出诏狱，遇见定陶王刘祉，刘祉替他解下身上刑具，一同追随更始帝到渭水河畔。右辅都尉严本，害怕更始走失，被赤眉军所杀，就将更始帝带到高陵县，严本率领军队守卫，实际是将他包围看管起来。更始帝的将相都投降赤眉军，唯有丞相曹竟不投降，手持宝剑抗击，被杀。

九月初六日辛未，光武帝下诏封更始帝刘玄为淮阳王。诏书说，无论官吏或百姓敢有伤害更始帝的，以大逆罪论处；有人将更始帝送到官府的，封为侯爵。

（以上为第三段，写更始政权在光武帝、赤眉军的夹击下崩溃。赤眉军入长安。光武帝封更始帝刘玄为淮阳王。）

当时，宛县人卓茂宽厚仁义，恭谦慈爱，性情淡泊坦荡，乐守圣贤之道，雅正朴实，不注重浮华的外貌，自己的行为在清浊之间，从稚童到白发苍苍的老年，从没有跟别人争执过，家乡的亲朋好友尽管行为才干与卓茂不同，但都爱戴和仰慕他。卓茂在西汉哀帝、平帝时任密县令，他爱民如子，推行善言善行来教化百姓，从来不口出恶言，官吏与百姓对他很敬爱，都不忍心欺骗他。曾有人上告说，卓茂属下的一个亭长收下了他所馈赠的粮米和肉。卓茂说："是亭长向你要的呢？还是你有事托他而送给他的呢？还是平时就有恩惠情感而赠送他的呢？"那个人说："是我自己送到他家的。"卓茂说："是你自己送去他才接受的，为何还要上告呢？"那个人说："我听说贤明的国君在位，使老百姓不怕官吏，而官吏也不向老百姓索取财物。如今我惧怕官吏，因此才送财物给他。那个官吏没有推辞就收下了，所以我要告他。"卓茂说："你真是个德薄的人！人之所以能群居在一起生活而不混乱，不同于禽兽，是因为人类有仁爱礼义，知道互相尊敬。而你却不遵循这些，难道你能远走高飞，不在人间吗？官吏当然不应该凭权力强求索取。亭长平时是个好官，每年送他一点礼物，正是礼的体现。"那个人说："若是这样，那法律为什么又禁止这样做呢？"卓茂笑着说："法律是按行为立下的规范，礼义是顺应人情。现在我用礼义开导你，你一定没有怨恨厌恶；若我用法律惩办你，你就不知该怎么办了。同一个事情，按小的说可以论罪，按大的说便可以杀头。你姑且回去想想吧！"当初卓茂到密县任职，着手一些改革，官民不理解而嘲笑他，邻近县城的官民知道后也都讥笑他没有才能。河南郡为此在密县又安置一位实习县令和卓茂平起平坐。卓茂也不感到憎恶，照常办公，神态自如。几年之后，卓茂所推行的教化蔚然成风，以致路不拾遗。后来卓茂被升迁为京部丞，密县的老少都流泪为他送行。当王莽居摄皇帝时，卓茂便称病辞职回家。刘秀称帝后，就先寻访卓茂的下落。卓茂此时已七十余岁。九月十九日甲申，光武帝下诏书褒扬卓茂说："名誉满天下的，应该受到国家最重的奖赏。今任命卓茂为太傅，封为褒德侯。"

臣司马光评论说：孔子说："提拔任用一个贤能的人，将影响那些无能的人努力上进。"因此虞舜推荐皋陶，商汤推荐伊尹，而不仁的人就远去，这是由于这两位品德高尚的缘故。光武帝刚刚即位，群雄纷争，天下混乱，那些冲锋陷阵的猛将，擅长奇计谋略、雄辩善言的策士，正被世人所敬重。而只有光武帝能起用忠厚的大臣，表彰奉公守法的官吏，从低微的民间选拔人才，安排在公卿首位。光武帝之所以能够光复汉室，享受长久的国运，是因为他知道首先要做的是什么才能达到根本目的。

（以上为第四段，写光武帝初即位，天下还在纷争之时，首先推行教化，表彰清廉官吏的代表人物卓茂，受到司马光的高度赞扬。）

汉军众将围攻洛阳几个月，朱鲔坚守而未能攻下。汉廷尉岑彭曾经当过朱鲔的校尉，光武帝派他去说降朱鲔。朱鲔在城墙上，岑彭在城楼下，岑彭向朱鲔陈说利害关系。朱鲔说："大司徒刘縯被害的时候，我朱鲔参与了谋划，又劝阻更始帝不派萧王北伐，我知道自己的罪孽实在深重，不敢投降。"岑彭回来，向光武帝原原本本转述了朱鲔的话。光武帝说："兴办大事业的人，不计较小的仇怨。朱鲔现在投降，官位爵禄可以保全，怎么会诛罚他呢？滔滔黄河水可以作证，我绝不食言。"岑彭再次前去告诉朱鲔，朱鲔从城楼上放下绳索，说："一定要我相信，请你攀绳上来。"岑彭立即攀索打算登城，朱鲔看到了岑彭的诚意，也当即答应投降。九月二十六日辛卯，朱鲔将两手反绑在身后，与岑彭一起到河阳。光武帝亲自解开朱鲔的绳索，接见了他，又下令岑彭当夜送朱鲔回洛阳城。第二天早晨，朱鲔与苏茂等人带领全部人马出城投降。光武帝任命朱鲔为平狄将军，封扶沟侯，后来任职少府，封爵世代相传。

光武帝派侍御史河内人杜诗前往洛阳，安定人心。将军萧广放纵士兵横行暴虐，杜诗告诫晓谕仍然不改，杜诗把萧广治罪杀头，回到河阳把实情报告皇上。光武帝召见了杜诗，赏赠他王公用的木戟仪仗，并提拔任用。

冬季，十月十八日癸丑，光武帝车驾进入洛阳，住在南宫。于是定都洛阳。

（以上为第五段，写光武帝宽仁大度，赦朱鲔之罪，不战而攻下洛阳，定都洛阳。）

赤眉军写信给更始帝刘玄说："圣公如果来投降，就封为长沙王，超过了二十天，就不接受投降。"更始帝刘玄派刘恭请求投降，赤眉军派出将领谢禄前往接受投降。更始帝刘玄跟随谢禄，光着膀子，向刘盆子献上印玺，赤眉军将领让更始帝坐在庭院中间，将要杀他。刘恭、谢禄求情，没得到允许，于是把更始帝拉出庭院。刘恭一面追一面喊叫说："臣尽了最大努力，请让我先死！"拔出剑来想要自刎，樊崇等人赶快一同制止，这才赦免更始帝，封为畏威侯。刘恭又坚决替更始帝求情，终于得以封更始帝为长沙王。更始帝经常依靠谢禄生活，刘恭也全力保护他。

刘盆子居住在长乐宫，三辅郡县、营垒派使节朝拜进贡，赤眉军士兵却在半路打劫，又多次残暴地掠夺吏民，因此，三辅吏民又回到各自的营垒固守。

三辅百姓不知归附谁，听说邓禹的军队接连战胜，而行进的军队纪律严明，全都相望，听到风声就扶老携幼迎向邓禹军，每天来归降的人以千计，军众号称百万。邓禹所到之处，就停车竖起符节，慰问来归附的民众。所有人围聚在邓禹的车下，没有不感激高兴的，于是邓禹名声震动关西。

众将领和地方豪杰都劝邓禹直接进攻长安。邓禹说："不行。如今我们的人数虽多，能作战的人很少，前面没有可靠的粮草，后方没有供运送的物资，赤眉军刚刚占有长安，钱粮充实，乘胜之师锐不可当。但终究是一群乌合之众，没有长远的计划，钱粮虽然很多，而变故多端，岂能长期坚守。上郡、北地、安定三郡，地广人稀，粮食充足，畜牧茂盛，我暂且在此一边休养士卒，一边观察等待赤眉军的弊病，才可以消灭他们。"于是邓禹率军向北到达栒邑，所到之处，各营寨、郡邑都开门归顺。

光武帝派岑彭攻击荆州群盗，攻下犨县、叶县等十多座县城。

十一月三十日甲午，光武帝巡幸怀县。

梁王刘永在睢阳称帝。

十二月丙戌日，光武帝回到洛阳。

三辅百姓苦于赤眉军的暴虐，都同情更始帝刘玄，想把他从赤眉军中救出来，张印等人十分忧虑，就派谢禄勒死了刘玄。刘恭趁夜前往，收拾藏匿刘玄的尸体。光武帝得知，下诏邓禹把刘玄安葬在霸陵。原刘玄的中郎将宛人赵熹将兵出武关，路上遇到更始刘玄的亲属，全都赤脚露体，饥饿困乏，赵熹拿出全部钱财粮食送给他们，卫护他们前行，宛王刘赐得到消息，迎接他们回到家乡。

（以上为第六段，写赤眉军暴虐三辅百姓，诛杀更始帝刘玄，邓禹进军陕北，觊觎关中。）

隗嚣回到天水郡，又重新召集他的部下，复兴旧时功业，自称西州上将军。三辅的士大夫为躲避战乱，许多都归附隗嚣。隗嚣也热诚接待，与他们像普通百姓一样平等地交往。任命平陵人范逡为师友，前凉州刺史河内人郑兴为祭酒，茂陵人申屠刚、杜林为治书侍御史，马援为绥德将军，杨广、王遵、周宗以及平襄人行巡、阿阳人王捷、长陵人王元为大将军，安陵人班彪等为宾客，因此威名震动西州，闻名于山东。马援年轻时，因家境贫困，辞别他的哥哥马况，想到边郡一带垦荒放牧。马况说："你是一个天才，不过大器晚成罢了。一个能工巧匠从不把没雕琢好的器物给别人看。你现去做自己意愿的事吧。"于是马援就到北地郡垦荒放牧。他常对宾客说："大丈夫所怀之志，处境愈穷困，志节愈应坚定，年虽老而志更壮烈。"后来，他拥有数千头牲口，数万斛粮食。不久，又感叹说："大凡聚敛财富，可贵之处在于能够赈救施舍；否则，只是一个守财奴罢了！"因此，他便将全部家产分送给亲朋好友。他听说隗嚣礼贤下士，就去投奔他。隗嚣很器重马援，让他参与决策。班彪是班稚的儿子。

当初，平陵人窦融一家几代人都在河西地区做官，熟悉当地风俗民情。窦融和更始帝刘玄的右大司马赵萌关系交好。窦融私下对他的弟弟说："天下的安危不能预测。河西非常富足，东面又有黄河作为牢固的屏障。张掖属国有一万精锐骑兵，一旦有危急的情况，断绝黄河渡口，就可以保存自己。这是个保全自己不被绝灭的好地方。"窦融凭借赵萌的关系请求到河西去。赵萌将窦融推荐给更始帝刘玄，更始帝就任用窦融为张掖属国都尉。窦融到任后，就抚慰部众，结交英豪，安抚西羌各部族，深受他们的欢心。这时，酒泉郡太守安定人梁统、金城郡太守库钧、张掖郡都尉茂陵人史苞、酒泉郡都尉竺曾，敦煌郡都尉辛彤，都是州郡的英雄俊杰，窦融和他们的交往深厚。等到更始政权失败，窦融和梁统等人商议说："现在天下大乱，不知该归向谁。河西地方孤悬在羌、胡的中间，如果不同心协力，就不能保卫自己，但权力和力量都相等，就谁也不能统率谁。应该推举一个人做大将军，共同保全五个郡，以观察时局的变化。"商定之后，大家各自谦让。后来按照各位的次序，一致推举梁统为大将军。梁统坚决推辞，便推举窦融兼管河西五郡大将军之事。武威郡太守马期、张掖郡太守任仲都势单力孤，窦融等就写信告诉他们。他们便马上交出印章绶带而离开。于是任命梁统为武威郡太守，史苞任张掖郡太守，竺曾为酒泉郡太守、辛彤为敦煌郡太守。窦融居住在张掖属国，仍旧任都尉之职。设置从事，监督五个郡。河西一带民风淳朴，窦融等人施政也宽和，因此上下相亲相敬，一片安定富足的景象。平时训练兵马，练习战技，点燃烽火，进行实战演习。羌、胡等人侵犯边塞，窦融往往亲自率领兵卒和各郡的军队相救助，每次出击都不失期约，每战也都能将敌人打败。后来羌、胡等各部族全都被窦融的威名所震，亲近归附。内地各郡逃避战乱饥饿的流亡百姓也都络绎不绝地归顺窦融。

王莽当政时，天下人都思念汉朝恩惠。安定郡三水县人卢芳住在左谷里，假称自己是汉武帝的曾孙刘文伯，说："我的曾祖母是匈奴浑邪王的姐姐。"卢芳常用这些话在安定一带欺骗蛊惑大家。王莽末年，卢芳与三水属国的羌、胡人一同兴兵。更始帝刘玄到达长安，征召卢芳为骑都尉，委任他镇守安抚安定郡以西地区。更始政权失败后，三水豪杰共同拥立卢芳为上将军、西平王。卢芳派遣使臣与西羌、匈奴结亲和好。匈奴单于认为："汉朝政权中途断绝，刘氏皇族前来归附，我也应当把卢芳像当年汉朝策立呼韩邪那样来对待，让他尊敬侍奉我。"因此就派遣句林王率领数千骑兵迎接卢芳兄弟到匈奴，立卢芳为汉帝；任命卢芳的弟弟卢程为中郎将，让他们率领胡人骑兵返回安定郡。

（以上为第七段，写建武元年，中国西北部地区在战乱中的形势，窦融保河西，隗嚣据有天水，卢芳称帝于陕北。）

光武帝因为关中还未平定，而邓禹又迟迟不进兵长安，就写信指责邓禹说："你是大司徒，应当是圣明的唐尧；亡命的贼寇，是暴虐的夏桀。长安城的官民终日惶惶不安，不知道依靠谁。你应当抓住时机，进攻讨伐，镇抚长安，维系百姓之心！"邓禹仍然坚持自己先前的意见，避开长安，另外攻打上郡各县，然后征兵屯粮，返回大要县。留下积弩将军冯愔、车骑将军宗歆共同防守栒邑县，两人因为争权夺利而互相攻击，冯愔终于杀了宗歆，并乘机掉头来攻打邓禹。邓禹派遣使者向光武帝禀报。光武帝问使者："冯愔最亲近的人是谁？"使者回答说："是护军黄防。"光武帝料定冯愔、黄防不能长久相和，势必相攻，就回答邓禹说："将来捆绑冯愔的，一定是黄防。"便派尚书宗广持符节前往招降他们。一个多月后，黄防果真将冯愔抓起来，率领他的部属回来请罪。更始帝刘玄的几位将领王匡、胡殷、成丹等都到宗广那里投降。宗广与他们一起回到洛阳。走到安邑县路上，有人想逃跑，宗广把他们杀了。

冯愔叛变后，率领军队向西攻打天水郡，隗嚣迎击，在高平县打败冯愔，得到全部辎重。于是，邓禹承制以光武帝的命令，派遣使者持符节任命隗嚣为西州大将军，全权处理凉州、朔方郡的军政大事。

十二月初八是祭祀百神的腊日，赤眉军在长安举行盛大宴会，酒还没有开始喝，文武百官就相互吵闹争斗。而士兵们也纷纷跃墙进入皇宫，劈开大门，掠夺宴席上的酒肉，彼此相互残杀。卫尉诸葛稚得到消息，带领军队进宫，斩杀一百多人，才平定下来。刘盆子吓得要命，日夜哭泣，左右侍从官都很怜悯他。

当初，光武帝派宗正刘延攻打天井关，同更始帝刘玄的守将田邑连战十余次，刘延始终不得前进。等到更始政权失败，田邑派使者请求投降。光武帝便任命田邑为上党郡太守。光武帝又派谏议大夫储大伯持符节征召鲍永。但鲍永不知更始帝刘玄的生死，犹豫不肯归顺，就囚禁了储大伯，并派遣使者到长安，探听虚实。

当初，光武帝跟从刘玄在宛县时，娶新野县阴氏的女儿阴丽华为妻。建武元年，光武帝派遣使者迎接阴丽华与光武帝的姐姐湖阳公主、妹妹宁平公主一起来到洛阳。光武帝封阴丽华为贵人。更始帝的西平王李通早先已娶宁平公主为妻，光武帝便征召李通为卫尉。

当初，更始帝刘玄任命王闳为琅邪郡太守，张步占据琅邪郡拒绝王闳。王闳传谕招降，获得赣、榆等六个县。然后聚集兵力与张步交战，不能取胜。张步已经接受在睢阳称帝的刘永的官职，在剧县训练军队，派将领攻打泰山、东莱、城阳、胶东、北海、济南、齐郡等郡，全都占领。王闳的力量战不过张步，就到张步的驻地见张步。张步陈列大军见王闳，发怒说："我有什么罪，你攻打那么紧迫！"王闳手按着剑说："我是太守，奉朝廷的命令到任，而你却聚集军队抗拒，我不过是攻打贼寇罢了！"张步起身跪拜谢罪，设宴对饮，待为上宾，并由王闳掌握处理全郡之事。

（以上为第八段，写光武帝建武元年岁末时形势，从三辅到山东齐鲁，西有赤眉军，东有梁王刘永、张步，东西一线成为战乱中心。）

汉光武帝建武二年（丙戌，公元 26 年）

春季，正月初一日甲子，发生日食。

刘恭知道赤眉政权必定失败。便暗中嘱咐弟弟刘盆子交出玉玺绶带，并教他说一番推辞谦让的话。到元旦那天，大会群臣，刘恭抢先说："诸公一起拥立我的弟弟做皇帝，恩德实在太深厚了！他即位快一年，但是，天下混乱，一天比一天严重。他实在不足以成就功业，即使死了也对国家无益。因此请求让他退位，做一个普通老百姓。另外再寻求贤德明智的人选，敬请诸公能详察！"樊崇等人谢罪说："这都是我们的过失。"刘恭再次坚决请求退位。有人说："这难道是式侯你管的事吗？"刘恭害怕而起身离去。这时，刘盆子下了宝座解下玉玺绶带，向诸公磕头说："现今虽设立了皇帝，但大家仍旧做强盗，天下百姓怨恨，不再信服归向我们，这都是由于皇帝拥立错了所造成的。恳请各位让我离开，为圣贤明君让路！若一定要杀我以推卸责任，我也不敢避死！"说完，就痛哭流涕。樊崇等与参加朝会的数百人，听了刘盆子的话，没有一个不同情可怜他，便都离开座位向刘盆子叩首说："都是我们不好，对不起陛下，从今往后，我们不敢再胡作非为！"就一起将刘盆子抱上宝座，给他系上玉玺绶带。刘盆子大哭不止，但身不由己。宴会毕，诸将出宫，各自紧闭营门，安静自守。三辅一片和睦，称颂天子圣明。百姓争先恐后地回到长安，街市上挤满了人。二十多天以后，赤眉官兵又跑出军营，照旧大肆抢劫。

刁子都被他的部下所杀，余党与其他贼寇在檀乡会合，被称为檀乡贼。他们掠夺魏郡、清河郡。魏郡大吏李熊的弟弟李陆阴谋在城里反叛内应，迎接檀乡贼。有人将这消息告诉魏郡太守颍川人铫期。铫期召见李熊质问，李熊叩头自首，承认有此事，并愿与老母一块儿赴死。铫期说："你如果认为在城里做官，还不如做贼快乐，那就回去和老母一块儿去投奔你的弟弟李陆！”铫期派官吏将李熊母子送出城。李熊出城，找到李陆，与他一起来到邺城西门，李陆不胜惭愧，就自杀向铫期谢罪。铫期叹息，按照礼节安葬李陆，并恢复李熊的官职。因此，魏郡的人都敬服铫期的威望。

光武帝派遣吴汉率领王梁等九位将军，在邺城东面的漳水河畔攻打檀乡城，大败贼兵，十多万人全部投降。光武帝又派王梁与大将军杜茂率领军队安抚魏郡、清河郡、东郡，扫平了贼兵各自保守的营堡，三郡安宁，由洛阳通往北部边疆的道路得以畅通。

正月十七日庚辰，光武帝封所有功臣为列侯。梁侯邓禹、广平侯吴汉都食邑四县。博士丁恭建议说："古代封诸侯，地不过百里，为的是使树干强壮，树枝弱小，为的是把国家治理好。如今封四个县的食邑，不合法制。"光武帝说："古代亡国都是由于不行仁政，从来没有听说过因为功臣的封地多而亡国的。"阴乡侯阴识，是贵人阴丽华的哥哥，因为战功应当增加封地，阴识却叩头辞谢说："天下刚刚平定，有战功的将帅很多，我是后宫的亲属，还要增加爵位食邑，便无法面对天下百姓。这样做，岂不是亲戚无功受禄，一般人有功才能受赏吗？”光武帝听从了他的意见。光武帝让将领们各自说出自己最想被封在什么地方。大家都想占有富庶的县分。只有河南郡太守颍川人丁綝，请求将本乡封给他。有人问他原因，丁綝说："我的能力不足，功劳也小，能够封个乡亭侯就很优厚了。"光武帝尊重他志愿，封其为新安乡侯。光武帝命郎中魏郡人冯勤主持诸侯分封事宜。冯勤衡量每人功劳的大小、先后轻重，国土的远近，土地的肥沃贫瘠，论功行赏，没有发生不符实际的差错，大家全都心服。光武帝认为冯勤很有才干，尚书的许多事务都让他统领，负责去办。依照成例，尚书郎是由资深的尚书令史依次补充，到光武皇帝才开始用孝廉为尚书郎。

光武帝在洛阳建筑高庙，每年四季一同祭祀汉高祖、汉文帝、汉武帝。在宗庙左右边建造社稷。在城南建筑祭祀天地的祭坛。

长安城里粮食耗尽，赤眉军将领们大肆搜刮珍珠宝物装车载走，恣意纵火焚烧宫室、城市街巷，任意杀人抢劫，长安城里看不见行人。赤眉军大众西行，号称百万大军。从南山起，所经过的城邑都被劫掠一空，随后进入安定、北地二郡。邓禹率领军队向南到达长安，驻军于昆明池，拜谒祭祀高庙，收集西汉十一位皇帝的神位，送往洛阳，并巡视历代皇帝的墓园，为它们设立官员和卫士奉行祭祀与看守。

（以上为第九段，写赤眉军退出长安，祸乱三辅。光武帝为平乱蓄势，大封功臣。）

真定王刘杨编造谶书说："赤九之后，瘿杨为主。"刘杨脖子上长了一个瘤，他想借此迷惑民众，与绵曼县的盗贼勾结。光武帝派骑都尉陈副、游击将军邓隆征召刘杨，刘杨关闭城门，拒绝让他们入城。光武帝又派遣前将军耿纯持符节巡视幽、冀二州，所经之处，慰劳王、侯，并密令耿纯捕刘杨。耿纯到达真定县，就住在驿站，邀请刘杨相见。耿纯的母亲，是真定王刘杨宗室之女，所以刘杨放心地来见耿纯，且仗着自己人多势众，而耿纯神态安详，刘杨便带着随从官吏前来会见耿纯。刘杨的兄弟率领轻装士兵守在门外。刘杨进入，见到耿纯，耿纯接待他很有礼貌，也很恭敬，并邀请他的兄弟们都进来。随后便关闭房门，将他们全都杀了，然后率领士兵走出驿站，真定县刘杨党羽惶恐震动，但没有人敢妄动。光武帝怜惜刘杨谋反未遂而被杀，就又封刘杨的儿子刘德为真定王。

二月十六日己酉，光武帝车驾巡幸修武。

更始帝刘玄的部将鲍永、冯衍打探确信更始帝刘玄已死，于是便为他发丧追悼，并放出储大伯等人，将印章绶带封好呈上。遣散所有部队，自己用头巾包头往河内归降。光武帝召见鲍永，问他："你的部队在哪里？" 鲍永离开席位，跪下磕头，说："我事奉更始，却不能保全他。实在惭愧利用更始的部众侥幸取得富贵，所以全都遣散了。" 光武帝说："你说得很好。" 但脸上显出不高兴。不久，鲍永因立战功而被重用，冯衍则被废弃不用。鲍永对冯衍说："从前汉高祖奖赏有罪的季布，而诛杀有功的丁固。如今我们遇到了圣明的国君，还有什么好忧虑的呢？" 冯衍说："从前，有人挑逗邻居的两个妻子，年长的就诟骂他，年轻的却向他表示好感。后来邻居死了，他却娶了邻居年长的妻子。有人对他说：'她不是诟骂过你的人吗？' 那人说：'她是别人的妻子，我盼她接受我的挑逗，她若是我的妻子，我希望她诟骂挑逗她的人。' 天命是难以预料的，但做人的道理却很易于遵守。遵守做人道理的臣子，哪能在乎死亡？"

大司空王梁屡次违背诏令，光武帝很恼火，派遣尚书宗广持符节到王梁的军营中就地处决王梁。宗广逮捕王梁后，用囚车将他送到首都洛阳。到了洛阳，光武帝又把他赦免，并任命他为中郎将，防守北边的箕关。

二月十九日壬子，光武帝任命太中大夫京兆人宋弘为大司空。宋弘举荐沛国人桓谭，当了议郎、给事中。光武帝让桓谭弹琴，喜欢听那种柔靡的音调。宋弘听说此事，很不愉快。派人探察桓谭出宫的时间，宋弘就穿戴公服坐在官府堂上，派官吏去宣召桓谭。桓谭来到，宋弘不给他让座就指责他，并且说："能自己改正过失呢？还是由我依据法律惩治你呢？" 桓谭磕头谢罪。过了很久，宋弘才让他走。后来有一天光武帝大会群臣，又让桓谭弹琴；桓谭不禁看了看宋弘，失去了常态。光武帝觉得奇怪，就问怎么回事？宋弘因此离开座席，脱掉官帽，谢罪说："我举荐桓谭，目的是希望他能用忠正之道来辅导君主；而他却让皇上喜爱上了淫靡的音乐，这是我的罪过。" 光武帝听了，表情严肃地向宋弘表示了歉意。

湖阳公主新近死了丈夫，光武帝与她一起谈论朝廷大臣，从而悄悄地观察她对谁有意。公主说："宋公的威仪容貌、德行气度，群臣没有谁比得上的。"光武帝说："我正要考虑这件事。"后来宋弘被召见，光武帝事先让湖阳公主坐在屏风后面偷听，光武皇上就对宋弘说："俗语说'地位高了换朋友，钱财多了换老婆'，这是人之常情吧？"宋弘说："我却听说过：贫穷时候的朋友不能忘，一块吃过苦的老婆不能休退。"光武帝回过头来对公主说："事情不成喽！"

（以上为第十段，写光武帝扑灭刘杨反叛于萌芽之际，招降更始朝忠臣鲍永，以及尊礼耿正大臣宋弘，尽显一代明君的风采。）

光武帝征讨王郎时，彭宠征调骑兵突击队协同作战；运输粮食，前后不断。等到光武帝追击铜马军到了蓟县，彭宠仗着自己的功劳，要求很高；而光武帝却不能满足他的愿望，因此心怀不平。等到光武帝即位之后，吴汉、王梁过去都是彭宠的部下，并列为三公，唯独彭宠没有加官，越发显出不服气、不得志的样子。叹息说："像他们这样都列为三公，那我就应当封为王；但却只是现在这个样子，怕是陛下把我给忘了！"

这时，北方各州郡破散，只有渔阳郡比较完好，还有汉时设置的铁官，彭宠转卖铁器，用来购买粮食，囤积金银财宝，越发富裕强大。幽州牧朱浮，年轻且才华出众，想励精图治改革风俗，收拢士子之心，征召州中一向有名望的人以及王莽时俸禄二千石的旧官吏，都安置在幕府里；调拨各郡县府库的粮食赡养他们的妻子儿女。彭宠认为天下还没有安定，战争方兴未艾，不应该设置很多官员来损耗甲兵、粮储，因而拒绝朱浮的命令。朱浮性情偏执急躁，自以为是；彭宠性格执拗好强。因此二人之间的嫌隙怨恨，越来越深。朱浮多次向光武帝进谗言，诽谤彭宠，秘密上奏说彭宠聚集军队，囤积粮草，意图很难预测。光武帝便故意将此事泄露给彭宠知道，以此胁迫，使他害怕。到此时，有诏书征召彭宠，彭宠就给光武帝上疏，请求与朱浮一起征召；可是光武帝不同意。彭宠因而更加惊疑。他的妻子素来刚强，不能忍受这种压抑和屈辱，力劝彭宠不要接受征召，说："天下没有安定，四方英雄割据称雄，渔阳是个大郡，兵精马壮，无缘无故受小人的谗言就放弃这里而离开吗？"彭宠又与自己亲信官吏商议，大家都怀恨朱浮，没有一人劝彭宠去洛阳的。光武帝派彭宠的堂弟彭子后（字兰卿）到渔阳开导彭宠，彭宠借此扣留了他，随即起兵造反。设立统帅部，任命各级将领，亲自率领二万多人，攻打在蓟县的朱浮。彭宠又因为与耿况都有大功，而封赏却同样微薄，就多次派遣使者邀约诱惑耿况。耿况拒绝，并斩了他的使者。

延岑又叛变，领兵包围南郑县。汉中王刘嘉兵败逃走，延岑因此占据汉中，随后进攻武都县。被更始帝刘玄的柱功侯李宝击败，延岑逃往天水郡。公孙述派将军侯丹夺取南郑县。刘嘉收集残兵达数万人，任用李宝为丞相，从武都县向南攻打侯丹，失利，退回到河池县、下辨县，又与延岑多次交战。延岑领兵北走，进入散关，抵达陈仓。刘嘉在后面追击，打败延岑。

公孙述又派遣将军任满从阆中县南下攻陷江州县，向东占据捍关，自此全部据有益州之地。

（以上为第十一段，写幽州牧朱浮逼反渔阳太守彭宠，公孙述全据益州之地。）

辛卯日（疑误），光武帝从修武返回洛阳。三月乙未日（疑误），大赦天下。

更始帝刘玄的大将，那些留守在南方的，还有很多人没投降。光武帝召集将领们商议军事，光武帝用写有檄文的木简敲击地面说："郾县敌人最强，其次是宛县之敌，谁承担攻击他们的任务？"贾复脱口而出，说："臣请求攻打郾县。"光武帝笑着说："执金吾率兵攻打郾县，我还有什么可忧虑的？大司马吴汉应率兵攻打宛县。"于是，派遣贾复攻打郾县，郾县陷落，尹尊投降。又向东攻打更始帝刘玄的淮阳郡太守暴汜，暴汜归降。

夏季，四月，虎牙大将军盖延督率驸马都尉马武等四位将军攻打在睢阳称帝的刘永。打败刘永军。于是，把刘永包围在睢阳县。

原更始帝刘玄的将领苏茂叛变，杀害淮阳郡太守潘蹇，占据广乐县，向刘永称臣。刘永任命苏茂为大司马，封淮阳王。

吴汉率兵攻打宛县，宛王刘赐带领刘玄的妻子儿女到洛阳投降。光武帝封刘赐为慎侯。光武帝叔父刘良、堂叔刘歙、堂兄刘祉都从长安来洛阳。四月初二日甲午，封刘良为广阳王，刘祉为城阳王；又封哥哥刘縯的儿子刘章为太原王、刘兴为鲁王。刘玄的三个儿子刘求、刘歆、刘鲤都封为侯爵。

更始帝所封邓王王常归降，光武帝见到他很高兴，说："我看到王廷尉，不再忧虑南方了！"于是任命王常为左曹，封为山桑侯。

五月十九日庚辰，封堂叔刘歙为泗水王。

光武帝因为贵人阴丽华素性温柔宽厚，想立她为皇后。阴丽华因为郭贵人已有儿子，始终不肯答应。六月初七日戊戌，光武帝立贵人郭氏为皇后，封她生的儿子刘强为皇太子。大赦天下。

六月十五日丙午，光武帝封泗水王刘歙的儿子刘终为淄川王。

秋季，贾复率军南下，平定了召陵、新息两县。贾复的部将在颍川杀人，颍川郡太守寇恂将他捕获，关进监狱。当时，规范的制度还在初创时期，军营犯法的，大多相互包容，而寇恂将这位无故杀人的部将在闹市中斩首。贾复认为这是在羞辱他，在班师回来经过颍川时，对左右亲信说："我与寇恂同样都是将帅，但我却被他欺侮。今天见到寇恂，定要亲手给他一剑！"寇恂知道贾复的预谋，不想与他见面。寇恂外甥谷崇说："我是一名武将，能佩剑侍候在您身边；一旦有什么变化，足够抵挡。”寇恂说：“不应这样。当初，蔺相如不怕秦王而受辱于廉颇，完全是为了国家。”因而下令所属各县盛设食物和醇香的酒。执金吾贾复的军队进入颍川郡境内，每人全都是两份酒食。寇恂亲自出城在道旁迎候，然后声称有病而返回城内。贾复带领军队想追他，而将领、士兵们都醉了，因此，只好过境而去。寇恂派遣谷崇到洛阳将情况向皇上禀报，光武帝就征召寇恂。寇恂到达洛阳，光武帝召见。这时，贾复先在座，听说寇恂来了，想起身回避。光武帝说：“天下未定，两虎怎么能为私而斗。今天让我来给你们调解。”这样，两人并肩而坐，摒弃前嫌，然后同乘一辆车出宫，结为好友告辞。

八月，光武帝亲自统率大军征讨五校军。八月二十六日丙辰，到达内黄县，在羛阳村把五校军打得大败，收编降卒五万人。

光武帝派游击将军邓隆协助朱浮讨伐彭宠。邓隆的军队屯驻在潞县的南边，朱浮的军队屯驻在雍奴县，派出使者向光武帝奏报布防情况。光武帝看过檄文，大怒，对使者说：“两军营地相距百里，这种态势岂能够相互救援！等到你回去，北方军队一定吃了败仗。”彭宠果真派遣轻装的精兵攻击邓隆的军队，大破邓隆军队。而朱浮距离遥远，终于没能相救。

盖延围攻睢阳达数月之久，终于攻克。刘永逃到虞县，虞县百姓反叛刘永，杀了刘永的母亲和妻子。刘永与部下数十人再逃到谯县。苏茂、佼强、周建联合军队共三万余人，来救刘永。盖延跟他们在沛郡西边交战，大破苏茂等军。刘永、佼强、周建逃到湖陵县，苏茂逃回广乐县。盖延因此平定沛郡、楚郡、临淮郡。

光武帝派太中大夫伏隆执节出使青、徐二州，招降刘永管辖下的各郡、国。青、徐二州的盗贼们听说刘永被打败，都惶恐惊慌，请求投降。张步派遣他的掾属孙昱随从伏隆到洛阳向光武帝奏书，献上鳆鱼。伏隆，是伏湛的儿子。

堵乡人董䜣在宛城叛变，逮捕了南阳郡太守刘驎。扬化将军坚镡进攻宛城，将它攻下；董䜣逃回堵乡。

吴汉率军攻打南阳郡的各县，所过之处，多有侵犯强夺。破虏将军邓奉请假回新野县，看到吴汉军队掳掠他的乡里，十分生气，于是叛变，击败吴汉的军队。邓奉驻扎淯阳县，与其他各路贼寇联合起来。

九月初二日壬戌，光武帝从内黄县返回洛阳。

（以上为第十二段，写光武帝北征南讨受挫。邓隆北援朱浮被彭宠击败，贾复、吴汉南讨，军纪不肃，南人降而复叛，南方战事陷于胶着。）

陕县盗贼苏况攻下弘农县。光武帝派景丹出兵征讨。恰巧景丹去世。改派征虏将军祭遵攻打弘农、柏华、蛮中各地盗贼，全都被平定。

赤眉军想向西去陇县，隗嚣派遣将军杨广迎击，大败赤眉军；又乘胜追击，在乌氏、泾阳两县间再败赤眉军。赤眉军逃到阳城、番须一带，遇到大雪，坑谷都填满了，许多士卒被冻死。因此，又返回来，挖掘西汉皇帝陵墓，盗取陪葬的金银财宝。凡是用金缕玉衣入殓的尸体，大多栩栩如生。赤眉军于是侮辱吕后的尸体。邓禹派兵在郁夷县攻打赤眉军，反而被击败。邓禹就从云阳县逃走。赤眉军又进入长安。延岑此时驻扎杜陵，赤眉军的将领逢安攻打延岑。邓禹认为逢安的精锐部队都在外出击，于是就率军偷袭长安；正巧赤眉大将谢禄率救兵赶到，邓禹战败逃走。延岑攻击逢安，大破赤眉军，杀死十余万人。

廖湛率十八万赤眉军攻打汉中王刘嘉；刘嘉与廖湛在谷口县交战，廖湛大败，刘嘉亲自杀了廖湛。随后刘嘉领兵到云阳县补充粮草。刘嘉妻子的哥哥新野县人来歙，是光武帝姑妈的儿子，光武帝命令邓禹招降刘嘉。刘嘉就借着与来歙的关系到邓禹那里归降。刘嘉的丞相李宝，态度傲慢，邓禹将他杀了。

冬季，十一月，光武帝任命廷尉岑彭为征南大将军。光武帝在召见群臣时，指着王常对文武大臣说："此人率领下江众将辅佐汉室，心像金石一般坚硬，实在是个忠臣。"当天，任命王常为汉忠将军，派他与岑彭率领建义大将军朱祐等七位将军去讨伐邓奉、董䜣。岑彭等先攻打堵乡董䜣，邓奉出兵援救。朱祐军败，被邓奉俘虏。

铜马、青犊、尤来等残余部众共同拥戴孙登当皇帝。孙登部将乐玄叛变，杀了孙登，率领他的部下五万人归降。

邓禹自从冯愔叛变后，威名受损，又缺乏粮食，几次和赤眉军作战都不能取胜，归附的人开始逐渐离开他。赤眉军、延岑军暴虐三辅，郡、县的豪门大族趁机各自拥有兵众，邓禹未能平定他们。光武帝便派偏将军冯异代替邓禹讨伐他们，并亲自送冯异到河南县，告诫冯异说："三辅地区遭受王莽、刘玄战乱，又加赤眉、延岑的暴行，人民涂炭，没有地方哀告倾诉。将军如今奉命讨伐叛逆，保护归降的人，把他们的首领送到洛阳，遣散他们的部众小民，让他们回家耕田种桑，毁坏他们的营寨壁垒，不让重新聚集。出征讨伐，不一定要攻占土地，破城杀人，最要紧的是平定叛乱，安抚人民。各位将领并不是不英勇善战，但就是喜好掳掠。卿原本擅长管理部众，希望卿要自己告诫自己，不要给郡县人民带来痛苦。"冯异叩头接受命令，领兵向西行进。所到之处，布告示威，建立信誉，群盗大多来降。

臣司马光评论说：从前周人称颂周武王的恩德说："把崇高的恩德宣扬出来，我前去追求天下的安定。"这话的意思就是说，圣王用兵的目的，就是宣扬声威恩德，让人民安居乐业罢了。观察光武帝之所以能取得关中，遵循的就是这一原则，真是美好啊！

光武帝又发下诏书，征召邓禹还军，说："要小心谨慎，千万不要与穷寇争高低。赤眉军没有粮食，自己一定会向东走，我军以饮食来对付饥饿，以安逸对付疲劳，到那时，用短棍就可击打敌人，众将领不必忧虑，不得再轻率进攻。”

光武帝任命伏隆为光禄大夫，再派他出使招抚张步，任命张步为东莱太守。伏隆与新任命的青州牧、太守、都尉一起东下，并授权伏隆可以委任县令、县长以下各级官员。

十二月三十日戊午，诏令宗室列侯，凡是被王莽废除的，全部恢复原来的封国。

三辅发生大饥荒，出现人吃人，城郭空虚，白骨遍野，幸存者往往聚集一起修筑营垒以自保，坚壁清野。赤眉军抢劫不到东西，于是率军向东回归，人众还有二十多万，随着长途行军，逃散了不少。光武帝派破奸将军侯进等屯驻新安，建威大将军耿弇等屯驻宜阳，在赤眉军的归路上拦截，告诫诸将说：“赤眉军如果向东逃窜，宜阳之军出动到新安会合；赤眉军如果南逃，新安之军出动到宜阳会合。”冯异与赤眉军在华阴县遭遇，互相对峙了六十多天，交战数十回合，赤眉军将士有五千多人投降。

（以上为第十三段，写赤眉军西窜东逃，走上穷途末路，光武帝派出冯异、侯进、耿弇数路大军布置天网，只等赤眉军自投罗网。）

【点评】

论光武中兴。本卷点评着重评述刘秀的人格魅力。

光武帝的统一战略分为三步。第一步，经营河北，建立根据地，用了近四年时间，河北粗安。第二步，南向争天下，扫荡山东群雄，安定中原，用了三年时间。第三步，用兵陇蜀，平定隗嚣和公孙述，用了六年时间。光武帝中兴，扫灭群雄，完成全国统一，前后用了十三年的时间，《资治通鉴》用了三卷的篇幅来载述，即卷三十二、三十三、三十四，每卷正好是光武帝的一个战略步骤。本卷载述光武帝经营河北，建立根据地的史事，是统一战略的第一步，也是光武帝统一事业最艰难的时期，仅凭更始帝的一纸诏书，一根符节，徒手打天下，又遭逢王郎之变，光武帝几乎性命不保，但他胜利了。光武帝为何取得胜利，是本卷点评的重心，所以着重评述刘秀的人格魅力。下面从经营河北、纳降朱鲔、受降赤眉、用心文治四个方面，略述如次。

第一，经营河北。刘秀为人谦和，办事谨慎小心，营中诸将原本看不起他。昆阳之战，在危急关头，刘秀尽显英雄本色，一夜间声名远播。他临危不惧，有谋有略，有胆有识，冲锋陷阵，勇冠三军。刘秀成了全军的灵魂，大家这才看到刘秀的内刚，智勇双全，是一个超凡绝伦的人物。绿林诸将杀害刘秀兄长刘縯时，刘秀表现出的冷静与忍辱能力也不同凡响。更始元年（23），刘玄计划北上，迁都洛阳，要派一位大将到河北去安抚那里的军民，最适合的人选非刘秀莫属。刘秀到达洛阳，恢复西汉官名、服饰，不接受官民赠送的礼物，赢得一片赞扬声。刘秀带队出行，严肃威武，老人看见感动得流泪说："想不到今天重新看到汉家威仪。"刘秀到了河北，巡行诸郡县，释放囚徒，废除王莽苛政，一路顺风，到达河北卢奴（今河北定州市）。这时突然发生剧变，邯郸王郎诈称是西汉成帝的儿子刘子舆，自称汉帝，河北郡县纷纷反叛。王郎声势浩大，刘秀走投无路。幸亏得到渔阳太守彭宠、上谷太守耿况的支持，刘秀才站稳脚跟。彭宠派大将吴汉、王梁率领步骑三千，耿况派儿子耿弇率领突骑二千追随刘秀。南阳人邓禹，千里追明主来到河北，成了刘秀的智囊。刘秀与邓禹制定了夺取天下的方针，军事上纪律严明，赏罚分明，政治上广招人才，争取民心，步骤上先灭王郎，次并河北铜马、青犊等上百万农民军，建立河北根据地，然后南向以争天下。不到一年的光景，刘秀实现了割据河北的目的，于是与更始政权决裂。更始三年（25）六月，刘秀在鄗县（今河北高邑县）即皇帝位，国号汉，改年号，以当年为建武元年。不久，定都洛阳，史称东汉。刘秀死后，谥号光武，史称光武帝。

第二，纳降朱鲔。绿林诸将杀害刘縯的主谋是朱鲔，胁从策划的是与刘縯、刘秀一同起兵的友人李轶。对朱鲔来说，他替更始帝刘玄排除对手，这叫人各为其主，尽管是主谋，道理上可以理解，敌对斗争，不是你死就是我亡，没有道义责任。对李轶来说，他投靠了新主子，出卖了旧主子，是刘氏叛徒，人品低下，是见利忘义的小人。朱鲔可恕，李轶不可恕。当刘秀在河北独大，与更始政权决裂以后，朱鲔、李轶最为恐慌。朱鲔是更始政权的中坚，掌握军事大权。朱鲔派李轶率领三十万大军守洛阳，阻击刘秀南下和西进。

刘秀部署邓禹率领精兵二万入河东图取关中。派寇恂为河内太守，冯异留守魏郡为孟津将军，共同对付洛阳之敌。刘秀接受冯异的建议招降李轶。冯异写信给李轶，分析形势，陈说祸福，劝他投降。李轶回信说："我李轶与萧王刘秀，原本共同起兵兴复汉室。如今我李轶守洛阳，将军您守孟津，都是军事战略重镇，这是千载难逢的良机，你我二人齐心协力，足可断金。请您把我的意思转达给萧王，我甘愿献计出力，帮助他定国安民。"刘秀让冯异把李轶的信公开，假手朱鲔诛杀了李轶。接着朱鲔亲自死守洛阳，汉军久攻不克。刘秀派岑彭招降朱鲔，朱鲔坦诚地说："杀害萧王之兄刘縯是我朱鲔主谋，宁可战死，决不投降受辱而死。"刘秀再让岑彭转告朱鲔说："做大事业的人，不计小怨，朱鲔投降，保有原官原职，滔滔黄河可以作证，我刘秀决不食言。"于是朱鲔率领全军投降，刘秀不战而下洛阳，宣布洛阳为都城。朱鲔降汉后，果然被任命为将军，封列侯。

朱鲔、李轶同是恶人，刘秀均恨之入骨，早就恨不得杀掉二人为兄长报仇。两人为了生存，同心死守洛阳，如果汉军久攻不下，可能形势逆转。当时河北未靖，更始未灭，赤眉正隆。刘秀鉴于更始失策，必须迅速拿下居天下之中的洛阳，定为都城，以此号令天下，使英雄有所归附。光复汉室的大局在此一举，个人恩仇只是小怨。但叛徒李轶决不可恕。于是光武帝略施小技，借朱鲔之手除掉李轶，然后招降朱鲔，释却前嫌。朱鲔效忠补过，可以说功大于过，理不可杀。李轶反复无常，没有丝毫气节，他是自取灭亡。

刘秀招降的不同策略，表现了他的深谋与正义，雄略之主也。

第三，受降赤眉。赤眉军首领只有徐宣一人做过狱吏，樊崇、逢安、谢禄等人都不识字，政治、军事知识都很缺乏，一路抢掠烧杀，不知建立根据地，不懂长远治国。赤眉军打败更始，决不能长久。赤眉军与更始政权展开生死战，一死一伤，刘秀坐收渔利。长安粮尽，赤眉军东归。刘秀派英勇善战的冯异代替邓禹在华阴阻击和追杀赤眉军。又派出破奸将军侯进屯驻新安，建威大将军耿弇屯驻宜阳，以逸待劳。刘秀告诫诸将说："赤眉军出关东逃，宜阳之军出动到新安会合；赤眉军如果南逃，新安之军出动到宜阳会合。"冯异在华阴与赤眉军对峙六十余日，大败赤眉军，使赤眉军受到很大消耗。接着冯异追击，又在崤底再败赤眉军。赤眉军东归二十余万大军，只剩下十余万。等到赤眉军残余走到宜阳，遭到宜阳、新安两路大军合击，刘秀亲自统军，赤眉军丧失斗志，不战而降。赤眉军最终败降在建武三年春闰二月，所以写入下卷。

更始政权瓦解，赤眉军被消灭，东汉政权得到巩固。全国统一，只是早晚之间的事。刘秀完成了汉室中兴，史称光武中兴。

第四，用心文治。刘秀即位伊始就寻访前朝的清廉官吏和隐逸守志的士大夫。刘秀征召伏湛，起用卓茂。伏湛是秦末大儒济南伏生之后，世代书香门第。更始立，伏湛任平原太守，即使在战乱之中，伏湛仍教授不废，他是当时的知名大儒。刘秀征召伏湛为尚书，拜为司直，代理大司徒之职，两年后正式任职大司徒。卓茂在哀帝时任密县县令，政宽爱民，深受人民爱戴。王莽为代理皇帝，卓茂就辞职回家。光武帝即位，卓茂已七十多岁，没有行政能力了。光武帝仍然征起，下诏表扬说："名誉满天下的，应该受到国家的重赏，任命卓茂为太傅，封为褒德侯。"

伏湛、卓茂被征用，表达了光武帝的一个治国信号，全国统一后，军人将退出政治舞台，士大夫文人将为治国中坚。刘秀的思虑何其深远。光武中兴，刘秀成为真命天子，不是应该的吗？

资治通鉴（白话本） 卷第四十一

汉纪三十三

汉光武帝建武三年至五年（公元27—公元29）

【起强圉大渊献（丁亥，公元27年），尽屠维赤奋若（己丑，公元29年），凡三年】

【大事提要】

本卷记事起公元27年，讫公元29年，凡三年，当光武帝建武三年至建武五年。这一时期，是光武帝定天下最有成效的三年，也是西汉末群雄逐鹿中原战斗最激烈的时期。首先，将赤眉军赶出关中，消灭于河南，使东汉根基站稳洛阳。其次，以善战的冯异代邓禹入镇关中，并羁縻天水隗嚣，成功地阻止了公孙述北上。光武帝分遣诸将征讨，不时亲征，次第平灭了张丰、秦丰、刘永、张步，破董宪、走田戎，中原大局粗安。在并灭群雄过程中，因处置失当，逼反邓丰、彭宠、庞萌，使局势一度逆转，最终三叛将亦被扫灭。建武五年，南疆交趾、西域各国归附汉朝。河西窦融附汉，牵制隗嚣，使之迟迟不敢称王。此时期之末，天下未平者，尚有三大割据集团。西北有卢芳，勾结匈奴扰乱北疆；天水隗嚣不听班彪、郑兴劝谏，阴蓄异态；西蜀公孙述割据称帝；光武帝四分天下已有其三，占绝对优势。

世祖光武皇帝上之下

汉光武帝建武三年（丁亥，公元27年）

春季，正月初六日甲子，任命冯异为征西大将军。邓禹因接受重任而没能建功感到惭愧，多次率领饥饿的士兵与赤眉军交战，总是失败，于是率领车骑将军邓弘等从河北县南渡到湖县，要求冯异一起进攻赤眉军。冯异说："我和赤眉军对阵几十天，虽然俘获了他们的勇猛战将，可是他们剩下的部众还很多，可以稍微等待用恩德信义诱使他们归顺，难以用武力打败他们。皇上如今派多位将领屯驻在渑池，在东边拦截，我在西边追击，可以一举成功，这是万无一失的妙计。"邓禹、邓弘不同意，邓弘于是出战，交战了一整天。赤眉军假装败退，丢弃辎重逃跑，车上装泥土，用豆子盖在土上面，汉兵饥饿，争抢豆子。赤眉军趁机回军，反击邓弘，邓弘军被打得大败溃散。冯异与邓禹合兵救邓弘，赤眉军才稍微后退。冯异认为士兵饥饿疲劳，应暂且休养。邓禹不听，又向赤眉军发动进攻，结果被赤眉军打得大败，死伤三千余人。邓禹只带了二十四名骑兵脱险，逃回宜阳。冯异弃马逃跑，登上回溪阪，和几个部下回到营寨，收集散兵，坚守壁垒，不再与赤眉军交战。

正月二十三日辛巳，光武帝在洛阳建造四座亲庙，祭祀他的父亲南顿君刘钦以及上至高祖父舂陵节侯刘买。

正月二十四日壬午，大赦天下。

闰正月十八日乙巳，邓禹呈上大司徒、梁侯的官印和绶带。光武帝诏令归还梁侯的官印和绶带，并任命邓禹为右将军。

冯异与赤眉军约好交战日期，冯异事先挑选些精兵，让他们换上与赤眉军一样的服装，埋伏在路旁。第二天早晨，赤眉军派出万余人攻打冯异的前锋，冯异只用少数军队增援。赤眉军发现冯异人少势弱，就全军出动，攻打冯异，冯异这才全线出击，与赤眉军大战。双方战斗到太阳偏西时，赤眉军士气衰落，路旁的冯异伏兵突然杀出来，因服装相混，使赤眉军不能分辨敌我，惊骇逃散。冯异率军追击，在崤谷大败赤眉军，降服男女八万人。光武帝下诏书慰劳冯异说："你开始虽然在回溪阪受到挫折，可如今能在渑池发奋作为。彼时的失利得到了此时的补偿。我要给你论功行赏，以酬答你的卓越功勋。"

赤眉军残余军队向东边溃退到宜阳县附近。二月十七日甲辰，光武帝亲自统领大军，在宜阳县严阵等候赤眉军。赤眉军突然遇到汉军，吓得不知怎么办好，就派刘恭乞降，说："刘盆子率领百万部众投降陛下，陛下如何对待他呢？"光武帝说："饶他一命。"二月十九日丙午，刘盆子及丞相徐宣以下三千余人，都裸露上身前来投降，又献上所得的皇帝印玺。赤眉军的兵器都堆积在宜阳城的西边，高得几乎和熊耳山相等。此时，赤眉军还有十余万人，光武帝命令宜阳县的厨官为赤眉军准备食物，赏给他们。第二天早晨，光武帝在洛水边陈放大批兵马，命令刘盆子君臣列队观看。光武帝对樊崇等人说："你们是否后悔投降？朕今天让你们回营，可以率领你们的军队鸣鼓再战，以决定彼此的胜负，朕不想勉强你们归顺。"徐宣等磕头说："臣等走出长安东都门，君臣商议，都愿归顺圣上。百姓只能和他们享有成果，却不能一开始就和他们进行图谋，所以没有告诉部众。今天臣等能投降，就像离开虎口回到了慈母的怀抱，真的是高兴得很，没有一点后悔！"光武帝说："卿真是铁中之钢，一代英豪。"二月二十一日戊申，光武帝从宜阳县回到洛阳。光武帝让樊崇等人随同家人居住在洛阳，并赐给他们土地、住宅。后来，樊崇、逄安谋反，被杀；杨音、徐宣在家乡去世。光武帝可怜刘盆子，任命他为赵王刘良的郎中。后来，刘盆子因病双目失明，光武帝就把荥阳县均输官所属的土地赐给他，让他终身享用土地上的租税。刘恭替刘玄报仇，把谢禄杀了，自首投入监狱；光武帝赦免了他，不予追究。

（以上为第一段，写赤眉军的覆没，并交代赤眉诸将和刘盆子的后事。）

二月，刘永封董宪为海西王。刘永知道伏隆到达剧县，也派出使者封张步为齐王。张步因贪图王爵而犹豫不决。伏隆明白譬解说：“汉高祖曾向天下宣布，不是刘氏就不得封王，如今封你为十万户侯爵应说待你不错。”张步想留下伏隆跟他合作，共同防守青、徐二州。伏隆不同意，想要返回洛阳复命，张步就把伏隆抓起来，并接受刘永的王爵封号。伏隆暗中派人上奏书说：“臣奉命出使，没有收获，被凶恶的叛逆拘禁。臣虽然身处险境，即使献出生命，也义无反顾。再有，吏民知道张步叛变，心里都不愿归附他，希望陛下按时发兵，不要考虑臣的安危，臣能活着回到朝廷，接受主管官吏的诛杀，这是臣的愿望。倘若臣死于叛贼之手，父母兄弟就要长期托给陛下关照。臣祝愿陛下和皇后、太子永享天下臣民的拥护，万寿无疆！”光武帝看到伏隆的密奏，就召见伏隆的父亲伏湛，流着眼泪传示伏隆的上书，说：“我恨不得答应张步封王爵的要求，马上换取伏隆生还。”后来，张步把伏隆杀了。当时，光武帝正担心北方的渔阳郡，南方正对梁、楚用兵，所以张步得以全力经营齐地，占领了十二个郡。

光武帝亲临怀县。

吴汉率领耿弇、盖延在轵县西边攻打青犊军，大破青犊军并使之投降。

三月十六日壬寅，光武帝提拔司直伏湛为大司徒。

涿郡太守张丰叛乱，自称为无上大将军，和彭宠的军队联合起来。朱浮因皇上不亲自征讨彭宠，就上疏求救。光武帝下诏说：“往年赤眉军在长安骄横，我计算他们缺粮一定会向东逃走。后来果然归顺。现今估计这些叛贼，其势不能长久保全，内部之间一定发生互相残杀的局面。现今我军的军需物资不充足，要等收完麦子才出兵！”朱浮所在的蓟城粮食吃尽，发生人吃人的事情，恰好耿况派遣骑兵来救，朱浮才得以脱身逃走，蓟城于是投降彭宠。彭宠自称为燕王，一连攻陷右北平、上谷等几个县，赠送财物贿赂北方匈奴，向他借兵相助。又向南边结交张步，还有富平、获索几路盗匪，彭宠都同他们往来。

光武帝亲自率军征讨邓奉，到达堵阳县。邓奉逃回到淯阳县，董䜣投降。夏季，四月，光武帝追击邓奉到小长安，同邓奉交战，大败邓奉。邓奉裸露上身，通过朱祜出面投降。光武帝怜悯邓奉是过去的有功之臣，而且他的反叛是因吴汉所逼，想要保全生命宽恕他。岑彭、耿弇劝谏说：“邓奉背叛恩主，起兵乱了整整一年，陛下亲征抵达堵阳，他不知悔改，反而亲自上阵交战，失败了才投降。如果不杀邓奉，就无法惩戒恶人！”于是，杀了邓奉，恢复朱祜的官职。

延岑打败赤眉军之后，立即设置并任命州牧、太守，打算占领关中。当时关中地区盗贼势力强大，延岑占领蓝田县，王歆占领下邽县，芳丹占领新丰县，蒋震占领霸陵县，张邯占领长安县，公孙守占领长陵县，杨周占领谷口县，吕鲔占领陈仓县，角闳占领汧县，骆延占领盩厔县，任良占领鄠县，汝章占领槐里县，各自称将军，拥有部众多则万余人，少则数千人，各部之间互相攻打。冯异率军一边作战，一边向前推进，驻军在上林苑中。延岑率领张邯、任良一起攻打冯异。冯异迎击，大败延岑等联军。这样，很多归附延岑的营堡都来归降冯异，延岑从武关逃到南阳县。当时，关中百姓饥荒，一斤黄金只能换五升豆子，道路阻绝，运送的粮食不能送达，冯异的士兵只好用树上的野果充饥。光武帝下诏任命南阳人赵匡为右扶风太守，率领军队去帮助冯异，并运送缣帛、粮食。冯异军队有了补给，士气逐渐旺盛，于是攻杀那些不服从命令的豪强，奖赏投降有功的人，把各营堡的首领全都送到京城，遣散他们的部属，令他们各自回去从事农业。冯异威震关中，只有吕鲔、张邯、蒋震派出使节投降西蜀公孙述，其余的都被扫灭。

吴汉率领骠骑大将军杜茂等七位将军在广乐城围攻苏茂。刘永的另一大将周建率领十余万人去救苏茂。吴汉迎战周建，失利，吴汉从马上摔倒，膝盖受伤，回到营地。周建等人带兵入城。众将领对吴汉说："大敌当前，而您却受伤躺在床上，军心恐慌！"吴汉就奋然起身，包扎好伤口，杀牛慰问将士，并奖励他们，军中士气倍增。第二天，苏茂、周建出兵包围吴汉，吴汉坚决回击，大败敌军。苏茂逃回湖陵县。这时，睢阳人据城反叛，迎接刘永进城。盖延率领众将包围睢阳城。吴汉留下杜茂、陈俊防守广乐城，自己率领军队去支援盖延，包围睢阳城。

光武帝从小长安回师，命令岑彭率领傅俊、臧宫、刘宏等三万余人向南边攻击秦丰。五月二十四日己酉，光武帝回到洛阳宫。

乙卯晦（三十日），出现日食。

六月壬戌（初七），大赦天下。

延岑攻打南阳郡，占领几座县城。建威大将军耿弇同延岑在穰县作战，大败延岑。延岑只和几个骑兵逃到东阳县，与秦丰会合。秦丰把女儿嫁给延岑。建义大将军朱祐率领祭遵等同延岑在东阳作战，击败延岑。延岑逃到秦丰的驻地黎丘。于是朱祐率军向南和岑彭等军队汇合。

延岑的护军邓仲况率兵占领阴县，而刘歆的孙子刘龚是他的主谋人。前侍中扶风人苏竟写信说服他，邓仲况与刘龚听从苏竟的劝说而归降。苏竟始终不炫耀自己的功绩，归隐故里，安贫乐道，在家寿终。

秦丰在邓县抵挡岑彭，秋季，七月，岑彭击败秦丰。进兵在黎丘城包围了秦丰，另外派积弩将军傅俊领兵攻打江东，扬州地区全部平定。

盖延围困睢阳一百天，刘永、苏茂、周建突围出城，将要逃到酂县。盖延急速追击，刘永的将领庆吾斩刘永首级归降。苏茂、周建逃到垂惠聚，又立刘永的儿子刘纡为梁王。刘永另一个将领佼强逃到西防县城守。

冬季，十月十九日壬申，光武帝巡幸舂陵，祭祀陵园寝庙。

耿弇胸有成竹地向光武帝请求到北方召集上谷郡还没有遣散的士兵，去平定渔阳郡的彭宠，捉拿涿郡的张丰；转回来收拾富平、获索军；再转向东攻打张步，从而平定齐地。光武帝赞许他有雄心壮志，答应了他的请求。

这一年，李宪在庐江称帝，设置文武百官，拥有九个县城，人数十余万。

光武帝对太中大夫来歙说："如今西州还没有平定，公孙述又自称皇帝，道路险峻偏远，众将领正全力征讨山东，如何讨伐西州，一直想不出办法来。"来歙说："臣曾经和隗嚣在长安相见。此人最初起兵时，是以兴汉为名义。臣愿意奉陛下之命出使，隗嚣一定会束手归顺。那么公孙述就自然处于灭亡的形势，也就不值得费力图谋了！"光武帝赞同来歙的意见，并派他出使隗嚣。隗嚣既对汉室有功，又接受邓禹署置的爵位，他的心腹及谋士们多劝他派使节和洛阳联系。于是隗嚣就捧着奏疏到朝廷。光武帝用特殊的礼仪接待隗嚣，说话称他的字，用对待地位平等国家的礼仪来款待隗嚣，安抚慰问十分隆重。

（以上为第二段，写光武帝平叛灭邓奉，诛梁王刘永，劝降隗嚣，而北边幽州彭宠、齐鲁张步、江东董宪、巴蜀公孙述、南阳秦丰、巴东田戎等数贼，仍割据称雄。）

汉光武帝建武四年（戊子，公元 28 年）

正月初二日甲申，大赦天下。

二月初一日壬子，光武帝巡幸怀县。二月二十一日壬申，回到洛阳。

延岑又侵犯顺阳县。光武帝派邓禹率军打败了延岑。延岑逃到汉中郡。公孙述任命延岑为大司马，封为汝宁王。

田戎听说秦丰被打败，很害怕，就想归降。田戎妻子的哥哥辛臣打开地图，指着彭宠、张步、董宪、公孙述等所占领的郡、国给田戎看，对他说："洛阳之地就像手掌那么大，不如暂且按兵不动，以观察局势的变化。"田戎说："秦丰如此强盛，还被征南将军岑彭击败，我决心投降！"于是留下辛臣，让他守卫夷陵县。自己率领军队沿江而下至沔水，再由沔水逆流而上到达黎丘聚。辛臣在田戎出发后，就盗取田戎的珍珠宝物，从小路逃走，抢先向岑彭投降。而后辛臣又写信给田戎说："你应该及时投降，不要拘泥于以前我们的打算！"田戎怀疑辛臣出卖自己，就用龟甲占卜是否投降，龟甲的裂纹从中断开，这是不吉的征兆。于是田戎再次反叛，同秦丰联合。岑彭率军打败田戎，田戎逃回夷陵县。

夏季，四月初七日丁巳，光武帝巡幸邺县。四月十九日己巳，光武帝巡幸临平县，派吴汉、陈俊、王梁在临平县击败五校军。鬲县五家豪门大族联合起来赶走郡太守和县长，占据县城反叛。众将领要去攻打。吴汉说："导致鬲县人反叛，是郡太守和县长的罪过。谁敢轻易冒进，一律斩首！"于是用公文通告郡府拘捕郡太守和县长，并派人向鬲县人谢罪。城中五家豪门大族非常高兴，一起投降。众将领心悦诚服，说："不打仗就能获胜，这不是我们所能及的！"

五月，光武帝临幸元氏县。五月初一日辛巳，光武帝临幸卢奴县，打算亲自讨伐彭宠。伏湛劝谏说："如今兖、豫、青、冀等州是中原内地，而盗匪贼寇横行霸道，还没有使之归顺，接受教化。渔阳郡和外夷接壤，荒凉空虚，难道值得首先去图谋吗？陛下舍近求远，弃易求难，实在使臣感到迷惑。"光武帝才打消亲征彭宠的想法。

光武帝派建义大将军朱祐、建威大将军耿弇、征虏将军祭遵、骁骑将军刘喜到涿郡征讨张丰。祭遵率军先到，发动猛烈攻击，活捉张丰。当初，张丰喜好方术，有位道士说张丰应做天子，用五彩口袋包一块石头，系在张丰的手腕上，说："石头里有皇帝用的玉玺。"张丰深信不疑，于是叛变。已被活捉，当要斩首，张丰还说："手腕系的石头里有玉玺。"旁边的人用槌子把石头敲开，里头什么都没有。张丰这才知道上当受骗，仰天长叹说："我该死，死而无憾！"

光武帝诏令耿弇率军攻打彭宠。耿弇因父亲耿况和彭宠同有助汉的功勋，又无兄弟在京师做人质，不敢单独进军，就要求回洛阳。光武帝下诏书回答说："将军全族人都为国效忠，功劳十分显著，有什么嫌隙和疑虑而要求征还洛阳呢？"耿况得知此事后，就派耿弇的弟弟耿国入京侍从。这时，祭遵驻军良乡县，刘喜驻军阳乡县。彭宠想引导匈奴军队进攻。耿况派他的儿子耿舒偷袭匈奴军队，杀了两位匈奴亲王，彭宠才败退而逃走。

六月初二日辛亥，光武帝车驾回到洛阳宫。

秋季，七月初八日丁亥，光武帝巡幸谯县。派捕虏将军马武、骑都尉王霸在垂惠聚包围梁王刘纡、周建。

董宪的部将贲休献出兰陵县归降汉军。董宪知道后，就从郯县亲自率军去包围兰陵县。盖延跟平狄将军山阳县人庞萌驻扎在楚地，请求前往兰陵救援贲休。光武帝告诫说："可直接去攻占空虚的郯县，那样，兰陵县的围困自然解除。"盖延等人认为贲休的城邑危急，就决定先去救贲休。董宪迎战而假装败退，盖延等进入兰陵城。第二天，董宪率领大军重新包围兰陵。盖延等人害怕，立即出城突围，前往攻打郯县。光武帝责备盖延等人说："先前要你们先攻打郯县，为的是出其不意。现在你们既然败走，敌军的谋略已定，兰陵城之围难道还能解除吗？"盖延赶到郯县，果然不能取胜。而董宪却攻下兰陵县，杀了贲休。

八月初十日戊午，光武帝巡幸寿春县，派杨武将军南阳人马成率领诛虏将军南阳人刘隆等三位将军征调会稽、丹阳、九江、六安四个郡的兵力去攻打李宪。九月，在舒县包围李宪。

王莽末年，天下大乱。唯独临淮郡大尹河南人侯霸保全一郡平安无事。光武帝征召侯霸到寿春相见，任命为尚书令。当时，东汉朝廷缺乏旧典可依，又没有西汉老臣，而侯霸熟悉过去典章法度，就让他收集失散的文献档案，分条呈奏前代的善政法制，加以实施。

冬季，十月初七日甲寅，光武帝车驾回到洛阳宫。

隗嚣派马援前往成都观察公孙述的动向。马援和公孙述原本是同乡，一向友好。马援认为到达成都以后，两人一定像过去那样握手相欢。但公孙述戒备森严，用禁卫军列阵，然后才让马援进入。行过交拜礼之后，就要马援出宫，到客栈休息。另外用都布为马援制作了一件朝服，还制作一顶交让冠。公孙述在宗庙召集文武百官，在皇帝座位旁摆上旧友的座位。公孙述从皇宫出来，设立天子的鸾旗，由仪仗队作为前导，开路清道，禁止行人。到达宗庙，公孙述弯腰如磬进入，以表恭敬。设宴款待宾客，百官阵容庞大。公孙述想封马援侯爵，任命为大将军。马援带领的宾客们都很高兴，愿意留下，马援告诉他们说："天下胜负还未定。公孙述不懂得以一饭三吐哺来接待国士共商成败大业，反而只注意仪表，就像一个木偶人，这种人怎能留得住天下贤士呢？"他告辞而回。马援回去后，对隗嚣说："公孙述不过井底之蛙！他狂妄自大，不如专心诚意地归向东方。"

隗嚣就派马援带着给光武帝的书信到洛阳。马援刚到，等了很久，由中黄门领进。光武帝坐在宣德殿南侧的廊屋里，头上裹着包头巾，对马援笑面相迎。皇上对马援说："先生游说在两个皇帝之间，今天看见您，使我感到惭愧。"马援磕头拜谢，说："当今，不但君主选择臣子，臣子也要选择君主。臣与公孙述是同乡，从小就要好；臣前些时到成都，公孙述在陛侧布置持戟卫士后，才肯让臣进去。臣今远道而来，陛下怎么知道臣不是刺客，如此简装召见呢？"皇上笑着说："先生不是刺客，只是个说客罢了！"马援说："天下大局，动荡不安，窃取名号，称帝称王的人不计其数；今天臣见陛下宽宏大度，和汉高祖一个模样，才知道原本有真的帝王。"

太傅卓茂去世。

十一月十九日丙申，光武帝巡幸宛县。岑彭围攻秦丰三年，杀了九万余人；秦丰剩余的士卒才千余人，而粮食又快断绝。十二月二十日丙寅，光武帝巡幸黎丘城，派使者招降秦丰，秦丰却不肯投降。于是派朱祜等人代替岑彭围困黎丘，派岑彭、傅俊率军南下，攻打田戎。

公孙述结集兵马数十万，在汉中郡囤积粮食。又建造十层的楼船，大量刻制天下州牧、太守的印章。派将军李育、程乌率领数万军队驻扎陈仓，与吕鲔合兵，打算攻取三辅地区；冯异率军迎击，大败敌军。李育、程乌都逃回汉中郡。冯异又打败吕鲔，各地的地方武装营兵堡寨纷纷投降。

当时，隗嚣派兵协助冯异作战有功，派使者上奏朝廷。光武帝写亲笔信回报说："将军向往恩德信义，希望与将军结交，从前周文王三分天下有其二，还侍奉殷朝，只是我像劣马与铅刀，不可勉强扶持，却多次承蒙您这位伯乐一顾而增价十倍。将军南面抗拒公孙述的军队，北面抵御羌胡的侵扰，因此冯异西征，才得以靠几千人的队伍在三辅行动。如果没有将军的帮助，那么咸阳早已被人占据了。如今公孙述到了汉中，三辅地区就托给将军，希望依靠将军的兵马抗拒公孙述，双方力量旗鼓相当。如果我的话实现之时，就是给智士贤人计算立功封侯之日。管仲说：'生我的是父母，成就我的是鲍叔牙。'从今以后，我俩之间用亲笔通信，不要听旁人说长道短。"此后，公孙述多次钻空子出兵三辅，隗嚣就与冯异联合，共同打败公孙述。公孙述派使者送给隗嚣大司空、扶安王的印章绶带，隗嚣却杀了使者，出兵攻击，因此蜀兵再没有北上。

泰山郡的很多豪杰与张步联合。吴汉举荐强弩大将军陈俊为泰山郡太守，击败了张步的军队，于是平定了泰山郡。

（以上为第三段，写建武四年，汉兵灭张丰，败秦丰、田戎，联合隗嚣抗拒公孙述，确保关中。马援归服光武帝。）

汉光武帝建武五年（己丑，公元29年）

春季，正月十七日癸巳，光武帝车驾回到洛阳宫。

光武帝派来歙持节送马援回到陇右。隗嚣与马援同床卧起，问起到东边洛阳的情况。马援说："前些日我到了朝廷，皇上召见我数十次，每次接见说话很随便欢快，通宵达旦无所不谈。皇上的才智勇略，不是一般人比得上的。况且敞开胸怀，披露诚心，没有什么隐藏，豁达不拘小节，雄略与汉高帝相当，博览经学，处理政事，前代帝王比不上他。"隗嚣说："你细说一下与汉高帝相比怎么样？"马援说："比不上汉高帝。汉高帝无可无不可，当今皇上喜欢政务，行动讲究规矩，又不喜欢饮酒。"隗嚣很不高兴，说："照你的说法，反而胜过高帝。"

二月初一日丙午，大赦天下。

苏茂率领五校之兵到垂惠救援周建，马武被苏茂、周建联军打败，逃到王霸军营，大声呼喊求救。王霸说："贼兵士气旺盛，我出战一定也要失败，你自己努力吧。"于是紧闭军营，坚壁自守。军官们都争着要出战营救，王霸说："苏茂的士兵很精锐，人数又多，我军官兵恐慌，而捕虏将军与我互相依靠，两军指挥又不统一，这只会走向失败。如今我紧闭军营固守，示意不去救援，贼人一定会轻率进军，捕虏将军得不到救援，作战自然加倍努力。这样一来，苏茂军会筋疲力尽，我军趁贼兵疲劳时袭击，才能取胜。"苏茂、周建果然倾巢出动攻击马武，双方交战很久，王霸军中有几十个勇士割断头发，请求出战。王霸这才打开军营的后门，出动精锐骑兵袭击贼兵的后背。苏茂、周建前后受到夹攻，惊慌败逃，王霸、马武各自回营。苏茂、周建重新集合军队挑战，王霸坚持休息不出战，还在军营设宴酬劳将士，欢歌奏乐，苏茂军向王霸军营射击，箭矢如雨，其中一箭射中王霸面前的酒杯，王霸仍然安坐不动。军官们都说："苏茂前天打了败仗，今天容易击败他。"王霸说："不是这样。苏茂客军从远道而来，粮食不足，所以多次挑战，想速战速决取胜。如今我坚闭营门，修整士兵，这正是'不战而屈人之兵'的方法啊。"苏茂、周建得不到回应，只好率军回营。当天夜里，周建哥哥的儿子周诵反叛，关闭城门，拒绝苏茂、周建进城，周建死在逃跑的路上，苏茂投奔到下邳郡，与董宪会合。刘纡逃奔佼强。

二月二十日乙丑，光武帝巡幸魏郡。

彭宠的妻子多次做噩梦，在梦中见到很多奇怪反常的现象。占卜、望气的人都说将有内乱兴起。彭宠认为子后兰卿在洛阳做过人质，不信任他，派他率领军队住在外地，不让他留在府中。

彭宠在便室吃斋静修，奴仆子密等三人趁彭宠睡觉，三人一起用绳索把彭宠绑在床上，然后对府外的官吏说："大王正在斋戒，有禁忌，让大家都休息。"又假传彭宠的命令，把其他奴仆、婢女都捆绑起来，分别安置在一个地方。又假用彭宠的命令，招见他的妻子。彭宠的妻子一进便殿，吓得要命，大叫："奴仆反了！"子密等奴仆就揪住她的头发，打她的耳光。彭宠急喊："赶快为这几位将军置办行装！"于是两个奴仆带着彭宠的妻子到后宫掠取金银财宝，只留下一个奴仆看守彭宠。彭宠对看守他的奴仆说："你还是一个小孩子，我素来喜欢你。如今只是被子密逼迫，做了帮凶！替我解开缚绳，我就把女儿彭珠嫁给你，家里的财宝也都给你。"小奴仆想为他解开绳子，就观察屋外动静，看到子密在听他们说话，又不敢去解。于是，子密等搜取财宝衣物，回到彭宠被捆的便殿，装入袋子，备好六匹马，又叫彭宠的妻子缝两个绢袋。天黑之后，把彭宠手上的绳索解开，命令他给守卫城门的将军写下亲笔命令："今派子密等人到子后兰卿处，不得停留。"写好后，子密等人杀了彭宠和他的妻子，把他们的头装在口袋里，拿着彭宠的手令骑马出城，直奔东汉都城洛阳。第二天早晨，官吏们看到府门不开，翻墙进入，见了彭宠的尸体，都吓得要命。彭宠的尚书韩立等人一起立彭宠的儿子彭午为燕王，国师韩利斩了彭午的头，到祭遵处投降，祭遵杀灭彭宠的宗族。光武帝封子密为不义侯。

权德舆评论说：彭宠叛变，子密弑君，归根结底，同样都是作乱，罪恶不能掩盖，都应各自绳之以法，昭示圣主的法度于天下。可是光武帝反而授予子密五等爵位之一，又用"不义"作为名称。既然子密的行动不义，就不应封为侯爵。如果这种行为的人被封侯，东汉的爵位也就失去劝勉、奖励的意义了。《春秋》记载卫国司寇齐豹因私怨杀死卫侯的哥哥孟挚而称强盗；对庶其、墨肱、牟夷三个叛徒直书其名，恐怕与光武帝的做法是不一样的吧！

光武帝任命扶风人郭伋为渔阳太守。郭伋接受的是一个残局，他教导百姓，训练士兵，显示恩威和诚信。不久，这个地区盗贼逐渐消失，匈奴也逃到边塞之外了。在他任职五年间，人口增长了一倍。

光武帝派遣光禄大夫樊宏持节到上谷郡欢迎耿况，说："边塞郡县，天寒贫穷，不宜长久居住。"耿况到达京师，光武帝赐予宅第，封为牟平侯，参加朝会。

（以上为第四段，写王霸智胜苏茂，诛周建。彭宠因家奴反叛而灭亡，北疆平定。）

吴汉率领耿弇、王常在平原郡攻击富平、获索等贼兵，大获全胜。又追击余部至勃海郡，投降的人有四万多。光武帝下诏命令耿弇征讨张步。

平敌将军庞萌为人谦逊和气，光武帝很信任和器重他。经常称赞他说："可以把幼主托付给他，可以封侯独当一面的人，就是庞萌啊。"光武帝派他和盖延一起进攻董宪。当时诏令只单独给盖延而没有提到庞萌，庞萌以为是盖延在皇上面前毁谤自己，遂起疑心，于是反叛，攻打盖延，大破盖延军。此后和董宪联合起来，自称东平王，在桃乡以北驻扎军队。光武帝听到庞萌叛变，极为愤怒，亲自率领大军讨伐庞萌，写信给将领们，说："我曾经认为庞萌是个可以托付国家命运的重臣，你们恐怕会耻笑我说过的话吧？庞萌这个老贼应当灭族，你们各自准备好兵马，在睢阳县会师。"

庞萌攻下彭城，要杀楚郡太守孙萌。楚郡官吏刘平趴在太守孙萌的身上，大声哭喊，哀求代替太守而死，身上被伤七刀。庞萌认为刘平很有义气，就放了他们。孙萌逐渐苏醒过来，口渴想喝水，刘平就侧身把伤口流出的血给他喝。

岑彭攻下夷陵县。田戎逃入蜀郡，岑彭俘虏他们的妻子、儿女以及士卒数万人。公孙述封田戎为翼江王。

岑彭计划征讨蜀郡，但因长江两岸粮食不足，水流湍急，很难运输军队，就留威虏将军冯骏驻守江州，都尉田鸿驻守夷陵县，领军李玄驻守夷道县。他自己回军驻守津乡，把守荆州要冲。告谕安抚那些归降的蛮夷，并上奏请求封赏他们的头领。

夏季，四月，大旱，蝗灾。

（以上为第五段，写各路汉军连连告捷，光武帝一纸诏书不慎逼反庞萌，东边战局逆转。）

隗嚣问班彪："以前周朝灭亡，战国群雄并立，互相争战，经过几代纷乱，天下才终于统一。想一想，合纵连横的故事在今天会重演吗？或者是承受天命改换朝代的任务已落在一个人的肩上呢？"班彪说："周朝的兴亡和西汉的兴亡完全不同。从前周朝把爵位分为五等，诸侯国各自为政，作为根本的王室逐渐衰弱，而作为枝叶的诸侯国势力却强盛起来，所以到了周朝末年出现了合纵连横的事，这是形势发展的必然结果。汉朝继承秦朝的政治制度，改设郡、县，君主有专制独裁的权力，而臣子没有终身的权柄。到汉成帝时，大权旁落外戚，汉哀帝、平帝在位时间极短，皇位的合法继承人三次断绝。所以王莽得以把持朝政，篡取皇位。汉政权的危机发生在上层，伤害没有动摇百姓。因此，王莽篡位后，天下人都摇头叹息。十多年间，内扰外乱，到处都有人兴兵造反，全都打着兴复刘氏的旗号，聚众起事，不谋而合。现在拥有州郡的英雄豪杰，都没有那时六国世代创业的凭借，而老百姓歌颂、歌咏、思念、仰慕的是大汉天下。汉朝必会复兴，这已经是显而易见的了。”

隗嚣说：“先生说的周汉两朝形势是对的，但只看见愚昧的老百姓习惯于刘氏政权，就说汉朝肯定会复兴，那就太粗略了！从前，秦朝失去它的政权，刘邦追逐才获得它，当时的老百姓难道也知道汉朝吗？”

班彪因此撰写了《王命论》，以微言大义劝说隗嚣：“从前，唐尧把帝位禅让给虞舜的时候说：‘天命的运转就在你身上。’虞舜也用这句话告诉夏禹。至于后稷、殷契都辅佐唐尧、虞舜，直到商汤、周武王拥有天下。刘邦继承的唐尧大业，唐尧得到火德，而汉朝把它承袭下来，因而拥有赤帝子的符命，所以受到鬼神的保佑，天下人都归顺刘氏。由此看来，从未见过朝代的继承没有根源，功劳恩德不被世人铭记，却能突然取得天子之位的。世俗的人看到刘邦从一介平民登上皇帝的高位，不解其中缘故，以为得天下真的就是众人逐鹿，谁的腿快碰巧先抓住了，却不知道帝位的取得是命中注定，不是靠智慧和武力就可取得的。可悲呵，这就是世上为何有那么多乱臣贼子的原因。遭遇饥荒的流民，他们需要的只是一点点钱而已。然而最终还是死在沟壑，这是为什么呢？因为贫穷也是命中注定。何况天子的尊贵，四海的富裕，神明的赐福，岂是可以妄想就能得到的吗？所以国家虽遭厄难，权力被窃取，勇猛如韩信、英布，强悍如项籍，甚至成功篡夺帝位的王莽，这些人最后还是被烹杀、腰斩、煮成肉酱、五马分尸，又何况是那些微不足道的小人物，却想趁朝廷黑暗妄图盗窃帝位。从前陈婴的母亲因为陈婴的家世低贱，若突然获得富贵，认为这是不祥之兆，她阻止陈婴别称王。王陵母亲知道刘邦一定能得天下，就用剑自杀，以此坚定王陵紧跟刘邦的决心。既然普通平民妇女的眼力都能推究事理的必然发展，探知祸福，保全宗庙祭祀，她们的姓名事迹被记录在史书中，更何况是大丈夫的作为呢？因此贫贱显达是由命中注定，吉祥凶险则由自己掌握。陈婴的母亲知道谁会灭亡，王陵的母亲知道谁会兴起，只要仔细想想这两个事例，帝王的地位该不该要，也就可以决定了，刘邦豁达聪明、仁慈宽厚、知人善用。正当吃饭时，张良来献策，刘邦能吐出口里的饭接待张良。正在洗脚时，郦食其求见，刘邦能立即拔出脚不洗，向郦食其行礼，听取他的意见。把韩信从士兵队伍中提拔出来，把陈平从逃亡中收留重用。于是英雄豪杰们为他贡献力量，谋士们为他出谋划策，这就是刘邦的雄才大略，所以他成就了帝王大业。至于说到祥瑞符命和人事相应，这些事情到处都有。所以淮阴侯韩信、留侯张良说高帝的才能是上天赐予，而非人力强求。作为英雄要有自知之明，能够高瞻远瞩，见识深远，像王陵、陈婴那样，接受该得的名分，拒绝韩信、英布那样非分的贪婪，不要听信逐鹿的谬论，认识到帝位的传授是上天意旨，不要贪图不属于自己的东西，而被陈婴、王陵的母亲所嘲笑。那么，自己的福分就能流传给子孙，天赐的福禄也会永远享用了。”

隗嚣不听班彪劝告。于是班彪躲避到河西。窦融任命班彪为从事，很尊重他。班彪就替窦融出谋划策，使窦融专心致志地去侍奉汉朝。

（以上为第六段，写隗嚣不听班彪劝谏，阴蓄异志。）

当初，窦融等人听到光武帝的声威仁德，一心想归顺他，因河西与洛阳相隔遥远，不便直接来往，就从隗嚣那里接受建武的年号和历法。隗嚣赐予他将军印章绶带。隗嚣表面上顺应众望，实际上心怀叵测，他派说客张玄去劝说窦融等人，说：“刘玄的大业已成，但不久又灭亡，这是刘氏不能再兴的证明。如今就认定已有了君主，便去归属，一旦被挟制，自己就会失去权力，其后所属之主遭致失败，后悔就来不及了。当今英雄豪杰相互竞争，胜负未定，我们应当各自占据领土，和陇西隗嚣、西蜀公孙述合纵并力，成则为战国时代的六国，不成也能像南海尉佗一样。”窦融等人召集豪杰们商议此事，其中有卓识的人都说：“当今皇帝刘秀的姓名见于谶纬符命，前辈博通事务的法术大师谷子云、夏贺良等都认为汉朝有再次接受天命的符命，所以刘歆改名为刘秀，希望能应验。等到王莽末年，西门君惠出谋要拥立刘歆做皇帝时，事败被杀，西门君惠在被绑赴刑场的途中，对围观的群众说：‘谶书记载的不错，刘秀真的是你们君主！’这是最近发生的事，人人皆知。何况当今称帝的几个人中，刘秀拥有土地最多，兵力最强，纪律最严，观看符命，考察人事，其他姓氏的人大概无法胜任！”大家意见不一，有的赞同，有的反对。

窦融断然决定归顺刘秀，派长史刘钧等人带着书信去洛阳。在这之前，光武帝也派出使臣给窦融送信招抚。使臣正好在途中碰到刘钧，就和刘钧一起返回洛阳。光武帝见到刘钧，极为高兴，以礼相见，设宴款待，然后便让刘钧回去，赐给窦融的文书加盖皇帝印章，说：“如今益州有公孙述，天水有隗嚣将军。蜀、汉两方即将争战，胜败的命运掌握在将军手中，将军的脚跟左转则蜀重，向右转则汉重。由此说来，将军愿意帮助哪一边，影响之大，岂能衡量？将军想要建立像齐桓公、晋文公那样的霸业，就应辅助微弱的汉朝，努力完成大业。要想三分天下，形成鼎立的局面，是连横还是合纵，也应早做决定。天下仍未统一，我和你距离遥远，还不是互相吞并的国家。现今讨论形势，一定会有人提出效法任嚣教导尉佗控制七郡的计谋。君王可以分封土地，但不能分割人民，只是自己做适宜之事罢了。”于是任命窦融为凉州牧。诏书到达河西，河西官员都感到震惊，认为天子能明察万里之外的事情。

（以上为第七段，写窦融兴起于河西，善识时务，纳班彪之言，归附光武帝。）

朱祐紧急攻打黎丘城。六月，秦丰处于困境，只好出城投降。朱祐用囚车把秦丰送到洛阳。吴汉弹劾朱祐违背诏令，接受秦丰归降。光武帝杀了秦丰，而不加罪朱祐。

董宪和刘纡、苏茂、佼强离开下邳郡，回到兰陵县，派苏茂、佼强协助庞萌围攻桃城。光武帝这时正临幸蒙县，听到消息，就留下辎重，亲自率领轻装部队，连夜奔赴救援。抵达亢父县时，有人认为官员们都很疲倦，可暂且停留住宿。光武帝不同意，于是又走了十里路，住宿在任城，这里距离桃城还有六十里。第二天，众将领请求进军攻击，庞萌等也统率军队挑战。光武帝命令众将领不得出城迎战，暂且休整军队，养精蓄锐，以此挫败敌军的锐气。当时吴汉等人在东郡，光武帝派人将他们迅速召来。庞萌等人吃惊说："数百里路程日夜兼行，到达之后应立即投入战斗；可是却坚守任城想吸引我们到城下，绝对不能前往！"于是庞萌全力去攻打桃城。桃城里的军民听说皇上亲自来救援，军心更加坚定。庞萌等人攻打二十多天，将士已疲惫不堪，桃城仍未攻下。吴汉、王常、盖延、王梁、马武、王霸等都率军抵达，光武帝就率领各路大军救援桃城，并亲自迎战，大破庞萌军。庞萌、苏茂、佼强连夜逃跑，投奔董宪。

秋季，七月初四日丁丑，光武帝巡幸沛县，再到湖陵县。董宪和刘纡集合全部人马数万人驻守昌虑县。董宪招抚引诱五校残兵，替他驻守建阳县。光武帝率领大军到达蕃县，距离董宪驻地只有百余里，众将领请求进攻，光武帝不同意。他料到五校军缺少粮食，必然撤退，命令各路大军按兵不动等待敌军的疲困。不久，五校军果然撤退。皇上亲临战场，从四面围攻董宪，仅用了三天时间，就大败董宪。佼强率领他的部众归降，苏茂投奔张步，董宪、庞萌逃到郯县驻守。八月初六日己酉，光武帝巡幸郯县，留下吴汉围攻郯县，自己率领大军转战彭城、下邳。吴汉攻下郯县，董宪、庞萌逃到朐县驻守。刘纡不知逃往何处，被他的部属高扈杀死，高扈归降。吴汉进军包围朐县。

冬季，十月，光武帝巡幸鲁县。

（以上为第八段，写汉兵灭秦丰，破董宪。）

张步据守在剧县，听说东汉耿弇率军将要来到，派大将军费邑驻守历下城；又派军队驻守祝阿县；另外在泰山、钟城列阵数十个营堡，严阵以待。耿弇渡过黄河，首先攻打祝阿县，早上发起进攻，还没有到中午就攻破了县城。耿弇故意留下一个缺口，让残兵逃回钟城。钟城军队听说祝阿县已经陷落，非常恐惧，于是弃城逃走。

张步的大将费邑分派他的弟弟费敢驻守巨里聚。耿弇进军先威胁巨里聚，严令军队尽快准备好攻城工具，通告全军，三天后要全力攻打巨里聚。耿弇暗中故意放松看管，让几个俘虏逃回去，把耿弇攻城日期告诉费邑。到第三天，费邑果然亲率精军三万余人来救援。耿弇很高兴，对将领们说："我要大家立即准备好攻城的工具，想引诱他们到来。郊野的军队不击破，怎能攻城！"耿弇只分兵三千人围住巨里聚，亲自统率精兵登上山岭和山坡，居高临下与费邑展开激战，大败费邑军，斩了费邑的头，悬挂在高竿上向城里示众，城中顿时恐惧骚动。费敢率领全军逃奔张步。耿弇搜取费敢丢下的积蓄，全线攻打那些没有归降的营垒，扫平四十余座。济南郡被平定。

当时张步以剧县为都城。他派弟弟张蓝率领二万精兵驻守西安县，各郡太守集合一万余人驻守临淄县，两地相距四十里，耿弇进军到达画中邑，画中邑位于西安和临淄之间。耿弇观察西安，城小但坚固，张蓝的军队又精锐；临淄县名气虽大，实际上却容易攻下。于是，耿弇命令各军营五天后集中进攻西安县。张蓝听到这个消息，日夜警戒防守。到了预定进攻日期，半夜里，耿弇命令各将领集合军士早早吃饭，天一亮，就赶到临淄城。护军荀梁等人据理力争，认为："进攻临淄县，西安县必来救援；进攻西安县，临淄县不能救援，还不如进攻西安县。"耿弇说："错了。西安那边听说我们要去攻打它，日夜防备，正在忧虑自己的安全，哪有闲工夫去救别人！我军出其不意攻打临淄县，他们必定惊慌失措，只需一天就能破城。攻陷了临淄，西安县就被孤立，西安县和剧县的交通也被我军切断，西安县的守军就会弃城而逃，这就是所说的'攻打一座城而得两座城'的道理。如果先攻打西安县，却无法很快攻下，军队被困在坚固的城下，伤亡严重。即使攻下城池，张蓝率军回到临淄，两地军队会合，再探察我们的虚实；我们深入敌地，后面缺乏补给，不等一个月，我们不战就已疲困不堪了。"于是耿弇决定进攻临淄，只花了半天时间，就攻占了临淄城，张蓝听到这个消息，十分害怕，就率领他的军队逃回到剧县。

耿弇命令军队不得掳掠，等张步到来时才掠取财物，以此激怒张步。张步听说后，大笑说："凭着尤来、大彤十余万军队，我一出马就能打败他们。如今耿弇的军队比他们还少，又都疲劳，有什么可怕的？"便和他的三个弟弟张蓝、张弘、张寿以及前大彤军首领重异等合兵，号称二十万，抵达临淄大城东边，准备进攻耿弇。耿弇上书说："我军占领临淄县城，挖深沟，筑围墙。张步从剧县来攻打我军，十分疲劳饥渴。如果他前进，我就引诱他攻城而后反攻；如果他撤退，我就尾随追击。我军依靠坚固的营堡作战，比对方强百倍，以逸待劳，以实攻虚，只要十天的时间，就可以获得张步首级。"于是，耿弇率军先到淄水河边，与大彤军首领重异相遇；骑兵突击队希望放手作战，耿弇怕一开始就挫败敌军的锐气，使张步不敢前进，所以就表现自己弱小而助长敌人的气势，率军回到临淄小城，把军队布置在城内，派都尉刘歆、泰山郡太守陈俊分别在城下布阵。张步士气旺盛，直接进攻耿弇的军营，同刘歆等人交战。耿弇登上故齐国宫中残破的高台观望，看见刘歆等同张步交战，就亲自率领精锐部队，在东城下拦腰切断张步的军队，大败张步军。流箭射中耿弇大腿，耿弇抽出佩刀把它砍断，身边无人知道他受伤。战到黄昏，鸣金收兵。第二天早晨，耿弇又率军出战。

这时，光武帝在鲁城，听说耿弇被张步攻击的消息，亲自率军前去救援，还没到达。陈俊对耿弇说："剧贼士气正旺，我们暂且关闭军营，休养士卒，等待皇上驾到。"耿弇说："皇上驾到，我们臣子应当杀牛、斟酒来接待文武百官，怎么反而要把盗贼留给国君去征伐呢？"于是出兵和张步大战。从早晨到黄昏，又大破张步。张步军死亡无数，尸体都填满了水沟深壕。耿弇知道张步被困将会撤退，就预先设置伏兵在左右两翼。黄昏以后，张步果真率军离去，两边伏兵齐出全线攻击，一直追到钜眛水附近，达八九十里，尸体相连，缴获张步的辎重车两千余辆。张步逃回剧县，兄弟各自分兵散离。

几天之后，光武帝到达临淄县，亲自慰劳军队，大会群臣。光武帝对耿弇说："从前韩信攻破历下城，替汉朝开创了基业；今天你攻下祝阿县而立下功绩，这些地方都是故齐国的西界，你们的功劳足以相比。但是韩信袭击的是已归降的军队，而将军独自攻败强劲敌人，这功劳比韩信来得更艰难。此外，田横烹杀了郦食其，等到田横归降时，高帝下诏警告郦食其弟弟卫尉郦商不要报仇。张步以前也曾杀了伏隆，如果张步来归顺，我也应下诏给伏隆的父亲大司徒伏湛消除仇恨，这又是极相似的两件事。将军先前在南阳请命攻张步，建立平齐的大策，我曾经以为浮夸难以实现。事实说明有志者事竟成啊。"光武帝亲临剧县。

耿弇追击张步，张步逃到平寿县，苏茂率领一万余人前来救他。苏茂责备张步说："因为耿弇的南阳军十分精锐，善战的延岑，也被耿弇赶跑了，如今大王您为什么要轻率地前去攻击耿弇的营地呢？您既然呼叫我，为何不能多等一下呢？"张步说："非常惭愧，我无话可说。"光武帝派使者告诉张步、苏茂，谁杀了对方而归降，谁就封为列侯。于是张步杀了苏茂，到耿弇军营门前，袒露上身归降。耿弇用驿车把张步送到光武帝那里，自己率军进驻平寿县城，立起十二个郡的旗帜，命令张步的部队按十二郡籍贯分别集合在所属郡的旗下。张步军队还有十余万，辎重七千余辆，都遣散回乡。张步的三位弟弟囚禁在所在地的监狱，光武帝下诏令全都赦免，封张步为安丘侯，让他和妻子住在洛阳。

这时，琅邪郡还没有平定。光武帝任命陈俊为琅邪郡太守。陈俊刚到郡上任，盗贼就全都离散。

耿弇又率军抵达城阳郡，收降五校军的残部，齐地全部平定。耿弇凯旋返回京师。耿弇作为带兵的将领，一共平定四十六个郡，屠城三百座，没有打过一次败仗。

（以上为第九段，写耿弇用兵如神，以少击众，百战百胜，击降张步，齐地悉平。）

汉朝朝廷开始兴建太学。光武帝车驾回到洛阳宫，亲临太学，郊法古制，整治礼乐，使典章制度焕然一新。

十一月，大司徒伏湛免职。任命侯霸为大司徒。侯霸听说太原人闵仲叔的名声显赫，就举荐征召他来洛阳。闵仲叔到洛阳后，侯霸不与他谈论国家大事，只是慰劳他旅途中的辛苦。闵仲叔后悔说："刚接到征召的嘉命，既高兴又担忧。今天见到您，高兴担忧都没了。要是你认为我闵仲叔不值得发问，就不应召。既然征召却不问政事，这是错征召了人！"于是告辞出来，递交自我指责的辞呈，离开了洛阳。

当初，五原人李兴、随昱，朔方人田飒，代郡人石鲔、闵堪各自聚众起兵，自称将军。匈奴单于派人同李兴等人和好，还想让卢芳返回中原当皇帝。李兴等就率军到单于王庭迎接卢芳。十二月，卢芳和李兴一起进入边塞，建都九原县。夺取五原、朔方、云中、定襄、雁门五郡，并设置郡守、县令，勾结匈奴军队侵占北方地区，而使人民受苦。

冯异治理关中地区，历经三年，上林苑像都市一样繁华。有人上奏弹劾说："冯异声威权力极大，人心归附，号称咸阳王。"光武帝把奏章转给冯异看。冯异惶恐害怕，上书认罪。光武帝下诏书回答说："将军对于国家，在道义上是君臣关系，在恩情上如同父子一样，为什么要猜疑而害怕呢？"

（以上为第十段，写卢芳勾结匈奴割据西北边地，以及冯异粗定关中。）

隗嚣夸耀自己高人一等，要小聪明，常把自己比做周文王，和众将领商议，想要称王。郑兴说："从前周文王三分天下，占有二分，还是听命殷朝；周武王观兵孟津，不约而来相会的诸侯有八百个，他还要把军队带回去等待时机。汉高祖征讨多年，用沛公的名义带兵出征。如今您的德行虽好，但无周朝世代相承的福禄；声威谋略显扬，但无汉高祖的战功。您想要做不可能成功的事，加速引来祸患，恐怕不行吧！"隗嚣才放弃称王的打算。后来隗嚣又大量设置官职来光耀自己的尊严和富贵。郑兴说："中郎将、太中大夫、使持节官，都是帝王才能设立的官衔，不是臣子所应设立的，这毫无用处，又有损于名分，不是尊崇皇上的意思。"隗嚣感到很为难，只好作罢。

当时关中将领多次上书如何攻取西蜀公孙述的情况，光武帝把这些上书给隗嚣看，趁便派隗嚣攻打西蜀，用以证明他的诚信。隗嚣上书，极言三辅军队薄弱，卢芳又在北边虎视眈眈，不适宜用兵西蜀。光武帝知道隗嚣脚踏两只船，不愿天下统一，就逐渐降低对他的礼仪，以端正君臣的礼节。皇上因隗嚣和马援、来歙关系很好，就多次派马援、来歙奉命出使往来，劝隗嚣来京师朝见，答应封他高贵的爵位。隗嚣不断派遣使者来洛阳，表面极其谦虚，说自己没有功业与德行，等到天下平定，就隐归乡里。光武帝又派遣来歙劝说隗嚣派儿子到京师进宫侍奉，隗嚣听说刘永、彭宠都被消灭，就派长子隗恂跟随来歙来到朝廷；光武帝任命隗恂为胡骑校尉，封为镌羌侯。

郑兴趁隗恂去京师，请求回故乡安葬父母，隗嚣不同意，反而让郑兴搬进新住宅，增加礼遇和俸禄。郑兴求见隗嚣，说："我因为父母至今仍未安葬，才请求辞职回乡；如果因为增加俸禄，迁移住所，就中途放弃安葬父母，这是把双亲作为获利的诱饵，太无礼了。将军怎么能任用这种人呢？我愿留下妻儿，独自返回故乡安葬父母，这样做，将军还怀疑什么呢？"于是隗嚣就让他和妻儿一起回去。马援也带领家属随同隗恂回到洛阳，因为所带的宾客很多，就请求在长安上林苑开垦种田；光武帝答应了马援的要求。

隗嚣的将领王元认为，天下混乱，成败还是未知数，不愿意隗嚣专心治理现有地盘，就劝说隗嚣向外发展。王元说："从前更始刘玄建都西京长安，四方都响应他，天下人都归向他，以为是天下太平。可是，一旦失败，几乎没有安身之处。现今南方有公孙述，北方有卢芳，江湖山海，自称王公的十多位，您却被儒生的说教所牵制，抛弃自己割据一方的基业，寄居在危国，而祈求万无一失，这是要失败的啊。如今天水郡完整富饶，兵强马壮，我王元请求替大王守住东边的函谷关，这是创立万世基业的好机会。如果计划不到这些，而能休养军士，训练战马，占据险要关口严加防守，拖延时日，长久相持，以待天下形势的变化。即使图谋王位不成，最坏也能称霸一方。总之，鱼不能脱离水，神龙失去势力，和蚯蚓无异！"隗嚣赞同王元的计谋，他虽然派长子入朝当人质，仍然倚仗着地势的险要，想称霸一方。

申屠刚劝谏隗嚣说："我听说人心归向的，上天就会赐予他；人心所叛离的，上天就会离开他。当今皇上确实是上天赐福，而非人力强求的。现在朝廷玺书不断下达，把国事托付给您，完全相信您，愿与您同甘共苦。普通百姓相交，也有一辈子都不背信弃义的，何况对于天子呢？如今归附汉朝有什么不好？归附西蜀，又有什么好？如此犹豫不决，一旦形势突变，对上背叛忠孝，对下愧对百姓。事情还没发生之前的预言，常人以为是假的；等到事情发生之后，后悔也来不及。所以很少能采纳忠直之言，恳切之谏，我希望您能再三考虑老朽所讲的话！"隗嚣不听从，于是游士、长者逐渐离开他。

（以上为第十一段，写郑兴继班彪之后劝谏隗嚣归顺朝廷。光武帝也多次遣使招抚，隗嚣不听，阳奉阴违，听王元之言，图谋割据。）

王莽末年，交趾所属各郡都闭关自守。岑彭平素和交趾牧邓让很要好，就写信给邓让，述说朝廷的声威与德行，又派偏将军屈充在江南地区传布文告，颁布光武帝的命令。于是，邓让和江夏郡太守侯登、武陵郡太守王堂、长沙郡相韩福、桂阳郡太守张隆、零陵郡太守田翕、苍梧郡太守杜穆、交趾太守锡光等相继派使者入朝进贡，光武帝封他们为列侯。锡光是汉中郡人，在交趾任职，用礼仪教化百姓和夷人。光武帝又任命宛县人任延为九真郡太守，任延教育当地民众农耕、婚配的礼仪。岭南广大地区接受华夏风俗习惯，是从锡光、任延两位太守开始的。

这一年，光武帝下诏征召处士太原人周党、会稽人严光等到京师。周党入殿朝见，只伏下身子，却不通报姓名，只是陈述自己希望恪守隐逸的志向。博士范升上奏说："太原郡人周党、东海郡人王良、山阳县人王成等，承蒙皇上厚恩，使者三返才肯前来。等到在宫廷朝见陛下，周党竟然不顾礼仪，仅伏下身子，而不通报姓名，高傲不驯，周党等人文不能阐发经义，武不能为国死难，只是沽名钓誉，竟想得到三公的高位。臣愿意和他们同坐云台之下，考察辩论治国的方略，如果不像臣说的这样，愿承担不实之罪；如果是他们向上夸耀以谋求高位，都应处以大不敬之罪。"奏疏呈上，光武帝下诏说："自古明王圣君，一定有不屈的士人。伯夷、叔齐不吃周朝的粮食，太原人周党不愿接受朕的俸禄，也是人各有志。赐给周党四十匹绢帛，让他回家。"

光武帝少年时与严光同窗读书，等到光武帝即位，就画上严光的形貌寻找他，在齐国找到了严光，多次征召才到京师，光武帝任命严光为谏议大夫，严光不肯接受，终于离开朝廷，一直在富春山耕种垂钓，最后老死在家中。

王良后来历任沛郡太守、大司徒司直，在任上谦恭节俭，使用布被和陶制器具，妻儿从不进官府。后因病回到故乡，一年后又被征召回洛阳，途经荥阳县时，病情加重，经受不了赶路，便顺路拜访一个朋友。那位朋友不肯见他，说："没有忠言奇谋，却取得高位，何苦来来往往，忙忙碌碌不嫌烦吗？"于是拒绝王良登门，王良感到惭愧。从此以后，多次征召，王良都不接受，最终死在家中。

西汉元帝时，莎车国王延曾经在京师长安做侍子，喜欢中原。到了王莽时代，天下大乱，匈奴趁机夺取了西域各国，只有莎车国王延不肯归附，经常告诫几个儿子，说："应当世世代代侍奉汉朝，不可辜负。"延去世，儿子康继位。康率领邻国共同抵抗匈奴，保护原都护官员和他们的妻儿一千余口，发公文到河西，探问中原的消息。窦融就承用旧制，策立康为汉莎车建功怀德王、西域大都尉，五十五个国家都归他管理。

（以上为第十二段，写光武帝征召贤良，南疆交趾和西域各国归附东汉。）

【点评】

论光武帝的军事战略。本卷载述光武帝建武三年到建武五年（27—29）三年史事，是光武帝扫灭群雄、统一中国的第二阶段，也就是第二步，平定山东群雄。从大局说，这是西汉末战乱最激烈的时期，天下出现了统一的局面；从东汉政权角度说，是光武帝定天下最有成效的丰收期。三年间，东汉政权从只占天下十分之一的群雄中之一员，到占有天下十分之七八的绝对强者。这时，山东基本平定，中原大局粗安，光武帝已奠定了真命天子的地位，成为不可战胜的新王朝的统治者。这里只从用兵角度点评光武帝的战功与失误带给我们的历史思考。分为战前战后形势、光武帝的军事战略、光武帝的失误等三个方面来谈。

第一，战前战后形势。战前形势指本卷所载光武帝扫灭群雄的战争时段，即建武三年初的全国群雄割据态势；战后形势系指建武五年末，中原局势粗安的形势。

建武三年初，光武帝歼灭赤眉军，拉开了统一战争的序幕，此时全国群雄纷争。当时光武帝的政权，群雄不予认可，只有割据陇西的隗嚣接受光武帝的封号：西州大将军。隗嚣也只是坐观时变。所有群雄，包括隗嚣，光武帝都要以力扫除。更始政权残余，一部分投靠延岑，混战三辅，大部分出关入南阳，融入南方的各个割据集团。更始政权曾经是全国统一的一线曙光。而更始政权的瓦解，让全国人民迷失了方向，不知真龙天子在哪里，形成群雄混战的局面，称王称帝的此起彼伏。最大的军事集团是赤眉军，占第二、第三位置的分别是据有全蜀之地的公孙述和据有陇西的隗嚣。光武政权虽入都洛阳，但光武帝的军事实力和声望只占第四位。当时洛阳四面皆敌，河南河北有五校、青犊、富平等多支农民武装集团环绕。其他称王称帝的割据者有：武安王延岑据汉中，争三辅，失败后转入南阳；周成王田戎据夷陵（今湖北宜都市）；楚黎王秦丰据黎丘（今湖北宜城市）；秦丰以女妻延岑、田戎，于是三家结成联盟；梁王刘永据睢阳（今河南商丘市）称帝，刘永失败，其子刘纡称梁王，据垂惠（今安徽蒙城县）；接受刘永齐王封号的张步，都临淄；海西王董宪据郯城（今山东郯城县）；淮南王李宪据庐江（今安徽庐江县），建武三年称帝。赤眉军、延岑、秦丰、田戎、刘永、刘纡、张步、董宪、李宪等群雄皆逐鹿中原，他们是光武帝的劲敌。在逐鹿过程中，由于光武帝措置失误，逼反了彭宠、邓奉、庞萌、苏茂。彭宠反于渔阳，接着张丰起兵于涿郡，光武帝后院起火。邓奉、庞萌、苏茂反于用兵前线，差点坏了光武帝大事。由于光武帝经营河北起于细微，他凭借的仅仅是更始帝的一根符节，依靠上谷太守耿况、渔阳太守彭宠的五千突骑、河北信都之众，以及临时招募的乌合之众，不足万人起家，所以用了近四年的努力，才使河北粗安。光武帝经营河北，是建立根据地。光武帝入都洛阳，策划消灭赤眉军，正式拉开了统一全国的序幕。

光武帝的统一战争，进行了三年，次第平定了赤眉军、张丰、秦丰、刘永、刘纡、张步、董宪、李宪，走田戎、延岑，灭了彭宠、邓奉、庞萌、苏茂等叛将，山东群雄尽灭，中原局势粗安，全国统一的形势明朗。建武五年末，天下未平者，只有边陲三大集团，即蜀帝公孙述，陇右隗嚣，西北割据五原、云中、朔方、定襄、雁门五郡的卢芳。光武帝四分天下已有其三，占绝对优势。

第二，光武帝的军事战略。建武三年，统一战争之初，光武帝的力量并不占优势，山东群雄力量的总和数倍于光武帝。刘姓皇帝有好几个，赤眉天子刘盆子、汉帝刘永也是皇室正宗。卢芳称帝也冒姓刘。这些拥兵者并不买光武帝的账。张步贪王爵称号，拒绝了光武帝的招降，就是生动例证。但是光武帝最终胜利了，而且统一之势势如破竹，攻无不克，战无不胜，三年之间，灭尽山东群雄，光武帝依靠的是什么呢？光武帝的用兵方略胜人一筹，有以下几个特点。

其一，谋定而后动。《兵法》曰：多算胜少算。光武帝胸中有一天下大势，决机于事发之先，最后统一全国。关键是如何次第消灭山东群雄，从哪里开始呢？光武帝决定各个击破。首先，坐山观赤眉军与更始政权两虎相斗，假手赤眉军打垮更始政权，驱除这一合法政权，为自己的统一战争开辟道路。光武帝预料赤眉军入关，更始政权必败，而赤眉军胜后，因无远略，烧杀抢掠，必不能久立关中，必然东归。在赤眉军未入关中之前，光武帝就部署邓禹入河东，伺机夺取关中，驱赶赤眉军东归。更始政权灭亡，赤眉军是全国最强大的军事集团，绝不能放虎归山，让赤眉军回到山东，要在赤眉军行进中加以歼灭。战争进程完全按光武帝预计的规划发展。

其二，智计胜敌。歼灭赤眉军在西边的关键是，必须抢在赤眉军东归之前先据有洛阳，以便在宜阳、新安赤眉军必经之路设伏，以逸待劳。更始政权用三十万重兵防守洛阳，攻取谈何容易。光武帝为了抢在赤眉东归之前占有洛阳，弃小怨，顾大局，招降朱鲔，不战而下洛阳，不仅实力大增，而且赢得了休整时间。消灭赤眉军后，光武帝避免两线作战，专一扫荡山东群雄，其关键是阻止公孙述、隗嚣东出。羁縻隗嚣，使之拥汉，更是计划成败的关键。光武帝用尽了心机。他利用隗嚣好儒、好面子的特点，优礼隗嚣。隗嚣到洛阳，光武帝待以平等之礼。给隗嚣的信，光武帝亲笔书写。又动员知名大儒班彪、郑兴，隗嚣挚友马援、来歙次第游说隗嚣。隗嚣接受光武帝西州大将军的职事，协助邓禹、冯异争三辅，阻击公孙述北上。光武帝承认隗嚣割据陇右的现实，兼有河西五郡的势力范围，而暗中却又拉拢窦融，既牵制隗嚣，又挖了隗嚣的墙角，一箭双雕。

其三，各个击破。如果山东群雄一致对抗光武帝，胜败就很难说了。单个军事集团，谁都不是光武帝的对手。他们互不统属，给予光武帝各个击破的机会。

其四，光武帝本人雄才大略，部下人才济济，君臣一心，是天下无敌的力量。光武帝大将邓禹、冯异、贾复、吴汉、耿弇、马武、岑彭、来歙，个个是人才，均可独当一面。而敌方对手也不乏人才，隗嚣大将王元、杨广，公孙述大将荆邯，以及延岑、秦丰、田戎等，单个均可敌光武帝之将。但他们人才分散，光武帝人才集中，对阵时无论人才、兵力都占绝对优势。光武帝本人的雄才大略更是无人可比。

光武帝从行伍出身，懂得兵机，他不仅有战略规划之才，更有战术克敌之才，总能在关键时刻给前线诸将授以方略。

以上各点，是光武帝从摸爬滚打中实践出来的，既是人为，又有天授，无人可及。昆阳之战，可以说是光武帝卓绝领袖之才的崭露。

第三，光武帝的失误。光武帝用轻躁青年朱浮为幽州牧，加于自恃有大功的彭宠之上，又拒绝彭宠的要求，同时征召朱浮。光武帝要杀彭宠的傲气，为时过早，正在扫荡群雄难解难分之时逼反彭宠，造成后院起火，两线作战。吴汉军纪不肃，烧杀抢掠，又逼反了邓奉。庞萌、苏茂都是招纳的降将，光武帝未能一视同仁，既用他们在前方作战，又不给予大将同等礼遇，下诏书指示忘了提他们的名字，于是庞萌、苏茂生猜忌而反。邓奉、庞萌、苏茂前线倒戈，尽知虚实，又是突然袭击，使吴汉、盖延被打得大败。光武帝的士兵大都是收编的农民军，纪律松弛。吴汉、耿弇两员主要战将，起于边郡，嗜杀成性。吴汉南征，因士兵劫掠邓奉桑梓，逼反邓奉。吴汉破成都又大肆屠城。史称耿弇未尝打败仗，攻陷郡国四十六个，而屠城三百。贾复南征，他的部将在光武帝统治区颍川行凶杀人，受到颍川太守寇恂的惩治。军纪松弛，带兵之将应负主要责任，而光武帝没有对这些爱将有所惩处，亦是其短。

光武帝的这些失误，延缓了统一战争的进程。特别是诸将之反，一度使新造之东汉政权陷于危局。光武帝有过则改，采取措施转危为安。例如，为镇压反叛诸将，光武帝立即亲征，稳定了军心。邓禹将略为短，争关中受挫，光武帝及时换将，任命冯异代邓禹，扭转了不利局势。吴汉暴掠成都降民，也受到了光武帝的申斥。

光武帝扫灭群雄，最终获得胜利，他的失误不足以掩大德。光武帝其人，作为真命天子，大醇小疵。

汉纪三十四

汉光武帝建武六年至十一年（公元30—公元35）

【起上章摄提格（庚寅，公元30年），尽旃蒙协洽（乙未，公元35年），凡六年】

【大事提要】

本卷记事起公元30年，讫公元35年，凡六年，当光武帝建武六年至建武十一年。本卷大事主要载述光武帝用兵陇蜀，完成统一大业。隗嚣据陇，公孙述据蜀，两人皆妄自尊大，而又无远略，均趁乱世而起，期盼出现战国局势，群雄割据，称霸一方。公孙述割据称帝，隗嚣欲称王，一心效法西伯，两人都坐失一搏之良机。当光武帝用兵山东，横扫河朔之时，公孙述未能东出，坐观成败，隗嚣还被光武帝所利用，阻挡公孙述北出。当山东已平，天下四分而光武帝有其三时，两人唇齿相依以叛。光武帝全力攻陇，一度亲征，两次遭败绩，从建武六年到建武十年，前后五年才平定了陇西，用力之勤，莫过于此。因陇地险阻，隗嚣困兽死守，且颇有人望，公孙述又为之后援，遂两败汉军。然而以小敌大，如卵击石，失败固宜。公孙述失去陇山屏障，支撑不到一年就全线溃退。可惜汉军警惕不足，连失两员主将，付出了沉重代价。河西窦融，善识时务，矢志归汉，加速了隗嚣的失败。在战争间隙，光武帝整顿吏治，裁汰冗官，减田租，恢复西汉旧制三十税一，察纳雅言，多所兴革，遂为一代中兴明主。光武帝好图谶，是其一短。

世祖光武皇帝中之上

汉光武帝建武六年（庚寅，公元30年）

春季，正月十六日丙辰，改春陵乡为春陵县，依照汉高祖祖籍丰县、沛县的惯例，世世代代免除春陵县平民的徭役。

吴汉等人攻占朐县，杀了董宪、庞萌，江淮地区、山东一带都被平定。众将领班师回京，皇上置酒庆功。

光武帝讨厌长年累月的打仗，由于隗嚣派长子入朝侍奉，公孙述割据在遥远的边陲，便对众将领说："暂且不管这两个人。"下令众将领在洛阳休息，兵士分调到河内郡。多次写信给隗嚣、公孙述，劝告指示利害关系。

公孙述也多次向中原地区发布文告，陈述自己得天命的符兆，希望煽动迷惑民众。光武帝写信给公孙述说："图谶上说'废昌帝，立公孙'，是指废昌邑王，立皇公之孙，公孙指的是汉宣帝。图谶又说，代汉的人姓当涂，名字叫高，你难道把自己看作是当涂高这个人吗？你又把所刻的掌纹'公孙帝'作为祥符，像王莽一样值得效法吗？你不是我的乱臣贼子，只不过是天下混乱时人人都想当皇帝罢了。你已年老，妻儿还小，应当早早安排后路，帝位是天命所定，不是靠人力争得的，你要三思。"信的抬头署名公孙皇帝。而公孙述不予回答。

公孙述的骑都尉平陵人荆邯劝谏公孙述，说："汉高祖从行伍中兴起，多次兵败受困，然而兵败后又重新振奋，受创后重整再战，为什么呢？因为冒死前进才能取得成功，总比后退自取灭亡要好。隗嚣遇上时势变化的机会，占有雍州，兵强马壮，士人归附，声威远播山东。这时又碰到更始刘玄朝政混乱，失去天下，黎民大众伸长脖子盼望太平，而全国却土崩瓦解，隗嚣不趁此时消除危险，乘胜而力争帝位，却退而想做周文王。隗嚣于是尊礼经师大儒，优待朋友隐士，停止战争，用恭敬谦虚的言辞依附东汉，还得意地感叹自比是周文王再生。这使光武帝不以隗嚣为忧，把精力全部集中在东边讨灭群雄，四分天下，占据了三分；派出秘密使者，招纳游离未归附的人，使得西州地区的豪杰都倾心附汉，那么五分天下，就占据了四分；如果光武帝派兵进攻天水郡，天水郡一定被击败，等天水郡一平定，就九分天下占了八分。陛下凭着梁州这块地盘，对内侍奉天子，对外供给三军的需要，百姓不堪忍受沉重的负担，就会发生王莽那样的内部变乱！以臣的愚见，就趁着天下人怀有太平的愿望，豪杰人士尚可招聚，紧急调动国内的精锐部队，下令田戎去占领江陵县，控制这一通往江南的都会，依靠巫山的险阻，修建壁垒，严加防守，传檄到吴、楚各地，长沙以南将会望风归附。下令延岑率军北出汉中，平定三辅，天水、陇西二郡就会拱手服从。这样，全国震动，可以期望获得最大的利益。"公孙述以荆邯的话询问文武大臣，博士吴柱回答："周武王讨伐殷，有八百位诸侯不约而同地聚合在孟津，都说纣王可伐；然而武王还是挥师返回，等待天命。从来没听说没有邻近的帮助，却出兵千里之外。"荆邯回答说："现今东边的光武帝当初没有什么权力，纠集、指挥的是一群乌合之众，但他跨上战马，冲锋陷阵，所向披靡。不赶紧趁此分享功业，却坐谈周武王伐纣的道理，这是重新效法隗嚣想做周文王！"

公孙述赞同荆邯的意见，想调动全部军队，包括成都的禁卫北军、屯垦军队，以及在蜀地的山东客籍军队，派延岑、田戎分两路出发，与汉中郡各将领的军队汇合。蜀中士大夫与公孙述的弟弟公孙光认为，不应调动全国的兵力征战千里之外，如同赌注，成败在此一举，坚决反对，公孙述只好作罢。延岑、田戎也屡次请求带兵立功，公孙述始终不听，因为只有公孙氏家族才能担任军政大任。

公孙述下诏废除铜钱，铸铁钱，导致货币不流通，百姓深受其害。公孙述为政苛求，特别计较小事，就像当年做清水县令时那样。他喜欢改换郡县官名。年轻时他曾做过郎官，了解汉朝旧例，称帝后，进出都乘皇帝的车驾，鸾旗旄骑。他又封两个儿子为王，以犍为、广汉两郡各数县为食邑。有人劝谏他道："成败未知，战士暴露在野外战斗，你却先封自己的儿子为王，没有远见呀！"公孙述不听劝谏。从此大臣们一肚子怨恨。

（以上为第一段，写公孙述妄自尊大，既不归附朝廷，也无大志远略，坐守西蜀以待毙。）

冯异从长安进京朝见，光武帝对公卿大臣们说："冯异是朕起兵时的主簿，替朕披荆斩棘，平定关中。"朝见后，皇上赏赐冯异珍宝、金银和绢帛，下诏说："想那艰难岁月，你在芜蒌亭奉上豆粥，虖沱献上麦饭，你的深情厚谊，我无法回报。"冯异叩头拜谢说："臣听说管仲对齐桓公说：'希望君王不要忘记臣曾用箭射过您的带钩，臣也不会忘记君王曾用槛车关押过我。'齐国才有希望。现在臣希望皇上不要忘记当年在河北县的困苦，小臣也不敢忘记当年陛下在巾车乡对我的恩惠。"冯异在洛阳逗留十余天，光武帝下令他和妻子儿女西还长安。

申屠刚、杜林从隗嚣那里来到洛阳，光武帝任命他们为侍御史，任命郑兴为太中大夫。

三月，公孙述派田戎东出江关，召集其旧部，想凭借他们夺取荆州。结果失败。

光武帝下诏给隗嚣，要他从天水郡南下攻打公孙述。隗嚣上书说："白水县地势险峻，栈道破烂，断绝了交通。公孙述性情残酷，上下忧患，等他的罪行显著再攻打，这样才会造成上下内外夹攻、四方响应的形势。"皇上深知隗嚣终不会被己所用，就谋划出兵征讨他。

夏季，四月初八日丙子，光武帝巡视长安，拜谒西汉历代皇陵。派耿弇、盖延等七位将军从陇西取道攻打公孙述。皇上先派中郎将来歙捧着玺书赐给隗嚣，禀告旨意。隗嚣又提出许多疑难事情，故意拖延时间，犹豫不决，来歙于是责问隗嚣说："皇上认为您懂得善恶得失，通晓成败兴亡，所以亲笔写信表达诚意。您已推诚效忠，派了您的儿子隗恂入朝做人质，却又反悔听信奸佞小人的迷惑，去做那灭族的事吗？"就想上前刺杀隗嚣。隗嚣起身进屋，部署士兵将要杀死来歙，来歙却从容地拿着符节登车离开。隗嚣派牛邯率兵包围了来歙。隗嚣的部将王遵劝谏说："来歙君叔，虽然是使节，但他是陛下的表哥，把他杀了，无损于东汉，随之而来将是灭族之灾。从前，宋国逮捕楚国的使节，结果招来楚国围攻，使宋人蒙受易子而食，用人骨当木柴的大灾。对小国尚不能辱，何况对天子。您要保全隗恂的性命！"来歙为人讲信义，往来游说，都可核实。西州士大夫们都很信任敬重他，很多人为他求情，所以这次他才能幸免于难，回到东方洛阳。

五月二十一日己未，光武帝巡幸车驾到达长安。

隗嚣发动叛变，派王元率兵占据陇坻，砍伐树木堵塞东去之路。光武帝众将领和隗嚣作战，大败逃离陇坻。隗嚣直追，马武就挑选精锐骑兵断后，杀敌数千人，各路军队才得以返回。

（以上为第二段，写隗嚣据陇叛变。）

六月二十四日辛卯，光武帝下诏说："设置官吏，是因为民众需要的缘故。如今百姓遇难，人口锐减；但县府地方官吏却设立太多。应令司隶、州牧各自考察核实所属地方，精简官员，无论是县还是国，户口不够设立县长的，一律合并。"于是，合并减少了四百多个县，裁减了许多官吏，十个官员才留一个。

九月三十日丙寅，发生日食。执金吾朱浮上奏疏说："从前，唐尧、虞舜时代的盛世，实施三次考核定升降的制度，大汉朝的兴起，官吏积累资历业绩升迁，任职时期很长，甚至传给长子长孙，这怎能治理好政事；论议的人，又岂能不发牢骚？我认为创建功绩，是不能仓促完成的；艰难的事业要积日月累才能办好。然而近来太守、宰相屡次被改换，辞旧迎新，奔忙于道路。找一找原因，是官员们到任的时间短，还没能充分履行自己的职责，就受到严厉斥责，下面人人感到不能自保，他们常常迫于被检举、弹劾的压力，十分惧怕舆论讥刺，所以就争着用欺骗伪装的手段求得虚名。这就是导致日月不能正常运行，出现日食的原因。生物暴长一定会夭折，功业短暂成功必定很快衰落。毁坏长久的大业以求得急功近利，这不是陛下的福分。希望陛下留心，考察官吏要放宽要求在一年之上，期望治绩在三十年之后，那才是国家之福！"光武帝采纳了他的建议，从此州牧、太守更换次数大大减少。

十二月二十七日壬辰，大司空宋弘被免职。

十二月二十八日癸巳，光武帝下诏说："以前征战不休，用度不够，所以按十分之一收税。如今国家粮食储存逐渐增多，命令各郡、国按三十分之一征税，恢复过去的制度。"

（以上为第三段，写光武帝在征战间隙，已留心整顿吏治，裁汰冗官，减轻田租，恢复西汉三十税一的制度。）

东汉众将领从陇坻战败后，光武帝命耿弇在漆县驻屯，冯异在栒邑驻屯，祭遵在汧县驻屯，吴汉等率军返回长安驻守。冯异率军还没到达栒邑，隗嚣就乘胜派王元、行巡率领二万余人从陇坻下来，分派行巡攻打栒邑县。冯异听说这消息，立即带兵赶去，想要抢先占据栒邑县。众将领说："敌军强大，而且乘胜前进，我们不可交战，应停止进军，选择便利就地安营，再图良策。"冯异说："敌军压境，被小利冲昏了头，竟想深入；如果敌人攻占了栒邑县，三辅地区人心浮动。若进攻，我们兵力不足，若防守，兵力却有余。现在我们抢先占领栒邑县城，以逸待劳，不是要和敌人争胜负。”于是秘密进军栒邑，紧闭城门，偃旗息鼓。行巡不知道这情况，匆忙进攻栒邑。冯异乘其不备，突然间战鼓齐鸣、旌旗招展，率军出城迎战。行巡军队惊慌失措，四下逃散；冯异追击，大破敌军。祭遵也在汧县大败王元的军队。于是，北地郡各豪强首领耿定等全部背叛隗嚣，归降东汉。光武帝下令冯异进军义渠县，击退卢芳的将领贾览以及匈奴奥鞬日逐王。北地郡、上郡、安定郡全部归降。

（以上为第四段，写汉军征讨隗嚣，初战不利。）

窦融又派他的弟弟窦友上书说：“臣幸运自己是汉文帝窦皇后亲属的后代，历代都是二千石俸禄。臣又凭借陛下的恩惠，历任将帅，镇守一方。所以派刘钧前来觐见，向陛下禀告臣的赤胆忠心，而陛下的玺书却赞叹公孙述、隗嚣两位君主三分天下，形成鼎足而立的权力；提及任嚣、尉佗的谋略；臣深感悲痛。臣窦融虽无知愚笨，但能明辨利害，懂得顺逆的界限，怎会背叛旧主人，去侍奉奸诈小人，废弃忠贞节操，做颠覆国家的事情呢？又怎会抛开成功的基业，去寻求无望的利益呢？这背主、失节、逐利三件事，即使去问狂夫，尚知取舍，何况臣呢！谨派舍弟窦友赶到朝廷，亲口说明臣的诚心。”窦友到达高平县，正遇隗嚣叛变，道路不通，就派遣司马席封从小路把信带到洛阳。光武帝又派席封给窦融、窦友带去亲笔信，安抚他们。

窦融就给隗嚣去信，说：“当年将军艰难困苦，正当国家蒙受不幸之时，却能坚守节操，义无反顾，侍奉当今的汉朝。我窦融等敬佩将军德义高尚，所以愿跟随将军讨伐。可是一气之下，你改变节操，另有图谋，舍弃成功的事业，开创难以实现的目的，先前百年积聚的成果，毁于一旦，不是很可惜吗？也许是您手下办事的人贪图功业，才到今天这个地步。当今西州地方狭窄，人民流离失所，士兵散乱，容易辅助别人，自创大业却很艰难。假若迷途不返，执迷不悟，那么，不是向南投向公孙述，就是向北投向卢芳。凭着虚假的交情而轻视强敌，依靠远处的救兵而轻视身边的敌人，看不到有什么利益。自从混战以来，城郭变成废墟，百姓死亡遍地。幸好天命回转，战乱稍息，而将军又重蹈覆辙，这样会使旧疾不能痊愈，孤童将再度漂泊，说来真令人伤痛。常人尚不忍心这样做，何况是仁慈的人呢？我窦融听说进忠言容易，但要说得适宜却很困难。过度替人忧虑，反遭怨恨。而且我知道说这些话而获罪。”隗嚣拒不采纳。

窦融和五个郡太守厉兵秣马，向朝廷上书，请求出兵的日期。光武帝非常赞赏窦融。窦融随即和各郡太守率领军队进入金城郡，攻打隗嚣的党羽先零羌首领封何等人，大获全胜。便沿着黄河，展示军威，等候天子。当时汉朝大军还未进发，窦融就率军返回。

光武帝因窦融很讲信义，成果显著，更加赞赏他。下令修整窦融父亲的坟墓，用牛羊猪三牲具全的太牢祭祀。屡次派遣轻装的使臣，赠给窦融珍奇贵重的食物。

梁统仍然担心大家疑惑，就派人刺杀隗嚣的使者张玄，遂与隗嚣断绝关系，解下隗嚣授予的将军印章和绶带。

（以上为第五段，写窦融所统河西五郡与隗嚣决裂，效顺朝廷。）

先前，马援听说隗嚣对汉朝怀有二心，就屡次写信责备劝导他。隗嚣接信后更加气愤。等到隗嚣叛变，马援上书说："臣和隗嚣本是知交，最初他派我东来，对臣说：'我原本想侍奉汉室，请您去洛阳观察一下，只要您认为可以，我就专心归汉。'等臣返回，用忠诚待他，想引导他从善，并没欺诈他做不义之事，可是隗嚣心怀奸心，好像强盗憎恨主人，把怨恨发泄在臣的身上。臣本想不说，那就没别的办法上达，希望允许臣即刻进宫，尽情地陈说消灭隗嚣的策略。"光武帝召见马援。马援详细叙说他的谋略。

光武帝派马援率领骑兵突击队五千人，前去游说隗嚣的将领高峻、任禹等，以及羌族首领，向他们陈述利害关系，离间隗嚣党羽。马援写信给隗嚣的将领杨广，叫他劝导隗嚣，说："我马援看到天下已平，亿万人民同心，可隗嚣（字季孟）封闭边界，起兵反叛，为众矢之的。我担心民众对隗季孟切齿痛恨，争着要宰杀割他的肉，所以不断给他写信，表达我的顾念与忧虑。听说隗季孟把罪过都推到我马援身上，而接纳王元（字游翁）谄媚的意见，宣称函谷关以西，举足就可以平定。从现在的局势看，究竟怎么样呢？

"我马援最近到河内郡，慰问隗季孟的儿子隗伯春，看见他的仆人吉从西州返回，说隗伯春的小弟隗仲舒想见吉，询问隗伯春是否已遭意外，竟然说不出话来，早晚悲泣。说到家中的悲愁更是无法用言语来表达。有怨仇可以指责，却不能报复。援听后，情不自禁泪水涟涟。援一向了解隗季孟孝顺慈爱，曾参、闵子骞也不过如此。孝顺父母的人，哪有不爱自己的儿子的？哪有儿子身戴刑具，而父亲飞扬跋扈，正如汉高祖要求项羽分羹这类事发生呢？

"隗季孟平时常说，他拥有军队，是用来保全父老乡亲的土地和祖坟；又说凭此优待士大夫。可现在他要保护的乡土即将丧失，想要保护的祖坟即将毁灭，想要优待的士人反而看不起他。隗季孟曾蔑视公孙子阳而不接受他的爵位，今天却同平庸无能之辈一起去依附他，难道不感到羞愧吗？如果公孙子阳也要以长子做人质，隗季孟将从哪里找长子来承担为质的重任呢？从前，公孙子阳只对隗季孟以王相待，却被你杨春卿拒绝；现在隗季孟已经年老，却要低着头和小孩们同在一个养马槽里吃食，而跻身在怨家的小朝廷里呢！

"如今朝廷待您杨春卿不薄，期望极高，你应该请牛孺卿和长辈一起劝说隗季孟。如果说服不了，真的可以调头离开。前些时，我观看地图，看到全国有一百零六个郡，怎么能够用陇西、天水两个小郡来抵抗一百零四个郡呢？您杨春卿侍奉隗季孟，外有君臣的道义，内有朋友的情谊。说到君臣，本应直言规劝，以理相争；说到朋友，也应切磋商议。岂能明知隗季孟事情不成，却因懦弱胆小就一言不发，服服帖帖随他一起遭灭族呢？春卿您应趁早确定大计，还是好样的，但错过了时机，就没机会了。况且来君叔是天下忠信之士，朝廷尊重他，他对隗季孟也很思慕，经常替隗嚣说好话。援认为朝廷，尤其想在这事上树立诚信，一定不会违背诺言。我马援不能久留边陲，希望你尽快回信相告。”杨广竟然不回答。

众将领每当有疑问，相继找马援请教，大家都敬重他。

隗嚣上疏向朝廷谢罪说：“官民听说大军突然到来，惊恐惧怕，只求自救，臣隗嚣无法控制他们。臣虽然打了大胜仗，但臣不敢废弃做臣子的礼节，亲自把军队追回。从前，虞舜侍奉他父亲，他父亲用大棍打他，他就逃跑；用小棍打他，他就承受。臣虽然愚笨，也不敢忘这个道理。而今臣的命运捏在皇上的手中，若赐臣死，臣就死；若加臣刑，臣就受刑。如蒙宽恕，再给臣一次改过自新的机会，死而无憾。”主管部门认为隗嚣的话傲慢，请求杀掉他的儿子；光武帝于心不忍，又派来歙到汧县赐亲笔信给隗嚣，说：“从前汉高祖的大将柴武将军说：‘陛下宽厚仁慈，诸侯即使有逃亡叛变而后又来归顺的人，都恢复他原有的职位，决不诛杀他。’现今你如果自缚其手，停止抵抗，再派遣隗恂的弟弟来做人质，那你的爵位官禄都可保全，洪福齐天。朕年近四十，在军旅中生活了十年，最厌恶大话、空话。你如果不想这样做，就不必回报。”隗嚣知道皇上看穿了他的诈骗诳言，就派使者到成都向公孙述称臣。

匈奴与卢芳在边境不断侵扰，光武帝下命归德侯刘飒出使匈奴，谋求重修旧好。匈奴单于骄横傲慢，虽然也派使臣到洛阳复命，但仍然侵扰中原。

（以上为第六段，写马援致书隗嚣将军杨广，光武帝致书隗嚣，君臣交替劝降，均未奏效。）

汉光武帝建武七年（辛卯，公元 31 年）

春季，三月，裁撤郡国地方的轻车、骑兵、步兵，让他们复员为民。

公孙述封隗嚣为朔宁王，派出军队往来造声势，作为援助。

三月三十日癸亥，发生日食。光武帝诏令百官各自上呈密封的奏章，上书的人不能说“圣”字。太中大夫郑兴上疏说：“国家没有好的政策措施，就要受到日食月食的谴责。关键在于顺应民心，用人得当。现今公卿大夫多数推举渔阳郡太守郭伋出任大司空，而陛下却没有及时裁定。外面谣言流传说‘朝廷要任用有功的臣’。启用功臣任职朝廷命官，那么所用的人就不会称职。希望陛下委屈自己，听从大家的意见，成全群臣互相谦让的美德。近年，日食大多发生在月末，日月提前重合，都是由于月亮运行加快的缘故。太阳是君主的形象，月亮是臣子的形象，君主过急，臣子也过急，所以月亮运行迅速。而今陛下高尚明达，而群臣却惶恐不安。应当考虑施行宽缓柔和的政事，留意《尚书·洪范》大法。”光武帝亲自处理政事，总是急于求成，所以郑兴上奏提醒他。

夏季，四月十五日壬午，大赦天下。

五月初六日戊戌，任命前将军李通为大司空。

大司农江冯上书说：“应下令司隶校尉督察三公。”司空掾陈元上奏疏说：“臣听说以臣下为师，可以成就帝业，以臣下为宾，可以成就霸主。所以周武王以姜太公为老师，齐桓公以管仲为仲父。近代汉高祖特别优礼相国萧何，汉文帝授予宰相申屠嘉以重权。等到西汉衰亡，王莽专擅朝政窃取天下，他自比周公，不信任群臣，剥夺三公、辅相的权力，降低宰相的威严，把揭发别人的隐私当作明察，斥责别人的过失当作正直，导致家仆告发主人，儿子、弟弟告发父亲、哥哥。法网严密苛刻，大臣们都手足无措。即使这样，仍不能阻止董忠的叛变，王莽本人遭杀身之祸。现今全国仍然混乱，天下仍未统一,百姓惊慌失措。陛下应该遵循周文王、周武王的典籍制度，继承祖先美德，用心结交有识之士，屈节优待贤能的人，实在不应该派有关部门监督三公、辅相的职位。”光武帝接受了他的提议。

酒泉郡太守竺曾因为弟弟报私仇杀人，就辞职离郡。窦融秉承皇帝旨意，任命竺曾为武锋将军，另派辛肜为酒泉郡太守。

秋季，隗嚣率领步骑三万侵犯安定郡，抵达阴槃县，冯异率领众将领抵抗。隗嚣又命其他将领率军下陇山，到汧县攻打祭遵。隗嚣失败而归。

光武帝准备亲自征伐隗嚣，先期与窦融商定了出兵的日期，恰好遇上天下雨，道路中断，而且隗嚣的军队已撤退，就停止出兵。

光武帝命来歙写信招降王遵，王遵归降。皇上任命王遵为太中大夫，封为向义侯。

冬季，卢芳因事杀了他的五原郡太守李兴兄弟；他的朔方郡太守田飒、云中郡太守乔扈各自举郡归降，光武帝命他们留任原职。

光武帝喜好宣扬符命占验的书，在与郑兴商议郊外祭祀天地的事，说：“我想用符命占验之法来推究，怎么样？”郑兴回答说：“我不研究符命占验之术！”光武帝生气说：“你不研究符命占验，是认为它不对吗？”郑兴恐惧地说：“我没有学过，没认为它不对。”光武帝才消了怒气。

南阳郡太守杜诗施政清廉公平，兴利除害，人民都平安无事。杜诗又兴修水利，大量开垦荒地，南阳郡内，家家都很富裕。当时人们把杜诗比作西汉元帝时的南阳郡太守召信臣。南阳地区流传着称颂他的话：“从前有召父，现在有杜母。”

（以上为第七段，写光武帝纳谏，常与群臣议论政治得失。光武帝喜好图谶，是其一短。）

汉光武帝建武八年（壬辰，公元 32 年）

春季，来歙率领两千余人伐山开路，从番须、回中道直接袭击略阳县，斩杀了隗嚣的守将金梁。隗嚣大为震惊，说："竟然如此之快！"光武帝听说取得了略阳县，高兴地说："略阳县是隗嚣所依靠的重要屏障，心腹已除，那么，切断肢体也就容易了。"

吴汉等众将领听说来歙攻占了略阳县，争着率军赶去。光武帝认为隗嚣失去依靠，丢弃重镇，势必倾巢出动精锐部队反攻。等到长久相持，隗嚣攻不下围城，士兵困顿疲惫时，就可以乘敌之危而进攻。于是，光武帝下令追吴汉等人还军。隗嚣果真派王元在陇坻抗拒，行巡在番须口防守，王孟堵住鸡头道，牛邯驻扎在瓦亭。隗嚣亲率大军数万人包围略阳县。公孙述也派遣将领李育、田弇协助作战。挖山筑堤，阻遏水流灌城。来歙和将士们死守，箭射完了，就拆房取木制作兵器。隗嚣用尽精锐部队攻城，几个月都攻不下。

夏季，闰四月，光武帝亲自征讨隗嚣，光禄勋汝南人郭宪劝谏说："东方刚平定，天子不可远征。"郭宪于是挡住车驾，拔出佩刀，切断引车前行的皮带缰绳。光武帝不听从，向西到达漆县。众将领多数认为，皇上不宜率领军队深入艰险之地。光武帝犹豫不决，就召见马援，询问他的意见。马援说："隗嚣的众将领出现了土崩瓦解的形势，如果我们进军，必然势如破竹。"接着又用米粮在皇上面前聚集成地形山谷的样子，指点规划敌我双方的形势，展示各路大军进军的路线，分析敌我往来，非常清楚。光武帝说："敌人已暴露在我的眼中！"第二天早晨，大军进发到高平县第一城。

窦融率领五个郡太守以及羌族、小月氏等步骑兵数万，辎重车五千余辆，与大军汇合。当时军队还刚建立，众将领朝见皇帝的礼仪不够整肃，窦融先派从事请示朝见礼节。光武帝听后认为很好，拿这件事告诉文武百官，摆设酒宴，大会群臣，用特殊的礼遇招待窦融等人。

于是，分成几路同时进军上陇山，光武帝让王遵写信招降牛邯，牛邯归顺。光武帝任命牛邯为太中大夫。这样，隗嚣的十三位大将、天水郡所属的十六个县、十余万部下全部归降。隗嚣带着妻子儿女逃到西城县，跟从杨广。公孙述的将领田弇、李育退守上邽县。略阳县解围。光武帝慰劳、赏赐来歙，让他独坐一席，在将领们的上首，以示显贵。还赐给来歙的妻子一千匹细绢。

光武帝到达上邽县，诏告隗嚣说："如果你亲自束手来降，父子可以相见，保证不会有任何事故。如果你一定要做黥布，也随你的便。"隗嚣始终不肯投降。于是皇上诛杀他的儿子隗恂。派遣吴汉、岑彭包围西城县，耿弇、盖延包围上邽县。

光武帝用四个县封窦融为安丰侯，封窦融的弟弟窦友为显亲侯，封五个郡的太守为列侯，派他们回到西边各自的驻守地。窦融因长期在一个地方独揽大权，诚恐不安，屡次上书请求派人替代。皇上下诏回答说："我和将军的关系就像左右手。您屡次要求辞职，为什么就不明白我的心意？您要努力安抚官吏、百姓，不要擅自离开部队。"

颍川郡的盗贼蜂起，攻占所属县城；河东郡的守军也叛变，京城震动。光武帝听到这消息，说："我后悔没听郭子横的话！"秋季，八月，光武帝从上邽县日夜兼程，向东边奔驰。赐给岑彭等人书信说："如果攻陷西城、上邽两城，可率军向南攻打公孙述。人苦不知足，既平定了陇西郡，又渴望得到蜀国。每一次发动军队出征，头发与胡须都变白了！"

九月初一日乙卯，光武帝车驾回到洛阳宫。光武帝对执金吾寇恂说："颍川临近京城，应当及时平定。朕考虑只有您才能平定它。请您以九卿身份，为国率军出征。"寇恂回答说："颍川郡的盗贼听说陛下远征陇西、蜀国，所以那些狂夫、狡猾之徒，乘机作乱，只不过被人所连累罢了。如果他们听说陛下向南征讨，盗贼一定归顺。臣愿意手执兵器，做陛下的先锋。"光武帝赞同。九月初六日庚申，光武帝率军南征，颍川郡盗贼全部归降。寇恂未被任命为颍川郡太守，百姓都挡在道路上请求说："恳求陛下把寇恂再借给我们一年。"于是，光武帝就把寇恂留在长社县，抚慰官民，收容降军。

东郡、济阴郡的盗贼也纷纷兴起，光武帝派遣李通、王常率军去攻打他们。因为东光侯耿纯做过东郡太守，在东郡地区颇有声望，光武帝派使臣任命耿纯为太中大夫，让他与李通的大军在东郡汇合。东郡盗贼听说耿纯进入郡界，就有九千余人向耿纯归降，大军未经交战就班师。光武帝用玺书再度任命耿纯为东郡太守。九月二十四日戊寅，光武帝从颍川郡回到洛阳。

安丘侯张步带领妻子儿女逃到临淮，和他弟弟张弘、张蓝想召集旧部，乘船入海。琅邪郡太守陈俊追击，将他们杀了。

冬季，十月二十二日丙午，光武帝巡幸怀县。十一月十二日乙丑，回到洛阳宫。

杨广去世，隗嚣走投无路。隗嚣的大将王捷驻守在戎丘城，王捷登上城楼向东汉军高喊："替大王隗嚣守城的人，明知必死，但绝无二心。请你们迅速停止攻击，让我用自杀来表明决心。"于是，拔剑而死。

当初，光武帝对吴汉下手谕说："各郡的地方兵士只是耗费粮食，如有人逃亡，就会败坏军心，应该全部遣散。"吴汉等人贪图用众多兵力进攻隗嚣，不愿遣散士兵。于是，粮食日渐减少，官兵疲惫，逃跑的人很多。岑彭堵住谷水，引水灌进西城，水位距城头只一丈有余。碰巧这时王元、行巡、周宗率领公孙述的救兵五千余人，从高处突袭，击鼓号叫："百万军队来了！"东汉军队惊恐，来不及摆好阵势。王元等拼死战斗突破重围，进入西城，护送隗嚣回到冀县。吴汉军粮吃光，烧掉辎重下陇山。盖延、耿弇也相继撤退。隗嚣派出军队追击，岑彭断后，众将领才得以全军东归。只有祭遵驻军在汧县未撤退。吴汉等人又回军长安，岑彭回到津乡。于是安定、北地、天水、陇西等郡反被隗嚣占领。

校尉太原人温序被隗嚣的将军苟宇俘获，苟宇反复劝导温序归降。温序大怒，斥责苟宇等人说："你们这些匪徒怎么敢威胁汉将！"用手中符节击杀数人。苟宇的左右争着要杀死温序，苟宇制止说："他是位义士，为节操而死，可以赐他一把宝剑。"温序接受宝剑，把胡须衔在嘴里，对左右的人说："既然遭遇匪徒要死，也不要使胡须落地被土弄脏。"于是拔剑自杀而死。从事王忠护送他的灵柩回洛阳。光武帝下诏赐给他墓地，任命他的三个儿子为郎官。

十二月，高句丽国王遣使朝贡，光武帝恢复他的王号。

这一年，发生水灾。

（以上为第八段，写光武帝不听劝谏，御驾亲征隗嚣，大功垂成，因东方叛乱，而功亏一篑。）

汉光武帝建武九年（癸巳，公元 33 年）

春季，正月，颍阳成侯祭遵在军中去世。光武帝诏令冯异合并祭遵的军队。祭遵为人廉洁谨慎，克己奉公，每有赏赐都分给士兵，军纪严明，所到之处，地方官民都不知有军队存在。他使用的人才，都是学习儒术的人，在宴会上作乐，一定歌唱《雅》诗，做投壶游戏。临终时，祭遵遗嘱薄葬。问起家事，却不说一句话。光武帝真切地痛惜哀悼。祭遵的灵柩运到河南郡，光武帝亲临吊丧，痛哭流涕。回宫时，又登上城楼，看着灵车经过，悲伤不已。丧礼举行之后，光武帝又亲自用牛、羊、猪三牲具备的太牢礼祭祀。下诏令大长秋、谒者、河南尹主持丧事；由大司农承担费用。下葬那天，光武帝又亲临葬地。埋葬完毕，还亲自到墓前致哀，慰问祭遵夫人和家属。之后，每当朝会时，光武帝常叹息说："我到哪里再找忧心国事像祭征虏将军这样的人啊！"卫尉姚期说："陛下十分仁爱，哀思祭遵不已，使我们深感惭愧。"光武帝才停止唠叨。

隗嚣患病，又遇上饥荒，每餐吃干粮，愤恨而死。王元、周宗就立隗嚣的小儿子隗纯为王，统率军队，坚守冀县。公孙述派遣将领赵匡、田弇援助隗纯。光武帝派遣冯异去攻击他们。

公孙述派遣他的翼江王田戎、大司徒任满、南郡太守程汎率领数万人出江关，击败东汉将领冯骏等军队，于是攻占巫、夷道、夷陵等县。随后占领荆门山、虎牙山，在长江上架起浮桥、关楼，在江中竖立密集的木桩，断绝航道，连山结营堵塞陆路，抗拒汉军。

夏季，六月初六日丙戌，光武帝巡幸缑氏县，登上轘辕山。

吴汉率领王常等四位将军统率五万余人，攻打驻守在高柳县的卢芳部将贾览、闵堪。匈奴派兵来救助他们，汉军失利。于是，匈奴转为强盛，劫掠侵扰，日益严重。光武帝诏令朱祐在常山郡驻军、王常在涿郡驻军、破奸将军侯进在渔阳郡驻军，任命讨虏将军王霸为上谷郡太守，以对付匈奴。

光武帝命来歙全权督察驻扎在长安的军队，命太中大夫马援做他的副手。来歙上书说："公孙述是依靠陇西、天水二郡作为屏障，所以能苟延残喘。现在这两郡已被平定，公孙述毫无办法了。我们应该调集兵马，储备粮草。现今西州刚被击败，军民精疲力竭，如用钱财粮食招抚他们，当地军民很快就能集合起来。臣知道国家需要开支的事项很多，已经财政困难，然而这样做也是迫不得已！"光武帝同意他看法。于是，诏令汧县积储六万斛粮食。秋季，八月，来歙率领冯异等五位将军，到天水郡讨伐隗纯。

骠骑将军杜茂在繁畤与贾览交战，遭到失败。

西羌各部落从王莽末年迁移到边塞之内，金城郡所属各县多被他们占领。隗嚣无力讨伐，就安慰、收容他们，利用他们和汉朝对抗。司徒掾班彪上书说："现今凉州各地都有归降的羌人。羌族人披头散发，左边开襟。他们和汉人杂居，风俗相异，语言不通。他们经常被小官吏及狡猾之徒侵掠，穷困怨愤，无以为生，才被迫反叛。南方蛮夷侵犯作乱，都是因此而起。根据旧制，益州地区设立蛮夷骑都尉，幽州地区设置领乌桓校尉，凉州地区设置护羌校尉，都持节领衔，化解郁积的怨气。处理民族纷争，每年巡视各地，了解他们的疾苦。并经常派翻译去疏通关系，了解动静，使塞外的羌人、夷人充当官吏耳目，州、郡才有所戒备。现在应该恢复旧制，以示威严，加强防备。"光武帝采纳了，于是任命牛邯为护羌校尉。

强盗杀死阴贵人的母亲邓氏和弟弟阴䜣。光武帝感到伤心透顶，就封阴贵人的弟弟阴就为宣恩侯。又召见阴就的哥哥侍中阴兴，要封他侯爵，把印章绶带放在阴兴面前。阴兴谦让，坚决推辞说："臣没有伐敌登城和冲锋陷阵的功劳，一家之中已有好几个人承蒙受爵封土，臣不愿意看到天下人不满。"光武帝赞赏他，也就不强夺他的志愿。阴贵人问阴兴为什么要这样做，阴兴说："外戚之家苦于不知谦让美德，嫁女要配王侯，娶媳要娶公主，我的内心实在感到不安。富贵有限，人应知足，浮夸奢侈更被世人讥笑。"阴贵人被他的话所感触，更谦恭退让，始终不替亲属求取官爵。

光武帝召回寇恂，任命渔阳郡太守郭伋为颍川郡太守。郭伋招降山贼赵宏、召吴等数百人，遣送回乡务农。又弹劾自己擅自放回降贼。光武帝都不归罪于他。后来，赵宏、召吴等人的同党，有逃亡在外而听说郭伋威信的，从江南或幽州、冀州，不约而同前来归降。

莎车王康去世，他的弟弟贤继位，攻杀了拘弥、西夜王，而委派康的两个儿子分别为拘弥王和西夜王。

（以上为第九段，写东汉开国功臣的风采，祭遵是一个典型，他为人廉洁雅致，死后光武帝葬以殊礼。卢芳、隗嚣余党、公孙述等垂死挣扎，光武帝部署诸将，以作最后一击。东汉恢复诸夷持节校尉。）

汉光武帝建武十年（甲午，公元 34 年）

春季，正月，吴汉又率捕虏将军王霸等四位将军共六万人从高柳县出击贾览，匈奴数千骑兵救贾览，在平城县下多次交战，匈奴骑兵败逃。

夏阳节侯冯异等同赵匡、田弇交战将近一年，最后杀了赵匡和田弇。但隗纯仍未被击败，这时东汉众将领想暂时退兵休整，冯异坚决不同意，就一起出兵攻打落门聚，未能攻下。夏季，冯异在军中去世。

秋季，八月二十五日己亥，光武帝巡幸长安。

当初，隗嚣的将领安定县人高峻率军据守高平第一城。东汉建威大将军耿弇等率军包围，历时一年，未能攻下。光武帝又想御驾亲征，寇恂劝谏说："长安居于洛阳和高平的中间，接应很近便，陛下坐镇长安，安定、陇西二郡一定震动。长安有回转空间，可以控制四方。现今人马疲倦，此时深入险境，不是天子最安全的谋略。前年颍川郡群盗蜂起，应引以为戒。"光武帝不听从，进军到汧县，高峻仍不投降。皇上就派寇恂前往招降。寇恂捧着玺书到第一城，高峻派军师皇甫文出城拜见，言辞傲慢。寇恂大怒，要杀皇甫文。众将领劝谏说："高峻有精兵一万，大多是强劲的弓弩手，断绝西边陇西郡的通道，整年都没有攻下。今天要招降高峻，却杀了他的使节，恐怕不对吧？"寇恂不听，杀了皇甫文，放他的副使回去转告高峻说："军师无礼，被我杀了！要投降，就赶快投降；不想投降，就继续坚守。"高峻惊慌，当天开城投降。众将领祝贺，便问寇恂，说："你杀了高峻的使节，却能使他投降，为什么？"寇恂说："皇甫文是高峻的心腹，也是高峻智囊。这次前来，言辞傲慢，一点没有归降的意思。如果保全皇甫文，那么皇甫文的计谋就能得逞；杀掉皇甫文，就可以使高峻丧胆，所以高峻只好开城投降。"众将领都说："将军的胆略不是我们能比的。"

冬季，十月，来歙和众将领攻陷落门聚，周宗、行巡、苟宇、赵恢等领着隗纯归降。王元投奔公孙述。光武帝把隗姓宗族迁到京师以东的地方去。后来，隗纯和宾客们逃往匈奴，逃到武威县时被抓获处死。

先零羌和其他部落一起入侵金城、陇西二郡，来歙率领盖延等予以回击，大败他们，杀死数千人。于是开仓救民，陇山以西终于平定，而凉州诸郡到京师的道路得以开通了。

十月十七日，光武帝车驾回到洛阳宫。

（以上为第十段，写光武帝平定陇西，隗嚣残余被消灭。西羌亦被安抚，河西道路畅通。）

汉光武帝建武十一年（乙未，公元35年）

春季，三月初九日己酉，光武帝巡幸南阳，又巡幸章陵。三月三十日庚午，光武帝车驾回到洛阳宫。

岑彭驻守津乡，曾多次攻打田戎等，都没有攻克。光武帝派吴汉率领诛虏将军刘隆等三位将军，调发荆州兵六万余人、战马五千匹，与岑彭在荆门县会师。岑彭摆好战船数千艘，吴汉因为各郡派来的水兵消耗粮食太多，想遣散他们；岑彭以为公孙述军队庞大，不能遣散，上书光武帝说明情况。光武帝回答岑彭说："大司马习惯陆战，不习惯水战，荆门的军事，全由征南大将军岑彭做主。"

闰三月，岑彭在军中挑选攻击浮桥的士兵，下令先登上浮桥的，给予重奖。于是，偏将军鲁奇挺身而出。当时东风刮得很厉害，鲁奇的船只逆流而上，直冲向浮桥。而密排在江中的木柱布满反钩，钩住鲁奇的船只，使它不能进退。鲁奇只有趁势死拼，利用风势把火把抛上浮桥，大火乘风越燃越猛，很快浮桥上的桥楼被烧毁崩塌。岑彭全军顺风挺进，所向无敌，蜀军大乱，落水被淹死了几千人，杀了任满，活捉程汎，只有田戎逃跑，退守江州。

岑彭上奏请求任命刘隆为南郡太守，自己率领辅威将军臧宫、骁骑将军刘歆等，长驱直入袭击江关。岑彭下令，不得劫掠抢夺，军队所到之处，百姓都捧着牛肉、美酒欢迎、慰劳，岑彭又不肯接受。百姓非常高兴，争着开城投降。光武帝诏令岑彭暂时代理益州牧；攻下某郡，就兼任某郡太守。岑彭如果率军离开某郡，就把太守的职务交付接防的将领。选拔属官为益州长吏。

岑彭到达江州县。因为江州城防坚固，粮食充足，难以很快攻破，他就留冯骏围守；自己则率军直指垫江县，攻占平曲，获粮食数十万石。吴汉在夷陵县得到岑彭捷报，率军乘轻快船，作为后续部队进军。

夏季，先零羌侵犯临洮县。来歙推荐马援为陇西郡太守。马援攻打先零羌，大获全胜。

公孙述任命王元为将军，下令他和领军环安共守河池县。六月，来歙和盖延等攻击王元、环安，大败敌军，攻占了下辨县，乘胜前进。公孙述恐惧万分，派刺客谋害来歙。来歙被刺，但未马上断气，命人快马急召盖延。盖延看见来歙被刺的样子，伏地痛哭，不敢抬头看来歙。来歙斥责盖延说："您虎牙将军怎么这样？现今我被刺客刺中，无以报国，所以才叫您来，要把军事大权交付给你，你却像小孩子一样哭泣。刀尖虽然插在我身上，但难道我就不能杀您吗？"盖延擦干眼泪，勉强站起来，接受来歙的命令。来歙亲手写书表，说："夜深时，臣不知被什么刺伤，已刺中要害。臣不敢爱惜生命，只恨自己没能尽职，给朝廷带来羞辱。治理国家以任用贤才为根本，太中大夫段襄，正直无私，可承担重任，望陛下裁断明察。又，臣的兄弟不贤，恐怕有一天要犯法判罪，还请陛下可怜他们，赐予教正。"写完后，把笔抛掉，拔出身上刀刃就断气身亡。光武帝得知消息，极为震惊，一边看奏章，一面流泪。他任命扬武将军马成为代理中郎将，代替来歙。来歙的灵柩运回洛阳，皇上穿上丧服，亲自吊丧、送葬。

赵王刘良随光武帝参加来歙的葬礼回来，进入夏城门，和中郎将张邯抢夺道路，大声呵斥张邯车回转；又斥责守卫城门的门候，下令他向前走数十步。司隶校尉鲍永弹劾刘良，说："刘良毫无诸侯的礼节，犯大不敬之罪。"刘良尊贵，是最显赫的皇亲，鲍永敢弹劾他，使朝廷百官肃然起敬。鲍永征辟扶风人鲍恢任都官从事。鲍恢也刚直不屈，不畏强权显贵。光武帝经常告诫说："皇亲贵戚应收敛一点，回避二鲍，不要让他揭发。"

鲍永巡视各县来到霸陵县，途经更始帝刘玄坟墓，下车跪拜行礼，哭泣尽哀后离去。向西到达扶风，杀牛去祭奠苟谏的坟墓。光武帝知道此事后，内心不满，就问公卿说："奉命出使，做这样的事，该怎么办？"太中大夫张湛回答说："仁德是行动的根本，忠孝是伦理的根本。仁德的人不忘旧交，忠孝的人不忘君主，这应是最高尚的情操。"光武帝的不平之意才消除。

光武帝亲自领兵征讨公孙述。秋季，七月，驻停长安。

公孙述派他的将领延岑、吕鲔、王元、公孙恢率领各自所属的全部军队据守广汉、资中两个县。又派将领侯丹率领二万余人据守黄石滩。岑彭分兵，派臧宫率领归降部队五万人，沿涪水北上，到达平曲，抵抗延岑。彭岑自己另率一军顺流而下，回到江州县，然后沿都江逆流而上，袭击侯丹，大败侯丹军。接着彭岑日夜兼程，急行两千余里，攻占武阳县。他又立即派出精锐骑兵袭击广都县，距离成都仅数十里，势如风暴，所经之处，公孙述的军队都溃不成军。最初，公孙述听说汉军在平曲，所以派大军去抵抗。等到岑彭抵达武阳县，绕到延岑军队后背，蜀地上下震惊。公孙述大惊，用手杖敲击地面说："怎么这样快呀！"

延岑大军驻扎在沅水。臧宫军队多粮食少，运输的物资跟不上，投降过来的士兵都想背叛或逃走，回到所属郡县，再聚集起来自保，以观成败。臧宫打算率军撤退，又害怕引起士兵反叛。恰好光武帝所派谒者率领支援岑彭的军队赶到，有战马七百匹，臧宫就假传圣旨，全部收归自己，还昼夜进军，到处树起军旗，登上高山，击鼓呐喊，右岸是步兵，左岸是骑兵，护卫着战船前进，呼喊震天。延岑没有料到东汉军队突然来到，登山遥望，极为惧怕。臧宫趁机全线攻击，大败蜀军，斩首、淹死的就有一万余人，涪水都染红了。延岑逃回成都，他的部下全都投降。臧宫获取延岑所有兵马珍宝，乘胜追击，投降的军队又有十万之多。臧宫率军抵达阳乡，王元率部下投降。

光武帝写信给公孙述，晓以利害，指明光明前途。公孙述看信叹息，亦拿给亲近的大臣看。太常卿常少、光禄勋张隆都劝公孙述归降。公孙述说："兴与废，都是天命，哪有投降的天子呢？"左右大臣都不再言语。常少、张隆都忧虑而死。

光武帝从长安返回洛阳。

冬季，十月，公孙述派刺客假装是逃跑的奴仆，归降岑彭。在夜里刺杀岑彭。太中大夫监军郑兴率领岑彭的军队，等吴汉率军前来再移交给他。岑彭带兵，管理严格，秋毫无犯。公孙述封的邛谷王任贵听说岑彭的威信，从数千里之外派使节来归降。正赶上岑彭被刺身亡，光武帝就把任贵所献的礼物全部赐予岑彭的妻子儿女。蜀郡人为岑彭立庙祭祀他。

东汉将军马成等攻占河池县，于是武都郡被平定。先零羌各部共数万人，纠集起来到处抢劫，据守浩亹隘口抗拒东汉军队。马成和马援深入讨伐，大败羌人，并将归降的羌人迁到天水、陇西、扶风等地区安置。

这时，朝廷大臣们认为金城郡破羌县的西边，偏僻遥远，盗贼又多，建议放弃它。马援上书说："破羌县以西，城池坚固，易守难攻。那里的土地肥沃，灌溉方便。如果让羌人占据湟中地区，将后患无穷，不应放弃。"光武帝同意马援的意见。那里民众归顺的有三千余人，马援替他们设立长吏，修理城郭，建筑屏障，兴修水利，鼓励人民种田放牧，安居乐业。马援又招抚氐人、羌人，都来归附。马援又奏请朝廷恢复他们的侯王君长。光武帝完全同意。于是召回了马成的军队。

十二月，吴汉从夷陵率军三万人，逆长江而上，进军讨伐公孙述。

并州牧郭伋到达洛阳，皇上询问他政事的得失。郭伋说："选拔补充各级官吏，应从全国范围内选取贤士俊杰，不宜专用南阳人。"因为这时担任官职的大多是皇上同乡或故旧，所以郭伋说这番话。

（以上为第十一段，写光武帝全力伐蜀，两路进军，大将来歙为北路出汉中，岑彭为南路出夷陵。汉军势如破竹，公孙述全线崩溃。可惜胜利前夕，汉军两路主帅来歙、岑彭均被公孙述所派刺客杀害。此光武帝用兵以来损失最重之战，折了两员大将。）

【点评】

光武帝用兵陇蜀。本卷载述光武帝建武六年（30）至建武十一年（35）六年史事，着重记载光武帝完成统一大业的第三步骤——用兵陇蜀。此时，公孙述据蜀，隗嚣据陇。纷乱全国的群雄，除陇蜀外，均已被消灭，光武帝占有四分天下有其三的绝对优势，吞并陇蜀毫无疑问。光武帝扫灭山东群雄，以寡敌众，总体力量是以弱敌强，只用了三年时间，而用兵陇蜀，是以大吞小，占绝对优势，却用了六年多的时间，而且付出了沉重代价。汉兵平陇，吃了两次败仗，汉兵平蜀，折了两员大将。同一个光武帝，为何前后有如此大的反差，这就是本卷史事点评的重点。

陇蜀联兵，有取胜之道。在冷兵器时代，地形险阻是争天下的一个重要因素，即使在现代战争中，军事要地，地理因素仍是一个制胜因素。秦并天下，古人就认为是因秦得地利。汉高祖以蜀地汉中为基地，还军定三秦，也是据陇蜀而得天下。三国鼎立，诸葛亮隆中对策，也是规划据陇蜀以争天下，刘备有蜀而无陇，结果失败了。公孙述只有蜀而无陇，隗嚣有陇而无蜀，如果两人联兵，在群雄纷争之时，协力东出，天下大势就很难说了。光武帝征战东方，陇蜀敌对，隗嚣接受光武帝西州大将军的封号，替光武帝阻击公孙述北上，丧失了大好时机。等到光武帝用兵陇蜀，公孙述、隗嚣两人才顿悟唇亡齿寒，携手相抗，所以迟滞了光武帝的统一进程，并使光武帝付出了沉重的代价。但此时陇蜀只是消极自保，公孙述没有采纳荆邯之言，东出荆州，开辟第二战线策应隗嚣，导致被动挨打，以小敌大，焉能不败？隗嚣两战取胜，经不起消耗，必然灭亡。

公孙述、隗嚣，亦人中之杰。两人能割据称雄，也是乱世英雄。公孙述如同东汉末的袁绍，隗嚣如同刘表，两人都尊礼儒者，好客养士，身边聚集了一些人才，但不能用。公孙述部属中有荆邯，有刺客死士，能刺杀光武帝两员大将，也不简单。公孙述、隗嚣，两人到了穷途末路，宁死不屈，能保持个人尊严，亦是英雄之举。袁绍能聚人而不能用人，公孙述更有过之。光武帝进兵陇蜀，隗嚣称臣于蜀，公孙述没有北面侧背之忧，若纳荆邯之言，放手一搏，田戎、延岑均善战之将，必效死力。但公孙述猜疑心重，不放军权，坐以待毙，可见是一个胸无大志的人。公孙述见故友马援，摆谱讲排场，礼仪烦琐，形同木偶，马援称他为井底之蛙，无法与光武帝的恢宏气度相比。公孙述的人品，比隗嚣还要低下，所以他也迅速败亡。公孙述的地盘、兵众比隗嚣大几倍，可是不到一年就丢失干净，而隗嚣却能抗击汉兵五年。

在群雄中，除光武帝之外，隗嚣应是第一人。隗嚣好经书，尊礼士人，年少素有名，活脱脱一个刘表。天水十六家大姓起事反王莽，众推隗嚣为盟主。隗嚣打出拥汉旗号，在天水立汉室宗庙，祭祀汉高祖、武帝太宗、宣帝世宗，赢得陇西豪右拥戴，于是割有河西。部将杨广、王元、高峻、行巡、王捷均是一方人才。隗嚣君臣以区区两郡之地，兼受腹背之敌，河西窦融率五郡之众袭其后，陇右之众还能两败汉军，可以说隗嚣君臣尽了死力。汉使来歙当面行刺隗嚣，隗嚣宽宥不诛，放马援、郑兴东归，亦显恢宏气度。不过隗嚣没有经过大浪，没有见过大世面，一心只想做周文王，企图割据称王，不敢逐鹿中原，他只想保有陇右，连关中三辅地区都不敢取。当赤眉、更始、延岑、邓禹四方在三辅混战时，隗嚣居高临下，以逸待劳，最有夺取关中之地的优势，他却助邓禹抗击公孙述，这说明隗嚣亦是一个井底之蛙。当光武帝逼迫隗嚣平蜀时，他自知末日已到，又不肯束手就缚，于是不得已而反。此时隗嚣未能效法窦融，释兵东归，又说明他是一个不识时务者。

假如公孙述、隗嚣早识天命，归附汉朝，不仅身家可保，也避免陇蜀人民遭浩劫。公孙述说："有天子投降的吗？"专制制度，天无二日，人无二王，得胜者乃家天下之主，必然猜疑，失败者归诚亦鲜有善终者。公孙述、隗嚣顽抗到底，势不得已也。

汉纪三十五

汉光武帝建武十二年至二十二年（公元36—公元46）

【起柔兆涒滩（丙申，公元36年），尽柔兆敦牂（丙午，公元46年），凡十一年】

【大事提要】

本卷记事起公元36年，讫公元46年，凡十一年，当建武十二年至建武二十二年，是光武帝执政的中期。此时期，光武帝平定公孙述，完成全国统一。但北方疆土始终不宁，匈奴扶植傀儡政权卢芳对抗东汉，继之联合乌桓、鲜卑侵扰北方，直到建武二十二年，匈奴单于栾提舆死，又发生大旱、蝗灾，人畜饥疫损失过半，受乌桓攻击，匈奴远遁，北疆粗安。西域各国归附，光武帝以天下未宁，不复置都护，莎车王称大。这一时期，交趾夷人、西南夷相继叛乱，内地亦不时发生民变。马援讨平交趾，西南夷亦平服，天下称治。光武帝巡视各地，考察民情，抑制豪强，检括户口，丈量田土，惩治贪吏，诛杀大司徒欧阳歙，以及郡守十余人。奖励直臣，怀县令赵憙、洛阳令董宣，两人敢于抗旨惩凶，光武帝嘉之。光武帝又巡幸太学，重奖经师桓荣等，重视教育。这一时期，光武帝还开创性地办了两件大事。其一，保护开国功臣，封以爵邑，不使其问政事，食其租赋，颐养天年。大功臣贾复等不任三公，只是奉朝请。其二，更易太子，立贤不立嫡，打破宗法传统，意义重大，惜其未能影响深远。本卷记述窦融、吴汉、马援风采，寓意良深。

世祖光武皇帝中之下

汉光武帝建武十二年（丙申，公元36年）

春季，正月，吴汉在鱼涪津击败公孙述的将领魏党、公孙永，包围了武阳县。公孙述派女婿史兴救援，吴汉迎击，打败了史兴，趁势进入犍为郡。犍为郡各县都闭城坚守。光武帝下诏吴汉直接攻取广都，占领心腹要地。吴汉于是进军广都，攻下了广都，派出轻骑兵烧毁了成都市桥。公孙述的将领恐惧，日夜都有叛逃的人，公孙述诛灭叛逃者的家属，还是不能阻止。光武帝一心想公孙述投降，又下诏书劝谕公孙述说："不要因为来歙、岑彭受害就不自安，现在你及时亲自前来，宗族还能保全。诏书是朕亲笔写的，机会不多。"公孙述始终无意投降。

秋季，七月，冯骏攻下江州，俘虏了田戎。

光武帝告诫吴汉说：“成都有十多万人，不可轻视。你只要坚守广都，等待公孙述来进攻，不要与敌争胜负。如果公孙述不敢来进攻，你就转移营垒逼迫敌人，必须等到敌人疲困，才可以进攻。”吴汉不听，乘胜前进。吴汉亲自率领步骑两万逼近成都，离城十余里，依托岷江，在江北岸扎营，架设浮桥，派副将武威将军刘尚率领一万余人在江南岸扎营，两地相距二十余里。光武帝得到消息大吃一惊，责备吴汉说：“刚刚千叮万嘱，你为什么事到临头乱弹琴，既然轻敌深入，又与刘尚分别扎营，一旦紧急，不能互相照应。敌人若果出兵牵制你，用重兵攻击刘尚，刘尚被打败，你也跟着失败。如果侥幸没有变故，赶快率领军队退回广都。”诏书还没有到达。九月，公孙述果然派他的大司徒谢丰、执金吾袁吉率领约十万之众，分为二十余营，出城进攻吴汉，另派别的将领率兵一万余人牵制刘尚，使他不能去救援吴汉。吴汉与蜀兵大战一整天，兵败，逃入营垒，谢丰军便包围了吴汉。

吴汉便召集众将领，勉励说：“我和各位将军越过无数险阻，转战千里，于是深入敌境，逼进城下。如今我们与刘尚两地都被包围，互相不能接应，祸患难以预料。我想秘密发兵到江南，与刘尚合兵抵抗。如果大家同心合力，每人努力作战，大功可成，如果不这样，必定失败。成与败的机会，在此一举。”众将领都说：“好。”于是犒劳士兵，喂饱战马，紧闭营门，三天没有出战。并多处竖立旌旗，烟火不绝。到了夜晚，人马都口中衔枚，悄悄撤营与刘尚会合。谢丰等人没有发觉。到了第二天，谢丰兵分两路，一路守江北，一路自己亲自率领进攻江南。吴汉率领全军迎战，从早晨一直战斗到下午，大败谢丰军，杀了谢丰和袁吉。于是吴汉率军退回广都，刘尚仍留下逼近成都。吴汉把详情报告光武帝，深深自责。光武帝回复说：“你回到广都，十分得体。公孙述不敢越过刘尚进攻广都，如果先攻击刘尚，你从广都率领全军救援，只有五十里路程，赶到之时敌人正疲困，一定能打败他们！”从此，吴汉与公孙述在广都与成都之间交战，吴汉八战八胜，于是攻入成都外城，并在那里围守。

臧宫攻占了绵竹县，又打破了涪城，杀了公孙恢。又攻占了繁县、郫县，与吴汉在成都会师。

李通想避开有权势的职位，两年来不断请求辞职，光武帝终于同意让李通交出大司空的印章绶带，赐他以特进爵位参与朝政。后来，主管部门上奏请求册封皇子，光武帝有感李通开创兴汉大谋，当天就册封李通的小儿子李雄为召陵侯。

公孙述困境危急，对延岑说：“当前的事该怎么办呢？”延岑说：“好男儿要在死中求活，怎能等死呢？财物容易聚积，不应当吝啬。”公孙述便拿出全部黄金绢帛，召募了敢死队五千多人分配给延岑。延岑在市桥竖立旌旗，伪装成主力，击鼓挑战。实际秘密派出奇兵在吴汉军的背后发起偷袭，大败吴汉军。吴汉堕马落水，抓着马尾才逃脱。吴汉的军队只剩七天的粮草，暗中准备船只，想要撤退。蜀郡太守南阳人张堪知道后，急忙驰马去见吴汉，说明公孙述一定失败、不应撤军的看法。吴汉接受他的意见，就故意显示衰弱而向敌人挑战。

冬季，十一月，臧宫驻军在成都北门咸阳门。十一月十八日戊寅，公孙述亲自率数万人进攻吴汉，派延岑抵抗臧宫。双方展开激战，延岑三战三胜，从早晨到中午，官兵没有进食、疲劳不堪。吴汉派护军高午、唐邯率领精锐士兵数万人袭击公孙述，公孙述的军队大乱。高午直奔敌阵刺杀公孙述，刺穿公孙述的胸脯，使其从马背落下，左右的人抢救，把他抬进城。公孙述把军队托付给延岑，当天夜里去世。第二天，延岑举城归降。十一月二十一日辛巳，吴汉杀公孙述的妻子儿女，灭了公孙家族还杀了延岑，最后放纵士兵大肆掠夺，火烧公孙述的宫室。光武帝听说后，非常震怒，指责吴汉。又斥责刘尚说："开城归降已经三天，官民顺服，仅孩子、老母，就有万余口，一旦纵兵放火，听到这消息令人悲伤之极。你是汉宗室的子孙，又担任过官职，怎么忍心做出这种事。抬头看看天，低头看看地，想一想秦西巴释放小鹿，乐羊吃自己儿子的肉羹，两个人中，哪一个仁慈呢？你们的所作所为，已失去斩杀敌将、抚慰人民的道义！"

（以上为第一段，写汉军平灭公孙述。光武帝责备吴汉治兵不严，克敌后纵兵抢掠。建武二年吴汉征南阳，亦因纵兵暴虐，逼反邓奉。吴汉之过，真可诛矣。）

当初，公孙述征召广汉人李业为博士，李业坚称有病卧床不起。公孙述因不能召来李业，感到羞辱，派大鸿胪尹融拿着诏书去威胁李业："如果应聘，就授予公侯的高位，如果不应聘，就赐予毒酒。"尹融解释说："天下四分五裂，谁知道正确、错误，却用小小的身体去试探深渊呢？公孙述仰慕您，留下官位赐给您，到现在已经等了七年；四季供皇上用的珍贵食物，没有忘记赐你一份，您对上酬答供奉知己，对下替子孙打算，保全性命和名声，这不是好事吗？"李业却叹息说："古人说，不进入有危险的国家，不居住在发生祸乱的国家，君子在危难关头，敢于付出生命，恐怕不是用高官厚禄可以引诱的吧？"尹融说："你和妻子商量一下此事。"李业说："我断绝仕途的决心很久，为何要和妻子商量呢？"于是喝下毒酒而死。公孙述怕落下杀贤的恶名。就派使节去吊祭李业，还送去一百匹绢帛作为丧礼。李业的儿子李翚逃走，拒不接纳。公孙述又征聘巴郡人谯玄，谯玄也不前来应聘。公孙述派使节用毒药威吓，巴郡太守亲自到谯玄家拜访，劝谯玄动身，谯玄回答，说："保全高尚的意志节操，死而无憾！"就接受毒药。谯玄的儿子谯瑛向太守叩头流血痛哭，愿交出家产一千万钱，以赎父亲的死罪，太守替谯玄求请，公孙述才放过谯玄。公孙述又征蜀郡人王皓、王嘉，担心他们不来，先逮捕他们的妻儿。使者对王嘉说："赶快准备行装，妻儿才可保全。"王嘉回答说："犬马还认得主人，何况是人呢？"王皓先割颈自杀，让家人把他的头交给使者。公孙述一气之下杀了王皓家属。王嘉听说后叹息说：“我落后了！”便面对使节以剑自杀。犍为郡人费贻，不肯做公孙述的官，用油漆涂身长满癞疮，装疯卖傻以躲避灾祸。同郡人任永、冯信都假称患了青光眼，用来推辞征召。

光武帝平定蜀郡，下诏追赠常少为太常，张隆为光禄勋。谯玄已死，就用少牢的祭品祭祀谯玄，命令所在地方官府还给他家一千万钱，表扬李业的乡里。征召费贻、任永、冯信，恰巧任永、冯信病逝，只剩费贻一人应聘，官至合浦郡太守。光武帝因为公孙述的将领程乌、李育有才干，都提拔任用。于是，蜀地上下都喜欢，百姓无不归顺。

当初，王莽任命广汉人文齐为益州太守，文齐劝导农民耕田，训练军队，招降各部夷族，安定和谐。

公孙述称帝，文齐坚守益州，占据险要对抗公孙述。公孙述就拘禁文齐的妻子儿女，许诺封文齐为侯，文齐还是不投降。后来听说光武帝即位，就派使者从小路去洛阳，上奏情况。蜀地平定后，光武帝征召文齐为镇远将军，封成义侯。

十二月初一日辛卯，任命扬武将军马成代理大司空。

（以上为第二段，写蜀中士大夫高风亮节，不与公孙述合作，宁死不仕。光武帝兴汉征聘蜀中贤士，民心归附。）

这一年，参狼羌和其他羌人部落侵入武都，陇西郡太守马援击败羌人，受降一万余人。从此陇山以西平安无事。马援在任期间，致力于展示恩德信义，对待部属宽厚，各级官吏职责分明，他只总揽大局，宾客故人每天盈门。各部门的郡吏向马援报告外面的事情，他总是说：“这是丞、掾分内的事情，为什么来麻烦我？要好好可怜我这个老头子，让我能尽情游乐。如果豪族大姓侵犯小民，狡猾的官吏不听从命令，这才是太守该管的事。”邻县曾有人报仇，就假装说羌人反叛，百姓吓得跑进城内，狄道县长就到郡府衙门，请求关闭城门，发兵征讨。马援当时正和宾客们饮酒，听后大笑说：“羌人怎么敢再来侵犯我！告诉狄道县长，回去看好官舍，如果实在害怕的话，就躲到床底下去！”后来逐渐平静，郡里人对马援钦佩不已。

光武帝下诏说：“边塞官吏对来犯的敌人，如果兵力不足以战胜它，就防守，应估量敌人的情况再追击，不要受法令有关条文的约束。”

山桑节侯王常、牟平烈侯耿况、东光成侯耿纯都去世。耿况患病时，皇上多次看望，又任命耿弇的弟弟耿广、耿举为中郎将。耿弇兄弟六人，都做高官，探望侍奉医药，满门青紫，荣耀无比。

卢芳与匈奴、乌桓的军队联合，多次侵扰边境。光武帝派骠骑大将军杜茂等率军镇守北方边境，整治飞狐通道，建修堡垒，筑哨卡造烽火台。与匈奴、乌桓大大小小交战总计百余次，终究未能取胜。

（以上为第三段，写马援安抚西羌，总大体，不问苛细，成效显著。北境卢芳勾引匈奴、乌桓侵扰，仍未安定。）

光武帝诏令窦融和五郡太守都入京朝见。窦融等接到诏令后就启程，随行的官属、宾客，驾车一千多辆车，马牛羊遍野。窦融到达洛阳后，亲赴城门，奉上印章绶带。光武帝派使节发还窦融的侯爵印章绶带。窦融等入宫朝见，受到隆重的恩宠礼遇和重赏，传遍了京城。不久，光武帝任命窦融为冀州牧。又任命梁统为太中大夫，姑臧县长孔奋升任武都郡丞。姑臧县在河西各郡中最富饶肥沃，在战乱时，士人做官，多不检点，做县令的几个月下来，就能积累丰厚的财富。孔奋任职四年，清正廉洁，被人讥笑，说他守着一块肥肉，却不会自用。等到跟随窦融入京朝见，各郡太守、县令都是一车又一车的装载财货，满布于山川河谷。唯独孔奋没有钱物，全家只共乘一辆车子，光武帝因此奖励他。

光武帝任命睢阳县令任延做武威郡太守，光武帝亲自接见，并告诫他说："听从长官，别沽名钓誉。"任延回答说："臣听说忠臣是不随声附和，随声附和的臣子就不是忠臣。走路正直，奉公守法，是臣子的节操。如果人云亦云，那不是陛下的福分。陛下告诉臣要听从长官，臣是不会奉行诏令的。"光武帝叹息说："您说得很对！"

（以上为第四段，写光武帝召窦融入朝，蒙受殊礼。窦融识时归附，隆贵超过中兴征战功臣，是乱世英雄中最大的赢家。）

汉光武帝建武十三年（丁酉，公元37年）

春季，正月初一日庚申，大司徒侯霸去世。

正月二十九日戊子，光武帝下诏令说："各郡国进献的奇异美味，太官不应接受。远方进献的美食，是用来祭祀宗庙的，应按照惯例执行。"当时，外国有进献日行千里的名马，又有进献价值一百两黄金的宝剑，诏令把宝剑赐给骑士，名马用来驾皇家仪仗用的鼓车。光武帝平常耳不听音乐，手不接触珠玉，却爱好打猎，有一次深夜才回城，上东门候汝南人郅恽不肯开城门。光武帝命随从在门缝和郅恽相见，郅恽说："看不清是谁。"仍拒绝接受诏令开城门。光武帝只好回转，从东中门进城。第二天，郅恽上书劝谏说："从前周文王不敢沉迷于狩猎的欢乐，因为不随便耗费天下万民供奉的租税，而陛下却到很远的山林中打猎，夜以继日，这对国家、宗庙有什么好处呢？"奏书呈上，皇上赏赐郅恽一百匹布，把东中门候贬为参封县尉。

二月，派捕虏将马武驻屯虖沱河以防备匈奴。

卢芳进攻云中郡，久攻不下。他的将领随昱留守在九原郡，想挟持卢芳前来投降东汉；卢芳得知后，就和十余名骑兵逃入匈奴。卢芳的部下归附随昱。随昱就到洛阳归降。皇上下诏：任命随昱为五原郡太守，封为镌胡侯。

朱祜上奏："古代臣子受到封赏，不加封王爵。"二月二十七日丙辰，诏令长沙王刘兴、真定王刘得、河间王刘邵、中山王刘茂都降封为侯爵。二月二十八日丁巳，改封赵王刘良为赵公，太原王刘章为齐公，鲁王刘兴为鲁公。这时，刘氏宗室以及绝嗣的封国而得封侯的共一百三十七人。富平侯张纯是张安世的第四代孙子，在王莽时代，因敦厚谨慎、勤俭节约所以能保持爵位。建武初年，张纯首先来归附，所以侯爵照旧。于是，主管部门上奏："列侯不是刘氏宗室，不应该恢复封国。"光武帝回答说："张纯守卫宫廷十余年，不要废除！"改封为武始侯，以富平县的一半做封地。

[二月十九日戊午]，下诏改封绍嘉公孔安为宋公，又改封承休公姬常为卫公。

三月十二日辛未，任命沛郡太守郭歆为大司徒。

三月十七日丙子，重新任命代理大司空马成为扬武将军。

吴汉从蜀地胜利班师回朝，路过宛县，诏令他回家祭祀祖坟，赏赐谷米二万斛。夏季，四月，吴汉回到京师。光武帝设宴犒赏将士。改封功臣增加食邑的人，共三百六十五人，其中外戚恩泽受封的有四十五人。实授封邑的侯爵有：邓禹为高密侯，以四个县做封邑；李通为固始侯，贾复为胶东侯，以六个县做封邑；其他封爵的土地各个不同。已死者加封他们的子孙，或改封庶子。

光武帝久经战阵，十分讨厌军事，而且知道百姓疲困损耗，希望休养生息。自从陇西郡、蜀郡平定之后，不是紧急警报，不再提及军事。皇太子刘强曾问军事，光武帝说："从前卫灵公曾问孔子行军布阵的方法，孔子不回答。这不是你应该考虑的。"邓禹、贾复知道光武帝想停止战争，实施礼乐统治，不愿那些有功的将领手握兵权住在京师，于是他们交出军权，笃信儒家学说。光武帝也在想如何保全功臣们的爵位食邑，避免功臣因担任官职而犯过错，就撤销左、右将军的官职。耿弇等也交出大将军、将军印章绶带，都以列侯的身份回到自己的府第，但赐以特进之位，参与朝廷议事。

邓禹平时居家操行惇厚，有十三个儿子，使他们各自学习一经，闭门读书，教养子孙，立下规矩让后代子孙效法。所有用度都取自封邑税收，而不从事其他行业挣钱。

贾复为人刚毅正直看重大节，既然回到了府第，干脆关门修养威严厚重的德行。朱祜等推荐贾复任宰相，光武帝正推行三公职事的三公问责制度，所以不用功臣任职，避免他们被问责。这时，在功臣列侯中，只有高密侯邓禹、固始侯李通、胶乐侯贾复三人和公卿们参与朝议国家大事，享有特别丰厚的待遇。光武帝虽然控制有功之臣，但宽容、谅解他们的小过失。远方进献珍奇美味，一定先赏赐所有诸侯，而太官却没有剩余的。所以各功臣诸侯都保全了他们的福泽爵禄，没有被诛杀或贬谪的。

益州郡把公孙述的乐师、郊庙乐器、用羽毛作盖伞的车，以及皇帝乘的专车，全部送到洛阳，于是朝廷的仪仗用具与祭祀器物齐备。当时战争已经停止，国家也少兴事务，发往地方的各种文书，征调差役，都力求从简从少，只占从前的十分之一。

三月二十五日甲寅，任命冀州牧窦融为大司空。窦融自知不是刘秀的旧臣，一旦入朝当官，官位还在功臣的上面，因此每次入朝觐见，表情说话，都极为谦虚恭敬。这样，光武帝更加亲近厚待他。可是窦融非常小心谨慎，长久地内心不安，屡次请求辞去官职和爵位。窦融上奏说："臣有儿子，早晚教导他不准观天文、看图谶传记，真的想培养他端庄严肃，小心做事，温良笃守道义。不希望儿子有才能，更何况要继承广大的封邑，享受留传的诸侯王国呢？"窦融上奏后又多次要求单独觐见皇上。光武帝不同意他的请求。后来，有一次朝会完毕，窦融在座席的后面徘徊，光武帝知道他要谈辞官还乡之事，就命近臣传旨窦融出宫。过后有一天光武帝见到窦融，对他说："那天，朕知道你要辞去官职，想回归故乡，所以让近臣告诉你，天气太热，暂且出去凉快一下。今天见面，不要再说辞职的事了。"窦融就不敢再说此事。

五月，匈奴侵扰河东。

（以上为第五段，写光武帝奖励直臣，保护功臣，开创功臣不任职事以避免犯过的先例。窦融为大司空，优礼有加，因窦融不是开国功臣，又极谦恭，特用之为朝臣榜样。）

汉光武帝建武十四年（戊戌，公元 38 年）

夏季，邛谷王任贵遣使上报三年的治理情况，当即任命为越嶲太守。

秋季，会稽郡发生瘟疫。

莎车王贤、鄯善王安都遣使奉献。西域各国遭受匈奴沉重赋税的痛苦，都希望归属东汉，请求重新设置都护。光武帝因为中国刚刚安定，没有准许。

太中大夫梁统上书说："臣看到汉元帝初元五年，减轻死刑判决有三十四件；汉哀帝建平元年，减轻死刑判决有八十一件，其中四十二件是亲手杀人，减刑一等免死判决。从此以后，写在法律条文中成为定法。所以人民轻易犯法，官吏容易杀人。臣听说君主的设立是为了贯彻仁义。仁是指爱人，义是指做事有准则。爱人就要以消除残暴为要务，坚持准则就要把除去祸乱放在心上。刑罚的设立在于适中，不是无原则的减轻。汉高祖受命建国，制订法令和制度，恰到好处。汉文帝只是除去肉刑和连坐律的法令，其余都还是遵循旧制。到了汉哀帝、平帝登基，由于在位时间短暂，听讼断狱较少。丞相王嘉牵强附会，随便找些理由，削减先帝旧有法令法规，几年之间，就减除一百余条，有的合乎道理，有的不合民意。臣谨呈上其中对国家政体特别有害的，附在左边，希望陛下诏令主管部门，选择其中好的，制定成永久的法典。”光武帝把梁统的奏章交给公卿讨论。光禄勋杜林奏报说：“汉朝最初兴起，废除苛政，百姓高兴。后世，法令越来越烦琐，馈送果桃蔬菜，上纲上线判为贪赃。对于不损害做事准则的小事，也要处以死刑。以至于有法不能禁，有令不能止，上下互相欺骗、积弊越来越深。臣认为应当按照旧制，不该更改。”梁统再次上奏说：“臣所上奏的，并不是说要使用严酷的刑法。《尚书》上说：‘要治理好百姓，刑法就要适中。’适中的意思，即轻重合适。从高祖到宣帝，天下太平。到了元帝、哀帝时，盗贼日益增多，这都是由于刑法不适中，愚人轻易犯法造成。由此看来，刑法过轻，反而容易产生大祸。对为非作歹之徒施加恩惠，就是谋害善良的人！”这件事被光武帝搁置，没有批复。

（以上为第六段，写光武帝君臣讨论法制建设，梁统建言适量加重死刑的奏议被搁置。）

汉光武帝建武十五年（己亥，公元 39 年）

春季，正月二十三日辛丑，大司徒韩歆被免职。

韩歆性好直言，没有什么隐讳，光武帝难以容忍。韩歆当着光武帝的面说今年将出现饥荒，指天画地，说得十分激动直切，所以被免职回乡。光武帝还不解气，又派遣使臣传旨责备韩歆。韩歆及儿子韩婴都自杀。韩歆一直有好名声，没有犯罪而被逼死，所以人多不服。光武帝就追赠钱谷，按规定的礼仪安葬他。

臣司马光评论说：从前，商王武丁对宰相傅说说：“如果吃了药不头晕眼花，疾病就不能痊愈。”严厉直率的话，对臣子不利，却是国家之福。因此国君要时时刻刻听取直言，唯恐听不到。可惜啊，韩歆在汉光武之世却因直言进谏而死，难道不是有损于仁德圣明吗？

正月二十九日辛丑，孛星出现在昴宿星区。

任命汝南太守欧阳歙为大司徒。

匈奴侵扰边塞越来越厉害，州、郡无力阻止。二月，朝廷派遣吴汉率领马成、马武等北上攻打匈奴。把雁门郡、代郡、上谷郡的官民六万余人迁到居庸关、常山关以东的地方安置，避开匈奴的抢夺。匈奴左部又进入边塞以内居住，朝廷为此忧虑，所以在边塞增加军队，每支部队达数千人。

夏季，四月［初二日戊申］，光武帝封皇子刘辅为右翊公，刘英为楚公，刘阳为东海公，刘康为济南公，刘苍为东平公，刘延为淮阳公，刘荆为山阳公，刘衡为临淮公，刘焉为左翊公，刘京为琅邪公。四月初七日癸丑，光武帝追封皇兄刘縯为齐武公，刘仲为鲁哀公。光武帝感叹大哥刘縯的功业未成，抚育刘縯的两个儿子刘章、刘兴，十分恩爱，因为两兄弟从小娇贵，为了让他们亲身熟悉和体验吏事，就派刘章暂时代理平阴县令，刘兴代理缑氏县令。后来，刘章升为梁郡太守，刘兴升为弘农郡太守。

光武帝因为全国自报的耕地面积多隐瞒不实，户口、年纪也变化不定，就下诏，令各州、郡进行检查核实。刺史、太守很多人投机取巧，假借丈量田地的名义，把民众集聚到田中，连房屋、村落用地都丈量为耕地面积，民众趴在路上呼号啼哭。有的地方长官，对待富家豪绅优厚保护，对待贫弱百姓就严厉刻薄。

当时各郡派使者到京都奏事，光武帝发现陈留郡呈递的公文木牍上面另写有字，看上面写的是："颍川、弘农郡可以问，河南、南阳郡不可以问。"光武帝责问陈留郡使者这是怎么回事？陈留郡使者不说实话，抵赖说："是在长寿街上捡的。"光武帝大怒。当时东海公刘阳只有十二岁，在帐后面说："使者是受郡守敕令，要他打听其他郡丈量耕地的情况，进行比较。"光武帝说："即使如此，为什么说河南、南阳两郡不可以问？"刘阳回答说："河南郡是京师所在地，有很多皇上亲近的臣僚；南阳郡是皇上的故乡，有很多皇亲国戚。这些地方的豪族占有的田地住宅都超过规定，不能作为标准。"光武帝命令虎贲中郎将责问使者，使者才从实招来，从此光武帝更器重刘阳。

光武帝派谒者对二千石官员中被控告徇私枉法的，要进行切察核实。冬季，十一月初一日甲戌，查出大司徒欧阳歙以前做汝南郡太守时，犯有丈量土地不实之罪，共收赃款一千多万，被捕下狱。欧阳歙世代教授《尚书》，八代人都为博士，有一千余门徒守在宫门外替欧阳歙求情，有人剃光自己头发，求请饶恕。平原人礼震，十七岁，请求代替欧阳歙去死。光武帝终究未答应赦免，欧阳歙死在狱中。

十二月二十七日庚午，任命关内侯戴涉为大司徒。

卢芳从匈奴回来，重新进入国内，盘踞在高柳。

这一年，骠骑大将军杜茂犯下指使军官杀人之罪，被免职。任命扬武将军马成接替杜茂的职务。马成修治要塞，每隔十里设置一个哨所堡塞，用来防备匈奴。光武帝又派骑都尉张堪率领杜茂的军队，在高柳县打败匈奴。任命张堪为渔阳郡太守。张堪任职八年，匈奴不敢侵犯边塞。张堪鼓励人民从事农耕，使他们生活富足。百姓都歌颂说："桑树没有附枝，麦子却有两穗。张君当太守，百姓乐不可支！"

平安侯盖延去世。

交趾郡麊泠县雒将的女儿征侧，特别英武，交趾郡太守苏定用法令约束她，征侧非常怨恨。

（以上为第七段，写光武帝检核人口、丈量田土，征治贪吏，使政治走上轨道。匈奴犯边之害仍未解除。）

汉光武帝建武十六年（庚子，公元 40 年）

春季，二月，征侧和她妹妹征贰造反，九真、日南、合浦三郡的蛮夷俚民全都起来响应，共攻占城池六十五座。征侧自称为王，建都麊泠县。交趾郡刺史以及各郡太守无力征讨，只能勉强自保。

三月三十日辛丑，发生日食。

秋季，九月，河南尹张伋和其他各郡太守十余人都犯丈量土地不确之罪，关进监狱而死。后来，光武帝私下对虎贲中将马援说："我很后悔前些时不应该杀那么多太守、国相。"马援说："犯罪而死，怎么能说多不多呢？再说，人已经死了，事情都过去了，死了的人是活不了啦。"光武帝听了大笑。

各郡、国的盗贼到处纷纷兴起，郡、县派兵围剿。征讨军队一来，盗贼四散，军队一走，盗贼重又聚集。青、徐、幽、冀四州尤其严重。冬季，十月，光武帝派遣使臣到各郡、国发出布告，听任盗贼相互揭发攻击，五人共杀一个人，就免除这五人的罪行；对于那些征讨不力，回避盗贼，故意开脱盗贼罪行的官员，一律不追究，只看现在讨贼的功绩。州牧、郡守、县令、长吏在所辖界内有盗贼而未收捕，又因胆小怯懦、放弃城池、推卸责任的，都不判罪，只看现在捕获盗贼的多少核定业绩的优劣。只有对隐藏盗贼的人才予以判罪。于是，盗贼之间相互攻击，官府又全力追剿，成群的盗贼全都解散，把他们的头领迁到其他郡、县，赐给他们田地、粮食，使他们安心生产。从此以后，放牧的牛马晚上不必赶回，村落的大门也可以不必关闭。

卢芳与他的大将闵堪派遣使者到洛阳请求投降，光武帝接受，封卢芳为代王，任命闵堪为代相，赏赐缯绢二万匹，趁机派卢芳去缓和匈奴的关系。卢芳上奏谢恩，说自己思念朝廷，盼望能亲自入朝。光武帝诏书答应卢芳明年正月进京朝见。

起初，匈奴听说东汉朝廷悬赏缉拿卢芳。匈奴单于贪图钱财绢帛，所以派卢芳还归汉朝投降。稍后，卢芳投降，说成是自己主动归服以立功，不提匈奴派遣，单于也羞愧说出是自己的主意，所以最终没有得到奖励。因此匈奴非常恼恨，侵犯边境尤为厉害。

马援上奏，建言恢复使用西汉时的五铢钱。光武帝采纳了建议，全国百姓都感到方便。

卢芳入汉朝见皇上，向南走到了昌平，接到诏令停止下来，让他明年入朝。

（以上为第八段，写光武帝继续整屯吏治，诛杀贪官污吏，平定因度田引发的叛乱。南方交趾夷人反叛，北边卢芳终于归服。）

汉光武帝建武十七年（辛丑，公元 41 年）

春季，正月，赵孝公刘良去世。当初，怀县豪门大族李子春的两个孙子杀人，怀县令赵熹彻底追究罪行，两个孙子自杀，就收押了李子春。数十位在洛阳的皇亲国戚为李子春求情，赵熹始终不答应。等到刘良病重，光武帝亲自去病榻前探望，问他还有什么话要说。刘良说："我和李子春向来交情深厚，如今他犯罪，怀县令赵熹要杀他，希望饶他一命。"光武帝说："官吏按法律办事，法律是不可以歪曲的。你另说其他要求。"刘良不再言语。刘良去世后，光武帝追念他，就赦免李子春，而升赵熹为平原郡太守。

二月二十九日乙未，发生日食。

夏季，四月乙卯日，皇上巡幸章陵。五月二十一日乙卯，光武帝回到洛阳宫。

六月二十九日癸巳，临淮怀公刘衡去世。

妖贼李广攻占皖城，光武帝派虎贲中郎将马援、骠骑将军段志征讨。秋季，九月，攻破皖城，杀了李广。

郭皇后失宠，常怀有怨言，光武帝很生气。冬季，十月十九日辛巳，废皇后郭氏，改立贵人阴氏为皇后。诏书说："这不是一件正常的事，不是国家的福分，不准献酒庆贺。"郅恽对光武帝说："臣听说夫妻和睦，连作父亲的都不能了解儿子的事，何况作臣属的怎么能了解皇上的心意。所以，臣不敢说什么，即使这样，臣还是希望陛下想一个可行的办法，不要让天下人议论。"光武帝说："郅恽善于用自己的心揣度君主的心意，知道我一定不会轻视天下人的反应！"光武帝就封郭皇后的儿子右翊公刘辅为中山王，把常山郡并入中山国。封郭后为中山太后。其余的九位皇子，都从公爵晋封为王。

十月二十二日甲申，光武帝巡幸章陵县，修整宗庙，祭祀旧宅，视察田地和房舍，设酒宴作乐，赏赐宗室。当时宗室的伯母、叔母们喝酒到高兴的时候，大家就在一起相互议论说："刘文叔小时谨慎信实，不善于应酬，只是直率温和罢了，如今还是这样。"光武帝听了，大笑说："我治理天下，也要用温和谦顺之道。"十二月，光武帝从章陵县回到洛阳。

这一年，莎车王贤又派遣使者来洛阳奉献珍宝财物，请求设置都护。光武帝赐给贤西域都护的印章绶带以及车旗、黄金、锦绣。敦煌郡太守裴遵上书说："对于狄夷部落，不能给予大权。使其他西域各国失望。"于是下诏收回西域都护的印章绶带，改赐贤东汉大将军的印章绶带。莎车王的使者不肯交换，裴遵就强行夺走。贤从此怨恨东汉，但又诈称是大都护，致书给西域各国，各国都归顺他。

匈奴、鲜卑、赤山乌桓屡次联合起来侵犯边塞，杀戮官民，抢夺财物。光武帝下诏任命襄贲县令祭肜为辽东太守。祭肜勇猛有力，每次胡人侵犯，祭肜总是身先士卒，冲锋陷阵，多次打败他们。祭肜，是祭遵的堂弟。

征侧等人为寇作乱，连年不能平定。光武帝诏令长沙、合浦、交趾三郡准备车辆船只，修建道路、桥梁，打通水、陆交通，储备粮食。任命马援任伏波将军，派扶乐侯刘隆为副将，率军南征交趾。

（以上为第九段，写豪强大臣勾结皇亲国戚，廉吏惩治豪强，十分艰难。交趾北疆仍未安宁。光武帝废立皇后，郭后失宠被废，阴贵人入主正宫。）

汉光武帝建武十八年（壬寅，公元 42 年）

二月，蜀郡守将史歆叛变，攻打郡守张穆，张穆翻城逃走。宕渠县人杨伟等起兵响应史歆。光武帝派遣吴汉等率军万余人征讨。

[二月二十二日壬午]，光武帝巡幸长安，三月，巡幸蒲坂，祭祀后土。

马援沿着南海向交趾挺进，依山砍树开道一千余里，到达浪泊，同征侧等交战，大败征侧，乘胜追击，直到禁溪县，征侧部众四处逃散。

夏季，四月十五日甲戌，光武帝车驾回到洛阳宫。

[四月二十五日甲申]，光武帝巡幸河内郡，四月二十九日戊子，光武帝回到洛阳宫。

五月，大旱。

卢芳从昌平县回去后，内心害怕猜疑，于是又反叛，同闵堪互相攻打几个月。匈奴派数百名骑兵把卢芳接到塞外。从此卢芳留在匈奴，十余年后病死。

吴汉征调广汉、巴、蜀三个郡的兵力，包围成都一百多天。秋季，七月，攻占成都，杀了史歆等。吴汉率军乘着竹木筏沿江而下，直达巴郡，杨伟等人恐惧不安，解散部众。吴汉杀了他们的首领，将他们的党徒数百家迁移到南郡、长沙郡，然后班师。

冬季，十月二十四日庚辰，光武帝巡幸宜城，在回京路上，祭祀章陵。十二月，回到洛阳宫。这一年，裁撤州牧，设置刺史。

五官中郎将张纯与太仆朱浮上奏说："按照礼制，既为别人的儿子，就应尊奉大宗，降低自己亲生父母的地位。应当撤除陛下在洛阳立的四座亲庙，用亲近的四位西汉先帝庙来代替。"大司徒戴涉等上奏建议："立元帝、成帝、哀帝、平帝四庙。"光武帝以为依照宗庙中辈分，他自己应当是继元帝之后。

（以上为第十段，写光武帝巡幸疆土，建立太宗太庙。马援进兵交趾平叛，卢芳复叛逃入匈奴。）

汉光武帝建武十九年（癸卯，公元 43 年）

春季，正月十五日庚子，光武帝追尊汉宣帝为中宗。从此，在洛阳太庙祭祀昭帝、元帝，在长安祭祀成帝、哀帝、平帝。光武帝亲高祖父春陵节侯刘买以下的宗庙仍在章陵县。那些在长安、章陵两地的宗庙，都由当地太守、县令、县长负责守候祭祀。

马援杀了征侧、征贰姐妹俩。

妖贼单臣、傅镇等聚众造反，占领原武县，自称将军。诏令太中大夫臧宫率兵围剿，数次攻城不克，士兵死伤不少。光武帝召集公卿、诸侯王们询问谋略，大家都说："应重金悬赏。"唯独东海王刘阳说："妖巫劫掠，势必不能长久，其中一定有人后悔造反想逃跑，只是城外围攻太紧，想逃没法逃。应该稍稍放宽，只要能够让妖贼逃走，妖贼就自然溃散。那么，只需一个亭长就可以抓获他们的头领了。"光武帝认为说得很对，就下令臧宫撤除包围，果然妖贼分散逃走。夏季，四月，官兵攻陷原武城，杀单臣、傅镇等。

马援继续追击征侧余党都阳等，直追到居风县，都阳等投降，岭南地区全部平定。马援帮助南越人申明用旧有法律来管理他们。从此以后，骆越部落一直奉行马援的有关规定。

闰四月二十五日戊申，晋爵赵公刘栩、齐公刘章、鲁公刘兴为王。

郭皇后被废后，皇太子刘强内心不安。郅恽劝谏太子说："长久地处在被猜疑的位置上，上违背孝道，下接近危险。不如辞去太子之位，专心奉养母亲为好。"皇太子刘强听从劝说，多次拜托父皇左右亲信和其他亲王，向光武帝陈述诚意，希望退居诸侯国。光武帝于心不忍，拖了几年才下决心。六月二十六日戊申，光武帝下诏："根据《春秋》大义，册立太子是依据尊贵而不是依照长幼。东海王刘阳是皇后阴氏的儿子，应继承皇位。皇太子刘强，始终坚持崇尚退让。出于父子之情，很难违背他的意愿。封刘强为东海王，立刘阳为皇太子，改名刘庄。"

> 袁宏评论说："册立太子，为的是尊重嫡统，统一民心，皇太子没有大的过错闻于天下，就不应动摇。世祖光武帝复兴汉家大业，应当遵行正道而成为后世的楷模。如今太子的品德对外无所亏损，对内又多恩宠，像这样的嫡子被改换，可以说是一个错误。然而东海王刘强回到诸侯国，更加谦让恭敬明亮。明帝刘庄继承帝位，兄弟友爱之情更加深厚。即使长幼改变地位，一兴一废结局不同，然而父子兄弟之间保持的纯厚孝友之情没有丝毫隔阂。即使拿夏、商、周三代的纯正道德来衡量，也未必能超过啊！"

光武帝任命皇太子的舅舅阴识代理执金吾，阴兴为卫尉，一起辅导太子。阴识性情忠厚，直言不讳，等到和宾客交谈时，都从来不提国家大事。光武帝看重他，常以阴识为榜样，而告诫皇亲国戚，激发近臣。阴兴虽然礼贤下士，喜好施予，但宾客中无游侠。阴兴和同郡人张宗、上谷人鲜于裒关系不好，但知道他们是有用的人才，仍然称赞他们的优点而向光武帝引进。阴兴和张汜、杜禽的友情深厚，但认为这两人华而不实，只在钱财上资助他们，始终不替他们说一句话，因此，世人都赞扬阴兴是一个忠臣。

（以上为第十一段，写马援平定交趾叛乱，恢复岭南秩序。光武帝立贤不立嫡，平和地废立太子，受到史家的称赞。）

光武帝任命沛国人桓荣为议郎，命他教授太子刘庄经书。光武帝巡幸太学，正赶上众位博士在辩论经学疑义，便当着光武帝的面进行。桓荣分析阐述经书的精义，总是以礼相待使人折服，而不用激烈的言辞取胜别人，其他儒家学者没有人赶得上，光武帝给以特别的赏赐。光武帝又命学生们唱雅歌，敲乐磬，愉快地过了一整天。光武帝命左中郎将汝南人钟兴给皇太子以及宗室诸侯王教授《春秋》，赐钟兴为关内侯。钟兴以自己没有功劳而推辞，光武帝说："你教导太子以及各位亲王、列侯，难道不是大功劳吗？"钟兴说："我是从师于少府丁恭。"于是，光武帝又封丁恭为关内侯，而钟兴坚决推辞，终于没有接受封爵。

陈留县人董宣任洛阳县令。光武帝姐姐湖阳公主的家奴白天杀了人，藏在公主家里，官吏不能逮捕他。等到公主出行，让这位家奴陪同乘车。董宣探知此事，就带人在夏门亭等候。公主车到，董宣上前扣住了马缰绳，喝令停车，用刀划地，大声指责公主的过失。董宣斥责那家奴下车，并杀了他。公主立即回宫在皇帝面前告状，光武帝大怒，派人把董宣召来，要用木杖把他打死。董宣叩头说："臣请求说一句话再死。"光武帝说："想说什么话？"董宣说："陛下圣明高德复兴汉室，而竟放任家奴杀人，怎能治理天下呢？臣不用杖打死，让臣自杀吧！"说完就头撞大柱，流血满面。光武帝赶快命令太监拽住他。光武帝让董宣叩头拜谢公主，董宣不服。叫人使劲摁住脑袋，董宣就用两手撑着地面，始终不肯低头。湖阳公主说："文叔当平民百姓时，窝藏逃犯，官吏不敢上门来找，现今当了天子，权威却不能行使在一个县令的身上吗？"光武帝笑着说："天子跟平民不同哇！"接着命令："强项令出去吧！"光武帝赏钱三十万，董宣都分给了手下官吏。从此他更能打击依附权势犯法的人，京城地区那些素不检点的人，都害怕他。

九月二十一日壬申，光武帝巡幸南阳郡。又前往汝南郡巡幸南顿县，下榻官舍，大摆宴席，赐给官民，下令免除南顿县田租一年。乡亲父老们上前叩头说："陛下的父亲在这里住了很长时间，陛下熟悉本县的官府衙门，每次亲临本县都给予深厚的恩泽，愿陛下赏赐免除田租十年。"光武帝说："权力是国家的大器，常担心不能胜任，怎敢免除十年的田租呢？"吏民们又说："陛下实在是吝惜，为什么说得如此谦恭呢？"光武帝大笑，于是又多免租一年。接着，光武帝巡幸淮阳国、梁国、沛国。

西南夷栋蚕部落反叛，杀死长吏。光武帝诏令武威将军刘尚率军征讨。大军路经越嶲郡，邛谷王任贵怕刘尚平定南边后，法律制度一定会严加执行，自己不能为所欲为。于是聚集军队，建立营垒，酿制很多毒酒，准备用毒酒慰劳刘尚的军队，趁机偷袭刘尚军，刘尚事先得知他的阴谋，就先分出一部军队占据邛都县，乘其不备，逮捕任贵，将他杀了。

（以上为第十二段，写光武帝重视教育，重奖博士经师，不以私枉法，奖励强项令董宣。）

汉光武帝建武二十年（甲辰，公元 44 年）

春季，二月初十日戊子，光武帝车驾回到洛阳宫。

夏季，四月初三日庚辰，大司徒戴涉犯下谋害前太仓令奚涉之罪，被捕下狱而死。光武帝认为三公的职责相连，大司空窦融负有连带责任，下诏书免去了他的职务。

广平忠侯吴汉病重，光武帝亲自探望，问他有什么话要说，吴汉回答说："臣愚笨，没有什么知识，只希望陛下特别谨慎，不要赦免罪犯罢了。"五月初四日辛亥，吴汉去世。诏令安葬礼仪与西汉大将军霍光的规格一样。

吴汉性格刚强，每次跟随光武帝出征，光武帝没有安顿好，他就站在旁边。其他将领看到战斗失利，就惊慌失措，而吴汉却镇定自若，加紧修理兵器，振奋官兵的斗志。光武帝总是在紧要时候派人去看吴汉，回报说正在准备进攻的装备。光武帝于是叹息说："吴公总是能振奋人心，简直可与一个国家相匹敌。"每次出征，吴汉都是早上接到命令，傍晚就出发，全没有置办行装的时间。等到在朝廷任职，事事谨慎朴实，全都显现在脸上。有一次吴汉率军出征，他妻子在后方购买田产。吴汉回来责怪她说："军队出征在外面，官兵得不到充足的供给，我们怎么能买这么多的田地房舍呢？"于是就把这些田产全部分给兄弟、外祖父母、舅家。所以，吴汉能够享受功名，任职以尽天年。

匈奴侵扰上党郡、天水郡，深入到扶风郡。

光武帝得了一种头痛目眩的病，十分痛苦，病得厉害，便任命阴兴兼侍中，把阴兴宣召在南宫云台广德殿内托付身后之事。等到病好以后，又召见阴兴，想让他代替吴汉做大司马，阴兴叩头流泪，坚决推辞说："臣不敢爱惜自己的生命，实在是担心损害陛下的圣明高德，所以不能随便充任！"阴兴的诚恳发自内心，感动了光武帝左右的侍从，光武帝也就顺从了他。太子太傅张湛，自从郭后被废之后，就称有病，不再上朝。光武帝勉强他上朝，想任命他为司徒，张湛就以病重为借口，坚决推辞，光武帝只好作罢。

六月十四日庚寅，任命广汉郡太守河内人蔡茂为大司徒，太仆朱浮为大司空。六月十六日壬辰，任命中郎将刘隆为骠骑将军，代理大司马职务。

六月十九日乙未，光武帝把中山王刘辅改封为沛王。任命郭况为大鸿胪，光武帝数次临幸郭况家，赏赐金银绢帛无数，京城人称郭况家是“金穴”。

秋季，九月，马援从交趾郡回到洛阳，平陵人孟冀慰劳他。马援说：“当今匈奴、乌桓还在扰乱北部边境，我想请求率兵征伐。男儿应战死沙场，马革裹尸归葬故乡，怎么能躺在床上死在女人手里呢？”孟冀说：“确实！真正的烈士，就应当这样！”

冬季，十月二十日甲午，光武帝巡幸鲁国、东海国、楚国、沛国。

十二月，匈奴侵扰天水郡、扶风郡、上党郡。

十二月二十八日壬寅，光武帝车驾回到洛阳宫。

马援自动请求攻打匈奴，光武帝允准，命令马援驻军襄国县。皇上下诏文武百官送行，马援对黄门郎梁松、窦固说：“一个人富贵以后，还可能回到贫贱地位；如果你们不想回到贫贱，那就要身居高位克制自己，好好想一想我说的话。”梁松是梁统的儿子；窦固是窦友的儿子。

刘尚进兵与栋蚕各部落交战，全都打败了他们。

（以上为第十三段，着重写吴汉、马援两位忠诚战将的风采。吴汉善战，一生戎马，不问家事，死后蒙受隆重国葬，比照西汉中兴功臣霍光规格。马援请缨抗击匈奴，要做好男儿马革裹尸还，铿锵语言，积淀为中华军魂。）

汉光武帝建武二十一年（乙巳，公元 45 年）

春季，正月，刘尚率军追击西南夷到不韦县，杀了栋蚕的首领。西南夷全部被平定。

乌桓和匈奴，以及鲜卑的军队联合侵犯北部边境。代郡以东受到乌桓的侵夺尤其严重。乌桓所居地域接近边塞，早晨从他们的帐篷出发，傍晚就能抵达塞内城郭，沿边五个郡的百姓，家家受到侵害。以至于郡、县城郭被破坏，百姓流离失所，造成边疆地区荒无人烟。秋季，八月，光武帝派遣马援和谒者分别修筑城堡要塞，逐渐恢复，建立郡、县，有的无人区先设置太守、县令、县长，然后把民众召集回来。乌桓所居地在上谷郡塞外，其中居于白山县的乌桓部落最为强悍富裕。马援率骑兵三千人袭击乌桓，无功而返。

鲜卑一万余骑兵掠夺辽东郡，太守祭肜率领数千人迎击。祭肜亲自披上盔甲，冲锋陷阵。鲜卑骑兵大败，投水死者过半，祭肜紧追不舍到了塞外，鲜卑骑兵全都抛弃兵器，赤裸身体，四散逃命。从此以后，鲜卑人震惊害怕，畏惧祭肜，不敢再侵犯边塞。

冬季，匈奴侵扰上谷郡、中山郡。

莎车国王贤逐渐骄横跋扈，妄图并吞西域各国，屡次进攻其他国家，要他们缴纳沉重赋税，西域各国愁苦害怕。车师前王、鄯善、焉耆等十八个国家都派他们的儿子到东汉来侍奉光武帝，充当人质，贡献珍宝。等到见到光武帝，都流涕痛哭，下跪叩头，希望能再次设置西域都护。光武帝认为中原刚刚平定，北方边境还没有征服，便把西域的人质都送回，并赏赐丰厚的礼物。西域各国听说朝廷不肯派出都护，而且把人质送回，更加忧愁恐惧，就给敦煌太守裴遵呈送公文："要求裴遵将人质留在敦煌郡，向莎车王展示：人质被留下，都护不久会派出，希望能暂时阻止莎车出兵。"裴遵把情况报告朝廷，光武帝答应了。

（以上为第十四段，写北方边境不宁，匈奴、乌桓、鲜卑联兵扰边，东汉无力西顾，莎车王称大。）

汉光武帝建武二十二年（丙午，公元46年）

春季，闰正月十九日丙戌，光武帝巡幸长安。二月己巳日，光武帝回到洛阳。

夏季，五月三十日乙未，发生日食。

秋季，九月初五日戊辰，发生地震。

冬季，十月十九日壬子，大司空朱浮被免职。十月二十日癸丑，任命光禄勋杜林为大司空。

当初，陈留人刘昆任江陵县令，县里发生火灾，刘昆对着火叩头，顿时火熄灭。后来，刘昆做弘农郡太守，郡内老虎都背着幼虎渡过黄河离去。光武帝听说后，感到惊奇，征召刘昆代理杜林做光禄勋。光武帝问刘昆说："你先前在江陵县，转变风向，使火熄灭；后来在弘农郡当太守，老虎向北渡过黄河。你推行的什么德政，竟发生这样的奇事？"刘昆回答说："只是碰巧罢了。"光武帝左右侍从都忍不住笑起来。光武帝叹息说："这是年长德高者说的话。"回头命令国史把这件事记载下来。

这一年，青州发生蝗灾。

匈奴单于舆去世，他的儿子左贤王乌达鞮侯继位，也死了。乌达鞮侯的弟弟左贤王蒲奴继位。匈奴境内连年发生旱、蝗灾，赤地数千里，人畜因饥饿、瘟疫而死亡过半。匈奴单于害怕东汉趁着他们的疲困而进攻他们，就派使节到渔阳，请求和亲。光武帝派遣中郎将李茂去复命。

乌桓趁匈奴衰弱，就发兵攻击，将它打败。匈奴向北迁徙数千里，使沙漠以南地区成为一片空地。皇上诏令裁除沿边各郡的亭候和边防官兵，用财物去招降乌桓。

西域各国派出当人质的王子，因长久留在敦煌郡，都愁闷思乡而逃回本国。莎车国王贤才知都护不来，于是出兵击败鄯善，杀死龟兹国王。鄯善国王安上书说："希望能再派儿子入朝当人质，再次请求朝廷派都护。如果不派都护，只好被迫屈服于匈奴。"光武帝回答说："现今无力派出使节、军队，如果西域各国感到力不从心，随意选择臣附。"于是鄯善、车师再次归附匈奴。

班固评论说：汉武帝时代，图谋制服匈奴，忧虑它吞并西域各国，跟南羌结成联盟，于是在黄河以西设置武威、张掖、酒泉、敦煌四郡，打开玉门关，通使西域，切断匈奴的右臂，隔绝匈奴同南羌、月氏二国的联系。单于失去援助，因此不得不逃向远方，以致沙漠以南没有匈奴王庭。西汉经历汉文帝、景帝两代的休养生息，人民经过汉高祖、惠帝、吕后、文帝、景帝五代的和平，财富有余，兵强马壮，所以能够看到南方的犀布、玳瑁，设立珠崖等七郡；由于蒟酱、竹杖的启发，就开拓牂柯、越嶲两郡；听说天马、葡萄，就与大宛、安息两个国家建交。从此奇珍异宝，从四方八面而来。于是朝廷大量开辟畜养禽兽的苑囿，扩建宫室，服用和玩赏的物品艳丽无比。设酒池肉林以款待外国使节；又设置“鱼龙”、“角抵”的游戏让他们欣赏，加上贿赂、赏赐、赠送，万里之遥，往来相送，加上战争支出，费用不可胜计。以致入不敷出，只好设置酒类专卖，盐、铁专营，铸造白金币、鹿皮币。甚至连坐车乘船，以及家里饲养的马牛羊狗鸡猪等六畜，都要征税。结果人民贫困，财政枯竭。接着又是水、旱、蝗灾的凶年。所以盗贼四起，道路断绝。为此，朝廷派出特使，穿着绣衣，手持大斧，到各郡、国督捉捕盗，可以专断诛杀郡国守相，这才平息了盗贼。因此，汉武帝晚年，终于放弃轮台屯田，颁下怜悯百姓的诏书。这难道不是仁爱圣君表示的悔意吗？

况且通使西域，最近的是龙堆，最远的是葱岭，历经身热、头痛、县度的险恶之地，使人身临其地就要犯身热、头痛的疾病，县度则是万丈深渊，按照淮南王刘安、杜钦、扬雄的说法，他们都认为那些险恶地势是天然用来划分疆界，隔绝内外的地方。西域各国，各自有君王，士兵人民分散弱小，无法统一。虽然归附匈奴，并不心悦诚服。匈奴能得到西域各国的马羊等牲畜和毛织品，但不能统率西域的军队，随同作战进退。西域和汉朝互相隔绝，道路又遥远，得到西域，对汉室无益；丢弃西域，对汉朝无害。所有的恩德都出自汉朝，汉朝对西域却没有任何索取。所以，自光武帝以来，西域各国思念汉朝的威望和恩德，都乐意归汉，屡次派遣使节，把王子送到汉朝当人质，请求设置都护。圣上纵览古今，认为时机不到，没有答应。从前，虽然有大禹善待西戎部落，周公推辞越裳进贡的白野鸡，汉文帝不接受千里马，而今皇上的做法，却更加出色。

（以上为第十五段，写北方匈奴势弱，光武帝仍然拒绝开通西域，受到史家的赞扬。当时，一个小小的莎车就能称雄西域，若东汉重置都护，无须多大力气，史家之颂，实为迂阔。光武帝坐失通西域之良机，实为失计。）

【点评】

本卷点评光武帝四大史事。

一、光武帝护佑功臣。汉高祖统一，兴建西汉，为子孙长远计，大肆屠灭功臣，且手段残酷，淮阴侯韩信、梁王彭越、淮南王黥布，以及燕王卢绾、韩王韩信、将军陈豨等，均逼以谋反，或以谋反诛，淮阴侯遭族灭，彭越受烹刑，狡兔死，走狗烹，令人寒心。光武帝解除功臣兵权，封以爵禄，最大者四县，令其食租赋，足以养老。不任功臣政事，以免犯过。且功臣多为武夫，治政非其所长，功臣远离政治，亦是国家之福。光武帝护佑功臣的用心和措施，值得肯定。后世帝王，宋太祖赵匡胤杯酒释兵权，可以比美光武帝。

二、光武帝立贤。光武帝更易太子，立贤不立长，用心良苦。皇太子刘强，并无过错，其母郭皇后亦贤良，光武帝无端废郭皇后，立阴氏为皇后，为立刘阳为皇太子扫清道路。刘阳聪明过人，年十二便精通吏事，识破南阳郡上计使者的讽谏，受到光武帝的器重。外戚阴氏兄弟阴识、阴兴亦贤良，大臣爱之，故光武帝更易太子没有什么阻力。宗法制度，立嫡不立长，立长不立贤，为的是尊重嫡长，统一臣心、民心，免生争议。但嫡长不贤明或柔弱，则非国家之福，所以立太子是一个两难选择，为避免争夺，只好以宗法为依归。光武帝有鉴于元、成、哀、平诸帝之柔弱昏庸，刘氏失统，故而立贤。但仍未彻底破除宗法制度，先废皇后，使太子刘强失去嫡子之位，逼使刘强自省逊位，和平更易，不失父子兄弟亲情，受到史家袁宏的高度称赞。于是光武之更易太子，虽立贤不立长，却仍是立嫡不立长，因之减杀了立贤之意义，对后世没有产生深远影响。宗法制度以嫡统为正道，不以立贤为宗旨，故历代皇帝大都不贤，这是宗法制度的悲哀，但家天下确实也没有善法可以代替，光武帝之立贤，也就成了个案。

三、光武帝惩贪不抑豪强。西汉末的战乱，人民流离，社会秩序失控，光武中兴，重整纲纪，检括户口，丈量田土。建武十五年（39），全国大规模检括户口，丈量田土，是恢复社会秩序的重大举措。可是地方各级官吏庇护豪强，对贫弱百姓却严厉苛刻，连村落房宅都丈量为田土，激起民变，光武帝惩治贪官，诛杀了世代大儒而又任职大司徒的欧阳歙，郡太守被诛杀的有十几人，整顿吏治的力度不可谓不强。但对豪强的抑制却软弱无力，怀县豪门大姓李子春，两个孙子杀人，怀县令赵憙追究罪行，抓捕了李子春，京师几十位皇亲国戚为之说情，赵孝公刘良去世，临死要求皇上施压释放李子春，结果是光武帝特下赦令，免了李子春的罪行，升迁赵憙为平原太守，把他调离怀县。光武帝护佑功臣，广施恩惠，大封爵禄，扶植了大批地方豪强。建武十三年四月，吴汉平蜀，班师回朝，光武帝欢宴将士，改封和增加食邑的功臣就达三百六十五人，其中外戚恩泽四十五人。光武帝检括户口，丈量田土，只是加强了对平民的控制，而对豪强则宽容，以致当时就有“颍川、弘农可问，河南、南阳不可问”的议论。河南帝城，多近臣；南阳帝乡，多近亲。光武帝施恩功臣、亲戚，成为既定国策，所以不可能抑制豪强。东汉世家大族的发展，源于光武帝的施政，奠定了这一历史走向的基础。

四、光武帝不开通西域，大为失计。西汉末年，中原周边各族，主要是匈奴，均处于衰微时期，故归附汉朝。王莽倒行逆施，导致四方夷族叛乱，而西域遥远，未受王莽影响，因此始终安定。光武中兴，海内虚耗，匈奴犯边，为祸北疆，但也没有大规模深入，非不欲为，而力不足也。中原统一之后，其力足以制西域。先是莎车王贤入贡，请送质子，光武帝不纳。其后车师前王、鄯善等十八国请入质子，光武帝仍不纳，于是莎车称大。西域诸国请留质子在敦煌，就足以震慑莎车不敢出兵欺侮西域列国。最后，各国质子逃归，莎车王贤知汉朝都护不出，才出兵击鄯善，攻杀龟兹王，光武帝仍不施援手，于是鄯善、车师等国复附匈奴。司马光引班固之赞，认为汉武帝通西域，造成民穷财竭，而后有轮台罪己诏之悔，光武帝有鉴于此不通西域，是仁圣明君。武帝之世，匈奴强大，为祸中国，武帝经过数十年的努力才解除了边患，其力已竭，而并非通西域造成民屈财竭，武帝通西域只是断匈奴右臂。光武之世，西域归附，而光武帝不施援手，把西域推给匈奴，两者完全不可同日而语。光武帝不通西域是一大失策，班固、司马光非议汉武而赞光武之明，可以说是不明是非，不辨时势，迂腐妄论，不值一提。

汉纪三十六

汉光武帝建武二十三年至汉明帝永平三年（公元47—公元60）

【起强圉协洽（丁未，公元47年），尽上章涒滩（庚申，公元60年），凡十四年】

【大事提要】

本卷记事起公元47年，讫公元60年，凡十四年，当光武帝建武二十三年至汉明帝永平三年。这一时期是东汉中兴开国两任皇帝交替之际，由于两任皇帝的精明强干，天下已承平二十余年，政治稳定，国力日益强盛，百姓日渐丰裕。于是光武帝封禅泰山，祭天告成功。明帝继位，尊礼大儒，兴起儒学，修治礼乐。初即位问民疾苦，表彰功臣，既能纳谏，却又偏听偏信，政治日渐转入严苛。光武帝晚年迷信图谶，渐生骄侈心，发无名之火，迫害功臣马援，未免小肚鸡肠。南匈奴归附，光武帝不接受北匈奴归附，分化匈奴，以夷制夷，边郡安宁，边民归还本土。局部地区的蛮夷仍有反叛。马援高龄出征武陵蛮，为国殉难，反遭迫害，实令人可悯。

世祖光武皇帝下

汉光武帝建武二十三年（丁未，公元47年）

春季，正月，南郡境内蛮夷叛乱，派武威将军刘尚讨伐，打败了他们。

夏季，五月初八日丁卯，大司徒蔡茂去世。

秋季，八月二十八日丙未，大司空杜林去世。

九月十三日辛未，任命陈留人玉况为大司徒。

冬季，十月初九日丙申，任命太仆张纯为大司空。

武陵蛮首领相单程等人叛乱，朝廷派刘尚率领一万多人沿着沅水，逆流而上，进入武溪讨伐叛乱。刘尚轻敌冒进，武陵蛮凭借地势险要阻击，刘尚全军覆没。

当初，匈奴单于栾提舆的弟弟右谷蠡王知牙师按照次序本应做左贤王，左贤王按次序就应做单于。可是栾提舆单于想传位给自己的儿子，就杀了知牙师。栾提舆的前任乌珠留单于有个儿子叫栾提比，做右薁鞬日逐王，统率南边八个部落。栾提比看到知牙师被杀死，气愤地说：“按兄弟次序，右谷蠡王当立为单于；按父子次序，我是前一个单于的长子，我应当立为单于！”于是，他心怀猜疑、恐惧，很少参加王庭朝会。栾提舆单于怀疑他，就派左、右骨都侯监督栾提比的军队。等到单于蒲奴继位，栾提比更加怨恨，秘密派汉人郭衡带匈奴地图到西河太守那里，请求归附。左、右骨都侯已经察觉到栾提比的想法，恰好到了五月龙城大会祭祀祖先，左、右骨都侯劝蒲奴单于杀栾提比。栾提比的弟弟渐将王在单于帐下任职，听说此事，赶快通知栾提比。栾提比于是就召集八个部落的四五万军队，等待左、右骨都侯回营时，想先下手杀掉两人。左、右骨都侯快要到达时，发觉了栾提比的图谋，就逃走了。蒲奴单于派出一万骑兵进攻栾提比，看到栾提比的人数众多，不敢冒进，只好回去了。

这一年，鬲侯朱祐去世。朱祐为人朴实正直，崇尚儒学；他担任将军，接受了许多人的投降，以攻占平定城邑为原则，不贪求多杀人来立功。朱祐又严禁和制止士兵不能去抢掠百姓，军人喜欢恣意放纵，因此很多士兵都怨恨朱祐。

（以上为第一段，写光武中兴，后期政治稳定，是年国家无大事，局部地区蛮夷反叛，邻国匈奴发生争位内乱。）

汉光武帝建武二十四年（戊申，公元 48 年）

春季，正月十九日乙亥，大赦天下。

南部匈奴八个部落的首领一起商议拥立日逐王栾提比为呼韩邪单于，派人到五原塞，表示愿意永远做汉朝屏障，抵御北方的胡虏。光武帝把这事交给公卿讨论，谋议的人都认为“天下刚刚平定，国内空虚，夷狄的情况复杂真伪难知，不能答应。”唯有五官中郎将耿国认为：“应当仿照孝宣帝处事的旧例，接受栾提比的要求，命令他们向东抵御鲜卑，向北抗击匈奴，作为榜样勉励四夷，保全恢复边郡。”光武帝采纳了耿国的意见。

秋季，七月，武陵蛮人侵扰临沅县，朝廷派谒者李嵩、中山太守马成讨伐他们，没有取得胜利。马援请求出征，光武帝考虑到他年老，没有批准，马援说：“臣还能披甲上马。”光武帝命令他试一试。马援跨鞍回视，以表示自己还可任用，光武帝笑着说：“真是精神抖擞！”于是，派马援率领中郎将马武、耿舒等四万多士兵讨伐五溪。马援对友人杜愔说：“我蒙受圣恩，年事已高，时常担心不能以身殉国；如今得偿所愿，死也瞑目了，只是担心一些权贵子弟在军中，有的在我身边为助手，有的参谋做事，很难调和，这是让我耿耿于怀、最痛恨的事！”

冬季，十月，匈奴日逐王栾提比自立为南单于，派使臣到朝廷，以藩属的地位自称臣子。光武帝以此事问朗陵侯臧宫，臧宫说：“匈奴面临着饥饿和疾疫，争乱不休，臣希望率领五千骑兵去建立功业。”光武帝笑着说：“经常打胜仗的人，很难与之讨论敌情，我还是自己考虑这件事。”

（以上为第二段，写南匈奴归附东汉，马援老将出征武陵蛮。）

汉光武帝建武二十五年（己酉，公元 49 年）

春季，正月，辽东郡国界外的貊人侵扰边境，太守祭彤招降他们。祭彤又用财货利益招抚鲜卑大都护偏何，让他召集异族，内附者络绎不绝地来到边塞。祭彤说："真想立功的话，应当去攻打匈奴，带来头颅，才可相信。"偏何等部就去攻打匈奴，杀了两千多人，带着头颅送到郡里。这以后，他们年年攻打匈奴，总是送来头颅，受到赏赐。从此匈奴衰败，边境没有侵扰的警报，鲜卑、乌桓都入朝进贡。祭彤为人厚重刚毅，用恩信来招抚夷狄，所以夷人都既敬畏又爱戴祭彤，愿意为祭彤拼死效力。

南匈奴单于派他的弟弟左贤王莫率领一万多人攻打北单于的弟弟薁鞬左贤王，活捉了他；北单于惊恐，后退了一千多里。北匈奴薁鞬骨都侯和右骨都侯率领三万多人归附南匈奴单于。三月，南匈奴单于又派使者到朝廷进贡，请求汉朝派使者监护，允许南匈奴派王子当人质，重新修好汉朝与匈奴的关系。

三月二十九日戊申晦，发生日食。

马援的军队到达临乡，击败蛮兵，斩杀、俘获两千多人。

当初，马援曾生病，虎贲中郎将梁松来看望他，跪拜在床下，马援不答礼。梁松走后，众子问道："梁伯孙是皇上的女婿，是朝廷中显贵的大臣，公卿以下的官吏没有谁不怕他，大人为何独不敬礼他？"马援回答："我是梁松父亲的朋友，梁松虽然显贵，我怎么可以丢掉我的辈分呢？"

马援哥哥的儿子马严、马敦都爱议论别人的是非，交结轻浮的游侠，马援先前在交趾时，写信告诫他们说："我要你们听到别人的过失，就像听见父母的名字一样，可以听，但不能说。喜好议论别人的长短，随便议论时政，这是我最痛恨的事；我宁愿去死，也不想听到子孙有这种行为。龙伯高为人厚道谨慎，绝不说让人挑剔的话，谦逊节俭，廉洁公正而有威严，我喜爱并敬重他，希望你们效仿他。杜季良豪放侠义而喜好道义，把别人的忧愁当作自己的忧愁，把别人的快乐当作自己的快乐，父丧时招请宾客，几个郡的人都到了，我喜爱并敬重他，但不愿你们学习他。效仿龙伯高不成功，仍不失为一个谨慎的人，这就叫'画天鹅不成还像鸭'；效仿杜季良不成功，就会成为天下可笑的人，这就叫'画虎不成反类犬'。"龙伯高就是山都县长龙述；杜季良就是越骑司马杜保；他俩都是京兆人。正巧碰上杜保的仇人上书，控告说："杜保行为轻薄，惑乱百姓，伏波将军在万里之外还寄信来告诫兄长的儿子，然而梁松、窦固却与他交结，将会助长他的轻薄虚伪行为，败坏纲纪。"奏书送上，光武帝召见梁松、窦固，责备二人，并把控告书和马援的告诫信给他二人看，梁松、窦固叩头至流血，才得以免罪。诏令罢免杜保的官职，提升龙述为零陵太守。梁松于是仇恨马援。

马援讨伐武陵蛮，军队驻扎在下隽县，有两条路可进入，一是往壶头山走，路近而水险；二是往充县走，道路平坦而运输遥远。耿舒想要走充县，马援认为耗时费粮，不如从壶头山走，扼住叛贼咽喉，充县的叛贼就不攻自破。将这事上报朝廷，光武帝采纳了马援的策略。进军到壶头山，叛贼居高守险，水急，船不能上行；遇到酷热，士卒多染瘟疫而死，马援也得了病，于是就在水岸边挖地洞用来躲避热气。每次叛贼登上高险之地击鼓喊叫，马援就拖着双腿观察，身边的人被他感动，没有不流泪的。耿舒给兄长好畤侯耿弇写信说："先前我上书说应当先进攻充县，虽然粮食难运，但兵马前进无碍，数万军人，可以奋勇杀敌。而如今因为壶头山阻挡竟然不能前进，全军都忧愁将会染上瘟疫死亡，真令人痛惜！前次到临乡，叛贼无故自来，如果乘夜攻击他们，就可以将他们消灭，但伏波将军马援像个西域做买卖的胡人，到一处就停下来，因此失利。如今果然流传瘟疫，都像我预知的那样。"耿弇收到书信就进呈给光武帝，光武帝就派梁松乘驿车去责问马援，并留下代理监军。

正当此时，马援去世，梁松罗织罪状陷害马援。光武帝大怒，收回马援新息侯的印章绶带。当初，马援在交趾常吃薏苡的果实，能使身体轻松，防御瘴气。军队返回时，载了一车回来。等到马援死后，有人上书诋毁他，说车里装的都是明珠和有文彩的犀牛角。光武帝更加愤怒。

马援的妻子儿女惶恐，不敢把马援的棺木运回祖坟安葬，就在洛阳城西草草安葬，宾客旧友没有敢去吊祭和参加入葬的。马严和马援的妻儿用草绳捆绑自己，连在一起，到皇宫门口请罪。光武帝拿出梁松的奏书给他们看，他们才知道马援的罪名，便上书诉冤，前后有六次，措辞非常悲切。

前云阳县令、扶风人朱勃上书说："臣认为已故伏波将军马援，兴起于凉州，钦佩仰慕圣上的德义，历经艰难险阻，冒着生命危险，指挥陇西、冀州的征战，谋略如涌泉一样源源不断，审时度势，军队行动像圆规一样灵活。兵卒一动就立功，队伍前进就获胜。灭掉先零时，飞箭射穿小腿。出征交趾时，与妻儿生别。过了不久又南征，立即攻陷了临乡，军事已有了头绪，竟没有完成使命就牺牲。吏卒虽然染上瘟疫，但马援也没有幸存。有人因为久战而立功，有人因为速战而致败，深入未必就对，不进未必就错，屯驻在险地谁不想生还？唯有马援能够为朝廷效力二十二年，北征塞外沙漠，南渡江海，他冒着毒气，为战斗而死，名声被毁，爵位被除，封土不能承袭，人们不知他的过失，大家未听说他的败毁，家属闭门，下葬不得入祖坟，怨声载道，亲戚害怕，死了的人没法开口自述，活着的人谁也不敢替他申冤，我私下对此伤感！英明的君主奖赏厚重，处罚宽松。高祖曾经交给陈平四万斤金，用以离间楚军，不问是怎样支出的，怎么又会在钱谷方面怀疑他呢？我希望能将此事交给公卿，公平地对待马援的功过，到底是应该削封除爵，还是应该继续享有，以满足天下人的愿望。"光武帝的怒气才稍稍化解。

当初，朱勃十二岁就能背诵《诗经》、《尚书》，经常看望马援的兄长马况，辞令娴雅，马援这时刚读书，见到他则自卑。马况了解他的心思，就亲自酌酒安慰马援说："朱勃是小器速成，最终还要向你学习，不要畏惧。"朱勃不到二十岁时，右扶风请他试任渭城县宰。等到马援做了将军，封了侯，而朱勃的官位还不过是个县令。马援后来虽然尊贵了，仍常常依照马家旧时对朱勃的恩情照顾他，但又看不起朱勃，甚至凌辱他，可朱勃却更加谦恭，亲近马援。等到马援遭受谗言，只有朱勃能始终如一地对待马援。

（以上为第三段，写马援正直，结怨梁松，年迈出征，为国殉职，反遭陷害。）

谒者南阳人宗均原是马援的监军，马援已死，士卒又有大半死于瘟疫，蛮人也饥饿困乏。宗均就和诸将商议说："如今路远士兵多病，丧失了作战能力，我想用权宜之计，以皇帝旨意招降他们，怎么样？"各位将领都害怕地伏地不敢回答。宗均说："忠臣出境，只要使国家安定，就可自行其是。"就假传圣旨任命伏波将军马援的司马吕种任沅陵县长，命令吕种带着诏书进入敌营，向他们宣告恩惠，趁机带着军队尾随其后。蛮人震惊恐怖，冬季，十月，他们杀了首领而归降。宗均进入敌营，解散了他们的队伍，为他们设立长吏，蛮人们终于被平定。宗均还没有到朝廷，就先自己弹劾自己假传圣旨的罪状；光武帝嘉奖了他的功劳，派专使出京迎接他，赐给他金帛，特许他经过家乡时可以上坟祭告。

这一年，辽西郡乌桓部落大人郝旦等人率领部众内归，诏封乌桓的首领为侯、王、君长的有八十一人，让他们住在边塞之内，分布在沿边的那些郡县，命令他们招回同族人，供给他们衣食，于是他们就成为侦察敌情的哨探，帮助汉人攻击匈奴、鲜卑。这时，司徒掾班彪上书说："乌桓人天性轻薄黠狡，喜好掠夺，如果长久放纵而没人管理，一定会重新掠夺汉朝居民，只把乌桓交给临时设置的受降官员来管理，恐怕难以控制。臣认为应当重新设置乌桓校尉，以便减轻国家的忧虑。"光武帝接受了这个建议，于是就在上谷郡宁城县设立校尉，建立办事机构，管理对鲜卑的赏赐和质子事宜，以及每年按时进行的双边交易。

（以上为第四段，写马援卒后，监军宗均便宜行事，矫旨招降武陵蛮，安定一方，受到光武帝嘉奖。）

汉光武帝建武二十六年（庚戌，公元 50 年）

正月，光武帝下诏增加百官的俸禄，那些一千石以上的，低于西汉时的旧制；六百石以下的，高于西汉时的旧制。

开始建造寿陵。光武帝说："古代帝王随葬品，全是用陶人、瓦器、木车、茅马，这些东西容易腐烂，使后代的人找不到埋葬的地方。汉文帝了解人生终结的目的，汉景帝能遵循孝道，经过天下动荡，而霸陵独保持完好，这多好啊！如今规定陵冢的土地只有二三顷，没有山陵池塘。务使朝代更换之后，坟地仍与山丘同在。”

光武帝下诏派中郎将段彬、副校尉王郁出使南匈奴，为南匈奴建立王庭，离五原郡西部边塞八十里。使者要求单于行跪拜礼接受诏书，单于左看右看犹豫了一阵，才俯首称臣。单于拜毕，命令译者告诉使者说：“单于刚刚即位，在左右部属面前跪拜实在羞惭，但愿使者在众人面前不要使单于过于难堪。”光武帝下诏允许南单于进入云中郡居住。汉朝开始设立使匈奴中郎将，率领军队护卫南单于。

夏季，南单于先前捕获的北虏薁鞬左贤王率领他的部众和南匈奴五个骨都侯，共三万多人逃回到北方，在离北庭三百多里处自立为单于。一个多月，每天互相攻击，五个骨都侯都死了，左贤王自杀，那些骨都侯的儿子各自拥兵自守。

秋季，南匈奴单于派儿子入京为质。光武帝下诏赏赐南匈奴单于冠带、玺绶、车马、金帛、甲兵、什器。又转运河东郡二万五千斛米粮、三万六千头牛羊赠给他们。命令中郎将带领五十个减刑的囚徒，随从单于，协助单于处理诉讼案件，暗中侦察单于的动静。单于在年终要派使者上奏，送侍子入京，汉朝派谒者送前一个侍子回单于王庭，赠给单于和阏氏、左右贤王以下共万匹彩色丝绸，年年以为惯例。于是云中、五原、朔方、北地、定襄、雁门、上谷、代八个郡的百姓都返归故乡。派谒者分路带领减罪囚徒，修补破烂的城郭，遣送迁入中原的边民回到原籍各县，都赏给安家费，供给粮食。当时城郭到处是废墟，一切要从头开始，光武帝于是后悔当初不该强迫边民撤迁内地。

冬季，南匈奴五个骨都侯的儿子又带领他们的三千人回到南匈奴，北匈奴单于派骑兵追击，将他们全部抓住。南匈奴单于派兵抵抗北匈奴，迎战失利，于是光武帝下诏让南匈奴单于再向南迁，到西河郡美稷县定居，趁机派段彬、王郁留在西河郡护卫他们，命令西河郡长史每年率领两千骑兵、五百减罪囚徒辅助中郎将护卫单于，冬季屯守，夏季撤回，从此以后成为惯例。南匈奴单于居住西河郡后，也设立了诸部王，帮助汉朝保卫北地郡、朔方郡、五原郡、云中郡、定襄郡、雁门郡、代郡，诸部王都统领部众，为中国郡县充当侦察巡逻，探听消息。北匈奴单于惶恐，归还了抢去的汉民，以示友善，北匈奴突击的士兵每次到南匈奴附近，经过中国边塞亭障时，总是谢罪说：“我们只是攻打亡虏薁鞬日逐，不敢入侵汉朝人民。”

（以上为第五段，写南单于归附，助东汉抗拒北匈奴，边郡安宁，边民各还本土。）

汉光武帝建武二十七年（辛亥，公元 51 年）

夏季，四月二十一日戊午，大司徒玉况去世。

五月十一日丁丑，光武帝下诏把大司徒、大司空的“大”字去掉，改大司马为太尉。当天罢免了署理大司马职务的骠骑大将军刘隆，任命太仆赵熹为太尉，大司农冯勤为司徒。

北匈奴单于派使者到武威郡请求和亲，光武帝召见公卿当廷商议，没有结果；皇太子说："南单于刚刚归附，北匈奴怕被我攻伐，所以倾耳听命，争着归顺。现今我们没替南匈奴出兵讨伐北匈奴，反而去与北匈奴交往，我担心南匈奴单于将有二心，这样北匈奴也不再来归顺了。"光武帝认为有道理，通知武威郡太守不接受北匈奴使者的要求。

朗陵侯臧宫、扬虚侯马武上书说："匈奴贪婪，不讲礼信，穷困就磕头臣服，安定就侵扰抢夺。北匈奴现在人畜死于瘟疫，遭逢旱灾、蝗灾，土地荒芜，疲困贫乏，抵不上汉朝的一个郡。匈奴虽然远在万里之外，但他们的生死却由陛下决定；福不再来，时机易失，怎么可以固守文治而放弃军事呢？如今应当命令将军到边塞，悬以重赏，传告高句骊、乌桓、鲜卑攻击北匈奴的东部，调动河西四个郡、天水、陇西的羌胡，攻击北匈奴的西部，这样的话，用不了几年就可以消灭北匈奴。臣担心陛下过于仁恩，不忍心这样做，出谋划策的臣子猜疑不定，使得万代不朽功业付诸流水！"诏书回答说："《黄石公记》说：'柔能克刚，弱能克强。舍近图远，劳而无功；舍远谋近，逸而有成。所以说：专门致力于扩充土地的人会使自己疲惫；专门致力于扩展德行的人才会日益强大；珍惜自己已有的人得到安定；贪图夺取别人的人变得残忍。残暴的政治，即使一时成功，也一定会失败。'如今国家没有很好的政策，灾异不断，百姓害怕，人人不能自保，怎么还想要到边境去建功立业？孔子说：'我担忧季孙的大祸不在颛臾，而在萧墙之内啊！'何况北狄还很强盛，而屯田警备，传闻的事情，常多失实。果真能拿半个天下去消灭大敌，难道不是朕最大的愿望？若时机未到，还不如让百姓休息。"从此以后，众将领不敢再说用兵之事。

光武帝问赵熹国家长治久安的办法，赵熹建议下令各个诸侯王回到自己的侯国。冬季，光武帝派遣鲁王刘兴、齐王刘石回到侯国。

（以上为第六段，写光武帝执行分化匈奴的政策，不接受北匈奴归降。）

这一年，光武帝的舅舅寿张恭侯樊宏去世。樊宏为人谦虚温和，小心翼翼，每到朝会时，总是先到，恭敬地等候差遣；上奏应该兴革的条陈，亲手书写，毁掉草稿；公开朝会问到他，从不当众回答。宗族受他影响，无人犯法。光武帝很敬重他。等到他病危，遗命薄葬，不用陪葬品。认为棺柩一经掩埋，不应该再见天日，如果尸体腐败，会使孝子伤心，就遗命让自己与夫人埋一个坟但不用同一个墓穴。光武帝赞赏他的遗命，让百官看他的遗书，说："如今不顺从寿张侯的意思，就不能够彰显他的美德；而且我死后，也要以他为榜样。"

（以上为第七段，写光武帝薄葬国舅樊宏。）

汉光武帝建武二十八年（壬子，公元 52 年）

春季，正月十三日己巳，徙封鲁王刘兴为北海王；撤销鲁国并入东海国。光武帝因为东海王刘强进退有礼，封给他大国，食邑二十九个县，赐给虎贲、旄头，以及用木架悬挂的编钟，比拟天子的排场。

夏季，六月初七日丁卯，沛太后郭氏去世。

当初，马援哥哥的女婿王磐是平阿侯王仁的儿子。王莽失败，王磐凭借财富做游侠，在江、淮一带很有名气。后来王磐到了京城，和那些贵戚交友，马援对姐姐的儿子曹训说："王氏是个败落之家，本应该居家自保，可王磐却到京城交结贵戚，任气独行，他必遭失败。"一年后，王磐犯罪被杀；王磐的儿子王肃又出入王侯之门。这时禁网还宽，众多诸侯王都在京城，争相建立名誉，招募游士。马援对司马吕种说："建武之初，国家刚刚重建，从今以后，国家会越来越安定。只是担心各位皇子一天天长大，而防隔内外的旧制度还没有恢复，如果和宾客交往很多，就会出现大案。你们要小心谨慎！"这时，正好有人上书控告王肃等被诛杀之家，是诸侯王的宾客，担心出事生乱。正巧碰到更始帝刘玄的儿子寿光侯刘鲤得到沛王的宠爱，而刘鲤仇恨刘盆子，交结宾客杀死刘盆子之兄前式侯刘恭。光武帝发怒，沛王被牵连下狱，三天后才放出。于是下诏郡县逮捕诸侯王的宾客，互相揭发，死者数以千计；吕种也受到灾祸，临刑时感叹说："马将军像个神仙啊！"

秋季，八月十九日戊寅，东海王刘强、沛王刘辅、楚王刘英、济南王刘康、淮阳王刘延各自开始离开京师官邸回到自己的封国。

光武帝问群臣："谁可以教太子？"群臣迎合上意，都说："太子的舅舅执金吾原鹿侯阴识可以担当此任。"博士张佚严肃地说："如今陛下立太子，是为了阴氏，还是为了天下？如果为了阴氏，则阴侯可以；如果为国家利益，就该用天下的贤才！"光武帝赞同，说："要请老师，是为了辅导太子；如今博士能够不顾忌谏朕，何况太子呢？"就任命张佚做太子的太傅，任命博士桓荣做少傅，赐予辎车、乘马。桓荣集合太学全体学生，陈列车马、印章绶带，说："今天蒙此荣幸，得力于研究古书，怎能不勉励呢？"

（以上为第八段，写马援洞察光武帝心态，诫亲友不要攀附权贵以避大狱，不幸言中。光武帝为太子择师傅不唯亲，选用贤士。）

北匈奴派遣使者进贡，再次请求和亲，还请求教导他们汉朝的音乐，以及请求率领西域各国使节一起朝见。光武帝要三府商议适宜的对策，司徒掾班彪说："臣听说孝宣皇帝敕令边境守尉说：'匈奴是个大国，善变多诈，如能通过交往得到他们的真情，他们能够替你冲锋陷阵；如果一旦中其圈套，就反而会上当受骗。'如今北匈奴单于看到南匈奴单于来归附，害怕图谋他的国家，所以屡次请求和亲，又赶着牛车来跟汉人做生意，更派遣有名的部王前来，进贡很多，这都是用对外显示富强来迷惑我们。臣以为北匈奴单于的贡献越重，他的国家越空虚；归依次数越多，他们内心的恐惧就越多。然而中国如今既然没有帮助南匈奴，也就不宜和北匈奴断绝，所以没有不安抚笼络的道理。按照礼节，不能不回答。臣认为可以稍加赏赐，大致与所献之物相当，回复的言辞，务必恰如其分。臣拟了一个草稿一起呈上。拟稿内容说：'单于不忘汉朝的恩惠，追念先祖的旧约，想修好和亲，安定国家，计划很好，单于的做法值得赞赏！过去，匈奴常有内乱，呼韩邪、郅支自相内争，都受到孝宣皇帝救助，所以各自派侍子，自称藩臣，保卫汉朝边塞。而后郅支愤怒翻脸，自断汉朝的恩泽。而呼韩邪内附和亲，忠孝更加显明。等到汉朝将郅支消灭，就保全了呼韩邪单于的国家，传位其子，子孙相继。现在南单于率众徙南，叩塞归顺，自认为是呼韩邪嫡长子，按次序当立，却被侵夺了应得的王位，互相猜疑背叛，多次请求兵卒将帅，要回去扫荡北边的王庭。为了说动汉朝，各种谋略层出不穷，毫无保留上奏。汉朝廷只是想到不可偏听一方，又因北单于连年进贡，要修好和亲，所以拒绝了南匈奴单于栾提比请兵北伐的要求，目的是要成全北匈奴单于蒲奴归附中国的忠孝之义。汉朝秉持威信，统领众国，凡日月所照，都是臣属。对待所有不同风俗的蛮夷，在道义上不论远近亲疏，归顺者褒赏，叛逆者诛杀，向善和作恶的后果，可从呼韩邪、郅支身上看出。如今单于要修好和亲，诚意已经充分表达出来了，还有什么顾虑，要率领西域众国一起来贡献朝见！西域国归属匈奴与归属汉朝一样！北匈奴连年兵乱不断，国内空耗，贡物酌量就可表达礼仪，何必进献马匹、裘皮！如今赠给各色丝绸五百匹，以及弓和收藏弓箭的器具各一件、箭四发，送给单于；又赐予献马的左骨都侯、右谷蠡王每人各色丝绸四百匹、斩马剑一把。单于以前说：'汉朝先帝时赐送呼韩邪的竽、瑟、箜篌都坏了，希望再酌量赐给。'考虑到单于的国家仍不安定，正在激励武节，专力从事征战，竽、瑟的用处不如良弓利剑，所以没有带来送你。朕不吝啬小东西，只是送给单于适用的东西，故派驿使向你说明。"光武帝全部采纳了他的建议，照此办理。

（以上为第九段，写光武帝修好北匈奴。）

汉光武帝建武二十九年（癸丑，公元 53 年）

春季，二月初一日丁巳朔，发生日食。

汉光武帝建武三十年（甲寅，公元 54 年）

春季，二月，光武帝到东方巡视。群臣上奏说："皇上即位三十年了，应当到泰山行封禅之礼。"光武帝下诏说："即位三十年，百姓满腹怨气，'我欺骗谁呢？难道要欺骗上天吗？''难道说泰山之神还不如林放吗？'为什么要去玷污七十二位君王的记录！如果郡县远道派来官吏祝寿，大赞虚美之词，一定要处以髡刑，惩罚他去屯田。”于是，群臣不敢再说。

二月十三日甲子，光武帝到鲁国济南巡视；闰三月初三日癸丑，光武帝返回皇宫。

在紫宫星区出现异星。

夏季，四月初九日戊子，改封左翊王刘焉为中山王。

五月，发洪水。

秋季，七月，丁酉日，光武帝巡视到鲁国；冬季，十一月，丁酉日（疑误），光武帝返回皇宫。

胶东刚侯贾复去世。贾复出兵作战，从没有打过败仗，屡次和众将突破敌围，身上有十二处创伤。光武帝因为贾复敢深入敌境，很少让他远征，但嘉奖他的勇猛气节，经常把他安置在身边，所以贾复很少有独当一面的功勋。众将每次议论战功，贾复都沉默不语。光武帝总是说：“贾君的功劳，我自己知道得一清二楚。”

汉光武帝建武三十一年（乙卯，公元 55 年）

夏季，五月，发洪水。

五月三十日癸酉晦，发生日食。

有蝗灾。

京兆掾第五伦掌管长安的市，公平廉洁耿直，市场上没有作奸犯科与冤枉的事情。第五伦每次读诏书，常叹息说：“这是圣明的君主，只要有机会见圣上一面，一定会得到赏识。”同僚讥笑他说：“你劝说一个将领都不能使其信从，怎么能说服天子！”第五伦说：“只是未遇知己，道不相同而已。”后被举做孝廉，担任淮阳王手下的医工长。

汉光武帝中元元年（丙辰，公元 56 年）

春季，正月，淮阳王进京朝见，第五伦随着官属见到光武帝。光武帝问他政事，第五伦回答，光武帝很满意；第二天，又单独召他入宫，光武帝和他一直谈到黄昏。光武帝对第五伦说：“听说你做官，鞭打岳父；拜访堂兄，不肯留下吃饭，真有这些事吗？”第五伦回答说：“我三次娶妻，他们都没有父亲健在。我从小遭逢饥饿乱世，实在不敢轻易吃别人的饭。别人以为我愚笨，才这样说。”光武帝大笑。派第五伦做扶夷县长，还没上任，又任命他为会稽郡太守；第五伦为政清廉仁慈，百姓十分爱戴他。

光武帝读《河图会昌符》说：“赤刘之九，会命岱宗。”光武帝深感这些文字玄妙，就命令虎贲中郎将梁松等人考查《河洛谶文》，这本书上提到汉朝第九代应当上泰山封禅的地方共三十六处。于是张纯等人再次上奏请求封禅，光武帝就允许了。诏令有关官吏考究汉武帝元封年间的旧例，应当用方石两块扣合封藏玉牒，金泥密封，玉检按捺。光武帝认为方石之工很难完成，想使用以前汉武帝用过的封石，将玉牒放在里面；梁松等人争相认为不可以，就命石匠取用一色的青石，不一定要按方位用五色的青石。

正月二十八日丁卯，光武帝到东方巡视。二月初十日己卯，到鲁地登上泰山。二月二十二日辛卯，早晨，举行燎祭，在泰山南麓祭天，随同祭祀众神，比照南郊大祀奏乐。祭祀完毕，光武帝登车上山，中午后，到山上更衣。傍晚申时，登上祭坛，面向北边，尚书令捧着玉牒玉检，光武帝用一寸二分的印玺亲自印上。太常命令两千多个骑士打开坛上的方石，尚书令将玉牒藏好，再盖上方石，尚书令用五寸的印章印在石检上。封藏完毕，天子两次叩拜。群臣高呼万岁，就从原路下山。半夜后，光武帝才到山下，百官第二天早晨才全部下山。二月二十五日甲午，在梁父山的北面祭地，以高后配享，同时祭祀山川众神，祭礼比照元始年间在北郊祭地的旧例。

三月三十日戊辰，司空张纯去世。

夏季，四月初五日癸酉，光武帝返回皇宫；四月十一日己卯，大赦天下，更改年号。

光武帝巡幸长安；五月二十八日乙丑，返回皇宫。

六月二十四日辛卯，任命太仆冯鲂为司空。

六月二十八日乙未，司徒冯勤去世。

京城涌出甜水泉，水边又生长出朱草，郡国频频献上甘露。群臣上奏说："祥瑞不断降临，应下令太史撰写汇集，收集记录，流传到后世。"光武帝没有采纳。光武帝又自谦认为恩德不够，对郡国献上的祥瑞灵物，总是推辞不受，所以史官很少得以记载。

秋季，有三个郡国发生蝗灾。

冬季，十月初六日辛未，任命司隶校尉东莱李䜣为司徒。

甲申日（疑误），派遣司空祭告高庙，尊称薄太后为高皇后，配享地神。将高庙中吕太后的神主及牌位迁出，安置在墓园按四季祭祀。

十一月三十日甲子晦，发生日食。

这一年，盖起明堂、灵台、辟雍，向天下宣布图谶。

当初，光武帝认为他是应验了《赤伏符》的预言，才即帝位，从此，十分相信谶文，许多疑虑的事情就在图谶中找答案。给事中桓谭上奏说："大凡人之常情总是轻视眼前看得见的正常事物，而重视各种奇闻逸事。观看先王的记述，都以仁义正道为根本，本无奇怪虚诞的事情。圣人很难说清天道、性命，从子贡以下的孔门弟子，没有谁听说过，后世浅薄儒生又怎能通晓这些？如今那些方伎术数之人，擅自更改图书，谎称是谶记，用以达到贪婪利己的目的，欺骗国君，怎么能不惩治疏离他们？臣恭听陛下极力批评方士炼丹点金之术，真是英明；然而却接受谶记，为何犯这个错误？有些事情虽然有时和谶书相合，譬如占卜偶然对了一样。陛下应当明察视听，抛弃各种邪说，讲述‘五经’的正统意义。”奏疏呈上，光武帝很不高兴。时逢讨论灵台处所，光武帝对桓谭说：“我要用谶书来决定它，可以吗？”桓谭不吭声，好久才说：“臣不读谶书。”光武帝问其中原因，桓谭又极力说谶书不合经典。光武帝大怒说：“桓谭非议圣人，目无法纪，将他带下，斩首。”桓谭叩头流血，才得解救。贬出京城当六安郡丞，赴任途中病死。

范晔评论说：桓谭由于不好谶书而被放逐，郑兴却因恭顺的言辞而幸免；贾逵擅长附会文饰，最为显贵。国君以此论学问，真是令人悲叹！

贾逵是扶风人。

南匈奴单于栾提比死了，弟左贤王栾提莫继位，这就是丘浮尤鞮单于。光武帝派使者持着印玺和诏书，举行了授玺仪式，赐给单于衣服、冠冕及彩缯。此后，这就成了惯例。

（以上为第十段，写光武帝晚年封禅泰山，迷信图谶，渐生骄侈心。）

汉光武帝中元二年（丁巳，公元 57 年）

春季，正月初八日辛未，开始在北郊立地坛，祭祀土地神。

二月初五日戊戌，光武帝在南宫前殿去世，终年六十二岁。光武帝每天早晨上朝办事，到黄昏才停止，经常召见公卿、郎将讲论经学，半夜才睡。皇太子刘庄看到光武帝勤劳不怠，找一个机会劝谏说：“陛下有禹、汤的英明，却失去了黄帝、老子长寿的福分，但愿能保养爱惜精神，悠闲宁静。”光武帝说：“我喜欢这样做事，不感到疲劳！”光武帝虽然依靠征讨完成大业，但等到天下已经平定，就使功臣隐退，让文吏进升。明察政体，谨慎办事，总揽大权，观察时势，量力而行，不做办不到的事，因此能够恢复前代的功业，实现天下太平。

太尉赵熹掌管丧事。这时经过王莽之乱，旧有的典制都不复存在，皇太子刘庄和各位封王起居饮食，平起平坐，侯国属官进出宫禁，和百官没有差别。赵熹神色严肃，在殿阶拿着剑，将各位封王扶下大殿，以表明尊卑；奏请派遣谒者把诸侯王的官属护送分散到别的郡县，下令诸王都回到自己的官邸，只有早晚入宫哭丧。整齐礼仪，严守宫门防卫，宫廷内外肃然。

太子即皇帝位，尊称阴皇后为皇太后。

山阳王刘荆哭得不哀伤，还写匿名信，命家仆谎称是大鸿胪郭况给东海王刘强的信，说刘强没有罪而被废掉，以及母亲郭后被黜受辱，劝他回到东边起兵夺天下，而且说：“高祖由亭长兴起，陛下自白水乡兴起，何况东海王您是陛下的长子、过去的太子。应当做肃杀万物的秋霜，不要做关在栅槛里的羔羊。国君去世，民间的百姓尚且做盗贼，想有所希望，何况是大王呢？”刘强接到信害怕恐慌，立即抓捕使者，密封上奏明帝。明帝因为刘荆是同母的弟弟，秘而不宣，只是命刘荆出居河南宫。

三月初五日丁卯，安葬光武皇帝葬于原陵。

夏季，四月二十四日丙辰，汉明帝下诏说：“朕现在上没有先帝，下没有独当一面的重臣，就像渡深渊而无船桨。皇帝位重，朕因年轻往往思虑不周，实在需要有德行的人辅佐朕。高密侯邓禹，列元勋之首；东平王刘苍，宽厚博学而有谋略。特命邓禹为太傅，刘苍为骠骑将军。”刘苍恳切推辞，汉明帝不同意。又诏令骠骑将军设立长史、掾史四十人，使骠骑将军地位在三公之上。刘苍曾推荐西曹掾齐国人吴良，汉明帝说：“推荐贤者辅助国家，是宰相的职责。萧何举荐韩信，设坛而拜将，不再考试，现今任命吴良为议郎。”

当初，羌族烧当部落首领滇良打败先零羌，占领他们的地方；滇良去世，儿子滇吾继位，部落转向强盛。秋季，滇吾和弟弟滇岸率领部众抢夺陇西，在允街击败太守刘盱，于是，防守边塞的各部羌人都起来反叛。诏令谒者张鸿率领诸郡军队攻击他们，在允吾县作战，张鸿全军覆没。冬季，十一月，又派遣中郎将窦固监督捕虏将军马武等两个将军，率领四万人讨伐羌人。

这一年，南匈奴单于栾提莫去世，他的弟弟栾提汗继立，是为伊伐於虑鞮单于。

（以上为第十一段，写光武帝驾崩，明帝顺利继位。）

显宗孝明皇帝上

汉明帝永平元年（戊午，公元58年）

春季，正月，汉明帝率领公卿以下到光武帝原陵祭拜，使用光武帝在世时朝会的礼仪。汉明帝向光武帝牌位跪拜，礼毕，到寝殿东厢落座；侍卫官都站在牌位后面，太官献上食物，太常奏乐；各郡国参加考绩的簿官排次上前，在供光武帝牌位大殿前的平台处奏报本郡谷价和民众的困苦。此后这种仪式便成为惯例。

夏季，五月，高密元侯邓禹去世。

东海恭王刘强病重。汉明帝派遣使者、太医乘车探望病情，络驿不绝。诏令沛王刘辅、济南王刘康、淮阳王刘延到东海国首府鲁城去看望。五月二十二日戊寅，刘强去世，临死前，上书谢恩说：“我就要死了，子孙孤苦无助，又使得皇太后、陛下担心，实在悲伤和羞愧。儿子刘政还年幼，承袭我的爵位之后，一定没有保全他的好办法，愿意归还东海郡。如今天下刚遇上大丧，希望陛下更好地侍奉皇太后，多进献膳食。臣刘强困顿愚笨，千言万语，不能尽意。特别感谢各位封王，没想到永远不能再相见了。”汉明帝看了奏书很悲泣，和太后一起出宫到津门亭发丧，派大司空执持符节办理丧事，赠送特优之礼，诏令楚王刘英、赵王刘栩、北海王刘兴以及京城里的亲戚都一起参加葬礼。汉明帝追思刘强谦逊节俭，不愿违背他的心意厚葬，于是特颁布诏书："馈送的物品，一定要简单，寿衣能遮住身体就行，茅车、瓦器等丧葬用物要少于正常规定，以表彰东海王特立独行的志节。"此后，留下将作大匠建筑陵墓庙寝。

秋季，七月，马武等人进攻羌人烧当部落，大败羌人，残余羌人有的投降，有的逃散。

山阳王刘荆私下接来擅长观察星象的人，和他谋议，希望天下发生变故；汉明帝知道此事，改封刘荆为广陵王，遣送他到封国。

辽东太守祭肜派偏何讨伐赤山乌桓，大败乌桓，杀了乌桓的首领，塞外震惊恐惧，西自武威，东到玄菟，都向汉朝归附，野外没有战争，于是裁撤了沿边的屯防军队。

东平王刘苍认为中兴三十多年了，四方没有事，应修治礼乐，就和公卿商议南北郊祭礼的冠冕、车服制度，以及光武庙的祭礼歌曲、八佾舞的人数，呈献给汉明帝。

（以上为第十二段，写汉明帝初即位，问民疾苦，修治礼乐。东海王刘强薨。）

汉明帝永平二年（己未，公元 59 年）

春季，正月十九日辛未，在明堂隆重祭祀光武帝，汉明帝以及公卿列侯穿戴冠冕、佩戴玉饰行祭礼。祭礼完毕，汉明帝登上灵台，观望云气天象，大赦天下。

三月，汉明帝临幸辟雍，首次举行大射礼。

冬季，十月初五日壬子，汉明帝莅临辟雍，初次举行养老礼。任命李躬为三老，桓荣为五更。三老穿戴优质的麻布大袍，戴进贤冠，持玉杖；五更也比照这样穿戴，但不持杖。天子乘车到达辟雍礼殿，坐在东厢，派使者用安稳的车子将三老、五更接到太学的讲堂，天子在门屏接待，行交接礼；从东阶引路，三老登上宾阶；到了阶上，天子按礼作揖。三老登上宾阶，面向东方，三公摆设几案，九卿放好木屐，天子亲自挽袖袒臂分割祭肉，然后捧起酱汁，一并进献三老，举杯向三老敬酒，首先祝福老人吃鱼不受鱼刺伤害，然后祝福老人吃饭不被食物噎住，身体健康。五更面向南方，三公进献酒食，礼节像天子对待三老一般。礼仪完毕，引导桓荣以及弟子登上讲堂，汉明帝亲自为臣下讲说，各位儒学大师拿着经书在前面请问疑难，环绕太学（辟雍）大门外护城桥头观看和倾听的士大夫，成千上万。于是，下诏赐桓荣关内侯；三老、五更都以二千石的俸禄供养终身。还赐予全国各郡国三老每人一石酒，四十斤肉。

汉明帝做太子时，曾向桓荣学《尚书》，等到做了皇帝，还是用师礼尊敬桓荣。

曾到太常府，令桓荣向东而坐，摆设几案、手杖，聚集所有官员及桓荣的几百个学生，汉明帝亲自拿着经书；有的人离开座位提问，汉明帝谦虚地说："太师在这里。"事后，将太官供奉的御膳全部赐给太常家。桓荣每次生病，汉明帝总是派遣使者慰问，送食的太官、治病的太医往来不绝。等到桓荣病重，上书谢恩，归还爵位食邑。汉明帝亲自到桓荣家询问起居，进入街道就下车，拿着经书上前，摸着桓荣流泪，赐送床垫、帷帐、刀剑、衣被，很久才离开。此后，诸侯、将军、大夫探病的不敢再乘车到门口，都在床下跪拜。桓荣去世，汉明帝亲自穿上丧服赴丧送葬，把首阳山南麓赐给他作为墓地。儿子桓郁应继承爵位，想让位给他哥哥的儿子桓汎；汉明帝不同意，桓郁才接受封爵，然而将租税收入都送给桓汎。汉明帝任命桓郁为侍中。

汉明帝因中山王刘焉是郭太后的小儿子，阴太后尤其喜欢他，就将他单独留在京城里，现在才和各位封王一样回到自己的封国，赐予他虎贲、官骑，恩宠非常优厚，只有他可以随时进京。汉明帝以礼待阴太后和郭太后，事事都同样对待，多次赏赐，恩宠都很优厚。

十月十七日甲子，汉明帝到长安。十一月初七日甲申，派使者用中牢祭品祭祀萧何、霍光，汉明帝经过他们的墓地，在车上俯身致哀。继续前行巡幸河东郡；十一月二十六日癸卯，汉明帝回宫。

十二月，护羌校尉窦林犯欺骗和贪赃罪，被关进狱中而死。窦林是窦融堂兄的儿子。此时，窦氏有一人做公，两个人做侯，三人娶了公主，四人有二千石俸禄的官职，从祖父到孙子，在京城里有许多官府住宅，帝王的亲戚和功臣中无人可与之相比。等到窦林被诛杀，汉明帝多次下诏指责窦融，窦融惶恐，请求辞职，于是下诏命令他回家养病。

这一年，第一次在五郊举行迎节气庆典。

新阳侯阴就的儿子阴丰娶郦邑公主。公主骄横妒忌，阴丰杀了她，自己被诛，父母也都自杀。

南匈奴单于栾提汗去世，单于栾提比的儿子栾提適即位，就是醯僮尸逐侯鞮单于。

（以上为第十三段，写明帝尊礼大儒，兴起儒学。）

汉明帝永平三年（庚申，公元 60 年）

春季，二月初九日甲寅，太尉赵熹、司徒李䜣被罢免。二月十一日丙辰，任命左冯翊郭丹为司徒。二月十四日己未，任命南阳太守虞延为太尉。

二月二十九日甲子，立贵人马氏为皇后，皇子刘炟为太子。

皇后是马援的女儿。光武帝时，她被选进太子的宫里，能够侍奉阴皇后，跟同辈相处融洽，各种礼仪周全，上下和睦，于是日渐被宠爱；等到汉明帝即位，选为贵人。当初，马贵人的异母姐姐的女儿贾氏被选进宫里，生了皇子刘炟；汉明帝因为马皇后没有儿子，就命马皇后抚养，对她说：“人不一定要自己生儿子，只是担心对他爱抚不周到。”马皇后尽心养育，辛苦超过对待亲生的儿子。太子也淳厚笃实，母爱子慈，始终没有一点异心。马皇后常因为明帝皇子不多，推荐身边的美女，唯恐不够。后宫女子有进见的，她都给予安排。如果多次受召，就给予重赏。

等到主管官吏奏请立皇后，汉明帝还没开口，皇太后说：“马贵人的品性在后宫中最佳，皇后就是她。”马皇后坐了正宫后，愈加谦恭，爱好读书。常穿粗厚的素色绸衣，裙不加边。初一、十五妃嫔和公主来请安，见皇后的衣服粗疏，以为是特制的高级绸缎，走近一看，便笑了。马皇后说：“这种丝料适合染色，所以用它罢了。”群臣上奏的事情有难于决定的，汉明帝多次询问马皇后，马皇后分析义理，然而从未以家中私事干涉政事。汉明帝于是宠爱敬重她，始终不变。

汉明帝怀念中兴功臣，在南宫云台画了二十八个将军的肖像，以邓禹为首，依次是马成、吴汉、王梁、贾复、陈俊、耿弇、杜茂、寇恂、傅俊、岑彭、坚镡、冯异、王霸、朱祐、任光、祭遵、李忠、景丹、万修、盖延、邳彤、铫期、刘植、耿纯、臧宫、马武、刘隆；加上王常、李通、窦融、卓茂，共三十二人。马援因是皇后的父亲，所以不包括在内。

夏季，四月十七日辛酉，册封皇子刘建为千乘王，封刘羡为广平王。

六月二十四日丁卯，在天船星北，出现异星。

汉明帝大规模兴建北宫。当时发生旱灾，尚书仆射会稽人钟离意到宫门，脱下宫帽，上奏说：“从前成汤遇到天旱，以六件事自责：‘是政务不恰当吗？是役民过分吗？是宫室建得太多吗？是爱听女人的话太多吗？是贿赂流行吗？是媚上的小人太多吗？’臣个人认为大规模兴建北宫，耽误农时；从古以来，不以宫室狭窄为苦，只是忧虑人民不能平安，应停止工程，顺应天意。”汉明帝下诏说：“成汤引用责备的六件事，错误全在朕一人。钟离意你可以穿戴上帽子、鞋子，不必谢罪。”汉明帝下令将作大匠停止建造各座宫殿，裁减不急用的开支。趁此下诏向公卿百官致谢，天空终于落下及时雨。

钟离意推举全椒县长刘平，下诏征召他为议郎。刘平在全椒县，施政有恩惠，百姓中有人自动多报资产以便多缴纳赋税，有人减低自己的年龄以便继续为国家服役。刺史、太守到县里巡查，监狱里没有囚犯，人人安乐，各得其所，刺史、太守不知道要纠查什么，只好颁布完诏书就离开。

汉明帝心胸狭窄，爱听小报告，喜欢让耳目打探文武百官的隐私，并以此为英明。公卿大臣屡次被毁谤，近臣尚书以下甚至被汉明帝推搡拉扯。曾经因为一件事迁怒郎官药崧，用手杖敲他。药崧逃到床下，汉明帝非常生气，厉声地喊：“郎官出来！”药崧于是说：“天子端庄肃穆，诸侯恭敬庄严，从没听说身为人君却亲自用手杖敲打郎官的。”汉明帝就赦免了他。

这时朝廷中没有一个人不害怕，争着表现得严厉急切来躲避被诛杀与责罚；只有钟离意一人敢劝谏，多次将下达的不适宜的诏书封好退还宫中。臣下犯了过错，钟离意总是尽力解救。正巧遇到连续发生灾变怪异，就上疏说："陛下敬畏鬼神，忧恤黎民百姓，而天气不和，寒暑违反节令，错在臣子们未能宣布德化和管理职事，大家争以苛刻为风俗，百官之间缺乏相爱之心，官民之间缺少祥和的气氛，以至悖逆祥和之气，发生天灾。百姓可以用恩德感化，但难以用压力来达到目的，《鹿鸣》这首诗一定在宴会上演唱，就是为了沟通人神的心灵，然后天气才调和。但愿陛下布施圣德，减缓刑罚，顺从时令节气以调和阴阳。”汉明帝虽然没有采用，然而知道钟离意出自诚意，始终厚爱他。

秋季，八月二十五日戊辰，汉明帝下诏改太乐官为太予宫，这是用图谶上的文字。

八月二十九日壬申晦，发生日食。诏书说："从前楚庄王没有灾害警告，自己也恐惧；鲁哀公有大祸，上天却不降罪惩罚。现今发生的日食灾害，还来得及拯救，官吏应该做好自己的事业，以匡正无德的天子！"

冬季，十月二十二日甲子，汉明帝与皇太后去章陵。荆州刺史郭贺有政绩，汉明帝赐予他三公的礼服，绣有黼黻纹饰，还有冕旒礼帽，敕令郭贺在各地巡视，特地打开车子的前帷，使百姓可以看见他的仪容服饰，以表扬他的美德。十月二十六月戊辰，汉明帝从章陵回宫。

这一年，京师洛阳及周围的七个郡国发生大水灾。

莎车国王贤用军队威胁，夺取于阗、大宛、妫塞，并派莎车的将领防守。于阗人杀掉莎车将领君德，立大人休莫霸为王，于是莎车王贤率领各国几万军队攻击于阗，被休莫霸打败，全军覆没，只身逃还。休莫霸包围莎车，被流箭射死，于阗人又立他哥哥的儿子广德为王，广德派他的弟弟仁继续进攻莎车王贤。广德的父亲以前被囚禁在莎车，莎车王贤于是将他的父亲送回，还将女儿嫁给广德，与他和亲。

（以上为第十四段，写明帝册立马皇后，表彰开国功臣，为政严苛，偏听偏信，亦能纳谏。）

【点评】

本卷史事点评三事：一、马援蒙冤；二、匈奴内讧；三、光武帝迷信图谶。

一、马援蒙冤。武陵蛮反叛，马援请缨出征。光武帝怜惜马援年老，没有答应。马援效法廉颇，骑马扬威，表示老当益壮，可堪大任。光武帝笑着说："果然是一个精神抖擞的老头。"光武帝于是派马援出征，中郎将马武、耿舒为副将。耿舒是好畤侯耿弇之弟。耿氏一门在光武帝经营河北时追随，亲爱无比。马援率军抵达下隽（在今湖南沅陵县东北），临近武陵蛮叛乱地区。从下隽进入武陵蛮腹地有两条进军路线，一是从壶头山（今湖南沅陵县东）进兵，路近便而沿途凶险；二是从充县（在今湖南桑植县）进兵，路迂远而平坦。马援主张从壶头山进军，出其不意，速战速决，从充县进兵，时间拖得太久，军粮不够。但从充县进军，道路平坦，比较安全。两种意见，相持不下，同时报告光武帝，由皇帝裁决，光武帝批准了马援的进军路线，惹得耿舒不高兴。天不佑马援，由于酷暑行军，北方战士水土不服，瘟疫突然发生，士兵多病死，大军丧失了战斗能力，只好在沿溪河岸凿石窟避暑，暂时休养。马援也身染瘟疫，当敌人来攻，马援总是拖着病体，挣扎到洞口观察敌情。耿舒就写了一封告状信托其兄耿弇上呈光武帝，说马援进兵，不但进军路线错误，还像一个西域小商人，每到一处都要停留，慢吞吞地进兵，贻误了战机，现在瘟疫流行，完全像他所预料的那样。耿舒把马援的持重说成是畏敌，显然是恶意中伤。光武帝得到报告，派梁松前往调查，并担任监军官。

梁松，字伯孙，梁统长子。梁统是更始皇帝委任的武威太守，追随窦融归附光武帝，封临乡侯。梁松托父之福，年少为郎，任虎贲中郎将。马援曾经患病，梁松登门看望，在马援病榻前拜见，马援视梁松为晚辈，又在病中，因此没有还礼。梁松是皇帝女婿，满朝文武无不奉承，他认为马援没有还礼是看不起他，于是怀恨在心。马援的侄儿马严、马敦不守本分，好交结朋友。越骑司马杜保，作风孟浪，马援出征，致信马严、马敦不要与杜保交游。正好杜保的仇人上书揭发杜保行为浮躁，妖言惑众，并举出马援在万里外写给侄儿的信来作证。恰好梁松也与杜保交游。光武帝把控告书和马援的信交给梁松看，训斥了梁松。梁松吓得灵魂出窍，叩头流血才过了关。梁松从此更是对马援恨之入骨。梁松抓住调查马援贻误军机、导致大军受困的机会，大做文章，罗织罪状，报复马援。光武帝收到报告怒火中烧，立即下诏收回马援新息侯的印信。这时马援已死在军中，为国捐躯。早先，马援南征交趾时，买了一车预防瘟疫的南方特产薏苡，俗称薏米，既可入药，又可当杂粮吃。恰好这时有人出来诬告说马援征交趾受贿了一车珍珠。这是否是梁松唆使，不得而知。光武帝看了这封诬告状，更加愤怒，要罪及马援家属。马援妻儿闻讯，惊骇万分，不敢把马援的棺柩运回祖宗坟墓安葬，只好草草地掩埋在都城的西侧。

马援妻子和侄儿马严，把自己捆绑着到宫门请罪。光武帝给他们看梁松的弹劾状子，马援的妻子才知道原委。回家后连续上书六道诉冤，光武帝置之不理。这时马援的亲友故旧没有一个人出来说话。云阳县长扶风人朱勃站出来为马援辩诬。朱勃是马援的近邻，马援哥哥马况的朋友，小时读书比马援敏捷，马援吃醋怀恨。马援尊贵后非常看不起朱勃，朱勃二十多年只是一个县长。朱勃不以为意，仍保持与马家的亲近关系。等到马援有难，只有一个朱勃出来替他说话。人世间炎凉冷暖，危难关头，方得彰显。俗话说，“疾风知劲草，路遥知马力”，朱勃乃可当此。

光武帝对于功臣，恩德至重，给他们高位，维护他们的平安。为什么偏偏对马援如此刻薄呢？马援处世谨慎，不说人坏话，规劝子侄避免灾祸，到头来却不能自保。范晔在《后汉书·马援传》的评论中认为，在名利场中，旁观者清，当局者迷。马援评论别人，与自己没有利害关系，只讲原则，看得准，说理正，而看自己，就名利蒙眼说不清了。要站在旁观者的立场看自己，就差不多了。范晔说的大道理是不错的，马援不从流俗而在梁松面前以长辈自居，合于原则，疏了人情，得罪了梁松，连儿子们都看得清楚，马援心里也明白，但自己地位尊显，又是梁松父亲梁统的朋友，无意中怠慢了梁松。马援哪里想得到梁松要害他呢？但看不起朱勃，无论人情，还是待人之礼，马援都是不对的。人无完人，金无足赤，马援也不例外。

光武帝对待马援的薄情寡恩，有失常态，范晔对此没有评论。王夫之《读通鉴论》认为是马援自找。王夫之说马援没有遵守道家功成名就应身退的原则，有了高官厚俸，年事已高，还要出征，用别人的军队替自己赚取名利。在王夫之看来，出征就是掠夺，不然为什么要留恋戎马一生呢？事实胜于雄辩，马援掠夺了吗？买了一车薏米，就被说成是收受一车珍珠，这是害人者的恶意中伤。马援的一生名言是："男儿要当死于边野，以马革裹尸还葬耳。"又说："丈夫为志，穷当益坚，老当益壮。"马援说到做到，实践了自己的人生格言，是何等的思想境界，光武帝偏听偏信，与马援相比，只是一个小丈夫。"马革裹尸"成为千余年来鼓舞青年捍卫国家、树立凌云壮志人生观的格言成语，注入了炎黄子孙的灵魂。

马援时代，人们的思想观念受宗法制度与专制制度约束，亲亲至上，各种错综复杂的人情关系决定一切。所谓有理讲理，无理论大，谁是老大，谁说了算。封建社会，皇权至高无上，皇帝的话就是法律。马援生性高傲，无意中得罪了梁松，梁松抓住机会以驸马之亲在皇帝面前打小报告，马援自然是大祸临头。东汉统治集团高层以南阳豪强为班底，耿弇、窦融、梁统等是早期追随光武帝打天下的人，他们盘根错节，互相维护。马援半道投主，孤单无援。耿舒毁谤于前，梁松诬陷于后，耿氏、梁氏，加上皇室，联手加害马援，谁还敢对马援施以援手！光武帝发雷霆之怒，正是由于被亲情包围，加上猜疑心，只好去委屈马援了。马援既已身死，光武帝还有何顾忌。马援蒙冤，司空见惯。

二、匈奴内讧。强大的匈奴在西汉遭到汉武帝的沉重打击而衰落，分为南北两部，南匈奴归附汉朝，北匈奴远窜，在西域为患。到东汉建立，匈奴的这种格局依旧。匈奴南北两部对抗，对汉朝有利。东汉朝廷只接受南匈奴为归附，不接受北匈奴的归附与和亲，还挑动两部相争，自己坐收渔人之利。东汉朝廷高价赎回南匈奴获得的俘虏，再把俘虏无偿地归还北匈奴。

南匈奴单于栾提比俘获了北匈奴的左贤王薁鞬。光武帝建武二十六年（50）夏季，薁鞬左贤王煽动栾提比旧部五个骨都侯一起反叛栾提比，向北逃离，在距北匈奴王庭三百里的地方另立王庭。一个月后，叛逃的匈奴互相残杀，五个骨都侯全都死了，自称单于的薁鞬也自杀了。五位骨都侯的儿子们仍互不服气，各自拥兵自守，无止无休地互斗残杀。叛逃的匈奴原有三万多人，半年过后只剩下三千人，十分之九的匈奴都死于自己的刀下。这年冬天，剩下的三千匈奴人无法生存，于是南下回归南匈奴。北匈奴栾提蒲奴派兵追击，全部俘虏了这三千人。南匈奴单于栾提比派兵救援，被北匈奴打败，实力也受到损伤。中原得益于匈奴内讧，北方边疆恢复了宁静，云中、五原、朔方、北地、定襄、雁门、上谷、代郡等八个郡流亡在外的郡民，先后回归本土。东汉朝廷以夷制夷的政策获得成功。汉朝使臣到南匈奴王庭，单于栾提比行跪拜礼接受训书，昔日威风全无。

三、光武帝迷信图谶。光武帝刘秀曾在王莽天凤年间到长安向中大夫许子威学习《尚书》，略通大义。王莽末，天下大乱。宛人李通用图谶游说刘秀起事。李通说："刘氏复起，李氏为辅。"刘秀长兄刘縯，好侠养士，有一身武艺，素志反对王莽，先于刘秀起事，为众所服，更加坚定了刘秀起事的意志。刘秀一向忠厚，又懂经学，当他起事，穿上将军服，戴上武士帽，族人大惊，互相转告说："老实的刘秀都造反了，世道是要变了。"刘秀起事，稳定了军心。刘縯为更始帝所害，刘秀经营河北，成就了大事。建武元年，刘秀在鄗邑，当时为萧王，诸将劝其称尊号。这时从关中来了一个儒生强华手捧《赤伏符》献给萧王刘秀说："刘秀发兵捕不道，四夷云集龙斗野，四七之际火为主。"四七为二十八。从汉高祖到光武帝初起，合二百二十八年。汉高祖刘邦封王在公元前206年。刘秀起兵在公元22年，正好228年，即四七之际。汉为火德，故火为王。中元元年，公元56年，光武帝读《河图会昌符》曰："赤刘之九，会命岱宗。"光武帝刘秀是汉高祖的第九代孙。光武帝十分激动，诏令中郎将梁松等考核《河洛谶文》，找出高皇帝九世孙应当封禅的谶文有36条之多。光武帝于是按汉武帝元封元年封禅泰山的礼仪完成了封禅礼。十一月，明堂、灵台、辟雍落成，光武帝正式宣布图谶于天下。给事中桓谭上疏反对图谶，又在灵台会议时陈说图谶不是经典。光武帝大怒，要杀桓谭的头，桓谭求情，叩头流血，被贬出京，到六安县做县丞。太中大夫郑兴也曾反对图谶。光武帝询问郑兴："用图谶来决断郊祀的事可以吗？"郑兴回答："臣不懂图谶。"光武帝大怒说："卿不懂图谶，是反对吗？"郑兴说："臣没读过图谶，不是反对。"郑兴避免了惩罚。郑兴精通《春秋公羊传》《春秋左氏传》，不言图谶，不受重用。贾逵精通'五经'，运用图谶演绎经义，完成经学图谶化，身享高官厚禄。桓谭、郑兴、贾逵三位经学家对待图谶三种态度，三样下场。司马光引用范晔的话批评光武帝说："君王如此对待学术，岂不可悲。"

汉纪三十七

汉明帝永平四年至十八年（公元61—公元75）

【起重光作噩（辛酉，公元61年），尽旃蒙大渊献（乙亥，公元75年），凡十五年】

【大事提要】

本卷记事起公元61年，讫公元75年，凡十五年，当汉明帝永平四年至永平十八年，囊括了一代明君的风采。汉明帝是东汉光武帝之后最有作为的一代明君，东汉国力达于鼎盛。对外，窦固北伐大破北匈奴，班超建功西域，重新开通了贯通欧亚的丝绸之路。佛教传入中国，古代东西方文化交流上了一个新台阶。汉明帝不尚浮夸，不信祥瑞。为政严苛，治楚王英谋反案，兴大狱，蒙冤者众。侍御史寒朗冒死谏诤，被平反者一千余人。统治集团上层奢靡之风潜滋暗长。窦融子孙纵诞不法，门庭衰落。

显宗孝明皇帝下

汉明帝永平四年（辛酉，公元61年）

春季，汉明帝出宫就近巡幸京城宅第，想在河内郡校阅军队和狩猎；东平王刘苍上书劝谏。汉明帝看过奏表，马上回宫。

秋季，九月十二日戊寅，千乘哀王刘建去世，由于没有儿子，封国被废除。

冬季，十月十九日乙卯，司徒郭丹、司空冯鲂被免职，任命河南尹沛国人范迁做司徒，太仆伏恭做司空。伏恭是伏湛的儿子。

陵乡侯梁松犯了敌视朝廷、张贴匿名告示诽谤的罪，被关进牢狱死去。

当初，汉明帝做太子，太中大夫郑兴的儿子郑众以通晓经学而闻名，太子和山阳王刘荆通过梁松用缣帛邀请他，郑众回答说："太子是储君，没有与宫外朝官交结的道理；汉朝旧有禁令，藩王不该私通宾客。"梁松说："皇亲国戚的心意，不可违背。"郑众回答道："触犯禁令而得罪，不如坚守正理而死。"始终不肯前往。等到梁松出事，宾客多受牵连判刑，只有郑众未受牵连。

于阗王广德率领各国军队三万人进攻莎车国，设计引诱莎车王贤，杀死了他，吞并了他的国家。匈奴派各国军队包围于阗，广德请求投降。匈奴立莎车王贤在匈奴做人质的儿子不居徵为莎车王，广德又一次进攻，杀死不居徵，另立他的弟弟齐黎为莎车王。

东平王刘苍自从以皇室至亲的关系辅政，名声一天天大起来，心感不安，前后多次上疏说："自大汉复兴以来，宗室子弟没有在公卿位上的，乞求呈上骠骑将军的印绶，让我回到自己的封国去。"言辞异常诚挚，汉明帝就答应刘苍，让他回到封国去，但不同意他呈上将军印绶。

（以上为第一段，写郑众守正，刘苍自律，不贪权位。）

汉明帝永平五年（壬戌，公元 62 年）

春季，二月，刘苍离职回到封国，汉明帝以骠骑长史为东平王太傅，掾史为中大夫，令史为王府的郎官，加赏钱五千万，布十万匹。

冬季，十月，汉明帝巡幸邺县；当月回宫。

十一月，北匈奴入侵五原郡；十二月，入侵云中郡，南单于击退了来犯之敌。

这一年，朝廷派遣内地郡国的平民驻守边境，赐给每人办理行装的钱，共二万人。

安丰戴侯窦融年衰，子孙大胆妄为，多次触犯法禁。长子窦穆娶内黄公主为妻，假称阴太后的诏书，下令六安侯刘盱把妻子休了，把自己的女儿嫁给刘盱。刘盱妻子娘家人上书告发这一情况，汉明帝大怒，免去窦穆等人的官职。窦氏家族中有做郎吏的，全都要把家属遣归故里，只留下窦融在京城。窦融不久去世。几年后，窦穆等人又犯罪，和儿子窦勋、窦宣一起被关进监狱死去。过了很久，汉明帝才下诏让窦融的妻子和一个小孙子回到洛阳居住。

（以上为第二段，写窦融子孙纵诞不法，门庭衰落。）

汉明帝永平六年（癸亥，公元 63 年）

春季，二月，在王洛山出现宝鼎，被献给朝廷。夏季，四月初七日甲子，汉明帝下诏书说："祥瑞的降临，以应和有德的人；现在政务教化多有偏颇，怎么会有祥瑞降临呢？《周易》说：'鼎象征三公。'难道是公卿奉行职务很有条理吗？现在赐给三公五十匹帛，九卿、二千石的官员赏给一半。先皇下诏书，禁止臣下上书称'圣'，而近来的奏章有很多溢美之词；从现在开始，如果过分浮夸的话，尚书都应该制止，不予受理，用以表示不为谄媚的人所讥笑！"

冬季，十月，汉明帝巡幸鲁地；十二月，在返回途中巡幸阳城县；十二月二十九日壬午，回宫。

这一年，南匈奴单于栾提適去世，单于栾提莫的儿子栾提苏继位，是为丘除车林鞮单于；过了几个月，栾提苏也去世了。单于栾提適的弟弟栾提长继位，是为湖邪尸逐侯鞮单于。

（以上为第三段，写汉明帝不尚浮夸，不信祥瑞。）

汉明帝永平七年（甲子，公元64年）

春季，正月二十日癸卯，皇太后阴氏去世。二月初八日庚申，安葬光烈皇后阴氏。

北匈奴的势力仍然强盛，时常侵犯边界，派使者要求通商；汉明帝希望彼此来往，不再让匈奴入侵，就同意了。

任命东海相宗均做尚书令。起初，宗均是九江郡太守，五天处理一次政事，最大限度地裁减掾、史等中下级官吏，把督邮留在府内，不准他们去干扰属县，所属的县平安无事，百姓安居乐业。九江郡过去有许多老虎为暴的事情，经常招募人设下机关和陷阱，但仍有很多人受伤。宗均颁下训令，通报各属县，说："江、淮有猛兽，就好像北方有鸡和猪一样，现在成为人民的祸害，过失在害民的官吏，而劳神费力设下机关和陷阱去捕兽，不是体恤人民的根本办法。务必斥退奸邪贪念之徒，提拔忠心善良之士，就可完全撤销机关和陷阱，免除削减额定的租赋。"后来就不再有老虎为患的事了。汉明帝听说宗均的名声，因此，任用他承担重要职务。宗均对人说："朝廷喜好精通文书法令、清正廉洁的官吏，认为他们能制止奸邪的行为。但是，精通文书法令的官吏惯于钻法令条文的空子，欺上瞒下，而清廉的官吏只关心自身的清廉，而百姓流亡、盗贼为害却毫无办法。我宗均想叩头向朝廷争论这件事，短时间不可能改正，时间一久，朝廷自己就会深受其害，那就是最好的说话时机。"宗均还没来得及向朝廷进言，正好调任司隶校尉。后来汉明帝听到宗均的这些议论，表示很赞许。

（以上为第四段，写循吏宗均为官，重视民生，敢为百姓言事。）

汉明帝永平八年（乙丑，公元65年）

春季，正月初二日己卯，司徒范迁去世。

三月，辛卯日（疑误），朝廷任命太尉虞延做司徒，任命卫尉赵熹代理太尉职务。

越骑司马郑众出使北匈奴，单于想要郑众下拜，郑众不屈服。单于叫人包围住所，看守住他，并断绝水火供应，郑众拔刀以死相抗，单于害怕，只好另外派使者，随郑众回到京城。

当初，大司农耿国上书说："应设立度辽将军驻守五原郡，以防止南匈奴逃亡。"朝廷不接受。南匈奴须卜骨都侯等人知道汉朝和北匈奴交换使臣，内心怀有怨恨，想要背叛，秘密派人到北匈奴，要他们发兵接应。郑众出使塞外，怀疑有变乱，伺机守候，果然发现了须卜骨都侯派遣的使者。郑众于是上书说："应再设大将，以防止南、北匈奴交往。"从此开始设立度辽营，用中郎将吴棠代理度辽将军职务，派黎阳虎牙营的士兵去驻守五原郡曼柏县。

秋季，十四个郡国发生洪水。

冬季，十月，北宫修建完工。

十月初四日丙子，朝廷招募关在牢中的死刑犯去度辽营；有罪受追捕的逃亡犯，视罪行轻重，定出减免等级，从军赎罪。楚王刘英拿着黄色丝绸、白色细绢拜见楚国的相说："我身为藩侯辅臣，却犯有过失，承蒙天子恩德，特奉送缣帛，以赎罪过。"国相把此事报告汉明帝，汉明帝下诏书说："楚王诵读黄、老之书，崇尚佛家的仁慈，斋戒三个月，向神明发誓，哪有什么嫌疑？不应该有悔恨。退还赎罪之物，用来多摆筵席招待佛门弟子。"

当初，汉明帝听说西域有神，名字叫佛，于是派使者到天竺国访求佛道，得到佛书和僧人。佛书以虚无为宗旨，崇尚慈悲不杀生灵；认为人死后灵魂不灭，可以投胎转世，又成人形，转生回到人间；生前所做的善恶是非之事，来生都有报应，所以佛教崇尚的是修炼心灵以及行为，最终成为佛。佛书擅长说些高深莫测的话，用来诱导愚人和俗人。精通佛教道义的人称为沙门。从此中国开始传播佛教的道术，描画佛的图像，而王公贵人中，只有楚王刘英最先喜好佛教。

十月三十日壬寅，发生日食。日食以后，汉明帝下诏令群臣努力于职任，直率地畅所欲言，不要有忌讳。于是在位的官员都呈上密封奏章，各说得失，汉明帝看过奏章后，深刻懊悔并主动承担了责任，把所上的奏章交给百官传阅。汉明帝下诏说："群臣所说的，都是朕的过失。百姓的冤情不能得到审理，官吏的奸诈不能禁止；反而轻易动用民力，修建宫殿，挥霍国库和增加赋税没有节制，欢喜怨怒无常。永远诵读前人的告诫，深感惊恐，只是担心自己德行浅薄，时间一久就会懈怠。"

北匈奴虽然派遣使者进贡，但侵扰不断，边地的城门白天也要关闭。汉明帝商议派遣使臣回报北匈奴的使者，郑众上疏进谏说："臣听说北匈奴单于之所以请求汉朝派遣使臣，是想挑拨南匈奴单于的部众，坚定西域三十六国的诚心；又可以大肆宣扬汉朝的和亲，向邻近的敌国炫耀，使西域想要归附汉朝的国家犹豫不决，思念汉朝故土的人对中原失望。汉朝的使臣一到，北匈奴便会傲慢自信起来；假如再派使臣去，北匈奴一定会自以为计谋得逞，那些劝北匈奴单于归附汉朝的大臣，便不敢再说话了。果真这样，南匈奴单于的朝廷产生震荡，乌桓国就会有叛离之心。由于南匈奴单于长久地居住汉地，完全知道中原的形势，万一背叛汉朝，很快就会成为边界的祸害。现在幸好有度辽将军的军队在北边显扬国威，虽然南匈奴没有酬答，但不敢为患。"汉明帝不采纳郑众的建议，又派郑众出使北匈奴，郑众就上书说："臣前次奉命出使，不肯向北匈奴单于下拜，北匈奴单于忿恨，派遣军队包围了臣。现在又受命出使，必定会受到侮辱，臣实在不忍心拿着大汉的符节向穿着毡裘的北匈奴单于下拜。即使令匈奴最终臣服汉朝，也会有损我大汉的国威。”汉明帝不听。郑众不得已，出发之后，在路上接连上奏书，据理力争；汉明帝下诏严厉责备郑众，派人把郑众追回，关在廷尉的监狱中，正好遇到大赦，才回到家里。后来汉明帝接见匈奴的使者，听说郑众跟北匈奴单于争辩礼节的情形，就又召回郑众任命为军司马。

（以上为第五段，写佛教传入中国。郑众出使北匈奴，维护大国地位与礼仪，不屈匈奴，不辱使命。）

汉明帝永平九年（丙寅，公元 66 年）

夏季，四月甲辰日，汉明帝下诏责令司隶校尉和十三州刺史，每年推荐一个任职三年以上、考绩最优等的县长以下官员，随同各郡呈送考绩的上计掾，一起来京，考绩最差的，也要上报朝廷。

这一年，五谷丰收。

赐皇子刘恭的封号为灵寿王，刘党的封号为重熹王，但无封邑。

汉明帝爱好儒学，从皇太子、各封国王侯到各大臣的子弟、功臣的子孙，没有不学习儒经的。又为外戚樊氏、郭氏、阴氏、马氏诸子弟在南宫设立贵族学校，号称“四姓小侯”。设“五经”师傅，挑选高水平的老师教授学业。从期门、羽林的郎官起，都要通晓《孝经》的章句。匈奴也派子弟到汉朝学习。

广陵王刘荆又叫看相的人来说：“我的面貌像先帝，先帝三十岁得到天下，我今年也三十岁了，可以起兵了吗？”看相的人到官府告发此事，刘荆害怕，自我囚禁起来，汉明帝施恩，不彻底追究此事，下诏令刘荆不得掌管属吏和百姓，只是像以前那样收租，派广陵相、中尉对刘荆加强警卫，严密监视。刘荆又让巫师祭祀、诅咒汉明帝。汉明帝下诏令长水校尉樊鯈等人会审这个案子，审完后，樊鯈等奏请诛杀刘荆。汉明帝发怒说：“诸位大臣因为他是我弟弟的缘故，就想杀他；如果是我儿子，你们还敢这样做吗？”樊鯈回答说：“天下是高祖的天下，不是陛下的天下。《春秋》的大义，对国君和父母不能做出弑逆的事，否则就一定要诛杀。臣等因刘荆是陛下同母的弟弟，陛下怀有圣德心，对刘荆有恻隐之心，所以才敢奏请陛下。如果是陛下的儿子，臣等就不向陛下请示，直接把他杀了。”汉明帝叹息而称赞樊鯈。樊鯈是樊宏的儿子。

（以上为第六段，写广陵王刘荆谋逆被告发，治狱大臣引《春秋》之义，判处他死刑。）

汉明帝永平十年（丁卯，公元 67 年）

春季，二月，广陵思王刘荆自杀，封国被废除。

夏季，四月二十四日戊子，大赦天下。

闰十月初三日甲午，汉明帝巡幸南阳，召唤学校的官家弟子演奏雅乐，奏《鹿鸣》，汉明帝亲自奏埙、篪相和，用来娱乐嘉宾。在返回途中，到南顿县。冬季，十二月初四日甲午，回宫。

当初，陵阳侯丁綝去世，儿子丁鸿应该继承封爵，上书称有病，希望把封国让给弟弟丁盛，没有得到朝廷的允许。安葬了丁綝后，丁鸿就把丧服上的麻布条挂在墓旁守丧的草屋上逃走了。朋友九江人鲍骏在东海郡碰到丁鸿，责备丁鸿说："从前伯夷、季札在乱世权宜行事，所以能实现让位的心愿。《春秋》的大义，不因家庭私事，妨碍国家大事。现在你却因兄弟的私情而断绝了父亲永远不灭的万世基业，可以吗？"丁鸿于是感动醒悟流下了眼泪，便回到封国。鲍骏乘机上书荐举丁鸿经学深妙、品行高洁，汉明帝征诏丁鸿任命为侍中。

汉明帝永平十一年（戊寅，公元 68 年）

春季，正月，东平王刘苍和诸封王一起来朝见汉明帝，过了一个多月才回到封国。汉明帝亲自送行，回宫后思念感怀凄然不止，就派遣使臣奉汉明帝的手诏赐给东平国的中傅说："朕与东平王辞别之后，独自坐着也不快乐，坐车回宫，伏在车轼上吟诵，向上仰望内心深深怀念，心中难过。吟诵《采菽》，增加了朕内心的感叹。往日问东平王：'居住在家如何最快乐？'东平王说：'做善事最快乐。'东平王的话博大精深，恰似他的腰围啊！现在送去列侯的印十九枚，五岁以上，能小跑行礼的王子，都要带上印章。"

（以上为第七段，写汉明帝崇尚雅乐儒行，友爱兄弟。）

汉明帝永平十二年（己巳，公元 69 年）

春季，哀牢王柳貌率领他的五万多户民众来归附，在他原来的地方设置哀牢、博南二县。开始实施开通博南山、渡兰仓水的工程，服役者对此感到十分痛苦，歌唱说："汉朝的恩德深广，教化边远蛮荒不肯臣服的百姓；通渡兰仓水，为了其他县的百姓。"

当初，平帝时，黄河、汴水决堤，久未修理。建武十年，光武帝要修治；浚仪县令乐俊上书说，百姓刚受到战争的创伤，不适宜征发徭役，就中止治理。后来，汴渠向东泛滥，范围一天天扩大，兖州、豫州的百姓埋怨，认为朝廷经常征发徭役，却不以百姓的急务为先。恰好有人推荐乐浪人王景擅长治水。夏季，四月，下诏派出兵卒数十万，派王景与将作大匠谒者王吴去修筑汴渠堤防，从荥阳东边到千乘县海口一千多里，每十里建立一座水门，让水流逆流注入，不再有水灾。王景精打细算节省费用，但是仍然花费了上千万。

秋季，七月二十四日乙亥，司空伏恭被免职；乙未日（疑误），派大司农牟融做司空。

这时，天下安定，人民没有劳役，年年丰收，百姓富裕，米谷一斛三十钱，牛羊遍地。

（以上为第八段，写哀牢王内附，汉明帝修治黄河。）

汉明帝永平十三年（庚午，公元 70 年）

夏季，四月，汴渠的堤防修成；黄河、汴水分流，恢复到先前状态。四月初四日辛巳，汉明帝到荥阳，巡视河渠，于是渡过黄河，登上太行山，到了上党郡。四月二十五日壬寅，汉明帝回宫。

冬季，十月二十九日壬辰晦，发生日食。

楚王刘英和方士做成金龟、玉鹤，刻上文字作为显示祥瑞的符号。男子燕广告发刘英和渔阳人王平、颜忠等制造图谶，有谋反之心；案子交给司法机关审验。主管官吏上奏说："刘英大逆不道，报请诛杀。"汉明帝不忍心亲人伏法。十一月，废掉刘英的王爵，迁移到丹阳郡泾县，赐予汤沐邑五百户，男为侯，女为公主，食邑照旧；许太后不必缴回印玺，留住楚宫。在这之前，有人秘密把刘英的谋划报告给司徒虞延，虞延认为刘英是王侯、皇帝的至亲，不相信。等到刘英事发，汉明帝下诏谴责虞延。

汉明帝永平十四年（辛未，公元 71 年）

春季，三月初三日甲戌，虞延自杀。派太常周泽代理司徒职务。过了不久，又让周泽复职为太常。夏季，四月十六日丁巳，任命巨鹿太守南阳人刑穆做司徒。

楚王刘英到丹阳，自杀。汉明帝下诏用诸侯的礼节在泾县埋葬刘英。封燕广为折奸侯。

这时，穷追、深挖楚王英的案子，拖几年都没有结束。案犯供词牵连许多人，从皇亲国戚、诸侯、州郡的豪杰，以及考查案情的官吏，因依附楚王而被处死、流放的数以千计，案情不明而被关进牢狱的还有几千人。

当初，樊鯈的弟弟樊鲔为他的儿子樊赏求娶楚王刘英的女儿，樊鯈听了劝阻说："建武年间，我们家族备受恩宠，一门有五人封侯，当时父亲为特进，只需一句话，女的可以嫁给亲王为妻，男的可以娶公主为妻；但太过显贵荣宠，就是祸害，所以不能这样。而且你只有一个儿子，为什么要把他丢在楚国呢？"樊鲔不听从。等到楚王事发，樊鯈已去世，汉明帝追念樊鯈的谨行，所以他的几个儿子才没有受牵连。

刘英私下寻求天下的知名人士，汉明帝得到这份名单，有吴郡太守尹兴的名字，就召集尹兴和属吏五百多人前往廷尉接受审问。众属吏都受不了刑罚，大半死去；只有门下掾陆续、主簿梁宏、功曹史驷勋受尽五种毒刑，肌肉烂掉，始终没有更改过供词。陆续的母亲从吴郡来洛阳，煮了食物送给陆续。陆续虽被拷打，言辞神色始终不变，而面对食物却极度悲伤痛哭以致不能自拔。管理监狱的人问他原因，陆续说："母亲来了不能见面，所以伤心啊！"狱吏问："怎样知道的呢？"陆续说："母亲切肉从未有不是方形的，切葱以一寸为准，所以知道。"管理监狱的人将此情形上报，汉明帝才赦免尹兴等人不死，但限制他们终生不准为官。

（以上为第九段，写汉明帝严治楚王英谋反案，兴大狱，司徒虞延死，蒙冤者甚众。）

颜忠、王平供词牵连隧乡侯耿建、朗陵侯臧信、濩泽侯邓鲤、曲成侯刘建。耿建等人声称从未和颜忠、王平相见。这时，汉明帝非常生气，官吏都感到惶惧，所有牵连的人，全都卷入楚案中，没有人敢替冤枉的人开释。侍御史寒朗对冤情不满，试着以耿建等人的服饰形貌，单独问颜忠、王平，而二人惊愕不能对答。寒朗知道他们说谎，就上书说："耿建等人没有犯法，而是被颜忠、王平诬告。怀疑天下无辜的人，大多如此。"汉明帝说："既然如此，颜忠、王平为什么要牵连到他们呢？"回答说："颜忠、王平自知犯了大逆不道之罪，因此凭空多牵连些人，以表自己坦白。"汉明帝说："既然如此，为什么不早点奏明？"回答说："臣担心天下会有其他人揭发颜忠、王平的奸私。"汉明帝生气说："你这审案官模棱两可！"催促将寒朗拉下去鞭打。左右的人正要拉寒朗下去，寒朗说："希望说最后一句话再死。"汉明帝说："谁和你一起拟草诉冤的奏章？"寒朗回答说："臣一人。"汉明帝说："为什么不与三府议论呢？"寒朗回答说："臣自知一定会被灭族，不敢牵连别人。"汉明帝说："为什么会灭族？"寒朗回答说："臣审问这件案子已一年，不能完全弄清罪状，反而替罪人叫屈，所以知道该灭族。但是，臣所以要说出来，实在是希望陛下完全觉悟过来。臣看到审理此案的人，都说叛逆大罪，作臣子的都应痛恨罪犯，现今与其脱罪，不如定罪，就没有事后的责任。所以审问一人牵连十人，审问十人牵连百人。而且公卿朝会，陛下问这事的得失，都长跪着说：'按照旧制，大罪祸及九族；陛下大恩，才处罚一人，天下很幸运。'等到他们回到家中，嘴里虽不说，却暗中叹气，都知道那些人是受冤，只是不敢违背陛下的话！臣今天所说的，死也无憾！"汉明帝明白了，下诏叫寒朗退下。

过了两天，汉明帝亲自到洛阳狱中查阅囚犯卷宗，平反释放了一千多人。当时天旱，随即大雨。马皇后也认为楚王的案子有些滥杀无辜，乘机向汉明帝说这件事，汉明帝幡然醒悟，夜不能寐。于是有很多人被减刑释放。

任城县令汝南人袁安升调楚郡太守，到了楚郡不入太守府，先去复查楚王刘英的案子，理出那些没有明确证据的，登记上报要求将其释放。府丞、掾史等大小官员都叩头争论，认为："依附叛逆，依法与犯人同罪，不可这样做。"袁安说："如果有不当的，我一人承担，不会牵连你们。"就分别详细奏明。汉明帝醒悟，随即回复同意，获释者有四百多家。

夏季，五月，册封已故广陵王刘荆的儿子刘元寿为广陵侯，食邑六个县。又封窦融的孙子窦嘉为安丰侯。

开始修建寿陵，汉明帝规定："只要让墓地不积水就可以了，不要堆起陵坟。死后，清扫坟墓，只用一碗水和一些干肉、干粮祭祀就可以了。过了一百天，每年只要在四时祭奠四次。安排几名吏卒，供给祭品，打扫坟墓。敢有大兴陵墓的人，以擅自议论改变皇室祭祀宗庙法罪论处。"

（以上为第十段，写侍御史寒朗冒死谏诤，为楚王英案扩大化申冤，明帝醒悟，平反千余人。）

汉明帝永平十五年（壬申，公元 72 年）

春季，二月初四日庚子，汉明帝到东边巡视。二月二十七日癸亥，汉明帝在下邳县亲自耕作。三月，汉明帝到鲁地孔子家，亲临孔子当年的讲堂，命令皇太子刘炟、诸亲王解说经书；又临幸东平、大梁。夏季，四月初五日庚子，汉明帝回宫。

册封皇子刘恭为巨鹿王，刘党为乐成王，刘衍为下邳王，刘畅为汝南王，刘昞为常山王，刘长为济阴王。汉明帝亲自决定各位亲王的封域，他们所得封土的总和仅及旧楚国、淮阳国封地的一半。马皇后说："诸皇子封域只有几个县，按定制来说不是太少了吗？"汉明帝说："我的儿子怎么可以和先帝的儿子相等，每年给二千万就足够了！"

四月初十日乙巳，大赦天下。

谒者仆射耿秉屡次上书请求攻打匈奴，汉明帝认为显亲侯窦固曾经跟随他的伯父窦融在河西，通晓边疆的事情，就让耿秉、窦固和太仆祭肜、虎贲中郎将马廖、下博侯刘张、好畤侯耿忠等人共同商议此事。耿秉说："过去，匈奴是引弓好战的游牧部族，又都是衣襟左开的野蛮人，所以不能占有并制服匈奴。孝武帝既已得到河西四郡以及居延海、朔方郡，匈奴失去了肥沃富饶可以养兵的土地，羌族和匈奴也被分离，只有西域各国暂时依顺匈奴。所以呼韩邪单于叩塞请求臣服于中国，这种形势容易利用。现在有南匈奴单于，形势十分相似；然而西域各国还没有最终归附，北匈奴内部还没有发生冲突。臣以为应当先攻取白山，取得尹吾，击败车师国，与乌孙等国通使，以此砍断匈奴的右臂；伊吾也有匈奴南呼衍的一个部落，打败伊吾，就又砍断了匈奴的左臂，然后可以攻打匈奴了。"汉明帝赞同耿秉的话。议论中有的人认为："现在出兵白山，匈奴一定联军援助，还应当分出军队到东边，牵引匈奴的部众。"汉明帝表示同意。十二月，任命耿秉做驸马都尉，窦固做奉车都尉；派骑都尉秦彭做耿秉的副手，耿忠做窦固的副手，都配置从事、司马，出兵驻守凉州。耿秉是耿国的儿子，耿忠是耿弇的儿子，马廖是马援的儿子。

（以上为第十一段，写汉明帝采纳耿秉建言，部署出击匈奴。）

汉明帝永平十六年（癸酉，公元 73 年）

春季，二月，派遣祭彤和度辽将军吴棠率领河东、西河的羌人、胡人以及南单于合计一万一千骑兵从高阙塞进军；窦固、耿忠率领酒泉、敦煌、张掖的军士，以及卢水羌人、胡人合计一万两千骑兵从酒泉塞进军；耿秉、秦彭率领武威、陇西、天水征募的兵士，以及羌人、胡人合计一万骑兵从张掖居延塞进军；骑都尉来苗、护乌桓校尉文穆率领太原、雁门、代郡、上谷、渔阳、右北平、定襄郡的军队，以及乌桓、鲜卑合计一万一千骑兵从平城塞进军，征伐北匈奴。窦固、耿忠来到天山，攻击呼衍王，杀死了一千余人；追到蒲类海，夺取了伊吾庐，设置宜禾都尉，留下官吏士兵在伊吾庐城屯田。耿秉、秦彭攻打北匈奴匈林王，穿过六百余里沙漠，抵达三木楼山才返回。来苗、文穆到达匈河水附近，敌人都跑了，一无所获。祭彤和南匈奴左贤王信意见不合，出了高阙塞九百多里，有座小山，左贤王信妄称到了涿邪山，没有遇见敌人就回来了。祭彤和吴棠因延误军队、胆小获罪，被投进狱中，罢官。祭彤自恨没有立功，出狱后几天，吐血死去。祭彤临终前对自己的儿子说："我承蒙国家的厚恩，奉命却不称职，死了觉得实在惭愧遗憾。按道义，无功不得受赏。我死后，你把簿册上记载的皇上赐物封还朝廷，你去军屯，以死报效，让我放心。"祭彤死后，他的儿子祭逢上奏疏，详细陈述祭彤的遗言。汉明帝一向器重祭彤，正想再起用祭彤，得知消息十分吃惊，叹息了很久。乌桓、鲜卑怀念祭彤，每次到京城朝贺，常到祭彤的墓上拜谒，仰天哭泣；辽东的吏民为他立祠，四季祭奠他。窦固一人有功，提升官位为特进。

（以上为第十二段，写窦固大破北匈奴。）

窦固派代理司马班超和从事郭恂一起出使西域。班超来到鄯善国，鄯善王广接待班超礼节周备，后来忽然疏远怠慢。班超对部属说："你们难道没察觉到鄯善王广的礼节态度变冷淡了吗？"部属说："胡人行礼不能持久，没有其他的缘故。"班超说："这一定是北匈奴的使者来了，鄯善王犹豫不知归附谁的缘故。聪明人在事情还没发生前就能看出，何况现在显而易见。"于是召唤接待的胡人，骗他说："匈奴的使者来到了好几天，现今住在哪里？"接待的胡人惶惧不安地说："已经来了三天，离这里三十里。"班超立即关押了接待的胡人，集合部属吏士三十六人，一起饮酒，大家喝到高兴时，班超激怒他们说："你们和我都处在被隔绝的边疆，如今北匈奴的使者到这里才几天，而鄯善王广的礼节就不周到了。如果鄯善王把我们抓起来，送给匈奴人，我们的尸骨终究会成为豺狼的食物，这种情况该怎么办呢？”部属都说：“如今处在危亡的地方，是生是死都听从司马的。”班超说：“不入虎穴，焉得虎子。为今之计，只有趁着夜晚用火攻打击匈奴人，使他们不知道我们有多少人，一定会非常害怕，就可以全部消灭他们。消灭了匈奴人，那么鄯善王害怕，我们就可以建功立业了。”大家说：“应该和从事郭恂商量这件事。”班超生气地说：“吉凶就取决于今天；从事郭恂是文官，听到此事一定害怕而泄密，死不成名，不算壮士！”大家说：“好！”初更时分，班超就率领吏士奔往匈奴人的营房。时逢天刮大风，班超令十人拿着鼓，躲在匈奴人的屋舍后面，约好说：“看到火烧起来，都要敲鼓大喊。”其余的人都拿着兵器弓箭，在门的两边埋伏。班超顺风点火；前后的人打鼓喊叫，匈奴人都惊恐慌乱，班超亲手杀掉三人，部属杀了匈奴的使者以及随从士兵三十多人，剩下的一百多人都被烧死。第二天，班超一行返回住地，告诉郭恂，郭恂大惊；随即变了脸色，班超知道他的心意，举手说：“从事虽未参加，班超也不会独占功劳。”郭恂这才高兴。班超于是召唤鄯善王广，把匈奴使者的头颅给他看，鄯善全国震动。班超向鄯善王宣扬汉朝的威严和恩德，说：“从今以后，不准再和北匈奴来往。”鄯善王广叩头，说：“原本就归属汉，没有二心。”就把儿子做人质。班超回来报告窦固，窦固很高兴，把班超的功劳向朝廷一一呈报，并要求再选拔使者出使西域。汉明帝说：“像班超这样的官吏，为什么不派遣，还要再选呢？现在就任命班超为军司马，让他完成先前的功业。”

窦固再派班超出使于阗，想要增加他的兵力；班超只愿率领原来的三十六名随从，说：“于阗辽阔遥远，现在带领几百人，对增强实力没有好处。如果发生不测事情，人多了反而是累赘了。”这时候于阗王广德在西域南道上正强大，而且匈奴派使者监护他的国家。班超已经来到于阗，于阗王广德的态度很怠慢。而且于阗国的风俗相信巫术，巫师说：“神很生气，为什么要归降汉朝呢？汉朝的使者有黑嘴的黄马，赶快去牵马来给我当祭品！”于阗王广德派遣国相私来比向班超求马。班超暗中知道后，回答同意送马，但要巫师自己来取马。过了一会，巫师来了，班超立刻砍下他的头，捉住私来比，鞭打了几百下。班超把巫者的头送给于阗王广德，责备他。于阗王广德本来就听说班超在鄯善杀死匈奴使者，感到非常惶恐，立即杀了匈奴使者来归降。班超重赏于阗王以下的人，安抚他们。于是各国都派儿子到汉朝侍奉，西域与汉朝断交六十五年，到现在才再度恢复交往。班超是班彪的儿子。

淮阳王刘延，生性骄傲奢侈，对下严酷暴烈。有人上奏告发说：“刘延和表兄谢弇，以及姊夫韩光招募奸狡的人，制作图谶、进行祭祀，诅咒皇上。”汉明帝下诏查办。五月二十五日癸丑，谢弇、韩光和司徒邢穆都被处死，受牵连被处死流放的人很多。

五月三十日戊午，发生日食。

六月初八日丙寅，任命大司农西河人王敏为司徒。

有官员奏请诛杀淮阳王刘延；汉明帝因为刘延的罪比楚王刘英轻，秋季，七月，贬刘延为阜陵王，食邑两个县。

这一年，北匈奴大肆入侵云中郡，云中郡太守廉范尽心竭力抗拒；部属因为兵少，想发信向邻郡求救，廉范不同意。正好天黑了，廉范命令军士各自把两只火把交叉成十字绑好，点着火把的左、上、右三头，火光在营中如繁星布列，匈奴人以为汉朝救兵到了，非常吃惊，等到天亮就要退兵。廉范命令士兵在寝席上吃饭，清晨，向敌营攻击，杀了敌军几百人，匈奴人自相践踏，死了一千多人。从此不敢再入侵云中郡。廉范是廉丹的孙子。

（以上为第十三段，写班超建功西域。）

汉明帝永平十七年（甲戌，公元 74 年）

春季，正月，汉明帝应去祭告原陵，夜里，梦见先帝、太后像往日那样欢乐，梦醒后，因为悲伤而难以入睡；立即查历书，第二天是吉日，于是带领百官上原陵。那天，甘露降落在陵园的树上，汉明帝下命令百官采集进献。祭毕，汉明帝在席位前俯身在御床上，观看太后镜匣中的东西，感动、悲伤地流下眼泪，命令更换化妆品以及梳妆用具；左右的人都流泪，不能仰视。

北海敬王刘睦去世。刘睦年少好学，光武帝和汉明帝都喜欢他。刘睦曾派中大夫到京城朝贺，刘睦叫来中大夫对他说："如果皇上问到我，你将如何回答？"中大夫说："大王忠孝仁慈，敬贤好士，我怎敢不据实回答？"刘睦说："你要陷害我吗？这是我年幼时上进的行为。你将回答说我继承爵位以来，意志衰退，沉溺于声色，爱好于犬马，这才是爱护我的做法。"刘睦的智慧和谨慎，大都像这样。

二月，乙巳日（疑误），司徒王敏去世。

三月二十九日癸丑，任命汝南太守鲍昱做司徒。鲍昱是鲍永的儿子。

益州刺史梁国人朱辅，宣扬汉朝的恩德，使远方的夷族敬畏。从汶山以西，前代势力未能达到、朝廷政令不能实施的地方，白狼、槃木等一百多国，都举族称臣朝贡。白狼王唐菆作诗三篇，歌颂汉朝的恩德，朱辅让犍为郡属官由恭翻译出来奏献朝廷。

当初，龟兹王建是匈奴所拥立的，依仗匈奴人的势力，控制了北道，杀死疏勒王，立疏勒王的臣子兜题为疏勒王。班超走捷径小道来到疏勒，距离兜题所在的槃橐城九十里，预先派属吏田虑去招降，口授密令给田虑："兜题本不是疏勒人，疏勒民众必不听命。如果不立即归降，就把他抓起来。"田虑一到，兜题看田虑的兵力单薄，一点投降的诚意都没有。田虑乘他没有预防，就上前捆绑了兜题，事出意外，左右人都害怕得逃跑了。田虑快马向班超报告，班超立即前往，召集疏勒的所有将吏，把龟兹的暴行说给他们听，并拥立他们前任国王哥哥的儿子忠为疏勒王，疏勒国人很高兴。班超问忠和官属说："应当杀死兜题呢，还是放他一条活命？"忠和官属都说："杀死他。"班超说："杀了他，对事情没有好处，应让龟兹王知道汉朝的威德。"于是就把兜题放了。

夏季，五月初五日戊子，公卿百官因为汉明帝的威德征服了远方，祥瑞应验，都集会在朝堂举杯祝贺。汉明帝下诏说："天降神物，用以感应君王；远方的人仰慕中原的教化，实在是因为有德行；朕的德行浅薄，怎能享有这些祥瑞呢？只因高祖、光武帝的圣德普及天下，朕不敢有所推卸。请允许朕与大家一齐举杯敬酒，祝贺先帝吧，由太常选择吉日到宗庙策告先祖。"于是推广皇恩，按不同等级赏赐臣民爵位和米粟。

冬季，十一月，派奉车都尉窦固、驸马都尉耿秉、骑都尉刘张从敦煌昆仑塞出兵，进攻西域，耿秉、刘张都交出各自的兵符和符信，隶属窦固，合计骑兵一万四千人，在蒲类海附近击败了白山的匈奴，于是乘胜进击车师国。车师前王就是后王的儿子，两车师国的都城相距五百多里。窦固考虑到后王的路途僻远，山谷幽深，士兵要受寒受苦，就想首先攻打前王；耿秉认为首先应攻打后王，铲除他的根本大营，那么前王自然归顺降服。窦固举棋不定，耿秉猛然站起来说："我军请求为先锋。"于是上马率领军队向北前进。众军不得已，只好一同前进，杀死敌人几千。后王安得惊恐，跑出城门迎接耿秉，脱帽，抱住马腿投降。耿秉带着他们去见窦固；车师前王也归附听命，于是安定了车师国胜利回师。窦固为奏请重新设立西域都护以及戊、己校尉。于是明帝任命陈睦为都护；司马耿恭为戊校尉，驻守车师后王部的金蒲城；谒者关宠为己校尉，驻守车师前王部的柳中城，各部的驻守军队各设几百人。耿恭是耿况的孙子。

（以上为第十四段，写东汉国力盛强，重新威行西域。）

汉明帝永平十八年（乙亥，公元 75 年）

春季，二月，下诏窦固等停止进兵，返回京城。

北匈奴单于派遣左鹿蠡王率领二万骑兵攻击车师，戊校尉耿恭派遣司马率领三百士兵去救助，全军覆没。匈奴于是攻破车师并杀死了车师后王安得，接着攻打金蒲城。耿恭用毒药涂在箭上，对匈奴人说："汉朝的神箭，中了箭就和普通的伤不同。"匈奴人中箭，伤口发烫，大惊。恰逢天下暴风雨，汉军乘雨进攻，杀敌很多，匈奴人害怕，相互说："汉兵神勇，太可怕了。"于是撤退。

夏季，六月十二日己未，在太微星区出现异星。

耿恭因疏勒城旁有涧水可以持久防守，就带领士兵驻守在那里。秋季，七月，匈奴人再次侵扰，筑堤截断涧水，耿恭在城中挖井十五丈深，见不到水，官吏士卒口渴饥乏，以至于榨马粪的液汁饮用。耿恭亲自率领士兵挖井运土，过了不久，泉水涌出，众人高呼万岁。耿恭命令将士往城外泼水给匈奴人看，匈奴人很惊奇，以为有神明，于是领兵撤离了。

八月初六日壬子，汉明帝在东宫前殿去世，享年四十八岁。汉明帝的遗诏说：“不要建寝庙，把牌位安置在光烈皇后寝殿中储衣物的房间。”

汉明帝遵奉建武的制度，没有变更，后妃家人不可封侯和参政。馆陶公主替儿子求做郎官，汉明帝不批准，只赏钱千万，对群臣说：“郎官和天上的星宿相应，出朝迁到地方要管理百里之地，如果不是恰当的人选，那么民众就要遭受祸殃，因此没有同意。”旧例公车府在反支日这天不受理奏章。汉明帝听了很奇怪，说：“民众放下农桑之事，远道前来宫阙上书，却因禁忌加以限制，这难道是为政的本意吗？”于是就废除了这个制度。尚书阎章的两个妹妹都是贵人，阎章精力旺盛，通晓旧典，长期担任现职，应当升任重职，汉明帝认为是后妃亲属，一直不重用阎章。因此，任用官吏都选恰当的人，民众安居乐业，远近都敬畏顺从，户口日益增加。

太子刘炟即位，年十八岁。尊称马皇后为皇太后。

汉明帝刚去世，马氏兄弟争着要进宫。北宫卫士令杨仁披上铠甲，手执长戟，严守宫门，谁也不敢轻进。马家众人就一起向汉章帝说杨仁的坏话，说他十分严厉苛刻，汉章帝知道杨仁忠诚，更加赏识杨仁，任命他做什邡县县令。

八月十六日壬戌，安葬孝明皇帝于显节陵。

冬季，十月初二日丁未，大赦天下。

汉章帝下诏任命代理太尉职务的节乡侯赵熹为太傅，司空牟融为太尉，一起总领尚书事务。

十一月二十四日戊戌，任命蜀郡太守第五伦为司空。第五伦在蜀郡公正清廉，所举用的属吏都是合适人选。所以，汉章帝从遥远蜀郡调用了第五伦。

焉耆、龟兹攻杀都护陈睦，陈睦全军覆没。北匈奴则把关宠困在柳中城。时逢汉朝有国丧，救兵不来，车师反叛，和匈奴一同进攻耿恭。耿恭率领激励士卒抵抗，坚守了几个月，食物用尽，处境困难，只好煮铠甲弓弩，吃那些筋皮。耿恭和士卒推诚布公，生死与共，因此都没有二心，但士卒逐渐死去，只剩下几十人。单于知道耿恭处境已很困难，想要让耿恭投降，就派使者招抚耿恭说：“只要你投降了，一定封你做白屋王，把女儿嫁给你。”耿恭诱骗匈奴使者上城来，亲手杀死了他，在城上用火烤匈奴使者的尸体。单于大怒，更增兵围困耿恭，但无法攻下。

关宠上书求救，汉章帝下诏要公卿商议，司空第五伦以为不该救助，司徒鲍昱说：“如今派人到危难之地，有了危难就抛开他，对外放纵蛮夷暴虐，对内使死难的臣子伤心。如果权衡时宜，以后不再发动边界战争，就可以这样做。匈奴如果再侵犯关塞，陛下将如何派选将领？关宠和耿恭的士兵才各几十人，匈奴围困他们，经过十天还攻不下，这是他们兵少力弱却尽心尽力。可以命令敦煌、酒泉太守率领精锐骑兵两千人，多举些旗帜，倍道兼程赶路去解救他们的危急；匈奴疲倦之极的士兵一定不能抵挡，有四十天就足够回到关塞。”汉章帝赞同这一计划。就派征西将军耿秉驻守酒泉，代理太守职务，派酒泉太守段彭和谒者王蒙、皇甫援，发张掖、酒泉、敦煌三郡以及鄯善的士兵共七千多人救援耿恭。

十一月三十日甲辰晦，发生日食。

马太后的兄弟虎贲中郎将马廖以及黄门郎马防、马光，在汉明帝时一直未升官。汉章帝任命马廖做卫尉，马防做中郎将，马光做越骑校尉。马廖等人尽力交结天下豪杰，达官贵人争着与马氏兄弟交往。第五伦上疏说：“臣听说《尚书》有‘臣子不要作威作福，那样会祸及家人，危害国家’的话。近世光烈皇后虽然天性友爱，但压制、拘束阴家人的势力，不授予权势。后来梁家、窦家，都有非法的行为，明帝即位，多半被杀。从此京师洛阳不再有有权势的皇亲国戚，写信请托的，一概断绝。还告诫众外戚说：‘辛苦结交朋友，不如全心奉献国家，头顶盆子望天，既戴不住盆，也望不见天，事情不能两全。’现在议论的人又在议论马氏。臣听说卫尉马廖拿三千匹布，城门校尉马防拿三百万钱，暗地供给三辅的官吏，不论是谁，没有不供给的。臣又听说在腊日赠送给洛阳城的官吏每人各五千钱。越骑校尉马光，腊祭用羊三百头，米四百斛，肉五千斤。臣认为不合经书的义理，深感不安，只好向陛下报告。陛下在情分上想要对他们友善，就应使他们安分。臣现在说这些，实在是要对上忠于陛下，对下保全皇太后的家族。”

这一年，京师和兖州、豫州、徐州，发生大旱。

（以上为第十五段，写明帝崩，章帝即位，耿恭困守西域，建立殊勋。）

【点评】

本卷史事点评三事：一、佛教传入中国；二、楚王英谋反案；三、班超建功西域。

一、佛教传入中国。永平八年（65），汉明帝颁布诏令，罪人可以用钱财赎罪。楚王刘英派他的郎中令向国相上交三十匹黄白细绢，声称用以赎罪，楚王英并未触犯刑律，无罪可赎。国相上奏汉明帝，汉明帝下诏书回报说：“楚王诵读黄老之书，崇尚佛家的仁慈，斋戒三个月，向神明发誓，哪有什么嫌疑？不应该有悔恨。退还赎罪的细绢，用来多摆筵席招待佛门弟子。”汉明帝还把这道诏书转发给其他诸侯封国的中傅，表明最高统治者承认佛教的合法地位。东汉末牟融作《理惑论》，说汉明帝夜梦宫殿里飞来一个神人，名字叫“佛”。于是遣使到天竺（印度）求佛经。汉使归来，求来佛像、佛经，还有印度高僧同来中国。据说是用白马驮载佛经抵达京都洛阳，汉明帝在洛阳城西建造佛寺用白马命名。白马寺至今香火不绝。

佛教创始人释迦牟尼，约生于公元前566年，死于公元前486年，是在今尼泊尔境内迦毗罗国的王子，与中国圣人孔子同时。到了中国秦代，印度阿育王大弘佛法，派遣僧徒四出布教，西汉时西域的一些城邦国家已信奉佛法。汉武帝开通西域，佛教已经东来。汉哀帝元寿元年（前2），西域佛教国大月氏使臣伊存来朝，博士弟子景卢从伊存受《浮屠经》。但佛教受到中国儒学与道教的抵制，一直未能流传。汉明帝的诏书真正打开了佛教传布的大门，经过魏晋南北朝到隋唐，佛教盛行，与儒、道并驾齐驱。而作为学术，儒、道、释三足鼎立，互相渗透。佛教在中国生根、开花、结果，汉明帝功不可没。

二、楚王英谋反案。汉明帝永平十三年（70），一个名叫燕广的男子上书告发楚王英与渔阳人王平、颜忠等制作图谶，刻文字为符瑞，有谋反行动。经过审理，主管部门上奏："楚王英大逆不道，犯了死罪。"汉明帝不忍加刑，废其王爵，发配到丹阳泾县，给五百户汤沐邑。第二年，刘英自杀了。刘英死了，而审查定罪刘英叛党的案件还没有结束。刘英把天下的知名人士秘密地记载在一个小册子上，其中有吴郡太守尹兴的名字，办案人逮捕了尹兴，郡守属官被抓捕五百多人，严刑拷打致死二百多人。主案犯颜忠、王平随口咬人，隧乡侯耿建、朗陵侯臧信、濩泽侯邓鲤、曲成侯刘建，从未见过颜忠、王平两人，无辜被株连，屈打成招，没完没了。侍御史寒朗冒死上书为囚犯申冤，汉明帝醒悟，亲自到洛阳狱查阅囚犯卷宗，释放了一千多人。任城令袁安转任楚郡太府，释放了四百多人。楚王英谋反案牵连数千人蒙冤。一个诸侯王谋反，未成事实，只是密谋计划，为何牵连这么多人蒙冤呢？原因有三：第一，皇帝严旨亲办的案件，办案人不敢违抗，多为冤案；第二，办案人表示效忠，踩着他人的血迹晋升，往往以多诛杀为能，结案时间拖得越长，牵涉的人就会越多。第三，司法程序只要口供，不重证据。严刑逼供，不仅屈打成招，而且牵连无辜以减罪行，或报复仇人。这种司法弊端在专制政体下，是其常态。回顾历史，着实令人可悯。

楚王英案的扩大化开了一个恶例，可以说这是东汉末党锢之祸波及全国的一次预演。

三、班超建功西域。西汉末年，北匈奴乘中国之乱，再度入侵西域，切断丝绸之路整整六十年。东汉建立，决计恢复中西交通，这一艰巨的历史使命落在了一介书生身上。这个书生就是"投笔从戎"立功西域的班定远（班超）。

班超（32—102），字仲升，扶风平陵人。东汉大史学家班固之弟。班超从小博览群书，胸藏韬略，志向高远。不幸早年丧父，家道中落，生活清苦。明帝永平五年（62），朝廷征召班固为校书郎兰台令史，举家迁居洛阳。但兰台令史这一小官的薪俸不足以养家，班超不得不受官家雇佣为抄书吏。这一现实与班超的报国壮志有很大的落差。有一天，班超情不自禁地把笔扔在了地上，十分激动地说："一个男子汉，不能效法傅介子、张骞，立功边外，取封侯之赏，怎么能长此做一个抄书匠呢？”班超此举，如同陈涉发鸿鹄之叹一样，遭到他人的嘲笑。明帝永平十六年（73），班超投笔从戎的机会来了。他被征为奉车都尉窦固的假司马，即参谋军事的副司马，出征匈奴，打通西域道路。窦固这次出征，从今甘肃酒泉西北，进入今新疆哈密巴里坤湖一带，赶走了北匈奴派驻西域的呼衍王，在西域设置了宜禾都尉，驻军屯垦。班超在战斗中初露头角，被窦固推荐为西域副使，与从事郭恂一起出使西域。

西域通道有南北两道。南道沿昆仑山，北道沿天山，两道都东起鄯善国，西至疏勒。汉朝要打通中西交通，就必须控制鄯善和疏勒两个城邦小国。鄯善尤为汉匈双方争夺的要点。鄯善王两边都得罪不起。于是常常是脚踏两只船，时而倒向匈奴，时而倒向汉朝。

鄯善原名楼兰。西汉昭帝元凤四年（前77），傅介子出使楼兰，用智计杀死了倒向匈奴的楼兰王，因而改名鄯善。班超如今出使西域第一站鄯善的情况，就是当年傅介子的处境，鄯善王头几天还殷勤接待班超等人，过了几天忽然怠慢起来。班超敏感地意识到必然是北匈奴的使团来到了鄯善，他用智计从鄯善接待人员口中落实了匈奴使团一百多人住在离班超住地三十多里的地方。班超不待请示郭恂，当夜果断地率领汉使三十六人攻杀匈奴使团，断了鄯善王倒向北匈奴的后路。班超是第二个傅介子，他比傅介子走得更远。当时西域各国不堪忍受匈奴的沉重掠夺，日夜期盼汉使到来。班超消灭匈奴使团的消息，一阵风似的传遍了西域各国。班超乘势与三十六位壮士沿南道出使了于阗、莎车、疏勒等国，帮助西域各国驱逐了匈奴派驻的监护官。东汉朝廷不费干戈就恢复了西域都护和戊、己校尉等官。都护陈睦驻焉耆国乌垒城，在今新疆轮台县东。戊校尉耿恭驻金蒲城（在今新疆吉木萨尔县），己校尉关宠驻柳中（今新疆吐鲁番市东南）。这是东汉朝廷的第一次通西域。

东汉一朝自汉明帝至汉安帝经营西域三绝三通。73—77年，班超第一次通西域。77—91年，东汉政府不愿与北匈奴作战，放弃伊吾，中西交通再次中断。91—107年，窦宪大破北匈奴，班超经营西域完全成功，这是第二次通西域。107—124年，班超的后继者庸劣贪婪，引起西域一些国家反抗，北匈奴侵入，东汉政府召回都护，中西交通第三次中断。125年，班勇击走北匈奴，第三次恢复中西交通。东汉三通西域，班氏父子建立大功。班超第二次通西域后，立即派甘英出使大秦，即罗马帝国。甘英到达地中海东海岸，因缺乏渡海工具而返回。班超通大秦的目的没有实现，但他那博大的胸怀，远大的目光，凌云的壮志，却永垂青史，也激励了一代又一代中华儿女。

资治通鉴（白话本） 卷第四十六

汉纪三十八

汉章帝建初元年至元和元年（公元 76—公元 84）

【起柔兆困敦（丙子，公元 76 年），尽阏逢涒滩（甲申，公元 84 年），凡九年】

【大事提要】

本卷记事起公元 76 年，讫公元 84 年，凡九年，当汉章帝建初元年至元和元年，章帝在位的前期。此时期马太后临朝，章帝垂拱。马太后识大体，抑制外家，章帝三位舅舅马廖、马防、马光不得封侯。章帝为明帝贾贵人所生，马太后养为己子。章帝韬晦孝谨，多次要求太后封爵舅氏，而太后谢世，坟土未干，章帝即裁制舅家，诸马失势，却放纵窦皇后外戚，于是窦宪得势，专横跋扈。章帝宽仁，平反冤狱，废酷刑，慎选举，量才用人，讷谏，奖励直臣，劝农桑，以宽缓纠明帝之苛猛，政治出现开明的新气象。西域不宁，耿恭困守疏勒抗击北匈奴一年有余，被救回国，全军只存活十三人，可见其艰苦卓绝。西羌开始暴动，马防平定了暴乱。章帝诏令诸儒会议白虎观，亲临裁决《白虎议奏》，是东汉文化思想建设的一件大事。

肃宗孝章皇帝上

汉章帝建初元年（丙子，公元 76 年）

春季，正月，汉章帝下诏兖、豫、徐三州发放米粮，救济灾民。汉章帝问司徒鲍昱："如何消除旱灾？"鲍昱回答说："陛下刚刚继承天子之位，即使有成败得失也不可能招来灾异。臣以前做汝南太守，主办楚王刘英的案子，关在牢里有一千多人，恐怕未必都有罪。大的案件一出现，受冤者超过半数。再者，那些被流放的人骨肉分离，无人祭祀孤魂。应该让流放者回归家园，消除禁锢，使已经死去的人和还活着的人都获得照顾，各得其所，那么就可以得到祥和之气而消灭旱灾。"汉章帝接受了鲍昱的建议。

校书郎杨终上疏说："最近北征匈奴，向西开通了西域三十六国，百姓连年服役，转运粮饷，负担了沉重的战争费用；百姓愁困无比，足以感动天地，陛下应该留意体恤民情！"汉章帝把杨终的奏章交给群臣议论，第五伦也同意杨终的建议。牟融、鲍昱则认为："孝子不该改变父亲的做法。征伐匈奴，屯守西域，是先皇所制定的策略，不应改变。"杨终又上奏说："秦修筑长城，频繁征发徭役；胡亥不改弦更张，最终丢失天下。所以孝元帝舍弃了珠崖郡，光武帝断绝同西域诸国来往，不效法远夷的习俗改变中原的礼仪穿戴。鲁文公毁坏泉台，《春秋》讥评鲁文公说：‘先祖建立的泉台，与其自己把它毁坏，不如不居住罢了。’因为它并没有妨害到百姓；鲁襄公建立三军，鲁昭公把它取消，君子称赞鲁昭公能够恢复祖宗之法，认为不取消三军就有害于百姓。现在伊吾服役的士兵、楼兰的驻军，长久不能回国，这不符合天意啊！”汉章帝最终赞同了杨终的看法。

正月二十三日丙寅，汉章帝下诏说：“二千石官员勉励劝导百姓从事农业生产；犯人犯的不是死罪，要到秋天复审。主管官员透明谨慎地推举人才，提升温和贤良的人，斥退贪心狡猾的人，顺应时令，平反冤案。”这时继承明帝年间的惯例，官吏的政务崇尚严苛酷烈，尚书决断政事，一律都太严厉，尚书沛国人陈宠认为汉章帝刚即位，应当改变前代的苛刻风气，就上疏说：“臣听说先王的政务，奖赏不过度，刑罚不泛滥；迫不得已，宁可厚加奖赏也不滥施刑罚。过去决断讼狱严明，能威吓惩罚奸恶的人；奸恶的人既已消除，必须应用宽政来辅助。陛下即位，一向遵照这个原则，数次向群臣下诏，极力推崇温和的做法，而主管官员没能完全依从，仍推重苛刻；判案的人急于施行残酷手段；执法的人下达烦琐夸张、诬陷不实的文书，专事烦琐、欺骗、肆意的法令，有的甚至假公济私，作威作福。为政就像安装琴瑟，大弦过度拉紧，小弦就会断。陛下应该发扬古代圣明君王的宽宏之道，废除苛烦的法令，减轻鞭打的刑罚，救济百姓，推广完美的恩德，用来遵奉天意！”汉章帝诚恳地采纳了陈宠的建议，处理事务力求宽大仁厚。

（以上为第一段，写汉章帝初即位，纳鲍昱、陈宠之言，平冤狱，慎选举，劝农桑，政治出现新气象。）

酒泉太守段彭等在柳中城集合军队，攻击车师，进攻交河城，杀敌三千八百人，抓获三千多人。北匈奴逃走，车师再次归降。时逢关宠死亡，谒者王蒙等人想率领军队回国；耿恭的属将范羌当时在王蒙军中，坚决迎请耿恭。众将领不敢前行，于是分给范羌两千士兵，从北山去迎请耿恭，遇上一丈多深的大雪，军队费尽力气才到达。城中在夜间听到兵马的声音，以为敌人来犯，大惊。范羌远远地叫喊：“我是范羌，汉朝派来迎接耿校尉的。”城中的人都高呼万岁。打开城门，大家拥抱流泪。第二天，耿恭与援军一同回国。匈奴的军队追来，一面作战，一面行进。将士一路饥饿困乏，耿恭部众从疏勒城出发时还有二十六人，一路上相继死亡，三月到达玉门关，只剩下十三人，衣服鞋子都破破烂烂，面目憔悴。中郎将郑众送耿恭及部下的将士去洗沐，更换衣帽，上奏疏说：“耿恭以孤单的军队防守孤城，抵抗好几万匈奴军队，成年累月，精神困乏到极点，在山上挖井，煮弓弩为粮，前后杀伤匈奴人数以千百计，忠勇俱全，没有让大汉朝受辱，应当获高官显爵，以激励将帅。”耿恭回到洛阳，被任命为骑都尉。汉章帝下诏全部废除戊、已校尉及都护官，征召班超回京。

班超将要回京，疏勒举国担心；其都尉黎弇说：“汉朝的使者抛下我们，我们必将被龟兹所灭，实在不忍心汉朝使者离开。”因此拔刀自杀。班超返回于阗，王侯以下都哭泣，说：“我们依赖汉朝的使者如同依赖父母，实在不能离去啊！”互相抱住班超的马脚使班超不能起程。班超也想完成志愿，就又返回疏勒。疏勒有两座城已经投降龟兹，而与尉头国联合。班超逮捕斩杀了反叛的人，攻占尉头，杀死六百多人，疏勒再次获得安定。

三月十二日甲寅，山阳郡和东平国发生地震。

东平王刘苍上书提出了应该施行的三件事。汉章帝回答说：“最近官民奏事也有这样说，但朕智慧浅薄，有时认为好像是对的，再考虑又觉得不对，不知如何是好。看见卿王的深谋远虑，豁然醒悟；深入考虑好意见，将依次遵行。特地赏赐卿王五百万钱。”后来汉章帝想要为原陵、显节陵兴建县城，刘苍上疏进谏说：“臣看到光武皇帝亲自实践节俭的德行，深明生命的初始与终结，恳切地指示丧葬后事；孝明皇帝孝顺，秉承奉行；谦恭的美德，在丧葬上表现得最为显明。臣以为陵园县邑的建造，始兴于强大的秦朝。古代的坟丘连突起尚且都不要它显露，更何况是建造县邑城池泥？真是这样，那对上是违先帝的圣心，对下是做无益的事功，虚耗钱财，动摇民心，并不是导致祥和之气、祈求丰年的做法。陛下践行虞舜的至高德行，追念祖先的深意，臣刘苍实在为两位先帝纯正的美德不能永远流行而难过。”汉章帝于是取消了建造陵邑的想法。从此，每当朝廷有疑难不决的政务，就派驿使询问（刘苍），刘苍都尽心回答，他的意见都被采纳。

秋季，八月二十日庚寅，在天市星座出现异星。

当初，益州西部都尉广汉人郑纯为政清廉，在夷貊推行教化，夷貊君长感动，倾慕汉朝的德政，都进献珍宝贡物请求内附；汉明帝为他们设立了永昌郡，任命郑纯做太守。郑纯担任太守十年后去世。接替郑纯的官员不能安抚夷人，九月，哀牢王类牢杀死太守反叛，攻击博南县。

阜陵王刘延屡次心怀怨恨，有人告发刘延和儿子刘鲂谋划造反；汉章帝不忍心诛杀他们，冬季，十一月，贬刘延为阜陵侯，食邑一个县，不准刘延和属下的官吏百姓往来。

北匈奴皋林温禺犊王率领部众返回涿邪山居住，南匈奴单于和边界的郡县以及乌桓一起把北匈奴击败。这一年，南匈奴发生大饥荒，汉章帝下诏发放米粮救济南匈奴。

（以上为第二段，写耿恭困守西域疏勒孤城抗击北匈奴一年多，被救回朝，班超不受征召，留守西域。）

汉章帝建初二年（丁丑，公元 77 年）

春季，三月初八日甲辰，撤回在伊吾庐的驻军，匈奴于是又派军队守护那些地方。

永昌、越嶲、益州三郡的军队以及昆明夷卤承等在博南攻击哀牢王类牢，大败哀牢王类牢，并诛杀了类牢。

夏季，四月二十二日戊子，汉章帝下诏召回因楚王、淮阳王案而判罪流放的人四百多家。

汉章帝想要给几个舅舅封爵位，马太后不答应。时逢大旱灾，奏事的臣子认为是不封外戚的缘故，主管官员请求依照旧典分封外戚。马太后下诏说："凡是奏事的臣子，都想承奉我以求得好处。过去王氏家五人同一天封侯，黄雾弥漫，没有雨水滋润万物。外戚太强，很少有不垮台的。所以先皇帝谨慎防范舅舅，不让舅氏担任重要职务，又说：'我的儿子不应该和先帝的儿子一样。'现在官员为什么要以马氏和阴氏相比呢？而且卫尉阴兴，天下人都称赞他，宫中的侍从人员到他家门口，来不及穿鞋就欢迎，如同蘧伯玉一样彬彬有礼；新阳侯阴就虽然刚强，稍有失理，但是有谋略规划，即席论议，满朝百官，找不出第二个人；原鹿贞侯阳识，勇猛诚信。这三个人都是天下极一时之选的臣子，谁能比得上呢？马氏远远比不上阴氏。我没有才能，日夜警惕，不敢出大气，常常担心违背先皇后的规定，即使是毛发一般的小罪过，我也不肯宽恕，昼夜不停地规劝，而亲属们仍然违背不遵守，办丧事垒坟，又不能及时觉悟，这是我说的话不算数，再加上耳目闭塞的缘故啊！

"我身为天下的母后，而身上穿的是厚帛，吃的是粗菜淡饭，身边的人只穿帛布衣服，没有香薰的装饰，是想以身作则，成为榜样。我以为外戚看到这些，应当感到惊心难过而约束自己；反而取笑说我：'太后一向喜好节俭。'前不久经过濯龙门，看到外家前来问候请安的人，车子如流水，马如游龙，仆役穿着绿色的护臂套，衣领袖口洁白，我回头看我的仆从，远远比不上。我没有责备他们，只是停止供给他们每年的例行费用而已，希望让他们内心惭愧；但他们却仍然懈怠，不关心国家。最了解臣子的莫过于国君，何况是对亲属？我怎么可以对上辜负先皇的旨意，对下有损先祖的美德，让西汉败亡的灾祸重演呢？"因此坚决不给外戚封爵。

汉章帝看了诏书十分悲叹，又重新请求说："汉朝建立以来，舅舅封侯，犹如皇子为王。太后固然存心谦让，但为何唯独不让儿臣施恩于三个舅舅呢？而且卫尉年纪大了，两个校尉身体有病，假如他们去世了，我将终生遗憾。应该趁着吉日封侯，不可拖延。"马太后回答说："我反复考虑，想要使得朝廷和亲戚两全其美，哪里是想得到谦让的美名而使皇帝落下不施恩外家的嫌疑呢？从前窦太后想封王皇后的哥哥，丞相条侯周亚夫说：‘高祖规定，没有战功的不能封侯。’现在马家的人于国无功，怎么能与中兴汉朝的阴皇后、郭皇后相比呢？常常看到富贵的家庭，俸禄高，权位重，好像两次结果的树木，其根基必定受损。而且人们所以希望封侯，是想在上能祭祀祖先，在下能求温饱；现在祭祀祖先有太官供给，衣食有御府供给，难道还不知足，而一定要一个县的封邑吗？我已经详细考虑过了，皇帝不要再有疑问。

“说到最高的孝行，以抚慰双亲为上。现在屡次遭到灾异，谷价上涨了好几倍，我日夜惶恐，坐卧不安，而皇帝却想先谋划外家的封侯，违背慈母的善心。我向来刚烈性急，胸部胀痛，不能不排胸中之气。儿子未成年时，听从父母意见，已经长大了，就要按自己的志愿去做。想到皇帝你是一国之君；我考虑到因为你对先帝服丧未满三年，又关系到我家族的事，所以才专断裁决。如果阴阳调和，边境清静，然后照你自己的心愿去做，我就该含饴弄孙，不再过问朝政了。”汉章帝这才作罢。

马太后曾经下诏给三辅的官员：所有马家亲戚有嘱托郡县官吏、干扰政事的，绳之以法。马太后的母亲埋葬时坟土略高，马太后就发话，马太后的哥哥卫尉马廖等人立刻就削减坟土。对那些谦虚朴素、行为正直的外戚，就温言以待，赏给财物和爵位。如果有小错，就先给以严厉的脸色，然后加以谴责。对那些车服华丽，不遵守法度的外戚，就削除外戚的名册，断绝关系，遣散回乡。广平王、巨鹿王、乐成王的车骑简朴，没有用金银装饰，汉章帝向马太后报告，随即就赐给他们各五百万钱。于是宫内宫外都被感化，诚心效法节俭，表里如一；外戚都很惶恐，超过明帝时期。马太后设置织室，在濯龙园中养蚕，屡次前往巡视，以此为乐。常常和汉章帝早晚谈论政事，以及教导小侯王读《论语》等经书，叙述平生经历，终日欢乐和谐。

（以上为第三段，写马太后识大体，抑制外家，章帝三舅马氏兄弟不得封侯。）

马廖想到美好的事业难于长期坚持到底，上疏勉励马太后坚持节俭政治到底，成为一代政风，说：“从前元帝取消三服之官，成帝穿用洗过的衣服，哀帝撤除乐府，然而奢侈浪费并没有停止，导致衰微动乱的原因，是百姓效法朝廷的行动，不效法朝廷的宣传。改革政治，移风易俗，一定要从根本入手。经传说‘吴王喜欢剑客，百姓身上多伤疤；楚王喜爱细腰的人，宫中很多人饿死。’长安流传的谚语说：‘城里人喜爱梳高的发髻，各地的人发髻就高一尺；城里人喜爱宽眉毛，各地的人就把眉毛画得遮住了半个额头；城里人喜欢大袖，各地的人就用整匹布帛做衣袖。’这些话听起来好像是戏言，却符合事实。前些时颁行制度没多久，稍后就不能实行。虽然有的是官吏不落实，实在是因为从京师怠慢开始。现在太后朴素节俭，安于一贯的简朴生活，如果让这事坚持下去，天下称颂恩德，声誉传遍天地，可以通达神明，何况是推行政令呢？”马太后深信不疑地采纳了马廖的提议。

当初，安夷县官强娶卑湳部落羌人的妻子为妻，官吏被那妇人的丈夫杀死，安邑县长宗延追捕犯人出塞，卑湳族人害怕被杀，就把宗延杀了，而和勒姐、吾良二族互相联合侵扰汉地。于是，烧当羌酋长滇吾的儿子迷吾率各种族一起反叛汉朝，打败金城郡太守郝崇。汉章帝下诏派武威郡太守北地人傅育做护羌校尉，从安夷县迁到临羌县。迷吾又和封养部落酋长布桥等五万多人一起侵扰陇西郡、汉阳郡。秋季，八月，派代理车骑将军马防、长水校尉耿恭率北军五校士兵，以及各郡三万骑射部队去攻打他们。第五伦上奏疏说："臣认为贵戚可以封侯使他富有，不应当委任职事。为什么呢？因为用法律处分他们就会伤害皇恩，用亲情偏袒他们就会违背法律。臣听说马防现在正要西征，臣以为太后仁慈有恩，陛下事亲至孝，恐怕突然有了小差错，难以惩罚亲属。"汉章帝不采纳。

马防等人进军到了冀州，布桥等人把南部都尉困在临洮县，马防进攻，打败了羌人，杀敌四千人，解除了临洮的围困。其余的敌人都归降了，只有布桥等二万多人驻守望曲谷，攻打不下。

十二月十六日戊寅，在紫微宫星区出现异星。

汉章帝娶窦勋的女儿为贵人，十分宠幸。窦贵人的母亲是东海恭王的女儿沘阳公主。

第五伦上疏说："光武帝继承王莽之后，处理政务非常苛刻，后代承袭这种做法，蔚然成风；郡国所推举的，大多是办事的俗吏，实在没有宽厚博学的人才适应皇上的要求。陈留县令刘豫、冠军县令驷协，都是以刻薄的态度，施行严厉苛刻的政令，官民都抱怨不已，没有不痛恨他们的。而现今评论的人反而认为他们能干，违背了天意，失去了正义。不但应该定刘豫、驷协的罪，还应责罚推举的人。一定要选用仁厚贤才的人担任现时的治国大政，只要有几个这样的人，那么就能移风易俗。臣曾经读过古书，知道秦朝因严酷亡国，又看到王莽也是因法令苛刻而自取灭亡，因此恳切进谏，原因就在这了。又听说各位王爷、公主、贵戚，骄逸奢侈超过了法制，京城尚且如此，又怎能昭示远方，为全国表率呢？所以说：'其身不正，虽令不行。'以身作则，别人会跟随；只会用言语教人的人，只能引来议论纷纷。"汉章帝很赞赏这些话。第五伦虽然天性严峻，但是一向痛恨俗吏的苛刻，议论总是遵循宽大仁厚的原则。

（以上为第四段，写章帝征讨西羌。马廖、第五伦上疏请实行宽政以代苛猛。）

汉章帝建初三年（戊寅，公元 78 年）

春季，正月十七日己酉，汉章帝在明堂祭祀，登上灵台，大赦天下。

马防攻打布桥，大败布桥，布桥率领一万多族人归降，下诏征召马防回京。留下耿恭攻打其他没有降服的人，杀敌一千多人，勒姐、烧何等十三族数万人都向耿恭归降。耿恭曾经因向朝廷奏事而得罪了马防，监营谒者奉承马防旨意，奏耿恭不关心军事，被定罪下狱，免官。

三月初二日癸巳，立贵人窦氏为皇后。

当初，显宗的时候，治理滹沱河、石臼河，想疏通从都虑到羊肠仓的漕运。太原郡的官吏和人民苦于劳役，连续几年没有完成，死人无数。汉章帝派郎中邓训为谒者，督促负责这件事。邓训考察度量此事，知道难以完成，详细地上书说明。

夏季，四月初九日己巳，汉章帝下诏停止疏通漕运的劳役，改用驴车转运，每年节省费用上亿万，保护了数千差役的生命。邓训是邓禹的儿子。

闰九月，西域假司马班超率领疏勒、康居、于阗、拘弥等国的军队一万人攻击姑墨国的石城，攻下了石城，杀敌七百人。

冬季，十二月十一日丁酉，任命马防为车骑将军。

武陵郡的溇中蛮反叛。

这一年，主管官吏奏请遣送广平王刘羡、巨鹿王刘恭、乐成王刘党都回到封国去，汉章帝生性友爱兄弟，不忍心和各诸侯王分开，就将他们都留在京师。

（以上为第五段，写马防大破西羌，邓训谏止修治滹沱河通漕工程。）

汉章帝建初四年（己卯，公元 79 年）

春季，二月初五日庚寅，太尉牟融去世。

夏季，四月初四日戊子，立皇子刘庆为太子。

四月初五日己丑，改封巨鹿王刘恭为江陵王，汝南王刘畅为梁王，常山王刘昞为淮阳王。

四月初七日辛卯，册封皇子刘伉为千乘王，刘全为平春王。

主管官吏根据旧典，不断请求册封汉章帝的几个舅舅为侯。汉章帝因为全国丰收，边陲安定，四月十九日癸卯，封卫尉马廖为顺阳侯，车骑将军马防为颍阳侯，执金吾马光为许侯。马太后听到此事说："我年轻时，只羡慕留名史册，不顾虑寿命的长短。现今虽然年老，仍然告诫自己不要贪婪，所以日夜警惕思危，自我谦虚抑制欲望，希望这种做法，不辜负先帝。我之所以感化劝导自己的兄弟，就是希望共同达到这个志愿，想要在我去世的时候，不再有悔恨，哪里想到临到暮年了我的夙愿还不受人遵从！我将死不瞑目。"马廖等人都辞让，愿意接受关内侯，汉章帝不批准。马廖等不得已接受封爵而上书辞去职位，汉章帝同意了。五月初二日丙辰，马防、马廖、马光都以特进的官位回归列侯府第。

五月二十日甲戌，任命司徒鲍昱为太尉，南阳太守桓虞为司徒。

六月三十日癸丑，皇太后马氏去世。汉章帝是马太后养大，就完全把马氏当作外家，所以贾贵人不能登上至尊的位子，贾氏的亲属未受到尊宠显荣的封赐。等到太后去世，只加赐贾贵人诸侯王赤绶，安车一辆，永巷宫女二百人，御府杂色帛二万匹，大司农黄金千斤，钱二千万而已。

秋季，七月初九日壬戌，埋葬明德马皇后。

校书郎杨终建议说："宣帝曾广召群儒，在石渠阁讨论确定了'五经'。现在天下太平，学者能够完成他们的学业，而那些只会辨析章节句读的人，破坏了经书大义。应该如石渠阁旧例，永久作为后世的法则。"汉章帝听从了杨终的建议。冬季，十一月十一日壬戌，汉章帝下诏给太常说："将军、大夫、博士、郎官，以及各位儒学大师会集白虎观，讨论'五经'的同异。"让五官中郎将魏应奉汉章帝的圣旨提问，侍中淳于恭将讨论结果上奏给汉章帝，汉章帝亲自批复并出席白虎观裁决，作《白虎议奏》，有名的儒者丁鸿、楼望、成封、桓郁、班固、贾逵以及广平王刘羡都参加了。班固是班超的哥哥。

（以上为第六段，写汉章帝诏诸儒会议白虎观，章帝亲临会议，并裁决《白虎议奏》。）

汉章帝建初五年（庚辰，公元 80 年）

春季，二月初一日庚辰朔，发生日食；汉章帝下诏推举直言极谏的贤士。

荆、豫各郡的军队讨伐溇中蛮，打败了溇中蛮。

夏季，五月初三日辛亥，汉章帝下诏说："朕思盼正直之士，坐在侧席听取不同意见，那些先到的人都已说出了他们心中的愤怨，使朕略微听到了诸位贤士的志向。想把他们都安排在我的左右，作为顾问省察。光武帝的诏书又说：'尧用职务来考验臣下，不只是听取言语书信。'现在外官多有空缺，都可以补足任用。"

五月二十日戊辰，太傅赵熹去世。

班超想一鼓作气平定西域，上疏请求增派援兵，说："臣私下看到先皇帝想要开发西域，所以往北边攻打匈奴，向西出使外国，鄯善、于阗即时归顺，现在拘弥、莎车、疏勒、月氏、乌孙、康居等也愿意重新归附，想要共同努力，消灭龟兹，平定通往汉朝的道路。若得到龟兹，那么西域还未顺服的只有百分之一而已。前代议论西域的人都说：'取得西域三十六国，可称是切断了匈奴的右臂。'现在西域诸国，从太阳落下的地方，没有不倾慕汉德的，大国小国都很乐意，进贡不断，只有延耆、龟兹独不服从。臣以前和官属三十六人奉命出使西域，受尽困厄，自从孤守疏勒到现在有五年了，胡夷的情况，我很了解，不论问大国还是小国，都回答说依附汉朝像依附天一样。以此验证，则葱岭可以通行，可以讨伐龟兹国。现在应该任命龟兹的侍子白霸做龟兹的国王，派遣几百名步兵骑兵护送，和各国联兵，在数月之内就可以降服龟兹。用夷狄攻败夷狄，这是最好的计策。臣看到莎车、疏勒田地肥沃广阔，牧草充足，不像敦煌、鄯善之间那样贫困，军队可以不依靠中原供应而粮食自足。况且姑墨、温宿二国的郡主是龟兹所立，既不和龟兹同族，又厌恶痛恨龟兹，在这种情势下必然会有归降的；如果二国来降，那么龟兹自然会被攻破。希望把臣的奏章付下廷议，用作参考行事，如果万一有意外，臣死也无憾！臣班超，渺小的人，可总是蒙受神灵的保护，希望不要轻易死去，能亲眼看到西域平定，陛下高举庆祝万年和平的酒杯，祭祀祖庙时呈献功勋，向全国人颁布胜利的特大喜讯。"疏奏上，汉章帝知道这功业可成，商议要派援兵。平陵人徐干上疏，愿意尽力捐躯帮助班超，汉章帝派徐干做假司马带领减刑的犯人以及自愿从行的一千人跟随班超。

先前，莎车以为汉朝不派兵，就向龟兹归降，而疏勒都尉番辰也背叛了。正逢徐干赶到，班超于是就和徐干攻打番辰，大败了番辰，杀敌一千多人。想要进攻龟兹，因乌孙兵力强盛，应当借用乌孙的兵力，就上书说："乌孙是大国，有十万军队，所以武帝把公主嫁给乌孙王，到孝宣帝时终于能借用乌孙帮助，现在可以派使者招抚，共同合力。"汉章帝接受了这个意见。

（以上为第七段，写班超奏请抚定西域。）

汉章帝建初六年（辛巳，公元81年）

春季，二月十八日辛卯，琅邪孝王刘京去世。

夏季，六月十五日丙辰，太尉鲍昱去世。

六月三十日辛未晦，发生日食。

秋季，七月二十二日癸巳，任命大司农邓彪为太尉。

武都太守廉范迁升蜀郡太守。成都人口众多，物产丰盛，房屋比比相连，旧时的法令，禁止百姓夜晚劳作以防止火灾，但百姓隐瞒躲藏使用灯光，使火灾时有发生。廉范就取消以前的禁令，只是严格要求百姓储存用水。百姓认为很方便，歌颂廉范说："廉叔度，为什么来得这么迟！不禁火，人民安心劳作。过去没有上衣穿，现在裤子都有了五条。"

汉章帝因为沛王刘辅等人将入朝，派谒者赐给他貂裘以及太官食物、珍奇果品，又派大鸿胪窦固拿着符节在京城郊外欢迎。汉章帝亲自巡视府第，预先陈设帷帐、卧床，钱帛、器物都十分充足。

（以上为第八段，写班超抚定西域。）

汉章帝建初七年（壬午，公元82年）

春季，正月，沛王刘辅、济南王刘康、东平王刘苍、中山王刘焉、东海王刘政、琅邪王刘宇一起来朝见汉章帝。汉章帝下诏，司仪谒者引荐沛王、济南王、东平王、中山王时只称王，不称名；登上殿堂才拜，汉章帝亲自回礼，使恩宠荣耀，超过从前。刘辅等人每次入宫，总是用皇帝皇后专用的车辇迎请，到禁中阁门才下车步行，见面时汉章帝起身，恭恭敬敬，皇后则以侄媳晚辈礼在帘内拜礼诸叔父亲王；诸王都行礼辞谢，诚惶诚恐。三月，大鸿胪奏请送诸王返国，汉章帝特地留下东平王刘苍在京城。

当初，明德马太后替汉章帝娶扶风人宋杨的两个女儿做贵人，大贵人生了太子刘庆。梁松的弟弟梁竦有两个女儿，也做贵人，小贵人生了皇子刘肇。窦皇后未生儿子，认养刘肇做儿子。马太后喜爱宋贵人，马太后去世，窦皇后更加受到皇帝的宠爱，就和母亲沘阳公主设计陷害宋氏，在外命令兄弟网罗宋贵人娘家兄弟的细小过失，在内派服侍宋贵人的宦者、车夫暗中侦探宋贵人的行动。宋贵人生病，想找只活兔子吃，要家人去找，窦皇后就诬告宋贵人想作法诅咒害人。章帝于是命太子迁出太子宫到承禄观。夏季，六月十八日甲寅，汉章帝下诏说："皇太子生来精神恍惚，喜怒无常，不可以奉祀宗庙。大义灭亲都不为过，何况仅仅是降退身份而已呢？现在废了太子刘庆，改封为清河王。皇子刘肇受皇后的保护，在怀抱中就接受训导，现以刘肇做了皇太子。"就把宋贵人姊妹迁到丙舍，让小黄门蔡伦审察她们。两位贵人都喝毒药自杀，父亲议郎宋杨被免职回乡。刘庆年纪虽小，也知避疑、害怕祸事，说话不敢谈宋氏；汉章帝更加怜爱他，敕令窦皇后让刘庆的衣服和太子相同。太子也亲爱刘庆，入宫同住一室，出外同坐一车。

六月二十三日己未，改封广平王刘羡为西平王。

秋季，八月，酎祭高庙的宴会之后，主管官吏再次奏请送东平王刘苍回国，汉章帝这才同意，亲手下诏书给刘苍说："骨肉亲生，不会因为距离远近而显得或亲或疏；然而多次见面，情感比过去更深。念及你长年辛劳，希望能够回去休息。想要在大鸿胪的奏章上签批，不忍心下笔，特地写这封信派贴身的小黄门送达；心中不舍，难过得说不出话。"于是，汉章帝亲自饯道送行，流泪而别；又赐予东平王车舆、衣服、珍宝、钱布以十万计。

九月初十日甲戌，汉章帝巡幸偃师县，向东渡过卷津，到达河内，下诏书说："朕巡视秋天的米谷收获，趁便来到河内郡界内，都是精壮的骑兵和轻装，没有其他笨重的行李。各郡不必建路造桥，远离城郭，派官吏迎接，打探行止，在车驾前后伺候，烦扰地方。切忌一切要从简，只是担心吃不到粗米饭，喝不到瓢盛的水而已。"九月己酉日（疑误），汉章帝巡幸到邺县，九月二十七日辛卯，回宫。

冬季，十月十九日癸丑，汉章帝出宫巡视长安，封萧何的末代孙萧雄为酂侯。前行到槐里、岐山；又到长平，住在池阳宫，往东到了高陵县；十二月丁亥日（疑误），回宫。

东平献王刘苍患病，汉章帝赶快派名医、小黄门去侍候治病，使者不断。又安排驿马，千里传问东平王的生活起居。

（以上为第九段，写汉章帝宠爱窦皇后而废太子，对东平王关爱有加。）

汉章帝建初八年（癸未，公元 83 年）

春季，正月二十九日壬辰，东平王刘苍去世。汉章帝下诏通告中傅："封呈东平王从建武以来的奏章，以便朕一并阅览。"派大鸿胪手持节符监督办理丧事，命令樊、郭、阴、马四姓小侯，各位封国的国王、公主都来参加葬礼。

夏季，六月，北匈奴住在三木楼山的訾大人稽留斯等，率领三万多人到五原塞归降。

冬季，十二月初七日甲午，汉章帝巡幸到陈留、梁国、淮阳、颍阳等郡国；十二月二十一日戊申，回宫。

太子刘肇册立，梁氏家族私下相互庆祝；窦氏的人听了心里憎恶。窦皇后一心想让窦氏成为唯一的外家，妒忌梁贵人姊妹，多次在皇帝面前毁谤梁贵人姊妹，致使汉章帝逐渐疏远梁贵人姊妹。这年，窦氏写匿名信，以恶逆的罪名陷害梁竦，梁竦死在狱中，家属流放到九真郡，梁贵人姊妹忧虑而死。匿名信牵连到梁松的妻子舞阴公主，被论罪判处流放到新城县。

顺阳侯马廖谨慎老实，遵纪守法，但是生性宽厚，不能约束子弟，子弟都很骄奢。校书郎杨终写信给马廖，告诫马廖说："您位尊德高望重，为天下人仰望。而黄门郎马防、马光年纪还小，血气方刚，没有像窦长君那样退让的作风，反而邀约轻浮狡猾的朋友，你放纵而不教导，任凭他们任性放肆，想到他们往日的作为，令人寒心！"马廖不听从。马防、马光兄弟的资产巨万，大肆兴建宅第楼台，连绵相接，布满道路，家中的食客经常好几百人。马防还饲养了很多马，向羌人、胡人征收赋税。汉章帝对此反感，多次颁下手谕斥责，所有劝诫抑制的方法都用尽了。这样，他们的权势才稍有减弱，宾客也少了。

马廖的儿子马豫做步兵校尉，有人上书抱怨。于是，主管官吏一并奏劾马防、马光兄弟奢侈过度，扰乱圣明的教化，马防、马光都被免职，返回封国。临走时，汉章帝下诏书说："舅舅一家都返回封国，陵墓祖庙四季没有帮助祭祀先皇太后的人，我很难过。命令许侯马光留在京城，看守田庐思过，主管官吏不要再奏请，以此来安抚我对舅舅的一片情意了。"马光比马防稍微谨慎小心，所以汉章帝特别挽留他。后来又恢复了马光特进的官位。马豫随马廖回国，被拷打致死。后来汉章帝又下诏书召马廖回京城。

（以上为第十段，写汉章帝抑制母后外戚，舅家诸马失势。）

马家诸人既已获罪，窦氏更加显贵。窦皇后的哥哥窦宪做侍中、虎贲中郎将，弟弟窦笃做黄门侍郎，都在宫中任职，受到的赏赐累积很多；爱好交结宾客。司空第五伦上疏说："臣看到虎贲中郎将窦宪是皇后的亲属，职掌宫中卫兵，出入宫廷，年轻志美，谦卑乐于施善，这实在是他爱好贤士、交结朋友的方法。然而，所有出入贵戚之家的人，大多是品德不高或因罪受到政治禁锢的人，尤其缺乏安守本分和甘于贫困的节操；士大夫中没有志向的那些人互相吹捧，纷纷涌向他的家门，这是骄恣放纵所产生的原因。三辅有人甚至议论说：‘因为贵戚而被禁锢，应当再靠贵戚来洗除罪名，就好像用酒来消除醉酒一样。’心性险恶，趋炎附势的人，实在不可亲近。臣愚昧，希望陛下、皇后严厉告诫窦宪等人闭门谢客，自守法度，不要随意交结士大夫，在事情未发生之前就防预，在祸患没有出现之前就考虑，使窦宪永远保有福禄，君臣相处得欢洽，没有一点嫌疑，这是臣最希望的！”

窦宪依恃宫中声势，亲王、公主以及阴家、马家的人，没有不害怕他的。窦宪以低贱的价钱报请有司强行购买沁水公主的园田，公主迫于威吓而不敢与窦宪计较。后来汉章帝出巡经过那块园田，指着问窦宪，窦宪暗中喝阻左右的人，使其不敢以实情回答汉章帝。后来发现实情，汉章帝大怒，召唤窦宪严厉地责备说：“想想你强夺沁水公主庄园的罪过，你的气焰简直超过了那赵高指鹿为马，越想越让人害怕。以前永平年间，常常命令阴党、阴博、邓叠三人互相监视揭发，所以那些亲戚都不敢触法。现在显贵的公主尚且被你掠夺，何况那些黎民百姓呢？国家抛弃你窦宪，就像抛弃小鸡、腐鼠一样。”窦宪非常害怕，皇后降格穿衣，向汉章帝深深谢罪求饶，过了很久，汉章帝才消解怒气，让窦宪把园田还给沁水公主。虽然没有治窦宪的罪，但也不委以重任。

臣司马光评论说：做臣子的罪过，没有比欺骗君主更严重的，因此，英明的君主痛恨此事。汉章帝指责窦宪的行为与赵高指鹿为马没有不同，说得对；然而，最终也没有治窦宪的罪，那么，怎么使奸臣戒惧呢？君主对于臣子，担心的是不知道他们的奸私，如果知道了他们的奸私却反而赦免他们，还不如不知道为好。为什么这样说呢？那些臣子有的犯法了，而君主不知道此事，臣子对君主仍有所畏惧；君主既已知道而又不治罪．臣子知道君主没有什么好害怕的，就会放纵而无所顾忌了！所以，知道臣子的善行而不能用他，知道臣子的恶行而不能罢免他，这是人君所要深深警惕的。

下邳人周纡做洛阳县令，刚到任，就询问豪强大姓的名字；属吏数着邻里中的豪强回答，周纡严厉喝道：“我本是要问马家、窦家那样的皇亲国戚，难道只是要知道这些卖菜的奴仆吗！”于是，部属了解了周纡暗示将要打击强势豪强的意图，以争相用严厉的手段打击不法贵戚为能事，贵戚们感到恐惧，京城肃然安定。窦笃晚上到止奸亭去，亭长霍延拔剑对着窦笃，放肆地破口大骂。窦笃上奏报告，下诏召唤司隶校尉、河南尹见尚书，接受训话，责备其不抚佑外戚；派剑戟士收捕周纡，送交廷尉，关进狱中，过了几天才被保释出狱。

（以上为第十一段，写汉章帝放纵窦皇后外戚，窦宪得势骄横。）

汉章帝任命班超为将兵长史，派徐干为军司马，还派卫侯李邑护送乌孙的使者。李邑到达于阗，正遇上龟兹攻击疏勒，害怕不敢继续前进，就上书说平定西域的事不能成功，又极力毁谤班超："妻儿在旁，在外国安乐享受，没有顾及朝廷的心意。"班超听到此事感叹说："我不是曾参，却像他那样遇到三次谗言，恐怕要被怀疑了！"于是送走妻子。汉章帝知道班超忠心耿耿，就责备李邑说："纵然班超妻儿在身边，想归家的汉军有一千多人，怎能都和班超同心协力呢？"汉章帝命令李邑到班超那里接受班超的指挥，下诏说："像李邑这样在外就职的人，你可以将他留在身边作部属从事官。"班超随即派遣李邑带着乌孙侍子回京城。徐干对班超说："李邑以前亲自毁谤你，想要破坏西域事，现在为什么不依照诏书把他留下，另派别的属吏护送侍子呢？"班超说："这话多么浅薄！因为李邑毁谤我，所以现在派他。我内心毫无愧疚，何必怕什么流言呢？为了使自己快乐而把他留下，这不是忠臣。"

汉章帝任命侍中会稽人郑弘为大司农。过去交趾州七郡贡献物品都是从东冶县海运进京，风高浪急路途艰险，沉船事件不断发生。郑弘奏请开辟从零陵到桂阳郡的山路，从此平坦畅通，就成为通行的道路。郑弘在职二年，节省了亿万钱。遇到天下大旱，边地有警报，人民的粮食不够，但国库钱财充足。郑弘又奏请应当减少各地的进贡，减轻徭役赋税，使饥民受益，汉章帝接受了郑弘的提议。

（以上为第十二段，写班超、郑弘公忠体国，尽心职守。）

汉章帝元和元年（甲申，公元 84 年）

春季，闰正月十四日辛丑，济阴悼王刘长去世。

夏季，四月二十四日己卯，从东平国分出部分封土，册封献王子刘尚为任城王。

六月初七日辛酉，沛献王刘辅去世。

上奏政事的人大多说："郡国保举推荐人才，大都不按照功绩实效依次举用，所以官员不称职，日益懈怠，效率低落，过失在州郡。"汉章帝下诏把这事交给公卿朝臣议论。大鸿胪韦彪上奏说："国家以选贤为首要任务，贤才以孝行为首，因此，寻找忠臣一定要到孝子的家门。人的才能、德行很少能二者具备，因此，要孟公绰做赵国、魏国的家臣是能力有余，却不能让他去做滕国、薛国的大夫。忠心而又有孝心的人，心地仁厚；熟悉法律条文的官吏，心肠大多苛刻寡恩。选用贤士应以才德为重，不可以只重视门第出身和积资历升迁。但是根本问题在于选用二千石的官员。二千石的官员贤明，那么保举推荐就能得到优秀人才。"韦彪又上奏说："国家的行政中枢，集中在尚书处，尚书的选用，怎可不慎重？而最近多是从郎官中破格提升这个职位，郎官虽熟知法律条文，擅长应对，但只是精细的小聪明，这类人中没有大才。应当吸取啬夫敏捷应对的教训，仔细思考绛侯质朴寡言而立大功的事例。”汉章帝采用了韦彪的全部建议。韦彪是韦贤的玄孙。

秋季，七月二十三日丁未，汉章帝下诏书说：“律法说：‘审问官只能从鞭打、棍击、站立三种刑讯中录取口供。’另外《令丙》规定了刑杖的长短大小。自从过去有重大狱案以来，拷问犯人过于残酷，用锥刺肌肉之类的刑罚，让犯人悲惨痛苦到极点。想到那些痛苦的毒刑，令人恐惧惊心。应当在秋冬两季审问案狱时，明令禁止酷刑审讯。”

八月十一日甲子，太尉邓彪被罢免，任命大司农郑弘为太尉。

八月二十日癸酉，下诏改换年号。九月十四日丁酉，汉章帝车驾南巡。汉章帝下诏说：“路上经过的州县不许置办招待物资。命令司空自己率徒吏搭架桥梁。如有派遣使者来迎接，探问皇帝起居的，二千石的官吏要受到处分。”

九月十八日辛丑，汉章帝巡幸章陵县；十月初七日己未，前行巡幸江陵县；返回途中，巡幸宛县。汉章帝召见前临淮太守宛县人朱晖，任命为尚书仆射。朱晖在临淮郡时有政绩，百姓歌颂他说：“刚强正直而自信，南阳郡人朱文季，属吏敬畏他的威严，百姓怀念他的惠政。”当时因犯法被免职，住在家里，所以皇帝召见而重用他。十一月初七日己丑，汉章帝车驾回宫。尚书张林上书说：“朝廷费用不足，应该由政府经营制盐，再推行汉武帝时国家控制物资转运的均输法。”朱晖坚持认为不可以，说：“均输法与商人买卖一样，制盐的利润归属官府，那么人民埋怨，明君实在是不应当实施它。”汉章帝因此发怒，严厉斥责诸位尚书，朱晖等人都自投监狱囚禁。过了三天，汉章帝下诏令释放他们，说：“国家乐意听到反对的意见，老者们没有过错，是诏令责备过分了，为什么要自己进监狱？”朱晖推说病重，不肯在议案上署名。尚书令以下都害怕，对朱晖说：“现在正当皇帝斥责之际，怎么还要称病？这样灾祸难以预测。”朱晖说：“我已八十岁了，承蒙皇恩得以任枢密的职位，应当以死报答。如果心中知道这事不可行，却顺着皇帝的旨意表示同意，有负臣子的责任。现在耳不明、目不见，等着处死我的命令。”就不再说话了。诸位尚书不知该怎么办，就共同上奏弹劾朱晖。汉章帝怒气已消，搁置此事不办。过了几天，下诏派值班的署郎去问候朱晖的生活起居，太医去探望疾病，太官去赐给食物，朱晖才起身答谢；汉章帝又赏赐给他钱十万，布百匹，衣服十件。

（以上为第十三段，写汉章帝量才用人，废酷刑，纳谏奖励直臣。）

鲁国人孔僖、涿郡人崔骃一起在太学就学，互相议论：“孝武皇帝初即位做天子时，崇信圣贤之道，五六年中，号称胜过文帝、景帝；后来放纵自己，忘却先前的善政。”邻房的太学生梁郁上奏揭发，指控“崔骃、孔僖诽谤先皇帝，讥评当代的政事”。事情交给主管官吏审理。崔姻前往审讯官接受审判。孔僖写文字材料替自己辩解，说："凡称为诽谤的，是说没有这事而凭空捏造。至如孝武皇帝，政治的优劣记载在汉代史书中，像日月一样明白，这是直接叙说书传中的实事，不是无据诽谤。皇帝的善恶好坏，天下人没有不知道的，这叫有什么样的事，招致什么样的评论，所以不可用这理由来怪罪人。况且陛下即位以来，政治教化没有过错，恩泽普及，天下人都知道。我们为何要讥评呢？如果所批评的是实事，那么本该改过，即使批评不当，也应容忍，又何必要怪罪呢？陛下不钻研如何治国的大事，为自己深远打算，只是大搞忌讳来使自己畅快，臣等被杀，死了就是一条命；但是，天下的人一定会回顾因为说话就被杀头的往事，从而改变思考的方式，用此事来揣摩陛下的心意，从此以后，看见不对的事，将没有人敢提意见了。齐桓公亲自揭露前任国君的失政之举，以求教于管仲，然后群臣能尽到他们的心意。现在，陛下却想为十代之前的武帝来避讳事实，岂不是和桓公的做法相异吗？臣恐怕官吏突然诬陷臣，使臣蒙冤却不能辩解，使得后世议论的人，随便拿陛下的行事来做比喻，怎么能再让子孙来掩饰呢？臣恭谨地前往宫阙，等待重罚。"这道奏书上奏后，汉章帝立刻下诏不要审问，任命孔僖为兰台令史。

十二月初一日壬子，汉章帝下诏："以前（因楚王刘英等大狱）以妖言惑众罪株连被政治禁锢的三族，全部平反，只是不能任宫廷禁卫而已。"

庐江人毛义、东平人郑均因讲义气在乡里闻名。南阳人张奉仰慕毛义的声名，前往拜访，刚坐下，郡府的文件恰好到达，委任毛义为安阳县令，毛义捧着文件进来，欣喜至极；张奉打从心里看不起他，告辞离去。后来毛义的母亲去世，朝廷征召和官府辟举，毛义都坚决不去，张奉这才感慨地说："确实不可猜测贤者。他以前那么欣喜，是为了博得母亲欢心而屈身啊。"郑均的哥哥做县吏，经常贪污受贿，郑均劝说他也不听，郑均就抛开一切去做佣仆，把一年多赚的钱帛拿回给哥哥，说："财物用完了可以再拥有，贪赃枉法，一生被人遗弃。"哥哥被他的话所感动，于是成了廉洁的官吏。郑均官历至尚书，后免职回家。汉章帝下诏书褒扬毛义、郑均，赐给米谷各千斛，每年八月派各级政府正长官去慰问毛义、郑均的生活起居，另外赐给羊和酒。

武威太守孟云上书说："北匈奴又想和官吏百姓做生意。"下诏准许此事。北匈奴大且渠伊莫訾王等，赶着一万多头牛马前来和汉人交易，南匈奴单于派轻骑兵从上郡去掠取，大获而归。

汉章帝又派假司马和恭等人率八百兵卒前往班超处。班超发动疏勒、于阗的军队攻打莎车。莎车用钱财引诱疏勒王忠，忠就反叛汉朝，顺从莎车，西面守护乌即城。班超另立他的府丞成大做疏勒王，派那些没有反叛的人攻击忠，派人游说康居王逮捕忠送回疏勒，乌即城最终归降。

（以上为第十四段，写汉章帝表彰直言与廉吏，加强西域武备。）

【点评】

本卷点评四大史事：一、耿恭下狱；二、马太后辞世；三、白虎观会议；四、梁郁告密。

一、耿恭下狱。耿恭字伯宗，耿弇弟耿广之子。将门虎子，耿恭少壮有将帅之才。永平十七年（74），耿恭为骑都尉刘张的司马，出击车师，任戊校尉，驻屯金蒲城。永平十八年（75），北匈奴单于遣左鹿蠡王率领两万骑兵击车师，杀车师后王安得，围攻金蒲城。耿恭激励将士，击退匈奴，转守有涧水的疏勒城，作长守之计。果然匈奴大举来攻，切断涧水，耿恭掘井十五丈得水，坚持战斗。这时焉耆、龟兹攻杀了都护陈睦，车师复叛，与匈奴联合大发兵围攻疏勒城。耿恭孤军困守，以数千之众敌数万匈奴之师，双方攻战一年有余。耿恭粮食吃完，乃煮铠弩，食其筋革。耿恭只剩下几十个战士，仍坚守不降。匈奴单于敬佩耿恭坚强，要劝降这位良将。耿恭假意投降，让匈奴使者进城，然后亲手杀了匈奴使者，放在城墙上烧烤。耿恭这一残忍的极端做法，意在表示必死，绝无降意。单于大怒，又一次增兵围攻。这时汉朝援兵赶来，救出了耿恭，数千战士，只剩下二十六人。存活战士身体虚弱，等回到玉门关，只剩下十三人。耿恭回朝，被授予骑都尉之职。这时已是章帝在位，马太后临朝。章帝建初元年（76），耿恭迁长水校尉，奉命率领五校士三千人随车骑将军马防出征西羌，任副帅。马防是马太后的哥哥，并无将帅之才，凭皇亲国戚的身份任高职。第二年马防被召回京师，实际讨羌的统帅是耿恭。耿恭俘虏了叛羌一千余人，获牛羊四万余头，勒姐、烧何等部数万羌人投降，基本平定了叛羌。对于如何善后，巩固胜利成果，耿恭上疏，举荐窦固镇抚凉州，马防驻屯汉阳为后援。窦固是窦融的侄儿，窦融在河西很有声望，窦固有军事才能，永平十六年（73）东汉第一次开通西域就是窦固领兵北伐匈奴取得的胜利。耿恭的这一建议是安边的良策，尽忠报国的表现。耿恭哪里知道马氏、窦氏两家皇亲国戚互不服气有嫌隙，马防为后援更是带气。马防要置耿恭于死地，指控耿恭成天打猎游戏，不关心军事，敌人来了不战斗，只是紧闭营门贪生怕死。这完全是捏造的罪名。耿恭被召回京，罢了官，打入监狱。

耿恭血战西域，大胜西羌，为国尽良言，却莫名其妙地下狱，这是马太后以章帝名义制造的又一桩冤案。自马援蒙冤以来，东汉一朝善战良将大多蒙冤。镇抚西羌的名将皇甫规、张奂、段颎，以及第三次通西域的班勇，都受到不公平的待遇。马援蒙冤，为颠倒是非、混淆黑白的错案提供了样板。马太后还算开明，千方百计地约束娘家兄弟，但亲情的偏听偏信蒙住了她的双眼，或许是为了维护娘家利益，睁一只眼闭一只眼，章帝为了讨好太后和舅舅，明知是冤也要这么办。光武帝制造的马援案，明帝制造的楚王英谋反扩大案，章帝制造的耿恭下狱案，三代帝王都算是东汉英明有为的国君，在政治最开明的时期，尚且如此，东汉一朝的政治就可想而知了。

二、马太后辞世。章帝建初四年（79）六月三十日，马太后辞世。马太后是伏波将军马援的小女。马援蒙冤，家道败落。马太后时年十三岁，堂兄马严上书光武帝愿送马援女入后宫，服侍皇家。马太后被选入太子宫，得到太子的宠爱。太子即位，是为汉明帝。马太后被封为贵人，加上阴太后喜欢，于是被立为皇后。马皇后没有生育，明帝说："儿子不一定要亲生，要的是有爱心。"章帝为明帝贾贵人所生，马皇后养以为子，百般爱护，视同己出。章帝也极为孝顺，只认马皇后为生母，只承认马家兄弟是自己的舅舅。章帝即位，马皇后被尊为太后，临朝听政。章帝多次要封马廖、马防、马光三个舅舅为侯，都被马太后阻止。马太后抑制外家，考虑的是身后马家的安全。马太后临终前，章帝违背马太后的约束，强行册封三个舅舅为侯，这是章帝亲政前夕的一次权力专断的预演。一是让马太后亲眼看到三个舅舅册封为侯，太后可以放心。二是利用三个舅舅辞封的谦让，顺坡下驴，不准辞封，允准辞官，实际是收了三个舅舅的权力，赐以"特进"身份回家养老。马太后临终的遗恨大概就在这里。

章帝一心一意地孝敬马太后都是真的。马太后辞世后，章帝没有把生母贾贵人尊为太后，只不过把贾贵人印信的绿色绣带改为红色绣带，即稍微提高贵人品秩，加派二百名宫女，赏赐车一辆、各色绸缎二万匹、黄金一千斤、钱两千万而已。马太后付出了爱心，得到了养子的高额回报，马氏家族再兴，她提供了一个成功的榜样。章帝窦皇后无子，抱养梁贵人所生子刘肇为己子，立为太子，即位后是为汉和帝，窦皇后为了汉和帝只认窦氏为外家，不认梁氏为外家，窦皇后耍了一个小聪明，她制造流言，诬陷梁贵人之父梁竦有罪，诛杀了梁家，梁贵人忧愁而死。和帝永元九年（97），窦太后死，还没有下葬，梁贵人的姐姐梁嫕就上书揭发真相，窦氏家族遭受灭顶之灾。窦太后用尽心机，搬起石头砸了自己的脚，这就叫作聪明反被聪明误。马太后高明于梁太后，不但聪明，更有智慧。马太后没有杀贾贵人，也没有迫害贾氏家族，这就是马太后的智慧、马太后的品德。马太后抑制娘家人，也是她深谋远虑的智慧和高贵品德的表现。只不过马氏兄弟太暴戾，不珍惜自己，才受到章帝惩治，这不是马太后的过错。

三、白虎观会议。章帝建初四年（79），校书郎杨终上奏效法西汉宣帝会集诸儒在石渠阁讨论经义的做法，在白虎观召开学术大会，统一经义。章帝准奏，召开了白虎观会议，并且亲临裁定讨论纪要，企图编成一本统一思想作为永久法则的书，称《白虎议奏》，又名《白虎通》。这是汉代经学发展和汉代思想史上的一次重要会议，由皇帝亲自主持的一次百家争鸣的学术大会。参加讨论的学者阵容庞大，当代大儒家李育、魏应、杨终、淳于恭、丁鸿、楼望、张酺、成封、鲁恭、桓郁、召训、班固、贾逵等参加会议。诸儒有今古文学者，也有谶纬学者。章帝爱好古文，古文经学家占了主导地位，班固、贾逵都是古文经学家。

东汉初，由于谶纬的发展，古文经学的兴起，动摇了今文经学的主导地位，思想领域出现了极其复杂的矛盾。光武帝宣布图谶为国宪，图谶把经学神学化，把孔子说成神，把六艺说成神书，遭到了古今文两派经学家的反对。汉初大儒桓谭、范升、陈元、郑兴、杜林、卫宏、刘昆、桓荣、尹敏都反对谶纬，皇权的强力压制只是表面上压服了诸儒，实际上强力压制更激化了矛盾，白虎观会议就是要消除矛盾，统一思想。

《白虎议奏》是白虎观会议的成果，全书记录了四十三条名词解释，内容涉及社会、礼仪、风习、国家制度、伦理道德，以及哲学范畴的名词天地、五行、人、性情等。古文经学的观点在讨论中占了主导地位，谶纬的许多简单粗糙的神学说教被清除了。而加强专制集权的三纲教义更加强化与神化，为东汉绝对君权提供了理论基础。

思想的统一不可能通过一次会议完成。作为统一学术思想的会议，白虎观会议是一次彻底的失败，相反，正是这种统一，阻碍了经学的发展。白虎观会议后，社会兴起了以王符、崔寔、仲长统、荀悦等为代表的社会批判思潮。但作为遏制谶纬学的发展、恢复经学原有面貌的举措，白虎观会议开辟了一条通道，学术应当自由讨论，只有百家争鸣学术才能发展，思想才能统一。白虎观会议后，统一经学的努力一直在进行。到东汉末，郑玄遍注群经，对两汉经学做了统一的整理。

四、梁郁告密。太学生鲁国人孔僖与涿郡人崔骃两人讨论学术，涉及对汉武帝的议论，被邻房的一个太学生梁郁偷听到了，梁郁上书向章帝打小报告，揭发两人诽谤先帝，罪名如成立，重则杀头，轻则下狱或驱逐出太学。崔骃被官员传讯，孔僖赶紧上书申辩，认为讨论汉武帝的功过，只是复述了一遍历史，说的功与过都是事实，符合事实的说话不是诽谤，即使说错了，皇帝也应宽容，这样才能听到臣民的声音。章帝还算开明，指示主管官员撤销控告案，还给了孔僖一个小官做。章帝欣赏孔僖的勇气与直言，且谈论的是十代以前的皇帝，章帝赦免了孔僖、崔骃的过错。两人是幸运者，章帝也得到纳谏的美名。可恶的是梁郁这种人，偷听别人的话来揭发，损人利己，甚至是损人不利己。在一个以言论就可定罪的社会里，身边的这种人防不胜防，所以告密与以言论定罪这样的制度必须铲除。

资治通鉴（白话本）　卷第四十七

汉纪三十九

汉章帝元和二年至汉和帝永元三年（公元 85—公元 91）

【起旃蒙作噩（乙酉，公元 85 年），尽重光单阏（辛卯，公元 91 年），凡七年】

【大事提要】

本卷记事起公元 85 年，讫公元 91 年，凡七年，当章帝元和二年至和帝永元三年，国内政治平稳，章帝坚持尊儒祭孔、倡导儒学的路线，推行新历。章帝驾崩，窦太后临朝，窦宪更加恣意妄为，因惧诛而发兵北击匈奴，肃靖了北疆，却也立了大功。东汉政府高价赎回南匈奴的俘虏归还北匈奴，挑动南北匈奴斗争，以夷制夷策略收到成效，为窦宪的北征奠定了基础。班超在西域大败莎车，打通了西域南道交通，又大破月氏侵犯，威震西域。由于傅育、张纡两任护羌校尉邀功自炫，失信西羌，又多杀戮，逼使西羌大叛，严重影响了西疆的安宁。邓训接任护羌校尉，恩威并用，羌人远遁。

肃宗孝章皇帝下

汉章帝元和二年（乙酉，公元 85 年）

春季，正月初五日，汉章帝下诏书说："法令规定：'生了孩子的百姓，免去三年算赋。'现在对所有怀孕的人，赐予每人三斛养胎谷，免除丈夫一年的算赋。将此诏书载入法令。"又下诏书给三公说："稳重的官吏，非常诚恳而不浮华，论天的劳绩似乎不足，但论月的功绩便绰绰有余。如襄城县令刘方，属吏百姓都说他做事简练，虽然无特殊表现，这也差不多符合朝廷的要求。以苛暴为洞察，以刻薄为明亮，以从轻发落罪犯为有仁德，以重刑制裁为树立威望，这四种治政方法如果推行起来，那么处于下位的老百姓将怨声载道。我不断下诏书，宣诏的使者四出，一批又一批，但是政治仍未走上正轨，百姓有的不守本分，这过错出在什么地方呢？希望记住已有的法令，做出合乎我心意的事！"

北匈奴部落酋长车利涿兵等逃到塞内的，共七十三批。当时北匈奴衰弱，部众离散反叛。南匈奴袭击北匈奴的南方，丁零侵占北匈奴的北方，鲜卑攻击北匈奴的东方，西域侵入北匈奴的西方，北匈奴单于不能自立，只好率领部属逃离。

南匈奴单于栾提长去世，单于栾提汗的儿子宣即位，就是伊屠於闾鞮单于。

《太初历》施行了一百多年，历法比天象季节稍迟，汉章帝命令治历专家编䜣、李梵等人综合各家历法，考校天象运行的情况，编定《四分历》；二月初四日甲寅，开始施行。

汉章帝在做太子时，向东郡太守汝南人张酺学《尚书》。二月初六日丙辰，汉章帝巡幸东方，到达东郡，让张酺以及他的学生和郡县的属吏一起在庭中会聚。汉章帝先施弟子的礼仪，让张酺讲授一篇《尚书》，然后再行君臣的礼仪；赏赐特别优厚，在场的人没有不蒙受赏赐的。汉章帝经过任城县，巡幸郑均的住宅，赏赐郑均终身领取尚书的俸禄，当时的人称郑均为“白衣尚书”。

二月十五日乙丑，汉章帝在定陶县举行耕籍之礼。二月二十一日辛未，汉章帝巡幸泰山，在岱宗燔柴祭告上天；前行巡幸奉高县。二月二十二日壬申，在汶上明堂祭祀五帝；二月二十六日丙子，大赦天下。前行巡幸济南国。三月初十日己丑，巡幸鲁国；三月十一日庚寅，在阙里祭祀孔子及七十二弟子，演奏六代的音乐，召集孔子后裔中二十岁以上的男子共六十二人。汉章帝对孔僖说：“今天的聚会，难道不是光耀卿的宗族吗？”孔僖回答说：“臣听说英明的帝王和圣明的国君，没有不尊敬老师和重视圣道的。现在陛下亲自委屈万乘之君的尊严，幸临臣的故乡，这是崇敬先师孔子，发扬光大皇帝尊师的神圣品德；至于光耀，不是臣所敢接受的。”汉章帝大笑说：“不是圣人的子孙，怎么能说出这样的话啊？”任命孔僖为郎中。

三月十三日壬辰，汉章帝到东平国，追念东平献王刘苍，对刘苍的儿子们说：“朕思念刘苍，到了他的家乡；刘苍的邑地还在，人却死了。”汉章帝流下眼泪沾湿了衣襟。于是来到献王的陵墓，用太牢祭祀刘苍，亲自祭拜刘苍的牌位，哭得很悲伤。献王归国时，骠骑府吏丁牧、周栩认为献王礼贤下士，不愿离开他，于是做了东平王国大夫几十年，侍奉祖孙三代。汉章帝听了，召见二人，既怜惜他们久居下位，又想要发扬献王的美德，就把两人都提升为议郎。三月十六日乙未，汉章帝巡幸东阿县，往北登上太行山，到达天井关。夏季，四月初六日乙卯，回宫。四月十一日庚申，到祖庙祭告。

五月，改封江陵王刘恭为六安王。

秋季，七月二十三日庚子，汉章帝下诏书说：“《春秋》看重天、地、人三正，对十一月、十二月、正月这三微很慎重。所以制定律令不在十一月、十二月申报囚刑，只在冬初十月而已。”

（以上为第一段，写汉章帝尊儒祭孔，推行新历。）

冬季，南匈奴单于派军队和北匈奴温禺犊王在涿邪山作战，斩杀敌人获胜而归，武威郡太守孟云上奏说：“北匈奴以前已经和亲，而南匈奴又去入侵，北匈奴单于认为是汉朝欺负他，图谋要侵扰边塞，应当把南匈奴虏掠北匈奴的人和牲口送还，以此安抚北匈奴。”汉章帝下诏百官在朝堂商量此事。太尉郑弘、司空第五伦认为不可答应，司徒桓虞和太仆袁安认为应当把人和牲口归还。郑弘激动而严厉地对桓虞说：“所有说应当归还人口和牲畜的人都是不忠诚。”桓虞大声责骂郑弘，第五伦和大鸿胪韦彪都大惊失色。司隶校尉举奏郑弘等人，郑弘等都呈上印绶请罪。汉章帝下诏安慰说：“长久议论而不决，意见不一，国家大事要集思广益，政策要由大家来决定，忠正和睦，才符合朝廷的礼仪。沉默不言说违心话，更不是朝廷的福气。诸位有什么过错而要深深谢罪呢？请各位戴好官帽，穿好官服鞋袜。”汉章帝下诏说：“长江、东海之所以比千万条河流长，是因为它地势低下容纳了百川，稍受委屈，又有什么不好？何况现在和匈奴君臣的名分确定，北匈奴言辞恭顺，誓约明显，进献的贡物不断到来，怎么可以违约，自己担负理亏的指责呢？命令度辽将军和领护匈奴中郎将庞奋加倍出钱赎买南匈奴所得到的人和牲口，归还北匈奴。南匈奴杀敌抓住俘虏，计功受赏，依照惯例。”

（以上为第二段，写东汉政府挑动南北匈奴恶斗，高价购买南匈奴的俘虏归还北匈奴，两面讨好，坐收渔人之利。）

汉章帝元和三年（丙戌，公元 86 年）

春季，正月二十二日丙申，汉章帝巡视北方；正月二十七日辛丑，在怀县举行耕籍之礼。二月二十一日乙丑，命令侍御史、司空说：“正值春天，所经过的地方，不要使车驾践踏庄稼。车子可以绕行避开的，就避开；騑马可以解卸的，就解卸。”二月二十四日戊辰，前行巡幸中山国，出长城。二月二十九日癸酉，返回，巡幸元氏县。三月初六日己卯，前行巡幸赵国。三月十八日辛卯，回宫。

太尉郑弘屡次陈述侍中窦宪权势太大，言辞极具苦心而诚恳，窦宪痛恨郑弘。正逢郑弘弹劾窦宪的同党尚书张林、洛阳令杨光在任职内贪婪残暴。上书奏上，处理奏书的官吏和杨光是老朋友，就把这事告诉杨光，杨光报告窦宪。窦宪奏明身为大臣的郑弘泄露国家机密，汉章帝责问郑弘。夏季，四月二十三日丙寅，收回郑弘的印绶。郑弘自己前往廷尉投案，汉章帝下诏把郑弘释放。于是郑弘请求辞职回家，没有被批准。郑弘病重，上书陈述谢罪说：“窦宪作奸犯科，恶行滔天，国人疑惑，大家都痛恨说：‘窦宪用什么法术迷惑了皇上？近日王莽的祸害，明显可见。’陛下处于天子至尊的地位，保全国家万代的福气，却相信谗佞的臣子，不管国家存亡的关键；臣虽危在旦夕，到死也没有忘记效忠，但愿陛下定罪杀四凶，以满足人鬼愤恨的心愿。”汉章帝看了奏章，派御医去给郑弘看病，等御医到达时，郑弘已经去世。

汉章帝任命大司农宋由为太尉。

司空第五伦因年老多病，请求辞职。五月初三日丙子，赐予策书允许辞职，给予优待，终身享受二千石的俸禄。第五伦奉公尽节，陈述意见坚定果断。本性质朴敦厚，不注重外表修饰，在职以忠正清白著称。有人问第五伦："你有私心吗？"第五伦回答说："过去有人送给我千里马，我虽然没有接受，每次三公要选举贤才，我心中不能忘却此事，最终还是没有推荐送马者。像这样，怎么可以说没有私心呢？"

汉章帝任命太仆袁安为司空。

秋季，八月二十四日乙丑，汉章帝巡幸安邑县，观看盐池。九月，回宫。

烧当羌迷吾再次和弟弟号吾以及各部落反叛。号吾先以轻骑侵犯，侵扰陇西郡边界，管理烽火的郡吏李章追逐他们，活捉号吾，要把他送到郡太守处，号吾说："杀了我一人，对于羌族没有什么损失；如果放我回去，一定全部撤兵，不再侵入汉朝的关塞。"陇西太守张纡释放了他，羌人的军队离去，各自回到原来居住的地方。迷吾退居到河北的归义城。

疏勒王忠从康居王处借到军队，回来据守损中城，派使者假装向班超归降；班超知道疏勒王忠的奸计就假装答应。疏勒王忠率领轻骑到班超处，班超杀了疏勒王忠，于是击败疏勒王忠的部队，通往西域南边的道路终于开通了。

楚国许太后去世。下诏改葬楚王刘英之墓，追封刘英的爵位谥号为楚厉侯。

汉章帝任用颍川人郭躬为廷尉。判决狱案罪行，多半依照宽恕的原则，郭躬从那些判处重刑的条文中，寻出可以从轻处置的四十一条，向朝廷奏明，一一得到实施。

博士鲁国人曹褒上疏，认为："应当制定典章制度，建立汉朝的礼制。"太常巢堪认为："一代的典制不是曹褒所能制订的，不能同意。"汉章帝知道儒者们太拘泥，难以开创新的局面，而朝廷的礼仪规章，应该及时制定，就命曹褒为侍中。玄武司马班固认为："应当广集众儒，共同商计此事的得失。"汉章帝说："谚语说：'路边盖屋，三年不成。'大家在一起讨论礼仪制度，就争论不休，互相生疑，无法下笔。从前尧作《大章》，一个乐官夔就足够了。"

（以上为第三段，写太尉郑弘敢言，弹劾窦宪过恶；班超打通西域南道交通。）

汉章帝章和元年（丁亥，公元 87 年）

春季，正月，汉章帝召见曹褒，给他叔孙通所定《汉仪》十二篇，说："这礼制散乱简略，多半不合经义，现在应根据礼法逐条修改，使它可以施行。"

护羌校尉傅育想要攻打烧当羌，因为他刚刚归降，不想派出军队，就征募人员去离间羌人、胡人，使其自斗，羌、胡不肯，就再度叛变汉朝出塞外去，重新依赖迷吾。傅育请求派各郡数万军队共同攻打羌人。还没有等到诸军结集，三月，傅育独自进军。迷吾听到消息，就把穹庐和部落迁移。傅育派遣精锐骑兵三千人穷追迷吾不舍。夜里，到达三兜谷，没有设防，迷吾偷袭，击败傅育，杀死傅育和他的部属士兵八百八十人。等到各郡军队到来，羌人就领兵逃离。下诏任命陇西郡太守张纡为护羌校尉，率领一万人驻守临羌县。

夏季，六月初二日戊辰，司徒桓虞被免职。六月癸卯日（疑误），任命司空袁安为司徒，光禄勋任隗为司空。任隗是任光的儿子。

齐王刘晃和弟弟利侯刘刚，与母亲太姬互相诬告。秋季，七月初八日癸卯，下诏贬刘晃的爵位为芜湖侯，减少刘刚的食邑三千户，收回太姬的玺绶。

七月十七日壬子，淮阳顷王刘昞去世。

鲜卑深入匈奴左方，攻击北匈奴，北匈奴大败，鲜卑杀死优留单于后收兵返回。

羌人首领迷吾再次与羌人各部侵犯金城塞，张纡派从事河内人司马防，在木乘谷与羌人开战，迷吾的军队败逃，通过翻译使者想归降，张纡接受了。迷吾率领部众前往临羌县，张纡设下伏兵，举办盛会，放了毒药在酒中，埋伏的军队杀死了羌人八百多，砍下迷吾的头来傅育坟前祭祀，再派兵攻打其余的羌人部众，杀死和俘虏了好几千人。迷吾的儿子迷唐与各部羌族消除仇怨，互相嫁娶并交换人质，占领大榆谷、小榆谷反叛，羌人愈来愈多，张纡无法控制。

七月二十七日壬戌，汉章帝下诏因为祥瑞之物不断出现，改年号为章和。当时，京城周围常常出现祥瑞，前后几百上千次，报告的人都认为是好事。唯独太尉掾平陵人何敞认为不好，对宋由、袁安说："祥瑞的征兆应随着美德而到来，灾异随政治而出现。现在有怪异的鸟在宫殿上空飞，有奇怪的草在庭中生长，不可不注意。"宋由、袁安畏惧不敢回复。

八月初八日癸酉，汉章帝巡视南方。八月二十三日戊子，巡幸梁国。八月三十日乙未晦，巡幸沛国。

发生日食。

九月初五日庚子，汉章帝亲临彭城县。九月十六日辛亥，临幸寿春县。再次封阜陵侯刘延为阜陵王。九月二十四日己未，临幸汝阴县。冬季，十月十二日丙子，回宫。

北匈奴大乱，屈兰储等五十八个部落，二十八万人到云中郡、五原郡、朔方郡、北地郡归降。

曹褒根据旧礼典，以及"五经"、《谶记》的内容，编定从天子到庶人的冠礼、婚礼、吉礼、凶礼，从开始到结束的礼仪制度，共一百五十篇，上奏汉章帝。汉章帝因为大家议论难以统一，因此就直接接受了，不再下令有关主管部门讨论评议。

这一年，班超派于阗等国的军队共二万五千人攻占莎车，龟兹王结集温宿、姑墨、尉头的军队共五万人援助莎车。班超召集部下将校以及于阗王商议说："现在军队少，打不过他们，最好的策略是各自分散；于阗从这里往东，长史我也从这里往西返回，可以等到夜晚击鼓为号一齐出发。”暗中放松监管俘虏，使其逃归，报告汉兵将散去的假情报。龟兹王听到这消息，大喜，自己带着一万骑兵在西界阻击班超，温宿王率领八千骑兵在东界阻击于阗王。班超得知龟兹、温宿已经出动，秘密召集诸部调转方向，奔袭莎车军营。胡人大为恐惧，逃奔，追杀了五千多人；莎车于是归降，龟兹等国的军队就各自撤散。从此，汉朝威震西域。

（以上为第四段，写傅育、张纡两任护羌校尉失信西羌，以杀戮为功，逼使西羌大叛，朝廷失控。班超在西域大败莎车，东汉国威远扬。）

汉章帝章和二年（戊子，公元 88 年）

春季，正月，济南王刘康、阜陵王刘延、中山王刘焉来朝见汉章帝。汉章帝本性宽厚仁慈，重视亲人感情，叔父济南、中山二王经常入京朝见，每次都受到特殊恩宠，和各位兄弟都留在京师，不让刘康等回到封国。又赏赐群臣，超过了定制，国库日渐空虚。太尉掾何敞打报告给太尉宋由说：“连年水灾旱灾，百姓没有收获；凉州边界，百姓受到伤害；中原各州内地各郡，公家和私人都衰竭；这实在是应该减少膳食、节省费用的时候。朝廷的恩惠如天覆地载，赏赐超支，仅听说腊日赏赐，从郎官以上，公卿、王侯以下，致使库府储藏的钱财耗尽，损耗了国家的钱财。公家的财用，都是百姓劳力付出。英明的国君赏赐，应有等级制度；忠臣受赏，也应有限度。因此，夏禹治水成功，尧赐以黑色的玉印；周公姬旦受赏，只接受绸缎，而不受币。如今你太尉位高权重，责任深重，肩负大任，对上应匡正朝廷纲纪，对下应安抚百姓黎民。怎能只是满足于做到不违反皇上就可以了呢？应先严肃自己，以此作为属下的表率，把赏赐还给朝廷，并说明这事的得失，奏请王侯回到自己的封国，撤除苑囿的禁令，节省多余的开支，赈济贫穷，抚恤孤弱，这样恩泽就会下达，百姓就会高兴了。”宋由没有采用何敞的主张。

尚书南阳人宋意上疏说：“陛下孝顺进取，恩惠亲人，对各位亲王宠信有礼，如同一家人，允许朝见的车子进入殿门，入座时不必下拜，节省膳食分赐诸王，十分优厚。刘康、刘焉有幸以庶出的身份受封大国，陛下的恩德宠爱超过标准，敬礼诸王的礼仪超过了君臣制度定规。《春秋》的大义，伯父叔父、兄长弟弟，无论尊长，皆为臣属。为了尊卑有序，尊重皇权为强干，卑下诸侯王为弱枝。陛下道德功业伟大，应当成为万代榜样，不应当因为私人的恩情毁坏了上下秩序，失去君臣道义。而且平西王刘羡等六个王都有妻有子，自成一家，官员属下都已具备，应当早些回到封国，为子孙奠下根基；诸王宅第相连成片，他们长久地停留在京城，骄傲奢侈，超过法制规定，恩宠食禄过分厚重。陛下应当断然克制感情用事，以大义切断私情，让刘康、刘焉各自回归封国，命令刘羡等迅速就国以顺应时势，用以满足舆情众望。”然而汉章帝已来不及遣送诸王回封国了。

正月壬辰日（疑误），汉章帝在章德宫前殿去世，享年三十一岁，汉章帝的遗诏说："不要建造寝庙，完全依照先帝的法制。"

范晔评论说：魏文帝称说汉明帝苛刻，汉章帝是宽厚的人。汉章帝一向了解民情，不满汉明帝的苛刻严厉，凡事以宽厚为原则。侍奉明德太后，尽心孝道；减免徭役赋税，百姓都依靠他的恩德；又以忠恕为根本，以礼乐来修饰，称他为德行高尚的人，不是很恰当吗？

（以上为第五段，写汉章帝驾崩，在位时厚赏亲王，尽孝太后，制礼作乐，史家称其为宽厚仁君。）

太子刘肇即位，年仅十岁，尊称窦皇后为皇太后。

三月［初五日丁酉］，遵照汉章帝的遗嘱，改封西平王刘羡为陈王，六安王刘恭为彭城王。

三月十一日癸卯，把孝章皇帝安葬在敬陵。

南匈奴单于栾提宣去世，单于栾提长的弟弟栾提屯屠何即位，这就是休兰尸逐侯鞮单于。

窦太后临朝摄政，窦宪以侍中的职位，在宫内主持中枢事务，出宫宣布太后的诏令；弟弟窦笃做虎贲中郎将，窦笃的弟弟窦景、窦瓌都做中常侍，兄弟都在亲近皇帝的显要之地。窦宪的门客崔骃写信劝告窦宪说："古书说：'生来就富有的人容易自满，生来就尊贵的人容易傲慢。'生来富贵而不傲慢的人是没有的。现在你的恩宠官位刚刚上升，所有官员都在观察你的行为，怎么可以不'兢兢业业日夜小心，用以求得荣耀终身'呢？从前冯野王以外戚的身份居处要职，被称为贤臣；近来阴卫尉克己复礼，终于享受到福佑。外戚之所以受到当世人的讥讽，遭到后世人的指责，大概在于权势太大而不知收敛谦让，官位太高而仁德不够。汉朝中兴后，到哀帝、平帝时，有外家二十人，能保全家族的，只有四人而已。《尚书》说：'以殷代为镜。'可要小心谨慎啊！"

三月十八日庚戌，窦太后下诏说："以前任太尉邓彪为太傅，赐关内侯的爵位，总领尚书事务，百官各守本职听从他。"窦宪因为邓彪仁义礼让，为汉章帝所敬重，而且忠厚顺从，所以尊敬邓彪。窦宪想要做的事，就让邓彪在外朝向汉和帝上奏，自己则入宫向窦太后解说，没有一件是不被准奏的。邓彪在位，修养保身而已，无法匡救朝政。窦宪的个性果断急躁，即使像瞪眼睛这样微小的仇怨，没有不报复的。永平年间，谒者韩纡审问弹劾窦宪父亲窦勋的案子，窦宪就命令宾客杀死韩纡的儿子，拿他的头祭祀父亲窦勋。

三月癸亥，陈王刘羡、彭城王刘恭、乐成王刘党、下邳王刘衍、梁王刘畅开始回到封国。

夏季，四月十七日戊寅，遵照汉章帝的遗诏取消郡国制盐、冶铁的禁令，允许百姓煮盐铸铁。

五月，京师洛阳发生旱灾。

北匈奴饥荒混乱，一年有几千人归降南匈奴。秋七月，南匈奴单于上书说："应乘北匈奴分裂之际，出兵征伐，消灭北匈奴，成全南匈奴，并成一个国家，让汉朝永远没有北方边境的忧患。臣等生长在汉朝的地方，仰赖汉朝才有食物，每年四时的赏赐，动以亿万计，虽然无忧无虑，但没能报答朝廷而感到羞愧，希望发动国内以及诸郡旧部和新投降的精锐士兵，分路一起出动，约定十二月共同会师在北匈奴的地方。臣的军队很少，不足以维护内部治安和对外作战，希望朝廷委派执金吾耿秉、度辽将军邓鸿，以及西河郡、云中郡、五原郡、朔方郡、上郡太守合力北进，希望依靠圣明皇帝的神威，一举平定北匈奴。臣所守国家的成败，关键就在今年，臣已经命令各部落严格按临战状态准备兵马，请太后定夺。"太后把奏书给耿秉看。耿秉上书说："从前汉武帝倾全天下之力，想要使匈奴臣服，没有遇到上天赐予的时机，事情终于没有成功。现在有幸上天赐予好时机，北匈奴内部分裂争斗，加上用南匈奴之众以伐北匈奴，对国家有利，可以准允。"耿秉趁势诉说自己蒙受皇恩，按职责也应当拼命效劳。窦太后和大臣商量要听从耿秉的建议。尚书宋意上奏说："戎狄轻视礼义，不分上下，强者做首领，弱者就屈从。自从汉朝建立以来，多次征伐，所得收获，竟不能弥补损失。光武皇帝亲冒战争的危险，昭示了天地的圣明，因为南匈奴来归降，控制和畜养他们，使边民得以生存，劳役得以停止，到现在四十多年了。现今鲜卑顺奉汉朝，斩杀、俘获北匈奴一万多人，朝廷分享大功而百姓不知劳苦，汉朝中兴的功勋，这时最强盛。之所以这样，是因为夷人互相攻击，没有伤到汉朝的兵卒。臣考察鲜卑攻打匈奴，正是为了争夺利益；至于把功劳归于汉朝，其实是想贪图朝廷的重赏。现今如果听任南匈奴回到北庭定都，就不得不控制鲜卑；如果鲜卑对外丢失了暴力掳掠的利益，对内又没有因功劳而得到奖赏，将如同豺狼般贪婪，一定会成为边境的祸患。现今北匈奴往西边逃跑，请求和亲，应当利用北匈奴的归附，作为抵抗外患的屏障，宏伟的功业，不可能超过这个了。如果率领军队，劳民伤财，顺从南匈奴，那就错过了上好的策略，将会远离安定，而陷入困境，实在不能同意啊。"

当时正巧齐殇王的儿子都乡侯刘畅来参加国君的丧礼，窦太后好几次召见他。窦宪担心刘畅瓜分他宫中的权力，派人在宫中禁卫军的驻处杀死刘畅，却嫁祸于刘畅的弟弟利侯刘刚，并派侍御史和青州刺史会同审问刘刚等人。尚书颍川人韩稜认为："凶手在京城，不应该舍近求远，恐怕会被奸臣所笑话。"太后发怒，严厉地责备韩稜，韩稜坚持自己的意见。何敞说服宋由说：“刘畅是皇室宗亲，封有食邑的藩臣，来京参加大丧礼，呈上奏疏，等待回音，身在武装卫士之中，却遭残杀。接受窦宪命令的官吏，胡乱讨捕，犯罪的踪迹不明，凶手抓不到。我何敞作为股肱大臣，主管破案捕盗的部门，想要亲自到发生命案的地方，以督察事情的变化。而司徒、司空两府的办事官员认为按惯例三公不应当参与追获盗贼，公然纵容奸贼，没有比这更大的过错了。我何敞请求独自具名上奏请求追查此案。”宋由于是答应了。两府听说何敞行动了，就派主办盗贼的官员随同何敞办案。于是通过深入追查举发，真相大白。窦太后大怒，把窦宪关闭在内宫。窦宪担心被杀，于是自己请求攻打匈奴以赎罪免死。

冬季，十月十七日乙亥，任用窦宪为车骑将军，征伐北匈奴，任用执金吾耿秉担任副将，发动北军五校尉所率领的宿卫军，黎阳营、雍营，边境上的十二郡骑兵，以及羌族、南匈奴的军队等齐集出塞征讨。

公卿推荐前张掖郡太守邓训代替张纡担任护羌校尉。烧当羌首领迷唐统领一万骑兵来到关塞前，不敢攻打邓训，想先威胁小月氏胡。邓训护卫小月氏胡，命令不许和迷唐开战。议论的人都认为羌人、匈奴人互相攻打，对朝廷有利，不应该采取禁止和保护的方法。邓训说：“张纡失信，羌人大动干戈，凉州的官员百姓，生命就像悬在一根丝发上那样危险。先前匈奴人之所以难与汉人同心，因是恩信不够深厚的缘故。现今趁着他被追赶危急，用恩德去安慰他，希望能对朝廷有所帮助。”于是命令打开城门以及自己所居住的后园门，把匈奴人的妻儿都放进去，派军队严密守卫。羌人抢夺一无所获，又不敢进逼匈奴各族，因此解兵离去。于是，湟中的那些匈奴人都说：“汉朝常常想要和我们相斗争，现在邓使君以恩信对待我们，开城门收容我们的妻儿，我们得到父母了！”百姓都欢喜地叩头说：“我们只听从使君的命令。”邓训于是抚养教导他们，大大小小的人无不感动欢悦。于是赏赐钱财给羌人各族，让他们互相招降诱惑。迷唐的叔父号吾率领他的八百户族人来降。邓训因此派湟中秦人、胡人、羌人的军队共四千人出塞，在写谷袭击迷唐，打败了他们，迷唐于是离开大、小榆谷，迁移颇岩谷，部众全都逃散。

（以上为第六段，写窦太后临朝，窦宪专权自恣。张掖太守邓训代张纡为护羌校尉，恩威并用，羌人远遁。）

孝和皇帝上

汉和帝永元元年（己丑，公元 89 年）

春季，迷唐想要返回到旧地，邓训派湟中六千人，命令长史任尚率领，用皮革缝制成船，放在木筏上渡河，全线攻袭迷唐，大获全胜，前后杀死敌人一千八百多人，抓获两千人，马牛羊三万多头，迷唐一族差不多被灭掉。迷唐收集残余部众，向西迁徙一千多里，那些归附迷唐的羌人小部落都反叛他，烧当部的酋长东号叩头请死，投降了汉军，其余各部羌人都入关进贡，委派人质。于是邓训安抚归顺的羌人，威信高涨，撤退屯驻击羌的部队，各回到本郡，只留下减刑的两千多犯人，分开屯田，修理哨所城塞。

窦宪将要讨伐匈奴，三公九卿到朝堂上书谏止，三公九卿认为："匈奴不侵犯边塞，却无故大兴军队远征，耗费国家财用，在万里外获取功劳，这不是安定国家的办法。"奏书连上数道，总是被搁置，宋由害怕了，就不敢再签名上奏此事，而诸卿也逐渐停止进言。只有袁安、任隗坚守正道不变，甚至摘掉冠冕在朝堂坚决争论，前后将近十次上书，众人都为他两人感到恐慌，袁安、任隗镇静自如。侍御史鲁恭上疏说："国家刚刚遭到大忧，陛下正在居丧，百姓看不到天子，夏秋冬三季听不见天子出巡的警跸之声，没有不深切忧虑的，就像急切需要而得不到的样子。现在竟然在盛春的月份发起军事行动，惊动天下百姓去讨伐戎夷，实在不是施恩中原百姓、改元更始、首先安定内部然后再及外事的做法。万民是上天所降生，上天爱护他所降生的事物，如同父母爱护他的子女一样，有一物得不到适当的照料，那么天气就会错乱，更何况是人呢？所以爱百姓的国君必定得到上天的馈赠。戎狄如同四方不同之气，与鸟兽无别。如果在中国杂居，那么天气就会错乱，扰乱中原的百姓，因此圣王的法制是牵制、畜养他们，使其不绝灭罢了。现在匈奴被鲜卑打败，远藏在史侯河的西边，离塞数千里，却想乘其虚弱疲惫，利用他的微弱，这不是正义的行为。现在开始征发军队，而大司农调度不够，上下相逼胁，人民急困，已经到达顶点。群臣百姓都说不可以这样做，陛下为何因为一人的建议，抛弃万人的生命，不考虑群臣百姓的言论呢？上观天的心意，下察人的志向，可知事情的得失。臣担忧中原将不成为中原，难道只是为了匈奴吗？"尚书令韩稜、骑都尉朱晖、议郎京兆人乐恢，都上疏谏止，窦太后不接受。

汉和帝又下诏，派使者替窦宪的弟弟窦笃、窦景建造府第，劳役百姓。侍御史何敞上疏说："臣听说匈奴凶暴违逆已经很久了，高祖在平城受困，吕后受到冒顿单于不敬书信的羞辱，这两件国耻，臣子愿意以必死的决心雪耻捐躯，而高祖、吕后却忍辱含怒，把匈奴丢在一边不去惩罚。现今匈奴没有违反朝廷的罪行，汉朝也没有值得羞愧的耻辱，却在盛春耕作时，大兴军事，天下百姓怨恨，全都不高兴，又随意替卫尉窦笃、奉车都尉窦景修建府第，满街遍里，窦笃、窦景是朝廷亲近大臣，应当做百官的榜样。现今出征大军还在途中，朝廷苦心劳力，百姓困窘，国家财政萎缩，却突然建造大宅，推崇饰品玩物，这不是流传美德，昭示永久，以为表率。应该暂时停止工匠的劳作，全力进行讨伐北匈奴的战争，体恤百姓的困苦。"奏书呈上，未被理会。

窦宪曾经让门生拿着书信前往尚书仆射郅寿那里，有所请托，郅寿立即把送信的人送到诏狱，先后上书，陈述窦宪骄横，引用王莽的例子劝诫朝廷；又趁着朝会时，讥嘲窦宪等人征伐匈奴、建造府第的事情，神色严正，词语恳切。窦宪大怒，陷害郅寿买公田、诽谤朝廷、交给官吏审查，应当诛杀，何敞上疏说："郅寿是参与机密的近臣，匡救朝政是他的职守，如果保持沉默，罪应诛杀。现在郅寿不随声附和，敢于直言来安定宗庙，难道是他的私心吗？臣之所以冒死上言，并非为了郅寿。忠臣尽节，视死如归；臣虽然不了解郅寿，推测他是甘心情愿尽忠而死。实在不希望圣明的朝廷因为诽谤而诛杀大臣，伤害宽容的教化，堵塞了忠正直言的路途，留下了后世无穷的讥讽。臣何敞忝列参与机密大事，说话不当，罪名显然，应当关牢狱，在郅寿之前先死，死有余辜。"奏书呈上，郅寿获得免死的判决，流放合浦郡，还未走，郅寿就自杀了。郅寿是郅恽的儿子。

夏季，六月，窦宪、耿秉从朔方郡鸡鹿塞出击，南单于从满夷谷出击，度辽将军邓鸿从稒阳塞出击，会师涿邪山。窦宪分别派遣副校尉阎盘，司马耿夔、耿谭，率南匈奴精锐骑兵一万多人，与北单于在稽洛山交战，大败北匈奴，北单于逃跑。追击北匈奴的各部汉军，最终到达私渠北鞮海，杀死匈奴名王以下一万三千多人，生擒很多，以及各种牲畜一百多万头，所有北匈奴的小王率领部众来归降，前后有八十一部二十多万人。窦宪、耿秉出塞外三千多里，登上燕然山，下令中护军班固刻石记功，记录了汉朝威德而回师。派军司马吴汜、梁讽拿着金银布帛赠给北单于。当时匈奴内乱，吴汜、梁讽在西海附近追赶上北单于，宣扬汉朝威信，以朝廷名义赏赐，北单于叩头接受。梁讽趁机提议效法呼韩邪单于归附汉朝的旧例，北单于很高兴，立即率部众和梁讽返回，到达私渠海，听说汉军已经进入塞内，就派弟弟右温禺鞮王拿着贡礼进京侍奉，随梁讽进宫。窦宪因为北单于没有亲自到来，奏请送还北单于入侍的弟弟。

秋季，七月十一日乙未，会稽山崩塌。

九月初七日庚申，任命窦宪为大将军，中郎将刘尚为车骑将军。封窦宪为武阳侯，食邑二万户。窦宪坚决推辞封爵，下诏允许。旧例，大将军地位在三公之下，现在，下诏让窦宪的地位在太傅之下、三公之上；其长史、司马的俸禄为二千石。封耿秉为美阳侯。

窦氏兄弟骄傲放肆，而执金吾窦景尤其过分，家奴、宾客、缇骑强取财货，非法占有罪犯，夺人之妻；商人门户紧闭，好像躲开仇敌一样；又擅自征用边界各郡的精锐骑兵。主管官员不敢揭发检举，袁安弹劾窦景说："擅自征用边兵，惊扰迷惑官民；二千石的官员未见调兵虎符，而只凭窦景签发的公文就调动军队，应受到诛杀。"又奏："司隶校尉河南尹讨好依附贵戚，不揭发弹劾窦景的罪行，请求免官定罪。"所有奏书都被搁置不做批答。驸马都尉窦瓌自爱，好经书，崇尚节约，自修德行。

尚书何敞上密封奏书说："从前郑武姜宠幸叔段，卫庄公宠爱州吁，溺爱而不教育，终于成为顽凶恶徒。由此看来，像这样爱护儿子，好比是儿子饿了却拿毒物给他吃，恰恰是害了他。臣看见大将军窦宪，在国家刚刚遭到大丧时，公卿就频频上奏，想要请窦宪主持国事；窦宪深守谦退礼节，坚决推辞高位，勤勤恳恳，言语深刻，天下人听了，没有不高兴的。现在国忧才过一年不久，三年的丧礼还没有结束，突然中途改变，兄弟在朝廷专政，窦宪掌管三军的重职，窦笃、窦景总管宫中守卫大权，虐待百姓，奢侈残暴，淫逸超越礼制，杀害无辜，任意妄为，以图个人痛快。现在朝廷大臣议论纷纷，都说叔段、州吁在汉朝复活了。臣观察公卿们心怀两端，不肯畅所欲言。公卿们是认为窦宪等人如果兢兢业业，勤劳王事，那么已经得到了像尹吉甫褒赞申伯的功勋；如果窦宪等人犯罪，就像陈平、周勃顺着吕后的意图一样诛除，最终不会为窦宪等人的吉凶而忧虑。臣何敞真诚希望想出两全的妙策，杜绝绵绵的祸患，堵塞细细的祸流，对上不想使皇太后有损'文德之母'的美号，不想使陛下受到与母后不和、'黄泉相见'的讥嘲；对下能使窦宪等人能够永远保有福气。驸马都尉窦瓌多次请求辞职，希望抑制窦家的权势，可以和他商议，接受他的意见，这实在是对国家宗庙最好的办法，也是窦家的福分！"当时，济南王刘康地位尊贵而傲慢，窦宪就报告把何敞调走，出京任济南王的太傅。刘康有过错，何敞常常向他进谏，刘康虽然不听从，但是一向敬重何敞，没有互相不快而发生冲突。

冬季，十月十八日庚子，阜陵质王刘延去世。

这一年，九个郡国发生大水灾。

（以上为第七段，写邓训大破西羌。窦宪出击北匈奴，大获全胜，居功骄恣，窦氏气焰，炙手可热。）

汉和帝永元二年（庚寅，公元 90 年）

春季，正月二十六日丁丑，大赦天下。

二月初二日壬午，发生日食。

夏季，五月初七日丙辰，册封皇弟刘寿为济北王，刘开为河间王，刘淑为城阳王。封原淮南顷王的儿子刘侧为常山王，继承其父刘昞。

窦宪派副校尉阎砻率领两千多骑兵袭击北匈奴防守伊吾的军队，再度夺取那个地方。车师震惊，前、后王各派儿子进京侍奉天子。

月氏要求娶公主，班超拒绝遣回他的使者，于是月氏仇恨班超，就派他的副王谢率领七万士兵攻击班超。班超兵众少，都很害怕；班超向士兵解释说："月氏的军队虽然多，但是经过几千里越过葱岭而来，没有后勤运输，有什么值得担心的？只要收藏米谷，守住城池，他们饥饿困苦了，自然会归降，不超过几十天，就能决定胜负！"谢进军攻打班超，攻不下城池，又夺不到东西。班超估算月氏粮米将要吃完，必定向龟兹求取粮食，就派几百兵士在东界伏击他们。谢果然派骑兵带着金银珠玉去贿赂龟兹，班超用伏兵拦阻，把他们全部杀了，拿着使者的头去给谢看。谢非常害怕，立即派使者请罪，希望能活着回去，班超释放了他们。月氏因此非常恐惧，每年向朝廷进贡。

当初，北海哀王没有后代，章帝因为齐武王刘縯开创中兴的大业，而没有后代子孙，心里念念不忘此事，遗诏命令恢复齐、北海二国。五月十八日丁卯，册封芜湖侯刘无忌为齐王，北海敬王的庶子刘威为北海王。

六月十二日辛卯，中山简王刘焉去世。刘焉是东海恭王同母的弟弟，而窦太后是恭王的外甥女，所以增加丧礼钱十万，大修坟墓，铲掉了官民的上千座坟墓，征发调动一万人劳役，影响了六州十八郡。

汉和帝下诏册封窦宪为冠军侯，窦笃为郾侯，窦瓌为夏阳侯；只有窦宪不接受封爵。

秋季，七月初七日乙卯，窦宪出兵屯驻凉州，以侍中邓叠代理征西将军，作为副手。

北匈奴单于因为汉朝送还了他派去侍奉天子的弟弟，九月，又派使者到边塞称臣，希望入京朝见天子。冬季，十月，窦宪派班固、梁讽迎接北匈奴使者。时逢南单于再次上书请求消灭北匈奴，于是派左谷蠡王师子等率领左右部八千骑兵出了鸡鹿塞，中郎将耿谭派遣从事率领汉军监护南匈奴军，攻打北单于。夜晚到达，围住北匈奴，北匈奴单于受伤，仅仅保全了性命，生擒阏氏和男女五人，杀了八千人，生获几千人。班固到达私渠海然后返回。这时，南匈奴的部众越来越多，统领三万四千户，能动员参战的士兵有五万人。

（以上为第八段，写班超在西域以少胜众，大败月氏国的侵犯，威震西域。窦宪遣将监护南匈奴，再次大破北匈奴。）

汉和帝永元三年（辛卯，公元 91 年）

春季，正月十九日甲子，汉和帝采用曹褒新订的仪礼，头戴冠冕；提升曹褒为羽林左骑总监。

窦宪认为北匈奴衰败，想要趁机消除。二月，派左校尉耿夔、司马任尚出了居延塞，在金微山包围北单于，大败他们，生擒单于的母亲阏氏，杀掉名王以下五千人，北单于逃跑，不知所终。汉军远出塞外五千多里然后班师，自从汉朝出师以来，未曾到过这么远。册封耿夔为粟邑侯。

窦宪立了大功，名声赫赫，以耿夔、任尚等作为爪牙，邓叠、郭璜为心腹，班固、傅毅这些人掌管文书，刺史、太守、县令大都是他家的宾客，强征暴敛，凌辱吏民，共同受贿。司徒袁安、司空任隗向朝廷举奏，许多二千石的大臣被牵连，有四十多人被免职，窦宪非常仇恨袁安、任隗。但是袁安、任隗向来德行高洁，窦宪也无办法陷害袁安和任隗。尚书仆射乐恢，检举揭发窦宪无所避讳，窦宪等人仇恨乐恢。乐恢上奏说："陛下还年轻，继承了帝业，几位舅舅不应该干扰王室，以此向天下人表示无私。现在恰当的做法是，在上位的要以大义来割舍私爱，在下位的要谦卑自我约束，四位国舅可以永远留有爵位、土地的荣耀，皇太后永远没有愧对宗庙的担心，实在是最好的策略。"奏疏呈上，汉和帝不予理睬。乐恢称病请求辞官，回到长陵县；窦宪私令州郡长官强迫乐恢服毒而死，于是朝臣惊恐，奉承窦宪的旨意，不敢违反。袁安因为天子幼小，外戚弄权，每次朝会进见汉和帝，以及与公卿大臣谈论国家大事，没有不呜咽流泪的；从汉和帝到朝中大臣，都依赖袁安。

冬季，十月十二日癸未，汉和帝巡幸长安，下诏找寻适宜为萧何、曹参后嗣的近亲，继承其封邑。

汉和帝下诏，要窦宪赶到长安接受召见。窦宪到达，尚书以下大臣建议向他下拜，伏地称万岁，尚书韩棱严肃地说："与在上位的人交往不可谄媚，与在下位的人交往不可轻视。礼仪没有对臣子称万岁的制度。"建议的人都羞愧不已而作罢。尚书左丞王龙私自向窦宪上奏，给窦宪奉献牛肉和美酒，韩棱举报王龙的罪行，判处王龙三年苦刑。

龟兹、姑墨、温宿等国都归降了。十二月，重新设置西域都护、骑都尉、戊己校尉官。委任班超为都护，徐干为长史。任龟兹的侍子白霸为龟兹王，派司马姚光护送他返回。班超和姚光共同胁迫龟兹，废掉原来的王尤多利，而立白霸为王，让姚光把尤多利带回京城。班超住在龟兹的它乾城，徐干驻守疏勒，只有焉耆、危须、尉犁因为以前没有都护，仍然对汉朝怀有反叛之心，其余各国都归服于汉。

先前，当北匈奴单于不知去向以后，他的弟弟右谷蠡王於除鞬自立为单于，率领几千人驻扎在蒲类海，派遣使者叩关请求内附。窦宪奏请遣使立於除鞬为单于，派中郎将统领，如同过去对待南单于的惯例。事情交给公卿大臣议论，宋由等人认为可以答应；袁安、任隗上奏认为："光武帝招徕安抚南匈奴，并不是认为可以永久安居内地，只是权宜之计，用以抵御北匈奴的缘故。现在北方大漠已经攻克，应该命令南单于返回北方匈奴朝廷，管辖归降的部众，没有理由另外立於除鞬而增加国家的费用。"建议上奏，未能及时决定。袁安害怕窦宪的计划得以施行，于是独自上奏说："南单于屯屠何的先父率领部众归降汉朝，自蒙汉朝恩典已有四十多年，三位皇帝积累基业以传给陛下，陛下实在应该继承遵守先人的遗愿，成就这个基业。况且屯屠何首先提出北征重大计划，要彻底消灭北匈奴，现在朝廷中途而废，另立新归降的於除鞬单于；以一时有利的计划，违反了三朝的规矩，背信于南单于，而去扶植无功的北匈奴单于。《论语》说：'说话忠诚守信，行为笃厚恭敬，虽是在蛮貊的地方也行得通。'现在如果失信于屯屠何一人，那么，所有的蛮人都不敢再遵循誓约了。又，乌桓国、鲜卑国新近杀死北单于，按人之常情，都恐惧仇雠，现在立北单于的弟弟，那么，乌桓、鲜卑二国对汉朝心怀有抱怨。况且汉朝的旧例，提供给南单于每年费用一亿九十多万，提供给西域每年七千四百八十万；现今北匈奴的朝廷更加遥远，费用超过一倍，这是白白地耗尽财富，而不是制定政策的正确原则。”汉和帝下诏要大臣讨论这个议案，袁安又和窦宪互相攻击。窦宪阴险急躁，依恃权势，言辞骄横，甚至诋毁袁安，提到光武帝杀韩歆、戴涉的往事，袁安始终忠诚，可汉和帝竟然接受窦宪的建议。

（以上为第九段，写窦宪扶植北匈奴残部另立单于与南匈奴抗衡，以夷制夷。）

【点评】

本卷集中点评窦宪其人其事，重点点评北征匈奴的历史功绩。

一、太尉郑弘弹劾窦宪过恶。窦宪是东汉开国功臣安丰侯窦融的第四代孙。窦宪父窦勋、祖窦穆因纵诞不法，与轻浮子弟交游，请托郡县，干乱政事被诛杀。导火索是窦穆假传阴太后诏书，命令六安侯刘盱休掉妻子，改娶窦穆之女。永平五年（62），刘盱妇家揭发窦穆的丑恶，汉明帝大怒，下诏诸窦罢官，窦穆遣归故里，窦勋因尚东海王刘强女沘阳公主留居京师。后窦穆在乡里又犯罪，死平陵狱，窦勋死洛阳狱，窦氏门庭衰落。谒者韩纡曾审问窦勋，窦宪含恨在心。章帝建初二年册立窦宪妹妹为皇后，窦宪拜为郎，稍迁为侍中、虎贲中郎将。弟窦笃为黄门侍郎，窦景、窦瑰为中常侍。窦氏一门又显贵起来。诸侯王，以及外戚阴氏、马氏莫不畏惮。窦宪公然以低价强买沁水公主的园田。沁水公主是章帝之妹，窦宪也敢欺压。郑弘上书弹劾窦宪，说他奸恶“上达于天，下通地下”，请求章帝以虞舜诛除“四凶”的决心，诛杀窦宪，用以避免国家重蹈王莽颠覆国家之祸，并“消除人神共有的愤怒”。作为一个贵族纨绔子弟，窦宪兄弟确实是恶棍。

二、窦宪犯禁。汉章帝驾崩，和帝即位，窦太后临朝，窦宪肆无忌惮，为所欲为。他为了报复韩纡审判父亲窦勋的往事，杀了韩纡的儿子，用韩纡儿子的人头去祭奠父亲的坟冢。皇室都乡侯刘畅到京师吊唁明帝，受到窦太后的亲爱，窦宪担心刘畅被重用，分了他的权柄。刘畅是光武帝兄刘伯升的第五代孙。进京有禁军保护。窦宪派刺客在禁军营房杀了刘畅，嫁祸于刘畅之弟刘刚。刘刚在青州，不在京师。窦太后派侍御史与青州刺史组成合议庭审问刘刚。尚书韩棱抗辩说：“盗贼在京师，不应舍近求远，恐为奸臣所笑。”窦太后大怒，严厉斥责韩棱，韩棱坚持不屈。太尉府掾何敞自告奋勇冒死请求参加合议庭会审。司徒府、司空府也派出了会审官员。在三公府与侍御史青州刺史组成的大合议庭的审理中，查出了真凶就是窦宪。窦太后感到脸面无光，把窦宪禁闭在内宫，释放了刘刚。韩棱、何敞坚持正义，为平反冤案，敢与皇太后对抗，大勇精神令人敬佩。

三、窦宪北伐匈奴。窦宪有将帅之才，他害怕被诛杀，请求立功赎罪，北伐匈奴。汉章帝章和二年（88）冬十月十七日任命窦宪为车骑将军，以执金吾耿秉为副帅，班固为中护军，准备大举北伐匈奴。这道出征诏书引起轩然大波，满朝文武上奏谏止，窦太后不听。袁安、任隗在朝堂上脱帽强争也改变不了窦太后的决心。和帝永元元年（89）六月，窦宪率众出征，多路深入，汉匈两军主力在稽洛山决战，大破匈奴，单于逃走，斩名王以下一万三千级，获牲口杂畜一百余万头。汉军登燕然山刻石颂功而回。这篇刻石为班固所写，史称《燕然山铭》，范晔载于《后汉书》卷二十三《窦宪传》中。

窦宪北伐匈奴是汉朝对匈奴作战的重大胜利。匈奴经过这次打击，以后逐渐消亡了。汉武帝动员全国之力，前后征战数十年才打败了匈奴。当然窦宪时的匈奴，力量大衰，而窦宪运用的部队，主力是沿边各郡的地方部队，以及归义的羌胡，中央禁军数量不多，然而获此盖世功勋，不能不钦佩窦宪的军事才能，以及窦太后的全力支持。窦宪是为了立功赎罪，窦太后为的是捞回面子，重振窦家雄风，主观动机渺小，而客观功业巨大，有利于中原农耕民族的发展，这是应当肯定的。

窦宪急躁暴戾，本性难移，作恶多端，随着窦太后之死，诸窦被诛杀，窦氏家族再度衰落。

资治通鉴（白话本） 卷第四十八

汉纪四十

汉和帝永元四年至元兴元年（公元 92—公元 105）

【起玄黓执徐（壬辰，公元 92 年），尽旃蒙大荒落（乙巳，公元 105 年），凡十四年】

【大事提要】

本卷记事起公元 92 年，讫公元 105 年，凡十四年，当和帝永元四年至元兴元年，载和帝一朝史事。和帝是一个平庸之君，没有大作为，尚不昏暴，友爱诸王，留居京师，为了减轻民劳，停止岭南进贡鲜荔枝。和帝诛杀权臣窦宪是一快事，班固受牵连下狱死，所作《汉书》未完，由其妹班昭完成。班超在西域，不断进取，大破焉耆，西域五十六国附汉。班超派使者甘英出使大秦。班超年迈，荣归故里，至洛阳一月而卒。北匈奴残部被歼，南匈奴争位内乱，匈奴势衰，鲜卑兴起。东汉最大的边患仍是西羌，叛服不定，耗损东汉国力。东汉重置西海郡，用以安抚羌人。和帝驾崩，邓太后临朝，明察善断，避免了一场宫廷冤狱大案的发生。

孝和皇帝下

汉和帝永元四年（壬辰，公元 92 年）

春季，正月，派大将军左校尉耿夔授给於除鞬印绶，让中郎将任尚持符节，护卫屯驻伊吾，如南单于惯例。

当初，庐江郡人周荣受征召到袁安的司徒府任职，袁安弹劾窦景和反对封立北匈奴单于这两事情的奏章，都是周荣起草的，窦氏的宾客、太尉掾徐齮很仇恨周荣，威吓周荣说：“你是袁安的心腹，奏告窦氏，窦氏的武士、刺客到处都是，你要小心防备！”周荣说：“我周荣是江淮无依无靠的书生，能够在司徒府任职，纵被窦氏所害，也是心甘情愿。”因此告诫妻子儿女说：“如果我突然遭遇飞来横祸，不要入棺埋葬，希望以我渺小的身体使朝廷觉悟。”

三月十四日癸丑，司徒袁安去世。

闰三月初九日丁丑，任命太常丁鸿为司徒。

夏季，四月十八日丙辰，窦宪回到京师。

六月初一戊戌，发生日食。丁鸿上疏说：“从前吕氏兄弟专权，刘姓皇统继嗣差点转移；汉哀帝、汉平帝末年，刘姓宗庙香火断绝。所以虽然有周公那样的亲属关系，却没有周公那样的美德，不能让他们执掌国事。现在，虽然大将军想要修身自束，不敢僭越，然而天下远近的臣子都害怕而仰承其鼻息。初任刺史、二千石官的，要先拜见大将军，向他辞别，请求通名，等待回报，虽然已经拿着符节玺印，接受尚书台敕命，不敢随便离开，久的要等待几十天，背离王室，投向私门，这便是皇上威信受损，而臣下权势太盛啊！人道悖逆于下，效验就在天上显现。虽然计谋极其隐秘，而神明却能分辨实情，垂示天象变易的警戒，用以告诫人君。禁止祸乱在细微之时比较容易，挽救灾祸于已成事实之后就很困难了。人们没有不是忽视细微，以致终于酿成大祸的。恩情太重就不忍教诲，仁义太深就不忍割舍，事情发生之后，再看事情未发生前的隐微，就如明镜了。天道不可以不刚健，不刚健则日月星不明亮；君王不可以不强大，不强大则宰臣州牧就会失控。应该乘着天象大变，改革政治，匡救过失，用以回报天意。”

六月十九日丙辰，有十三个郡国发生地震。

大旱，发生蝗灾。

窦氏父子兄弟都做了九卿、校尉，充塞朝廷，穰侯邓叠、邓叠的弟弟步兵校尉邓磊，以及母亲元、窦宪的女婿射声校尉郭举、郭举的父亲长乐少府郭璜互相勾结；元、郭举都出入宫中，郭举得到窦太后的宠爱，于是共同图谋害天子，汉和帝暗中知道了窦宪等人的阴谋。这时，窦宪兄弟专权，汉和帝与内外臣僚无法靠近，与汉和帝一起居住的只有宦官。汉和帝因为朝中大臣上下没有不依靠窦宪的，只有中常侍钩盾令郑众，为人谨慎机敏，很有心计，不依附豪党，于是汉和帝就与郑众商议诛杀窦宪。由于窦宪驻守在外，汉和帝担心窦宪作乱，忍耐着没有采取行动；恰逢窦宪和邓叠都回到京城。当时清河王刘庆受到特殊恩遇，常常进入宫中住宿；汉和帝将要实施谋划，想要看《汉书·外戚传》，害怕身边人泄密，不敢使用身边的人，就命令刘庆私下向千乘王刘伉求取，夜间，要刘庆单独送来。又命令刘庆传话给郑众，寻找诛杀外戚的例证。六月二十三日庚辰，汉和帝驾临北宫，下诏执金吾、北军五校尉带兵驻守南宫、北宫，关闭城门，捕拿郭璜、郭举、邓叠、邓磊，全都关在狱中处死。派谒者仆射收回窦宪大将军的印绶，改封为冠军侯，和窦笃、窦景、窦瓌一齐回到自己的封国。汉和帝因为窦太后的缘故，不想以罪名诛杀窦宪，就选派严明能干的人作封国相，监督他们。窦宪、窦笃、窦景到达封国，就都被逼迫自杀。

当初，河南尹张酺，屡次依照法令惩治窦景，等到窦氏失败，张酺上疏说：“当窦宪等人宠贵时，群臣阿谀唯恐不及，都说窦宪受先皇帝托付，怀有伊尹、吕尚的忠心，甚至还将邓夫人比喻为文王的妻子，现在朝廷威严已经实行，都说应当诛杀，不再考虑前后所说的话来考察他的行为。臣看到夏阳侯窦瓌始终保有忠诚和善良，从前和臣交谈，常有尽臣之心，约束告诫宾客，从未犯法。臣听说圣王之政，对于惩治亲族犯罪，有三次赦免的义理，宁肯失之于厚道，而不要失之于刻薄。现在议论的人希望为窦瓌选派严厉能干的诸侯相，恐怕他会遭遇迫害，一定不能保全性命，应当略加宽容宥赦，以增加天子的厚德。”汉和帝被张酺的话所感动，窦瓌一家才得以保全。窦氏宗族宾客因为窦宪的关系而做官的，都被免官回归故郡。

当初，班固的奴仆曾经在醉酒时骂洛阳县令种兢，种兢就把他抓来拷问，借着审讯窦家宾客的机会，收捕班固，班固被关在牢狱中死去。班固编写《汉书》，还没有完成，下诏班固的妹妹曹寿的妻子班昭继续完成《汉书》。

华峤评论说：班固记述史事，不偏激毁谤，不贬抑虚誉，内容丰富而不芜杂，详尽而有条理，使阅读的人津津有味而不厌倦，班固能成名是令人信服的！班固讥评司马迁，认为司马迁的是非观点背离了圣人的原则，然而班固对人物的评论，常常排斥死节之士，非议正直的人，而不记叙杀身成仁是美德，这是轻视仁义，卑贱守节到了极点！

（以上为第一段，写汉和帝诛杀窦宪，班固被牵连下狱死，所写《汉书》未竟，由其妹班昭续写完成。）

当初，窦宪娶妻，天下郡国都有礼物祝贺，汉中郡也应该派官吏送礼，户曹李郃劝告太守说：“窦将军是太后的亲人，不修德行礼节，却专权骄横，危亡的灾祸即将临头；希望明府一心忠于朝廷，别和他交往。”太守固执地要派人去，李郃无法禁止，就请求自己前去送礼，太守答应了。李郃于是在路上滞留，观察事情变化，走到扶风郡时，窦宪被遣回自己的封国。凡与窦宪来往的人都被论罪免官，唯独汉中郡太守没有受牵连。

汉和帝赐予清河王刘庆奴婢、车马、钱帛、珍宝，塞满了清河王府。有时刘庆身体不适，汉和帝早晚问候，送膳食、药物，关怀备至。刘庆也恭敬孝顺；自己摆正被废弃太子位置，尤其害怕生事而谨守法规，故能保持恩宠和禄位。

汉和帝委任袁安的儿子袁赏为郎、任隗的儿子任屯为步兵校尉，郑众升任大长秋。汉和帝按功奖赏，郑众总是推辞的多接受的少。汉和帝于是认为郑众贤能，常与郑众议论政事，宦官掌权从此开始。

秋季，七月二十三日己丑，太尉宋由因为和窦家同党而被免职，自杀。

八月十五日辛亥，司空任隗去世。

八月十七日癸丑，任命大司农尹睦为太尉。太傅邓彪因年老多病请求辞职，下诏书准许，任命尹睦代邓彪掌管尚书事。

冬季，十月，任命宗正刘方为司空。

武陵蛮、零陵蛮、澧中蛮发生叛乱。

护羌校尉邓训去世，属吏、汉民、羌人、胡人每天到灵前哭泣的达数千人。羌人、胡人有的用刀子割自己，又杀死犬马牛羊，说："邓使君已经死了，我们随他而去吧！"邓训先前任乌桓校尉时的吏士全来奔丧，城郭都空了；官吏逮捕他们，仍不听禁令，向校尉徐傿报告这种情况，徐傿叹息说："这是为了道义啊！"便放了他们。于是，家家为邓训立祠，每遇疾病，总是到邓训祠祈祷求福。

蜀郡太守聂尚代替邓训做护羌校尉，想用恩信安抚羌族，于是派翻译使者告知迷唐，允许返回大、小榆谷。迷唐回来后，派遣自己的祖母卑缺拜会聂尚，聂尚亲自送卑缺到塞下，为其饯行，命令翻译田汜等五人护送卑缺回到羌人驻地。迷唐却造反，和羌人各族一起宰杀了田汜等，用人血盟誓，再次进犯金城塞。聂尚被论罪免官。

（以上为第二段，写李郃有先知之明，回护汉中太守免受窦宪案的牵连。邓训去世，西羌再次反叛。）

汉和帝永元五年（癸巳，公元 93 年）

春季，正月十一日乙亥，汉和帝在明堂祭祀祖先，登上灵台，大赦天下。

正月二十四日戊子，千乘王刘伉去世。

正月二十七日辛卯，册封皇弟刘万岁为广宗王。

二月二十四日甲寅，太傅邓彪去世。

二月二十八日戊午，陇西发生地震。

夏季，四月二十日壬子，汉和帝下诏封阜陵殇王的哥哥刘鲂为阜陵王。

九月初一日辛酉，广宗王刘万岁去世，没有儿子，撤销封国。

当初，窦宪立於除鞬为北单于，计划护送他返回北匈奴王庭，恰遇窦宪受诛，就停止了计划。於除鞬背叛，返回北方。汉和帝下诏命令将兵长史王辅率领一千余骑兵与任尚一同讨伐，杀死於除鞬，攻破并消灭了他的部众。

自从耿夔攻破北匈奴，鲜卑趁机迁移到北匈奴的故地。匈奴余留下来的还有十多万户，全都自称鲜卑人。鲜卑从此日益强盛。

冬季，十一月十二日辛未，太尉尹睦去世。

十一月初六日乙丑，任命太仆张酺为太尉。张酺与尚书张敏等人上奏："射声校尉曹褒，擅自制定汉朝礼仪，毁坏圣术，当处死罪。"前后上了五次奏书。汉和帝知道张酺墨守儒学不通达，虽然搁置了张酺的奏书，也不实行曹褒的汉朝礼仪。

这一年，武陵郡军队攻破反叛的蛮人，制服了蛮人。

梁王刘畅与随从官卞忌祠祭祀求福。卞忌等献媚说："神灵说大王当为天子。"

刘畅与卞忌等谈论此事，被有关官员奏劾，请求征召刘畅进京治罪。汉和帝没有奏准，只是削减了刘畅的成武、单父两个封县。刘畅羞愧恐慌，上疏深刻自责道："臣生性狂妄愚昧，不知提防和禁忌，自陷死罪，该当诛杀。陛下圣恩厚德，曲法施恩，宽大处理，硬是赦免了罪臣，为臣蒙受恶名。臣知道法外大赦不可能再次得到，因此臣发誓约束自己，束缚妻儿，不敢再有越轨犯禁行为，不敢再滥用浪费，租税收入有余，请求只食邑睢阳、谷熟、虞、蒙、宁陵五县，归还剩余的四个食邑县。臣有小妾三十七人，其中没有子女的，愿将她们送还娘家。臣自己选择谨慎的二百名奴婢，其余所受赏赐的虎贲武士、骑兵以及各种工匠技人、鼓吹手、仆隶、奴婢、兵器、马匹，全部上缴给原来的官署。臣身为圣上的骨肉近亲，却扰乱神圣的教化，污染了清廉的政风。既然得以生存下去，实在无脸以罪恶之身继续住在巨大的宫室，食邑大封国，设立官吏僚属，享受优厚的生活。愿皇上开恩允许臣的请求。"汉和帝下恩诏，不批准刘畅的请求。

护羌校尉贯友派遣翻译离间众羌，以财货引诱他们，羌人于是解散。贯友这才派兵出塞，在大、小榆谷攻击迷唐，杀死并俘虏八百多人，缴获小麦数万斛，于是在逢留大河两岸建城堡，造大船，修河桥，计划派兵渡河追击迷唐。迷唐率领部落迁向远方，依靠赐支河曲。

匈奴单于屯屠何死，单于宣的弟弟安国继位。安国曾为左贤王，声誉不好。等到当了单于，单于适的儿子右谷蠡王师子按次序升为左贤王。师子向来勇猛狡黠，智慧过人，前单于宣和屯屠何都喜爱师子的勇气和果断，多次派他率兵出塞，攻击北匈奴王庭，回师后受到赏赐，汉朝皇帝也另眼相待，特加殊礼。因此，匈奴国中都敬奉师子而不归附安国，安国想杀掉师子。那些新归顺的匈奴人，当初在塞外屡次遭到师子的掳掠，许多人怨恨师子。安国于是把计划寄托在投降者身上，与投降者一同策划。师子发觉了安国的图谋，就迁往五原郡界，每次龙庭会议，师子假装生病不去。度辽将军皇甫稜知道此事，也拥护师子不去，单于安国就更加仇恨。

（以上为第三段，写北匈奴残部被歼，南匈奴争单于位分裂，北方鲜卑坐大。护羌校尉贯友大破西羌。）

汉和帝永元六年（甲午，公元 94 年）

春季，正月，皇甫稜被免职，任命执金吾朱徽代理度辽将军。当时单于与中郎将杜崇关系不善，就上书状告杜崇。杜崇暗示西河郡太守，使他截获安国单于的奏章，单于无法向朝廷奏明。杜崇就和朱徽上奏说："南单于安国，疏远旧有的胡族（指南匈奴本部），亲近新顺服的北匈奴残部，试图杀害左贤王师子以及左台且渠刘利等人；而且，右部归降的胡人图谋共同胁迫安国起兵反叛汉朝，请西河郡、上郡、安定郡为此警备。"汉和帝交给公卿商议，公卿都认为："蛮夷反复无常，虽然难以揣度，但是大兵聚集，一定不敢轻动，现在应该派有谋略的使者到单于王庭，与杜崇、朱徽以及西河太守同心协力，观察单于的动静，如果没有其他变动，可以派杜崇等人前往安国王庭，集合他的左右大臣，谴责其部众中在边界横暴为害的人，共同决议罪责，该杀就杀。如果单于不听从命令，令杜崇等随机应变，见机行事，事情完毕之后，酌量赏赐，也足以向各蛮族显示权威。”汉和帝接受建议。于是朱徽、杜崇就出兵到单于王庭。安国在夜晚听说汉军到来，大惊，丢弃帐落逃跑。趁此发兵想诛杀师子。师子预知此事，就把部属所居帐落都迁往曼柏城。安国追到城下，城门关闭，无法进入。朱徽派遣属吏向安国说明利害，劝他讲和，安国不听从。安国既然攻不下曼柏城，就移师驻守五原郡。杜崇、朱徽于是发遣各郡骑兵赶往救急援助，匈奴部众大惊，安国的舅舅骨都侯喜为等人担心被杀，于是杀了安国，立师子为亭独尸逐侯鞮单于。

正月二十一日己卯，司徒丁鸿去世。

二月二十日丁未，任命司空刘方为司徒，太常张奋为司空。

夏季，五月，城阳怀王刘淑去世，没有儿子，撤除封国。

秋季，七月，京师洛阳大旱。

西域都护班超派龟兹、鄯善等八国的七万多军队，征伐焉耆，到达焉耆城下，诱骗焉耆王广、尉犁王汎等，在陈睦旧城杀了他们，并把首级传送到京城。于是纵容士兵抢夺，杀死五千多人，俘获活口一万五千人，另立焉耆左侯元孟为焉耆王。班超停留在焉耆半年，安慰抚育他们。于是西域五十多国都派人质向汉朝顺服，远至西海之滨，四万里外的地域，都多次辗转翻译，来向汉朝进贡。

南匈奴单于师子继位，有五六百名归降的胡人夜袭师子，安集掾王恬带领护卫的士兵与反叛的人战斗，打败了反叛者。于是投降的胡人彼此惊动，十五个部族二十多万人叛乱，胁迫拥立前单于屯屠何的儿子薁鞬日逐王逢侯为单于，公然杀戮官吏百姓，焚烧邮驿亭障、所居帐落，带着辎重前往朔方，想要渡过漠北。九月，癸丑日（疑误），任命光禄勋邓鸿代理车骑将军职务，与越骑校尉冯柱、代理度辽将军朱徽率领左右羽林、北军五校士以及各郡国的弓箭手、边郡士兵，乌桓校尉任尚率领乌桓国、鲜卑国的军队合计四万人征讨反叛的胡人。当时南匈奴单于和中郎将杜崇驻守牧师城，逢侯率领一万多骑兵进攻包围了牧师城。冬季，十一月，邓鸿等人进军到美稷，逢侯才解围离去，进入满夷谷。南单于派儿子统领一万骑兵以及杜崇所统领的四千骑兵，与邓鸿等人在大城塞追杀逢侯，杀死四千多人。任尚率领鲜卑国、乌桓国的军队，在满夷谷拦击逢侯，又一次大败他们，前后共杀了一万七千多人。逢侯于是率领部众逃出塞外，汉军无法追赶而返回。

任命大司农陈宠为廷尉。陈宠本性仁厚，屡次议论悬案讼狱，经常依据经典，力求宽恕，刻薄舞弊的风气略有收敛。

汉和帝任用尚书令江夏人黄香做东郡太守，黄香推辞说："掌管一郡政事，我的才能不合适，请求留下充当闲散的官职，赐予我督责的小职，让我任宫中尚书台的杂事。"汉和帝于是重新任用黄香为尚书令，增加俸禄为二千石，很器重他。黄香也勤于公务，忧劳国事如同家事。

（以上为第四段，写汉军大败南单于，班超在西域大破焉耆国，西域五十六国都顺服汉朝。）

汉和帝永元七年（乙未，公元 95 年）

春季，正月，邓鸿等人的军队返回，冯柱率领虎牙营驻守五原郡；邓鸿因为调动部队失期，延误军机，被下狱处死。后来汉和帝知道朱徽、杜崇与匈奴冲突，又禁止他们上疏，导致胡人背叛，将他们都征召回京，下狱处死。

夏季，四月初一日辛亥朔，发生日食。

秋季，七月二十六日乙巳，易阳县大地震裂。

九月二十五日癸卯，京师洛阳发生地震。

乐成王刘党因被控告杀人而论罪，减除东光、鄡两个县。

汉和帝永元八年（丙申，公元 96 年）

春季，二月，立贵人阴氏为皇后。阴皇后是阴识的曾孙女。

夏季，四月十八日癸亥，乐成靖王刘党去世。儿子哀王刘崇立为乐成王，不久去世，没有后代，撤除封国。

五月，河内郡、陈留郡发生蝗灾。

南匈奴右温禺犊王乌居战背叛，跑出塞外。秋季，七月，度辽将军庞奋、越骑校尉冯柱追赶，击败乌居战，把乌居战的余众以及那些归降的胡人共二万多人迁到安定郡、北地郡居住。

车师国后部王涿鞮反，攻占前王尉毕大，活捉了尉毕大的妻子。

九月，京师洛阳发生蝗灾。

冬季，十月二十三日乙丑，北海王刘威因为被指控为不是北海敬王刘睦之子，又非议朝政，被迫自杀。

十二月十日辛亥，陈敬王刘羡去世。

丁巳日（疑误），南宫宣室殿起火。

护羌校尉贯友去世，以汉阳郡太守史充代替其职。史充到任，就派湟中的羌人、胡人出塞侵扰迷唐。迷唐阻击，打败史充的军队，杀了几百人。史充论罪被召回，以代郡太守吴祉代其职。

（以上为第五段，写汉与匈奴、汉与西羌，仍不断发生战斗。和帝册立阴皇后。）

汉和帝永元九年（丁酉，公元 97 年）

春季，三月初十日庚辰，陇西郡发生地震。

三月二十三日癸巳，济南安王刘康去世。

西域长史王林进攻车师后王，杀死了车师后王。

夏季，四月二十八日丁卯，册封乐成王刘党的儿子刘巡为乐成王。

五月，册封阴皇后的父亲屯骑校尉阴纲为吴房侯，以特进官位留居京师府第。

六月，大旱，发生蝗灾。

秋季，八月，鲜卑人侵犯肥如，辽东郡太守祭参因打败仗被判罪，下狱而死。

闰八月十四日辛巳，窦太后去世。当初，梁贵人之死发生在宫中的事很隐秘，无人知道和帝是梁氏所生。舞阴公主的儿子梁扈指使堂兄梁禅向三公之府报告，认为应“按汉朝旧制，尊崇母氏，而梁贵人是皇帝生母，没有蒙受尊号，请求得到申理议论”。太尉张酺奏明情况，汉和帝感伤许久，说：“卿的意思认为该怎么办？”张酺请求追封尊号，录用诸位舅舅，汉和帝接受了。正逢梁贵人的姊姊南阳人樊调的妻子梁嫕上书申诉说：“臣的父亲梁竦含冤死于狱中，尸骨没有埋好；年过七十的母亲和弟弟梁棠等远在人迹罕至之地，不知是死是生。请求收埋梁竦的尸骨，使母亲、弟弟得以回归本郡。”汉和帝引见梁嫕，才知道梁贵人冤死的情形。三公上奏说：“请依照光武帝贬除吕太后的旧例，贬除窦太后的尊号，不应当和先皇帝葬在一起。”百官也多半上书赞同，汉和帝下手诏说：“窦氏虽不依据法度，而窦太后常常自我克制。朕侍奉窦太后十年，深思大义：依照礼制，做臣子和儿子的，不能贬抑长上君王和父母，从感情上说，不忍父母坟穴分开，从大义上说，也不忍做这种损害父母的事。按照前代的惯例，上官太后也没有受到降黜，不要再议论此事了。”闰八月二十九日丙申，安葬章德皇后（即窦太后）。

烧唐羌迷唐率领部众八千人侵入陇西郡，胁迫塞内羌人各部，会集步兵骑兵三万人打败了陇西郡的军队，杀死大夏县县长。下诏派刘尚代理征西将军，以越骑校尉赵世为副将，率领汉朝军队、羌人、胡人共三万人征讨迷唐。刘尚屯驻狄道县，赵世屯驻枹罕县；刘尚派司马寇盱监督各郡军队，从四面合围。迷唐害怕，抛弃老弱病残，逃到临洮县以南。刘尚等追到高山，再次大败迷唐，杀敌一千多人。迷唐带领残余部众逃离，汉朝士兵死伤也很多，不能再追赶，也就撤兵返回。

九月二十四日庚申，发布公文罢免司徒刘方，刘方自杀。

九月二十八日甲子，追尊梁贵人为皇太后，谥号叫恭怀，重新按皇后礼服丧。冬季，十月十九日乙酉，改葬梁太后和她的姊姊大贵人于西陵。升迁樊调为羽林左监。追封皇太后的父亲梁竦为褒亲愍侯，派使者迎接他的棺柩，葬在恭怀皇后（即梁太后）的陵旁。召回梁竦的妻子，册封她的儿子梁棠为乐平侯，梁棠的弟弟梁雍为乘氏侯，梁雍的弟弟梁翟为单父侯，官位都为特进，赏赐金钱以数万计，宠恩耀于当世，梁氏从此兴旺发达。

清河王刘庆此时才敢请求到母亲宋贵人墓拜祭，汉和帝准许了，下诏太官四时供给祭具。刘庆流泪说："生前虽不能供养，死后得以祭祀，心满意足了。"刘庆还想请求建造祠堂，害怕自己母亲有等同恭怀皇后的嫌疑，于是一直不敢上奏，经常当着随从流泪，认为是终身的遗憾。后来刘庆上奏说："外祖母王氏年老，请求前往洛阳治病。"于是汉和帝下诏宋氏都回京城，任命刘庆的舅舅宋衍、宋俊、宋盖、宋暹等人都为郎。

十一月初八日癸卯，任命光禄勋河南尹吕盖为司徒。

十二月初一日丙寅，罢免司空张奋。十二月初七日壬申，任命太仆韩稜为司空。

西域都护定远侯班超派属官甘英出使大秦、条支，直到西海，都是前人未曾到过的地方，详细考察当地的风土人情，带回当地的珍宝。甘英到达安息西界，濒临大海，想要渡海，船夫对甘英说："海水广阔，往来的人遇到顺风，需要三个月才能渡过。如果遇到逆风，也有二年才渡过的。所以入海，人们都要携带三年的粮食，海上航行易使人怀念故土，思念亲人，经常有死亡情况发生。"于是甘英便停止了前行。

（以上为第六段，写窦太后死，和帝平反梁贵人冤狱，追尊其为皇太后。班超派甘英出使大秦，未能成功。）

汉和帝永元十年（戊戌，公元98年）

夏季，五月，京师洛阳发生大水灾。

秋季，七月，己巳日（疑误），司空韩稜去世。八月十五日丙子，任命太常太山人巢堪为司空。

冬季，十月，五个州下雨不止。

代理征西将军刘尚、越骑校尉赵世因畏惧敌人、懦弱无能而被论罪，下狱，免职。谒者王信率领刘尚的军队驻守在枹罕县，谒者耿谭率领赵世的军队驻守白石县。于是耿谭悬赏招降，羌人多来归附。迷唐恐惧，只好请降。王信、耿谭就接受了他的归降而停战。十二月，迷唐等率领族人前往朝廷贡献物品。

十二月十九日戊寅，梁节王刘畅去世。

当初，居巢侯刘般去世，儿子刘恺本应继承爵位，刘恺满足父亲的遗愿，把爵位让给弟弟刘宪，逃走了很长时间，有关官员奏请撤除刘恺的封国。汉章帝赞美他的义行，特别优待而宽恕他，刘恺仍然不出来继任。过了十几年，有关官员再次奏明此事，侍中贾逵上书说："孔子称'能够用礼让来治理国家，还有什么困难呢？'官员不推究刘恺乐善之心，反而以寻常的法度加以办理，恐怕不能表扬克己谦让的风气，完成恢宏宽厚的教化。"汉和帝接受建议，下诏书说："王法推崇善行，成全别人的美德，听便刘宪继承爵位；事属例外，以后不得援此为例。”于是征召刘恺，任命他为郎。

南匈奴单于师子去世，前单于长的儿子栾提檀继承王位，是为万氏尸逐鞮单于。

汉和帝永元十一年（己亥，公元99年）

夏季，四月初九日丙寅，大赦天下。

汉和帝借朝会时机召见诸位儒者，使中大夫鲁丕和侍中贾逵、尚书令黄香等人讨论经义，互相辩难，和帝赞扬鲁丕的说法，散朝，特意赐给他衣冠。鲁丕趁机上疏说：“我听说，解经的人是传授先师的言论，不是自我发挥，不能谦让；相让就会使道义不明，如同圆规曲尺衡器不可随意更变。质疑的人必须说明其根据，答疑解经的人务必根据师法申说大义，不得在众人面前陈述浮华之言，所以不需要劳神而经义的道理要旨更加明白。各自所承师法不同，就只说自己师傅的看法，并存、博览各家大义，不要让乡野樵夫因为言语获罪，使至深道理有所丢失。”

（以上为第七段，写西羌归降。和帝下诏褒扬刘恺让爵。中大夫鲁丕上奏，讨论经学要博采众长，不搞一言堂，不以言论定罪。）

汉和帝永元十二年（庚子，公元100年）

夏季，四月十六日戊辰，秭归县发生山崩。

秋季，七月初一日辛亥朔，发生日食。

九月初九日戊午，太尉张酺被罢免。九月十七日丙寅，任命大司农张禹为太尉。

烧当羌首领迷唐已进京，其余部众不足两千人，饥饿贫困，无法自立，迁入金城县。汉和帝命令迷唐率领他的部众回到大、小榆谷；迷唐认为汉朝造了河桥，军队来去无常，旧地不可再居留，以族人饥饿为由，不愿出塞远离。护羌校尉吴祉等赐给迷唐很多金帛，让他们购米、买牲畜，迫使他们出塞，羌人更加猜疑惊恐。这年，迷唐又一次反叛，威胁湟中各部胡人，抢掠而去，王信、耿谭、吴祉都被论罪召回。

汉和帝永元十三年（辛丑，公元101年）

秋季，八月二十五日己亥，北宫御厨房发生火灾。

迷唐又返回赐支河曲，率兵靠近边塞。护羌校尉周鲔和金城太守侯霸，以及各郡的军队和属国的羌人、胡人共三万人，到达允川。侯霸攻破迷唐，部众瓦解，有六千多人投降，分别被迁徙到汉阳郡、安定郡、陇西郡。迷唐于是衰败，远走赐支河头，依靠发羌居住。过了很久，迷唐病死，他的儿子来归降，人口不到几十家。

荆州发生水灾。

冬季，十一月十四日丙辰，汉和帝下诏说：“幽州、并州、凉州人口稀少，边地徭役繁重，奉公的良吏仕路狭隘。安抚夷狄，用人很重要，现命令人口在十万以上的边郡，每年推荐一名孝廉，人口不满十万的郡，每两年推荐一名。人口在五万以下的郡，每三年推荐一名。”

鲜卑人侵犯右北平，进入渔阳郡，渔阳太守打败了鲜卑人。

十一月二十六日戊辰，司徒吕盖因年老多病而辞官回家。

巫蛮人许圣因郡府收税不公，非常仇恨，于是反叛；十二月十九日辛卯，入侵南郡。

（以上为第八段，写西羌降而后叛，遭到汉军沉重打击后瓦解流离。）

汉和帝永元十四年（壬寅，公元102年）

春季，安定郡归降的羌人烧何部背叛，郡中军队消灭了叛乱的羌人。当时，西海和大、小榆谷附近不再有羌人侵入。隃麋国相曹凤上奏说：“自从建武以来，西羌犯法的事，常常是从烧当部开始，之所以这样，是因为他们居位在大、小榆谷，土地肥美，有西海鱼盐的利益，有大河阻隔，可以坚守。而且，靠近边塞的种族容易背叛，朝廷难以攻打，所以能够强大，长久地在羌人各部中称雄，依靠武力勇气，引诱羌人、胡人。现今西羌困窘，同伙外援枯竭，逃亡奔跑，依赖发羌。臣认为应当乘此时重新设置西海郡县，控制大、小榆谷，广置屯田，隔离羌人、胡人交通路线。消除狂妄狡黠之徒钻空子的根源。同时种植五谷，富裕边地，减少向边地运粮的劳役，国家可以消除西边的忧虑。”汉和帝批准了这个建议。修建原来的西海郡，调遣金城西部都尉驻防，任命曹凤为金城西部都尉，驻守龙耆县。后来增加屯田，沿黄河两岸都屯兵垦田，总共三十四部。大功将要告成，时逢永初年间，各羌族背叛，于是作罢。

三月二十七日戊辰，汉和帝到辟雍（即太学）举行宴会及飨射之礼，大赦天下。

夏季，四月，汉和帝遣使监督荆州兵一万多人，分路讨伐巫蛮许圣等人，大败巫蛮。许圣等人请求归降，把巫蛮全部迁往江夏郡。

阴皇后妒忌猜忌心重，受到的恩宠逐渐衰减，心怀怨恨。阴皇后的外祖母邓朱出入宫廷，有人报告说皇后和邓朱共同施用巫蛊道术；汉和帝命令中常侍张慎与尚书陈褒追查此事，张慎和陈褒弹劾阴皇后大逆不道。邓朱的两个儿子邓奉、邓毅，阴皇后的弟弟阴辅都受到审问、拷打，死在狱中。六月二十二日辛卯，阴皇后论罪被废，迁至桐宫，忧郁死去。阴皇后的父亲特进阴纲自杀，阴皇后的弟弟阴轶、阴敞和邓朱的家属被流放到日南郡比景县。

秋季，七月十三日壬子，常山殇王刘侧去世，没有儿子，册封他哥哥刘防的儿子列侯刘章为常山王。

三个州发生大水。

班超长期驻守边疆，年老思乡，上书请求回国，说：“臣不敢奢望回到酒泉郡，只希望活着进入玉门关，恭谨地派儿子班勇随着安息进献贡品的使者进入塞内，趁臣还活着，让班勇亲眼看到汉土。”朝廷很久没有回音，班超的妹妹曹大家（即班昭）上奏说：“蛮夷的本性，欺侮年老；而班超年老，眼看就要死去，长久没有人接替，恐怕会引起蛮族的奸邪动机，产生叛乱之心，而且卿大夫都怀有一时权宜之计的想法，不肯做长远的计划，如有意外暴乱，班超力不从心，在上将破坏国家积累多年的功业，在下抛弃忠臣竭力的尽忠，实在痛惜。所以班超从万里表示诚心，陈述急迫之情，伸长脖子遥望，至今已三年，没有受到朝廷的重视。我听说古代十五岁服兵役，六十岁退役回家，都有休养生息的时间，无须再任职。所以臣冒死为班超请求朝廷的哀悯，乞求让班超在残年生还，再见到宫廷，使国家免去操心边疆的忧虑，西域没有突然发生事变的祸患，班超能蒙受文王葬骨那样的恩爱，田子方哀怜老马那样的仁慈。”汉和帝被她的话感动了，于是征召班超回朝。八月，班超到达洛阳，被任命为射声校尉。九月，去世。

班超被征召回朝，以戊己校尉任尚接替班超做都护。任尚对班超说：“君侯在国外三十多年，而我接替您的职务，任务重大，我却思虑浅薄，您应该给予指教。”班超说：“我年老缺少智谋，你多次承当大任，哪里是我班超所能赶得上的？如果一定要说，我愿说几句愚浅的话：塞外的官吏士兵，本非孝子贤孙，都是因犯罪而流放到边远地方屯田；而蛮夷是禽兽心肠，很难教化，容易叛变。现在你的性情严厉急迫，水清就没有大鱼，苛察秋毫的政治，就得不到在下位人的拥护，应该放松管理达到自然的程度，实施简单易行的政策，宽恕小过，注重大的原则而已。”班超离开，任尚私下对他亲近的人说：“我以为班超有特殊的策略，今天所说的，不过如此而已。”任尚后来最终断送了与边疆的友好关系，正如班超预言的那样。

（以上为第九段，写东汉安羌，重置西海郡。班超年老，荣归故里，八月到达洛阳，九月去世。）

当初，太傅邓禹曾经对人说：“我率领百万部众，从未随便杀死一人；后世必有子孙兴起。”他的儿子护羌校尉邓训，有个女儿名绥，本性孝顺友好，喜欢读书，经常白天修习妇业，晚上诵读经典，家人称她为“诸生”。叔父邓陔说：“听说救活一千人的，子孙必有封爵。哥哥邓训做谒者，负责修理石臼河，每年救活几千人，天道可以信赖，家族必定蒙受福赐。”邓绥后来被选进宫中做贵人，小心谨慎，举止守法度，侍奉阴皇后，对待同辈，克制自己，谦卑待人，即便是宫人奴隶，都加倍善待，汉和帝很称赞邓绥。邓绥曾患病，汉和帝特地让邓绥的母亲、兄弟入宫亲自侍奉医药，不限制时日，邓绥推辞说：“宫廷是非常重要地方，却让外家久住宫内，在上使皇上受到偏爱的嘲讽，在下使我受到不知足的毁谤，上下都受到损失，臣妾实在不愿意这样。”汉和帝说：“别人都以经常入宫为荣耀，贵人反以为忧虑。”每次举行宴会，众妃都竞相打扮，邓贵人却注重朴素，邓绥的衣装有与阴后同颜色的，马上换掉，如果与阴皇后同时觐见皇上，则不敢并肩而坐，并肩而立，走路时弯腰以示谦卑，汉和帝每次有所询问，常退让后答，不敢在阴皇后之前回答。阴皇后矮小，举止时有失态，旁边的人窃笑，邓贵人独闷闷不乐，为阴皇后遮掩，好像是自己的错误一样。汉和帝知道贵人的苦心和委屈，叹息说："修养道德竟然达到这样的境界！"后来阴皇后宠爱衰减，邓贵人每当被汉和帝召见时，就以生病推辞。当时汉和帝屡次失去皇子，邓贵人担心子嗣不多，多次选进才人以受汉和帝宠幸。阴皇后见邓贵人的德誉日增，很妒忌邓贵人；汉和帝曾经病重危险，阴皇后暗中说："如果我得势，不使邓家留一个活口！"邓贵人听到这话，流着泪说："我竭诚尽心地侍奉皇后，竟不能得到她的宽容，现今我应当跟从皇帝死去，对上报皇恩，在中以消除家族之祸，对下不让阴氏落下人彘的讥评。"就准备喝下毒药。宫人赵玉坚决阻止她，就骗邓贵人说："刚才有使者来报，皇上的病已经痊愈。"邓贵人才作罢。第二天，汉和帝的病果然转好。等到阴皇后被废黜，邓贵人求情挽救阴皇后，没能做到。汉和帝准备立邓贵人为皇后，邓贵人宣称病重，闭门不出。冬季，十月二十四日辛卯，诏立贵人邓氏为皇后；邓氏推让，不得已，然后就位皇后。各郡、各封国的进贡，一律禁止，每年只让供应纸墨而已。汉和帝每次想对邓氏家族的人加官晋爵，邓皇后总是真诚谦让，所以邓贵人的哥哥邓骘在汉和帝时不过是个虎贲中郎将。

十月三十日丁酉，司空巢堪被罢免。

十一月初六日癸卯，任命大司农沛国人徐防为司空。徐防上疏，认为："汉朝设立十四家博士，设甲乙科，用以劝导勉励学者。臣见到太学考试博士弟子，都是自我发挥创意立说，不遵守师法，私下互相隐瞒，开启奸邪之路。每次举行策试，总是发生争执，议论纷纭交错，互为是非。孔子说：'只是转述先圣的言论，而不进行自我创作。'又说：'我还能够看到史书存疑的地方。'现在不依照原书的章句，妄自凭空解说，以尊崇师道为不合理，随意解说为合理，轻视侮慢经典的传统解说，逐渐形成风气，实在是违背了诏书依照真才实学选拔人才的本意。改变浅薄的习俗而崇尚厚道，这是三代的正常发展；专心而精密地研究师传的基本意义，是儒家学者的最高守则。臣以为博士和甲乙科策试，应该遵照师道的章句，挑出五十道难题来考试，解释最多的为第一等，引文出处准确的为高明回答。如果不依照先师的说法，申说义理而违背师说，都应纠正，指出其错误。"汉和帝听从了这一建议。

这一年，开始封大长秋郑众为鄛乡侯。

（以上为第十段，写和帝册立邓皇后。）

汉和帝永元十五年（癸卯，公元 103 年）

夏季，四月三十日甲子晦，发生日食。当时汉和帝遵照汉章帝惯例，兄弟都留在京城，主管官员认为日食是阴气太重，上奏请求遣送各位诸侯王回到封国。汉和帝下诏说："甲子日的异常天象，责任是朕一人。各位诸侯王年龄幼小，早早失去亲人照顾，等养育到成年，不至于常常有《蓼莪》、《凯风》那样的悲伤。不忍心遣送幼弱的诸王回到封国，朕明知不合国家法典，暂且再留他们住在京城。"

秋季，九月二十日壬午，汉和帝南巡，清河王、济北王、河间王随行。

四个州发生水灾。

冬季，十月十七日戊申，汉和帝巡幸章陵；十月二十七日戊午，前往巡幸云梦。当时太尉张禹留守京城，听说汉和帝的车驾正要前往巡幸江陵，认为不应该冒险远行，立即传驿上奏劝谏。汉和帝下诏说："已祭拜四亲的陵庙完毕，应当向南边祭祀大江；正好收到你的奏书，朕到达汉水就掉转车舆返回。"十一月二十三日甲申，回宫。

岭南过去进贡新鲜龙眼、荔枝，十里设一驿，五里设一候，日夜传递。临武县长汝南人唐羌上奏说："臣听说在上位的君主不把口味的享受作为美德，在下位的臣子不把进贡食物作为功绩。见到交趾州七郡进献新鲜龙眼等，像鸟惊风吹，一路疾驰。南方各州气候炎热，恶虫猛兽，沿路可见，碰上都要死亡。死了不可复生，活着却可以挽救。这新鲜龙眼、荔枝供上宫殿，未必能延年益寿。"汉和帝下诏说："边远国家的美味，本是用来祭祀宗庙的，若对百姓有伤害，不是爱民的本意，告诉太官不再接受贡礼。"这一年，开始命令郡国在夏至日审查罪轻的刑案。

（以上为第十一段，写汉和帝亲爱诸王，留居京师。为了减轻民劳，停止岭南进贡鲜荔枝。）

汉和帝永元十六年（甲辰，公元 104 年）

秋季，七月，大旱。

七月初四日辛酉，司徒鲁恭被罢免。

七月十三日庚午，任命光禄勋张酺为司徒；八月二十二日己酉，张酺去世。冬季，十月初五日辛卯，任命司空徐防为司徒，大鸿胪陈宠为司空。

十一月，己丑日（疑误），汉和帝巡幸缑氏，登百岯山。

北匈奴派使臣向汉称臣贡献礼物，愿意通婚和好，重新遵守呼韩邪旧约。汉和帝认为北匈奴没有遵守过去汉匈和亲的礼数，不予允许；对北匈奴赏赐丰厚，却不接见北匈奴使臣，不回答其和亲请求。

汉和帝元兴元年（乙巳，公元 105 年）

春季，高句骊国王宫侵入辽东塞，掳掠六个县。

夏季，四月，庚午日（疑误），大赦天下，改年号。

秋季，九月，辽东郡太守耿夔攻入高句骊，击败了敌人。

冬季，十二月二十二日辛未，汉和帝在章德前殿驾崩。当初，汉和帝失去皇子，前后十几个，后来出生的就暗地在民间养育，群臣都不知道。等到汉和帝去世，邓皇后才在民间接回皇子。长子刘胜患有瘫痪病；小皇子刘隆出生才一百多天，就被迎立为皇太子，当晚即位。尊称邓皇后为皇太后，邓太后临朝摄政，这时刚逢大丧，法律禁令尚未设立。宫中丢失一箱大珠；邓太后认为，如果审问，一定会牵连无罪的人，于是亲自召见宫人，观察神色，偷珠者很快就低头服罪。另外，汉和帝宠幸的宫妃吉成被侍者一起告发，称她用巫蛊害人，送交掖庭拷问，供词、证据都很清楚，证据确凿，邓太后认为吉成在先帝身边侍奉，汉和帝对吉成有恩，平日也没有听吉成说过坏话，现在反而如此，不合人之常情，便亲自寻根究底，审考其实，果然是侍者诬陷，没有人不叹服邓太后的圣明。

北匈奴又派使者到敦煌进献礼物，解释说国家太穷，没能准备厚礼，希望请求汉朝派出大使，北匈奴当派儿子入侍朝廷。邓太后不回答使者，只予以赏赐。

洛阳县令广汉人王涣，为人正直，能够明察秋毫，举报揭发隐藏的奸邪之徒，外表看他推行严厉的政治，内心却怀有仁慈。凡是王涣所平断的案子，人们没有不心悦诚服的，京城的人认为他有神明相助。这一年，王涣在官位上去世，百姓在街上没有不叹息流泪的。王涣的棺柩往西运回故乡，路过弘农郡，百姓在路上设祭案，官吏问百姓原因，百姓们都说：“平常携米到洛阳，被小吏抢夺勒索，常常损失一半，自从王涣当了县长，没有被抢夺过，所以来报恩。”洛阳百姓为王涣立祠，作诗，每次祭祀，就和弦歌诵来祭祀他。邓太后下诏书说：“忠良的官吏是国家管理的依靠，朝廷勤于寻求他们，得到的却很少。现今在任命王涣的儿子王石做郎中，用以勉励劳苦勤奋的官吏。”

（以上为第十二段，写和帝驾崩，邓太后临朝，明察善断，避免了一场宫中冤狱大案。洛阳令王涣清廉正直，死后，百姓为之立祠祭祀。）

【点评】

本卷点评不同类型和社会地位的几个人物，以小喻大，从一件事看一个人的品性与人格魅力。点评五事如次。

一、张酺守正。张酺字孟侯，汝南细阳（在今安徽太和县）人。西汉赵王张敖之后，少小从祖父学习《尚书》，又为太常桓荣弟子，经明行修，讲学乡里，聚徒以百数。历仕汉明帝、章帝、和帝三朝，官至太尉。永元四年（92），和帝打击窦宪权贵集团，不分青红皂白，全面清洗。窦宪有三个弟弟，窦笃、窦景、窦瑰。窦景跋扈，窦瑰谨守法度，约束家奴宾客，没有过错。张酺上书和帝为窦瑰申诉。张酺认为，窦宪得势之时，文武官员趋炎附势唯恐不及，众口一词称赞窦宪有伊尹、吕尚的忠心。而今，这些唱赞歌的人见风转舵，又众口一词说窦家的人全都该杀。自己了解窦瑰，忠心善良，有报国之心，没有过错，应网开一面。张酺是一个严正有操守、秉持正义的贤士。他多次打击窦家恶霸的行为。张酺为魏郡太守，窦景派人请托张酺枉法办案，张酺逮捕法办了窦景的请托人。张酺调任河南尹，窦景的家人在光天化日之下打伤街头的巡视人员，张酺毫不留情惩办了窦景的人。当时窦景任执金吾，炙手可热。张酺不畏权势，为时人所重。张酺出来为窦家说话，极有分量，和帝轻办了窦瑰。

东汉政治，自和帝打击窦氏外戚始，朝中存在三股势力，即外戚、宦官、朝官士大夫。和帝不是窦太后的亲生子，窦太后临朝，外戚得势。和帝夺回权力，依靠宦官。中常侍郑众为和帝策划，发动流血政变打击权势外戚，为东汉政治开了一个恶例。张酺为窦氏说话，表明朝官士大夫与外戚既有斗争，又可以联合。外戚势力过大，宦官与朝官士大夫都排挤外戚，但决不联手。东汉中后期，一再上演诸侯入继大统，小皇帝身边主要是宦官，所以宦官势力有皇权护身，越来越大，桓、灵以后达于巅峰，东汉也就灭亡了。

二、班固下狱。班固以写《汉书》与司马迁齐名，并称“班马”，或《史》《汉》。华峤评论说：“班固记述史事，不偏激毁谤，不贬抑虚誉，内容丰富而不芜杂，详尽而有条理，使阅读的人津津有味而不厌倦，班固能成名是令人信服的！班固讥评司马迁，认为司马迁的是非背离了圣人的原则，然而班固对人物的评论，常常排斥死节之士，非议正直的人，而不记叙杀身成仁是美德，这是轻视仁义，卑贱守节到了极点！”华峤是西晋著名史学家，他对班固的评论是中肯的。华峤肯定《汉书》是实录，丰赡而文字华美，批评班固讥评司马迁不公允，在对待死节、公正、忠义等大节上班固不如司马迁。班固还讥评司马迁受腐刑，不能做到明哲保身，而自己却下狱而死。班固受窦宪案牵连下狱有些冤屈，窦宪任用班固是公事，而班固也并没有卷入窦宪谋反案。再说，窦宪也没有谋反，但窦宪专横霸道应当打击，碍于窦太后的面子，不定谋反罪不能打击窦宪，朝廷于是控告窦宪同党邓叠、邓磊兄弟及其母亲邓元等人有谋害和帝意图，如此株连，窦氏谋反罪成立。再由窦氏扩大到班固头上，更没道理。因此班固下狱是皇帝与外戚权力之争的牺牲品，着实令人同情。但是班固趋附权势，借窦家势力，也是罪有应得。史书没有记载班固本身有什么恶行，但他的一个家奴竟敢辱骂洛阳县令种兢，种兢并非柔弱之辈，他借助手中权力逮捕窦氏宾客，把班固也牵连进去。文如其文，华峤批评《汉书》的缺点，不就是班固人格缺点的显现吗？

班固死时，《汉书》没有写完，由他的妹妹班昭完成。班昭是一位才女，她替兄长完成未竟事业，名垂千古。

三、西羌迷唐反叛。西羌居于今青海境。迷唐是西羌中烧当羌部种酋。其父迷吾，在章帝建初元年（76）反叛，汉朝官兵征讨。章帝元和元年（84），迷吾打败官军，杀了护羌校尉傅育。张纡继任护羌校尉，用招降办法，骗诱迷吾投降、会盟，用毒酒灌醉羌人，杀降八百余人，此为反人道的卑鄙屠杀。迷吾之子迷唐与汉朝有血海深仇，双方血战了十余年，迷唐种人绝大部分被消灭、投降。迷唐率领一千余众远走赐支河。蜀郡太守聂尚继任护羌校尉，改征剿为招抚，迷唐接受招降，还回原居住地大、小榆谷。迷唐派祖母卑缺为特使到聂尚驻地献礼。聂尚隆重接待卑缺，亲自设宴送行，派翻译官田汜等五人护送卑缺回到迷唐驻地。迷唐会聚诸种羌人头目，将田汜等五人屠杀分尸，报当年张纡杀降之仇。由此种下了东汉与西羌不可和解的仇怨。护羌校尉聂尚被罢了官。

四、甘英通使大秦。和帝永元六年（94），西域都护班超杀焉耆王，传首京师，西域北道畅通。班超因功封定远侯。班超目光远大，他不满足开通西域，他要探险全世界。永元七年（95），班超派甘英向西去交通大秦，即罗马帝国。甘英首次越过葱岭，经过今阿富汗、伊朗、巴勒斯坦，都是前人没有走过的路。甘英记载沿途的风土人情，收购土特产品，带回中国，扩大了中国对西方的了解，是东西方文化交流的使者。可惜甘英怕水，到了地中海东岸，望洋而叹，折返回来，说要水行三个月才能到达大秦，缺少船只水手，没法到达。就这样，当时东西方两个强大帝国失之交臂，甘英的怯懦，难辞其咎。

五、皇太后邓绥审案。和帝永元十七年（105），改元元兴，十二月，和帝驾崩。皇后邓绥立婴孩皇子刘隆即位，是为殇帝。邓皇后被尊为皇太后。在新旧皇帝交替之时，宫中发生一些混乱，有一个叫吉成的宫女，受到和帝的宠信，身边的其他宫女妒忌，趁和帝之死，合起来诬陷吉成，妄说吉成使用巫蛊诅咒和帝，这引起了邓太后的警觉。和帝对吉成有恩，吉成在和帝死后还要诅咒，太不合人情。邓太后决定亲自审讯宫女，结果真相大白，吉成获救。吉成诅咒和帝，若屈打成招，不只吉成一个人会人头落地，还会牵连家属，祸及三族，不知会有多少人伏尸法场。邓绥太后，料理国丧，万机事务缠身，还能有心思来平反冤案，这一件善事，就足可称道了。

汉纪四十一

汉殇帝延平元年至汉安帝元初二年（公元106—公元115）

【起柔兆敦牂（丙午，公元106年），尽旃蒙单阏（乙卯，公元115年），凡十年】

【大事提要】

本卷记事起公元106年，讫公元115年，凡十年，当殇帝延平元年至安帝元初二年，载安帝一朝前期史事。此时实际执政者为邓太后，安帝垂拱。邓太后名绥，平定西羌的护羌校尉邓训之女，宽仁果决，临大事方寸不乱，是东汉继明德马太后又一贤太后。殇帝、安帝，皆邓太后策立。此时东汉内灾外患严重，邓太后倡导节俭，停止方国贡献，敕令各级官员如实奏报灾情，约束外戚，关注西域、西羌军事。邓太后敕令减刑狱，复核死罪。邓太后挫败了司空周章发动的宫廷政变，安帝得以不废。东汉国力支绌，裁撤西域都护。西羌大起叛乱，官军连战皆败，徙金城郡治以避其锋。西疆汉阳、安定、武都、汉中诸郡，并受羌祸，三辅告急。大将军邓骘提出丢弃边郡之议，受到郎中虞诩的批评。虞诩赴任武都太守，用增灶法神速到任，大破羌人，稳固了西疆。政论家仲长统著《昌言》，论东汉皇权过度集权之弊。

孝殇皇帝

汉殇帝延平元年（丙午，公元106年）

春季，正月十三日辛卯，任命太尉张禹任太傅，司徒徐防为太尉，参与尚书事务。邓太后因为汉殇帝还在襁褓之中，想要重臣住在宫内。于是下令张禹住在宫中，五天回家一次。每次朝会，先呼张禹的名字，不与三公联席而坐。

册封汉殇帝的哥哥刘胜为平原王。

正月二十五日癸卯，任命光禄勋梁鲔为司徒。

三月初七日甲申，安葬汉和帝于慎陵，庙号为穆宗。

三月初九日丙戌，清河王刘庆、济北王刘寿、河间王刘开、常山王刘章始就封国，邓太后对刘庆特别给予优厚的礼遇。刘庆的儿子刘祜十三岁，邓太后因为汉殇帝年纪幼小，为防不测，留下刘祜和他的嫡母耿姬居住在清河王府。耿姬是耿况的曾孙女。刘祜的母亲是犍为人左姬。

夏季，四月，鲜卑人入侵渔阳郡，渔阳郡太守张显率领几百人出塞追击鲜卑。兵马掾严授进谏说："前面道路险阻，盗贼势力难以预料，应暂且安营，先派骑兵侦察。"张显的锐气正盛，怒气冲冲，甚至想在阵前诛杀严授，于是进兵。遇到敌人的伏击，士兵都逃走了，只有严授奋尽作战，身受十处创伤，杀死好几个敌人，英勇牺牲。主簿卫福、功曹徐咸一起赶到张显身边护卫，都战死了。

四月十九日丙寅，任命虎贲中郎将邓骘为车骑将军，仪制如同三公。邓骘的弟弟黄门侍郎邓悝为虎贲中郎将。邓弘、邓阊都委以侍中。

司空陈宠去世。

五月十五日辛卯，大赦天下。

五月十六日壬辰，河东郡垣山发生山崩。

六月初一日丁未，任命太常尹勤为司空。

三十七个郡国发生水灾。

六月十三日己未，邓太后下诏减少太官、导官、尚方、内署衣服车马、美味佳肴、华贵的物品，除非是祭祀陵墓和供奉祖庙，稻粱米不得精碾，早晚一天只吃一顿有肉的饭而已。过去太官、汤官每年的经费将近二万万，自此裁削几千万。各郡国所献贡品都减少一半以上，命令把上林苑的鹰犬全部卖掉，离宫、别馆储存的米粮、薪炭，一律裁省。

六月二十一日丁卯，邓太后下诏将皇宫中没有位号的一般宫婢，以及皇族宗室妇女因犯罪而被囚入宫廷做奴婢的人遣散释放回家，当普通平民。

秋季，七月十五日庚寅，下诏司隶校尉、部刺史说："近来有些郡国发生水灾，妨害秋天庄稼，朝廷检查过错，忧愁担心，而郡国却想获得丰收的虚誉，就隐瞒灾害，夸张垦田数目，不过问逃亡的人，多报户口，隐蔽有盗贼的情况，使奸恶得不到惩罚，官署用人不按次序，推举失宜，贪污苛刻达到惨烈地步，祸及百姓。刺史低头塞耳，附和包庇，上不怕天，下不愧民。宽贷的恩典，不能一贯依恃，从今以后，一定要检举他们的罪行。二千石的官吏要切实查清本郡的实际灾情，作为减免灾区田租赋税及缴纳额定的军马草料的依据。"

八月，辛卯日，汉殇帝去世。八月初八日癸丑，在崇德前殿殡殓。邓太后与她哥哥车骑将军邓骘、虎贲中郎将邓悝等人在宫中商议策略，当天晚上，派邓骘持节，以青盖车迎接清河王的儿子刘祜，在崇德殿斋戒。邓太后登崇德殿，百官都穿着吉服陪侍。指引刘祜上殿封拜为长安侯。于是下诏，以刘祜为孝和皇帝的嗣子，又发布诏命。有关官员宣读策命完毕，太尉奉上玺印，刘祜即皇帝位，邓太后继续临朝听政。

下诏通告司隶校尉、河南尹、南阳太守说："每次览读前代事迹，外戚和宾客扰乱执法的官吏，给人民造成祸患，责任是在于执法松懈，不能严明处罚。现今车骑将军邓骘等人虽怀有恭敬孝顺的心愿，但宗族广大，姻戚多，宾客奸诈狡猾，多有冒犯朝廷禁令，应当严格检点约束，不准互相包容。”从此，邓氏家族犯罪，毫不宽恕。

九月，六个州发生水灾。

九月丙寅日（疑误），把汉殇帝安葬在康陵。因为连遭大变故，百姓苦于劳役，陵中秘藏之物，以及各种工程都裁省了十分之九，只留下十分之一。

九月初一日乙亥，有陨石落在陈留郡。

邓太后下诏任命北地人梁慬为西域副校尉。梁慬到达河西，适逢西域各国反叛，在疏勒攻击都护任尚；任尚上书求救，下诏命令梁慬率领河西四郡的羌族、胡族五千骑兵奔驰援助。梁慬未到而任尚被围已解，诏书征召任尚回京，任命骑都尉段禧为都护，西域长史赵博为骑都尉。段禧、赵博驻守它乾城，城垣较小，梁慬认为不能坚守，于是用诈术劝说龟兹王白霸，声称希望入城据守；白霸同意了，龟兹的官吏和百姓执意进谏反对，白霸不听。梁慬进入它乾城以后，派部将急忙迎接段禧、赵博，集结军队八九千人。龟兹的官吏和百姓都背叛国王，而与温宿、姑墨几万军队反叛，一起包围龟兹城，梁慬等人出来迎战，把他们打得大败。一连数月开战，胡人部众败逃，梁慬乘胜追击，共杀死一万多敌人，俘虏几千人，龟兹才得以安定。

冬季，十月，四个州发大水，下冰雹。

清河孝王刘庆病重，上书请准许葬在樊濯宋贵人的墓旁。十二月二十一日甲子，刘庆去世。

十二月乙酉日（疑误），取消鱼龙戏和曼延戏。

尚书郎南阳人樊準因为儒学衰败，上奏说：“臣听说国君不可以不学儒学。光武皇帝受天命中兴汉室，东征西战，没有闲暇时间休息，但是只要有间隙，就学习儒家经典，利用战马休息时刻讨论圣人之道。孝明帝日理万机，没有不操心的，却留意古代典籍，注意六经文艺。每次飨射礼完毕，上座讲读，众儒倾听，四方欢喜。又多次征召名儒，安置在政府各部门，每当有宴会就讨论疑难，一起谋求政治教化，期门郎、羽林郎等禁卫军都通晓《孝经》，儒学教化从皇上本身做起，传到蛮荒地区，因此人们常称这就是盛世时代，全都称赞明帝永平年代的学风。现今学者日益减少，偏远地区尤其如此，博士占据讲席却不讲学，儒士争讲浮华的学问，忽视最根本的忠心，讲究谄谀的言语。臣认为应该下一道明确的诏书，广求隐居的学者，尊宠儒雅的人士，用以等待皇上讲习的需要。”邓太后很赞成樊準的进言，颁下诏令说：“公、卿、中二千石的官吏，各推举隐士、大儒，务必选取有高贵德行的，以此劝勉教导晚生后学，精选博学之士，一定可以得到合适的人选。”

（此上为第一段，写邓太后临朝，倡导节俭，敕令各级官员如实反映灾情民生，约束外戚，关注西域军事。冷静处置殇帝之死，安帝平稳即位。）

孝安皇帝上

汉安帝永初元年（丁未，公元107年）

春季，正月初一日癸酉朔，大赦天下。

蜀郡塞外的羌族内附。

二月二十五日丁卯，分割清河国一部分给安帝的弟弟刘常保，并封他为广川王。

二月二十八日庚午，司徒梁鲔去世。

三月初二日癸酉，发生日食。

三月初八日己卯，永昌郡界外僬侥种夷陆类等全部归附。

三月十三日甲申，安葬清河孝王在广丘，司空、宗正护送灵柩，仪式比照东海恭王。

自从汉和帝逝世以后，邓骘兄弟经常住在宫中。邓骘不愿久住宫内，一再请求返回私第，邓太后答应了。夏季，四月，封太傅张禹、太尉徐防、司空尹勤、车骑将军邓骘、城门校尉邓悝、虎贲中郎将邓弘、黄门郎邓阊为列侯，各有食邑万户，邓骘因有决策的功劳，增加三千户食邑。邓骘和几个弟弟推让没有获准，于是躲开使者，绕至宫门，亲自上奏陈述请求辞去侯位，一连五六次，邓太后才答应了。

五月初三日甲戌，任命长乐宫卫尉鲁恭为司徒。鲁恭上奏说："根据旧制，立秋才实施轻刑。自永元十五年以来，改为孟夏四月行轻刑。而刺史、太守因此在盛夏征召农民，拘留审查，一次又一次审问，拖个没完没了。这上违反天时节气，下损害农业。按《月令》'初夏决断轻刑'之语，说的是那些已经确定的轻罪徒，不要长期囚禁，应及时决断。我认为现在施行的孟夏断刑的法制，可根据这种法令，判决案狱，都以立秋为最后期限。"又上奏说："孝章皇帝想助天地人三正的开始，制定律令，决断案狱都在冬至之前，小官吏有的不和朝廷同心协力，对十一月犯了死罪的人，不管是不是冤枉，就立即处死，即使发现判罪有问题，已来不及复审纠正。应该命令对死刑重罪，可延长到冬月（即十二月）底才作判决。"朝廷都接受了。

五月初六日丁丑，下诏册封北海王刘睦的孙子寿光侯刘普为北海王。

九真郡界外的蛮人和夜郎国的蛮人连同土地一起归附。

西域都护段禧等人虽然保护了龟兹，但路途隔塞，交通受阻，连紧急公文都无法送出。参加议论的公卿认为："西域阻隔遥远，屡有叛逆行为，官吏士兵屯田，耗费无穷。"六月二十二日壬戌，撤销西域都护，派遣骑都尉王弘带领关中军队，迎接段禧和梁慬、赵博，以及在伊吾庐、柳中屯田的将吏士卒回归。

当初，烧当羌首领东号的儿子麻奴随父归降，居住在安定。当时来降的羌人分布在各个郡县，都被官吏、豪绅所驱使，积怨愤怒。等到王弘西去迎接段禧，征发金城郡、陇西郡、汉阳郡的成百上千的羌人骑兵一起前往，郡县急迫催促他们出发。

羌人们担心远出驻守不能回来，行军到酒泉郡，很多叛逃。各郡发兵拦挡，有的推倒了他们的帐篷；于是，勒姐族、当煎族的大酋长东岸等人更加惊惧，就同时奔散。麻奴兄弟因此与部众都西出塞外，滇零与钟羌大肆抢掠，阻断关中通往凉州的陇山道路。当时羌人归附已久，不再有武器铠甲，有的就拿着竹竿树枝用来代替戈矛，有的拿着木板作为盾牌，有的用铜镜反射阳光象征明晃晃的兵器，郡县的官吏害怕怯懦，不能控制他们。六月二十七日丁丑，赦免了羌人互相勾结谋反者的罪行。

秋季，九月初一日庚午，太尉徐防因为发生灾异、寇贼横行而被免职。三公因为灾异而被免职的事情从徐防开始。九月初二日庚午，司空尹勤因为雨水泛滥成灾而被免职。

（以上为第二段，写邓太后减轻刑狱，复核死罪。东汉裁撤西域都护，征召羌人迎接西域将士，郡县催逼，羌人大起反叛。）

仲长统《昌言》说：光武皇帝痛恨几代皇帝接连丢失权柄，愤怨强臣窃夺政柄，结果矫枉过正，政权不交给臣下，虽然设立三公，政事却归尚书。从此以后，三公的职位只是虚设；然而遇到政务失衡，却归罪于三公。而大权转移到外戚之家，恩宠施予身边的侍从小人，亲信同党，重用亲朋，在内充满了京师，在外分布于州郡，贤愚颠倒，把选举人才当作交易，愚钝之人防守国境，贪婪残酷的人管理人民，扰乱百姓，激怒四夷，导致他们反叛，政治纷乱，瓦解瘫痪，怨恨之气并发，阴阳失调，日月星三光不明，经常发生怪异现象，蝗虫吞噬庄稼，水旱成灾。这些都是外戚宦官专权引起的，反而下诏谴责三公，甚至处死、免职，足以使人呼天痛哭啊！而且，从西汉中叶起，选举三公，注重清廉忠厚而小心谨慎、循规蹈矩而熟悉典故文案的人，这是妇人检束的美德，选中者不过是乡间里巷的平庸人而已，怎么能居于这样的要职？形势既然是那样（指三公无权），选用人才又是如此（指尽用庸碌之辈），却希望三公为国家建功立业，管理人民有政绩，岂不是太遥远了吗？从前汉文帝对待邓通，可以称得上宠爱到极点，但是，宰相申徒嘉仍然可以惩治邓通，伸展心志。大臣如此被信任，身边的小人又有什么好担心的呢？到了近世，外戚、宦官只要请托朝官不能如愿，心中不满，立即就陷害他人使之遭遇不测之祸，怎么可能弹劾纠正他们呢？过去，大臣的责任重而受责备轻，现在却是责任轻而受责备重。光武帝剥夺三公的大权，而今剥夺得更彻底；同时也不把权力分给外戚共享，但几代以后就行不通了，这是因为三公疏、外戚亲，两者形势不同的缘故。现今，国君如果真的委任于三公，分别责任，各有其责，那么，三公在任时若使百姓受害，用人不当，百姓不安，争斗诉讼不止，天地变化无常，人物多邪恶，这时才能让三公承担这些罪责。

九月十三日壬午，下诏：太仆、少府减少黄门鼓吹以补充羽林士；马厩的马，不是驾车常用的御马，都减少一半饲料；各项建造，凡不是供给宗庙陵园的，都将禁止。

九月二十一日庚寅，任命太傅张禹为太尉，太常周章为司空。

大长秋郑众、中常侍蔡伦等都利用机会参与政务，周章多次进直言，邓太后不听。当初，邓太后因为平原王刘胜患了不治之症，而贪念汉殇帝还在襁褓之中，就收养为自己的儿子，因此立汉殇帝当皇帝。等到汉殇帝去世，群臣认为刘胜的病并不严重，心意都向着他。邓太后因为过去没有立刘胜为帝，担心刘胜日后有仇恨，就迎立了现在的皇帝。周章因为群臣不拥护汉安帝，就密谋要关闭宫门，杀死邓骘兄弟和郑众、蔡伦，劫持尚书，废黜邓太后，软禁在南宫，封汉安帝为偏远的侯国国王，而拥立平原王为帝。事情泄露，冬季，十一月十九日丁亥，周章自杀。

十一月二十日戊子，下诏司隶校尉、冀州、并州的刺史：“民间传谣，相互惊扰，抛弃旧居，老弱扶携，疲于奔命。应敕令所属官吏亲自劝导，如果有人想要回本郡，在当地给予长牒文书作为凭证。不想回本郡的人，不要强迫。”

十二月十八日乙卯，任命颍川太守张敏为司空。

诏令车骑将军邓骘、征西校尉任尚率领北军五校营以及各郡的五万军队，屯驻汉阳以防止羌人。

这一年，十八个郡国发生地震，四十一个郡国发生水灾，二十八个郡国刮大风，下大雨和冰雹。

鲜卑族首领燕荔阳到宫阙朝贺。邓太后赐给燕荔阳王的印绶、赤车、三匹马拉的车子，命令在乌桓校尉所居住的宁城旁居住，开放边塞汉胡贸易市场，建造南匈奴、北匈奴受降人质的馆第。鲜卑的一百二十个部落分别遣送人质。

（以上为第三段，写仲长统《昌言》论君王过度集权之弊。邓太后挫败司空周章发动的宫廷政变，汉安帝得以不废。）

汉安帝永初二年（戊申，公元 108 年）

春季，正月，邓骘到达汉阳郡，各郡的军队还未到达，钟羌的几千人在冀县西边击败邓骘的军队，杀死一千多人。梁慬从西域回京，到了敦煌郡，接到诏书，要他留下援救各郡军队。梁慬到达张掖，打败各部羌人一万多，只有十之二三的人逃跑；前进到姑臧县，羌人的三百多人向梁慬投降，梁慬抚慰他们，并送回原来的居住地。

御史中丞樊凖因为郡国连年水旱成灾，民众大多饥饿贫困，上疏建议：“请命令太官、尚方、考功、上林池苑等官，减少不需要的东西；五府应减少调往京城的官吏和营建工匠。又说，受灾的各郡，百姓生活苦楚，恐怕不是发给一点赈济就能完全解决，虽然有赈救的名义，却毫无实效。可以按照征和元年的惯例，派使者持节去慰问，把最贫困的人迁徙到荆州、扬州丰收的各郡就食。现今虽然有西边的军事行动，但应先解决东边各州的灾害之急。”邓太后同意了，就把官府控制的公田全部分给贫民，随即提升樊準和议郎吕仓一起兼职光禄大夫。二月二十九日己丑，派樊準到冀州、吕仓到兖州赈济，流民得以生存下来。

夏季，旱灾。五月初一日丙寅，邓太后巡幸洛阳寺与若卢狱，审讯囚犯。洛阳县有个囚犯，实际上并没有杀人却被屈打成招，骨瘦如柴，困苦萎形，躺在竹床上，却害怕官吏而不敢诉说，这个囚犯将要离去时，抬头似乎要诉冤。邓太后明察发觉这种状况后，立即叫这个囚犯过来询问情况，得知冤情，当即收捕洛阳县令下狱抵罪，御驾尚未返回到皇宫，天空就降下了及时雨。

六月，京城和四十个郡国发生水灾，刮大风，发生水雹。

秋季，七月，太白星进入北斗。

闰七月初七日辛丑，广川王刘常保去世，无后，废除封国。

八月二十日癸未，蜀郡界外的羌人带着土地一起内附。

冬季，邓骘派任尚与从事中郎将河内人司马钧率领各郡军队与滇零等几万人在平襄县作战，任尚的军队溃败，死了八千多人，羌人势力大涨，朝廷无法控制。湟中郡各县，粟米每石一万钱，百姓死亡不计其数，而运输十分困难。前左校令河南人庞参因犯法正在若卢狱，叫他的儿子庞俊上书说：“现今西州的流民扰乱，而征发不断，水灾不停，地力耗尽，加之大军过境，征发戍边，使农夫精疲力竭，农业劳动力被粮饷转运消耗殆尽，民众资财被征发耗光，田地得不到开垦，庄稼无法收割，两手相搓，无计可施，窘迫困顿，来年的秋收没有希望，百姓精力耗尽，无法生存下去。臣认为与其运粮万里到遥远的地方去防守羌人，不如统领军队，生息养众，等待敌人疲乏。车骑将军邓骘应当暂时回师，留下征西校尉任尚，让他监督凉州士兵和百姓迁居关中，停止征调民夫及兵役，停止征收苛重的田租赋税以增加人民的财产，使男人能耕种，妇女能织布。然后蓄精养锐，乘着敌人松懈时，出其不意，攻其不备，就可以为边民报仇，雪耻败溃之辱。”奏书呈进，正好樊準上疏推荐庞参，邓太后马上从刑徒中提升庞参，召见任命他为谒者，委派庞参到西边监督三辅各驻军。十一月二十九日辛酉，下诏邓骘回师，留下任尚屯驻汉阳郡调度各军。派使者迎接邓骘，拜他为大将军。邓骘抵达京城后，派大鸿胪亲自迎接，中常侍在城郊慰劳，王侯、公主以下在道路旁远远等候，恩宠显赫，惊动京城内外。

滇零首领自称天子，在北地郡召集居住在武都的参狼人，以及居住在上郡、西河郡的各部羌人，阻隔陇西道路，入侵抢夺三辅，往南入犯益州，杀死汉中郡太守董炳。梁慬奉命应当防守金城，听说羌人犯三辅，马上率兵前往攻击，在武功县、美阳县转战，连续击败赶走他们，羌人稍有退散。

十二月，广汉郡塞外的参狼羌投降。

这年，十二个郡国发生地震。

（以上为第四段，写邓太后节省支出，赈济灾民。朝廷征讨西羌，互有胜败。）

汉安帝永初三年（己酉，公元109年）

春季，正月初九日庚子，汉安帝行加冠礼，大赦天下。

朝廷派骑都尉任仁督促各郡军队援助三辅。任仁数战不利，当煎羌、勒姐羌攻占破羌县，钟羌攻下临洮县，活捉了陇西南部都尉。

三月，京城大饥荒，人吃人。三月初二日壬辰，三公九卿到宫门前向皇上谢罪；下诏说："务必要致力于思变补过，以辅助朕能力的不足。"

三月十二日壬寅，司徒鲁恭被免职。鲁恭两次在三公位，他选举征辟的人才中担任了列卿、郡守的有几十个，而鲁恭门下的弟子，有的已经年老，还没有得到推荐，以致有人抱怨他。鲁恭听到后说："学问没有解释明白，这是我要忧虑的，你们不是有郡县长官推荐的机会吗？"这些人终于没有怨言，也不借机议论了。学生们接受学业，鲁恭一定要学生们穷尽义理，考核探究，完成学业后，赞誉并让其离去。学生们说："鲁公赞誉学成的评语都不可虚得。"

夏季，四月初七日丙寅，任命大鸿胪九江人夏勤为司徒。

三公因为国库匮乏，奏请：捐献钱财谷米的人，可以分别按等级做关内侯、虎贲、羽林郎、五官、大夫、官府吏、缇骑和营士。

四月二十五日甲申，清河愍王刘虎威去世，没有后代。五月初七日丙申，册封乐安王刘宠的儿子刘延平为清河王，作为清河孝王刘庆的后代。

六月，渔阳郡的乌桓人与右北平的胡人合计一千多人侵扰代郡、上谷郡。

汉人韩琮随匈奴南单于入京朝拜，已经回去后，进言南单于："关东水灾，人民饿死殆尽，我们可以进攻他们。"单于相信他的话，于是背叛。

秋季，七月，海贼张伯路等人侵入临海的九个郡，杀死郡县长官。派侍御史巴郡人庞雄督促州郡的军队打击他们。张伯路等人乞求归降，不久又聚合在一起。

九月，雁门关的乌桓率众王无何允和鲜卑族首领丘伦等人，以及南匈奴骨都侯，集合七千骑兵攻打五原郡，与五原郡太守在高渠谷作战，汉兵大败。

南匈奴单于在美稷县包围中郎将耿种。冬季，十一月，任命大司农陈国人何熙代理车骑将军事务，中郎将庞雄为副职，率领五营与边郡兵共二万多人，又下诏辽东郡太守耿夔率领鲜卑和诸郡兵一起攻击来犯敌人。任命梁慬代理度辽将军事务。庞雄、耿夔进攻南匈奴薁鞬日逐王，击败了他们。

十二月初五日辛酉，九个郡国发生地震。

十二月十九日乙亥，有异星出现在天苑星区。

本年，京城和四十一个郡国雨水成灾，并州、凉州大饥荒，人吃人。

邓太后认为阴阳不和，不断发生战事，下诏：年底，卫士交接仪式，不再设戏作乐，逐疫的童子依定员减少半数。

（以上为第五段，写司徒鲁恭为官公正，两为三公，用人不徇私情。乌桓侵扰边郡。）

汉安帝永初四年（庚戌，公元110年）

春季，正月，元旦朝会，禁止演奏音乐，不准在庭中摆放车辇。

邓骘在位，很善于推荐贤士，推举何熙、李郃等人参与朝政，又征辟弘农郡人杨震、巴郡人陈禅等人作为自己的幕僚，天下人赞扬邓骘。杨震早孤家贫，好学，通晓欧阳《尚书》，博览通识，众儒生称他为“关西孔子杨伯起”。教授学生二十多年，不接受州郡的推荐和征召，大家认为他年老以后才出仕，而杨震不出仕的心意却更加坚定。邓骘闻风而征召他，当时杨震已经五十多岁了，接连担任荆州刺史、东莱郡太守。当杨震前往东莱郡时，经过昌邑县，过去所推荐的荆州茂才王密做了昌邑县令，夜晚亲自带了十斤金送给杨震，杨震说：“老朋友了解你，你却不了解老朋友，是什么原因呢？”王密说：“夜晚无人知道。”杨震说：“天知，地知，我知，你知，怎么能说无人知道？”王密惭愧而去。杨震后来担任涿郡太守，公正廉洁，子孙经常吃素食，徒步走路；亲友故旧中有人想替他增加产业，杨震不肯，说：“让后世称为清白官吏的子孙，以此为遗产，不是很丰厚吗？”

海贼张伯路再次进攻郡县，杀死太守县令，势力越来越大。下诏派御史中丞王宗持符节前往，调动幽州、冀州各郡的军队，合计几万人，征召宛陵县令扶风人法雄做青州刺史，与王宗联合讨伐海贼。

南匈奴单于包围了耿种几个月，梁慬、耿夔在属国故城击斩其大将，单于亲自率兵迎战，梁慬等人又击败他们，于是单于率兵退回虎泽。

正月二十一日丙午，下诏按等级减少百官俸禄和各州郡县支出。

二月，南匈奴侵入常山郡。

滇零派兵侵犯褒中县，汉中郡太守郑勤移守褒中县。

任尚出师，久无战功，百姓荒废了农业，于是下诏任尚率领官吏士兵返回驻扎长安，解散遣返南阳郡、颍川郡、汝南郡的官兵。

二月初十日乙丑，初次在长安设立京兆虎牙都尉，在雍县设立扶风都尉，如同西汉三辅都尉旧例。

谒者庞参进言邓骘说：“把沿边各郡不能自立的人民迁到三辅。”邓骘赞同，准备抛弃凉州，合力防守北边。于是召集公卿讨论，邓骘说：“这好比衣服破了，拿一件补另一件，仍然有完整的。要不是这样，两件衣服都保不住。”郎中陈国人虞诩对太尉张禹说：“按大将军的计划，有三方面不可以：先皇帝开拓疆域，勤劳而后安定，而现在却害怕花费一点军费，将之全部抛弃，这是第一个不可以。既然抛弃了凉州，就是拿三辅作为边塞，先皇帝的园陵被孤单地置于塞外，这是第二个不可以。俗谚说：‘关西出将，关东出相。’烈士武臣多半出自凉州，凉州民风雄烈勇猛，习惯军旅。现在羌人、胡人之所以不敢占领三辅而成为心腹之害，原因是凉州在后面。凉州士民手执锐利的武器，冒着弓箭炮石冲锋陷阵，父亲阵亡之后，儿子又继续战斗，毫无退缩之心，因为他们是汉朝的臣民。现在把他们推开扔掉，割舍遗弃，必然会引发怨言：‘朝廷把我们抛弃给夷狄！’即便是注重忠义的人，也不可能没有怨怒。如果突然起而反抗朝廷，趁天下饥馑疲惫，国家虚弱，豪雄聚集之时，推举有才能的人当主帅，驱使氐人、羌人为前锋，像卷席子一样向东挺进，虽有孟贲、夏育做士兵，太公做大将，恐怕也无法抵抗；这样，函谷关以西，先帝的陵园、旧都长安都不再归汉朝所有，这是第三个不可以。议论的人用补衣使之完整为譬喻，我担心这是疮疽侵入肌肉，溃烂没有止境！”张禹说：“我还未考虑如此深刻，没有你这番话，几乎耽误了国家大事！”虞诩因此对张禹说：“网罗凉州豪杰，引荐州牧郡守的子弟到朝廷任职，命令各官府各自征用几个人，外表是奖励、回报他们父兄的功勋，内里实际上是控制他们为人质，以防止凉州地方出事。”张禹很赞同，又集合四府会议，都听从虞诩的建议。于是征辟西州的豪杰做掾属，任命州牧、郡守、县长、官吏的子弟为郎官，加以安慰。

邓骘因此仇恨虞诩，想用约束官吏之法来惩治他。正逢朝歌县盗贼宁季等几千人攻杀长吏，连年聚众作乱，州郡禁止不了他们，于是委任虞诩为朝歌县长。老朋友都感到不安，虞诩笑着说：“遇事不回避困难，这是臣子的职责。不遇到盘根错节，就无法分辨锋利的器械，这是我立功的时机！”虞诩初到任，拜见河内太守马稜。马稜说：“你是一个儒学人士，应该在朝廷尽职，却被安排到朝歌县，我很为你担忧！”虞诩说：“这些民贼不过是犬羊相聚，谋求温饱，请长官不要为我忧心。”马稜问：“这话怎么说？”虞诩说：“朝歌是古代韩国、魏国的交界，背靠太行山，面临黄河，离敖仓不过百里，而青州、冀州的人民流亡以万计，民贼不知道打开粮仓招徕部众，夺取兵库，据守成皋县，切断朝廷的右臂，说明不值得担心。现在他们的人数增多，很难和他们开战；兵不厌诈，希望你放宽法律尺度，不要让他们的手脚受到拘束。”虞诩到了县里，制定三项标准招募勇士，从掾史以下各人推举所了解的人，那些擅于攻击劫守的人为上等，擅于伤人偷盗的是次等，不务家业的为下等，收得一百多人。虞诩设立宴会，赦免了他们的全部罪行，派他们引诱民贼抢劫，于是埋伏军队等待民贼，杀死几百贼人。又暗中派能缝制衣服的穷人受雇为起事的变民做衣服，用彩色线缝制他们的衣裙，贼人一出现在市邑乡里，官吏就可以抓住他。

贼人因此恐惧而逃散，都说虞诩为神明，于是朝歌县全境都获得安全。

（以上为第六段，写大将军邓骘欲丢弃边郡以避西羌，受到郎中虞诩的批评。邓骘怀恨，借刀杀人，任用虞诩为朝歌长，虞诩到任，盗贼悉平，一方安定。）

三月，何熙率军到五原郡曼柏县，突患重病，无法前进；派庞雄和梁慬、耿种率领步兵骑兵一万六千人攻占虎泽，连营稍稍向前推进。单于看见各军一起到来，非常惊恐，回头责备韩琮说："你说汉人都死光了，现在是些什么人？"于是派使者请求归降，被得到允许。单于脱帽赤脚，向庞雄等人叩拜陈述，自称死罪。于是赦免了单于，像当初一样对待他，单于便归还了所掠去的和羌人转卖给匈奴的汉族男女一万多人。这时正巧何熙去世，随即任命梁慬为度辽将军。庞雄回到京城，担任大鸿胪。

先零羌又侵入褒中县，郑勤打算攻击他们，主簿段崇劝谏他，认为："羌人乘胜，势不可当，应该坚守等待机会。"郑勤不听，出战大败，死了三千多人，段崇和门下史王宗、原展用身体抵挡敌人的兵刃，与郑勤一起战死。于是迁徙金城郡治到襄武县。

三月初四日戊子，汉宣帝杜陵园发生火灾。

三月初九日癸巳，有九个郡国发生地震。

夏季，四月，六个州发生蝗灾。

四月二十三日丁丑，大赦天下。

王宗、法雄跟海贼张伯路连续战斗，大败海贼把他们赶走。恰逢赦令到达，海贼因为朝廷军队没有解除盔甲，不敢投降。王宗召集刺史、太守共同商议，都认为应当继续攻打他们，法雄说："不对。兵器是凶器，战争是危险行为，不可仗恃勇猛，不可能必定胜利。贼人如果乘船浮海，深入海中远岛，攻打就不易了。趁有赦令，可以暂且停战以诱惑他们，海贼必然解散，然后再想办法，就可以不战而胜。"王宗很赞同，立即停战。贼人听了很高兴，于是归还掠走的人；而只有东莱郡的士兵尚未解除戒备，贼人又惊，逃到辽东郡，驻留在海岛上。

秋季，七月初三日乙酉，三个郡发生水灾。

骑都尉任仁与羌人作战，多次战败，而士兵又无纪律约束，恣意妄为，朝廷用囚车押送任仁到廷尉论罪，被处死。护羌校尉段禧去世，任命前任校尉侯霸代理，移居张掖郡。

九月初三日甲申，益州郡发生地震。

邓太后的母亲新野君患病，邓太后到其府第探望，连住几日；三公上奏力争，邓太后才回宫。冬季，十月二十三日甲戌，新野君去世，派司空护送灵柩，仪式比照东海恭王。邓骘等请求亲自服丧，邓太后不想批准，以此事询问曹大家，曹大家上疏说："臣听说谦让是最大的美德。现在四位舅舅遵守忠孝之道，引身自退，而太后以边界尚未安定，拒不批准，如果以后有丝毫差错加在今天的事情上，臣真担忧谦让的美名不能再获得。"邓太后就批准了。后来，丧服期满，下诏邓骘又回朝辅政，重新授予以前的封爵。邓骘等人叩头，坚决推让，才算中止。于是让邓骘等四位舅舅定期进宫参加朝会，地位仅次于三公，在特进、列侯之上，如有重大议题，就到朝堂上，与公卿共同讨论。

邓太后下诏说：阴皇后的家属都回归故里南阳郡，发还没收的五百多万财产。

（以上为第七段，写汉军大胜匈奴、海贼而败于西羌，徙金城郡治以避其锋。）

汉安帝永初五年（辛亥，公元 111 年）

春季，正月初一日庚辰朔，发生日食。

正月初七日丙戌，十个郡国发生地震。

正月初十日己丑，太尉张禹被罢免。正月初五日甲申，任命光禄勋颍川人李修为太尉。

先零羌人侵河东，到达河内郡，百姓相互惊恐，大多向南奔逃渡过黄河，派北军中候朱宠率领五营士卒驻守孟津，下诏魏郡、赵国、常山国、中山国修筑碉堡城塞六百一十六座，叛乱的羌人日益壮大，而沿边的二千石官员、县令、县长多是内地各郡人士，没有守土奋战的决心，都争先上书要求内迁郡治、县治，以逃避灾难。三月，下诏陇西郡迁到襄武县，安定郡迁到美阳县，北地郡迁到池阳县，上郡治所迁到衙县。百姓眷恋乡土，不愿意离开，于是官兵割去禾稼，拆坏房屋，推平城墙营寨，破坏粮储。当时连年旱灾、蝗灾、饥荒，而敌人驱迫劫掠，百姓流离失散，沿途有死亡，有的抛弃老弱，有的做人家的仆妾，人口损失大半。朝廷重新任命任尚为侍御史，在上党羊头山击败羌人；于是撤除孟津的军屯。

夫馀王侵入乐浪郡，高句骊国王宫和濊貊侵犯玄菟郡。

夏季，闰四月十九日丁酉，赦免凉州、河西四郡不愿内迁的民众。

海盗张伯路又侵犯东莱郡，青州刺史法雄击败他们；海贼逃回辽东郡，辽东人李久等一起杀了他们，于是青州境内平静下来。

秋季，九月，汉阳郡人杜琦和弟弟杜季贡、同郡人王信等人与羌人勾结谋反，聚众占领上邽城。冬季，十二月，汉阳郡太守赵博派刺客杜习杀杜琦；册封杜习为讨奸侯。杜季贡、王信等人率领部众驻守樗泉营。

这一年，九个州发生蝗虫灾害，八个郡国雨水泛滥。

（以上为第八段，写先零羌侵扰深入内地河东。）

汉安帝永初六年（壬子，公元 112 年）

春季，正月十一日甲寅，汉安帝下诏说：“凡进献新鲜美味，大多不合时宜，有的是在地窖温室中强行培植使其成熟，有的是人工刨土助长植物提前发芽，还没长出滋味就提前收摘，这难道是顺应天时，养育万物的道理吗？《论语》上说：‘不到成熟时节的食物，不吃。’从现在起，凡是供奉祖庙陵园和供应给天子的食物，都应按时节进献。”这样总计减少了二十三种供品。

三月，十个州发生蝗灾。

夏季，四月，乙丑日（疑误），司空张敏被免职。四月初七日己卯，任命太常刘恺为司空。

下诏，对追随光武帝的开国功臣云台二十八将，后裔绝国的，一律恢复封国。

五月，旱灾。

五月二十五日丙寅，诏令中二千石的官员下至黄色印绶的二百石官员，一律恢复原来的俸禄。

六月二十一日壬辰，豫章郡员溪县的原山崩塌。

六月初十日辛巳，大赦天下。

侍御史唐喜讨伐汉阳郡贼人王信，打败并杀了他。杜季贡逃亡，投奔滇零。本年，滇零去世，滇零的儿子零昌立为王，年龄还小，同族人狼莫为他出谋划策，以杜季贡为将军，居住在丁奚城。

汉安帝永初七年（癸丑，公元 113 年）

春季，二月，丙午日（疑误），十八个郡国发生地震。

夏季，四月二十九日乙未，平原怀王刘胜去世，没有儿子；邓太后立乐安夷王刘宠的儿子刘得为平原王。

四月三十日丙申晦，发生日食。

秋季，护羌校尉侯霸、骑都尉马贤在安定郡攻打先零羌的别部牢羌，俘虏并杀死一千人。

发生蝗灾。

汉安帝元初元年（甲寅，公元 114 年）

春季，正月初二日甲子，改年号。

二月二十四日乙卯，日南郡发生大地震，地裂长达一百余里。

三月初二日癸亥，发生日食。

下诏派军队屯驻河内郡交通要道关卡三十三处，全都建造坞壁，设置鸣鼓，以预防羌人侵入。

夏季，四月初七日丁酉，大赦天下。

京师及五个郡国大旱，发生蝗灾。

五月，先零羌侵犯雍城县。

蜀郡夷人侵犯蚕陵县，杀死县令。

九月初七日乙丑，太尉李修被免职。

羌人酋长号多和诸部落抢掠武都郡、汉中郡，巴郡的板楯蛮人援救郡民，汉中郡五官掾程信率领本郡军队和蛮人一起击败了叛羌。号多败逃回到原地，切断雍州与凉州之间的陇山通道，与零昌会合，侯霸、马贤在枹罕县和叛羌作战，击败了他们。

九月十三日辛未，任命大司农山阳人司马苞为太尉。

冬季，十月初一日戊子朔，发生日食。

凉州刺史皮杨在狄道县攻击羌人，遭到大败，官兵死了八百多人。

这年，十五个郡国发生地震。

（以上为第九段，写西羌为害东汉西疆沿边诸郡，汉阳、安定、武都、汉中并受侵扰。）

汉安帝元初二年（乙卯，公元115年）

春季，护羌校尉庞参以恩德、信誉招诱各部羌人，号多等率众归降；庞参护送号多到京城朝见安帝，安帝赐给号多侯爵印绶，遣送号多回归。庞参才回到令居县治事，河西道路打通。

零昌分兵侵占益州郡，朝廷委派中郎将尹就去征讨。

夏季，四月二十一日丙午，册立贵人荥阳人阎氏为皇后。阎皇后生性妒忌，后宫李氏生了皇子刘保，阎皇后用鸩酒把李氏毒死。

五月，京城发生旱灾，河南和十九个郡国蝗虫成灾。

六月初二日丙戌，太尉司马苞去世。

秋季，七月二十八日辛巳，任命太仆泰山人马英为太尉。

八月，辽东郡的鲜卑人包围无虑县；九月，又攻打夫犁营，杀死县令。

九月三十日壬午，发生日食。

中郎将尹就攻打羌族的吕叔都等人，蜀郡人陈省、罗横应征刺杀吕叔都，两人都封为侯爵，赏赐钱币。

汉安帝下诏令屯骑校尉班雄驻防三辅。班雄是班超的儿子。任命左冯翊人司马钧代理征西将军，督促关中各郡军队八千多人。庞参率领羌人、胡人的军队七千多人，与司马钧分路进攻零昌。庞参的军队到达勇士县以东，被杜季贡击败，率军后退。司马钧等人孤军前进，占领了丁奚城，杜季贡率军假装逃跑。司马钧命令右扶风人仲光等收割羌人的庄稼，仲光等人违反司马钧的指挥，分兵深入，羌人于是设伏兵阻击他们，司马钧在城中，愤怒而不援救。冬季，十月十三日乙未，仲光等人兵败，同时阵亡，死了三千多人，司马钧逃走。庞参既已延误了日期，宣称有病撤退。司马钧、庞参两人都因罪被征回，下狱，司马钧自杀。当时度辽将军梁慬也因他事被控而判罪。校书郎中扶风人马融上奏称说庞参、梁慬有才能，应当宽赦两人的罪过，责成他们戴罪立功。汉安帝下诏赦免庞参等人，任命马贤代替庞参领职护羌校尉，又任命任尚为中郎将，代替班雄屯驻三辅。

怀县县令虞诩对任尚说："兵法规定：弱者不攻打强者，地上跑的不追赶天上飞的，此乃自然之理。现在敌人都是骑兵，日行百里，来如风，去如箭，用步兵追逐他们，形势上无法追得上，所以虽然驻兵二十多万，持久战斗也无法取得功绩。当下之计，不如遣散各郡的军队，命令他们各出几千钱，二十人共买一匹马，以一万人的骑兵追击几千敌人，尾随追击，出其不意包围拦击他们，他们就会陷入穷途末路。这对民方便，对事有利，大功可告成！"任尚随即上报，采用虞诩的计策，派轻骑在丁奚城击败了杜季贡。

邓太后听说虞诩有将帅之才，任用虞诩为武都太守。几千羌人在陈仓崤谷拦击虞诩，虞诩马上停军不前，宣称："上书请朝廷派兵，必须等到援兵到来才走。"羌人听了，就分别侵扰其他各县，虞诩乘羌人军队分散，日夜不停，倍速赶路，日行一百多里，命令吏士各造两个灶，每天翻一倍，羌人不敢靠近。有人问："孙膑减灶而你增灶；兵法说每天行军不超过三十里，以备不测，而现在日行将近二百里，是什么缘故？"虞诩说："羌人多，我兵少，慢走就容易被他们赶上，快进，羌人就无法预知。羌人看到我军的灶日益增加，一定认为各郡的军队已来迎接，军队多，行动快，必然不敢追击我们。孙膑为显示兵少，我们现在为显示兵多，这是形势有不同的缘故。"虞诩到达武都郡，郡兵不满三千，而羌人一万多，攻打包围赤亭几十天。虞诩于是下令将士不准发射强弓，只暗中发射小弓箭；羌人以为箭射不远，不能射到，联兵强攻。虞诩要求每二十个强弓集中射一人，发射没有不命中的，羌人极为恐惧，败退。虞诩因此出城奋力反击，杀伤许多敌人。第二天，把军队都排列好，命令他们从东门出去，由北门入城，更换衣服，来回几次，羌人不知军队的数量，更为惊恐。虞诩估计羌人要撤走，就暗中派五百多人在浅水处埋伏，扼住羌人的退路；羌人果然大批退逃，汉军趁机拦击，大败羌人，斩杀并俘虏了许多人，羌人于是溃散。虞诩研究细察地形，建造了一百八十多处营垒，招回流亡的百姓，借贷赈救贫民，开凿水道。虞诩初到郡时，每石谷一千钱，每石盐八千钱，人口有一万三千户；任职三年，每石米八十钱，每石盐四百钱，人口增至四万多户，人人富足，家家丰裕，全郡安全。

十一月初九日庚申，十个郡国发生地震。

十二月，武陵郡的澧中蛮背叛，州郡讨平了蛮人。

十二月二十八日己酉，司徒夏勤被罢免。

十二月二十九日庚戌，任命司空刘恺为司徒，光禄勋袁敞为司空。袁敞是袁安的儿子。

前任虎贲中郎将邓弘去世。邓弘生性节俭朴素，研治欧阳《尚书》，在宫中为皇上授书。主管官员上奏请追赠邓弘为骠骑将军，位居特进，封为西平侯。邓太后追念邓弘一向坚守的志节，不加赠官位、衣服，只是赐给一千万钱、一万匹布；邓弘的哥哥邓骘等人又推辞不受。下诏封邓弘的儿子邓广德为西平侯。将要埋葬邓弘时，主管官员又上奏请求派五营轻车骑士护送灵柩，礼仪比照霍光惯例。邓太后都未接受，只是用白盖丧车，两匹马拉，门生送葬。后来因为邓弘拥有汉安帝老师的贵重身份，于是分出西平郡的都乡县，册封邓广德的弟弟邓甫德为都乡侯。

（以上为第十段，写西羌叛乱，为害日益猖獗，三辅告警。虞诩赴任武都太守，用增灶法诱骗羌人，神速到任，大破羌人，安定一方。）

【点评】

本卷史事点评下列四事。

一、东汉裁撤西域都护。班超在西域和睦各国，联防抗击北匈奴，人民安居乐业，依附汉朝没有赋税。西域各国臣民视班超为父母，亲爱如家人。公元 102 年，班超回朝，任尚继任为西域都护，违背班超和睦政策，崇尚严苛，加上贪污、欺压西域各国，数年间西域人民愤怨不已，纷纷起来反抗，中西交通阻断，汉朝官兵的屯田区域成了几个孤岛。安帝永初元年（107）六月，东汉政府决定撤销西域都护以及伊吾卢、柳中等屯田战士，全部回朝。班超和数万将士，历时三十年的惨淡经营，被一个不称职的任尚一朝毁弃，教训是极为深刻的。

二、南匈奴反叛。南匈奴自西汉宣帝时呼韩邪单于归附以来，受到汉朝保护，安置内地沿边诸郡。东汉政府每年抚慰物资财币一亿多，恩不可谓不重，情不可谓不深。一个投靠南匈奴的汉奸叫韩琮，在安帝永初三年（109）六月随南匈奴栾提檀单于入朝。韩琮沿途察看，看到中原大雨成灾，人民饥困，东汉朝廷被西羌之乱闹得焦头烂额。韩琮和栾提檀朝见安帝回去后，劝说单于反叛，栾提檀觉得确实是个好时机，于是起兵反汉。在南匈奴煽动下，雁门郡的乌桓部落也反叛。乌桓与南匈奴联兵在五原郡高渠谷大败汉军。这一年，东汉有九个郡国发生地震，京师及四十一个郡大雨成灾，并州、凉州大灾荒，人吃人。南匈奴的反叛，使陷入困境的东汉政府雪上加霜。南匈奴恩将仇报，未脱野蛮习俗，匈奴人不但没有复兴，还日渐衰微，并终被历史抹去。当然最可恨的还是汉奸韩琮。他和西汉时的中行说是一类人，背叛民族，唆使外族人杀戮同胞，只不过是为了从异族人嘴里分一些余弃。凡是汉奸都是民族的罪人，将永远被钉在历史的耻辱柱上。

三、仲长统著《昌言》。仲长统，东汉政论家。他看到东汉朝廷孱弱不堪，国家武备不能讨平小小的西羌叛乱，满朝文武极少贤才，忧心如焚，写作《昌言》告诉人民原因，大声疾呼改善政治。仲长统认为光武帝过度集权，三公高位虚设，皇帝大权旁落，小人当道，政治体制被扭曲。祸乱根源，就是皇帝过度集权之弊。仲长统说，西汉文帝时，申屠嘉对于汉文帝的嬖宠邓通敢于传讯，灭了得势小人的威风，得到汉文帝的支持。如此，皇帝身边的亲信不敢为非。东汉建立后，三公即司徒、司空、太尉没有权力，三公在位只是摆摆样子，而发生灾变，却要三公承担责任。三公无权，皇帝一人管不过来，大权不是旁落外戚，就是旁落宦竖，于是东汉朝廷外戚与宦竖控制了朝政。外戚与宦竖，又引进自己的亲戚宾友，成为私党，充斥于京师，布满于州郡，这些人只知贪残，压迫百姓，触怒四方外族，引起叛乱，致使国家瘫痪。于是怨愤之气，一时迸发，阴阳二光，失去秩序，怪异事情，不断出现，地震、水旱、虫害不断，这都是皇后家族和宦官擅权引发的警告。纠弊的办法是，把权力还给三公，如果再出现天谴的警告，惩罚三公才是合理的啊。仲长统看到了国家的积弊，他利用古时人们的信仰，用天变、灾害来抨击时政，用心良苦，用意纯正，目的是想唤醒朝廷，重用朝官，抑制外戚和宦官。邓太后虽然贤明，哪肯放下手中的权力？邓太后临终前，邓康进言太后归权皇帝，立即遭罢免。仲长统的呼喊，只不过是言论而已。

四、虞诩增灶惑敌。虞诩，字升卿，陈国武平人。虞诩为人刚正不阿，仕安帝、顺帝两朝，九次被降职，三次入狱，刚正之气，终老不改，是一个铮铮铁骨的大丈夫。安帝永初四年（110），大将军邓骘没有能力靖乱西羌，竟然采纳谒者庞参建议，收缩力量，放弃凉州，全力对付南匈奴。虞诩当时只是一个初级禁卫官，没有资格参加朝议，就进言太尉张禹，提出凉州不可放弃的三大理由：第一，先帝流血流汗开拓的疆土不可丢弃；第二，弃了凉州，三辅关中地方就成了边塞，西汉皇室祖宗坟墓没有保护；第三，关西出将，关东出相。关西人民擅长征战，丢弃关西，就是丢了捍卫国家的长城之士。再说，关西人民多少年来与敌人战斗，保卫了国家，怎么能为了省军费就丢弃他们呢？张禹认为虞诩说得对，重新举行四府会议，否定了邓骘的主张，保有了河西。邓骘觉得没面子，就恶毒地想借刀杀人。当时朝歌盗贼群起，朝廷派兵征剿都没有取胜。邓骘认为虞诩一个文士，哪有能力制服惯匪。于是推荐虞诩任朝歌县长，冠冕堂皇地公报私仇。虞诩面对邓骘设下的陷阱，不怨天，不尤人，勇敢地接受挑战。虞诩到任，很快就平定了盗匪，他使用的巧计，被盗贼认为有神灵相助。虞诩的声誉上达朝廷。邓太后认为他有将帅之才，在安帝元初二年（115），调任虞诩为武都郡太守。西羌痛恨虞诩，集合了几千人在陈仓崤谷伏击虞诩。虞诩到了谷口，宣称等待援军再行进，以麻痹羌人。趁羌人放松戒备，虞诩日夜兼程推进，第一天奔驰一百余里，虞诩命战士每人造两个灶；第二天加倍，每人造四个灶。连续几天行军，每天将近二百里。羌人尾追，看到炊灶倍增，认为官军的援军源源不断增加，不敢发动进攻。虞诩甩掉羌人，从容抵达武都郡府，官军只有三千人，羌虏数万人来进攻，虞诩用计破敌，保一郡平安。战国时孙膑用减灶方法，示敌以弱，大破魏军，虞诩用增灶方法，示敌以强。兵法说，部队行军每日不能超过三十里，以保持战斗力，虞诩每天行军将近二百里，为的是迅速甩掉羌人的追击。形势不同，兵法活用。虞诩不仅有才，更有节操，敢于对抗炙手可热的大将军、皇亲国戚。虞诩是一代人杰。虞诩的大勇，来自对国家的忠诚，公而忘私，着实令人敬佩。

汉纪四十二

汉安帝元初三年至延光三年（公元 116—公元 124）

【起柔兆执徐（丙辰，公元 116 年），尽阏逢困敦（甲子，公元 124 年），凡九年】

【大事提要】

本卷记事起公元 116 年，讫公元 124 年，凡九年，当安帝元初三年至延光三年，载安帝一朝后期史事。这一时期灾害严重。十三个郡国地震，三十三个郡国大水，二十七个郡国大雨，三十七个郡国地震，四十一个郡国冰雹。当时的思想观念认为朝政阴盛阳衰，外戚势重，上天示警。德高望重的大臣司空袁敞不阿附邓太后，太后以他事策免逼迫袁敞自杀。邓太后堂弟越骑校尉邓康建言太后归政皇帝被罢官。邓太后临终恋权不放，等到驾崩，安帝亲政，邓氏外戚立即遭到报复，邓骘等诸舅被贬杀。安帝乳母王圣、亲信宦官江京等一群奸佞得势，谗害太子刘保，刘保被废为济阴王。群小又陷害太尉杨震。公元 107 年羌人反叛，羌祸导致国库空虚，十余年间军费支出达二百四十亿。班勇受命重新开通西域。匈奴入侵车师，朝廷上主张闭玉门关弃西域之声再起，尚书令陈忠严厉驳斥，诏令班勇为长史驻屯柳中。

孝安皇帝中

汉安帝元初三年（丙辰，公元 116 年）

春季，正月，苍梧郡、郁林郡、合浦郡的蛮夷背叛；二月，派遣侍御史任逴督促州郡的军队征讨叛夷。

十个郡国发生地震。

三月初二日辛亥，发生日食。

夏季，四月，京城旱灾。

五月，武陵郡的蛮人叛乱，州郡军队征讨战胜叛蛮。

五月二十五日癸酉，度辽将军邓遵率领南单于在灵州攻击零昌，杀敌八百多人。

越巂郡界外的夷人举族内迁。

六月，中郎将任尚派遣军队在丁奚城战胜先零羌。

秋季，七月，武陵郡蛮人又叛乱，州郡军队平定了叛蛮。

九月，在左冯翊郡北界建筑五百处哨所，用以预防羌人。

冬季，十一月，苍梧郡、郁林郡、合浦郡蛮夷归降。

原有的制度：公卿、二千石官员、刺史不许守三年丧，司徒刘恺认为："这不能作为百姓的表率，不利于宣扬美化风俗。"十一月十一日丙戌，开始准许大臣守三年丧。

十一月二十八日癸卯，九个郡国发生地震。

十二月十二日丁巳，任尚派遣军队在北地攻击零昌羌，杀死零昌羌人的妻子儿女，烧毁他们的房舍，杀死七百多人。

汉安帝元初四年（丁巳，公元117年）

春季，二月初一日乙巳朔，发生日食。

二月十一日乙卯，大赦天下。

二月十八日壬戌，兵器库发生火灾。

任尚派当阗种羌人榆鬼等刺杀杜季贡，朝廷册封榆鬼为破羌侯。

司空袁敞廉洁刚正，不讨好权贵，得罪了邓太后。尚书郎张俊有私函给袁敞的儿子袁俊，仇家用密封奏疏把这件事上奏汉安帝。夏季，四月初五日戊申，袁敞论罪免职，自杀。袁俊等人下狱，按罪当处死。袁俊上奏诉冤，临刑时，邓太后下诏改判减刑一等，免予死刑。

四月二十六日己巳，辽西郡鲜卑人连休等入侵，辽西郡兵与乌桓国酋长於秩居等人共同抗击，大败鲜卑人，杀死一千三百人。

六月二十六日戊辰，三个郡下冰雹。

尹就因不能平定益州郡，被征回论罪；任命益州刺史张乔取代尹就领兵屯驻，张乔招徕引诱反叛的羌人，羌人慢慢瓦解。

秋季，七月，京师和十个郡国降雨不止。

九月，护羌校尉任尚又征募效功种羌人号封刺死零昌；册封号封为羌王。

冬季，十一月初九日己卯，彭城靖王刘恭去世。

越嶲郡的夷人因为郡县的赋敛烦琐，十二月，大牛部落封离等叛乱，杀遂久县令。

十二月二十五日甲子，任尚与骑都尉马贤共同攻击先零羌人狼莫，追赶到北地郡，对峙六十多天，在富平河边发生战斗，大败狼莫，杀敌五千人，狼莫逃走。于是，西河郡虔人种羌一万人向邓遵投降，陇右平定。

这一年，十三个郡国发生地震。

（以上第一段，写东汉十三个郡国发生地震、冰雹灾害，西疆羌祸仍在继续，汉军疲于征战。）

汉安帝元初五年（戊午，公元118年）

春季，三月，京师和五个郡国干旱。

夏季，六月，高句骊和濊貊侵入玄菟郡。

永昌郡、益州郡、蜀郡的夷人全都叛乱以响应封离，部众达十多万人，破坏了二十几个县，杀死官吏，抢劫百姓，尸骨堆积，千里无人。

秋季，八月初一日丙申朔，发生日食。

代郡的鲜卑人入侵，杀官吏；征发缘边军队、黎阳营士兵驻守上谷郡用来预防鲜卑。冬季，十月，鲜卑人侵入上谷郡，攻打居庸关，又征发缘边各郡和黎阳营士兵、弓弩手等步兵、骑兵共二万人，驻守边塞要地。

邓遵招募上郡全无种羌人雕何刺死狼莫：册封雕何为羌侯。在羌人叛乱的十几年间，军费支出总计二百四十多亿，国库耗尽，边地的人民及内地各郡死去的人不计其数，并州、凉州差不多耗竭。等到零昌、狼莫被刺死，各羌族瓦解，于是三辅、益州不再有外敌入侵的警报。下诏封邓遵为武阳侯，食邑三千户。邓遵是邓太后的堂弟，所以封爵特别丰厚。任尚与邓遵争功，又因虚报战功、受贿违法的赃款千万以上而被论罪，十二月，用囚车召回任尚，杀死弃市，没收所有财物。邓骘的儿子侍中邓凤曾接受任尚的马，邓骘剃去妻子和邓凤的头发，以谢罪。

这年，十四个郡国发生地震。

邓太后的弟弟邓悝、邓阊都去世，册封邓悝的儿子邓广宗为叶侯，邓阊的儿子邓忠为西华侯。

（以上为第二段，写羌祸导致东汉政府国库空虚，十余年间耗费240多亿。）

汉安帝元初六年（己未，公元119年）

春季，二月十二日乙巳，京城和四十二个郡国地震。

夏季，四月，沛国、渤海郡刮大风，下冰雹。

五月，京师大旱。

六月二十六日丙戌，平原哀王刘得去世，没有儿子。

秋季，七月，鲜卑人侵入马城塞，杀死官吏，度辽将军邓遵和中郎将马续率领南单于追击，大败鲜卑人。

九月初四日癸巳，陈怀王刘竦去世，没有儿子，废除封国。

冬季，十二月初一日戊午朔，发生日全食。

八个郡国地震。

这一年，邓太后征召和帝的弟弟济北王刘寿、河间王刘开年龄在五岁以上的儿女四十几人，以及邓氏近亲子孙三十多人，为他们建造馆舍，教授学习经书，亲自监督考试。下诏堂兄河南尹邓豹、越骑校尉邓康等告诫说：“衰乱之世的贵戚靠食禄为生，穿暖衣，吃美食，乘坚固的车子，驾良马，而面对学术如同面临墙壁（比喻不学无术），不懂是非善恶，这就是发生祸患的原因。”

豫章郡有灵芝草生长，太守刘祗准备献给朝廷，以此事询问本郡人唐檀，唐檀说：“现在外戚权势盛旺，君主权势衰微，这难道是祥瑞？”刘祗只好作罢。

益州刺史张乔派从事杨竦率领军队到楪榆县，攻击封离等人，大败他们，杀了三万多人，活捉一千五百人。封离等人害怕，杀死同谋首领，向杨竦投降。杨竦同意了，并丰厚的犒劳安慰他们，其余三十六部都来投降归顺。杨竦因此奏明揭发九十名奸诈狡猾、侵犯蛮夷的官吏，全都以减死论罪。

当初，西域各国既已与汉朝断绝关系，北匈奴又以兵力威吓，役使他们臣属，和北匈奴一起侵占边界。敦煌郡太守曹宗对此担心，便请朝廷派代理长史索班率领一千多人屯驻伊吾以招降安抚他们。于是车师前王和鄯善王又来投降。

当初，疏勒王安国去世，没有儿子，国人立他舅舅的儿子遗腹为王；遗腹的叔父臣磐在月氏，月氏送臣磐回国，立为王。后来莎车叛离于阗，臣属于疏勒，疏勒于是日益强盛，与龟兹、于阗互为敌国。

（以上为第三段，写邓太后注重教育宗室子弟和外戚子弟。益州刺史张乔大破乱羌。）

汉安帝永宁元年（庚申，公元 120 年）

春季，三月十一日丁酉，济北惠王刘寿去世。

北匈奴率领车师后王军就一起杀害后部司马和敦煌郡长史索班等人，乘胜攻击赶走车师前王，控制了北道交通。鄯善被逼危急，向曹宗求救，曹宗因此请求派出五千军队进攻匈奴，以报复索班被杀的耻辱，趁机再次收回西域；大多数公卿认为应当关闭玉门关，与西域隔绝关系。邓太后听说军司马班勇有他父亲的风范，召他到朝堂询问。班勇上奏说：“以前孝武帝担心匈奴强盛，于是开通西域，议论的人认为夺了匈奴府库，切断了匈奴右臂。光武帝中兴，来不及关注国外的事情，所以匈奴自恃强大，统率西域诸国；到了永平年间，他们又攻击敦煌、河西各郡，城门在白天都要关闭。孝明皇帝深虑国策，于是命令虎将出征西域，所以匈奴逃离到远方，边境得以安宁；到了永元年间，西域诸国没有不臣服于汉朝的。时逢羌人作乱，西域再次隔绝，北匈奴于是派人谴责各国，追讨积欠的贡赋，提升价值，严格规定时间，鄯善、车师都满怀怨愤，乐意侍奉汉朝，不知道怎么打开路子；以前之所以时常有叛离，都因为管理不当，反而使他们受害。现在，曹宗只是蒙受前次战败的耻辱，想要报复匈奴，而不思考过去出兵的因果，没有考虑当时战略得失。在边远之地求取战功，很难成功，如果连续用兵，战祸不断，就来不及后悔了。何况现在国库不足，军队出征，缺少后援，这是向远方夷族显出弱点，向海内暴露短处，臣认为不可答应。过去，敦煌郡有三百名营兵，现在应当恢复，重新设立西域副校尉，驻在敦煌，如同永元旧例。还应该派西域长史率领五百人驻守楼兰，西边正对着焉耆、龟兹的要道，南边增强了鄯善、于阗的信心和胆识，北边抵抗匈奴，东边靠近敦煌，这样是最可行的。”

尚书又问班勇：“这事的优劣如何？”班勇回复说：“从前在永平末年，开始打通西域，起初派中郎将住在敦煌，后来在车师国设副校尉，不只是控制胡人，也禁止汉人对外族的侵扰，所以外族诚心归顺，匈奴畏惧汉朝的威严。现在鄯善王尤还，是汉人的外孙，如果匈奴得志，那么尤还必被杀。这些人虽同于鸟兽，也知道避祸，如果屯兵楼兰，足以招抚他们归顺朝廷，我认为这样可行。”

长乐卫尉镡显、廷尉綦毋参、司隶校尉崔据责备说：“朝廷从前所以抛弃西域，是因他无益于中原而且难以供应费用。现在车师已经臣属于匈奴，鄯善不可能担保守信用，一旦背叛，班将军能确保北匈奴不成为边界的祸害吗？”班勇回答说：“现今中原设立州牧郡守等地方长官，就是要禁止郡县中的奸猾盗贼！如果州牧郡守能够保证盗贼不会起来作乱，臣甘愿接受腰斩的惩罚来保证匈奴不为边害。现在和西域通好，那么敌人的势力必然削减，敌人势力削弱，那么祸害就小了；这与把府库归还给匈奴，把已断续的右臂重新接起来相比较，哪一种有利呢？现在设置校尉用来捍卫安抚西域，设置长史用来招致各国归顺，如果抛弃而不置校尉，那么西域就会失望，失望之后，就屈服于北匈奴，沿边各郡将会受到困扰和伤害，恐怕河西的城门一定会又一次有白天关闭的警报！现在不推广朝廷的恩德而拘于屯兵防戍的费用，这样，北匈奴就会强大，哪里是安定边地的长久之计？”

太尉掾属毛轸责难说：“现在如果设立校尉，西域就会络绎不绝地派来使者，贪婪求索没有满足的时候，如果给他们，费用就会难以供应；不给他们，就会失去他们归顺的诚心，一旦被匈奴所逼迫，必会再向朝廷求助，那么所挑起的战役就大了。”班勇回答说：“现在如果把西域丢弃给匈奴，而使匈奴感恩大汉，不掠夺为盗，那还可以。如果不是这样，那么匈奴就会依靠西域的丰富租税、众多兵马，侵扰沿边各郡。这好比是增添了仇人的财富，增强了残暴异族的势力。设立校尉，宣扬声威，施舍恩德，以维系各国倾向汉朝之心，使匈奴窥伺汉朝的心意动摇，就没有花费钱财、虚耗国力的担心了。况且西域的人民没有其他需求，他们入关不过是想得到食物而已；现在如果拒绝他们，他们势必归顺北边的匈奴，合力侵扰并州、凉州，那么中原的费用就不只十亿了。设置校尉确实有利。”

于是毛轸接受班勇的建议，派敦煌郡三百名营兵，设置西域副校尉驻守敦煌，虽然再度笼络牵制西域，然而未能出屯楼兰。后来，匈奴果然数次与车师一起入侵劫掠边境，河西大受其害。

沈氐羌侵入张掖郡。

夏季，四月十一日丙寅，立皇子刘保为太子，改换年号，大赦天下。

（以上为第四段，写班勇受命，重新开拓西域。）

四月十四日己巳，册封陈敬王的儿子刘崇为陈王，济北惠王的儿子刘苌为乐成王，河间孝王的儿子刘翼为平原王。

六月，护羌校尉马贤率领一万人在张掖郡征讨沈氐羌，击败他们，杀死一千八百人，俘虏一千多人，其余敌人全部归降。这时，当煎大酋长饥五等人，因马贤的军队在张掖郡，就乘虚侵入金城郡，马贤掉头出塞，杀了几千人返回。烧当羌、烧何族听说马贤的军队回去了，又侵犯张掖郡，杀死长吏。

秋季，七月初一日乙酉朔，发生日食。

冬季，十月十六日己巳，司空李郃被免职。十月二十日癸酉，任命卫尉庐江人陈褒为司空。

京师以及三十三个郡国发大水。

十二月，永昌郡界外的掸国王雍曲调派使者进献乐工和魔术师。

十二月十六日戊辰，司徒刘恺请求退休，得到允许，赐予千石俸禄回家养老。

辽西郡鲜卑酋长乌伦、其至鞬各自率领部众向度辽将军邓遵归降。

十二月二十一日癸酉，任命太常杨震为司徒。

这一年，二十三个郡国发生地震。

邓太后的堂弟越骑校尉邓康，认为邓太后久临朝政，宗族满门做官，多次上书邓太后，建议尊重皇权，减少自己私权，言辞诚恳，邓太后不听从。邓康称病不上朝，邓太后派内侍问候邓康；派去的使者是邓康家原来的婢女，自我通报称为“中大人”，邓康听了就斥责她。婢女怨恨，回宫报告说邓康假装有病而且出言不善。邓太后大怒，免去邓康官职，遣送回封国，削去族籍，断绝血亲关系。

当初，当煎族饥五的同部大酋长卢忽、忍良等一千多户另留居允街县，像老鼠探头来回张望一般迟疑不决。

（以上为第五段，写马贤征讨西羌。二十三郡国大水。邓太后堂弟越骑校尉邓康建言太后归政皇帝被罢官。）

汉安帝建光元年（辛酉，公元121年）

春季，护羌校尉马贤召见卢忽，杀死卢忽，派兵攻击卢忽的族人，俘杀两千多人，忍良等人都逃出了塞外。

幽州刺史巴郡人冯焕、玄菟郡太守姚光、辽东郡太守蔡讽等人率领军队攻击高句骊，高句骊王宫派儿子遂成假降而攻击玄菟郡、辽东郡，杀伤两千多人。

二月，邓太后生病，二月十二日癸亥，大赦天下。三月十三日癸巳，皇太后邓氏去世。尸体尚未来得及入棺，汉安帝重提前令，册封邓骘为上蔡侯，位居特进。

三月二十六日丙午，安葬和熹邓太后。

邓太后自临政以来，有十年水旱成灾，外有四夷侵入，内有盗贼兴起，每当邓太后听说百姓受饥，有时通宵不眠，亲自削减开支，以赈救灾民，所以天下再度太平，恢复丰收。

汉安帝开始亲自理政，尚书陈忠推荐隐逸和耿直端正的颍川人杜根、平原人成翊世等人，汉安帝全都接纳任用。陈忠是陈宠的儿子。当初，邓太后临朝听政，杜根身为郎中，与同时的郎官上奏说："皇帝长大了，应亲临政事。"邓太后大怒，下令把杜根等人都装进丝袋，在殿上锤打他们至死，接着又把他们的尸体扔到城外，杜根得以苏醒；太后派人检视尸体，杜根装作已死，过了三天，眼里生蛆，才得以逃跑，在宜城县山中做酒保，达十五年。成翊世以郡吏身份，也因诤谏太后不归政而被论罪。汉安帝都用公车征召他们，任命杜根为侍御史，成翊世为尚书郎。有人问杜根说："以前碰到祸患，天下人都尊敬你，有不少的知己至交，何至于使自己苦到这等地步？"杜根说："辗转隐藏在民间，并不是没有人生活的偏僻之地，万一碰上熟人认出，则行迹败露，祸及亲友知己，所以不肯这么做。"

三月二十八日戊申，追尊清河孝王为孝德皇，母亲左氏为孝德后，祖母宋贵人为敬隐后。最初，长乐宫太仆蔡伦受窦后之旨诬害宋贵人，汉安帝敕令蔡伦自己到廷尉狱中，蔡伦饮毒药而死。

夏季，四月，高句骊又与鲜卑人侵犯辽东郡，蔡讽追击至新昌县，阵亡。功曹掾龙端、兵马掾公孙酺用身体护卫蔡讽，一同阵亡。

四月初七日丁巳，尊汉安帝的嫡母耿姬为甘陵大贵人。

四月十四日甲子，乐成王刘苌因骄奢淫逸而又犯法，被论罪，贬为芜湖侯。

四月十九日己巳，命令公卿以下到郡太守、侯国相各推举一名有德行的人。尚书陈忠认为诏书既然征求直谏，考虑到进言的人必定会有许多激励之辞，以至于皇上不能容忍，于是上书预先疏通汉安帝的心意说："臣听说仁君像高山大湖一样有博大的气量，采取恳切正直的议谋，忠臣要尽到赴难直谏的操守，不怕触怒龙颜的灾祸。所以汉高祖不追究周昌把自己比作桀、纣的譬喻，孝文帝高兴听到袁盎以人彘的故事讥讽他专宠慎夫人，汉武帝采纳东方朔不可在宣室正殿设酒宴的劝谏，汉元帝容忍薛广德以自杀相迫强谏皇帝不宜乘船。现在要下严明的诏书必须遵循殷高宗武丁的品德，推崇宋景公的诚心，自己承认错误，向群臣询问意见。谏言国事的人看见杜根、成翊世等人刚刚蒙受表扬录用，显耀地在尚书台、御史台任职，必然会闻风响应，争相进献恳诚正直之言。如果是好的谋略，就采纳；如果是浅陋之言，随意讥刺，虽然是苦口逆耳，却不合事实，也姑且对他们大度包容，以显示朝廷无所隐讳的美德。如果有道之士有高深的见解，陛下应当亲自披阅，特别晋升一等，广开直言进谏之路。"奏书呈上，汉安帝下诏，任命有道义而考试成绩优秀的沛国人施延为侍中。

当初，汝南人薛包从小就有很好的德行，父亲娶后妻，憎恨薛包，让他分居。

薛包日夜哭泣，不忍离开，以致被殴打，不得已，薛包只好在屋外盖了一间庐舍住下，早晨回家洒扫。父亲很生气，又赶他走，于是在里门盖庐舍居住，早晚请安，从不间断。一年有余，父母羞愧而让薛包回家。等到父母去世，兄弟子侄要求分家别居，薛包不能禁止，于是平分家财，自己留下老年奴婢，说："与我共同生活久了，你们不能差使他们。"田地房舍挑选荒废了的，说："这是我年轻时经营的，有留恋之情。"器物挑选破烂的，说："我一向使用它们，用起来顺手。"兄弟子侄多次破产，薛包又总是救济他们。汉安帝听到薛包的事迹，命令公车特别征召他。薛包到了京师，被任命为侍中。薛包以死请求不做官，下诏书准许他回家，按照汉章帝对待毛义一样优待他。

（以上为第六段，写邓太后驾崩，汉安帝亲政，下诏求贤。）

汉安帝小时候，大家都称他聪明，所以邓太后立他做皇帝。等到长大，汉安帝的德行很不好，略使邓太后失望。汉安帝的奶妈王圣知道这事。邓太后征召济北王、河间王的儿子到京城。河间王的儿子刘翼容仪俊美，邓太后特别喜欢，作为平原怀王的后嗣，把他留在京师。王圣见太后许久不归还政权，担虑有废置之举，常常与中黄门李闰、江京在汉安帝左右服侍，向汉安帝说邓太后的坏话，汉安帝常常感到怨恨和恐惧。等到邓太后去世，那些先前受到惩罚而怀恨的宫人，趁机诬告邓太后的兄弟邓悝、邓弘、邓阊先前听从尚书邓访废掉安帝的旧事，谋议改立平原王。汉安帝听了，回忆往事而大怒，命令有关官员奏明邓悝等人大逆无道，于是废除西平侯邓广宗、叶侯邓广德、西华侯邓忠、阳安侯邓珍、都乡侯邓甫德的爵位，把他们都贬为庶人。邓骘因为没有参与议谋，只免除特进，送回封国。邓氏宗族被免职回乡，没收邓骘等人的资产田宅。将邓访和他的亲属迁到边远郡县，郡县官吏逼迫他们，邓广宗和邓忠都自杀。又改封邓骘为罗侯；五月初一日庚辰，邓骘和儿子邓凤都绝食而死。邓骘的堂弟河南尹邓豹、度辽将军舞阳侯邓遵、将作大匠邓畅也都自杀；唯有邓广德兄弟因为母亲和阎皇后是姊妹，得以留在京师。重新任命耿夔为度辽将军，征召乐安侯邓康为太仆。五月十七日丙申，贬平原王刘翼为都乡侯，遣回河间。刘翼谢绝宾客，闭门自守，才得以免祸。

当初，邓太后被立为皇后，太尉张禹、司徒徐防想和司空陈宠共同奏请追封邓皇后的父亲邓训，陈宠因为前代没有这类事例，争议了几天都无法决定；等到邓训追加封谥，张禹、徐访又约陈宠，都派儿子向虎贲中郎将邓骘送礼，陈宠没有接受；所以陈宠的儿子陈忠在邓氏当权时不得志。邓骘等人失势，陈忠为尚书，屡次上疏，诬陷他们作恶。

大司农京兆人朱宠痛惜邓骘无罪而遭祸，于是裸露上身，抬着棺材，上书说："臣认为和熹邓皇后有圣善美德，就像汉朝的文王之母。她的兄弟忠孝同心，为国操劳，是社稷的依靠。功成身退，辞让封国爵位，历代的贵戚，没有可以与之相比的，应享有积善谦让的福佑才是。然而，他们却遭到宫人片面之词的陷害，利舌尖口最为险恶，危害国家，罪行没有确切证据，也不调查审讯，就使邓骘等人遭受这样残酷的陷害，一家七人都死于非命，尸骨流离，冤魂不散，逆天之行，令人痛心，普天之下都为之哀伤。应当收尸还归故土安葬，加宠封立遗留下来的孤儿，奉祀香火，以慰亡灵。”朱宠知道他的话过于激切，自己到廷尉等待处罚；陈忠又弹劾朱宠，下诏免官归家。大多数人都认为邓骘冤枉，汉安帝才稍有悔悟，于是谴责州郡，把邓骘等人归葬到北芒山，邓氏的堂兄弟都得以回到京城。

汉安帝派耿贵人的哥哥牟平侯耿宝监领羽林左军车骑；册封外曾祖宋杨的四个儿子为列侯，宋氏一族做卿、校尉、侍中大夫、谒者、郎吏的有十几人；阎皇后的兄弟阎显、阎景、阎耀都做了卿、校尉，掌管禁卫军队。于是，汉安帝的内宠开始兴旺。

汉安帝因为江京曾经到清河王邸迎接自己，认为江京有功，封为都乡侯，封李闰为雍乡侯，李闰、江京都迁职为中常侍。江京兼任大长秋，和中常侍樊丰、黄门令刘安、钩盾令陈达，以及王圣、王圣的女儿伯荣煽动内外大臣，争相奢华暴虐；伯荣出入宫廷，传达奸情贿赂。司徒杨震上疏说：“臣听说政事以得到贤才为根本，治国以铲除污秽为主旨；因此，唐尧、虞舜以有俊德的人担任官职，流放了四个有大罪的人，以致天下顺从，人人和乐。现在有九种高尚品德的人没有被任用，佞幸小人充满朝廷。乳母王圣出身低贱，遇到千年难逢的机会，奉养圣上，虽有克己待人的勤劳，前后赏赐的恩惠，已超过她应得的回报，然而贪得无厌，不知足，与外朝交接，为人请托，干扰天下，使清明的朝廷受到损害和污垢，使日月受到玷污。女子和小人，接近她们，她们就得意；疏离她们，她们就抱怨，实在难以伺候。应尽快让乳母王圣出宫，命令她住到外面去，隔绝与伯荣的往来，使皇上的恩德在宫廷内外得到兴盛，上下和睦。”奏章呈上后，汉安帝拿给王圣等人看，内宠们都心怀愤恨。

而伯荣最为骄奢，和已故朝阳侯刘护的堂兄刘瓌通奸，刘瓌娶她为妻，官做到侍中，得以继承刘护的爵位。杨震上疏说：“正常的制度是父死子继，兄亡弟及，以预防篡位。臣看到诏书，册封已故朝阳侯刘护的堂兄刘瓌承袭刘护的爵位为侯，而刘护的同母弟弟刘威，如今还健在。臣听说天子有封爵的权力，封给有功之人；诸侯有任命官员的权力，任命有德的人。现在刘瓌没有其他功劳德行，只是娶了皇上保姆的女儿，一时之间，他不仅官至侍中，而且得以封侯，不符原有制度，不合经典大义，民众议论纷纷，百姓不安。陛下应当以史为鉴，遵照顺从先帝的法则。”尚书广陵人翟酺上疏说：“从前窦氏、邓氏被宠，权倾天下，身兼数职，掌握好几颗印信，累积钱财，甚至干预政权，更换皇帝，难道不是因为权势太重、威望太高而导致了这些祸害？等到他们败亡，人头落地，想当一只猪崽也不可能了！大凡富贵不是循序渐进得到的，失去的必然很快；官爵不是通过正道得来的，祸殃必然迅速来临。现在外戚得到宠幸，所受之禄与创造国家的皇室相等，汉代以来还没有谁能和他们相比。陛下实在是仁义恩德普施，亲近九族，然而朝廷已经不能控制禄位，政权移到私人手上，重陷前人覆辙，怎能不垮台？这已达到最危险的警戒线，是国家的深远大计。过去，汉文帝爱惜财物而停建露台，收集臣子送奏章的黑色绸袋做成帷帐，有人讥笑他太节约，汉文帝说：'朕为天下保守钱财，岂能随便浪费？'现在，自从皇上亲政以来，时间不长，费用和赏赐却已无法算计。搜括天下财富，堆积到无功的家庭，国库枯竭，民生凋敝，突然发生变故，又要加重赋税，百姓愤恨的情绪已经产生，危难会随时到来。但愿陛下尽力访求忠臣贤士，诛杀和疏远谄媚的小人，割去情欲的欢乐，停止私宴的贪好，时常想到亡国的原因，借鉴创业之君昌盛的经验，这样就可以消灾除害，导致丰年。"奏章呈上后，汉安帝不理睬。

（以上为第七段，写汉安帝报复诸舅，贬杀邓氏兄弟，汉安帝乳母王圣、亲信宦官江京等一帮贪婪小人得势。）

秋季，七月初一日己卯，改换年号，大赦天下。

七月二十四日壬寅，太尉马英去世。

烧当羌忍良等人认为麻双兄弟本是烧当酋长的嫡亲后代，而校尉马贤抚慰不够，常有怨心，于是互相勾结，共同强迫羌人各部侵入湟中，进攻金城郡各县。八月，马贤率领先零羌攻击他们，在牧苑作战，没有获利。麻奴等人又在令居县击败武威郡、张掖郡的官军，于是裹胁先零、沈氏各部四千多户沿着祁连山西行，侵入武威郡。马贤追击到鸾鸟县，招降引诱他们，各部归降的有几千人，麻奴往南退还湟中。

七月十六日甲子，任命前任司徒刘恺为太尉。当初，清河国的宰相叔孙光犯贪赃罪，于是皇上加刑，使其两代子孙被管制不得做官。现在，居延都尉范邠又犯贪赃罪，朝廷想要比照叔孙光加以处分。唯独刘恺认为："《春秋》的大义，报赏善行应延及子孙，惩罚罪行只限于自身，为的是鼓励人们向善。如今，对贪赃者的子孙也加以禁锢，将轻罪重判，使善人也害怕，这不是先王详察用刑的本意。"陈忠也认为是这样。汉安帝下诏："太尉说的有道理。"

鲜卑酋长其至鞬侵入居庸关。九月，云中郡太守成严攻击鲜卑，战败，功曹杨穆用身体保卫成严，一起阵亡；于是鲜卑人在马城县包围乌桓校尉徐常。度辽将军耿夔和幽州刺史庞参调动广阳郡、渔阳郡、涿郡的官军去援助徐常，鲜卑人解围退去。

九月十日戊子，汉安帝到卫尉冯石家，吃住十几天，赏赐很多，任命冯石的儿子冯世为黄门侍郎，冯世的两个弟弟都任命为郎中。冯石是阳邑侯冯鲂的孙子，父亲冯柱娶显宗的女儿获嘉公主为妻，冯石继承公主爵位，为获嘉侯，能得到当世人欢心，所以受到汉安帝宠幸。

京师及二十七个郡国降雨不止。

冬季，十一月十二日乙丑，三十五个郡国发生地震。

鲜卑人侵犯玄菟郡。

尚书令祋讽等人上奏，认为："孝文帝定下俭约礼仪的制度，光武帝不允许臣僚因父母去世而长期休假，留下万世遵守的法则，实在不可改变，应该重申停止大臣守三年丧的规定。"尚书陈忠上疏说："高祖接受天命，萧何创立法制，大臣有守三年之丧的规定，合乎哀伤大义。建武初年，正是大乱之后，种种国政，大多趋于简单，大臣既不坚持三年之丧，而百官又追求功名利禄，很少有人遵守三年丧期以报答父母养育恩情，礼义的常道，实际上在衰弱。陛下听任大臣服完丧期，这是圣明君王最美好的功业，没有任何功业可以超过这三年之丧的大礼。《孟子》说：'尊敬自己的老人并推广到尊敬别人的老人，爱护自己的儿女并推广到爱护别人的儿女，天下就在掌控之中了。'臣希望陛下登高北望，以怀念甘陵的心思（指对皇上生父刘庆的怀念之情），揣度臣子的心意，那么天下人各得其所。"当时宦官认为对他们不利，就搁置了陈忠的奏章。十一月二十三日庚子，重新决定二千石以上的官员守三年丧。

袁宏认为：古代帝王之所以能深厚教化，美化风俗，引导人民向善，是因为能顺其自然而不剥夺情感，尽管如此，人民还有达不到的地方，何况是毁坏礼制、禁止哀情，灭绝天性呢？

十二月，高句骊王宫率领马韩、濊貊数千骑兵袭击玄菟郡。夫余王派儿子尉仇台率领二万多人与州郡合力打败入侵的敌人。这一年，宫死，儿子遂成继位。玄菟太守姚光上言，想趁其大丧，派兵攻占他们，议事的人都认为可以。陈忠说："高句骊王宫以前桀骜狡黠，姚光不能征伐，现在趁高句骊王宫去世而去攻占高句骊，不合义理。应该派使者吊问，趁机斥责高句骊以前的罪过，赦免而不诛罚，求取日后的善报。"汉安帝采纳了。

（以上为第八段，写二十七郡国大雨，三十五郡国地震，西羌、鲜卑、高句骊侵扰，国家多事。）

汉安帝延光元年（壬戌，公元 122 年）

春季，三月初二日丙午，改换年号，大赦天下。

护羌校尉马贤追击麻奴到湟中，打败了麻奴，其部落四处逃走。

夏季，四月，京师和四十一个郡国下冰雹，河西地区的冰雹像斗一样大。

幽州刺史冯焕、玄菟太守姚光多次揭露奸恶，仇恨冯焕、姚光的人用欺诈手段制作皇帝的诏书，斥责冯焕、姚光，赐予刑刀，又下令辽东都尉庞奋，迅速执行刑罚。庞奋立即杀了姚光，拘捕冯焕。冯焕想自杀，他的儿子冯绲怀疑诏书有假，阻止冯焕说："您在州府时，立志要除去恶人，实在没有其他事故，一定是恶人妄自造假，奸人严密而大胆策划的毒计。希望能就此事亲自上书，再受罚也不晚。"冯焕听从了儿子的话，上书争辩，果然是诈骗者所为，征召庞奋，判处罪刑。

四月十九日癸巳，司空陈褒被免职。五月初七日庚戌，任命宗正彭城人刘授为司空。

五月二十六日己巳，册封河间孝王的儿子刘德为安平王，以为乐成靖王的后嗣。

六月，有郡国发生蝗灾。

秋季，七月初一日癸卯，京师以及十三个郡国发生地震。

高句骊王遂成送还汉人和牲畜，到玄菟归附，后来，濊貊跟着也顺服了，于是东面边境平安。

虔人羌和上郡胡人反叛，度辽将军耿夔打败了反叛者。

八月，阳陵陵园失火。

九月，甲戌日（疑误），二十七个郡国发生地震。

鲜卑已经多次杀害郡守，胆量越来越大，有几万挽弓的骑兵，冬季，十月，又侵犯雁门、定襄；十一月，进军太原。

烧当羌麻奴饥馑困乏，率领各部向汉阳太守耿种归降。

这一年，京师及二十七个郡国降雨不止。

汉安帝几次派黄门常侍和中使伯荣往来甘陵，尚书仆射陈忠上疏说："现在上天还没有回心转意，水灾旱灾连续发生；青州、冀州，大雨不停，堤防崩溃；徐州、泰山的沿海地区，海水倒溢；兖州、豫州蝗虫繁生；荆州、扬州稻谷歉收；并州、凉州，羌戎背叛；加上百姓穷困，国库耗尽。陛下以为不能亲自侍奉孝德皇的园陵寝庙，常常派中使到甘陵进香，朱红色的车辆，并驾的骏马跑在道路上，前后相望，可以说是最好的孝道。但臣私下听说：使者所过之处，威权显赫，惊动郡县，王、侯、二千石的官员都要在车下拜见伯荣，征发民夫修路，修理驿站，多设仓廪，充实储备物资，没有限度地征发劳役，老弱相接，动辄以万计；行贿给中使及伯荣的随从，每人就要花费几百匹帛；（走投无路的小民）呼天抢地，痛彻心扉，哀号之声，叩击心灵。河间王是陛下的叔父，清河王国内有陛下父母的陵庙和陛下的亲信大臣，他们都屈服在伯荣车下，陛下不过问，他们必定以为陛下是希望如此。伯荣的威望，比陛下还重，陛下的大权陷入臣妾手中。如今水灾的发生，必定是这个原因。过去韩嫣乘坐天子的副车，担任巡视的使命，江都王误以为天子向他下拜，而韩嫣受到刑刀诛杀。臣希望圣明的君王应严肃天子的尊严，摆正君权的地位，不应再命令女使参与朝政。严格监察左右亲信，没有石显攻击陈咸泄露机密的奸情。尚书进言，没有赵昌毁谤郑崇的奸谋。公卿大臣，没有朱博依附傅喜的例子。外戚亲侍，没有王凤伤害王商的阴谋。如果朝政一概由皇上颁布，大事都由自己决定，那么，下臣不得胁迫皇上，臣子不得干预君主。久雨大水必会停止，四方的种种怪异不能继续为害。”奏章呈上后，汉安帝不理睬。

这时三府没有实权，机要事务专付尚书，而灾变过失却归咎于三公，陈忠上疏说：“汉朝旧制，丞相的建议，没有不听的。现在的三公虽然接受了名号而没有实际的职权，选拔举荐人才，诛杀奖赏的人事大权，都由尚书来办，尚书被任用，职权超过三公。衰弱的情形由来已久。臣陈忠时常深感不安。近来因为地震，下令免掉司空陈褒，现在出现灾变，又想责怪三公。以前，孝成皇帝因为彗星徘徊在心宿附近，归咎于丞相，最终还是不能蒙受上天的赐福，只不过是违背了宋景公的一片诚心。所以，是非的分界，显然分明。而且尚书决断大事，大多违反旧典，不遵守前例而判刑，总是诋毁欺骗，言辞恶毒，信口雌黄，违背法典。应当探求原意，断绝不听，对上可依从法典，对下可预防被人利用作威作福，运用方矩和圆规去画方和圆，用权衡和量器去称量轻重与体积大小，这才是国家的标准，万代的法则。”

（以上为第九段，写四十一郡国冰雹。尚书仆射陈忠上奏汉安帝抑制群小，尊重三公九卿大臣以息灾害。）

汝南太守山阳人王龚，理政崇尚宽和，喜好人才贤士。以袁阆为功曹，引进郡中人士黄宪、陈蕃等人。黄宪虽不顺从，但陈蕃最终接受做官。袁阆不标奇立异，但在当世颇有名气；陈蕃性格爽朗，王龚都以礼节对待他们，因此，士人没有不倾心于王龚的。

黄宪家世贫贱，父亲是牛医。颍川人荀淑到了慎阳，在旅途中遇见黄宪，黄宪当年十四岁；荀淑大为惊异，作揖交谈，久久不能离开，荀淑对黄宪说：“你真是我的表率。”接着前往袁阆的住所，来不及寒暄，就问：“你的国家有颜回，你认识么？”袁阆说：“看到了我们的叔度（黄宪的字）吗？”当时同郡有个戴良，居才自傲，但见到黄宪不得不端正容貌，等到回来，若有所失。戴良的母亲问他：“你又从牛医的儿子那里来吗？”戴良回答说：“我没有见到叔度以前，自以为没人能比得上自己，自从看到他，好像他在前面，忽然又出现在后面，实在难以猜度。”陈蕃和同郡人周举曾经互相说：“只要有一段时间没有见到黄生，卑鄙可耻的想法就会再次萌发于心中。”太原人郭泰年轻时到汝南游历，最先拜访袁阆，不过夜就离开。后来又去拜访黄宪，好几天才返回。有人请郭泰解释，郭泰说："奉高（袁阆的字）的器量好像泉水的支流，虽然清澈见底，但是容易舀取。叔度却好像千顷波涛，无法使它澄清，但也无法使它混浊，不可度量。"黄宪最初被推荐为孝廉，又被三公府署征召。朋友劝黄宪做官，黄宪也不拒绝，只是在京师短暂停留，随即就回去了，最终也没有就职，四十八岁去世。

范晔评论说："黄宪的言论和见解，没有什么传闻。然而，士人君子见到他，无不佩服他的深谋远虑，扫除了头脑中的污秽念头，以求道德周备、心性完美，道德至大无可比拟所以无法称名！我的曾祖父穆侯范汪认为：'黄宪，以柔和顺应时代，所具道义如同深渊，不可测度，深浅无法估量，清浊都不能干扰他的心田。即使孔门弟子，也不过如此。'"

（以上为第十段，写名士黄宪的器量风采。）

汉安帝延光二年（癸亥，公元 123 年）

春季，正月，旄牛夷反叛，益州刺史张乔打败他们。

夏季，四月二十日戊子，册封乳母王圣为野王君。

北匈奴联合车师入侵河西，有人议论要再次关闭玉门关、阳关，断绝外患。敦煌太守张珰上书说："臣在京城时，也认为应当抛弃西域，现在亲自到了这儿，才知道抛弃西域则河西就不能自保。谨呈献关于西域的三个策略：北匈奴呼衍王常辗转蒲类、秦海一带，专门控制西域，共同犯境抢夺。现在派酒泉属国吏士两千多人聚集昆仑塞，先进攻呼衍王，断绝匈奴的根本，然后派鄯善军队五千人威吓车师后部，这是上策。如果不能出兵，可以设立军司马，统领五百将士，四个郡供给他们犁、牛和粮食，出关占领柳中，这是中策。如果还不能，就应当抛弃交河城，把鄯善等全部迁移塞内，这是下策。"朝廷讨论他的决策。陈忠上疏说："西域内附已久，向东盼望，多次请求进关，这是他们不喜欢匈奴、敬慕汉朝的明证。现在，北匈奴已经攻破车师，势必向南攻打鄯善，如果抛开不救，各国就会顺服北匈奴。这样，敌人的财货就会日益增多，胆识和势力日益扩大，威吓南部羌人，和他们交通往来，这样，河西四郡就危险万分了。河西要有危险，不能不救，势必发动百倍的劳役，耗费不计其数的财货。发表议论的人只想到西域非常遥远，耗资很多，却未看到孝武帝经营的苦心。现在敦煌孤独危险，从远方前来告急，又不帮助，对内无法安抚（守边的）吏民，对外无法向各族显露威信，减少国土，不是良策。臣认为，敦煌应当设置校尉，按惯例增派四郡的屯垦军队，用以安慰西边的各国。"汉安帝接受了。

于是，再次派班勇做西域长史，率领五百人驻守柳中。

秋季，七月，丹阳山崩塌。

九月，五个郡国降雨不止。

冬季，十月初六日辛未，太尉刘恺被免职；十月初九日甲戌，以司徒杨震为太尉，光禄勋东莱人刘熹为司徒。大鸿胪耿宝亲自向杨震推荐中常侍李闰的哥哥说：“李常侍深受朝廷推重，想要使公侯征辟他的哥哥，我只是传达上面的意思罢了。”杨震说：“如果朝廷想要命令三公府征召，应当有尚书敕令。”耿宝怀恨离开。执金吾阎显也向杨震推荐亲友，杨震又不接受。司空刘授听了，立即征辟二人；于是杨震更被怨恨。当时下诏派使者为王圣大修宅第；中常侍樊丰和侍中周广、谢恽等人互相勾结，惊动朝野。杨震上疏说：“臣考虑现在灾害日益深重，百姓贫穷，三面边境告危，国库空虚，不是国家安宁之际。诏书要替皇上的乳母兴修大宅，合两坊的街市建成为一姓的住宅，两坊相连，占了一整条街，雕刻装饰，穷尽人间工艺，凿山采石，辗转威逼，耗费巨亿。周广、谢恽兄弟，与皇家没有亲属关系，甚至连枝叶都算不上，依赖奸佞小人，共窃权柄，请托州郡，制约大臣，三公征召，承顺意旨，招徕天下贪官污吏，接受贿赂，甚至那些因贪赃而被剥夺政治权利受世人唾弃的人，又再次被重用；黑白颠倒，清浊同源，天下喧哗，给朝廷引来讥讽。我听先师说：上面的人把财货取用竭尽了，就会引起民众怨恨；耗费民力，民众就会背叛，心怀怨恨背叛的民众，是不可以再驱使的。请陛下度量。”汉安帝不听。

鲜卑人其至鞬亲自率领一万多骑兵到曼柏攻打南匈奴，薁鞬日逐王战死，杀了一千多人。

十二月初四日戊辰，京师和三个郡国发生地震。

陈忠推荐汝南人周燮、南阳人冯良，称赞他们学识高深，品行端正，隐居不当官，名重一时。汉安帝用黑色绸缎、羔羊、钱币聘请他们。周燮的宗族劝诫他：“修德立行，是为了治国，你为什么要独守东山的坡田？”周燮说：“修治道德的人因时而动，时机不成熟，怎么行得通？”周燮和冯良都自己坐车到就近县府，假称有病，然后回家。

（以上为第十一段，写匈奴入侵车师，朝廷主张闭玉门关弃西域之声再度鹊起，尚书令陈忠严厉驳斥，诏令班勇为西域长史，驻屯柳中。）

汉安帝延光三年（甲子，公元 124 年）

春季，正月，班勇到楼兰，因为鄯善归附，特别赠赐鄯善王有三条绶带的王印。而龟兹王白英仍然犹豫不决。班勇用恩德、信义引导，白英才率领姑墨、温宿的国王，捆着自己双臂，向班勇归降。于是班勇调遣龟兹等国的一万多步兵、骑兵到车师前王庭，在伊和谷赶跑了匈奴伊蠡王，收编了车师前部的五千多人，于是车师前部才再度开通。班勇得胜回师，在柳中屯驻。

二月十三日丙子，汉安帝东巡。二月二十八日辛卯，巡幸泰山。三月初五日戊戌，巡幸鲁国；在返回途中巡幸东平国，经过东郡，到达魏郡、河内，然后回到京城。

当初，樊丰、周广、谢恽等人看到杨震连上奏章，汉安帝不理睬，于是无所顾忌，假造诏书，调度司农掌管的国库钱粮、将作大臣掌管的工人和建材，各自起建巨宅、园池、亭台楼阁，耗费无数。杨震又上疏说："臣身为皇帝的三公辅佐，不能协调阴阳，去年十二月初四日，京城地震，这一天是戊辰日；地震与干支三者都属土，位在中宫，这是内臣近侍弄权用事的征兆。臣考虑到陛下因为边境不安宁，亲自节约，宫殿墙屋倾斜了，仅仅用柱子支撑而已。而身边被宠幸的臣子，却不遵行断金之义，不与主上同心，骄奢淫逸，超越礼制法度，大量征调囚徒军士，大修宅第，炫耀权威，社会上的民众议论纷纷，地震的原因应在于此。而且，冬天没有积雪，春天没有下雨，百官焦急，而大建宅第不止，实在是造成旱灾的征兆。唯望陛下振奋帝王阳刚的独断精神，抛弃骄奢的宠臣，用来回应上天的警告。"杨震前后所上奏章的言辞变得越来越激烈，汉安帝终于有些忍受不了，樊丰等人全都对他侧目怒视，因为他是有名的儒者，不敢伤害。时逢河间男子赵腾上书分析批评朝廷政治得失，汉安帝大怒，于是收捕他到诏狱审讯，以欺君罔上大逆不道定罪。杨震上疏救援赵腾说："臣听说殷周的明哲君主，如果小民怨恨咒骂，君主就反躬自省，培养恩德。现在赵腾所犯之罪，不过是措辞激烈，造成诽谤，这罪与持刀杀人的犯法有所差别，乞求减免罪行，保全赵腾的性命，以诱导乡野小民进言。"汉安帝不听，赵腾终被处死，横尸街头。等到汉安帝东巡，樊丰等人趁机争相修建宅第，太尉部掾高舒召来将作大臣的属吏，进行拷问核查，得到了樊丰等人伪造的诏书，一一写好奏章，只等汉安帝回来奏上，樊丰等人害怕了。正好太史说星辰变化逆行，于是共同毁谤杨震说："自从赵腾死后，杨震非常怨恨；况且杨震又是邓氏以前的官吏，有仇恨之心。"三月二十九日壬戌，汉安帝回到京城，车驾停留在太学休息，以待吉日入宫。晚上派使者没收了杨震的太尉印绶；杨震于是闭门谢客。樊丰等人又陷害他，要大鸿胪耿宝上奏："杨震身为大臣，不服罪过，心怀怨恨。"又颁下诏书，遣送杨震回故乡本郡。杨震行至城西的夕阳亭，悲切慷慨地对儿子和门徒说："死，是士人的正常遭遇。我蒙受皇恩，位居高官，痛恨奸臣狡猾而不能诛杀；厌恶淫妇作乱而不能阻止，有什么面目再见日月？我死时用杂木做棺材，用单层麻布遮盖尸身，只要能够盖住尸身就行了，不要送回祖宗墓地，不要设立祭祀！"于是饮毒酒而死。弘农太守移良奉承樊丰等人的意旨，派官吏到陕西留停杨震的棺木，棺木露天摆在道路旁边，贬谪杨震的儿子代替驿吏传递文书，路上的人为他们流泪悲伤。

（以上为第十二段，写群小陷害太尉杨震。）

太仆征羌侯来历说："耿宝是皇上的嫡亲舅父，荣耀宠幸过分，不思报答国恩，而投靠奸臣，伤害忠臣良士，上天降给他的灾难就要来临了。"来历是来歙的曾孙。

夏季，四月初二日乙丑，汉安帝回宫。

四月初五戊辰，任命光禄勋冯石为太尉。

南匈奴单于檀去世，弟弟拔继位，是为乌稽侯尸逐鞮单于。当时鲜卑数次侵入边境，度辽将军耿夔与温禺犊王呼尤徽率领刚归降的部落，连年出塞袭击鲜卑，回来后，安置呼尤徽的部落在要冲屯防。耿夔征调的人力物力频繁而量大，刚归降的部落都很仇恨，酋长阿族等人于是叛乱，胁迫呼尤徽和他们一起离开。呼尤徽说："我老了，受汉室皇恩，宁愿死，也不愿追随你们！"众人想杀掉他，有人相救，才得以免死。阿族等人于是率领他们的部众逃走。中郎将马翼和胡人骑兵追赶，打败他们，把他们几乎全部杀光。

日南郡境外的蛮夷归顺。

六月，鲜卑人侵犯玄菟郡。

六月初八日庚午，阆中县发生山崩。

秋季，七月辛巳日［八月二十日辛巳］，任命大鸿胪耿宝为大将军。

（以上为第十三段，写南匈奴叛离。）

王圣、江京、樊丰等人诬害太子乳母王男、厨监邴吉等，杀死他们，家属流放比景。太子思念王男、邴吉，多次为他们叹息。江京、樊丰害怕后患，就与阎后捏造证据，陷害太子和东宫官员。汉安帝愤怒，召集公卿以下的官员，谋议废除太子。耿宝等人奉承旨意，都认为应当废除。太仆来历和太常桓焉、廷尉犍为人张皓建议说："经书说，不足十五岁的人，有错不在他自己；况且王男、邴吉的计谋，太子或许不知道；应当选择忠诚贤良的少保、少傅，教育礼义。废置太子是重大的事情，这应是圣上恩德所应留意的。"汉安帝不听。桓焉是桓郁的儿子。张皓退朝，又上书说："从前，贼臣江充假造证据，陷害皇太子刘据，犯下欺君之罪，废除了皇太子，孝武帝过很久才觉悟，虽然追悔以前的错误，后悔都来不及。现在皇太子才十岁，没有受过少保、少傅的教导，能重加责备吗？"奏章呈上，汉安帝不理睬。九月初七日丁酉，废除皇太子刘保为济阴王，居住在德阳殿西侧钟楼下。来历就集合光禄勋祋讽，宗正刘玮，将作大匠薛皓，侍中闾丘弘、陈光、赵代、施延，太中大夫九江人朱伥等十几人，一起到鸿都门证明太子没有错误。汉安帝和左右臣子忧虑这事，就派中常侍拿着诏书，威吓群臣说：“父子一体，是自然本性；用大义割断恩情，是为了天下。来历、祋讽等人不识大体，却和小人共同议论纷纷，表面上忠诚耿直，内心不过是希望谋求日后的福祉，掩藏邪恶，违反大义，岂是侍奉君主的礼法？朝廷广开言路，所以暂且一概宽恕；如果执迷不悟，就要明正刑罚！”进谏的人莫不害怕失色。薛皓先叩头说：“就按照圣明诏书办吧。”来历怒形于色，当廷责问薛皓说：“大家一起进谏时是怎么说的？而现在却要违背？大臣乘坐朝车，处理国家大事，怎么能反复无常竟至如此呢？”但是其他官员陆续退出朝外。来历独自守在宫阙，接连几天不肯离去。汉安帝生气，尚书令陈忠和各尚书就一起弹劾来历等人，汉安帝就免去来历兄弟的官职，夺走封国的租赋，罢黜来历的母亲武安公主，不准入宫觐见。

陇西郡治所迁回狄道县。

烧当羌酋长麻奴去世，立弟弟犀苦为酋长。

九月三十日庚申晦，发生日食。

冬季，十月，汉安帝巡视长安；十一月初六日乙丑回到洛阳。

这一年，京师和二十三个郡国发生地震，三十六个郡国发生大水，下冰雹。

（以上为第十四段，写王圣、江京集团谗害太子刘保，太子被废为济阴王。）

【点评】

本卷点评下列四事。

一、袁敞蒙冤。袁敞字叔平，汝南郡汝阳县人。汉汝阳在今河南商水县西南。汝南袁氏是东汉著名经学传世的世家大族。袁敞父袁安，袁敞兄子袁汤，袁汤子袁逢、袁隗，五人皆位三公，史称四世三公。袁敞精通《易经》，历官将军、大夫、侍中，出为东郡太守，征拜太仆、光禄勋，元初三年（116）为司空。袁敞仕和帝、安帝两朝，德高望重，为国之干城。他品性刚正廉洁，不阿权贵，大将军邓骘深为不满，想方设法抓袁敞的辫子。一个偶然事件使袁敞落入陷阱。尚书郎张俊要举奏两位同僚尚书郎朱济、丁盛品行不修，两人抓住张俊与袁敞儿子袁俊有私交通信，朱济、丁盛恶人先告状，诬陷张俊泄露国家机密，把张俊、袁俊一并打入死囚牢中。袁敞被罢官，自杀。张俊上疏申辩，邓太后下诏减死一等。邓太后为了维护外戚权势，容不下贤士立于朝。邓太后临朝，在位三公，张禹、尹勤、梁鲔、徐防、张敏、李修、司马苞、马英等，都是庸才。断送西域、征讨西羌屡败的任尚，因趋附邓氏而不被罢黜。邓太后所得贤名，无非是提倡节俭，平反几桩冤案，有谦让之风而已。袁敞蒙冤，彰显了邓氏外戚的跋扈，也预示了邓氏的灭亡。

二、杜根避祸有智慧。尚书郎杜根因上书邓太后劝其归政皇帝，遭到捕杀，抛尸城外，杜根只是休克昏死，复苏后诈死，三天三夜不吃不喝不动，乃至眼中生蛆，这才躲过了检查人员的眼睛，得以逃亡山中，在一家客栈做杂活。杜根艰苦生活了十五年，直至邓太后死，安帝亲政后才出山，安帝征用其为侍御史。有人问杜根，天下的人都愿意保护你，为何跑到山中吃苦？杜根回答："躲藏在民间亲友中，一旦暴露，株连亲友，我杜根不做这样的事。"杜根的选择是绝佳的避祸方法。一个被通缉的逃亡犯，亲友本身就是被追查的线索，或者亲友因害怕而揭发报案，所以往往投亲靠友的逃亡犯大多以悲剧告终。秦始皇通缉张耳、陈馀，张耳、陈馀两人逃到谁也不认识的外黄县，找了一个村庄当看门人，躲过了劫难。东汉末张俭逃亡，祸及万家。杜根躲到深山，藏身酒家，智慧高人一等。这智慧来源于杜根不愿株连亲友的高尚品德。

三、名士黄宪的器量风采。黄宪，字叔度，汝南郡慎阳县人。汉慎阳县治在今河南正阳县北。黄宪出生在一个贫困的牛医之家，没有条件入名门受教大师。他年十四就知名当时，汝南太守王龚征召当地名士为郡吏，袁阆、陈蕃应召为郡功曹，黄宪不就征，于是名气越来越大。当时的学问泰斗，颍川荀淑称赞黄宪是当代颜渊，可以当他的老师，太原郭林宗造访称赞黄宪的学问气度如同汪洋大海，深不可测。同郡戴良，恃才傲物，自比是当世孔子，大禹转世，谁也看不起，可是见了黄宪，甘拜下风，失魂落魄，称赞黄宪高不可攀。但是黄宪没有留下一言一行可为后世效法的事迹。黄宪何以有如此大的名声呢？一是他不苟言笑，使人莫测高深。二是他安贫乐道，一辈子不做官。假名士做不到，真名士也很少有这等境界。郭林宗有学问，但不做官，与天下士子交游被奉为领袖。名士们需要互相标榜，还需要树立一尊雕像供人膜拜，黄宪就是这样应运而生的。

四、安帝废太子。安帝长子刘保，李妃所生。安帝皇后阎氏无子，妒忌李氏，杀之。安帝永宁元年（120），刘保六岁，被立为皇太子。安帝为清河王刘庆妃耿氏所生，耿氏兄耿宝，牟平侯耿舒之孙。安帝入继大统即位为皇帝，耿宝为帝舅，任大将军。耿宝趋附皇后，与中常侍樊丰和江京、安帝乳母王圣、皇后兄阎显等结为同党，借故害死太子乳母王男、太子厨监邴吉。然后称太子怨恨，请安帝废太子。这是皇后阎氏在背后策划的一场不流血的宫廷政变，废储君太子为自己的未来清除障碍。安帝延光三年（124），安帝不顾大臣谏阻，强行废太子刘保为济阴王。第二年安帝崩，阎皇后与阎显兄弟及中常侍江京、樊丰等册立济北王刘寿之幼子北乡侯为皇帝，史称少帝。阎皇后被尊为太后，临朝。阎显兄弟妒忌大将军耿宝，以耿宝与樊丰、王圣结党为名，予以诛杀，乱了自己同盟，为废太子济阴王复辟奠定基础。少帝立，半年后夭亡，阎太后与阎显兄弟还想如法炮制，征济北王、河间王幼子入京，还没到达，中黄门孙程等抢先发动宫廷政变，拥立济阴王刘保即位，是为顺帝，阎显一党伏诛。

光武帝废嫡立贤，乱了宗法。明帝刘庄为光武帝第四子，此后章帝刘炟为明帝第五子，和帝刘肇为章帝第四子，而安帝则是诸侯王子入继大统，故安帝不费力气就废了太子。阎皇后又开了诸侯王子入继大统的先例，导致宫廷政变、宦官得势的局面。东汉一朝有五位诸侯王子入继大统：安帝刘祜，北乡侯刘懿，质帝刘缵，桓帝刘志，灵帝刘宏。东汉一朝有七位太后临朝：明德马皇后，章德窦皇后，和熹邓皇后，安思阎皇后，顺烈梁皇后，桓思窦皇后，灵思何皇后。以上七位皇后，尊为皇太后后皆临朝，其中邓太后、阎太后、梁太后、窦太后四位太后均贪权立幼，外戚势盛。幼君年长，依靠宦官夺权，宦官势盛。于是东汉宫廷政变，流血的与不流血的，不断发生，中央政局动荡不宁。究其所以，光武帝自乱宗法，开了恶例；三公权轻，无法制衡内宫，此为光武帝过度集权之弊。安帝废太子及其后果，把光武帝肇启的两大政治积弊彰显无遗。

汉纪四十三

汉安帝延光四年至汉顺帝阳嘉二年（公元 125—公元 133）

【起旃蒙赤奋若（乙丑，公元 125 年），尽昭阳作噩（癸酉，公元 133 年），凡九年】

【大事提要】

本卷记事起公元 125 年，讫公元 133 年，凡九年，当安帝延光四年至顺帝阳嘉二年，载顺帝一朝前期史事。顺帝在位十九年，国家多事，史分两卷。顺帝为皇太子被废，借宦官之力得以即位，宦官孙程等十九人皆封为侯，由此，宦官势力炽盛。阎太后临朝，阎氏兄弟共掌权要，威福自专而庸劣无才，阎太后贪权立幼，策立年幼的北乡侯刘懿入继大统，半年后病亡，阎氏根基不牢，顷刻倒台。顺帝亲政，欲有一番作为，征召名士及敢言之士上书言事。受征士人郎𫖮上疏言七事，皆有益于国。尚书令左雄建言延长地方官任期，少调动以省送往迎来之费，加大考核力度以清吏治。名士樊英徒有虚名，受朝廷征召而无奇策善言。司马光认为此等浮华之士乃少正卯之流，应加诛辟，何以征召。顺帝才劣，近于昏庸。西域用兵，敦煌太守张朗违反军令冒进，侥幸立功受赏，西域长史班勇克期进兵受罚，顺帝赏罚错位。司隶校尉虞诩惩奸被下狱。李固、马融、张衡等人对策，建言裁减宦官，宦官子弟不得入仕，提倡孝悌之礼，重民生，使百姓能养育妻子，社会自然和谐，顺帝皆不纳。

孝安皇帝下

汉安帝延光四年（乙丑，公元 125 年）

春季，二月，乙亥日（疑误），下邳惠王刘衍去世。

二月十七日甲辰，汉安帝南巡。

三月初一日戊午朔，发生日食。

三月初三日庚申，汉安帝巡幸，到达宛城，身体不舒服。三月初八日乙丑，汉安帝从宛城出发；三月初十日丁卯，到达叶县，死在轿内，终年三十二岁。

皇后和阎显兄弟、江京、樊丰等人谋划说：“现在皇上在半道上去世，济阴王在京城内，万一公卿立他为帝，回去将有大祸。”于是伪称“皇上病得厉害”，把尸体搬进卧车，每天的进食、起居问安，一如既往。疾速前行了四天，三月十三日，回到宫中。十四日，派司徒刘熹到郊庙、社稷，告天祈福；当晚，发丧。尊皇后为皇太后。阎太后临朝听政。以阎显为车骑将军，权位比照三公。阎太后想长期专断国政，欲立一个幼小的国君，和阎显等人在宫中谋划策略，迎接济北惠王的儿子北乡侯刘懿做继承人。济阴王于是被废掉，不能到殿上亲自哭奠安帝，悲伤号哭，不进食；朝廷内外没有不悲痛的。

三月十七日甲戌，济南孝王刘香去世，没有儿子，废除封国。

三月二十八日乙酉，北乡侯刘懿即皇帝位。

夏季，四月十一日丁酉，太尉冯石任太傅，司徒刘熹任太尉，管理宫廷机要。前任司空李郃任司徒。

阎显顾忌大将军耿宝位尊权重，在前朝很有权威，于是暗示有关官员进奏："耿宝和同党中常侍樊丰、虎贲中郎将谢恽、侍中周广、野王君王圣、王圣的女儿王永等人互相勾结，作威作福，不合正道。"四月初五日丁卯，樊丰、谢恽、周广都被下狱处死，家属被流放到比景。耿宝和他的侄儿林虑侯耿承，都被贬降为亭侯，遣返封国；耿宝在中途自杀。王圣母子被流放到雁门。于是命阎景为卫尉，阎耀为城门校尉，阎晏为执金吾，兄弟共掌机要，作威作福，为所欲为。

四月二十三日己酉，将孝安皇帝安葬在恭陵，庙号恭宗。

［六月］二十日乙巳，大赦天下。

秋季，七月，西域长史班勇派敦煌、张掖、酒泉六千骑兵，以及鄯善、疏勒、车师前部的军队，袭击后部王军就，大败军就的军队，杀死和俘虏八千多人，活捉军就和持节的匈奴使者，把他们带到索班战死的地方杀掉，把头颅送到京城。

冬季，十月二十二日丙午，越嶲郡发生山崩。

（以上为第一段，写汉安帝驾崩，阎皇后与外戚阎显兄弟专权，立幼年的北乡侯刘懿为帝。）

北乡侯刘懿病重，中常侍孙程对济阴王的谒者长兴渠说："大王是皇上的嫡子，本无过错，先皇帝听信谗言，才被废除。如果北乡侯一病不起，我们就一起铲除江京、阎显，事情没有不成功的。"长兴渠以为有理。而且中黄门南阳人王康，以前做太子府史，和长乐太官丞京兆人王国等都依附孙程。江京对阎显说："北乡侯病情不愈，皇上继承人应及时决定，为什么不早些征召各王子，选择储嗣？"阎显认为言之有理，十月二十七日辛亥，北乡侯去世；阎显禀告阎太后，隐藏这个秘密，暂不发丧，又征召各王子，关闭宫门，驻军守卫。

十一月初二日乙卯，孙程、王康、王国和中黄门黄龙、彭恺、孟叔、李建、王成、张贤、史汎、马国、王道、李元、杨佗、陈予、赵封、李刚、魏猛、苗光等人，在西钟楼下聚集谋议，每人都撕块单衣作盟誓。十一月初四日丁巳，京城和十六个郡国地震。这天晚上，孙程等人在崇德殿会合，进入章台门。这时，江京、刘安和李闰、陈达等人都坐在禁门下，孙程和王康一同杀了江京、刘安、陈达。因为李闰有权势，一向在宫内有影响，想拉他做领头人，因而举刀威胁他说："现在应立济阴王，不得动摇变卦！"李闰说："是。"于是扶李闰起来，一同到西钟楼下迎济阴王，立他做皇帝，年仅十一岁。召集尚书令、仆射以下随从辇车，到达南宫，孙程等人留守宫门，截断宫内和外朝的交通。新皇帝刘保登上云台，召集公卿、百官，命令虎贲武士、羽林武士防守南宫和北宫的各个宫门。

阎显当时正在宫中，惊慌失措，不知如何是好，小黄门樊登劝阎显以阎太后的诏书，征召越骑校尉冯诗、虎贲中郎将阎崇率兵守卫平朔门，抵抗孙程等人。阎显诱使冯诗进宫，对他说："济阴王即位，不是皇太后的意旨，天子玉玺和绶带在这里。如果尽力报效，就可以封侯。"阎太后把印信授给他，说：凡"能抓获济阴王的人，册封为万户侯；抓到李闰的人，册封为五千户侯。"冯诗等人一一答应，然后推辞说："仓促被征召，所带的军队太少。"阎显要冯诗与樊登到左掖门外去迎接官吏、将士，冯诗趁机杀了樊登，回军营防守。

阎显的弟弟卫尉阎景急忙从宫中回到卫尉府，集合士兵到盛德门。孙程传令，召集各尚书收捕阎景。尚书郭镇当时病在床上，听到命令，立即率领值夜的羽林军，出南止车门，正遇见阎景。阎景的部下拔刀大叫："不要挡路，兵器不长眼！"郭镇立即下车，拿着符节，宣告诏书，阎景说："什么诏书！"于是用刀砍向郭镇，没有砍中。郭镇拔剑反击阎景，阎景掉下车来，卫兵用铁戟叉住他的胸膛，于是抓住阎景，送到廷尉狱，当晚阎景就死了。

十一月初五日戊午，派使者进入北宫，夺得玺印、绶带，皇帝到嘉德殿，派侍御史持符节收捕阎显和他的弟弟城门校尉阎耀、执金吾阎晏，一同下狱，杀死；家属都被流放到比景。把太后移至离宫。十一月初六日己未，开宫门，撤除戒严部队。十一月初九日壬戌，下诏司隶校尉："只对阎显、江京的近亲一概诛杀，其余的人从宽处理。"册封孙程等人为列侯：孙程食邑万户，王康、王国食邑九千户，黄龙食邑五千户，彭恺、孟叔、李建食邑四千二百户，王成、张贤、史汎、马国、王道、李元、杨佗、陈予、赵封、李刚食邑四千户，魏猛食邑二千户，苗光食邑一千户。这就是同日所封十九侯，另外还加赐车马、金银、钱帛，各有等级差别。因为李闰事先未参与预谋，所以不封。提升孙程做骑都尉。当初，孙程等人进入章台门，只有苗光没有进入。下诏记录功臣，命令王康疏奏姓名，王康谎称苗光进入章台门。苗光一直没有收到封侯的策文，心中不安，向黄门令自首。有关官员奏劾王康、苗光欺骗君主；下诏不要过问此事。派将作大匠来历做卫尉。祋讽、刘玮、闾丘弘等人先死了，任命他们的儿子做郎官。朱伥、施延、陈光、赵代都被提升任用，后来官至公卿。征召王男、邴吉的家属回到京城，多加赏赐。汉顺帝被罢黜时，派到太子宫担当监视的小宦官籍建、傅高梵、长秋长赵熹、丞良贺、药长夏珍都被控有罪，放逐朔方。汉顺帝即位，全都提升为中常侍。

当初，阎显征召崔骃的儿子崔瑗为官吏，崔瑗认为北乡侯即位不合正统，预知阎显将要失败，想要劝说废立之事，但是，阎显终日沉醉，崔瑗见不到阎显，于是就对长史陈禅说："中常侍江京等人迷惑先帝，废掉正统，扶立疏远的支族。少帝刘恭即位，在宫中发病，周勃诛除吕氏立少帝的征兆，今天又重现了。现在想和你一起去劝诫将军，禀告太后，逮捕江京等人，废黜少帝，拥立济阴王，必定上合天心，下顺民心，效法商伊尹、霍光扶危安宗庙之功坐而可得，那么，将军兄弟的封爵就可以传之久远；如果违背了天意，皇帝宝座长期空缺，恐怕会以无罪而与元凶一同获罪；这是祸福的关键，分封功业的时候。"陈禅犹豫不敢接受。时逢阎显溃败，崔瑗受到谴责，门生苏祇想要上书陈述往事，崔瑗立刻阻止了他。这时，陈禅做司隶校尉，召见崔瑗说："你只要听从苏祇上书，我为你作证。"崔瑗说："这些往事不过是像小儿、女妾的私下话，但愿你不要再提及。"于是辞职回家，不再接受州郡的聘请。

十一月二十六日己卯，按诸王的礼仪埋葬了北乡侯刘懿。

司空刘授因为攀附邪恶势力，征辟任用了不称职的人，被免职。十二月初一日甲申，任命少府河南人陶敦做司空。

杨震的门生虞放、陈翼到宫门为杨震陈述冤情；下诏委派杨震的两个儿子为郎官，赐钱百万，按礼节改葬杨震于华阴县潼亭，远近的人都来了。有一只高一丈多的大鸟，停留在杨震的灵堂；郡守将此情形上奏，汉顺帝深感杨震忠心耿耿，诏命再用中牢祭祀。

议郎陈禅认为："阎太后和汉顺帝没有母子情义，应迁移到别的宫馆，不再跟她见面。"群臣议论都认为适当。司徒掾汝南人周举对李郃说："从前，舜的瞎眼父亲常常想杀害舜，舜侍奉他却更加恭谨；郑武姜要谋杀庄公，庄公发誓不到黄泉不相见；秦始皇抱怨母亲与假宦官嫪毐通奸，长期不往来，后来受到颍考叔、茅蕉的进言而感动，重新修行儿子的孝道。史书流传，赞美他们。现在阎氏一门刚刚受诛，太后幽禁在离宫，如果悲伤致疾，一旦发生意外的事，皇上将何以号令天下？如果接受陈禅的建议，后世就要把罪责归咎到你们的身上。应向皇上秘密进言，继续侍奉太后，像过去一样率领群臣朝见，以顺天心，以答民望。"李郃马上上疏陈述这事。

（以上为第二段，写中官孙程等十九人与朝官联合推倒外戚阎氏兄弟，迎立济阴王即位，是为汉顺帝。）

孝顺皇帝上

汉顺帝永建元年（丙寅，公元 126 年）

春季，正月，汉顺帝到东宫朝见阎太后，阎太后得以安心。

正月初二日甲寅，大赦天下。

正月十九日辛未，皇太后阎氏死去。

正月二十九日辛巳，太傅冯石、太尉刘熹因为奉承权贵被免职。司徒李郃被罢官。

二月初二日甲申，安葬安思阎皇后（即阎太后）。

二月初四日甲戌，任命太常桓焉为太傅；大鸿胪朱宠为太尉，参录尚书政事；长乐少府朱伥为司徒。

册封尚书郭镇为定颍侯。

陇西钟羌反叛，校尉马贤进击叛羌，在临洮作战，官军斩杀叛羌一千多人，羌族部众全都归降；因此凉州再次安定。

六月十九日己亥，册封济南简王刘错的儿子刘显为济南王。

秋季，七月二十一日庚午，任命卫尉来历为车骑将军。

八月，鲜卑侵入代郡，太守李超战死。

司隶校尉虞诩任职仅几个月，就奏劾冯石、刘熹，免去他们的官职。又弹劾中常侍程璜、陈秉、孟生、李闰等人，文武百官横目怒视，异口同声说虞诩太苛刻。三公弹劾上奏说："虞诩在盛夏时抓了很多无辜的人，成为官吏和民众的祸患。"虞诩上书自辩，说："法令，是民间的堤防；刑罚，是民众的缰绳。现在，州说责任在郡，郡说责任在县，互相推卸，百姓怨恨；以苟且因循为贤能，以尽忠职守为愚蠢。臣所举发的贪赃枉法罪不止一种。三公府担虑被臣下奏劾，所以对臣加以诬陷。臣将像史鱼那样死去，用尸体进谏！"汉顺帝看了奏章，才没有怪罪虞诩。

中常侍张防卖弄权势，接受请托，收取贿赂。虞诩弹劾他，奏章屡次被搁置，得不到回答。虞诩忍不住愤恨，就捆起自己到廷尉，上奏说："以前，孝安皇帝任用樊丰，搞乱了嫡传世统，几乎断送国家。现在，张防重新玩弄权柄，国家的灾祸将再次降临。臣不愿意与张防同在朝廷当官，慎重地捆绑自己下狱，以求皇帝知道臣的意愿，不要让臣落得杨震的下场！"奏章呈上，张防向汉顺帝哭诉，虞诩被判罪，送到左校服苦役。张防要置虞诩于死地，两天之中就过了四次公堂，遭受苦刑。狱吏劝虞诩自杀，虞诩说："宁愿伏法受刑，以昭示远近之人！啼哭而自杀，又怎能辨别是非善恶呢？"浮阳侯孙程、祝阿侯张贤一同朝见汉顺帝，孙程说："陛下开始与我们共创大业时，常痛恨奸臣，认为他们败毁国家。现在皇上即位，却又像先帝那样做，怎样能评价先帝的缺点？司隶校尉虞诩为皇上尽忠，反被拘禁；常侍张防的罪证明显，反而陷害忠良的臣子。现在客星贴近羽林星，表明宫中有奸臣；应当赶快逮捕张防下狱，以防天变。”当时张防站在汉顺帝身后，孙程大声斥责道：“奸臣张防，怎么还不下殿！”张防不得已，匆忙退入东厢。孙程说：“陛下赶快逮捕张防，别让他向保姆（指顺帝另一个保姆宋娥）求情！”汉顺帝询问各位尚书，尚书贾朗向来和张防友善，证明虞诩有罪；汉顺帝疑惑，对孙程说：“你暂且出去，朕要认真想想这事。”于是，虞诩的儿子虞顗和一百多位门生，举着招魂的幡旗，等候中常侍高梵的车子，叩头流血，申告冤枉。高梵入宫禀告，张防被流放边疆，贾朗等六人有的被处死，有的被罢官；当天赦免并放出虞诩。孙程又上书陈述虞诩有大功，措辞急切。汉顺帝醒悟，又征召虞诩为议郎；过了几天，擢升为尚书仆射。

虞诩上疏推荐议郎南阳人左雄说：“臣看到现在公卿以下的官员，多是拱手寡言，以广结人缘为贤能，以尽节操为愚蠢，甚至互相警告：‘清白的玉石不可做，碌碌庸庸才会有无限后福。’臣发现议郎左雄，有人臣耿直的节操，应当提升为进言的官职，必有匡辅王室的裨益。”于是任命左雄为尚书。

（以上为第三段，写司隶校尉虞诩惩治奸佞遭诬陷下狱，孙程营救获赦免，调任为议郎。）

浮阳侯孙程等人带着奏章上殿争功，汉顺帝发怒；有关官员弹劾说：“孙程等人大逆不道，王国等人与孙程结为党羽，滞留京城，更加骄横放肆。”汉顺帝于是免去孙程等人的官职，都改封到僻远的地区；趁机命令遣送十九侯前往郡国，下令洛阳令限期遣送。

司徒掾周举劝说朱伥说：“皇上当初在西钟楼时，若非孙程等人，哪能即位？现在忘记了他们的大德，计较他们的微小过失；如果他们死于半道，皇上就会受到杀害功臣的讥讽。趁他们还未离开，应该赶快上表救他们。”朱伥说：“皇上正在气头上，我独自上奏此事，必会受到责备。”周举说：“您年纪已过八十，位居宰臣，不在此时尽忠报国，而珍爱自身的安逸恩宠，还想得到什么？即使保全了高官厚禄，也必定会落下佞邪之辈的讥讽名声；如果因为进谏而获罪，仍有忠诚贞节的名声。如果认为我的话不该采纳，请允许我从此辞官！”朱伥于是上书劝谏，汉顺帝果然接受了。

孙程改封为宜城侯，到了封国，怨恨烦恼，把印绶、封策归还朝廷，逃离京城，来往于山中。汉顺帝下诏找到他，恢复了原来的封爵和食邑，赐给车马、衣物，派送回到封国。

冬季，十月初九日丁亥，司空陶敦被免职。

朔方郡以西，大多数关塞已经破坏，鲜卑因此不断侵犯南匈奴；单于担心恐惧，上书请求修理关塞。十月十二日庚寅，下诏：“黎阳营的军队屯兵驻扎中山郡北界，令沿边各郡增设步兵，驻守关塞，教授学习作战骑射。”

任命廷尉张皓为司空。

班勇另立车师后部前任国王的儿子加特奴为国王。班勇又派别将杀死东且弥王，另外立他们部落的人做国王。于是车师六国又都安定了。

班勇于是征发各国军队攻击匈奴，呼衍王逃离，他的部众两万多人全部归降。活捉了单于的堂兄，班勇让加特奴亲手杀死他，以此播下车师和北匈奴结仇的种子。北单于亲率一万多骑兵进入车师后部，到达金且谷；班勇派假司马曹俊去救助，单于率兵离去，曹俊追击，杀死匈奴贵族骨都侯。于是，呼衍王迁移到枯梧河附近，从此，车师后部没有再见到北匈奴骑兵的踪迹。

（以上为第四段，写孙程争功受贬谪，班勇大破北匈奴。）

汉顺帝永建二年（丁卯，公元127年）

春季，正月，中郎将张国用南匈奴单于军队攻击鲜卑其至鞬，打败了鲜卑。

二月，辽东鲜卑人侵扰辽东玄菟；乌桓校尉耿晔征发沿边各郡军队和乌桓人，出塞攻击侵扰者，杀死很多人。鲜卑部落三万人到辽东投降。

三月，发生旱灾。

当初，汉顺帝的母亲李氏葬在洛阳城北，汉顺帝不知道；这时，身边的人告诉了汉顺帝，于是汉顺帝才发丧，亲自到埋葬的地点，改用皇后礼仪殡殓。六月十一日乙酉，追尊谥号为“恭愍皇后”，把她葬在恭陵的北面。

西域的城邦诸国都归顺汉朝，只有焉耆国王元孟没有降服，班勇上奏请求攻伐。于是派敦煌太守张朗率领河西四郡的三千名军队，配合班勇，趁机发动各国军队四万多人，分为两路进攻焉耆。班勇从南路，张朗从北路，约定日期到焉耆会师。然而，张朗先前有罪，想获功赎罪，于是比预定日期先到爵离关，派遣司马率军上前作战，杀虏两千多人，元孟担心被杀，派使者乞求归降。张朗进入焉耆，接受归降然后返回。张朗因功得以免受诛罚，班勇因比张朗后到焉耆，征回下狱，免官。

秋季，七月初一日甲戌朔，发生日食。

七月初九日壬午，太尉朱宠、司徒朱伥被免官。七月二十七日庚子，任用太常刘光为太尉、录尚书事，任用光禄勋汝南人许敬为司徒。刘光是刘矩的弟弟。许敬在和帝、安帝时任职，正是窦氏、邓氏、阎氏专断极盛之时，许敬不肯屈服于权贵；三家外族败落后，士大夫大多受到牵连，只有许敬例外，没有任何诽谤牵连到他，世人因此崇敬他。

当初，南阳人樊英从小品学兼优，闻名天下，在壶山的南面隐居，州郡前后多次聘请他出来做官，他不答应；公卿推荐贤良、方正、有道，他都不去；汉安帝下诏书征召他，不接受。这一年，汉顺帝再次用策书、黑色绸缎，带齐礼物征召樊英，樊英以病重为由坚决推卸。诏书严厉责备郡县，于是郡县强行把樊英架上公车上道。樊英不得已，到了京城，装病不肯起床；强行把他抬到宫殿，仍不愿当官。汉顺帝让他出宫接受太医治疗，每月送去羔羊和美酒。后来，汉顺帝为樊英设立讲坛，命令公车令在前引路，尚书陪同，赐予几案、手杖，用师傅的礼节对待他，询问国事得失，任命为五官中郎将。过了几个月，樊英说病得很重，下诏任命为光禄大夫，准许告病返乡，命令当地送给谷米，按季节送给牛肉和美酒。樊英呈请辞职，有诏书宣告圣旨，不准辞职。

樊英当初接受诏命，众人以为他一定不会改变志节。南郡人王逸向来与樊英相好，因而写信给他，引用很多古时的譬喻，劝他接受聘任。樊英顺从王逸的建议，到了京城；等到后来回答皇帝对策，没有什么奇谋深策，议论的人感到失望。河南人张楷和樊英同时接受征召，对樊英说："天下的为人之道有两个基点，即如何出仕做官和如何避世隐退。我以前认为你出仕做官，能辅助君主，拯救人民。而你，起初以无价可比的声名不肯屈附，引起君主生气，等到享受了高官厚禄，又拿不出匡救国家的方法，进退都没有原则。"

（以上为第五段，写汉顺帝对边将赏罚错位，张朗违背军令冒进受赏，班勇守纪被罚。名士樊英徒有虚名，受朝廷征召无嘉言奇策。）

臣司马光认为：古代的君子，国家政治清明，就出来当官；国家政治暴虐，就隐退。隐退并非是君子所希望的。没有人了解自己，正道又不能推行，与邪恶的人混在一起，灾害就要降临自身，所以深藏起来回避。君主启用隐逸的贤民，提升出身卑微、隐居的人，为的是他们对国家有益，不是追随世俗的浅见舆论。所以，有道术德行，就足以使君主尊敬；有智慧和才能而足以保护人民的贤者，就像身穿粗衣而怀揣美玉一样，深藏不露，没有好价钱就不肯出售，那么君主应当尽施礼仪招聘他，放下架子寻访他，克制自己听从他，然后才能在天下普施恩泽，功业能贯穿天上地下，留传万古。这是要取用他的治国之道，而不是取用他这个人；是要求实际才能，而不追求虚名。

假如礼节齐备而贤才不应聘，心意诚挚而贤才不肯做官，圣王就应从内心反省自己，不必强迫征召，反省说："难道是我的德行浅显而不足以使他动心？是政治混乱而不足以使他辅佐？是小人在朝廷而使他不敢进来？是诚意不够而担心他的主张不被采用？为什么贤士不跟从我？"如果君王品德厚重，政治清明，疏离小人，表达诚心，他们将会亲自前来自荐，又怎会辛勤寻找而不来呢？荀子说："照蝉的人务必点亮火光，摇晃树木。火光不亮，即使摇动树木也无益。现在人主能修明德治，天下就会归顺，如同蝉扑明火。"有的君主对不能招引贤士而感到羞耻，甚至用高官加以诱惑，用严刑强迫。如果他们果真是君子，那么他就不贪图官位，也不畏惧刑罚，君主终究还是得不到他。能够招来的都是些贪图官位、畏惧刑罚的人，这些人又怎么值得尊重呢？

说起那些在家有孝敬父母和友爱兄弟的美德，品行道义在乡里广为人传诵的人，不随便谋求不义之财，不随便出来当不义之官，安分守己，从容终老，虽未辅佐君主，保护人民，但也是清修的良民。君主应当褒扬优待、安慰照顾，使他们实现志向。像汉昭帝刘弗陵对待韩福，光武帝对待周党一样，用来鼓励廉耻之心，美化风俗，这样也可以了。固然不必像范升那样去毁谤，又不可以像张楷那样抱怨。

至于有些人以掩饰伪善来求取名誉，以奇怪行为来惊世骇俗，不接受国君的俸禄，却去争抢屠夫酒贩一样的小利，不接受小的官职，却窥伺卿相的地位，名不副实，表里不一，这就是浮华之士、少正卯之流，能够避免圣王的诛杀，已经算是幸运了，还谈什么被征召？

（以上为第六段，写司马光对浮华之士的批评。）

当时又征召广汉人杨厚、江夏人黄琼。黄琼是黄香的儿子。杨厚到了以后，预先陈述汉朝三百五十年来的困境作为警惕，被任命为议郎。黄琼快要到洛阳，李固写信，派人在中途送给黄琼说：“君子认为伯夷狭隘，柳下惠傲慢，不学伯夷，也不学柳下惠，处于在二者之间是圣贤处世所珍惜的。如果真心想归隐山林，效法巢父、许由，这是可行的；如果要辅佐政务，救济人民，现在正是时候。自古以来，清明的政治少而纷乱昏俗的政治多，如果贤良之人一定要等候有尧舜这样的君主，才推行自己的心志，将永远没有时机。曾经听人说：‘山太高则易缺，玉太白则易污。’美好的名声之下，很难有实际的才能与之相匹配。近来鲁阳人樊君刚刚被征召，朝廷设置讲坛，犹如对待神明，虽没有大的才能但言行操守也无可谴责；而毁谤的流言广为传播，一时之间名声一落千丈，这难道不是众人听其名已久，对其期望太高、名声太盛吗？所以世俗的论调都说‘隐士都是徒有虚名’。希望先生能有深谋远虑，使众人叹服，雪洗这种偏见！”黄琼到了，被任命为议郎，不久升为尚书仆射。黄琼过去跟随父亲在台阁，经常见到旧日的典章；等到后来担任职务，对官场之事明习干练，在朝堂上争议，无人能驳倒他。多次上疏论事，汉顺帝都接纳了他的建议。

李固是李郃的儿子，少时好学，常改变姓名，执鞭骑驴，背着书箱，追随老师，不管路遥，终于通读各种古本秘籍，成为当世大儒。每次到太学，偷偷进入公府，回家探问父母，不让同学们知道他是李郃的儿子。

汉顺帝永建三年（戊辰，公元 128 年）

春季，正月初六日丙子，京师发生地震。

夏季，六月，旱灾。

秋季，七月，茂陵墓园寝殿发生火灾。

九月，鲜卑侵犯渔阳郡。

冬季，十二月初四日己亥，太傅桓焉被免职。

车骑将军来历被免职。

南匈奴单于栾提拔去世，其弟栾提休利即位，这就是去特若尸逐就单于。

汉顺帝召孙程等人返回京师洛阳。

（以上为第七段，写杨厚、黄琼被征就任议郎，名实相符。）

汉顺帝永建四年（己巳，公元 129 年）

春季，正月初一日丙寅，大赦天下。

正月十一日丙子，汉顺帝举行加冠礼。

夏季，五月二十九日壬辰，汉顺帝下诏说："全国发生许多怪异之事，朝廷应修整政事，太官减少膳食，奇珍玩物停止进贡。而桂阳太守文砻不领会竭尽忠诚、宣示本朝因遇灾害而厉行节俭的德音，却从远方贡献宝珠，以求谄媚宠幸，现在将原物封好退回。"

五个州降雨不止。

秋季，八月二十五日丁巳，太尉刘光、司空张皓被免职。

尚书仆射虞诩上书："安定、北地、上郡，山川险要，沃野千里，土地适于畜牧，河水可以灌溉通漕。近年来百姓连遭灾害，诸羌内部溃败，郡县兵荒马乱，长达二十多年。抛开肥沃土地，失去自然的财货，不利于国家；离开了河山险阻的地利，防守没有险要依靠的地方，很难巩固边防。现在有三个郡未能恢复，长安的园陵缺乏屏障，而公卿懦弱苟且，藏头缩脑，张口论辩，提出种种疑问，只斤斤计较耗费，不考虑边境的安定。请陛下垂听，考虑实施长久之计。"九月，下诏令安定、北地、上郡的郡治迁回原地。

九月十二日癸酉，任命大鸿胪庞参为太尉、录尚书事，太常王龚为司空。

冬季，十一月二十日庚辰，司徒许敬被免职。

鲜卑人侵犯朔方郡。

十二月二十五日乙卯，命令宗正弘农人刘崎为司徒。

这一年，于阗王放前杀死拘弥王兴，立自己的儿子为拘弥王，并且派使者进贡，敦煌太守徐由上书请求讨伐。汉顺帝赦免了于阗王的罪过，命令放前归还拘弥国，放前不答应。

汉顺帝永建五年（庚午，公元 130 年）

夏季，四月，京师洛阳发生旱灾。

京师和十二个郡国发生蝗灾。

定远侯班超的孙子班始娶汉顺帝的姑姑阴城公主。阴城公主骄淫无度，班始久积愤恨，怀揣利刃杀死阴城公主。冬季，十月二十日乙亥，班始被腰斩，同胞兄弟姐妹都被处决。

（以上为第八段，写汉顺帝纳虞诩之策，加固北疆边防。班始怒杀所尚荒淫公主，被腰斩。）

汉顺帝永建六年（辛未，公元 131 年）

春季，二月十七日庚午，河间孝王刘开去世；儿子刘政继位。刘政傲慢犯法，汉顺帝因为侍御史吴郡人沈景能力很强，提为河间相。沈景到了河间国，进见刘政，刘政却不穿官服，盘膝坐在殿上；侍郎呼沈景之职名拜见河间王，沈景故意倨傲不拜礼，反问王在哪里。虎贲卫士说："这不就是大王吗？"沈景说："大王不穿王袍，与一般平民百姓有什么区别？现在封国相来拜见的是大王，岂能拜见一个不懂礼貌的人！"刘政自感惭愧而更换衣服，沈景然后拜见。出宫，住在宫门外，请出河间王的师傅，责备说："我从京城出发时，在皇上面前接受诏书，因为亲王不恭敬，设相加以考核监督。各位先生白白领受爵位俸禄，却没有做一点训导义理的事情！"因此上奏治他们的罪，汉顺帝下诏书斥责刘政并追究其师傅的失职。沈景于是逮捕了一些坏人，上奏治罪，杀死几十个作恶太多的人，救出一百多个冤徒。于是刘政改变作风，悔过自新。

汉顺帝因为伊吾的土地肥沃，靠近西域，匈奴凭借伊吾作为侵扰中原的基地；三月二十九日辛亥，汉顺帝再度命令开垦屯田，像永元时代的做法，设立一名伊吾司马。

当初，汉顺帝轻视经书学术，博士不再讲经研习，门徒学生们一个比一个懒散，学校房舍倒塌损坏，校园变为为菜园，或长满野草，牧童、樵夫在校园里割草。将作大匠翟酺上疏请求修理，诱导后学上进，汉顺帝答应了。秋季，九月，重修太学，共造二百四十栋房，一千八百五十间。

护乌桓校尉耿晔派兵攻打鲜卑，击败他们。

护羌校尉韩皓把湟中的屯田改换到两河地区，用来威逼各羌族。韩皓因犯法，被征回京城，派张掖太守马续接替韩皓为护羌校尉。两河之间的羌族因为屯田逼近了他们，害怕受到攻击，于是互相解除仇怨，结盟发誓，各自警备。马续上书请把屯田移回湟中，羌人心里才安定。

汉顺帝想立皇后，受宠的贵人有四个，不知该立谁，有人提议在神灵前抽签，由神灵决定人选。尚书仆射南郡人胡广和尚书冯翊人郭虔、史敞上书进谏说："臣等见到诏书，认为选皇后是件大事，皇上自谦不想专断，想依靠竹筹，由神灵来决疑；

在书籍的记载、祖宗的典故中，从未有先例。依靠神明卜筮，最终未必能得到贤者；即使碰巧选取了合适的人，也不是凭德行选拔出来的。说到聪明智慧，自然形于外表，天生的才德一定会有与众不同的外貌，应选取良家女子，物色有德行的女子，德行相同者则看年龄大小，年龄相当者则看容貌；考据典籍，再由圣上决断。”汉顺帝采纳了。

恭怀皇后弟弟的儿子乘氏侯梁商的女儿，被选入后宫为贵人，经常被特殊召见侍奉君主，她从容地推卸说：“作为男人要广泛施恩才是美德，作为妇人以不专宠才叫懂得大义。《螽斯》这首诗所赞颂螽斯子孙繁衍，就是这个缘故，希望陛下考虑到雨露之恩布施均匀，臣妾才可以免于罪行。”汉顺帝于是认为她很贤惠。

（以上为第九段，写侍御史沈景训导诸侯王。汉顺帝重整太学，选贤士，立皇后。）

汉顺帝阳嘉元年（壬申，公元 132 年）

春季，正月二十八日乙巳，册封贵人梁氏为皇后。

京师发生旱灾。

三月，扬州六郡的乱民章河等骚乱四十九个县，伤害长官。

三月十三日庚寅，大赦天下，改元年号为阳嘉。

夏季，四月，加位梁商为特进；不久，任命梁商为执金吾。

冬季，耿晔派乌桓戎末魔等人攻袭鲜卑，大胜回来。鲜卑再次侵乱辽东属国，耿晔把屯防移到辽东无虑城，用以对抗鲜卑。

尚书令左雄上疏说：“从前，汉宣帝认为官吏变动太多，百姓就不能安居乐业；官吏久处职任，人民就会服从教化。对有政绩的人，皇上应用诏书奖励他们，提级增加俸禄，或赏赐黄金，公卿有了缺额，就依据考课次序录用。所以官吏称职，人民安居乐业，汉代优秀的官吏在这时出现最多。现在治理一县的地方官员变换无常，各怀权宜之计，不做长久打算。以杀害无辜者为威风，以聚集财物、备办贡物为贤能；以修身安民为无能；以奉法守制为失职。剃发、钳颈刑法的产生，是眨眼之间的怨恨引起；伏尸惨祸取决于一时喜怒。把民众当强盗仇敌，苛捐杂税像虎狼一样凶暴。朝廷派出的监督人员一批接一批，后出发的可以望见前一批的脖子和脊背，全都害了狂热病，发现错误不检举，听到邪恶也不纠正。考察只停留在驿传，责其成效要求在一年之内。说地方官好，没有具体的德政措施；夸地方官有功，说不出有什么事实。虚妄的人得到赞誉，拘谨实干的人受到诽谤。有的因为有罪而弃官，表示清高；有人看到上司脸色而辞职，求得名声。州郡长官不审查，争相辟举引荐，使他们身价倍涨，往往破格升迁。有的一旦败露，被上奏收审，通缉捉拿，他们就逃亡免罪，赶上大赦令颁布，或贿赂上司，就可以把罪行洗刷得干干净净，使红色与紫色混杂，清白与混浊不分。因此奸猾小人到处充斥，不在乎免职和任职，任免如流水，一个空缺就会牵动几百人轮转调动。缺额动辄上百。地方乡官，或各级官府部属小吏，尽管职位低贱，俸禄微薄，他们的车马衣服，无不来自于百姓，清廉的官吏只取够个人的生活费用，贪婪的官吏还要满足他的整个家族。国家常赋之外，还有特别捐税，横加勒索；辞旧迎新，费用浩大，既损害政风又祸害人民。融洽和谐的气氛不能形成，灾害不能消除，一切过错的原因就在这里。臣下愚昧地认为郡守国相、长吏慈惠祥和，有明显功绩，就可以依职增加俸禄，不要调动职位；不遇父母的丧事，不得离开官职。如果有谁不依从法禁，不听信王命，终身禁锢，虽遇大赦，也不录用。假若受到弹劾，就弃官逃亡避开法律制裁的人，就将他们的家属充军边郡，以警告后来的人。在乡间直接与民众打交道的官吏，都选拔清白有能力从政的儒生承担，减免他们的积欠和算赋，增加俸禄；任职满了一年，中央和地方可以举荐。这样，作威作福的道路被阻塞，虚假作伪的弊端就会消除，辞旧迎新的消费就会减少，横征暴敛的源头就会止息，守法讲理的官吏得以完成教化，天下百姓各安其所。”汉顺帝有感于他的话，重新申明政府各级官吏不得无故辞官的禁令，下令有关部门制定考核各级官吏真伪的细则，认真执行；而宦官认为对其不利，从中作梗，所以计划始终没有施行。

（以上为第十段，写尚书令左雄进言，延长地方官的任期，少调动以省送往迎来之费，加大考核力度以清吏治。）

左雄又上书说：“孔子说‘四十而不惑’，《礼记》说四十岁的人不迷惑，可以当官。请从现在开始，孝廉不满四十岁，不得察举，都要先到三公府报到，接受所学师承的家法考试，出身公职的孝廉，则考试公文程式，把副本送到宫廷正南门，检查他们功底的虚实，观察他们的特殊才能，建立良好的政风；有不接受科举法令的人，依法定罪。如果有优秀才干与特长异能，当然可以不受年龄限制。”汉顺帝同意了。

胡广、敦虔、史敞上书驳斥左雄说：“凡是选举都要根据才能，不要规定条件限制。陈平六出奇计，都不是出自于经书；子产治郑国和晏子治东阿，并非他们精于公文程式；甘罗、子奇最受重用之时，离四十岁还远；终军、贾谊名声显扬之时，也是正当成年。从前代以来，贡举制度，从未改变。现在因一个臣子的建议，改变传统规章制定，利益还未显现，难以服众心。纠正违失和变革常规，是政治上的重要事情，却不征求各政府部门的意见，也不和公卿大臣商量；如果将左雄建言用诏书颁布，议论的人必将有反驳的不同意见，如果不理睬反驳的不同意见，则执行起来就有困难，朝廷失去威望；如果同意反驳的不同意见，则是反对皇帝圣旨。臣愚昧地认为可以宣示让百官讨论，比较赞同和反对两方意见，然后选择能否施行，广泛听取各种意见后再权衡决定。”汉顺帝不听。

十一月十八日辛卯，汉顺帝初次下令："郡国推荐孝廉，年龄限定在四十岁以上；儒生要通达儒家经典，文官要通晓公文程式，才能接受推举。如果有优秀才干和特长异能，像颜渊、子奇那样的人，可以不受年龄限制。"

过了好久，广陵郡所推荐的孝廉徐淑年不满四十；尚书郎责问徐淑，回答说："诏书讲过：'有如颜回、子奇似的人，可不限制年龄。'所以本郡选派我应征。"尚书郎不能反驳徐淑使他屈服。左雄责问说："颜回闻一知十，你这个孝廉闻一能知几？"徐淑无法回答；于是把徐淑罢黜，送还故乡，郡守被论罪免职。

袁宏评论说：谋划事业，建立制度，用于治理世事，教化万物，必定要切实可行。古代人四十岁做官，并非规定做官一定要在这个年纪，而是认为做官之际，在于精力强盛，所以推举大约的限度作为标准。况且颜渊、子奇是旷代奇才，却想把这种人作为标准，难道不太片面了吗？

然而，左雄公正精明，能明辨真假，决心实施。不久，胡广外出任济阴太守，与十多个郡守都因推荐不时而被指控，免官罢黜；只有汝南人陈蕃、颍川人李膺、下邳人陈球等三十多人被任命为郎中。从此，郡县长官恐惧战栗，没有敢轻易推荐的。直到永嘉年间，选举清廉公正，朝廷得到了不少人才。

闰十二月二十八日庚子，恭陵寝殿的百丈走廊失火。

汉顺帝听说北海人郎顗对阴阳之学很精通。

（以上为第十一段，写左雄建言，举荐孝廉，年龄限制在四十以上，并加以严格的科举考试，朝廷得到了一批人才。）

汉顺帝阳嘉二年（癸酉，公元 133 年）

春季，正月，汉顺帝下诏命公车征召郎顗，询问灾异的事情，郎顗上书说："三公在天上象征着台阶，在人间与国君同体，政治失去正常轨道，则天气冷热就要反常。现任的官员，争相请托求得高位，领取丰厚的俸禄，却从不忧国忧民。生活悠闲，称病卧床，自我安乐，一接到新的策命，得到赏赐，随即起身，是什么样的病卧床时那么容易，而痊愈又是那么快呢？靠这些人来消解灾害，得到太平盛世，怎么可能实现呢？现在选择州牧郡守，由三公负责；长吏不称职，就责怪州郡长官；州郡长官有了过错，难道不应当追究保举他们的人？皇上对下宠爱越是宽容，在下恃宠怠慢公事就愈发厉害，这就是'大网稀疏，小网细密'。三公不是臣的仇人，臣也不是疯子发作，胡乱伤人，之所以要发愤忘食，恳切陈述不止，实在是为朝廷着想，渴望兴旺太平。臣上书不知忌避，虽死不怨。"因而逐条陈述了七件有益于国的大事："（一）园陵失火，应当念及百姓劳苦，停止修缮陵园，以减徭役。（二）立春以后，冷热反常，应选拔优秀的官员，以辅助圣上推广教化。（三）今年属于少阳之年，春天当有旱灾，夏天当有水灾，应遵守前代的制度，力求节省。（四）去年八月，火星出入轩辕星，应当挑选不宜在皇宫的宫女送出宫，任其婚嫁。（五）去年闰十月，有白气从西方天苑星趋向参星左足，进入玉井星附近，恐怕立秋以后将有羌人反叛的灾祸，应预先告诫各郡，严加防备。（六）本月十四日乙卯，一条白虹穿越太阳，应令京师及地方所有审案法官，一律等到立秋之后才能审决案件。（七）汉朝建立已三百三十九年，已经越过了三个循环期，应大幅度修改法令，有所变动。统治者要顺从天道，犹如从春天到夏天，改变青色为绛色。从文帝减省刑法至今已三百年，一次次的轻微过失，日渐累积而成大罪。君主的法令，犹如长江、黄河浩浩荡荡，使人望而生畏，极力避开，不轻易触犯。”

二月，郎顗再次上书推荐黄琼、李固，认为应当提拔任用，又说：“从冬天到春天，一直没有甘露，常有西风，违反时节，朝廷忧心，广为祈祷，祭祀山川，在烈日下舞龙求雨，同时转移市场。臣听说苍天感应万物，不会为虚伪的行为所诱惑；灾难反映人事，关键在于责备自己。如果雨水可以通过请求降下，水灾可以通过祈祷来避免，那么，年年丰收，和平的日子指日可待。然而，灾难不停的原因恐怕不在于此。”奏章呈上，郎顗被特别任命为郎中；郎顗假托有病，拒不就职。

三月，命令匈奴中郎将赵稠派从事官，率领南匈奴军队出塞攻打鲜卑，击败了他们。

（以上为第十二段，写受征士人朗颚上书言七事，皆有益于国。）

当初，汉顺帝即位，乳母宋娥参与了计划，汉顺帝封宋娥为山阳君，又封执金吾梁商的儿子梁冀为襄邑侯。尚书令左雄上书密奏说：“高祖刘邦约定，不是刘氏不封王，无功不封侯。孝安皇帝封了江京、王圣等人，招致了地震的灾异。永建二年封赠有阴谋的人功劳，又有日食的变异。数术方士把罪过都归为是封赠爵位。现在青州饥荒贫困，盗贼无法平息，实在不应该追念小恩，破坏国家大事。”汉顺帝下诏命，不听从。

左雄再次进言：“臣听说国君没有不喜欢忠正的人而不厌恶阿谀谄媚的人，然而历代的祸患，没有不是忠正的人得罪，而阿谀谄媚的人却蒙受宠幸，大概是听忠言难，听谗言容易。犯罪服刑，人人所厌恶；富贵荣华，人人所盼望，所以社会风气做正直尽忠的人少，习惯阿谀谄媚的人多；一旦让君主经常听到自己的优点，很少知道自己的过错，迷惑不悟，濒于危亡。臣恭敬地看到诏书，思念乳母旧日的恩德，想要显扬特殊奖赏。按尚书过去的惯例，没有乳母封爵封邑的制度。只是先帝时封乳母王圣为野王君，王圣造谣陷害导致了废立太子的祸事，活着受天下人痛骂，死了使天下人高兴。夏桀、商纣贵为天子，而奴仆都羞与为伍，因为这两个暴君缺乏道义；伯夷、叔齐是低贱的平民，而王侯都争相效法，因为伯夷、叔齐有美德。现在乳母亲身实行节俭，以身作则，群臣和百姓，莫不响应；而却和王圣一样封爵号，恐怕有违她的本心操守，失去平日的愿望。臣愚昧地认为，人心相差不远，人们所不安的东西古今相同。百姓对王圣造成的倾覆之祸深为警惕，民众的命运危若累卵，时常忧虑颠覆大祸又要重演，恐惧心理从未消失，口中恐惧的言辞从没停止。请求按照先前的议论，每年供给乳母一千万钱，对内足以尽恩回报，对外也不会引起官民的抱怨。梁冀的封爵不是机要紧迫的事情，应等到灾异过后，再讨论是否可实行。”于是，梁冀的父亲梁商推让辞退梁冀的封爵，十多次上书，汉顺帝这才同意。

夏季，四月二十九日己亥，京城发生地震。五月初一日庚子，诏命公侯、卿士各人直言政治得失，仍然各举荐一名诚朴之士。左雄再次上奏说：“先帝封了野王君，汉阳地震，现在封山阳君京城又地震，政治集中在妇人身上，灾害更大。臣前前后后说了一些不中听的话，封爵是大事，君主可以随意给人财物，但不可以随意封官，应当收回保姆宋娥的封号，以阻止灾祸发生。现在梁冀已经谦让，山阳君也应当尊崇她本来的节操。”左雄言辞诚挚，宋娥也害怕了，表示辞让；而汉顺帝恋恋不已，终于还是赐封了。

这时，大司农刘据因为办事失职受到斥责，宣召他到尚书台，传呼的人大声吆喝刘据快走，又加以棍棒殴打。左雄上书：“九卿的地位仅次于三公，属于大臣之列，行动有佩玉的礼节，举止有教养的仪态，孝明皇帝时才有鞭打的刑罚，并非是古时典制。”汉顺帝采纳了，此后九卿再没人受到鞭打。

五月十九日戊午，司空王龚被免职。六月初二日辛未，任命太常鲁国人孔扶为司空。

（以上为第十三段，写左雄上奏谏阻汉顺帝给乳母宋娥封爵。）

六月初八日丁丑，洛阳宣德亭地裂，长八十五丈。汉顺帝召见公卿所举荐的诚朴人士，让他们出对策，趁此询问当代的弊端和为政该做的事。李固对策答：“以前孝安皇帝改变旧制，给乳母封爵，因而引出妖孽，扰乱了嗣统，使得圣上陷入危境，身遭艰难险阻。现在，圣上从困苦中超脱出来，高升帝位，天下百姓人心向往，渴望善政蔚然成风。政治衰败之后，容易中兴，实在应当放宽胸怀，追求善道，而议论的人却说：‘现在的政治，回到以前一个样。’臣隐居在乡野，痛心感伤！实在说来，汉朝创立三百多年来，相继有十八位君主，哪一位没有乳母的哺乳之恩？哪里会忘记给她尊贵宠幸？然而，他们上畏天威，下依经典，知道不符合义理，所以不加封赠，现在，乳母宋娥虽拥有大功和勤奋的品德，只要加以赏赐就足以酬报她的勤苦；至于分封国土，建立郡国，实在是违反旧日的典章制度。听说宋氏乳母性情谦虚，必会谦让，陛下应当允许她辞去郡国的高尚行为，使她享受万安的福祥。后妃、皇后的娘家所以很少有保全的，难道是她们天性邪恶？只因爵位尊贵显赫，专断朝政，天道厌恶满溢，不知自我克制，所以导致败亡。先皇帝宠幸阎氏，赏赐地位名号太快，所以祸害即至。《老子》说‘前进太快，后退必速。’现在，梁商的女儿身为皇后，按礼制，皇上不把梁氏役使为臣子，赐给显爵，这还说得过去。但是，梁氏的子弟和随从，都位高名显，即使按永平、建初时期的惯例，恐怕也到不了这一地步。应当命令步兵校尉梁冀和各侍中，回到黄门的职位去，使外戚不掌权力，政令归于国家，这难道不是一件美事吗？诏书之所以阻止侍中、尚书、中朝百官子弟不得担任官吏、举拔孝廉，是因为他们把持政柄，容易请托主事官员作弊。而中常侍在皇帝皇后身边，声势惊动天下，其子弟进仕求禄，前途无量。他们虽然外表谦和沉默，不干涉州郡事务，但谄媚之徒自会望风行事，会主动推荐其子弟。现在为中常侍子弟设禁令，可比照中朝百官子弟一样，也一律不得参与保荐推举。过去，馆陶公主为儿子要求当一名郎官，明帝不答应，赐给一千万钱，之所以轻视厚重的赏赐，看重小小的官职，在于当官的人无才，就会损害百姓利益。臣听说长水司马武宣、开阳城门候羊迪等人，没有特殊功业和品德，初次任职就给予实权，这虽然是小小的失误，但逐渐破坏了原来的制度。先圣的法度应当坚持，所以政治教化一旦受损，百年难得恢复。《诗经》说：‘周厉王为政尽反先王及天之道，天下之民都遭殃。’讥讽周厉王更改祖先的法度，使全天下的民众受到伤害。现在陛下拥有尚书，犹如上天拥有北斗。北斗是上天的喉舌，尚书也是陛下的喉舌。北斗控制元气，在四时运行。尚书接受君王的命令，在天下实施，权大势重，责任所在，如果不能公正，灾害就来临，实在应谨慎地选拔人才，以辅佐朝政。现在和陛下共同治理天下的人，在外有公、卿、尚书，在内则有常侍、黄门，犹如一门之内，一家之事，平安则共享福庆，危险则同遇祸害。刺史、二千石对外掌管政务代表朝廷，对内受朝廷约束，接受法规。测表弯曲则影子必然倾斜，河源清澈则流水必然清洁，如同摇动树干，所有的树枝都摇晃。由此推断，本朝的号令岂能有差错！天下的纲纪，是当今急务。国君拥有政令，如同水有堤防；堤防完整，虽遇连绵大雨浇淹，也不能造成灾害。政治教化一经确立，即使暂时遭到凶年，也不足为忧。如果让堤防穿洞漏水，即使万人同心出力，却不能再救治。政治教化一旦毁损，即使贤人智士齐集奔救，也不能再挽回；现在堤防虽坚，已逐渐出现孔穴。拿人的身躯作比方，朝廷是心腹，州郡是四肢，心腹疼痛则四肢举不起来。所以臣下的忧虑在于心腹患病，而不是四肢的忧虑。如果能够加固堤防，从事政治教化，先安定心腹，整顿朝廷，虽有贼人侵犯和水灾旱灾发生，也不必介意；如果堤防坏漏，心腹有病，虽没有水灾旱灾，天下仍令人忧心忡忡。还有应当罢免宦官，削减他们的大权，只设立二名常侍，让品德端正的人在身边侍奉；设小黄门五名，让有聪明才智而风度翩翩的人在宫中服务。这样，批评政治的言论自然就会停止，太平就可以得到。”

扶风功曹马融对策说：“现在的法令章规、四时禁令，已承顺上天、顺应民众，完备齐全，不能增加了。然而，上天仍有不公平的反响，民众仍有嗟叹抱怨，百姓常听到要施行善政的声音，却不见善政的实惠。古代使民众富足的办法，不是靠赡养其家使家人富足，而是度量财货用度，为民众建立合理的制度。所以嫁娶的礼仪节简，那么男女双方就可以及时婚配；丧祭礼仪简单，那么送终的人就可以及时掩埋死者了；不在农忙时节征发徭役，则农夫受利。有妻子儿女就可以增添他们的牵挂，有家业就可以加重人民守法的意志，只要不丢弃这些为非作歹的人，即使还有恐怕也不多。”

太史令南阳人张衡对策说：“自从开始举孝廉，至今已二百年了，都首先看重孝行；孝行而有余力，然后才学习文章法典。去年十一月十八日辛卯采纳左雄之言而下的诏书，以通读经书、会写公文为标准；即使有最高孝行的人，也不能入选推荐，这是舍本逐末。曾子长于孝道，但实在愚笨，文学不如子游、子夏，政务不如冉有、季路。现在却想使一个人兼有这些品行，如果外表可观的话，内在必有缺失，那么就会违背举孝廉的本意了。况且郡守国相得以任命，须安宁州境，作为朝廷大臣，一下子就罢免了十几人，使官吏和民众疲于奔命，辞旧迎新，新旧交接，公私混乱。有的人治政有利于百姓，却因为小错被免黜，这是夺取人民的父母，使他们悲号无已。《易经》说不要走得太远才返回，《论语》说不要怕改正过失。朋友的交往，尚且没有隔夜不忘的仇恨，何况帝王要顺天意，治万物，以天下为公呢？近年来，天上出现妖星，地上出现裂地的大地震，上天的警告是这样明显，真令人担心！明智的人将灾祸消灭于还没有萌发之前，现在已经出现灾祸，整顿政治，心怀恐惧，小心谨慎，这样才能转祸为福啊。”

汉顺帝观看了各人的奏对，以李固为第一，立即让乳母宋娥出宫回到家中，诸常侍叩头谢罪，朝廷法纪肃然。任用李固为议郎；而乳母和宦官都怨恨李固，伪造匿名信诬陷他。查办的诏书由宫中直接发出，大司农南郡人黄尚等向梁商请求营救，仆射黄琼又上书营救，说明原委。李固很久才获释放，改任为洛阳令。李固抛官弃职，回到故乡汉中。马融博通经籍，文辞优美；参加了对奏，被任命为议郎。张衡擅长作文，通贯“六艺”，虽才华盖世，但没有骄狂的性情；通晓机械，尤其对天文、阴阳、历算思考深邃，创作混天仪，著述《灵宪》。性情淡泊，不羡慕当时世俗所看重的高官厚爵；所任官职，多年没有提升。

太尉庞参在三公中忠心耿耿，屡次被汉顺帝身边人诋毁诽谤。正好他所推荐的人违反了皇帝的旨意，司隶校尉看准风向弹劾他。当时正是朝廷会见茂才、孝廉之时，庞参因为受到奏劾，称病没有出席。广汉上计掾段恭趁着朝会上奏说：“我听见路上行人和农夫、织妇都说：‘太尉庞参竭忠尽节，只是因为秉持正道，不肯昧心，被邪奸小人们孤立，自己处于被中伤诬陷的位置上。’因为小人的中伤而毁灭忠正的臣子，这是天地的大忌，是人主最大的警戒！过去，秦国白起被赐自杀，诸侯国君举杯庆贺；季子回归鲁国，鲁国人为他能纾解国难而喜悦。国家依赖贤臣治理，君主依靠忠臣才能平安；现在天下都因为陛下有这些忠臣贤士而高兴，但愿一直宠信并任用他们，使国家安定。”奏书呈上，诏命小黄门探视庞参的疾病，御医为他看病，又赏赐羔羊和美酒。后来，庞参的夫人仇恨前妻生的儿子，把儿子投到井中淹死；洛阳令祝良上奏庞参罪过。秋季，七月二十日己未，庞参竟因为灾异被免职。

八月初一日己巳，任命大鸿胪施延为太尉。

鲜卑侵犯马城，代郡太守迎击，打了败仗。不久，其至犍去世，鲜卑于是减少了侵犯抢掠。

（以上为第十四段，写李固、马融、张衡对策言时政，建言顺帝裁减宦官，不得举荐宦官子弟入仕，提倡孝悌之礼，重民生，使能养育妻子。）

【点评】

本卷集中点评顺帝的即位与施政，有下列五项。

一、顺帝即位。延光四年（125）十一月四日，以中常侍孙程等十九位宦官为核心，发动政变，诛杀阎党宦官江京、刘安、陈达以及阎显、阎崇、阎景兄弟，夺回政权，迎立废太子济阴王刘保即位，是为顺帝。顺帝得以即位，原因有三：其一，刘保为和帝长子，法统当立，无其他和帝子可以代替。阎太后贪权立幼，迎立诸侯王子北乡侯，既是婴孩，又半岁而亡，毫无影响。其二，刘保被废，仍封为王，未出宫，住在崇德大殿西厢钟楼下，得到孙程等一大批忠于帝胄的宦官保护，这也是政变的中坚力量。第三，阎显兄弟，庸懦才劣又暴戾贪婪。北乡侯初立，自己立脚未稳就同党争权内讧，杀大将军耿宝、安帝乳母王圣、中常侍樊丰等，削弱了自身力量，又极不得人心。阎氏外戚，根基不牢，在朝臣中很孤立，没有呼应的人。阎太后性妒凶残，杀刘保生母，在宫中也不得人心。阎太后临朝，败亡顺理成章。

顺帝一朝，政治昏暗。东汉政治以和、安二帝为分水岭。和帝之前光武、明帝、章帝三朝为鼎盛期，政治较为开明。和帝、安帝两朝维持表面的平稳，邓太后掌权时期连年灾害，内有西羌之乱，外有匈奴、乌桓扰边，国家已呈衰败迹象。顺帝即位，外戚势力抬头，后期任用顽劣无比的梁冀为大将军，国势急剧走下坡路。司马光批评顺帝昏愚超过西汉成帝。王夫之《读通鉴论》认为顺帝为中上之君，但无忠良之臣，所以国势不张。王夫之说：“帝之废居西钟下也，顺以全生，群奸不忌，非不智也。安帝崩，不得上殿亲临，非号不食，非不仁也。孙程等拯之危亡之中而登天位，一上殿争功，而免官就封，不使终持国政，非不断也。谅虞诩之谏逐张防，听李固之言出阿母，任左雄之策请吏治，非不明也。樊英、黄琼、郎颢，公车接轮，纳翟酺之说，广拓学宫，非不知务也。”据此，顺帝作为一国之君，还像一个君主，只是没有丙吉、宋璟、张九龄、韩琦、姚崇、杜黄裳这样的大臣为辅，国是以不治。人才代代有，君不明，则臣不才。左雄、虞诩未尽其用，李固、张衡未得其用，梁冀之流放心以用，这就是顺帝之昏。顺帝不立，阎氏奸计得逞，东汉或许即行大乱。从粉碎阎党角度说，顺帝即位，延长了东汉国祚。

二、顺帝赏罚错位。班勇完成了东汉第三次开通西域的伟业，立下重大功勋。公元125年，班勇大破北匈奴，西域各城邦国都服从于汉朝，唯有焉耆王未附。顺帝派敦煌太守张朗将河西四郡兵入援班勇，约期分两道攻击。班勇从南道，张朗从北道。张朗想独贪功劳，先期冒进，侥幸取胜，受赏。班勇按期到达，因无功，征还下狱，罢官。军事冒进，犯兵家大忌，张朗受班勇节制，冒进是不听将令的行为，应当受罚，因侥幸有功却受赏。班勇克期，是纪律严明的表现，反而被判重罪，顺帝判事不明，赏罚错位。

三、樊英受征。南阳樊英，海内知名，安帝赐策书征召，樊英不就。顺帝再次用策书征召，樊英开始推辞，顺帝诏令郡县逼迫，樊英就征。到了京师，顺帝隆重接待，赐几杖，以师傅礼召见，问得失，拜五官中郎将。樊英如同竹笋，嘴尖皮厚腹中空，始终没说出一句善言，出一条治国良策，自觉脸上无光，称疾告归。顺帝赐以光禄大夫品秩，带薪回乡，命令地方岁时致以牛酒。司马光批评说，帝王征召贤士，诚心敬重，像樊英这样没有真才实学的浮华之士，要用对待少正卯的方法加以诛杀，用以纯正风俗。顺帝重赏虚名之士，失重贤之旨。

四、班始忿杀公主。班超孙子班始尚清河王之女阴城公主，是顺帝的姑姑。阴城公主放纵淫荡，甚至把情夫带回家，让情夫睡在床上，逼班始藏在床下。班始不堪，怒杀公主。顺帝将班始处以腰斩，量刑至此，也算得当。顺帝将班始同胞兄弟姐妹全部处死，则是滥用刑法，逞专制淫威，不可谓明。

五、顺帝求言。顺帝征召士人，问以灾异。北海士人郎颛上书言七事，皆有益于国，又荐黄琼、李固，以为宜加擢用。阳嘉二年（133）六月八日，洛阳宣德亭地裂，顺帝召集公卿所举荐的淳朴之士对策，问以当世政治的弊端，应当如何改进。李固、马融、张衡对策，建言顺帝裁减宦官，不得举荐宦官子弟入仕，提倡孝悌之礼，重民生，使百姓能温饱，养育妻子。顺帝借此整肃了一番宫禁，及时遣乳母还舍，诸常侍叩头谢罪，朝廷肃然。顺帝欲有一番作为，这就是王夫之所说的中上之君，贤臣为辅，可以为善。由于东汉大权长期落入太后、外戚、宦官、群小之手，积重难返，顺帝非有为之君，整肃朝纲，昙花一现，很快又皇权旁落。等到梁冀当朝，顺帝只是一个傀儡。

汉纪四十四

汉顺帝阳嘉三年至汉冲帝永嘉元年（公元134—公元145）

【起阏逢阉茂（甲戌，公元134年），尽旃蒙作噩（乙酉，公元145年），凡十二年】

【大事提要】

本卷记事起公元134年，讫公元145年，凡十二年，当顺帝阳嘉三年至冲帝永嘉元年，载顺帝一朝后期史事。这一时期，权落梁皇后外戚梁氏。皇后父梁商为大将军，梁商无治国之才，从事中郎李固劝说梁商让贤，梁商不听。梁商子梁冀为河南尹，初任一方即残暴自恣，梁氏父子结纳宦官曹节、曹腾等以固宠，挑起宦官内讧，兴大狱，政治一片乌烟瘴气。梁商恋权，尚无大恶，天时干旱，还能劝顺帝下诏求言。尚书令周举、太史令张衡建言裁宫女，减御膳，皇上亲贤远佞，总政要，不信图谶。李固反对用兵岭南言七不可，建言选贤良任郡守，招抚叛乱。张乔等人到任，兵不血刃，岭南安定。梁商死，顺帝竟然任命顽劣无赖梁冀为大将军，司马光批评顺帝昏庸甚于西汉成帝。皇甫规献奏安羌之策，顺帝不采纳。八使巡风，御史张纲弹劾梁冀，梁冀深恨之，欲置之于死地。顺帝崩，冲帝即位，梁太后感念李固，李固当政，罢贪残，任贤才，清剿东南盗匪，梁冀冷眼，伺机反扑。

孝顺皇帝下

汉顺帝阳嘉三年（甲戌，公元134年）

夏季，四月，车师后部司马率领后王加特奴在阊吾陆谷包抄匈奴，击败他们，抓获了单于的母亲。

五月初四日戊戌，汉顺帝下诏，因为春夏一直干旱，赦免天下的赋税。汉顺帝亲自在德阳殿的东厢露天而坐，请求降雨。因为尚书周举学识优秀，汉顺帝特别询问周举。周举回答："我听说阴阳闭塞，天地二气就不通畅。陛下废弃了汉文帝、汉光武帝的法度，却追求亡国的秦朝的奢欲，宫内聚集了太多宫女，不能婚配，宫外单身汉很多。自从干旱以来，已经过了一整年，没有听说陛下有改过表现，徒使陛下暴露在烈日风尘中，也是没有益处，陛下只求虚华，不讲实际，如同缘木求鱼，倒退着走，却希望前进。实在应该推出诚信来改革政务，尊崇大道，消除民众的疑惑，释放后宫中未被皇帝召幸过的女子，减少太官制作御膳过分奢侈的费用。《易传》说：‘皇帝所作所为，上天将立即回报，不超过一天。’希望陛下留心明断。”汉顺帝又召周举，当面问得失，周举回答说：“应当仔细选择官员，罢免贪官污吏，远离奸邪小人。”汉顺帝说：“哪些人是贪官污吏、佞邪小人？”周举回答说：“我从外州破格升迁到机密中枢位置上，还不能完全鉴别文武百官谁优谁劣。但是，公卿大臣中常有直谏的，就是忠臣；阿谀奉承、看眼色行事的，就是佞邪小人。”

太史令张衡也上疏说：“前年京城地震土裂。土裂，意味着权威分离；地震意味着民众骚动。臣担心圣上思虑厌倦，不理朝政，制度不由自己决裁，不忍割舍恩爱，而与众人共享威望。威望不可以分，恩德不可以共享。希望陛下考求古制，遵循旧典，不要使刑德的八种大权脱离君王之手，这样天子的神圣威望获得充实，灾祸就可消除。”

张衡又认为中兴以来，儒生争学神秘的预言书《图》、《纬》，便上疏说：“《春秋元命苞》载有公输班和墨翟，事情见于战国；又说另外有益州，益州是在汉朝设立的。而且，刘向父子主持校订宫中图书，审阅评定九家学术，其中没有《谶录》。由此可知《图谶》是在哀帝、平帝时出现的，都是虚妄的人用来欺世盗名以骗取钱财，欺诈的意图十分明显，政府却没有把它列入禁令，并且律历、卦候、九宫、风角等不断有应验，世人不肯去学，却争相称赞无法考察应验的谶纬之学，犹如画匠厌恶画狗画马，却喜欢画鬼画妖，实在是因为真实的事物难以惟妙惟肖，而虚伪的鬼怪可以随意涂抹。应当收缴《图谶》，一概禁止，使红色和紫色不再混淆，使儒家经典不再受到玷污。”

秋季，七月，钟羌首领良封等人又侵入陇西、汉阳。下诏任命前校尉马贤为谒者，镇抚各部落。冬季，十月，护羌校尉马续派兵攻打良封，击败了他们。

十一月十一日壬寅，司徒刘崎、司空孔扶被免职，这是因为采用了周举建议。十一月十四日乙巳，任命大司农黄尚为司徒，光禄勋河东人王卓为司空。

耿贵人多次为耿氏请托，汉顺帝这才封耿宝的儿子耿箕为牟平侯。

（以上为第一段，写汉顺帝因干旱求言，尚书周举、太史令张衡等建言，裁宫女，减御膳，皇上亲贤远佞，总政要，不要信图谶。）

汉顺帝阳嘉四年（乙亥，公元135年）

春季，北匈奴呼衍王侵扰车师后部。汉顺帝命令敦煌太守派兵援助，出师不利。

二月十六日丙子，开始允许宦官养子承袭爵位。当初，汉顺帝恢复皇位，宦官有功，参与政事。御史张纲上书说：“臣发现汉文帝、汉明帝在位时，道德教化隆盛，设立的宦官常侍不过两人。赏赐亲信侍宠，才不过数万钱，珍惜费用，重视生民，所以家家富裕。可是，近年，无功绩的小人都拥有官职爵位，这不是爱惜百姓、重视国家、顺应天心的做法。”奏章呈上，汉顺帝不理睬。张纲是张皓的儿子。

发生旱灾。

谒者马贤攻击钟羌人，战胜了钟羌人。

夏季，四月初五日甲子，太尉施延被免职。四月十九日戊寅，任命执金吾梁商为大将军，前太尉庞参为太尉。

梁商称病不上朝，休息将近一年；汉顺帝派太常桓焉带着策文，到梁商府上任命，梁商这才到宫廷接受官职。梁商从小通达经传，谦恭小心，喜好贤士。征召汉阳人巨览、上党人陈龟做掾属，李固为从事中郎，杨伦为长史。

李固因为梁商温和保守，没有能力整理朝纲决断政务，于是向梁商上书说：“这些年来，灾变怪事常常出现。孔子说：‘智慧的人看到灾变，就会思考它产生的原因；愚蠢的人看到怪异，就忌讳提起。’天道没有亲疏，可敬可畏。真要使朝纲整顿，大道运行，建立忠义，你就应当继承伯成的崇高德行而功成身退，成就不朽的名誉。难道要跟这些沉溺荣耀、贪图官位的外戚凡辈相提并论吗？”梁商不采用。

秋季，闰八月初一日丁亥，日食。

冬季，十月，乌桓侵扰云中，度辽将军耿晔追击，出师不利。十一月，乌桓在兰池城包围了耿晔；朝廷派遣几千人前往援助，乌桓才退兵。

十二月，丙寅日（疑误），京师发生地震。

（以上为第二段，写御史张纲上奏顺帝赏赐亲信应有节度，从事中郎李固劝说梁商让大将军之位于贤者，皆未被采纳。）

汉顺帝永和元年（丙子，公元 136 年）

春季，正月十五日己巳，改年号为永和，赦免天下。

冬季，十月初七日丁亥，承福殿失火。

十一月二十七日丙子，太尉庞参被免职。

十二月，日南郡象林县的蛮夷反叛。

十二月二十六日乙巳，任命前司空王龚为太尉。

王龚憎恨宦官弄权，上书极言宦官之祸。各黄门宦官诬奏王龚犯罪；汉顺帝命令王龚立即到廷尉申诉实情。李固向梁商上书说：“王龚因为坚贞的操守，反而被小人谋陷，众人听了，无不叹息恐惧。作为尊贵的三公，没有亲自前往廷尉府自辨申冤的道理，即便是细小的过失，也只好自杀了事。所以旧典规定，三公若没有大罪，决不审问。王龚如果突然发生意外，朝廷就会蒙受伤害贤臣的罪名，众大臣也丢失了救护的节操。俗话说：‘好人在受罪，为了救人即使肚子饿了也来不及去吃饭。’现在正是救人的时候了！”梁商随即向汉顺帝陈述，事情才得以解决。

这一年，任命执金吾梁冀为河南尹。梁冀贪酒，好逸游乐，纵情任性，身居要位，却非常残暴，经常违法。父亲梁商的亲信、洛阳令吕放禀告梁商，梁商因此责怪梁冀。梁冀派人在路上刺杀吕放，却怕梁商知道，于是就推说怀疑是吕放的仇人所杀，请求派吕放的弟弟吕禹做洛阳令，要他抓获凶犯；吕禹杀了仇人的宗族、亲戚、宾客一百多人。

武陵太守上书，认为蛮夷都已降服，可以比照汉人增加他们的租赋。议论的人都认为可以。尚书令虞诩说："自古圣王不把风俗不同的民族当作自己的臣民。历代先帝的旧制惯例，规定赋税的数量，由来已久；现在突然增加，必然会造成怨恨和骚乱。计算所得到的，还无法补偿所耗费的，一定会后悔。"汉顺帝不听从。澧中、溇中的蛮人都争着谴责不按旧约征收贡布，于是杀死地方官员，举族反叛。

（以上为第三段，写梁冀为河南尹，初任方面，即残暴违法。朝廷加征赋税，逼反蛮夷。）

汉顺帝永和二年（丁丑，公元 137 年）

春季，武陵蛮二万人围攻充城县，八千人侵入夷道。

二月，广汉属国都尉攻破白马羌。

汉顺帝派武陵太守李进攻打叛乱的蛮族，攻破平定蛮族。李进又选择良吏，安抚蛮夷，郡内终于安定。

三月，司空王卓去世。三月三十日丁丑，任命光禄勋郭虔为司空。

夏季，四月十九日丙申，京城洛阳发生地震。

五月初六日癸丑，山阳君宋娥被指控结党为奸和诬陷欺诈而论罪，没收印绶，遣返乡里。黄龙、杨佗、孟叔、李建、张贤、史汎、王道、李元、李刚等九位侯爵，犯有与宋娥互相贿赂、谋求高官、增加封邑户口的罪行，一同遣回封国，减少其采邑租税的四分之一。

象林县蛮区怜等人攻打县衙，杀掉官吏。交趾刺史樊演派交趾、九真的军队一万多人去救援；士兵害怕远征，秋季，七月，两郡士兵叛乱，攻击郡府。郡府虽然击败叛军，但是，蛮人势力逐渐强盛。

冬季，十月初十日甲申，汉顺帝到巡幸长安，扶风人田弱举荐同郡人法真，说法真博通儒家内学（指纬书）和外学（指六经），隐居不当官，应聘以高官。汉顺帝虚心征召，前后四次，始终不肯屈从。友人郭正称赞他："法真的名声可以听到，却难见到其人。逃避名声，名声却随着他；躲避名声，名声追赶他，可以说法真是百代之师了！"法真是法雄的儿子。

十一月二十三日丁巳，京城洛阳发生地震。

太尉王龚因为中常侍张昉等人专擅朝政，想要上奏杀掉他们。宗亲中有人用杨震的事情劝阻，王龚才放弃这一念头。

十二月初二日乙亥，汉顺帝从长安返回洛阳。

（以上为第四段，写宋娥势力倒台，张昉等奸佞依然得势。）

汉顺帝永和三年（戊寅，公元 138 年）

春季，二月初三日乙亥，京城和金城、陇西地震，两个郡发生山崩。

夏季，闰四月初八日己酉，京师发生地震。

五月，吴郡丞羊珍叛乱，进攻郡府；太守王衡击破叛军，杀死羊珍。

侍御史贾昌和州郡联合讨伐区怜，不能取胜，反被包围；长达一年多，兵力和粮食都供应不足。汉顺帝召集公卿百官和四府幕僚，询问方法策略。大家一致主张派大将，征发荆、扬、兖、豫四州的四万人前去救援。李固驳斥说："如果荆州、扬州没有乱事，就可以征发。现在，二州的盗贼盘踞不散，武陵、南郡的蛮夷没有平定，长沙、桂阳的民众常常被征发，如果再惊动他们，必然又会发生祸乱，这是不可以的第一个原因。而且，兖州、豫州的百姓突然被征发到万里之外，没有回来的日期，诏书催得急，必然导致叛乱，这是不可以的第二个原因。南方水温土湿，加上生于夏季的湿热毒起，十人中必然会有四五个人死亡，这是不可以的第三个原因。远涉万里，士兵疲劳，等到达岭南，不能再打仗了，这是不可以的第四个原因。军队走三十里为一日途程，京城到日南郡有九千多里，三百天才到，估计每人每天供给五升米，要用六十万斛米，这还不包括将士、官吏的驴、马粮草，仅仅大军自己携带的费用，便有如此之多，这是不可以的第五个原因。军队战斗过的地方，死亡一定很多，既然不能够抗敌，就要重新征集军队，是割舍心腹以补足四肢，这是不可以的第六个原因。九真、日南相距千里，征发他们的官吏、民众还不能承受，何况四州的士兵，征赴万里，该多么艰苦！这是不可以的第七个原因。前中郎将尹就征讨益州羌族叛军，益州俗语说：'叛军来了还可，尹就来了杀我。'后来调走尹就，把军队交给刺史张乔；张乔依靠将士，只一个月就消除敌寇。这就是朝廷派将发兵没有效果，而贤明的州郡长官足可胜任的有力证明。应该再选派有勇气谋略、仁厚的人担任将帅，作为刺史、太守，命他们一同去交趾。现在日南兵力单薄而又缺粮，既不能守，又不能战，可以迁移所有的官吏、民众，向北依靠交趾，等事情平定以后，再令其回到本郡；还可以招募蛮夷。使他们互相残杀，送给金银绸缎作为资助；有人能够深入隐藏于敌人之中作策反间谍，杀死诸蛮首领的，答应给予封侯、赐地的奖赏。前并州刺史长沙人祝良，勇敢而有决断，还有南阳人张乔，以前在益州有攻破敌虏的功劳，都可以任用。从前，汉文帝就任命魏尚为云中郡太守，汉哀帝任命龚舍为泰山郡太守；应立即任命祝良等人，从小道赴任。"四府完全同意李固的建议，立即任命祝良为九真太守，张乔为交趾刺史。张乔到职，开诚布公宣示政策，安抚诱导，叛人都归降或解散。祝良到了九真，单独乘车进入蛮营中，宣示朝廷的威望和信誉来招降安抚，有几万人归降，大家还共同替祝良修筑郡府官舍。于是，岭外重新平定。

（以上为第五段，写李固反对朝廷用兵岭南七不可，建议慎选刺史、郡守，张乔等人到任，岭南叛乱兵不血刃得以平息。）

秋季，八月二十日己未，司徒黄尚被免职。九月，己酉日，任命光禄勋长沙人刘寿为司徒。

九月十七日丙戌，命令大将军、三公推荐刚毅、武猛、有谋略能担当将帅的人才各二名，特进、卿、校尉推荐各一名。

开始，尚书令左雄举荐冀州刺史周举为尚书；不久，左雄任司隶校尉，推荐前冀州刺史冯直担任将帅。冯直曾经被指控贪污受刑，周举因此弹劾左雄推荐失误。左雄说："诏书命我推荐武猛，没有让我推荐清高。"周举说："诏书命你推荐武猛，不是命你推荐贪污！"左雄说："我当初推荐你，没想到是自找祸害。"周举说："以前，赵宣子任命韩厥为司马，韩厥以军法杀掉韩宣子的仆从，宣子对各大夫说：'你们可以祝贺我，我选拔的韩厥非常称职。'现在，你把我这个没有才能的人而错荐到中央，我绝不敢阿附你，使你蒙受羞辱；想不到你的心意和赵宣子不同！"左雄大为高兴，道歉说："我曾经事奉过冯直的父亲，又与冯直友善；现在你以此上告我，是我的过失！"天下人由此对左雄更为敬重。

这时，宦官依仗皇帝宠信而争相玩弄权势，只有大长秋良贺清正节俭，淡泊谦让。等到诏书命令推荐武猛，只有良贺没有推荐。汉顺帝问原因，回答说："臣生在贫穷的乡间，长在宫廷，既没有知人之明智，也不曾结交有学问的士子。以前，商鞅是因为景监才得推荐，有见识的人知道他不能善终。现今若得到臣推荐的人，不仅不会引以为荣，反而会使他蒙受羞辱，所以才不敢推荐。"汉顺帝因此奖赏了他。

冬季，十月，烧当羌那离等三千多骑兵侵犯金城，校尉马贤击败了侵扰的羌人。

十二月初一日戊戌朔，发生日食。

大将军梁商因为小黄门南阳人曹节等人在朝廷中弄权，让儿子梁冀、梁不疑与他们结为朋友；宦官对曹节受宠很妒恨，反而想陷害他。中常侍张逵、蘧政、杨定等人和左右亲信一起策划，共同毁谤梁商和中常侍曹腾、孟贲，说："梁氏想征召各王子，图谋废黜皇上，请求收捕梁商等人，审查其罪行。"汉顺帝说："大将军父子是我亲近的人，曹腾、孟贲是朕所爱惜的人，一定没有叛乱之事，只是你们这些人都忌恨他们而已。"张逵等人知道说的话不被采用，很害怕，于是出宫，伪造诏书，在宫中收捕曹腾、孟贲。汉顺帝听到了，大为生气；命令宦官李歙赶紧传命释放曹腾、孟贲，收捕张逵等人下狱。

（以上为第六段，写司隶校尉左雄、尚书周举公忠廉直，而大将军梁商与其子梁冀勾结宦官曹节、曹腾等人固宠，挑起宦官内讧而兴大狱。）

汉顺帝永和四年（己卯，公元139年）

春季，正月十三日庚辰，张逵等人被杀；事情牵连到弘农太守张凤、安平国相杨皓，他们都被处决；讼词还牵连到在位的大臣。梁商担心冤枉无辜，于是上疏说：“《春秋》所书大义，功绩归于元帅，罪过只追究元凶。大狱一兴，无辜受冤的人就多了，长久地拘禁囚犯，细小的过失，也会变成大案件，这不是顺应春天的和气，使政治平和、完善教化的办法。应当早日结案，停止无休止的逮捕。”汉顺帝采纳了，只追究当事人的罪行。

二月，汉顺帝任命梁商的小儿子虎贲中郎将梁不疑为步兵校尉。梁商上书推卸说：“梁不疑年纪尚小，难以担任成人的职位。从前，晏平仲推辞鄁殿，以守护他的富贵；公仪休不接受赠鱼，以安定他的高位；臣虽然没有才能，也希望在圣主之世保护自己的福禄。”汉顺帝就任命梁不疑为侍中、奉车都尉。

三月初九日乙亥，京城洛阳发生地震。

烧当羌那离等人再次叛乱；夏季，四月初八日癸卯，护羌校尉马贤去征讨他们，杀死那离，又杀敌一千二百多人。

四月二十三日戊午，大赦天下。

五月初三日戊辰，册封前济北惠王刘寿的儿子刘安为济北王。

秋季，八月，太原郡发生旱灾。

（以上为第七段，写梁商谏止大狱蔓延。）

汉顺帝永和五年（庚辰，公元140年）

春季，二月十七日戊申，京师发生地震。

南匈奴句龙王吾斯、车纽等人叛乱，侵入西河郡；诱使右贤王联合军队，围攻美稷，杀死朔方、代郡的官吏。夏季，五月，度辽将军马续和中郎将梁并等人，派边境军队和羌人、胡人共二万多人包抄袭击，击败了他们。吾斯等人又聚合在一起，攻占城池。汉顺帝派遣使者质问南匈奴单于；单于本来没有参与阴谋，就脱下帽子，离开帐幕，到梁并军营中请罪。梁并因为生病被征还京师，派五原太守陈龟代行中郎将职。陈龟因为单于不能控制下属，逼迫单于和他的弟弟左贤王都自杀，陈龟又打算把单于的近亲迁到塞内的郡县，使得投降的人更加猜疑不安。陈龟被论罪下狱，免官。

大将军梁商上书说：“匈奴反叛作乱，罪大恶极；穷困的鸟兽都知道挽救死亡，何况匈奴种族繁盛，不会消灭干净。而今转运日增，三军疲劳困苦，使国内空乏来供应边防，不利于中原。度辽将军马续向来有谋略，并长期主持边防，精通用兵打仗的要害。臣每次收到马续的书信，总是和臣的策略相合。应当命马续深挖壕沟，加固垒壁，以恩德信誉招抚降敌，明确颁布悬赏条例，订立投降期限，这样，敌人就可以顺服，国家就无事了！”汉顺帝听从了，于是下诏命令马续招降叛敌。

梁商又写信给马续等人说：“中原安定，久无战事。战马夜袭，短兵相接，顷刻之间决定胜负，这是匈奴的长处，而是中原的短处；可是，强弓守城，坚营固守，以等待敌人士气低落，寻找战机，这是中原的长处，而是匈奴的短处。应该务必先发挥我们的长处，观察形势的变化，设立悬赏，宣讲政策，使敌人后悔而归降，切勿出战贪图一时的痛快，而扰乱了长久安边的大谋。”于是，右贤王的部下抑鞮等一万三千人都到马续军营投降。

五月三十日己丑晦，发生日食。

当初，那离等人既已平定，朝廷任命来机为并州刺史，刘秉为凉州刺史。来机等人本性暴虐残忍，常常骚扰、征调百姓；且冻、傅难种羌人于是反叛，攻打金城，联合其他部落的羌人、胡人大肆侵入三辅，杀死官吏。来机等人一起都被论罪征回。于是命马贤为征西将军，骑都尉耿叔为副职，率领左右羽林五校士和各州郡军队共十万人，驻扎在汉阳郡。

九月，命令扶风郡和汉阳郡在两郡之间的陇山通道上建筑三百座坞壁城堡，驻扎军队。

九月十四日辛未，太尉王龚因为年老多病而免职。

且冻羌侵扰武都，焚毁陇关。

九月二十五日壬午，任命太常桓焉为太尉。

南匈奴句龙王吾斯等人立车纽做单于，向东与乌桓交结，向西收集羌族、胡族等几万人，进犯攻破京兆虎牙营，杀害上郡都尉和军司马，于是抢劫并、凉、幽、冀四州。朝廷于是就把西河的治所迁到离石，上郡的治所迁到夏阳，朔方的治所迁到五原。十二月，派出使者匈奴中郎将张耽，率领幽州、乌桓各郡军队攻击车纽等人，在马邑作战，杀死三千人，俘获许多敌人。车纽请求投降，而吾斯仍然率领他的部众和乌桓四处抢劫。

（以上为第八段，写梁商主张以恩德信誉招降北方匈奴。）

当初，汉顺帝命令马贤讨伐西羌，大将军梁商认为马贤已经老了，不如委任太中大夫宋汉；汉顺帝没有听从梁商建议。宋汉是宋由的儿子。马贤到军营逗留，不向前推进。武都太守马融上疏说：“现在各部落羌人辗转轮番抢掠诸县，应当乘他们还来不及合并，应快速进兵深入，逐个打破这些从属部落；而马贤等人进军迟缓，走走停停。羌人和胡人可以在百里之外看到官军的尘土，千里之外就听到了动静，现在逃避躲藏，绕到马贤军队的后方，必然会侵扰三辅，酿成大害。臣希望得到马贤淘汰的五千关东兵，临时编拟一个部队名号，愿尽力率领鼓励，前进不退，作将士先锋；三十天之内必能攻破敌兵。臣又听说：吴起作为将领时，热天不撑伞，冷天不披裘衣；现在马贤驻扎野外，设置帷幕，山珍美肴摆了一大堆，妻妾儿女在身边侍候，事事与古代名将相反。臣担虑马贤等人专守一个城池，而羌人声称攻击西方，反而从东方跑出，将要发生将士不听从命令的局势，必将暴发类似于高克全军溃散的变乱。”安定人皇甫规也发现马贤不懂军事，推测他必定失败，上书说明情况。朝廷一概不听。

（以上为第九段，写马贤不懂军事而任护羌校尉。）

汉顺帝永和六年（辛巳，公元141年）

春季，正月二十一日丙子，征西将军马贤和且冻羌在射姑山开战，马贤的军队战败；马贤和两个儿子都死掉，东西羌人于是合为一体。闰月，巩唐羌侵入陇西，直达三辅，焚毁园陵，杀害并抢掠官吏百姓。

二月初三日丁巳，在营室星区出现孛星。

三月初九日上巳，大将军梁商大会宾客，在洛水之滨设宴；酒兴正浓，接着又唱《薤露之歌》。从事中郎将周举听到了，叹息说：“这哀乐演奏的不是时候，也不是地方，灾祸快要降临了！”

武都太守赵冲追击巩唐羌，杀死四百多人，收降了两千多人。下诏，命令赵冲督导河西四郡的军队，负责调度。

安定上计掾皇甫规上疏说：“臣这些年来，多次陈述有利于国家的建议：当羌人还未行动起来，臣就预料到将要反叛；马贤一出兵，就预料到必定失败；不幸言中的事情，是可以验证的。臣每次想到马贤等人统军四年，没有功业，出师远征的耗费却以百亿计算，全部由平民百姓付出，结果却落到贪官奸吏手中，所以社会上的人，成群结为盗贼，青州、徐州发生饥荒，民众拖儿带女地流散。羌戎的叛乱，并不是因为太平无事而引起的，都是因为边将安抚管理不好，羌人平常安定时，地方官就对百姓侵扰暴虐；羌人叛乱，仍不加安抚，为了贪图小利而进剿，终于酿成大祸；偶有小胜，就虚报斩敌首级，浮夸战功；一旦战败就掩盖实情不向外透露。军士劳苦怨恨，受到狡猾官员的压制，进不能速战以立功，退不能保证温饱以活命，饿死在沟渠，暴骨在荒野；只看到王师出兵，没有听到捷报。夷狄首领悲伤得哭出血来，惊恐惧怕而产生变乱，所以保持安定的时间不会长久，叛乱却连年不断，这就是臣为何扼腕捶胸，无限悲叹的原因了！希望给拨给臣两营、二个郡中担任留守未出征的预备军五千名，出其不意，和赵冲首尾相连。羌人的地理形势，臣向来熟知；掌握形势，运兵作战，臣也有实践经验；可以不必颁发印绶和赏赐布帛，战后最好的结果是清除灾患，最差的结局也可以使他们归降。如果以为臣年纪太轻、官职低微，不值得任用，凡是战败的将领都不是官爵不高、年龄不大的。臣万分诚恳，冒死陈述！”汉顺帝没能采用。

（以上为第十段，写皇甫规上奏安羌之策，顺帝不予采用。）

三月十六日庚子，司空郭虔被免职。三月二十二日丙午，任命太仆越戒为司空。

夏季，派匈奴中郎将张耽、度辽将军马续率领鲜卑人到谷城，在通天山进攻乌桓，击败了他们。

巩唐羌侵扰北地郡。北地郡太守贾福和赵冲迎击，遭到失败。

秋季，八月，乘氏忠侯梁商病得很重，告诫儿子梁冀等人说：“我活着时对朝廷毫无贡献，死后怎么可以耗费国家库藏？衣被、口中含物，玉匣、珠宝贝壳之类，对尸骨有什么益处？百官送葬，骚扰不安，在道路上喧哗，只会增加我的污点，一切皆加以谢绝。”八月初四日丙辰，梁商去世；汉顺帝亲自吊丧。梁商的儿子们想听从梁商的教诲，朝廷不答应，赐予东园棺木、银镂、黄肠、玉匣。等到下葬，诏赐政府派出兵车及甲士送葬，梁皇后亲自送丧。汉顺帝到宣阳亭，遥望送葬的车队远远离去。八月初十日壬戌，任命河南尹、乘氏侯梁冀为大将军，梁冀的弟弟侍中梁不疑为河南尹。

臣司马光评论说：汉成帝不能选用贤才，把政务托付给舅父，可以说是很昏庸；但仍然知道王立无才，抛弃不用。汉顺帝把大权交给皇后家族，梁冀顽劣嚣张，凶恶残忍，平时已很昭然，却要让他继承父亲的地位，终于导致反叛，大逆不道，汉朝动荡。汉顺帝与汉成帝相比，更加昏庸！

当初，梁商病重，汉顺帝亲自探望，问梁商有何遗言，梁商回答说：“臣的从事中郎周举，清高忠正，可以重用。”于是，任命周举为谏议大夫。

九月，羌人各部侵入武威。

九月三十日辛亥晦，发生日食。

冬季，十月初二日癸丑，由于羌人到处横行霸道，凉州惊恐，再次将安定的治所迁到扶风，将北地的治所迁到冯翊。十一月二十日庚子，任命执金吾张乔代理车骑将军，率军一万五千人驻守三辅。

荆州盗贼兴起，数年不能平定；任命大将军从事中郎李固为荆州刺史。李固到任，派官吏慰问境内人民，赦免盗民以前的罪过，让他们重新做人。于是，盗民首领夏密等人率领他的头领六百多人，捆绑自己，归降自首，李固宽恕他们，遣送回乡，相互召集旧部，宣扬朝廷威信法令；半年的时间，残余的盗民全部归降，州内清明太平。李固弹劾南阳太守高赐等人贪赃的丑事；高赐等人以贵重物品贿赂大将军梁冀，梁冀为了替高赐等人说情，动用紧急情报传驿送信，而李固却抓住不放，而且追查更急，梁冀就把李固调为泰山郡太守。当时，泰山的盗民已经聚集多年，郡中常派上千人的部队追击讨伐，不能将之制伏。李固到任，把郡兵全部遣散务农，只选留一百多个有战斗力的士兵，用恩德、信誉招降诱导盗民。不到一年，盗民全部消散。

（以上为第十一段，写汉顺帝任用顽劣嚣张的梁冀为大将军，司马光认为汉顺帝比汉成帝更加昏庸。李固外任地方，盗贼平息，社会安定。）

汉顺帝汉安元年（壬午，公元 142 年）

春季，正月十四日癸巳，大赦天下，改元年号为汉安。

秋季，八月，南匈奴句龙吾斯和薁鞬、台耆等人再次叛乱，抢劫并州。

八月二十一日丁卯，派遣侍中河内人杜乔、周举，代光禄大夫周栩、冯羡，魏郡人栾巴、张纲、郭遵、刘班，分别到各州郡去，表扬贤良人才，推举忠诚勤劳的人；对于犯有贪污罪的刺史、二千石，派驿马快速上奏，县级以下的赃官，可以直接收捕审查。杜乔等人接受命令前往各部，只有张纲把车子停在在洛阳的近郊驿站，说："豺狼在道，哪有工夫去找狐狸！"于是上书弹劾："大将军梁冀、河南尹梁不疑凭借外戚关系，蒙受恩德，居宰相之位，却一味贪污，恣情纵欲没有限度，一一罗列出他们目无国君的十五件事，这都是大臣子民所痛恨的！"奏章呈上后，京城惊动。当时梁皇后正受宠幸，梁氏亲戚充斥朝廷，汉顺帝虽然知道张纲的言辞切中要害，却不能采纳。杜乔到了兖州，上表推荐泰山太守李固的政绩为天下第一，汉顺帝征召李固为将作大匠。八位使臣所弹劾进奏的人多是梁冀和宦官的亲朋党羽；皇亲和宦官互相请托救助，所弹劾的事全被搁置。侍御史河南人种暠深恶痛绝，再次上书弹劾。廷尉吴雄、将作大匠李固也上言："八位使臣所指控的官员，应赶快从重处罚。"汉顺帝才出示八位使臣的奏章，命令有关部门考查问罪。

梁冀怀恨张纲，想要加害张纲。当时广陵贼人张婴扰乱扬州、徐州，长达十几年，二千石官员无法平定，梁冀就任命张纲为广陵太守。以前的太守大多要求增派军队，唯有张纲单车上任，不请兵相随。张纲到任，就直接前往张婴的军营垒门；张婴大惊，急匆匆跑进军营关闭垒门拒守。张纲在门外遣散随从官员和士兵，只留下十几个亲信，写信开导张婴，请求相见。张婴见到张纲确有诚意，于是出营门拜见。张纲请张婴到郡府，安排在首席的贵宾座位上，解释说："以前的郡守大多贪污暴虐，使你们愤怒而聚众起兵；郡守确有罪责，但你们这样做也不合大义。现在，皇上仁厚圣明，想用恩德使叛逆归顺信服，所以派太守来，考虑的是让你们立功赎罪，把爵位官禄送给你们，不想施加刑罚，这正是转祸为福的时机。如果你们明白了大义还不顺服，天子一旦震怒，集合荆、扬、兖、豫州的大军征讨，你们将身首异处，断子绝孙。这两种后果的利害关系，你们要认真考虑！"张婴听后，流泪说：

“我们这些荒野愚民，自己不能上通朝廷，忍受不了迫害冤枉，于是聚集一起，苟且偷生，自知如同鱼在锅里游，日子不会长久，只是获得片刻的喘息。今日听到英明的太守的话，正是我们重获新生的时候！”于是告辞回营。第二天，率领一万多部众，带着妻子儿女，当面捆绑，向张纲投降。张纲单独乘车进入张婴军营，会见众人，饮酒为乐，遣散部属，任其离去；亲自为他们选择住宅，安置田亩；有子弟想做官的，都招来任命，人人心悦诚服，南方的州郡于是安定。朝廷评论功绩，应封赠张纲，梁冀从中阻挠。张纲在郡中任职一年，去世；张婴等五百多人为他制作丧服、办理丧事，把灵柩送到犍为郡，背土垒坟。汉顺帝下诏任命张纲的儿子张续为郎中，赐钱一百万。

（以上为第十二段，写汉顺帝委派八使巡风，张纲弹劾梁冀，梁冀怀恨，想借盗贼之手杀害张纲，任命张纲为广陵太守，张纲到任，十余年为乱的盗匪请降。）

这时，有政绩的二千石官员有洛阳令渤海人任峻、冀州刺史京兆人苏章、胶东国相陈留人吴祐。担任洛阳令的官员自从王涣以后，都不称职；任峻能够选派文武官员，各尽其才，果断地揭发犯罪行为，民众不再害怕官吏，任峻的威严禁令比王涣猛烈，但推行文化教育不如王涣。苏章做冀州刺史；有位老朋友做清河太守，苏章到任，想要立案追查他贪污的事，于是请清河太守作客，摆下丰盛的宴会，畅叙平生的友情，十分欢好。清河太守高兴地说：“别人只有一个天，我却有两个天！”苏章说：“今天晚上我和老友饮酒，是私情；明天冀州刺史查问案件，是公务。”于是揭发了清河太守的过恶将其治罪，全州肃然。后来苏章因为与特权豪门对抗，违反了圣旨，被论罪免官。当时全国政治日益腐败，民多怨苦，评论国事的人每天都在赞赏苏章，但朝廷终究没有再任用苏章。吴祐做胶东国相，政治清明，仁爱简洁，民众不忍心欺诈吴祐。啬夫孙性，私自向民众收税敛钱，买衣服送给父亲。孙性的父亲得到衣服生气说：“你有这样好的长官，怎么忍心欺骗他！”催促孙性去认罪。孙性羞愧恐惧地来到相府，拿着衣服自首。吴祐屏退左右，询问缘故，孙性把父亲的话详细叙说了。吴祐说：“你为了父亲而不惜败坏自己的名声，正是所谓‘考察一个人所犯的过失，就知道这是个什么样的人。’”吴祐命令孙性回去，向父亲谢罪，还把衣服赠送给了孙性。

冬季，十月二十六日辛未，太尉桓焉、司马刘寿被免职。

罕羌部落五千多户向赵冲归降，只有烧何种占据参䜌县，不肯归降。十月二十九日甲戌，罢除张乔掌管的军屯。

十一月初七日壬午，任命司隶校尉下邳人赵峻为太尉，大司农胡广为司徒。

（以上为第十三段，写苏章惩贪，铁面无私。吴祐仁厚清廉，民不欺诈。）

汉顺帝汉安二年（癸未，公元 143 年）

夏季，四月初八日庚戌，护羌校尉赵冲和汉阳太守张贡，在参緣攻击烧当羌，大败他们。

六月二十五日丙寅，立南匈奴守义王兜楼储为呼兰若尸逐就单于。当时，兜楼储在京城，汉顺帝亲自主持仪式授予玺绶，宣召上宝殿，赐给许多车马、器服、金钱、布帛。汉顺帝下诏命令太常、大鸿胪和各国的侍子在广阳门外给兜楼储饯行，举行盛大宴会，在宴会上演奏音乐、观看摔跤角力和各种节目。

冬季，闰十月，赵冲在阿阳县攻打烧当羌，击破了烧当羌。

十一月，匈奴中郎将扶风人马寔派人刺杀句龙王吾斯。

自九月以来，凉州发生了一百八十次地震，山崩谷裂，震塌了城墙官舍，被压死的百姓很多。

尚书令黄琼认为，从前左雄提出了举孝廉的办法，专门用于选儒学、文吏，这对于举拔人才仍有疏漏，于是上奏，请加孝悌与从政两项，共为四科。汉顺帝接受了。

汉顺帝建康元年（甲申，公元 144 年）

春季，护羌从事马玄受羌人引诱，率领羌民逃到塞外，兼护羌校尉的卫琚追杀马玄等人，杀了八百多人。赵冲又追击背叛的羌人，直到武威鹯阴河；军队刚刚渡河完毕，所率领的归降的六百多名胡人叛逃；赵冲率领几百人追击，遭遇羌人的埋伏，与兵士一起全军阵亡。赵冲虽死，但他前后斩杀和俘虏的羌人很多，羌人于是逐渐衰弱。汉顺帝下诏封赵冲的儿子为义阳亭侯。

夏季，四月，委派匈奴中郎将马寔进攻南匈奴左部，攻破他们。于是，胡人、羌人、乌桓人都向马寔归降。

四月十五日辛巳，立皇子刘炳为太子，改元年号为建康，大赦天下。太子刘炳住在承光宫，汉顺帝派侍御史种暠做太子宫总管。中常侍高梵从皇宫中乘一辆车子出宫迎接太子进宫，当时，太傅杜乔等有怀疑，不想让高梵把太子接走，但又不敢确定，种暠于是手持利剑，挡着车子说："太子是国家的储君，是天下民众命运的寄托。现在常侍来，没有诏书符信，怎么知道不是奸贼？今天只有一死罢了。"高梵理屈，无言以对，赶快回去报告。汉顺帝发出正式诏书通报杜乔、种暠，太子才得以进宫。杜乔退朝后叹息，惭愧自己不如种暠临阵不乱；汉顺帝也嘉勉种暠做事稳重，称赞了许久。

扬州、徐州的盗贼蜂起，一股股的起事民众互相呼应，盘结在一起有好几年了。秋季，八月，九江人范容、周生等人侵犯掠夺城邑，占据历阳县，成为江淮的大祸；派御史中丞冯绲督率州中军队讨伐叛贼。

八月初六日庚午，汉顺帝在玉堂前殿去世。太子即皇帝位，年仅二岁。尊称梁皇后为皇太后，梁太后临朝听政。八月十三日丁丑，任命太尉赵峻为太傅，大司农李固为太尉，参决尚书事务。

九月十二日丙午，在宪陵埋葬孝顺皇帝，庙号敬宗。

这一天，京师和太原、雁门发生地震。

九月十六日庚戌，下诏举荐贤良方正的人才，策问政事。皇甫规对策说："臣考虑到先皇顺帝开始理政时，建立纲纪，国家差不多出现太平景象；后来遇到奸贼的包围，威权落到身边亲近人之手。他们收受贿赂，卖官鬻爵，交结宾客，天下骚乱，民众投奔叛乱，如同归家，官吏和民众都走投无路，国家和民众都财穷力尽。陛下以慈母之身，君临天下，聪明圣洁，品行纯洁，临朝听政初期，选拔忠正坚贞之士，烦琐的法令规章很多都被改革修正，朝廷内外和睦团结，可见太平局面。然而灾害怪异现象不断出现，盗贼四处侵扰，这恐怕是奸臣权势太强盛所导致的。那些毫无善行的常侍，应该立即淘汰，凶人奸党一起扫除，没收奸人的财富，用以安抚民众的痛苦和抱怨，以回答上天的警告。大将军、河南尹梁不疑，也应加强修养谦逊的节操，并学习儒术，裁除游乐的不急需开支，削减无益的个人居宅的豪华装饰。君王是船，民众是水，群臣是乘船的人，梁氏将军兄弟是划桨的人。如果志向坚定，全力以赴，为民谋取平安，这就是福气；如果放松怠慢，国家之舟将就会被波涛吞没，能不慎重吗？品德与爵禄不相称，犹如挖墙脚来增加墙的高度，岂不是白费力气，哪能加固墙头呢？老奸巨猾、酒肉朋友、无聊的宾客，应该一律贬斥，以惩罚违法的人；责令梁冀等人深刻反省得贤才的福气和误交朋友所受的拖累。"梁冀发怒，把皇甫规列为下等，任命为郎中；皇甫规借口有病，免职，遣回家乡，州郡官员奉承梁冀的意旨，多次差点置皇甫规于死地，皇甫规最终被埋没禁锢在家，长达十几年。

扬州刺史尹耀、九江太守邓显等人在历阳讨伐范容等人，战败身亡。

冬季，十月，日南郡蛮夷再次背叛，焚烧县城。交趾刺史九江人夏方招抚诱导他们投降。

十一月，九江盗贼徐凤、马勉焚烧城池；徐凤自称无上将军，马勉称皇帝，在当涂山建造营垒，建立年号，设立百官。

十二月，九江贼人黄虎等攻占合肥。

这一年，一群强盗发掘了宪陵。

（以上为第十四段，写顺帝驾崩，冲帝即位，诏举贤良对策，皇甫规借对策讥刺梁冀非治国之才，被列为下第，禁锢乡里十余年。）

孝冲皇帝

汉冲帝永嘉元年（乙酉，公元145年）

春季，正月初六日戊戌，汉冲帝在玉堂前殿去世。梁太后因为扬州、徐州盗贼问题严重，想等到征召的各王侯到了再发丧。太尉李固说："皇上年龄虽小，但仍是天下的君父。今天去世，人神感动，岂有当人臣的共同隐藏君父的死期呢？从前，秦始皇死后的沙丘阴谋，和近时北乡侯的事情，都是秘不发丧，这是天下的忌讳，绝对不可以！"梁太后同意了，当晚就发丧。

征召清河王刘蒜和渤海孝王刘鸿的儿子刘缵到京城。刘蒜的父亲是清河恭王刘延平；刘延平和刘鸿都是乐安夷王刘宠的儿子，千乘贞王刘伉的孙子。清河王为人庄严稳重，行为举止合乎法度，公卿大臣都一致赞成立他为皇帝。李固对大将军梁冀说："现在选立皇帝，应当择年纪稍长，高明有德行，能亲自处理朝政的人，希望将军深思熟虑国家大计，想想周勃立文帝、霍光立宣帝，预防像邓氏、阎氏一样推立幼弱。"梁冀不听从，和太后在宫中决定了国家立君大事。正月二十四日丙辰，梁冀持节，用王侯乘坐的青盖车迎接刘缵到南宫。正月二十五日丁巳，封刘缵为建平侯。当天，刘缵即皇帝位，年仅八岁。刘蒜被遣返回到封国。

将要为汉冲帝选择陵地，李固说："现在处处是盗贼，军事耗费大，刚刚建造宪陵，又要加重增收赋税，势必引起不止一股的政治风波；皇帝年纪还小，可以在建陵陵园中造陵，依照康陵的规模及前例安葬冲帝。"梁太后采纳了李固的建议。正月二十七日己未，把孝冲皇帝葬在怀陵。

梁太后让宰臣管理政事，李固的进言，梁太后大多听从；作恶的宦官一概驱逐，天下都向往太平；但梁冀对李固深恶痛绝。

当初，汉顺帝时任命官员，多不依旧制按次序逐级升迁；等到李固当政，上奏罢免一百多人。这些人都仇恨李固，又为了迎合梁冀的心意，于是共同捏造匿名信诬告李固说："太尉李固，假公济私，表面上是正人君子，实际行为却是个奸邪小人，挑拨皇室宗亲与皇帝的感情，自己拉起山头结成私党。先帝出殡安葬时，路上的行人掩面悲哭，只有李固涂脂抹粉，搔首弄姿，左顾右盼，俯仰做作，行为妖冶，丝毫没有一点忧伤悲痛的感情。先帝山陵还没有造成，李固就改变旧有的规章制度，将成绩归于自己，把过失归于君主；驱逐亲近的臣子，不能侍奉在君侧，不能为君送葬。作威作福，没有人超过李固！儿子的罪，没有比连累父母更大的了，臣子的罪恶，没有比损伤君主更严重的，李固的过恶，理应诛杀。"奏章呈上后，梁冀面见梁太后，要求办理此事，梁太后没有听从。

广陵郡贼人张婴再次召集几千人反叛，占领广陵。

二月二十四日乙酉，大赦天下。

西羌连年动乱，耗费八十多亿，各级将领大多克扣军粮，层层中饱私囊，都拿珍宝贿赂长官左右亲近。上上下下肆无忌惮，层层包庇，不理军务，士卒死不得安，白骨相望，遍布原野。左冯翊梁并用恩德、信誉招诱叛变的羌人；离湳、狐奴等五万多户，都向梁并归降，陇右再次平定。

梁太后因为徐州、扬州盗贼日益猖狂厉害，令朝廷广求将帅。三公举荐涿县县令北海人滕抚有文才武略；下诏任命滕抚为九江都尉，和中郎将赵序辅助冯绲，集结州郡数万军队，共同征讨叛贼。又广设赏招募，悬赏的金钱和封爵采邑按功劳大小各有等级。又议论派太尉李固前往，还未来得及动身。三月，滕抚等人进攻贼巢，大胜，杀死马勉、范容、周生等一千五百多人。徐凤带领残部烧坏东城县。夏季，五月，下邳人谢安接受招募，率领他的宗族，设下埋伏攻击徐凤，斩杀了徐凤。册封谢安为平乡侯。任命滕抚为中郎将，督导扬、徐二州军事。

五月二十六日丙辰，下诏说："孝殇皇帝在位已超过一年，君臣名分已定。孝安皇帝继承大统，而过去竟使恭陵排在康陵之上，后辈超过了先辈，次序颠倒，应当改正。"

六月，鲜卑侵犯代郡。

秋季，庐江盗贼攻击寻阳，又攻击盱台。滕抚派司马王章击败了他们。

九月二十二日庚戌，太傅赵峻去世。

滕抚攻击张婴，冬季，十一月十九日丙午，击败张婴，杀死和俘虏了一千多人。十一月二十日丁未，中郎将赵序因为畏惧怯懦和谎报斩敌人数，被判处死刑。

历阳盗贼华孟自称黑帝，杀死九江太守杨岑。滕抚进军攻击，获胜，杀死华孟等三千八百多人，俘虏七百多人。于是，东南完全安定，凯旋。任命滕抚为左冯翊。

永昌太守刘君世，用黄金铸造文蛇，进呈给大将军梁冀；益州刺史种暠揭发并逮捕了刘君世，由驿传向朝廷报告。梁冀于是怀恨种暠。时逢巴郡人服直聚集几百人，自称天王，种暠和太守应承前往讨伐，打了败仗，官吏和民众多受伤害；梁冀据此陷害种暠，传令抓获种暠和应承。李固上书说："臣听说，讨伐所造成的官民的损伤，本不是种暠、应承之意造成的，实在是由于县里的官吏害怕法令，怕承担罪责，逼迫民众作战，使民众陷入深深的痛苦之中，官民受损伤的局面，原来是县里的官吏不了解形势造成的。等到盗贼群起，到处作乱，种暠、应承因为首先揭发奸恶而立即受到罪罚，臣担心这样会挫伤州县揭发贼情的诚意，以后会更加互相隐瞒，不肯再尽忠心。"梁太后看了奏章，于是赦免了种暠、应承，只免官而已。金蛇收归国库，由大司农收藏，梁冀想从大司农杜乔那里借来观看，杜乔不同意。梁冀的小女儿死了，命令公卿都去赴丧，只有杜乔不去；梁冀因此更加仇恨杜乔。

（以上为第十五段，写冲帝即位不足半年而亡，质帝即位，梁太后临朝，李固当政，罢贪残，任用贤才，清剿东南盗贼，梁冀怀恨，伺机反扑。）

【点评】

本卷点评顺帝后期政治，三大史事，从正反两个方面看出，东汉政治昏暗，顺帝心明志衰，国家不振，无可救药。

一、招抚岭南。侍御史贾昌与岭南州郡联兵征讨南人部落反叛，一年多没有攻克，官军反而被围困。顺帝诏公卿大臣与四府合议征讨方略，一致主张大发兵征讨。议郎李固独持异议，陈述了七条不可大发兵的理由，只要州郡长官称职，无须征讨，就可招抚。四府一致采纳李固建议，朝廷调任长沙人并州刺史祝良为九真太守，南阳人张乔为交州刺史。两人到任，张乔开诚布公，宣慰诱导，交趾叛乱的部落大多投降，一部分解散。祝良乘单车直接进入叛军大营，陈说利害前途，展示政府威望和信誉，叛军感悟，纷纷向官军投降。叛乱投降的有几万人。五岭地区，秩序全部恢复。事实生动证明，少数民族地区的反叛，是贪官污吏的盘剥暴行引起的。只要有一个清廉的官吏，百姓视之如父母。祝良不是以暴易暴，用大军征讨，而是单车宣慰，就这一点诚信就感动了九真的叛众，不仅放下武器，还自动修建郡府官舍。

二、皇甫规献策安羌。皇甫规，字威明。张奂，字然明。段颎，字纪明。三人的字都有一个“明”字，都是凉州人，三人又都是安羌名将，故三人合传，史称“凉州三明”，传见《后汉书》卷六十五。东汉被西羌之祸困扰一百余年，最后为三明所安抚。征西将军马贤，既不懂军事，又无爱民之心，征讨四年，耗费数十亿钱财，还为祸一方。皇甫规，安定朝那（今甘肃平凉市西北）人。这是夷汉混杂的地区，皇甫规自幼生于斯地，熟悉边地风土民情，胸藏韬略，他上书朝廷献安羌之策，请兵五千，不要军饷，不要高官，只为效忠国家，安定社会。当时皇甫规为安定郡上计掾，人微言轻，汉顺帝没有采纳。

皇甫规在上书中指出祸乱原因，是地方贪官暴吏逼使民反，而征讨之将克剥兵士，不爱民，也不爱兵，虚夸战功，讳言失败，所以长年无功。

三、八使巡风。顺帝汉安元年（142）八月，顺帝派遣侍中林乔、周举，守光禄大夫周栩、冯羡、栾巴、张纲、郭遵、刘班八人，分行州郡，举荐贤良，表彰尽忠勤劳的官吏，平反冤狱，惩治贪黩，史称“八使巡风”。张纲，廷尉张皓之子。张皓，犍为武阳人。武阳县旧治在今四川眉山市彭山区东。张皓是西汉名相张良第六代孙。张皓、张纲继承了祖上刚强、正义的传统，父子皆为东汉名臣，不畏权势，护持大义。张纲字文纪，少明经学，“虽为公子，而厉布衣之节”。司徒府征辟，张纲以对策高第为侍御史，极端不满汉顺帝宠信宦官，发愿说：“秽恶满朝，不能奋身出命扫国家之难，虽生吾不愿也。”八使巡风，唯张纲最年轻，官位最低，其他七位都是硕学大儒，多历显位。张纲抓住这样一次难得的机会要干一番大事业，他在洛阳都亭大使出行与朝廷送行的祖道地点，即上路的地点，把车轮埋在地下，表示不去地方拍苍蝇，要留在京师抓大老虎。张纲说：“豺狼当路，安问狐狸。”豺狼即指大将军梁冀。张纲气势如虹，视死如归，弹劾大将军梁冀、河南尹梁不疑。这件事震动了京城。当时梁皇后正受宠爱，梁氏姻亲党羽满朝，汉顺帝不受理张纲的奏书，也不治张纲的罪。张纲忠诚，所言都是事实，这一点顺帝心里还算明白。

梁冀不满，利用手中职权，公报私仇。广陵大盗张婴聚众数万人，杀刺史二千石，寇乱扬州、徐州十多年，官军征讨不能取胜。梁冀点名要尚书省委派张纲任广陵太守，意在借刀杀人。张纲受命，没有推辞，单车上任，不带军队，他以个人的胆识毅力和智慧，劝降张婴，得一方安宁。后来张纲离任，张婴复叛。所谓盗贼横行，都是官逼民反，黎民百姓要求很低，他们只要一个像张纲这样的清官，让他们能生存下去。贪官恶吏，不让民众生存，民众只能拿起刀枪棍棒，在死中求活。八使巡风，其他各使，未见史载一个字的政绩，只不过是走了一番过场。张纲的壮烈行为，也只是走了一个过场。东汉政权，已不可能自上而下改革了，除了走向灭亡，无药可救。

汉纪四十五

汉质帝本初元年至汉桓帝永寿二年（公元146—公元156）

【起柔兆阉茂（丙戌，公元146年），尽柔兆涒滩（丙申，公元156年），凡十一年】

【大事提要】

本卷记事起公元146年，讫公元156年，凡十一年，当质帝本初元年至桓帝永寿二年，载质帝及桓帝一朝前期史事。不学无术的外戚梁冀，为了一句“跋扈将军”就随意毒杀质帝，此时外戚势力最为嚣张，名臣李固、杜乔皆为梁冀害死。桓帝以诸侯入继大统，受制于外戚梁氏，不甘于傀儡地位，而与宦官结盟，结果皇权不落于外戚之手，则落于宦官之手。宦官浊流为朝官士大夫看不起，宦官心灵受辱，则横暴变本加厉。皇帝愈是贴近宦官，必然愈是疏远朝官士大夫。外戚失势，朝官士大夫被疏远，二者合流对抗宦官，其势必然把皇权更加推入宦官怀抱。于是皇帝、宦官、外戚、朝官士大夫，相互的权力之争陷入恶性循环。桓灵时期，宦官专权达于鼎盛，东汉政权进入了黑暗期。梁冀目空一切，大起宅第，扩建范围，僭越制度，自掘坟墓。太学生刘陶上奏桓帝纳谏亲贤，建言召李膺入朝治事，桓帝不听。三十二个郡国大闹蝗灾。崔寔《政论》倡言治乱邦要用重典。司马光认为宽严相济，才是治国常典。鲜卑兴起，侵扰北疆。

孝质皇帝

汉质帝本初元年（丙戌，公元146年）

夏季，四月二十五日庚辰，命令郡、国推荐明通经学的大儒到太学，从大将军以下都把子弟送至学校读书。学满一年考试，按等级差别担任官职。另外千石、六百石、四府属官、三署郎、四姓小侯中已经通晓经书的，下令他们各自继承家学，考试成绩好的列入牒册，按照排名顺序给以赏赐。从此，学风昌盛，有三万多太学生。

五月初六日庚寅，改封乐安王刘鸿为渤海王。

海水倒溢，淹没民宅。

六月初三日丁巳，赦免天下。

汉质帝少年聪慧，曾经在朝会时，瞪着梁冀说："这位就是跋扈将军！"梁冀听后，十分憎恨汉质帝。闰六月初一日甲申，梁冀派汉质帝身边的侍从在汤饼里下毒，送给汉质帝吃；汉质帝吃后，口干涩苦，胸中十分烦闷，下令赶快召问太尉李固。李固入宫，问汉质帝得病的原因；当时汉质帝还能说话，说："吃了煮饼，现在肚子胀，喝水能活命。"当时梁冀也在旁边，说："担心会吐，不能喝水。"话还未说完，汉质帝就死了。李固伏尸痛哭，追查弹劾值班的御医；梁冀害怕事情泄露，极为痛恨李固。

将要商量继位的人选，李固和司徒胡广、司空赵戒先给梁冀写信说："天下不幸，数年之间，三个皇帝相继死去。现在又要立皇帝，这是国家最重大的事情，深知太后惦念，将军劳神思虑，谨慎地选择继位的人，力求圣明；然而，我们念念于此，独有所感。查考远古君王的废立，近看汉代至此的君主登基，没有不访问公卿大臣，广泛征求群臣意见，务必使立嗣上应天心，下合众望。古书上说：'把天下交给别人容易，为天下求得明君艰辛。'从前，昌邑王被立为帝，昏乱日益滋长；霍光忧愁惭愧而奋发有为，悔恨得锥心折骨。如果不是博陆侯霍光忠正勇猛，延年奋发有为，大汉国统，几乎要断绝了。立君是一件最令人忧心，最重要的事情，怎能不深思熟虑？国家之事千头万绪，只有这才是最大的事。国家兴衰，就在此一举。"梁冀获得书信后，召集三公、中二千石以及列侯，议论立帝大事。李固、胡广、赵戒以及大鸿胪杜乔等人都认为清河王刘蒜以有圣明的德行而著闻，是质帝的同父兄长，最为亲贵，应立他为嗣，朝臣没有不赞同的。但是，中常侍曹腾曾经觐见刘蒜，刘蒜对曹腾毫不客气，宦官因此憎恨刘蒜。当初，平原王刘翼被贬回河间，刘翼的父亲河间孝王刘开请求划分蠡吾县给刘翼，使刘翼为侯；汉顺帝接受了。刘翼去世，儿子刘志嗣位；梁太后想把妹妹嫁给刘志，把刘志召到夏门亭。正遇到汉质帝去世，梁冀想拥立刘志。与众人的意见不同，愤然不乐，又没有充分的理由驳斥公卿众臣。曹腾等人知道此事，夜间前往游说梁冀："将军世代为皇亲国戚，掌管国政，门客众多，有不少过失。清河王严肃端正，如果继位，那么不久大将军将大祸临头啊！不如立蠡吾侯，可以长保富贵。"梁冀认为曹腾的话有道理，第二天，再次会集公卿，梁冀气势汹汹，言辞偏激强硬，自胡广、赵戒以下的官员，没有不恐惧，都说："只听从大将军的命令！"唯有李固、杜乔坚持原议。梁冀严厉地说："散会！"李固仍然认为刘蒜是众望所归，再次写信劝说梁冀，梁冀更加愤恨。闰六月初四日丁亥，梁冀说服了梁太后，下诏免去李固的官职。闰六月初五日戊子，任命胡广为太尉，司空赵戒为司徒，与大将军梁冀共同掌管宫廷机要；太仆袁汤为司空。袁汤是袁安的孙子。闰六月初七日庚寅，命令大将军梁冀持节，以王侯的青盖车迎接蠡吾侯入皇宫；当天，皇帝即位，年仅十五岁。梁太后仍然临朝听政。

秋季，七月初二日乙卯，把汉质帝葬于静陵。

大将军属官朱穆致书劝诫梁冀说："明年是丁亥年，刑罚和恩德都在北方，《易经》记载龙战于野，阳道将获得胜利，阴道将失败。希望将军专心公务，割除私欲，广求贤能之人，排斥疏远奸邪小人，为皇帝选择师傅，选择小心谨慎、笃信礼义的人担当，将军与他一起进宫，参加讲授学习，效法古代先贤，这如同背靠南山、稳坐平原，谁能颠覆！议郎、谏议大夫等言官的职位，本来就是用来安置那些精通儒术、志行高尚的士人的，而现在的人选多不适当，九卿之中也有不能胜任的，请将军考察！"又举荐种暠、栾巴等人，梁冀没有采用。朱穆是朱晖的孙子。

九月，戊戌日（疑误），追尊河间孝王为孝穆皇，夫人赵氏为孝穆后，祭庙称为清庙，陵墓称为乐成陵；蠡吾先侯称为孝崇皇，祭庙称烈庙，陵墓称博陵；这些陵寝全都设立令、丞，派司徒持节，携带诏书、印信，以太牢之礼祭祀。

冬季，十月十二日甲午，尊汉桓帝生母匽氏为博园贵人。

滕抚性格刚直，不巴结权贵，被宦官仇恨；按照讨贼战功，应当封侯，但太尉胡广奉承旨意，上书弹劾滕抚；后来滕抚死在家中。

（以上为第一段，写梁冀毒死质帝，违逆公卿迎立蠡吾侯刘志即位，是为桓帝。太尉李固被罢免。）

孝桓皇帝上之上

汉桓帝建和元年（丁亥，公元 147 年）

春季，正月初一日辛亥，发生日食。

正月初八日戊午，大赦天下。

三月，谯县出现了龙。

夏季，四月十一日庚寅，京师洛阳发生地震。

册封阜陵王刘代的哥哥勃遒亭侯刘便为阜陵王。

六月，太尉胡广被免职，任命光禄勋杜乔为太尉。自从李固被罢免，朝野上下一片丧气，群臣人人自危；只有杜乔端正严肃，不肯屈从，因而朝野寄望于他。

秋季，七月，渤海孝王刘鸿去世，没有儿子；梁太后立汉桓帝的弟弟蠡吾侯刘悝为渤海王，以祀奉刘鸿。

下诏表扬梁冀拥立皇帝的功绩，增封梁冀采邑一万三千户，封梁冀的弟弟梁不疑为颍阳侯，梁蒙为西平侯，梁冀的儿子梁胤为襄邑侯，胡广为安乐侯，赵戒为厨亭侯，袁汤为安国侯，又封中常侍刘广等人为列侯。

杜乔劝谏说："古代的明君都致力于重用贤才、赏罚分明。亡国的君主，在他当政时朝廷上难道就没有忠贞干练的贤臣和治理国家的法令规章吗？问题在于即使有贤能，却不采用他们的谋略，即使有好的法令规章，也不得施行，听到忠信的建议不能采用，听到谗言也不能分辨好坏。陛下从藩臣登上皇位，天下归心，不把征求忠贤作为当务之急，反而把分封左右亲近放在首位，梁氏家族和卑贱的宦官，都佩戴上了无功而封侯拜官的印绶，占据本应归于功臣的采邑土地，这种乖张错乱，不是言辞能够形容的。有功不赏，行善的人失去希望；奸邪不受惩处，作恶者更加猖狂。所以，把砍头的利斧放在面前而没有人害怕；颁布封爵官位而没有人动心。这样下去，岂只是伤害政务、造成混乱而已？还会丧身亡国，能不谨慎吗？”奏章呈上，汉桓帝不理睬。

八月十八日乙未，册立梁女莹为皇后。梁冀准备用厚礼迎接，杜乔根据惯例，不听从。梁冀又嘱咐杜乔推荐汜宫任尚书，杜乔认为汜宫有贪赃罪，不予推荐。于是，杜乔日益冒犯梁冀。九月二十一日丁卯，京城洛阳地震。杜乔因灾异而被下诏免职。冬季，十月，任命司徒赵戒为太尉，司空袁汤为司徒，前太尉胡广为司空。

宦官唐衡、左悺一起在汉桓帝面前诬陷杜乔，说：“陛下在即位之前，杜乔和李固反对陛下，认为您不够资格祀奉汉室宗庙。”汉桓帝于是也仇恨杜乔。

十一月，清河人刘文与南郡民贼刘鲔结交，妄言“清河王该统治天下”，准备共同拥戴刘蒜。事情泄露，刘文等人就劫持了清河国相谢暠，说：“应当立清河王为天子，请你为三公。”谢暠大骂他们，刘文杀了谢暠。于是，朝廷抓获刘文、刘鲔，处死。主管官员弹劾刘蒜，被论罪贬爵为尉氏侯，流放到桂阳，刘蒜自杀。

梁冀趁机诬告李固、杜乔，说他们与刘文、刘鲔等勾结，请逮捕治罪；梁太后向来知道杜乔忠厚，不同意。于是梁冀把李固逮捕下狱；李固的门生渤海人王调身戴刑具上书，证明李固冤枉，河内人赵承等数十人也腰系腰斩时的刑具到宫门控诉；梁太后下诏赦免李固。等到李固出狱时，京城的大街小巷都高呼万岁。梁冀听说这种情况，非常恐慌，忧虑李固的声誉终将危及自己，于是重新以旧案诬奏李固。大将军长史吴祐痛惜李固蒙冤，与梁冀抗争；梁冀发怒，不听。从事中郎马融专为梁冀写文作书，当时马融恰好在座，吴祐对马融说：“李固的罪状由你一手写成。如果李固被杀，看你有什么脸见天下人！”梁冀大怒，起身，走进内室；吴祐也离去。李固最终还是死在狱中；临死时，李固给胡广、赵戒写信说：“我蒙受朝廷的厚恩，所以竭尽一个大臣的忠贞职责，不顾生死，立志扶持汉室，希望能像汉文帝、汉宣帝时那样实现中兴大业。万没想到梁氏一门愚昧而专横，而你们阿附曲从，以吉为凶，功败垂成！汉室的衰微，由此开始了。你们受君主的厚禄，国家危机而不扶持，此等倾覆大事，后世的良史一定会秉笔直书！我虽然身亡，在道义上却有所获，还有什么可说呢！”胡广、赵戒看了信悲痛惭愧，都流泪长叹不已。

梁冀派人威吓杜乔说：“及早安排自己的归宿，就可以保全妻子儿女。”杜乔不理睬。第二天，梁冀派遣骑兵到杜家，未听见哭声，于是报告梁太后逮捕杜乔，杜乔也死于狱中。

梁冀把李固、杜乔暴尸于城北的街口，下令说：“有敢吊丧的加罪惩治。”李固的弟子汝南人郭亮还未成年，左手拿着奏章和大斧，右手拿着铡刀和砧板，到宫门上书，请求为李固收尸，没有被上报；郭亮和南阳人董班都到现场哭丧、守丧，不愿离去。夏门亭长呵斥道：“你们真是迂腐的书呆子！公然冒犯诏书，欲以身试法吗？”郭亮说：“被大义所感召，哪里还顾得上性命？何必以死来吓唬我们！”梁太后得知消息，将郭亮、董班赦免不杀。杜乔的旧属陈留人杨匡，痛哭不止，日夜兼程地赶到洛阳，戴着原来当部属时的红色头巾，冒充夏门亭官吏，守护尸体，长达十二天。都官从事把此事报告了梁太后，梁太后赦免了杨匡。杨匡因而到宫门上书，请求为李固和杜乔收尸，让他们葬回乡里，梁太后同意了。杨匡护送杜乔灵柩回乡，葬毕，守完丧服礼，就与郭亮、董班都隐居起来，终身不当官。

梁冀贬黜吴祐为河间相，吴祐辞职回家，死于家中。

梁冀因刘鲔作乱，想起朱穆当初的建议，于是任命种暠为从事中郎，推举栾巴为议郎，推荐朱穆担任高官，做侍御史。

这一年，南单于兜楼储去世，伊陵尸逐就单于车儿即位。

（以上为第二段，写梁冀借拥立桓帝之功，排除政敌，害死李固、杜乔，朝廷奸邪结炽，正义丧尽。）

汉桓帝建和二年（戊子，公元 148 年）

春季，正月十九日甲子，汉桓帝行加冠礼。正月二十五日庚午，大赦天下。

三月二十四日戊辰，汉桓帝随梁太后临幸大将军梁冀的住宅。

白马羌侵扰广汉属国，杀死地方官吏。益州刺史率领板楯蛮击败他们。

夏季，四月初三日丙子，册封汉桓帝的弟弟刘顾为平原王，祀奉孝崇皇；尊孝崇皇夫人马氏为孝崇园贵人。

五月初十日癸丑，北宫掖庭的德阳殿和左掖门失火，汉桓帝迁住南宫。

六月，清河国改名为甘陵国，封安平孝王刘得的儿子经侯刘理为甘陵王，祀奉孝德皇。

秋季，七月，京师发大水。

汉桓帝建和三年（己丑，公元 149 年）

夏季，四月三十日丁卯晦，发生日食。

秋季，八月三十日乙丑，在天市星区出现孛星。

京师洛阳发大水。

九月十四日己卯，发生地震。九月二十五日庚寅，再次发生地震。

五个郡、侯国发生山崩。

冬季，十月，太尉赵戒被免职。任命司徒袁汤为太尉，大司农河内人张歆为司徒。

这一年，前朗陵国相荀淑去世。荀淑年轻时就学问渊博，品德高尚，当代有名的贤才李固、李膺都尊他为师长。荀淑在郎陵国，治事公正，被称神君。荀淑有八个儿子：荀俭、荀绲、荀靖、荀焘、荀汪、荀爽、荀肃、荀专，都名声在外，时人称为八龙。他们所居住的乡里本名西豪，颍阴县令勃海人苑康认为过去高阳氏有才子八人，就改名西豪里为高阳里。

李膺本性耿直严正，不与达官贵人交往，只以荀淑为师，以同郡人陈寔为朋友。荀爽曾经拜访李膺，顺便给他驾车；回来后，高兴地说："今天有幸为李君驾车！"李膺就是如此受人仰慕。

陈寔出身低微，担任颍川郡西门亭长。同郡人钟皓以高尚的品行受人称赞，前后九次被公府征召，辈分远在陈寔之上．却同陈寔做朋友。钟皓担任郡功曹，被征召到司徒府；临行时，太守问："谁可以接替你的职务？"钟皓说："您如果一定要得到合适人选，西门亭长陈寔就可以。"陈寔听到此事说："钟君似乎不怎么观察人，不知为何偏偏能赏识我。"太守于是任命陈寔为功曹。当时，中常侍侯览托太守高伦安排一个人做官，高伦就安排这个人为文学掾，陈寔知道这人不恰当，于是揣着任命书求见郡守，对高伦说："这个人不应该任用，但又不可得罪侯常侍，请允许由我自行签署，你太守就可以不沾灰尘了。"高伦接受了。于是，众人责备陈寔用人不当，陈寔毫不为自己辩解。后来高伦被征召为尚书，郡中士大夫把他送到纶氏县，高伦对众人说："我先前为侯常侍安派官吏，陈寔暗中退还我的任命书，而对外却说是由他签署委任的，近来听到一些议论纷纷的人拿这事轻视陈寔，这个责任是因为我害怕恶霸造成的，而陈君可以称得上是'把善行归于别人，把过错归于自己'的人。"陈寔仍坚持是自己的错误，大家听到此事，都感叹不已，于是人人敬佩陈寔的德行。陈寔后来做太丘县长，广施恩德，休养生息，百姓安定。邻县有人前来归顺，陈寔就加以训导，送回本县。上级主管官员前来巡视，县吏害怕有人向巡察官诉冤，就向陈寔禀报想加以禁止。陈寔说："诉讼为的是寻求公道，如果禁止，公理将如何申辩！千万不要有所拘禁。"上级官员听了而叹息说："如果像陈君说的这般，哪里会有受冤的人！"最终也没有上诉的人。由于沛国相加收苛税违反法律，陈寔就弃官而去；官民都很思念陈寔。

钟皓向来与荀淑齐名。李膺常慨叹说："荀淑的清高品德和卓越见识，难以追踪；钟皓的高尚品德，可以作为榜样。"钟皓哥哥的儿子钟瑾的母亲是李膺的姑妈。钟瑾好学，仰慕古圣，为人谦虚，与李膺同岁，都有名声。李膺的祖父太尉李修常说："钟瑾很像我家人的品性，'国家清平，做官不会被废除；国家昏暗，也不会受到诛伐。'"他还把李膺的妹妹嫁给他。李膺对钟瑾说："孟子认为：'人如果没有是非之心，他就不是个人。'你简直是黑白不分！"钟瑾曾经把李膺的这番话告诉钟皓。钟皓说："李膺的祖父、父亲在位时，家族旺盛，所以他才会如此！过去，齐国大夫国佐总是爱揭举别人的过失，因而被人怨恨，现在哪是他那个时代！如果想保全家人，你的处世之道最为可贵。”

（以上为第三段，写李膺、陈寔、钟皓等名士风采。）

汉桓帝和平元年（庚寅，公元150年）

春季，正月初一日甲子，大赦天下，改元年号为和平。

正月初二日乙丑，梁太后下诏归政给汉桓帝，开始停止临朝称制。二月二十二日甲寅，梁太后去世。

三月，汉桓帝移往北宫。

四月初三日甲午，安葬顺烈皇后，增封大将军梁冀一万户，连同以前的共三万户；册封梁冀的妻子孙寿为襄城君，兼收阳翟县的租税，每年收入五千万，特赐红色的绶带，与长公主相同。孙寿善于以娇艳狐媚之态迷惑梁冀，梁冀对她又宠又怕。梁冀宠爱奴仆总管秦宫，让秦宫任太仓令，可以出入孙寿的住宅，权威大震，刺史和二千石官员都要对秦宫觐见、辞行。梁冀与孙寿在街道两侧相对建宅，用最高标准的土木建筑，相互夸耀竞争，金玉珍奇，装满了秘藏室；又广开园圃，挖土建造假山，宏伟曲折，十里九阪，人工所造的树林幽深，山涧流水，好似天然生成，奇禽驯兽飞走其间。梁冀和孙寿一同乘坐人力车，在府第园内游览，倡伎相伴，一路饮酒唱歌，有时夜以继日地纵情娱乐。客人拜访，不得通报，都要先贿赂门房；看门人都累积了很多钱财。梁冀又开辟许多林苑，遍及邻近各县，在河南城西筑兔苑，纵横数十里，传令地方官府供应活兔，在兔毛上做记号，如有谁伤害兔子，要判处死刑。曾经有西域商人，是胡人，不知道禁忌，误杀了一只兔，被逼互相牵连指控，有十几个人被处死刑。又在城西修筑宅第，收容作奸犯科之徒及逃亡犯；或者抓良民充当奴婢，多达几千人，称为自卖人。梁冀采用孙寿的主意，罢免一些梁家宗室的在位官员，对外表示谦让，实际上是扶植孙家宗室。孙氏宗亲，冒名为侍中、卿、校、郡守、长吏的有十多人，个个贪婪荒淫。各自派出私人登记各县的富人，找个罪名，下狱拷问，让他们出钱自赎，财物出得少的，就被活活打死。有个扶风人士孙奋，富有而吝啬，梁冀赠给他马匹和乘车，而向他借五千万钱，士孙奋只给了三千万钱。梁冀大怒，就向郡县告状，说士孙奋的母亲是他家库房的婢女，偷窃了白珠十斛、紫金千斤，背叛主人而逃走，于是收拷士孙奋兄弟，杀死在狱中，共没收他们的财产一亿七千多万。梁冀又派人周游四方，远至塞外，广求珍奇异宝，而那些被派出的人又乘势施暴，奸淫、抢掠妇女，殴打地方官员和士兵；所到之处，遭民众刻骨怨恨。

侍御史朱穆自以为是梁冀的旧属，上书劝谏说：“大将军的地位，像申伯那样尊贵，是众公之首。如果一天行善，天下无不归服；一朝为恶，天下将颠覆。最近，国家和民众都很贫穷，加以碰到水灾虫害，京城各府的费用增多，朝廷征调，有时高达平日的十倍，竟然都说官府没有现钱，应当全部由百姓承担，拷打勒索榨取，强迫人民缴足。国家赋税已经很深重，地方官吏私下盘剥又多，州牧郡守长官大多不是按德行选任的，贪得无厌，对待民众如同对待强盗，有的人被鞭打而死，有的人无法忍受暴虐而自杀。地方贪官抢夺百姓，都托词说是大将军的命令，于是使天下人都仇恨将军，官吏和百姓都愁苦痛恨，怨声载道。过去，永和末年，国家的法纪松弛，人心失望，只四五年时间，国库空虚，人民流亡，下属叛逆，马勉等人趁机造反，在荆州、扬州一带几乎造成大灾；幸亏顺烈皇后当初清静无为治理政务，朝廷内外同力，才平定叛贼。现在，百姓悲哀超过永和年间，对内没有仁爱之心，岂能得到人民的容忍？对外没有保家卫国的方略，岂能长治久安？将相大臣与皇帝同为一体，同车而驰，同舟共济，车翻船沉，患难与共。怎么可以离开光明而靠近黑暗，踏上危险之途而只求自身的安全？君主孤单，时局艰难，怎能不予以关心？应及时换掉不称职的宰臣郡守，减少宅第园池的费用，拒收郡国各种名目的进贡，对内表明品德高洁，对外消除民众的疑惑；使仗势为恶的官吏无所依靠，主管监察的臣子得以尽职。法令制度得以贯彻，远近清平，那么将军就会身份尊贵，地位显赫，功德的光辉永远照耀了！”梁冀没有采纳。梁冀虽然专权自恣，却还要交结皇帝身边的宦官，任用他们的子弟、宾客担任州郡要职，想依赖宦官巩固自己受恩宠的地位。朱穆又上奏苦口婆心地劝谏，梁冀终不悔悟，回书说：“照你说的，我一无是处了。”然而，梁冀一向看重朱穆，也没有严厉处治他。

梁冀写信给乐安太守陈蕃，托他办事，未成。信使就冒充其他客人请见陈蕃，陈蕃大怒，用鞭子打死信使。陈蕃被论罪，贬为修武县令。

当时，皇子有病，下令郡县购买珍贵药物；梁冀派人携带书信见京兆尹，要求同时收购牛黄。京兆尹南阳人延笃下令逮捕梁氏门客，说：“大将军是皇后家里的人，皇子有病，应该推荐名医，怎能派人到千里之外，谋求私利！”于是杀了他。梁冀理亏，不好说话。有关官吏承旨追究此事，延笃因生病而被免职。

夏季，五月十九日庚辰，尊奉博园匽贵人为孝崇皇后，宫称永乐；设立太仆、少府和属吏，都比照长乐宫惯例。划分巨鹿郡的九个县为孝崇后的汤沐邑。

秋季，七月，梓潼县山崩。

（以上为第四段，写梁冀专权自恣，勾结宦官同恶相济，大起宅第，扩建苑囿。）

汉桓帝元嘉元年（辛卯，公元151年）

春季，正月初一日，群臣朝会，大将军梁冀带剑入禁中。尚书蜀郡人张陵呵责梁冀退出，下令虎贲武士、羽林武士夺下梁冀的剑。梁冀跪下请罪，张陵不理，当即弹劾梁冀，请廷尉定罪。下诏，罚梁冀一年的俸禄赎罪；百官肃然。河南尹梁不疑曾经推荐张陵为孝廉，便对张陵说：“我当初推荐你，原来是自找惩罚啊！”张陵说：“你不以我不才，误加提拔任用，今天我伸张王法，正是报答你当初推荐我的恩情。”梁不疑面有愧色。

正月十六日癸酉，大赦天下，改元年号为元嘉。

梁不疑好读经书，喜欢结交士人，梁冀讨厌他，把梁不疑调任光禄勋；派儿子梁胤为河南尹。梁胤年十六岁，容貌很丑，不适合穿官服，路上看见的人没有不嘲笑梁胤的。梁不疑认为兄弟闹矛盾是耻辱的事，于是辞官回家，和弟弟梁蒙闭门修养。梁冀不想让梁不疑与宾客来往，暗中派人改装，守在梁不疑家门，记下往来的客人。南郡太守马融、江夏太守田明刚上任，路过梁不疑家而拜访他。梁冀指使有司诬奏马融在郡内贪污，并用其他事诬害田明，两人都被剃光头发，同时杖罚，充军到朔方郡。马融自杀未成，田明死在路上。

夏季，四月初三日己丑，汉桓帝秘密出行，到河南尹梁胤的府第。这一天，大风吹起大树，白天昏暗，尚书杨秉上疏说：“臣听说上天不说话，只以灾异谴责警告人事。君王至尊，进出都有规章制度，清道戒严而行动，安静而宿止，如果不是祭天或祭祀宗庙的大事，皇帝不出宫。所以，诸侯进入臣子家中，《春秋》列为鉴戒；何况穿着历代先王穿用的龙袍，私自外出游乐，降低了皇帝身份，使尊卑混淆，等级威仪失去了次序，侍卫守着空荡荡的皇宫，天子玺印和绶带委托给后宫！万一发生意外事变，出现类似任章的叛变，对上有负于先帝，对下则追悔莫及。”汉桓帝没有采纳。杨秉是杨震的儿子。

京师发生旱灾，任城、梁国发生饥荒，人吃人。

司徒张歆被免职，任命光禄勋吴雄为司徒。

北匈奴呼衍王侵入伊吾，击败伊吾司马毛恺，攻占伊吾屯城，诏令敦煌太守马达率兵救助；援军进至蒲类海，呼衍王率兵离去。

秋季，七月，武陵蛮叛乱。

冬季，十月，司空胡广退休。

（以上为第五段，写尚书张陵廷责梁冀。汉桓帝私幸梁冀之子河南尹梁胤府第。）

十一月二十八日辛巳，京城洛阳地震。诏令百官推举特立独行的高明之人。涿郡推荐崔寔，送到公车署，推托有病，不应对策；回乡议论国事，写了《政论》。文中说：“大凡天下之所以得不到治理，常是由于君主过了许久太平日子，风俗渐渐衰弱而不能察觉，政务衰败而不改革，习惯了混乱与危局，安于现状，熟视无睹。有的人君荒淫沉溺，不理国政；有的人君耳朵闭塞，听不进规劝，喜好假话，厌恶实话；有的人君在正邪之间摇摆不定，不知所措；有的人君连他的亲信近臣都闭口不敢说话，只求保守高爵厚禄；有的人君疏远他的臣僚，说一点实情，却因为地位低下，而不被采纳；因此，国家法纪从上面开始破坏，才智之士在下面受到委屈压制。真可悲呀！

“自从汉朝建立以来，有三百五十多年了，政令荒驰，上下松懈，民众怨声载道，都再次盼望中兴的到来，以拯救国家危局。况且，救世之道在于弥补裂缝，支持倾斜，要根据实际情况采取相应措施，把当前社会安置在和平安宁的境界。所以，圣明的人当权，因时制宜，安排步骤，各有一套道理。不强求人所不能，不放弃紧急的公务而去追求遥远无边的理想。孔子回答叶公说，好的政治就是能召来远人；回答哀公说，好的政治就是要用好的官吏去治理民众；回答齐景公说，好的政治就是要减少烦琐礼仪。孔子的回答不同，并不是他的政治主张不同，而是针对不同的形势提出所要急切办理的不同的要务。迂腐的人墨守条文，受古制约束，不懂权变改制，对传闻感到奇怪惊讶，对眼前所见的现实变化漠然处之，又怎可以与之谈论国家大事？所以，上书的人虽能合乎皇上的心意，但往往被奸佞之臣在背后掣肘改变了皇上心志。这是什么原因呢？那些顽固保守的人，不懂时势权变，安于现状，因循守旧，不乐于成就事业，更何况考虑创新，只是苟且偷安，照章办事罢了；那些通达之士贪求名声、妒忌贤能，懊恨好的策谋不是出于自己之手，于是舞文弄墨来曲解不是出于自己之手的善策佳谋。使得合宜的谋略寡不敌众，终于被抛弃，即使后稷、子契还活着，也束手无策。这就是贤才智士的议论之所以遭压抑而得不到伸展的缘故。

“大凡治理天下，并不是非有很高的德教，一般情况是严格就能治平，宽松就会动乱。何以证明呢？近看孝宣皇帝，他通晓驭民之道，洞晓为政之理，所以使用严刑峻法，奸恶小人心惊胆战，全国清静肃然，天下太平，政令的设计规划，能见到实效，超过了孝文帝。等到元帝即位，大多实施宽松的政令，最终使朝政衰退，国家的权威开始转移，终于成为汉室衰亡祸患的君主。政治的得失，由此可以借鉴。从前，孔子作《春秋》，表彰齐桓公，赞美晋文公，感慨管仲的功勋；孔子难道不崇拜周文王、周武王的治道吗？实在是为了通达权变以拯救时弊。圣人能够随着时世的变化改变策略，而庸俗的人不知道变通，认为用上古结绳记事的方法，可以再次治理秦末的乱政；用上古干戚之舞，就可以除去汉高祖的平城之围。像熊、鸟那样运动锻炼，虽可延年益寿，但不是治愈伤寒重病的办法；做深呼吸运动，虽然强身健体，但不是接骨的良药。治国如同养身，平常注意调养，有了疾病就用药物治疗。刑罚是治理混乱的药石；德教是达到太平的谷物肉类。企图用道德教化铲除残暴，等于用白米肥肉治病；用刑罚治理太平，等于用药石养身。现在，承袭历代帝王遗留下来的积弊，正值艰难之时，自几代以来，法纪宽松，政务崇尚宽恕，如同赶车人丢弃了缰绳，马口脱掉了衔勒，拉车的四匹雄马横冲直撞，而道路又狭窄倾斜，这正是应当紧急勒马刹车救难的时候，怎么还有闲暇慢条斯理，调节铃铛的节奏！从前，汉文帝虽然表面上废除肉刑，但对应砍断右趾的犯人却处以死刑，判笞刑的往往鞭打至死。这就是汉文帝以严刑实现太平，而不是用宽政达到太平。”崔寔是崔瑗的儿子。山阳人仲长统看到这篇文章，感叹道：“所有做君主的都应把它抄写一遍，放在案几旁作为座右铭。”

臣司马光评论说：汉朝的法令已经够严厉的，而崔寔还认为太宽松。为什么呢？因为末世的君主大多软弱怯懦，凡庸的辅助大臣只知道姑息纵容，因此专权的臣子有罪也不被惩罚，强横狡猾的小民犯了法也不杀头；施行的仁义厚恩，只限于眼前；奸人得志，规章法令瘫痪。所以崔寔的议论，可以矫正一时的弊端，但不是百世治国的通则。孔子说：“政令宽松则民众轻视法纪；民众轻视法纪则用严刑峻法纠正。政令太严格则民众受损害，民众忍受不了凶残压迫官府就要放宽。用宽松来补救严厉，用严厉来补救宽松，政务才能和顺。”这才是永恒治国的常道。

闰十二月十八日庚午，任城节王刘崇去世，没有儿子，撤除封国。

任命太常黄琼为司空。

汉桓帝准备表扬梁冀，让朝廷二千石以上官员共议礼制。特进胡广、太常羊溥、司隶校尉祝恬、太中大夫边韶等人都认为梁冀的功勋大德可同周公相比，应赐给山川、土田、附庸。只有黄琼一人说：“梁冀以前因迎立皇帝的功绩，增加食邑一万三千户；而且他的儿子梁胤也给以封赏。现在诸侯以户邑为制，不以里数为限，梁冀可比照邓禹，前后所封，总计食邑四县。”朝廷接受。于是，有关部门上奏：“梁冀入朝不必小步快走，准允佩剑和穿木屐上殿，朝拜皇帝时，不呼梁冀姓名（只称大将军），礼仪比照萧何；全部把定陶、阳成两县的余户都封给他，合计四县，比照邓禹；赏给金钱、奴婢、彩帛、车马、衣服、甲第，比照霍光；加梁冀特殊之礼，以区别于一般三公大臣。每次朝会，与三公不同座，每十天入朝一次，处置尚书事务。向天下宣布，作为万世法则。”梁冀仍然认为所奏议的礼仪太低，心中不快。

（以上为第六段，写崔寔著《政论》，认为治国要不断革新，以合时变，治乱要用重刑。司马光认为一味用重刑只是矫枉，宽严相济才是治国之道。）

汉桓帝元嘉二年（壬辰，公元 152 年）

春季，正月，西城长史王敬被于阗国诛杀。起初，前任西域长史赵评在于阗，因生恶性脓疮而死，赵评的儿子前往迎接灵柩，路上经过拘弥国。由于拘弥王成国和于阗王建一向有怨隙，于是拘弥王成国对赵评的儿子说：“于阗王让匈奴医生将毒药放在伤口上，所以使令尊致死。”赵评的儿子信以为真，回来后，将此情况报告敦煌太守马达。当时，正逢王敬接任西域长史，马达命王敬秘密调查核实此事。王敬去于阗，先经过拘弥国，拘弥王成国又对王敬说："于阗国人打算拥戴我当国王，现在可以用害死西域长史的罪名将于阗王建诛杀，于阗一定归服。"王敬贪图建立功名，来到于阗后，摆设酒席，请于阗王建赴宴，而暗中却图谋杀害他。有人将王敬的密谋报告于阗王建，但建并不相信，说："我没罪，王长史为什么要杀我？"第二天，于阗王建率领随从数十人去拜见王敬。宾主入席后，于阗王建起身敬酒，王敬喝令左右的人将他逮捕。当时，官吏和卫士都没有杀建的意思。所以，跟随建来赴宴的随从全都逃走了。当时拘弥王成国的主簿秦牧也在宴会上，他持刀站出来说："大局已定，为什么还犹豫！"随即上前将建斩首。于是，于阗国侯、大将输僰等集合部队攻打王敬，王敬提着建的人头上楼宣告："是天子派我来杀建的。"输僰不听，冲到楼上，斩杀王敬，将他的人头悬挂在街市上示众。输僰自立为于阗王，国人杀死他，另拥立前国王建的儿子安国为于阗王。马达听说王敬被杀死后，准备率领各郡的地方兵，出塞攻击于阗国。桓帝不准，将马达征召回京都洛阳，任命宋亮接任敦煌郡太守。宋亮到任以后，开导并招募于阗人，命他们自己斩杀输僰。这时，输僰已死了一个月。于是他们将死人的头砍下，送到敦煌郡太守府，但没有说斩杀的具体情况。宋亮后来才知道其中有诈，但到底不能再出兵讨伐。

丙辰日，京都洛阳发生地震。

夏季，四月甲辰日，桓帝的母亲孝崇皇后匽氏去世，由桓帝的弟弟平原王刘石主持丧事，装殓和下葬的礼仪，比照和帝的母亲恭怀皇后。五月十二日辛卯，将孝崇皇后安葬在博陵。

秋季，七月初二庚辰，出现日食。

冬季，十月二十八日乙亥，京都洛阳发生地震。

十一月，司空黄琼被免官。十二月，任命特进赵戒为司空。

（以上为第七段，写西域长史王敬贪求功名，人为制造了于阗国的动乱，也搭上了自己的性命，由是汉朝威令不复行于西域。）

汉桓帝永兴元年（癸巳，公元 153 年）

春季，三月十二日丁亥，汉桓帝巡幸鸿池。

夏季，四月丙申日［五月二十二日丙申］，大赦天下，改元年号为永兴。

五月二十三日丁酉，济南悼王刘广去世，没有儿子，撤除封国。

秋季，七月，三十二个郡国蝗虫成灾，河水泛滥。百姓因为饥饿贫困而流亡的有几十万户，冀州最为严重。汉桓帝下诏任命侍御史朱穆为冀州刺史。冀州的官员听说朱穆渡黄河前来，有四十多人弃官而逃。等到朱穆到任，上奏弹劾各郡的贪官污吏，有的畏罪自杀，有的死在狱中。宦官赵忠的父亲死了，葬于安平，僭越礼制使用玉匣；朱穆下令郡守追查，官吏畏惧朱穆的威严，于是掘墓开棺，把尸首拖出来。汉桓帝听说此事，非常生气，召朱穆到廷尉，判罪送到左校营做苦工。太学学生颍川人刘陶等几千人到宫门上书，为朱穆申辩说："我们看到减刑罚做苦工的罪徒朱穆，处事公正，忧国忧民，任命冀州刺史之时，立志清除奸邪。实在是因为宦官常侍深受宠爱，父子兄弟分布在州郡，争相如狼似虎，吞吃小民。所以朱穆伸张国法，修补法纪的漏洞，打击残贼祸首，以顺天意。因此，宦官都很仇恨朱穆，诽谤不断，谗言四起，最后使用刑罚惩治，送到左校营做苦工。天下有识之士都认为朱穆如同勤劳的大禹、后稷，却遭受共工、姒鲧的惩治，如果死后的人还有知觉，那么，唐尧会在崇山发怒，虞舜会在苍梧忿恨！当今宦官近臣，窃夺国家权柄，手上掌管封侯封王的大权，嘴里说的就是王法；他们滥加赏赐，可使快饿死的奴隶比季孙还富；他们随心所欲，可使伊尹、颜渊变成夏桀、盗跖；只有朱穆昂首直立，不顾本身的利害，不是他讨厌荣耀而喜爱受辱，不想活着而乐于去死，只是有感于王法不振，忧心朝纲久乱，所以竭尽心力，为皇上作长期的打算。我们愿意脸上刺字，脚铐铁镣，代替朱穆。"汉桓帝看过奏章，才赦免了朱穆。

冬季，十月，太尉袁汤免职，任命太常胡广为太尉。司徒关雄、司空赵戒被免职，任命太仆黄琼为司徒，光禄勋房植为司空。

武陵蛮首领詹山等人叛乱，武陵太守汝南人应奉招降了他们。

车师后部王阿罗多与戊部候严皓不和，愤怒起兵反叛，攻占屯田，杀伤官吏和士卒。阿罗多的属下后部侯炭遮率领余众叛离阿罗多，向汉朝官吏归降；阿罗多感到危险，带着一百多骑兵逃向北匈奴。敦煌太守宋亮上书，请立车师后部的前王军就送到汉朝当人质的儿子卑君为王。后来，阿罗多又从匈奴回来，与卑君抢夺王位，召集了不少国人。戊校尉严详担心阿罗多招引北匈奴，会骚扰西域，就开诚布公，同意让阿罗多再称王；阿罗多才向严详归降。于是，再立阿罗多为王，把卑君送回敦煌，拨出后部的三百户归他统治。

（以上为第八段，写三十二郡国大蝗灾。冀州刺史朱穆惩治宦官赵忠越礼葬父。敦煌太守宋亮抚定车师后王。）

汉桓帝永兴二年（甲午，公元 154 年）

春季，正月二十四日甲午，大赦天下。

二月初二日辛丑，再次允许刺史、两千石的官吏守丧三年。

二月初四日癸卯，京师洛阳地震。

夏季，发生蝗灾。

东海郡朐山崩塌。

二月十六日乙卯，册封乳母马惠的儿子初为列侯。

秋季，九月初一日丁卯朔，发生日食。

太尉胡广被免职，任命司徒黄琼为太尉；闰九月，任命光禄勋尹颂为司徒。

冬季，十一月初九日甲辰，汉桓帝在上林苑打猎，于是到达函谷关。

泰山、琅邪的贼人公孙举、东郭窦等人叛乱，杀死地方官员。

汉桓帝永寿元年（乙未，公元 155 年）

春季，正月十四日戊申，大赦天下，改元年号为永寿。

二月，司隶、冀州发生饥荒，人吃人。

太学生刘陶上疏陈事说："上天与皇帝，皇帝与百姓，犹如头和脚，必须相互依靠才能行动。皇帝的眼睛看不见鸣条战事，耳朵听不见战车厮杀的声音，天灾、地震和日食这些自然灾害都没有直接损害皇帝本身，所以不在乎日月星的变异，轻视上天的震怒。臣想到高祖的兴起，由一介布衣起家，收聚流散与扶助伤残的民众，完成了帝业，艰苦勤劳达到极点；福禄、帝位一代代流传，传到了陛下。陛下既不能发扬光大祖宗的事业，又忽视了高祖创业的艰辛，错误地把大权交给别人，乱授权柄，使奸凶小人、宦官之流任意宰割百姓，让虎豹在幼鹿场营造窟穴，让豺狼在花园中养育幼崽，增殖财富的商贾被逼杀成为穷苦的冤魂之鬼，贫困冻饿之人死于饥寒成为恶鬼，死者在墓穴中悲号，活着的人，无论在朝在野，无不愁苦，这就是愚臣所以嗟叹的原因！秦朝将亡时，直言进谏的人被处死，阿谀奉承的人受赏赐；善言出于忠贞之口却被冻结，国家命运系于奸佞人之口；皇上纵容阎乐在咸阳专权，任命赵高为中车府令，大权旁落却毫无知觉，国柄离身而不闻不问。古今道理相同，成败形势一样；希望陛下远看强秦的颠覆，近观哀帝、平帝的祸变，就可以清楚地知道祸福得失。臣又听说，危急之势，只有仁政才能扶持；败乱之局，只有智士才能拯救；臣私下认为前冀州刺史南阳人朱穆和前乌桓校尉、臣的同郡人李膺都品行端正、洁身自好、高尚忠贞、超越凡俗，实在是中兴的良臣和国家的支柱，应召回朝廷，辅助皇室。臣竟敢在忌讳很深的当朝，说些不合时宜的大义，犹如冰霜见到太阳，肯定会被消灭；臣以前感到天下之人的麻木实在可悲可叹，而现在天下的人也会认为臣的愚昧实在可悲。"奏书呈上后，汉桓帝不理。

夏季，南阳郡发生大水。

司空房植被免职；任命太常韩縯为司空。

巴郡、益州郡发生山崩。

秋季，南匈奴左薁鞬台耆、且渠伯德等人叛变，侵占美稷；东羌的各部落都再次响应。安定属国都尉敦煌人张奂刚到任，军营中只有二百多人，张奂得到情报后，马上率军出战；军吏认为寡不敌众，争相叩头阻止。张奂不听，于是进兵屯驻于长城，征召士卒，派遣将领王卫招降东羌，趁机占据了龟兹县，使南匈奴无法内外沟通。东羌各部首领于是相率归降，与张奂共同攻击左薁鞬等人，打败了南匈奴。且渠伯德惶恐不安，率领部众归降，郡境得以安宁。东羌首领送给张奂二十匹马、八枚金耳环。张奂在羌人面前用酒浇地，说："即使马匹像羊一样多，也不能私入马厩；即使黄金像米粟一样多，也不能私入腰包。"把全部赠品还给东羌。以前的八任都尉都贪掠财货，使羌人深感愁苦；当他们看到了张奂洁身自爱，羌人无不心悦诚服，威名教化于是推行无阻。

（以上为第九段，写太学生刘陶上疏汉桓帝讷谏亲贤，召还李膺入朝治事，汉桓帝不听。安定属国都尉张奂安定东羌，打败犯边的南匈奴。）

汉桓帝永寿二年（丙申，公元 156 年）

春季，三月，蜀郡属国夷人反叛。

当初，鲜卑人檀石槐，勇敢有智谋，部落都敬畏他，檀石槐立法施禁，审理诉讼，人民不敢犯法作乱，于是他被选举为部落酋长。檀石槐在弹汗山、歠仇水之间建立王庭，在高柳以北三百多里，兵马很多，东、西部首领都归顺他。因而，向南侵扰掠夺汉朝边境，向北反抗丁零，向东击退夫余，向西进攻乌孙，完全占领了匈奴原来的地盘，东西长达一万四千多里。

秋季，七月，檀石槐侵入云中郡。朝廷派前乌桓校尉李膺为度辽将军。李膺到边境，羌人和胡人闻风归降，将以前掠夺的男女百姓全部送到塞下。

公孙举、东郭窦等召集了三万人，骚乱青州、兖州、徐州，毁坏郡县。朝廷连年讨伐，不能取胜。尚书选取能够平息叛乱的人，任命司徒掾颍川人韩韶为嬴县县长。贼人听说韩韶贤能，相互告诫不入嬴县县境。其他各县的一万户流民进入嬴县；韩韶下令开仓赈济，主管仓库的官员坚决认为不可。韩韶说："若能够使这濒临死亡的人活命，即使因此而犯罪，我也能含笑于九泉之下。"太守向来知道韩韶负有德望，最终也没有惩罚他。韩韶与同郡人荀淑、钟皓、陈寔都曾经当过县长，每到一地，以德政闻名，时人称为"颍川四长"。

当初，鲜卑侵占辽东，属国都尉武威人段颎率领他的部队赶赴辽东。随即忧虑鲜卑受惊逃跑，就派驿站骑士假传圣旨召段颎回去，段颎在路上假装撤退，暗中在半路上埋伏；敌人信以为真，就追击段颎，段颎趁机大发伏兵，把敌人全部斩杀俘虏了。但是，段颎犯有诈称圣旨的罪行，当判死刑；因为他立了功，只判了两年徒刑；刑满，被任命为议郎。这年，因为东方盗贼势盛，诏令公卿推荐文武双全的将帅。司徒尹颂推荐段颎，任命他为中郎将，去征讨公孙举、东郭窦等，大获全胜，杀敌一万多人，余贼投降解散。

册封段颎为列侯。

冬季，十二月，发生地震。

册封梁不疑的儿子梁马为颍阴侯，梁胤的儿子梁桃为城父侯。

（以上为第十段，写鲜卑檀石槐兴起，侵扰北疆，段颎平定山东乱匪。）

【点评】

本卷点评两大史事：一是梁冀跋扈，二是崔寔《政论》。一实一虚，以察东汉国运。

一、梁冀跋扈。梁冀字伯卓，安定乌氏（今甘肃平凉市西北）人。东汉权臣外戚，历仕顺、冲、质、桓四朝，官至大将军，专断朝政二十年。

梁冀出身贵戚，父梁商为大将军，在顺帝朝总揽朝政。商女梁妠，顺帝永建三年（128）选入掖庭，阳嘉元年（132）立为皇后。梁商死，未及葬，顺帝拜梁冀为大将军，梁冀弟梁不疑为河南尹。梁冀，梁皇后之兄。顺帝死，冲帝立，梁皇后尊为太后，临朝，历冲帝、质帝、桓帝三朝。梁冀在顺帝朝为大将军，执掌朝政，到桓帝延熹二年（159）诛死，擅权跋扈达二十年之久。梁冀少为纨绔子弟，斗鸡走狗，酗酒赌博，恣意妄为。梁冀说话词不达意，无学无德。就这样一个流氓式的贵族少爷，因父为大将军，妹为顺帝贵人，梁冀官运通亨。初为黄门侍郎，转侍中，虎贲中郎将，越骑校尉、步兵校尉、执金吾、河南尹、大将军，一路高升。梁贵人为皇后，梁冀秉政，权倾内外。

梁冀生性阴毒，视人命如草芥。父梁商好友吕放为洛阳令，曾告语梁商管束梁冀，梁冀怀恨，派人在路上杀了吕放，栽赃于吕放的仇家，然后捕了这一家的全族、宾客达一百多人。梁冀任大将军后，更是无法无天。一个西域商人误杀梁冀兔园一只兔，牵连相坐十余人被处死。百官任免，先要到梁冀府谢恩送礼。辽东太守侯猛，拜见梁冀没有事先递进名帖，梁冀假托他事将侯猛腰斩。宫卫近侍，多为梁冀私党，皇帝起居动静，梁冀了如指掌。事无大小，一决于梁冀。皇帝完全成了一个傀儡。

梁冀妒贤嫉能，兄弟也不能幸免。其弟梁不疑好读经书，喜欢与士人交接，梁冀十分不满。梁不疑任河南尹，梁冀调转梁不疑为光禄勋，改任自己的儿子梁胤为河南尹。梁胤年十六，形貌丑恶，有乃父之风，加上衣冠不整，路人见了都要耻笑，却任河南尹。梁不疑辞官家居。梁冀监视梁不疑，发现士人与梁不疑交往，就借故陷害，充军或致死。大儒南郡太守马融、江夏太守田明，上任时曾去拜访梁不疑，被梁冀侦知，借故将二人判刑流放朔方。马融自杀得救，田明死于半路。

梁冀性极奢侈贪婪。朝廷内外，地方要员，多为私党，个个都是贪官。梁冀专权时，民变四起，都是这帮贪官所逼。扶风人士孙奋也是一个贪财聚敛之徒，为关中首富。梁冀派人送给士孙奋一匹马，向士孙奋索钱五千万，士孙奋只给了三千万，梁冀大怒，指使地方官诬告士孙奋母亲为官奴婢，偷盗宫物白珠十斛，紫金千斤，于是收拷士孙奋兄弟，活活打死狱中，抄没其家资一亿七千万。全国四方地方官进贡，要备上两份礼物，一份先贡梁冀，一份后贡皇帝。梁冀俨然是一个太上皇。

梁冀大造私宅，穷极壮丽，占了京城一整条街。后花园建造假山，十里九陂，取象崤山。又在洛阳城西建造兔园，周回数十里。又在洛阳城西盖别墅，选取良家妇女为奴婢，多至数千人，称“自卖人”。梁冀心犹未足，又在京城辟大林苑，比拟皇帝禁苑。范围东界荥阳，南达鲁阳，西至弘农，北到淇县，封域达千里。

桓帝立，梁冀以拥立之功，享崇殊礼，入朝不趋，剑履上殿，唱拜不呼其名而称大将军，仪比萧何，食邑四县比邓禹，宅第比霍光，梁冀还认为礼薄。当梁太后死，桓帝长大，梁冀的大限就到了，但他还不知收敛。延熹二年（159）诛梁冀，党羽上至公卿，下至列校、刺史、二千石高官五十七人，政吏宾客为朝官被罢免者三百余人，朝廷为之一空。抄没其家资，合三十余亿，因减当年天下租税之半。梁冀巨贪，亘古未有，是中国历史上最大的贪污权臣。

梁冀贵盛时，一门前后七人封侯，梁氏诸女三人为皇后，六人为贵人，父子二人为大将军，夫人及女食邑为封君者七人，诸男尚公主者五人。一衣裙带，皇权旁落，凶狡人专权，为害之巨，竟至于此。这就是东汉专制政体结出的恶果。

二、崔寔《政论》。崔寔，字子真，又名台，字元始。涿郡安平人。东汉著名政论家。所著《政论》受到东汉另一政论家仲长统的高度评价，认为凡是当帝王的人都应当把崔寔的《政论》抄下来当座右铭，天天温习。

司马光摘抄的《政论》有两个中心内容。第一项中心内容是治国者要懂得社会在不断变化，不能墨守古训，治国之策要适应形势而变革，这是进步思想。《政论》指出，顽固守旧的人，不懂时势权变，安于现状，因循守旧，不乐于成就事业，更谈不上创新，只知道苟且偷安，照章办事。更有甚者，只知贪求名声，妒忌贤能，懊恨好的策谋不是出于自己之手，于是舞文弄墨来曲解不是出于自己之手的善策佳谋，使得合宜的谋略寡不敌众，终于被抛弃。《政论》认为，这些保守人士，充斥于朝，成了奸倭佞臣的帮凶，不除掉这些人，即使后稷、子契在世也束手无策。崔寔一针见血，洞穿了专制政体的惰性。

《政论》第二项中心内容是论治国者要懂得治乱邦应用重刑。治乱要用重刑，原则上没有错，但针对东汉政治没有说到点子上。东汉自明帝起，兴大狱，用重刑，继任者，即使在宽柔的顺帝朝，在权臣掌控中实际是更为苛酷，看看梁冀的滥杀无辜，刑不只是重，而是无法无天。全国四方民变，恰恰是因贪官污吏为政苛暴，把良民逼上梁山。法律的权威、政府的公信力，是建立在公平公正上的。不公平公正的刑法是暴政。政府为暴，人民有权利反暴，汤武革命，诛杀桀纣，就是儒家学说中的民主性成分。不过这都是早期儒家的学说，至于东汉图谶化的儒学，早把民主性扼杀了。即使是敏睿的崔寔也麻痹了，司马光自然也不懂，或者懂了也不说。如果只是抽象地谈用刑的轻重，司马光的评论没有错。治乱用重典，治国可不能一味地用重典，宽严相济才是常道。

资治通鉴（白话本） 卷第五十四

汉纪四十六

汉桓帝永寿三年至延熹六年（公元 157—公元 163）

【起强圉作噩（丁酉，公元 157 年），尽昭阳单阏（癸卯，公元 163 年），凡七年】

【大事提要】

本卷记事起公元 157 年，讫公元 163 年，凡七年，当桓帝永寿三年至延熹六年，载桓帝一朝中期史事。这一时期的最重大政治事件是桓帝诛除了梁冀，外戚梁氏垮台。单超、徐璜、具瑗、左悺、唐衡五宦官为发难功臣，同日封侯，世谓之“五侯”。宦官势盛，当时流行政治民谚：“左回天，具独坐，徐卧虎，唐雨堕。”宦官子弟布列州郡，地方廉吏刘矩、刘宠以恩信治民，百姓感戴，这样的清官凤毛麟角，无补大局。太学生刘陶上奏，阻止了朝廷铸造重币，避免了又一轮通货膨胀。皇甫规讨平三辅及河西叛羌，冯绲讨平荆州武陵蛮的叛乱。边警四起。南匈奴、乌桓、鲜卑相互策应侵扰北方沿边九郡。桓帝迫于形势需要与舆情，重新起用皇甫规、张奂、段颎三大安边名将。桓帝还惩治了一批任职州郡的宦官子弟。

孝桓皇帝上之下

汉桓帝永寿三年（丁酉，公元 157 年）

春季，正月十三日乙未，大赦天下。

居风县令贪婪无度，县民朱达等与蛮夷一起叛乱，攻进县城杀死县令，并聚集民众，达四五千人。夏季，四月，进攻九真郡，九真太守兒式战死。诏令九真都尉魏朗征讨朱达叛贼，将其击败。

闰五月三十日庚辰晦，发生日食。

京师发生蝗灾。

有人上言说：“民众贫困是因为钱币太轻太薄，应改铸厚重的大钱。”此事交给四府，群僚与太学生中能言之士讨论。太学生刘陶上奏说：“当今忧患，不在于钱币的厚薄轻重，而在于人民饥困。臣的个人见解，近几年来，好的禾苗全部被蝗虫吃掉，织机所产布帛被公家及贪官污吏索取一空。百姓所忧虑的，怎能说是钱币的厚薄、铢两的轻重呢？即使今天所有的沙砾都变成南方产的金子，所有的瓦石都变成和氏宝玉，如果百姓渴了没有水喝，饿了没有东西吃，即使有天皇氏、伏羲氏纯美的德教，唐尧、虞舜昌明的典章来治国，恐怕还是不能保证朝廷无事。因为平民百姓可以一百年家无积财，但不能一天无饭吃，所以如何解决百姓吃饭问题才是最紧急的事。议论国事的人不通晓农耕的根本，而大谈铸制钱币的益处。实际上，万人铸钱，一人夺用，尚不能满足；更何况现在是一人铸币，而上万的人抢用呢！即使把整个天地的阴阳作为炭，万物全变成赤铜，驱使人民整日整夜不吃饭，不休息，一刻不停地做工，这样仍不能满足贪得无厌的欲望。如果真想使民富财足，首要的是立即禁止劳役百姓，侵夺民财，那么百姓没有徭役之苦而日渐富足。皇上怜悯天下苍生忧愁凄苦，想重新铸币统一货币来拯救时弊，就像在开水锅中养鱼，让鸟在燃烧着的树木上栖息；水和树，本是鱼鸟生存之地，但在那种不合适的情况下，必定会使鱼烂鸟焦。诚愿皇上放宽刻薄的政令，暂缓讨论铸钱之事，垂听小民诉苦的歌谣，询问路边老人的忧虑，仰视日月星辰三光明暗的变化，俯察山崩水竭的凶兆，这样，民心的向背，政治的得失，便可昭然明见，而不致有遗漏忽略了。臣想当今土地广阔而未加耕植，人口众多而粮食不够，小人佞幸只顾争相钻营求进，篡位夺权，贪官污吏横行天下，凶残如同苍鹰，捕鸟求食，连皮带骨，一起吞食仍不满足。实在揪心突然会有劳役之夫、穷困之匠出头闹事，丢下斧子，登高举臂一呼，而满怀怨忿的民众就会云集响应，纵然钱币有一方尺之大，又怎能挽救这种危险呢？”于是没有改铸钱币。

冬季，十一月，司徒尹颂去世。

长沙蛮族叛乱，侵扰益阳县。

任命司空韩縯为司徒，任命太常北海人孙朗为司空。

（以上为第一段，写太学生刘陶上奏，阻止了朝廷铸造重币，避免了通货膨胀。）

汉桓帝延熹元年（戊戌，公元 158 年）

夏季，五月二十九日甲戌，发生日食。太史令陈授通过小黄门徐璜上奏说：“出现日食变异的凶兆责任在于大将军梁冀。”梁冀听了，暗中命令洛阳县令拘捕拷讯陈授，使陈授死在狱中。汉桓帝因此怨恨梁冀。

京师发生蝗灾。

六月初四日戊寅，大赦天下，改元年号为延熹。

举行盛大的求雨大典。

秋季，七月二十日甲子，太尉黄琼被免职；任命太常胡广为太尉。

冬季，十月，汉桓帝在广成苑狩猎，于是巡幸上林苑。

十二月，南匈奴各部落群起叛乱，与乌桓、鲜卑联合入侵缘边九郡。汉桓帝任用京兆尹陈龟为度辽将军。陈龟临行时，上奏说：“臣听说日、月、星三辰不按轨道运行，就应提升贤士做丞相；蛮夷不恭顺，就应提升士兵为将领。臣没有文武之才，却担任统帅之任，即使为国捐躯，也没法弥补。如今西州边疆地带，土地贫瘠，人民多次遭盗匪侵掠，家庭残败，虽然口中还有一点生气，实际如同枯朽尸骨一般。往年并州水灾、虫灾交相发生，庄稼荒芜，租税空缺。皇上以百姓当作子女，怎能不多给予抚恤安慰呢？古公亶父、西伯，天下人民都因两位贤君有仁德而归顺，难道还需要两位贤君用车子装载金银宝物向人民施行恩惠吗？皇上继承了中兴的大统和光武的德业，临朝听政，却不能多多留意。而且州郡的长官不贤，有的是由宦官推举的，他们唯恐违背圣上意旨，只求得过且过。百姓呼救哀叹之声，引起天谴而导致灾害，外族凶狠剽悍，趁此我国势衰落、民众怨恨的空隙，起兵作乱；致使国库被贪官污吏这群豺狼吃光，没有些微的功业，这都是由于将帅不忠诚、奸臣聚集所导致。前凉州刺史祝良，刚刚接受任命到徐州，揭露惩治了许多人，太守、县官被罢免的将近有一半，施政不到三月，成效卓然，实在应该特别奖赏，用以鼓励立功、施展才能的官吏；应改派郡牧、太守，排斥奸邪害人的官吏；还应另外选择匈奴、乌桓、护羌中郎将、校尉，精选文武官员，授予行使法令的权力；免却并、凉二州今年的田租更赋，赦免宽大罪恶，给予重新做人的机会；这样，好的官吏就知道廉洁奉公的好处，坏人就会发现徇私舞弊的害处，胡人骑兵不敢窥视长城，边塞没有候望敌兵的祸患了。”于是汉桓帝另外选派幽州、并州刺史，从京兆虎牙营、扶风雍营的都尉，郡太守、都尉以下，大都改换。下诏书，为陈将军免去并州、凉州一年的租税，以赏赐官吏、人民。陈龟到任，州郡官员并足而立，恐惧不安，每年节省的经费以亿计。

汉桓帝下诏任命安定属国都尉张奂为北中郎将，征伐匈奴、乌桓等。匈奴、乌桓烧毁度辽将军军门，率领军队驻扎赤阬，烟火相望，军士惊恐，各自想要逃离。张奂镇静地坐在军帐中，和平日一样与弟子们谈论事理，军士稍为安定。于是就派人秘密引诱乌桓人，暗中与乌桓讲和，于是让乌桓人杀了匈奴、屠各的主帅，大破匈奴军队，各部胡人全部投降。张奂因南单于车儿不能管理国政，于是逮捕了他，上奏请立左谷蠡王为单于。汉桓帝下诏书说：“按《春秋》大义崇尚正统；车儿专心致力于教化，有何罪该罢呢？应把车儿送返王庭！”

大将军梁冀与陈龟一向有仇，诽谤陈龟破坏国家威望，谋取功业名誉，不被胡人敌虏所敬畏，被论罪召回，派种暠为度辽将军。陈龟请求返回故乡，却再次被征召为尚书。梁冀的残忍一日比一日更厉害，陈龟上奏章，列举了梁冀的罪状，请求诛杀梁冀，汉桓帝不理睬。陈龟自知必会遭受梁冀的残害，绝食七天而死。种暠到了军营，先宣布朝廷的恩德威信，诱导各胡族投降，有不顺服的，然后再加以讨伐；羌敌中以前被捕获在郡县留作人质的，全部遣送回各部，诚心安抚他们，奖赏分明，于是羌人、胡人都来归顺。种暠于是撤销烽火台，拆掉了哨所，边境安然无事，不再有警报；种暠入朝做了大司农。

（以上为第二段，写南匈奴、乌桓、鲜卑联合侵犯缘边九郡，度辽将军陈龟、继任者种暠、北中郎将张奂，共同努力，安定了北疆。）

汉桓帝延熹二年（己亥，公元159年）

春季，二月，鲜卑人入侵雁门郡。

蜀郡蛮夷侵犯蚕陵县。

三月，再次禁止刺史、二千石官员守丧三年。

夏季，京师发大水。

六月，鲜卑人侵犯辽东郡。

梁皇后依仗着姐姐和兄长的势力，放肆奢侈，超过前代几倍，独占宠幸，本性妒忌，六宫嫔妃不能进见汉桓帝。等到梁太后去世，顿时失宠。梁皇后没有后嗣，每当宫人怀孕了，很少有保全的。汉桓帝虽然迫于畏惧梁冀，不敢责备发怒，然而梁皇后侍奉汉桓帝的时间逐渐少了，梁皇后越来越忧虑。秋季，七月初八日丙午，梁皇后去世。七月二十七日乙丑，将懿献皇后安葬在懿陵。

梁冀一族中，前后有七位侯爵，三位皇后，六位贵人，二位大将军，夫人、女儿有食邑称为君的有七人，娶公主的有三人，其他卿、将、尹、校五十七人。梁冀独自专断大权，一天比一天凶狠放肆，宫中卫士和近侍都安排亲信的人，有关汉桓帝宫中起居生活，细微小事都会知道。全国各地的调派，一年四季的贡献，都先把上等的送给梁冀，天子只能得到次等的。官吏、百姓中携带金银珠宝贿赂求官的人，请求脱罪的人，在路上络绎不绝。百官迁升、征召，都先到梁冀家中呈上书信谢恩，然后才敢到尚书府上表谢恩。下邳人吴树做宛城县令，前往就职，告别梁冀，梁冀的宾客散布在宛城县的很多，托吴树照顾他们，吴树说："小人奸恶害国，即使在邻县的也应该诛杀。将军身处上将的地位，应当尊敬贤良善德的人士来弥补朝廷的缺失。从我造访将军陪坐一旁，一直没有听到将军称赞一位品行高尚的人，而托付的大多是不称职的人，这实在是我不愿听到的！"梁冀默默不语，心中不快。吴树到了县城，就杀死几十个伤害百姓的梁冀客卿。吴树后来做荆州刺史，向梁冀辞别，梁冀让他喝下毒酒，他出门，死在车上。辽东太守侯猛刚刚接到任命，没有进见梁冀，梁冀借口别的事情把他腰斩了。郎中汝南人袁著只有十九岁，到宫门上书说："四时运转，完成了功业，就该身退，高官深宠，很少有不造成灾祸的。现在大将军的地位已达顶峰，功业有成，可要特别警戒；应该光荣引退，高枕无忧，颐养精神。古书上说：'果实累累，会折断树枝，伤害树心。'如果不削弱大权，将来无法保全自身！"梁冀听到后，秘密遣人逮捕袁著，袁著改姓换名，假称生病死去，用蒲草编成人形，置于棺内殡葬；梁冀知道其中有诈，找到了他，将他活活打死。太原人郝絜、胡武，喜好公开发表正直的言论，和袁著关系友好，郝絜、胡武曾经联名向三府上奏书，推举海内高洁人士，却不送往梁冀府中；梁冀生气，要中都官传布檄令擒捕，杀了胡武全家，死去六十多人。郝絜最初逃跑，后来知道不能逃脱，于是用车拉着棺木到梁冀府中进陈奏书，奏书送进去后，喝下毒药而死，全家才得以保全。安帝的嫡母耿贵人去世，梁冀向贵人的侄儿林虑侯耿承索取贵人的珍奇玩物，没有得到，梁冀愤怒，杀死他全族十多人。涿郡人崔琦因为文章受到梁冀的赞美，崔琦写了《外戚箴》、《白鹄赋》来讽刺他，梁冀大怒。崔琦说："以前管仲辅佐齐国，喜欢听讥刺逆耳的话；萧何辅佐汉朝，设立了记录过失的官吏。现在将军多年做国家的丞相，责任与伊尹、周公相同，但未听见有德政，黎民困窘，不交结坚贞善良的人士来挽救国家不幸，反而想要阻塞士子的嘴，蒙蔽皇上视听，要使天地变色，指鹿为马！"梁冀无法回答，只好送崔琦回去。崔琦害怕而躲藏起来，梁冀抓到他，把他杀了。

梁冀主持国政差不多二十年，威势和权力在朝廷内外不可一世，汉桓帝束手无策，不能亲自参与朝政，早已愤愤不平；等到陈授死了，汉桓帝更加生气。和熹邓皇后堂兄的儿子、郎中邓香的妻子宣，生下女儿邓猛，邓香去世后，宣改嫁给梁纪；梁纪是梁冀之妻孙寿的舅舅。孙寿因邓猛姿色美丽，把她引进宫中，做了贵人，梁冀想要让邓猛做女儿，改邓猛姓梁。梁冀害怕邓猛的姊夫议郎邴尊会从中破坏，使宣改换主意，于是派刺客杀了他。之后还想要杀宣；宣家和中常侍袁赦家相邻，梁冀的刺客登上了袁赦的屋顶，想进宣家，袁赦发现了，聚众鸣鼓让宣知道。宣赶快入宫禀告汉桓帝，汉桓帝大怒，于是去厕所，单独叫小黄门史唐衡跟随，问："宦官中与皇后娘家有矛盾的，有谁？"唐衡回答说："中常侍单超、小黄门史左悺与梁不疑有仇；中常侍徐璜、黄门令躔瑗常私下怨恨皇后娘家放肆霸道，只是不敢开口说。"于是汉桓帝叫单超、左悺进入寝宫，对他们说："梁将军兄弟独揽朝政，胁迫内外大臣，公卿以下的官员都顺从梁冀的旨意，现在想杀了梁冀，你们意下如何？"单超等人回答说："梁冀的确是奸贼，早就该杀。臣等势弱无力，不知道圣上的意思怎样。"汉桓帝说："真是这样的，你们就秘密铲除他。"单超等人回答说："图谋不难，但怕陛下心中犹豫不决！"汉桓帝说："奸臣威胁国家，该杀，有什么犹豫的！"于是召来徐璜、躔瑗，五人共同商议计划，汉桓帝咬破了单超的手臂，以血作盟誓。单超等人说："陛下今天计划已定，不要再对别人提起此事，恐怕被人疑心。"

梁冀心中怀疑单超等人，八月初十日丁丑，命令中黄门张恽进入宫中值宿，以防事变。躔瑗敕令官吏收捕张恽，用"突然从外面进宫，图谋不轨"作罪名。汉桓帝亲自到前殿，召集各尚书进宫，发动铲除梁冀之事，命令尚书令尹勋，秉持符节，统领尚书左右丞及尚书郎以下的官员，都手执兵器，守卫尚书府，收取各种符节送到宫中，命令蓬瑗率领左右厩的骑兵、虎贲、羽林、都侯所属的剑戟士，共一千多人，和司隶校尉张彪一起包围了梁冀的住宅，命令光禄勋袁盱手持符节收回梁冀的大将军印绶，贬为比景都乡侯。梁冀和妻子当天自杀；梁不疑、梁蒙在他们之前就已经死了。逮捕所有在朝廷和地方上做官的梁氏、孙氏宗亲，送至诏狱，不论老幼，全部处以死刑；其他受牵连的公卿、列校、刺史、二千石的官员，死了几十人。太尉胡广、司徒韩縯、司空孙朗都被指控依附梁冀，事发后不保护宫廷，停留在长寿亭观望，本应得死罪，减一等处分，废为平民。梁冀过去的官吏、宾客被罢免的有三百多人，朝廷为之一空。这时，诛杀梁冀的事情从宫中突然发动，使者交相奔跑，三公九卿失去常态，官府和大街小巷一片沸腾，数天后才安定下来；百姓没有不称道庆贺的。没收梁冀的财产，由官府拍卖，共三十多亿，全都上缴国库，减免天下一半的赋税，把梁冀的林园分给贫民耕种。

八月十五日壬午，立梁贵人为皇后，追废懿陵，改为贵人冢。汉桓帝厌恶梁氏，改皇后姓薄，时间久了，知道她是邓香的女儿，才恢复姓邓。

（以上为第三段，写汉桓帝诛除梁冀。）

诏命奖赏诛杀梁冀的功绩，封单超、徐璜、蓬瑗、左悺、唐衡为县侯，单超食邑二万户，徐璜等人各一万户，世人称为“五侯”。仍以左悺、唐衡为中常侍，又封尚书令尹勋等七人为亭侯。

任命大司农黄琼为太尉，光禄大夫中山人祝恬为司徒，大鸿胪梁国人盛允为司空。

这时，刚刚诛杀了梁冀，天下盼望新政，黄琼位居公卿之首，就进奏揭露州郡中行为一向残暴、贪污的人，被处死流放的有十多人，全国一片欢腾。

黄琼征召汝南人范滂。范滂年少时便磨砺修治清高节操，受到州郡和乡里人的称道。曾做过清诏使，考察冀州政事，范滂登上车子，手执缰绳，大有澄清天下的志向。郡守、县令中贪污的人，都闻风弃职；范滂所进奏检举的，没有不符合众议的。时逢诏命三府掾属收集褒贬地方官的谣言。范滂进奏弹劾刺史、二千石官员、权贵和豪门之流的有二十多人。尚书谴责范滂弹劾的太多，怀疑有私人恩怨；范滂说：“臣下所揭发的，如果不是贪赃枉法、奸恶残暴、深为民害的人，岂容它来弄脏我的奏章！近日因为朝会时间急促，所以先揭发紧急的案件，其他没有查清楚的正在落实。臣听说农夫除草，庄稼一定茂盛；忠臣锄奸，王道因而清明。如果臣有二心，甘受诛杀。”尚书无法往下追究。

尚书令陈蕃上奏推荐五位隐士，豫章人徐稚、彭城人姜肱、汝南人袁闳、京兆人韦著、颍川人李昙；汉桓帝用安车、黑色丝绸，备齐礼仪，征召他们，但是他们都不接受征召。

徐稚家中贫寒，常自己耕种，不是自己辛苦生产的东西不食用，恭敬节俭，谦逊合宜，所住地方的人都佩服徐稚的品德；公府屡次征召，徐稚不愿出来做官。陈蕃做豫章太守，依礼仪请徐稚任功曹；徐稚不上任，要求免职，进见陈蕃后，立即告辞。陈蕃个性方正严峻，不交往宾客，只有徐稚来的时候，特别设立一张坐榻，离开后就悬挂起来。后来徐稚被选拔为有道之士，在家中被委任为太原太守，都不接受。徐稚虽然不接受各公侯的征召，但听到他们丧亡的消息，马上就背起书箱前去吊丧。他常在家中预先烧好一只鸡，用一两棉花浸在酒中晒干，用来裹鸡，径直赶到所要祭奠的坟墓墓道外，用水浸泡酒棉，使之染有了酒气，米饭一斗，用白茅草为垫子，把鸡放在前面，用酒祭奠完了，留下名帖就离开，不见丧祭的主人。

姜肱和二位弟弟姜仲海、姜季江都以孝顺友爱闻名，经常同盖一条被子睡觉，不接受征召。姜肱曾和弟弟姜季江一同前往郡中，晚上在路上被强盗抢劫，想要杀他们，姜肱说："弟弟年幼，父母怜爱，还未娶妻，愿意被杀保全弟弟。"季江说："哥哥年长德高，是家中珍宝，国家英才，请杀我以代替哥哥的生命。"于是强盗把他俩释放了，只抢走了些衣服路费而已。到了郡里，郡中官员看到姜肱没有衣服，奇怪地问他们原因，姜肱以别的话搪塞过去，始终不说出强盗抢劫之事。强盗知道了后，感到后悔，就到他的住处求见姜肱，叩头道歉，送还抢去的东西。姜肱不肯接纳，摆设酒食款待，然后送他们离开。汉桓帝既然征召不到姜肱，于是下令彭城县，命令画工画出他们的形象。姜肱睡在光线昏暗处，用被子捂住脸，说是患了眼花的病，不能见光和被风吹，画工最终也没有看到他。

袁闳是袁安的玄孙，刻苦修治品性，不肯接受征召。

韦著，隐居在家，教授学生，不管世事。

李昙的继母凶残，李昙奉养她更加恭敬，有四季珍奇玩物，从来没有不先礼拜继母，然后进献给她的，乡里人以他为榜样。

汉桓帝又征召安阳人魏桓，他的同乡劝他前往，魏桓说："当官得俸禄求升迁，目的是为了实现自己的治世理想。现在后宫人数以千计，可以减去吗？厩中的马有万匹，可以减去吗？左右权贵豪门，可以除去吗？"同乡人都回答说："不可以！"魏桓慨叹道："让我活着出门，死了回来，对于各位先生有什么好处呢！"于是他终生隐居不出。

（以上为第四段，写诛除梁冀的五宦官单超、徐璜、具瑗、左悺、唐衡同日封侯，世谓之五侯，外戚失势，宦官势增。朝官士大夫间隙求生，尚书令陈蕃荐贤五隐士，皆不应征召。）

汉桓帝诛杀梁冀以后，对以前臣子中有恩的人，大多赐予爵位：追尊邓皇后的父亲邓香为车骑将军，封为安阳侯；又封邓皇后的母亲宣为昆阳君，封邓皇后哥哥的儿子邓康、邓秉为列侯；宗族都做了列校、郎将，赏赐以巨万计。中常侍侯览呈献五千匹缣绸，汉桓帝赐予他关内侯的爵位，又凭借参与议论诛杀梁冀的功劳，进封为高乡侯；又封小黄门刘普、赵忠等八人为乡侯，从此，权势全集中在宦官手中了；五侯更加贪婪放肆，震惊朝廷内外。当时灾异时常出现，白马令甘陵人李云呈上不封缄的奏书，副本送给三府，说："梁冀虽仗势独揽大权，祸及天下，现在因罪受诛杀，如同召来家臣杀掉罢了，而今滥封密谋的臣子食邑在一万户以上；高祖听到了，能不怪罪吗？西北各将领听到了，能不涣散吗？孔子说：'皇帝，是审明万物的人。'现在官位错乱，小人谄媚得升，公开贿赂，政教一天天败坏；任官的诏书，不经皇帝过目，是皇帝不想洞察万物吗？"汉桓帝得到奏书，大为愤怒，下令有关部门逮捕李云，诏命尚书、都护带领剑戟士，送至黄门北寺狱，下命中常侍管霸和御史、廷尉会审拷问李云。当时弘农五官掾杜众悲伤李云因为忠心进谏而获罪，上书"愿意与李云同日受死刑"，汉桓帝更加愤怒，于是一起交付廷尉。大鸿胪陈蕃上奏说："李云所说的，虽不知道禁忌，冒犯皇上，违反旨意，他的心意是忠于国家的。从前高祖容忍周昌不知避讳的进谏，成帝赦免朱云腰斩、断颈的刑罚，今天杀死李云，臣下恐怕比干剖心的讥嘲，又将在社会上议论开了！"太常杨秉、洛阳市长沐茂、郎中上官资，一起上奏，请求释放李云。汉桓帝更加愤怒，认为这是大不敬；下诏谴责陈蕃、杨秉，免除官职，回到乡里；沐茂、上官资贬俸禄二级。当时汉桓帝在濯龙池，管霸等人进奏李云等人的事情，管霸跪着说："李云是乡野愚蠢的儒生，杜众是郡中小小的官吏，出于狂放愚直，犯不着施加罪罚。"汉桓帝对管霸说："皇帝想不审明万物，这是什么样的话！常侍想要谅解他们吗？"回头命令小黄门批准管霸的进奏，李云、杜众却都死在狱中，宠幸的近臣更加横行霸道，太尉黄琼衡量自己不能控制，于是托病不起，上奏说："陛下登上皇位以来，没有超过前代的政事，梁氏秉持大权，宦官充斥朝廷，李固、杜乔因忠诚进言，遭到残杀的横祸，而李云、杜众又因忠心相继被杀，全天下悲伤恐惧，更加怨恨，朝廷内外的人士以忠心为忌讳。尚书周永一向事奉梁冀，假借他的威势，看到梁冀要衰弱，才假装抨击梁冀，以示忠诚，终于奸计得逞，也得到封侯。另外，黄门宦官心怀邪恶，众人相互勾结，自从梁冀得势以后，内结皇后，外附梁冀，早晚策划，共同制造奸恶不法的事；等到梁冀受诛杀时，无法弄巧，又反过来借攻击梁冀的罪恶用以谋求爵位和赏赐。陛下不加以认真澄清，辨别真伪，又让其和忠臣同时受到显耀的封号，使得白黑混淆，这真是把金玉投进沙砾，把玉珠摔碎在稀泥中，各地百姓听到了，没有不愤怒叹息的，臣下世代蒙受国家的恩德，声名微弱而地位重要，胆敢在临死的时候，陈述不知避讳的言辞。"上书奏上后，不被汉桓帝采纳。

冬季，十月初五日壬申，汉桓帝巡幸长安。

中常侍单超患病；十一月初六日壬寅，任命单超为车骑将军。

十二月初三日己巳，汉桓帝自长安返回。

烧当、烧何、当煎、勒姐等八部羌人侵入陇西金城塞，护羌校尉段颎击败叛羌，追赶到罗亭，杀死诸羌酋长以下两千人，俘虏了一万多人。

汉桓帝诏命重新任命陈蕃为光禄勋，杨秉为河南尹。单超哥哥的儿子单匡任济阴太守，仗势横行贪污。兖州刺史第五种命令从事卫羽调查，得赃款五六千万，第五种立即上奏弹劾单匡，并且弹劾单超。单匡困窘，贿赂门客任方刺杀卫羽。卫羽发觉单匡的阴谋，逮捕任方，囚禁在洛阳。单匡忧心杨秉会穷追这件事，秘密要任方等人从狱中逃跑。尚书召杨秉责问，杨秉回答说："任方等人无法无天，事情起因是由单匡引发，请用槛车征召单匡，查明此事，那么奸恶头绪必然可以马上查清。"杨秉竟然反被判刑送到左校营作苦役。当时，泰山贼人叔孙无忌抢掠徐州、兖州，州郡无力征伐，单超因此陷害第五种，被论罪流放朔方；单超的外孙董援任朔方太守，怒气冲冲地等着他。第五种的旧属孙斌知道第五种一定会被害死，召集门客追赶第五种，追到太原，劫持他回去，逃亡多年，遇赦得免。第五种是第五伦的曾孙。

此时，封赏超过了标准，宫内美女太多。陈蕃上疏说："诸侯象征天上的二十八宿，拱卫君主；高祖规定，不是功臣不封侯。听说圣上追封河南尹邓万世父亲邓遵的小小功劳，又赐给尚书令黄隽祖先已断隔的封爵，宦官没有为国尽大义而得到封邑，皇上身边的人无功受赏，以至于一家之中，有数人封侯，使得天象失常，阴阳错乱。臣知道爵位已封，谈论也无用，实在希望陛下到此为止。另外，宫女数千，吃肉食，穿彩绸，胭脂水粉，费用无法计算。俗语说：'家庭失盗，超不过五女在门。'因为女儿使家里贫穷。现在，后宫的女子，岂不使国家贫困吗！"汉桓帝诚心采纳陈蕃的建议，遣放了五百多名宫女，只赐给黄隽为关内侯，封邓万世为南乡侯。

汉桓帝从容地问侍中陈留人爰延："朕是个什么样的君主？"爰延回答说："陛下是汉朝的中等君主。"汉桓帝问："为什么这样说？"爰延回答说："尚书令陈蕃担任政事，国家就有治，中常侍黄门参与政事，天下就乱。所以，陛下可以管理好国家，也可能管理不好国家。"汉桓帝说："从前，朱云在朝廷上折断栏杆强谏成帝；现在，侍中当面陈说朕的过失，朕知道自己的缺点了。"任命爰延为五宫中郎将，连续升迁为大鸿胪。正逢客星经过帝座星，汉桓帝暗中问爰延，爰延上密奏说："陛下因为河南尹邓万世是陛下登基以前的老朋友，封为通侯，比公卿的恩德还重要，比宗室的恩惠还丰厚；加上不时宣见，和他一起玩对阵赌博游戏，上下失礼，有损尊严。臣听说，皇上身边的人在于咨询政德。和好人在一起，每天就可以听到好的教诲；和恶人在一起游乐，每天就会产生邪恶的念头。希望陛下远离奸邪小人，接受正直人士，那么灾祸就会消解。"汉桓帝不能接受。爰延称病，免职回乡。

（以上为第五段，写汉桓帝重赏宦官亲信，诛杀谏臣李云等人，政治更加昏暗。）

汉桓帝延熹三年（庚子，公元 160 年）

春季，正月初一日丙申，大赦天下，汉桓帝下诏寻找李固的后代。当初，李固既被罢官，知道难免有祸，于是把三个儿子李基、李兹、李燮都送回乡里。当时李燮十三岁，姐姐李文姬嫁给了同郡人赵伯英为妻子，看见二位兄长回来，仔细了解了事情的本末，独自悲伤地说："李氏就要灭族了！自从祖父李郃以来，积恩积德，怎会遇到如此厄运！"秘密与二位兄长谋议，先隐藏李燮，假说他回到京城去了，大家全都相信。不久，灾难来临，州郡逮捕李基、李兹，他们都死在狱中。李文姬告诉父亲的门生王成说："你为我父亲秉持正义，有古人的高节；现在把未成年的孤儿托付给你，李氏家族的存亡，全看你的了。"王成带着李燮，沿长江东行，进入徐州境界，改姓埋名，在酒家作工，而王成在街上占卦，二人假装不认识，暗中往来。十几年之后，梁冀被诛，李燮才把事情本末告诉酒店主人，客栈主人备好车马重礼送李燮归乡，李燮推谢不接受。于是李燮回到故乡，重新给老父服丧，姐弟相见，悲伤得感动了旁边的人。姐姐告诉弟弟说："我家血脉险些断绝，弟弟幸亏得救，难道不是天意？当和人们断绝往来，不要随意走动，小心别说一句批评梁氏的话。批评梁氏就会牵连到君主，灾祸就会重来，我们只能引咎自责。"李燮严格地遵守姐姐的教诲。后来王成去世，李燮按礼节埋葬了王成，每年四时祭祀，都把王成的牌位放在上位祭奠。

正月十一日丙午，新丰侯单超去世，汉桓帝赐予单超御用棺木，棺木中放金缕玉衣。等到埋葬时，又派五营骑兵、将作大匠造坟。此后，剩下的四侯更加横行，天下民众有俗语说："左回天，具独坐，徐卧虎，唐雨堕。"四人竞相建造宅第，攀比奢侈，他们的仆从都乘坐牛车，拥有骑兵侍卫；兄弟亲戚都当了州郡的长官，搜掠百姓，跟盗匪没有区别，暴虐遍及天下；民众不堪忍受，所以许多人都去当盗匪。

中常侍侯览、小黄门段珪在济北国边界有田产，他们的仆从宾客抢夺行路的人。济北相滕延把这些人全抓获，杀死几十人，把尸体摆在街上。侯览、段珪向皇帝投诉此事，滕延被诏到廷尉论罪，免去官职。

左悺的兄长左胜任河东太守，皮氏县县长京兆人赵岐对有这样的上司感到耻辱，当天弃官西去。唐衡的兄长唐玹任京兆尹，向来与赵岐有仇恨，逮捕了赵岐的家属宗亲，诬害他们犯下重罪，全部杀害。赵岐四处逃避，到处躲藏，隐姓埋名，在北海郡的街头卖饼。安丘人孙嵩见他与众不同，载他一同回来，藏在夹墙中。等到唐衡兄弟死了，遇到赦免，才敢出来。

闰正月，西羌残余的部众又与烧何部大酋长侵扰张掖，凌晨，逼近校尉段颎的军队。段颎下马大战，到了中午，刀砍断了，箭用尽了，敌人也撤退了。段颎追赶，边战边进，日夜攻击，割吃战马肉，饮积雪，四十多天，到达积石山，出塞门两千多里，杀死烧何部大帅，使其残部归降，而后班师回还。

夏季，五月十一日甲戌，汉中郡发生山崩。

六月初九日辛丑，司徒祝恬去世。

秋季，七月，任命司空盛允为司徒，太常虞放为司空。

长沙蛮人叛乱，屯集在益阳，和零陵蛮人一起骚乱长沙。

九真郡残余的贼人聚合在日南郡，势力变得强盛；下诏再次任命桂阳太守夏方为交趾刺史。夏方向来有威信，冬季，十一月，日南郡的二万多贼人，前来向夏方归降。

勒姐、零吾部落羌人包围允街，段颎击败了他们。

泰山反贼叔孙无忌进攻并杀害了都尉侯章，朝廷派中郎将宗资讨伐，击败了他们。下诏征召皇甫规为泰山太守。皇甫规到任，精心谋划，平息了叛乱。

（以上为第六段，写宦官势盛，当时流行的政治民谚说："左回天，具独坐，徐卧虎，唐雨堕。"宦官子弟布满州郡，搜掠百姓，与盗匪无异。）

汉桓帝延熹四年（辛丑，公元 161 年）

春季，正月初二日辛酉，南宫嘉德殿着火；正月二十九日戊子，丙署殿失火。

发生大瘟疫。

二月初三日壬辰，武器库失火。

司徒盛允被免职，任命大司农种暠为司徒。

三月，太尉黄琼被免职；夏季，四月，任命太常沛国人刘矩为太尉。

当初，刘矩任雍丘县令，用礼仪谦让教化人民；遇到诉讼的人，他常引到面前，耳提面命，谆谆教诲，认为有些不平的愤怒是可以忍耐的，县衙不可以随便进出，要他们回去反思。争讼的人被感动，就不再争执了。

四月二十六日甲寅，册封河间孝王的儿子参户亭侯刘博为任城王，作为继承人奉祀孝王刘尚。

五月初四日辛酉，在心星区域出现孛星。

五月初十日丁卯，光武帝的原陵长寿门失火。

五月二十二日己卯，京师洛阳下冰雹。

六月，京兆、扶风和凉州发生地震。

六月十三日庚子，泰山和博县尤来山崩塌。

六月二十二日己酉，大赦天下。

司空虞放被免职，任命前太尉黄琼为司空。

犍为属国夷人侵扰百姓，益州刺史山昱击败了他们。

零吾羌和先零各族反叛，侵入三辅。

秋季，七月，京城设坛祈雨。

减少公卿以下的俸禄，借贷王侯一半的租税，出卖关内侯、虎贲、羽林缇骑、营士、五大夫官职，售价各有差异。

九月，司空黄琼被免职，委派大鸿胪东莱人刘宠为司空。

刘宠曾经任过会稽太守，简化烦琐的政令，禁止、明察非法的行为，郡里井然有序，征召为将作大匠。山阴县有五六位老人，从若邪山谷出来，每人拿一百钱送给刘宠说："我们是山野村夫，从没到过郡官府，不认识郡太守。别的郡守派官吏到民间求取财物，到了晚上还不停止，有时，狗整夜在叫喊，民众不得安宁。自从你到任以来，晚上狗不再叫，百姓不见索物的官吏；我年老了才遇到圣明的政治，现在听说你要离开我们，所以互相搀扶着来送你。"刘宠说："我的政绩哪里赶得上你们所说的，辛苦各位父老了。"在每个人手上选了一个大钱，留下做纪念。

冬季，先零、沈氐羌和各部落侵扰并州和凉州，校尉段颎率领湟中义从羌组成的军队征讨叛羌。凉州刺史郭闳贪求分享战功，故意阻挠段颎的军队，使他不能前进；义从随军太久，思念家乡，全都叛走。郭闳归咎于段颎，段颎被征回下狱，判罪送到左校作苦役，任命济南相胡闳代理校尉。胡闳毫无威信、谋略，羌人于是占领边地，攻陷营寨哨所，招诱各部落，骚扰各郡，灾祸越来越厉害。泰山太守皇甫规上疏说："现在狡猾的盗贼将要消灭，泰山将要平定，又听说各羌族都在叛乱。臣生长在邠山、岐山之间，年纪五十九岁了，以前做过郡中官吏，两次经历羌人的暴动，臣预先估计羌人暴动的局势发展，不幸言中。臣向来疾病缠身，害怕像犬马一样老死，不能报答皇恩，请赐臣一个不重要的官职，只需要一辆车子，让臣做一个使臣，慰问三辅人民，宣扬国家的声威和恩德，用臣所熟悉的地形和用兵经验，帮助前线各军。臣当初孤身在危境，静观郡中将领已经历几十年，认为从西边的鸟鼠山到东边的泰山，弊病一样。与其用猛力镇压，不如施行清平政治；与其奖励精通《孙吴兵法》，不如鼓励将士奉公守法。先前的叛乱，为时不远，臣实在担心，所以越职进言，以表示区区忠诚。"汉桓帝下诏任命皇甫规为中郎将，持符节，监督关西军队，征伐零吾等族。十一月，皇甫规进击羌人，获胜，杀了八百人。先零各部羌人仰慕皇甫规的威信，相互规劝来归降的有十几万人。

（以上为第七段，写地方廉吏刘矩、刘宠以恩信治民，百姓感戴，如此廉吏，凤毛麟角，无补大局。）

汉桓帝延熹五年（壬寅，公元 162 年）

春季，正月二十九日壬午，南宫丙署殿失火。

三月，沈氐羌人侵占张掖、酒泉，皇甫规派先零各部落的羌人，共同到陇山之东讨伐，但道路断绝，军中流行瘟疫，死亡人数达十之三四。皇甫规亲自进入营帐，巡视将士，三军振奋。东羌于是派使者请求归降，通往凉州的道路再次打通。

起初，安定太守孙隽收取贿赂，声名狼藉，属国都尉李翕、督军御史张禀杀死很多归降的羌人，凉州刺史郭闳、汉阳太守赵熹都年老体弱，不能胜任职守，却都依仗权贵，不遵纪守法。皇甫规到职，一条条列出全部罪状向汉桓帝报告，他们有的免官，有的受诛；羌人听了，全都和睦归服，跟汉朝亲善，沈氏大酋长滇昌、饥恬等十几万人再向皇甫规归降。

夏季，四月，长沙贼人起事，骚扰桂阳郡、苍梧郡。

五月十三日乙丑，恭陵东门失火；五月十六日戊辰，虎贲掖门失火。五月，康陵园寝失火。

长沙、零陵贼人进入桂阳郡、苍梧郡、南海郡，交趾刺史和苍梧太守望风逃跑，朝廷委派御史中丞盛脩督促州郡募兵，讨伐贼人，不能取胜。

五月二十三日乙亥，京师发生地震。

六月初三日甲申，皇宫钱库中的俸禄署失火。秋季，七月初八日己未，南宫承善门失火。

鸟吾羌侵占汉阳郡，陇西、金城等郡的军队征讨获胜。

艾县贼人攻击长沙郡县，杀死益阳县令，部众达一万多人。谒者马睦督促荆州刺史刘度攻击他们，战败，马睦、刘度逃跑。零陵蛮也跟着叛乱。冬季，十月，武陵蛮叛乱，骚扰江陵，南郡太守李肃逃跑，主簿胡爽拦住马头进谏说：“蛮夷看见郡中没有戒备，所以敢趁机来犯。明府是国家大臣，管辖连绵千里的地方，如果举旗鸣鼓作为号召，将有十万人响应，为什么要抛开持符节守土的重任，变为逃亡犯呢？”李肃拔出刀对着胡爽说：“主簿你快走开，我现在如此窘急，哪里有时间顾及这些！”胡爽抱着马，竭力进谏，于是李肃杀死胡爽逃走。汉桓帝听说此事，征召李肃，在街市上处以腰斩；刘度、马睦判处死刑减一等；免除胡爽家赋税，任命家中一人做郎官。

尚书朱穆推举右校令山阳人度尚为荆州刺史。十月十二日辛丑，任命太常冯绲为车骑将军，率领十几万军队征讨武陵蛮。原先，所派遣的将帅，多被宦官以浪费军资罪加以诬陷，常常被判罪，冯绲希望请一位中常侍监督军事开支。尚书朱穆上奏说：“冯绲为了避免贪财的嫌疑，而有失大臣节操。”汉桓帝下诏不要弹劾。冯绲请求前武陵太守应奉一起前往，委派他为从事中郎。十一月，冯绲率军到达长沙，贼人获得消息，都到军营请求归降。向武陵蛮夷进军，杀死四千多人，有十几万人投降，平定了荆州。下诏赐钱一亿，冯绲坚决不受，凯旋，把功绩归于应奉，推荐他为司隶校尉；而自己却上书请求辞职回乡，朝廷不批准。

（以上为第八段，写良将皇甫规讨平三辅河西的羌乱，冯绲讨平荆州武陵蛮的叛乱。）

滇那羌侵扰武威、张掖和酒泉郡。

太尉刘矩被免职，任命太常杨秉为太尉。

皇甫规持节担任将职，回到故乡，监察州郡军政，既无私人的恩惠，还多多举奏不法事，又痛恨宦官，不与他们往来。于是朝中近习宦官和地方贪官都抱怨他，就一起诬告皇甫规贿赂各羌部落，要他们假装归降，汉桓帝接连下诏责备皇甫规。

皇甫规上书自辩说："去年的秋季，戎狄欲动，长安惊惧，朝廷担心西方政事。臣振兴了国家的威望，使羌戎叩首投降，节省军事费用一亿以上。臣认为这是忠臣的本分，不应该诉说劳苦，所以耻于没有只言片语自称微薄功劳，然而不妨与先前做一下对比，可以说臣没有什么罪过和后悔的事。先前臣进入凉州州界，弹劾了孙隽、李翕、张禀；后来率军东征，又弹劾了郭闳、赵熹，陈明他们的过错罪恶，依法他们应执行死刑。这五个臣子的党羽遍布半个国家，其他从佩戴黑色绶带印信的官员以下，到小官吏，牵连的有一百多人。部属假借要为长官报仇，儿子一心想要为父亲雪耻，他们用车载着礼物在路上奔驰，带着粮食步行奔走，交结权豪，争相散布流言秽语，说臣私下与诸羌交往，送给大量钱物。如果说臣是拿了别人财物，可是，臣家中没有一石存粮；如果说臣取走了官府的财物，那么，按文籍账簿登记的财物很容易查考。臣很愚昧困惑，真如流言所说，前朝尚有政府用宫女赏赐匈奴，甚至把公主嫁给乌孙。现在，臣只用了一千万钱就安慰了羌人，这正是良臣的谋略，军事家所推崇的，有什么地方违背义理？从永初以来，不少将帅被派到关外，军队大败的有五次，费用不知多少亿，有的把朝廷供应的军饷，还没有启封的整车金银发回洛阳，倾倒在权贵之门，因而名成功立，封官晋爵。现在臣回到乡里，揭露各郡的官员，与亲戚朋友断绝关系，诛杀羞辱臣的旧交故友，众人诽谤暗害臣，这是情理中的事情。"

汉桓帝于是征召皇甫规回到京城，任用皇甫规为议郎，论功应当封赏；而中常侍徐璜、左悺想向他敲诈财物，多次派宾客询问他立功的情况，皇甫规始终不理会。徐璜等人大怒，又重翻旧账，用先前浪费军资之事诬陷他，把他交付主管官吏审判。皇甫规的部下想凑钱送礼求情，皇甫规坚决不同意，终于以没有平定羌人残敌的罪名，被判拘押廷尉狱，判处送到左校营作苦工。公卿和太学生三百多人到宫门诉冤，皇甫规遇赦，回到家中。

（以上为第九段，写宦官诬罔皇甫规，良将被罢官。）

汉桓帝延熹六年（癸卯，公元 163 年）

春季，二月十一日戊午，司徒种暠去世。

三月二十二日戊戌，大赦天下。

任命卫尉颍川人许栩为司徒。

夏季，四月初五日辛亥，康陵东厢房失火。

五月，鲜卑人侵犯辽东属国。

秋季，七月初十日甲申，平陵园寝失火。

桂阳贼人李研等人骚扰郡界，武陵蛮又叛乱；太守陈举讨伐平定了。宦官向来讨厌冯绲，八月，冯绲被控以军队回师后盗贼重新叛乱的罪名被免职。

冬季，十月十三日丙辰，汉桓帝在广成打猎，于是巡幸函谷关、上林苑。光禄勋陈蕃上疏进谏说：“在国家安定的时候，打猎尤应有所节度，何况现在有‘三空’的厄运呢？田野空、朝廷空、仓库空。加上战争还没有停止，四方人民逃散，正是陛下忧心如焚，愁眉不展，彻夜不能安眠的时候，怎么可以耀武扬威，把心意用到狩猎上呢？而且去年秋天多雨，人民开始种麦，现在延误了他们耕种的时机，却下令征发他们为皇帝围猎驱赶禽兽、修筑道路服徭役，这不是圣贤体恤关心人民的本意。”奏章呈上，汉桓帝没有采纳。

十一月，司空刘宠被免职。十二月，任命卫尉周景为司空。周景是周荣的孙子。

这时，宦官势力正在壮大，周景和太尉杨秉上书说：“朝廷内外的官吏，多是用人不当。按旧制，宦官的子弟不得当高官，掌大权；可是现在，宦官的亲族宾客，遍布朝廷各官署，有些年轻的平庸之辈，职任地方州郡长官，全国上下对此局面无不愤恨忧患，全国百姓愁苦怨恨。应当遵循旧章，黜退贪婪残暴之人，消除天灾谴告和人民的讥讽。请下诏司隶校尉、中二千石、城门、五营校尉、北军中候等，各部门切实核查所属部下；应当罢免的，主动呈报三府，复查有遗漏的，继续上报。”汉桓帝接受了，于是杨秉逐条列举进奏、弹劾青州刺史羊亮等州牧、郡守五十多人，有的处死，有的免职，天下肃然清静。

汉桓帝下诏征召皇甫规为度辽将军。当初，张奂被指控是梁冀的旧部，免除官职，禁锢在家。张奂的所有旧交，无人敢替张奂说话，只有皇甫规推荐张奂，前后七次上奏，因此委派张奂为武威太守。等到皇甫规担任度辽将军，到职才几个月，就上书举荐张奂，认为：“张奂才能谋略都很优秀，应该担任元帅，以满足众望。如果认为臣还可以充当军事长官，臣愿担任副职，作为张奂的助手。”朝廷准允了。任命张奂代替皇甫规为度辽将军，皇甫规为使匈奴中郎将。

西州的官吏和百姓守在宫门为前护羌校尉段颎诉冤，人数众多；正逢滇那等各部羌人的势力扩大，几乎要丢失凉州，才重新任命段颎为护羌校尉。

尚书朱穆痛恨宦官肆意专横，上疏说：“按照汉朝旧制，中常侍只参与选拔士人，建武以后，才改为全用宦官。自从延平以来，宦官地位逐渐尊贵隆盛，凭借金蝉貂尾的帽饰，处于侍中的职位，朝廷大事全都要经过他们之手。宦官权力动摇全国，宠贵没有限度，他们的子弟亲戚都任要职，放纵骄横，无法控制，使天下穷窘，小民空竭。臣认为应当全部罢免，恢复从前的制度，另外选择国内清廉纯朴、通达国家体制的人，以弥补他们的职位，这样，亿万民众就能蒙受圣明的教化！”汉桓帝没有采纳。后来，朱穆有事进见，再次口头陈述说：“臣听说汉朝旧的典章制度，设立侍中、中常侍各一人，负责传达尚书政事；黄门侍郎一人，传达奏书；都要用大姓的士子担当。自从和熹太后以女主的地位管理政事，不接触公卿，而任命宦官为常侍，小黄门在皇上和皇后之间奔走。从此以后，宦官权力超过君主，使天下人穷困，应当全部罢黜遣出，广泛选取年高德望的学者参与政事。”汉桓帝很不高兴，不理睬朱穆，朱穆伏在地上不肯起来，左右的人传令“出去！”过了很久，朱穆才急步离开。从此，宦官多次借传达汉桓帝命令的机会，诟骂朱穆。朱穆一向正直刚烈，不得意，没过多久，愤怒到了极点，引发毒疮溃烂而死。

（以上为第十段，写汉桓帝迫于舆论与军情，重新起用皇甫规、张奂、段颎等良将，惩治一批任州牧郡守的宦官子弟。）

【点评】

本卷史事点评下列四事，分述如下。

一、刘陶谏阻铸重币。铸造重币，就是铸造不等值的大钱，如同今之发行大额面值的纸币。铸造大钱就是用通货膨胀的办法转嫁国家财政赤字，祸害黎民百姓。汉武帝后期，财政枯竭，造白鹿皮币，一方尺白鹿皮，缘以藻缋，面值四十万。王莽制造刀币，契刀一枚值五百，文曰“契刀五百”，错刀一枚值五千，文曰“一刀直五千”。王莽多次改变铸钱面值，每改一次，就有大批民众破产，随后兴大狱。桓帝永寿三年（157），民众贫困交加，有人建议国家改铸大钱，朝廷让四府、群僚广泛讨论，让太学生参加讨论。于是太学生刘陶上奏，抨击铸重币之害。刘陶说：“当今民众的忧患，不是钱币，而是饥馑。即使把沙砾化成黄金，把瓦片变成白玉，民众渴了不能当水喝，饥了不能当饭吃，有什么用？民众可以一百年没有钱币，却不能一天没有饭吃。让民众富裕的唯一办法就是停止官府的重税和官吏的贪污，没有了重税和贪污，民众自然富足。”刘陶一针见血指出：“官府用铸大钱的方法来补救过失，好比把鱼养到沸水中，把鸟放置在烈火燃烧的树上一样。水和树木，本来是鱼和鸟的生命线，但用错地方，一定焦烂。”刘陶又警告说：如今“贪官污吏，凶残如同兀鹰，窃盗匪徒，掠夺好像乌鸦，连皮带肉把民众一口吞下还不满足，臣深忧一朝人民在困苦中崛起，有人振臂一呼，群起响应以求得一条生路，到那时，即使钱大如尺，也挽救不了危亡”。刘陶说理透彻，简洁明快，不可辩驳。东汉朝廷停止铸造重币的讨论，百姓避免了一场通货膨胀的灾难，刘陶之功也。

二、五侯横空出世。延熹二年（159），桓帝与小黄门史唐衡密议诛梁冀。唐衡引宦官左悺、单超、徐璜、具瑗共谋，轻而易举地诛杀了梁冀，恰如王夫之所说，如同瓮中捉鼠。原因是朝官士大夫自李固、杜乔死后，满朝文武噤若寒蝉，听任梁冀为所欲为，胡广之流明哲保身，阿附梁冀以分一杯羹，桓帝又是诸侯王子入继大统，不满处于傀儡的地位，朝官士大夫既不可依靠，而身边的人就是一群宦官。桓帝依靠宦官打倒外戚，夺回权力，就一心一意倒向宦官。而宦官在宫廷糜烂生活和皇帝淫威的熏陶下，养成了阿谀皇帝、崇拜权势的品行。他们只争自己的利益得失，哪管什么国计民生。桓帝依靠中官单超、左悺、具瑗、徐璜、唐衡五人诛杀梁冀，同日封五人为侯，世谓之五侯，其后超死，四侯专横，皆竞起宅第，穷极壮丽。民间语曰："左回天，具独坐，徐卧虎，唐雨堕"。州郡牧守多为宦官子弟姻戚。他们不仅"剥割萌黎，竞恣奢欲"，而且"抅害明贤，专树党类"，真是"穷暴极毒，莫敢谁何"。宦官五侯横空出世，宦官势力开始达于鼎盛，东汉政治从此进入了黑暗，不久爆发的祸及全国的党锢之祸，就是朝官士大夫与外戚联合反击宦官激起的政治斗争，将在下卷点评中详析，兹从略。

三、五名士皆不应征。尚书令陈蕃举荐五位有大名声的隐逸贤士，豫章徐稚、彭城姜肱、汝南袁闳、京兆韦著、颍川李昙，桓帝派出五辆蒲轮安车，带着布帛礼品、皇帝诏书征起五位名士，五名士全都谢绝，不应征召。五名士中徐稚名声最大，他不应征召的心态也最为典型。徐稚字孺子，豫章南昌人。家贫，自耕为食。陈蕃为豫章太守，在郡不接待宾客，只有徐稚来访，专备一榻，徐稚走后就悬吊起来不再用。陈蕃以礼请徐稚为功曹，徐稚谢绝。稍后朝廷以有道之士名义征拜徐稚为太原太守，徐稚不应征，延熹二年（159），陈蕃为尚书令与仆射胡广联名举荐五名士，徐稚居首，五名士皆不就。郭林宗游说京师，徐稚带话给郭林宗说："巨木就要倒下，不是一根绳子可以把它拴住，为什么每天奔忙辛苦，不能安定下来。"郭林宗听了这话感慨地说："徐稚先生可以做我的老师。"徐稚遵循的原则是："邦有道则仕，邦无道则隐。"这是一种明哲保身的哲学，不符合"天下兴亡，匹夫有责"的大义原则，徐稚的社会责任感不能与郭林宗相比。但徐稚锐敏地看到了东汉政权的衰亡无可救药，所以不应征召，不愿与权奸小人为伍，耐得住安贫乐道仍然值得肯定。五名士都看到了东汉衰亡的前景，不愿为这个政权殉葬。

四、冯绲请监军。桓帝延熹五年（162），朝廷任命太常冯绲为车骑将军，领兵十余万讨武陵蛮。在这之前，几任将领出征，都被宦官诬陷克扣军资，往往无功有罪，冯绲出征，要求桓帝派中常侍一人监军财费，尚书朱穆弹劾冯绲为了避嫌，就要求宦官监军，丢失了大臣的节操。桓帝下诏不准弹劾，也就是批准了冯绲的请求，开了宦官监军的先例。王夫之批评冯绲开了一个恶例，宦官监军，影响深远，唐代、明代的宦官监军，无一不败坏军事。王夫之的批评，指错了目标。良将皇甫规讨平三辅河西的羌乱，冯绲讨平了荆州武陵蛮的叛乱，宦官仍借故将二人下狱。冯绲不请宦官监军，也会有李绲、王绲请宦官监军。唐代、明代，宦官监军，一再误事，乃至崇祯皇帝自毁长城杀袁崇焕，哪一个不是遭宦官的毒手？不是宦官有多大能量，而是皇帝猜疑而信宦官，皇权不受节制可以任意诛杀。宦官制度是专制政体上的一块恶性肿瘤，割除恶性肿瘤，躯体会随之死亡。可是专制政体不除，恶性肿瘤又伴随生长。因此宦官监军是专制之弊的必然发展，而不能怪罪冯绲开了先例。

汉纪四十七

汉桓帝延熹七年至九年（公元164—公元166）

【起阏逢执徐（甲辰，公元164年），尽柔兆敦牂（丙午，公元166年），凡三年】

【大事提要】

本卷记事起公元164年，讫公元166年，凡三年，当桓帝延熹七年至九年。这一时期最重大的政治事件是爆发了第一次党锢之祸。大司农刘祐、河南尹李膺、廷尉冯绲联手惩治贪残，反被下狱。贤良刘瑜上奏，指出宦官不应裂土分封，宦官子弟不应任职地方。京师太学生与清流士大夫清议朝政，褒贬人物，渐成风气，形成社会舆论。地方功曹岑晊、张俭、范滂等人不接受宦官请托，惩治奸人，触动宦官集团利益，引发党锢之祸。窦贵人被立为皇后，其父窦武为特进、城门校尉，封槐里侯。窦武亲近清流士大夫，李膺出狱任司隶校尉，打击为恶的宦官，毫不手软，蛊惑桓帝的风角师张成推占朝廷有赦令，教子杀人。李膺嫉之如仇，在大赦令中杀死张成父子。宦官借机中伤，诬陷太学生与士大夫结成朋党，诽谤朝廷，扰乱风俗。桓帝大怒，以党人名义逮捕清流士大夫，第一次党锢之祸形成。

孝桓皇帝中

汉桓帝延熹七年（甲辰，公元164年）

春季，二月［三月］十五日丙戌，邟乡忠侯黄琼去世。即将安葬，远近各地来了六七千人吊丧。

当初，黄琼在家设教，徐稚追随他访求道义，等到黄琼做了高官，徐稚就不再与他交往。到黄琼去世时，徐稚才前往吊祭，以酒洒地祭奠，哀哭离去，但没有人认识他。那些名士便问主持丧事的人，主持回答说："先前有一位书生到来，穿的是粗布衣服，哭得很悲伤，但没有留下姓名。"众人说："一定是徐稚。"于是就推选善言的陈留人茅容骑马去追赶徐稚，在半道追上徐稚。茅容特地打酒买肉招待徐稚，徐稚吃了茅容这一顿饭。茅容询问国家大事，徐稚不回答。改问有关庄稼的事情，徐稚才回答。茅容回来，向大家说明情况，有的人说："孔子说：'可以与某人谈论大道而不谈论，就失去了可以谈论的人。'照此说来，徐稚岂不是失去了一个可以论道的人么？"太原人郭泰说："不对。徐稚为人，清廉高洁，即使饥饿了，没有人可以让他吃饭；即使冷了，没有人可以让他穿衣。而却能与季伟（茅容的字）饮酒食肉，这是徐稚已经知道了季伟贤明的缘故啊！他之所以不回答有关国事的问题，是因为他的智慧我们可以赶得上，而他的大智若愚我们赶不上啊！”

（以上为第一段，写名士徐稚风采。）

郭泰学识广博，善于谈论。初游洛阳时，当时的人都不认识郭泰，陈留人苻融一见郭泰便很惊异，就把郭泰介绍给河南尹李膺。李膺与郭泰相见，说：“我见到过的贤士够多了，还没有像郭林宗（郭泰的字）这样的。他有聪慧卓识，品行高雅，思维细密精博，在今天，还很难遇见能与他匹敌的人。”就与郭泰交为朋友，这样郭泰名震京师。后来郭泰返乡时，达官贤士送他到黄河岸边，有数千辆车子，李膺独与郭泰同舟渡河，众宾客望见他们，觉得像是神仙在舟中。

郭泰有知人之明，喜好鼓励士人上进，到郡国周游。茅容有四十多岁，在田野耕种，与农友们在树下避雨，众人都杂乱地蹲坐在地上，茅容却正襟端坐，非常恭敬；郭泰见了很惊异，请求在茅容家借宿。第二天，茅容杀鸡做菜，郭泰以为是招待自己；茅容分了半只鸡给母亲吃，剩下的半只搁在橱柜里，自己却炒了素菜与客人一同吃饭。郭泰说：“你的贤德远远超过了一般人！我郭林宗尚且还要减少对双亲的供养，用来招待宾客，而你竟然如此，这才是我要交的朋友啊。”郭泰站起来，向茅容作揖，勉励他从学，终于将他培养成有高超德行的人。巨鹿人孟敏，寄居在太原，扛着的瓦甑摔在地上，看都不看就走了。郭泰看见问他是如何想的，孟敏回答：“瓦甑已经摔破了，看了它又有何用！”郭泰认为孟敏处事有决断能力，与他交谈，了解他的德行，趁机劝孟敏游学，孟敏终于闻名当世。陈留人申屠蟠家贫，替人做油漆工；鄢陵人庾乘，年轻时在县衙做守门人；郭泰见到他们认为是奇才，后来他们都成为知名人士。其余有些出身于屠宰、沽酒、行伍的人，因获郭泰奖励成名的人很多。

陈国少年魏昭求见郭泰说：“学识渊博的经师容易遇见，品行高尚的人师难得碰见，我愿意跟追随在你身边，做些打扫卫生的杂事。”郭泰答应了。郭泰曾身体不适，叫魏昭煮稀饭，稀饭煮好了，进奉给郭泰，郭泰大声斥责说：“替长辈煮稀饭，没有敬意，使我怎么吃得进！”把碗扔到地上。魏昭重新煮了稀饭，进奉给郭泰，郭泰再次大声斥责他。像这样有三次，魏昭始终不动声色。郭泰才说：“起初我只见到你的外表，从今之后，了解你的内心了！”于是把魏昭当作朋友善待他。

陈留人左原作为郡里的学生，犯法被斥责，郭泰在路上遇到他，设置酒菜安慰他，说：“从前颜涿聚是梁甫山的大盗，段干木是晋国大市侩，最后分别成了齐国的忠臣，魏国的名贤；蘧瑗、颜回尚且不能没有过错，何况其他的人呢？千万不要愤恨，应当反躬自责。”左原接受了他的劝告离去。有人嘲讽郭泰连坏人都不拒绝，郭泰说："一个没有仁德的人，若是过分厌恶他，就会生出更大的乱子。"左原后来又心怀恨意，约聚党羽，想去报复学士们。那天，郭泰正在郡学中，左原感到辜负了郭泰先前的劝导，就羞愧地走了。后来这件事的真相被弄清了，众人都很感谢和敬佩郭泰。

有人问范滂说："郭林宗这人怎么样？"范滂回答说："他隐居不仕，却不违反双亲，保持操守，却不与世俗断绝，天子不能得他为臣，诸侯不能得他为交，其他的我就不知道了。"

郭泰曾经被推举为有道之士，不肯应征，同郡人宋冲向来仰慕郭泰的德行，认为从汉初以来，没有见到有人能与他相比，曾劝他出来当官。郭泰说："我夜里观察天象，白天观察人事，上天要废除这个朝代，人力不可撑住，我只想优游自在地过完这一辈子。"然而郭泰却还是在京师与各方应酬，谆谆地劝导人们从不停止。徐稚写信告诫他说："大树将倒，不是一根绳子所能维系的，为什么还要忙忙碌碌不休息，难道没有清静的地方？"郭泰感悟地说："我诚恳地接受你的劝诲，以你为我的表率。"

（以上为第二段，写党人精神领袖郭林宗识人，以及善处乱世之道。）

济阴人黄允，以高才闻名于世，郭泰见到黄允对他说："你的才气过人，足成大器，四十岁以后，名声赫赫。然而到了这个时候，应知自我约束，不然，美誉将被毁掉！"后来司徒袁隗想为侄女物色夫婿，见到黄允，赞叹说："能有这样的女婿，就心满意足了。"黄允听说后就要休去自己的妻子。妻子邀请很多宗亲聚会作为告别，当着众人激愤地数落黄允十五件隐瞒的丑事，然后离去，黄允因此被时人唾弃。

当初，黄允与汉中人晋文经都依恃自己的才智，远近扬名，不应征召。声称有病到京师疗病，不与宾客交往，公卿大夫派门生早晚去探询病情，郎吏以下的小官去看望的挤满门庭，却见不到他们；三公府所荐举征召的人，都要去访问晋文经、黄允二人，做出评价，二人随意褒贬，竟使三公作为任用与黜退的依据。苻融对李膺说："这两个人的德行功业一无所闻，却以豪杰自居，竟能使公卿差人问病，朝官聚坐门口，我忧心他们的小聪明会破坏大义，空有声誉，名不副实，特别应当留意考察。"李膺认为说得对。这两个人从此名望和评论都渐渐衰退，宾客门徒越来越少了，过了十天左右，惭愧叹息而逃走，后来都因罪而被黜免。

（以上为第三段，写假名士黄允现形嘴脸。）

陈留人仇香，德行至美，默默无闻，同乡的人都不了解他。四十岁时，做了蒲亭长。乡民陈元与母亲各自单独居住，母亲到仇香那里告陈元不孝，仇香惊奇地说："我最近曾经过陈元家，房舍院落都整顿得很好，按时耕耘，他不是个坏人，一定是没有受到好好教导。母亲守寡养孤儿，一辈子辛苦，而今年衰，怎可因一时之愤，就抛开了多年养育的辛勤呢？再说当母亲的养育遗孤，不能教子成器，如果死者知道，您去世之后，有何面目去见死去的丈夫呢？”陈元的母亲流泪站起来。仇香于是亲自到陈元家，向他讲述伦理孝道，并以祸福报应的例子做比喻，陈元感悟，最终成为孝子。考城县令河内人王奂任命仇香为主簿，王奂对仇香说：“听说你在蒲亭时，不惩罚陈元而教化他，未免缺乏雄鹰搏击的志向吧？”仇香说：“我以为雄鹰的搏击不如鸾凤的和鸣，所以不用惩罚治民。”王奂说：“长满荆棘的丛林不是鸾凤的栖身之处，一个百里的县城不是高尚的贤人所走的路。”于是用一个月的薪俸资助仇香，让他进太学。郭泰、苻融带着名帖拜见仇香，趁机在他那儿住了一夜，第二天清晨，郭泰起身，下床向仇香拜揖说：“您是我的老师，不是我的朋友。”仇香学成回乡，即使是平常闲居，也一定穿戴整齐，妻子儿女待他像侍奉严君一样；妻子儿女有过错，仇香就摘下帽子以示自责，等妻子儿女在院子里承认错误，表示悔改后，仇香才戴上帽子，妻子儿女才被允许进屋，始终不见他因喜怒而改变音容。仇香不应征召，死于家中。

（以上为第四段，写学行一致的真名士仇香风采。）

三月［四月］二十四日癸亥，在鄠县落下陨石。

夏季，五月十九日己丑，京师洛阳下冰雹。

荆州刺史度尚召募蛮夷进击艾县的贼人，获得大胜，有数万人归降。桂阳郡多年来的贼人卜阳、潘鸿等逃到深山，度尚死死追击了好几百里，攻破三处据点，获得许多珍宝。卜阳、潘鸿的势力仍然很大，度尚想继续进攻他们，但士卒骄傲，没有斗志。度尚审度形势，拖延下去，士气低落不肯出战；逼迫过甚，士兵必定要逃跑，于是宣称：“卜阳、潘鸿当了十年盗贼，擅长攻守，现在我们军队太少，不可轻易进攻，只有等待各郡派来的军队都到了才能协力进攻。”下令军中士兵自由行动，准许出营射猎，兵士高兴，上下都出营作乐。度尚秘密派自己的亲信潜入他们的军营放火，军资及个人所藏全部化为灰烬；等打猎的士兵回来，没有不痛惜流泪的。度尚逐个安慰，狠狠地责备自己对火灾的责任，趁机说：“卜阳等人的财宝足够用几辈子，只怕你们不肯出力，被烧毁的比起他们的聚积，少得可怜，不值得耿耿于怀。”全军感情激动，踊跃请求出征。度尚命令喂饱战马，早早吃饭。第二天清晨，直捣贼窝，卜阳、潘鸿等人自以为营垒很坚固，未加提防，官军借着锐气，终于攻陷贼营。度尚出征三年，完全平定盗贼，册封为右乡侯。

（以上为第五段，写荆州刺史度尚巧计破贼，抚定荆州。）

冬季，十月初五日壬寅，汉桓帝南巡。十月二十三日庚申，汉桓帝巡幸章陵；

十一月初一日戊辰，汉桓帝巡幸云梦，抵至汉水，返回，巡幸新野。当时护驾的公卿贵戚车马数以万计，征用的财物和劳役无法计算。护驾从事桂阳人胡腾上奏说："天子所到之处没有内外之别，圣驾所到之处就是京城。臣请求以荆州刺史比同司隶校尉，臣自己与都官从事一样。"汉桓帝接受了。从此，汉桓帝扈从队伍一片肃然，没有人敢再借天子权威扰乱勒索郡县。汉桓帝在南阳，左右亲信都营私舞弊，使得汉桓帝下诏任命了不少人为郎。太尉杨秉上疏劝谏说："太微宫五帝后有众多小星，称为郎位，在朝负责宿卫，外出牧守百姓，请陛下割弃不忍拒绝的小恩，用以断绝奸人求欲的道路。"于是，汉桓帝不再下诏拜官。

护羌校尉段颎攻击当煎羌，打败他们。

十二月初四日辛丑，汉桓帝车驾回到洛阳宫。

中常侍汝阳侯唐衡、武原侯徐璜都去世了。

当初，寇恂的曾孙寇荣生性高傲廉洁，很少与人交往，因此受到权贵宠臣的嫉恨。寇荣堂兄的儿子娶了汉桓帝的妹妹益阳长公主，汉桓帝又把寇荣的侄孙女纳入后宫。于是桓帝左右的人更加忌恨寇荣，就共同诬陷寇荣，使寇荣与宗族的人都被免官回到故乡，地方官员受权贵指使，对寇荣的迫害一天天加深。寇荣担心灾祸不可避免，就到宫廷去倾诉。人未到京城，刺史张敬就抢先弹劾他擅离边境，朝廷下诏追捕寇荣。寇荣只得逃跑，过了数年，遇到大赦天下，但不赦免寇荣的罪，困难越来越多。寇荣于是就在逃亡途中上书，说："陛下统管天下万物，为民父母，一岁以上的百姓都蒙受恩泽；而臣兄弟本是无辜的，却被专权的臣子打击，受到像青蝇般的小人陷害，现在陛下忽视慈母的仁爱，却发泄出像曾参老母那样扔下织布梭子的愤怒。残虐谄媚的酷吏张设陷网，都争着诬陷臣，如同报复仇敌，惩罚已经去世的人，把坟前松柏砍光，使坟墓像似受了髡刑一样，想要使严明的朝廷再滥施重刑；因此，臣不敢冒犯圣怒，只好逃到山林，用以等待陛下打开神圣的听觉，张开圣明的眼睛，拯救可以救济的人，帮助快被淹死的人。没想到陛下的积怒并未随着春夏的过去而消失，仇恨并未随岁月的流逝而冲淡，始终让驿使奔跑，远近传告，严厉地通缉，令限期捉拿，读后犹如遭受霜雪，缉拿臣的人搜索尽了所有的道路，布满了所有通车的路口，即便是昔日楚王逮捕伍员，前汉搜捕季布，也没有今天追捕臣这样严厉。臣受罚以来，已经遇到三次赦令和两次赎罪的命令，臣犯有无法验证的罪责，也足以赦免；但陛下对臣越来越恨，使得主管部门对臣的追捕越来越厉害，臣不逃就会丧命，逃跑则成了在逃犯，苟且偷生就是个穷途末路的人，自杀又会是个冤死鬼，上天宽广无边却不肯覆盖臣，土地辽阔却不肯载臣立足，臣脚踏大地也有陷下去的忧虑，远离高墙仍有被墙塌埋的灾祸。如果臣犯了滔天大罪，实在应该千刀万剐，暴陈荒野，陛下应当颁布臣的罪行事实，以消解众人的疑问。臣想进京，坐在宫廷门外的肺石上，让三公九卿平议臣的罪过，但是宫门重重，步步是陷阱，走一步就会触及法网，动一动就会遭受陷害，臣没有机会到陛下面前，永远也不会有被信任的时候。悲叹啊！长久地这样活着又有什么意思！忠臣杀身以消解君主的怒气，孝子舍命以平静父母的怨恨，所以大舜不回避涂廪、掘井的危难，申生不逃避后母姬氏谗邪的诽谤；臣怎敢忘却这些道理，不自杀以消除圣上的忿恨！请求以身抵罪，希望陛下饶恕兄弟的死罪，让臣家族留有后代，以显扬陛下宽宏的恩惠。临死哀诉以表衷情，面对奏章泪尽流血。”汉桓帝看了奏章后更加愤怒，于是杀了寇荣，寇氏从此衰败。

（以上为第六段，写开国功臣寇恂曾孙寇荣，身为皇亲国戚，生性傲岸廉洁，遭群小构陷致死，寇氏衰落。）

汉桓帝延熹八年（乙巳，公元 165 年）

春季，正月，汉桓帝派遣中常侍左悺到苦县祭祀老子。

勃海王刘悝向来阴险冷僻，经常傲慢不遵法纪。北军中候陈留人史弼上密奏：“臣听说帝王对于亲戚，虽厚爱但要显示威严，仪礼虽尊贵但须以法度加以控制，如此，和睦的风气才能兴起，骨肉的恩情才能保全。臣听说勃海王刘悝，在外聚集了剽悍轻狂的不法之徒，在内疯狂地酗酒作乐，进出王府没有法度，与他一起居住的都是被家族抛弃的浪荡公子，朝廷斥责的奸邪小人，必然引发羊胜、伍被之类的叛变。州刺史不敢弹劾追究，诸侯王太傅、丞相也不能匡正辅佐，陛下碍于兄弟手足之情，不忍心及时阻止，恐怕日益蔓延，酿成大患。请求公开臣的奏疏。向群臣宣布，由百官平议，依法处置。根据法律定罪以后，陛下再颁不忍严惩的诏书；臣下出面坚决依法惩治，然后由陛下裁定略加宽大，这样，圣明的朝廷不会受到伤害亲情的嘲讽，勃海国也有长存的幸福。不这样的话，恐怕会发生重大狱案。”汉桓帝不听。刘悝果然图谋不轨，主管官员奏请废除刘悝，下诏贬刘悝为瘿陶王，食邑一县。

正月三十日丙申，发生日食。汉桓帝下诏公、卿、校尉推荐贤良方正。

千秋万岁殿失火。

中常侍侯览的弟弟侯参任益州刺史，凶残贪婪，赃款以亿计算。太尉杨秉奏请以囚车征回侯参，侯参在途中自杀，搜出装有金银锦帛的重车三百多辆。杨秉因此上奏说：“臣寻查先前的典章制度，宦官本来只限于在宫内供使唤，负责早晚看守门户；而现在多受过分宠爱，执掌政权，依附宦官的人，宦官就利用国家推荐人才的机会选用他们；冒犯宦官的人，宦官就找借口中伤他们。宦官的居室模仿王侯三公，富贵比拟国家，饮食极尽珍肴，奴仆侍妾都穿绫罗绸缎。中常侍侯览的弟弟侯参，贪婪残暴，罪大恶极，自取灭亡。侯览知道侯参的罪恶深重，必然惧怕不安，臣认为不宜让他再亲近陛下。过去，齐懿公对邴歜父亲施以刑罚，强占阎职的妻子，却让邴歜赶车，阎职陪乘，终于发生了竹林中的大祸。应当尽快斥逐侯览，把他投给饿虎，像他这种人，不可以施恩宽恕，请免除他的官职，送回本郡。”奏书呈上，尚书召见杨秉的属吏，责备说：“设置官署分配职务，各有工作范围。三公掌管朝外，御史按察宫内；现在太尉越职弹劾内侍，是根据经典还是汉朝制度？请公做出详细回答。”杨秉的属吏回答：“《春秋传》说：‘为君王铲除奸恶，要尽力而为。’邓通举动轻慢长上，申屠嘉召见邓通审问斥责，汉文帝为他求情。汉朝旧例，三公职权，无所不管。”尚书无法反驳，汉桓帝不得已，只好免除了侯览的官职。司隶校尉韩縯因此弹劾左悺的罪恶，以及左悺兄长太仆南乡侯左称私相嘱托州郡官府，聚敛作奸，宾客仗势横行，侵犯官吏百姓。左悺、左称都自杀。韩縯又弹劾中常侍蘧瑗的兄长沛国相具恭的贪赃罪行，征召到廷尉。蘧瑗到狱中谢罪，交还东武侯印绶，下诏贬为都乡侯。单超、徐璜、唐衡的袭封者都贬为乡侯，子弟得分封的都被夺去爵位和封土。刘普等人被贬为关内侯，尹勋等人都被削夺爵位。

（以上为第七段，写宦官五侯子弟在地方为官，作恶多端犯众怒，汉桓帝接受舆情，五侯袭封者被贬为乡侯。）

汉桓帝有许多女宠，宫女多达五六千人，而侍候有官称宫女的奴仆妇女，又多出一倍。而邓皇后依仗尊贵的地位，骄横妒忌，和汉桓帝宠幸的郭贵人互相诋毁。二月二十七日癸亥，废黜皇后邓氏，送到宫禁监狱，邓皇后忧愤而死。河南尹邓万世、虎贲中郎将邓会都下狱被杀。

护羌校尉段颎攻袭勒姐羌，战胜了他们。

三月十六日辛巳，大赦天下。

宛陵大族羊元群被罢免了北海郡郡守职务，他贪赃枉法，声名狼藉；郡府的珍奇饰物，也被羊元群装在车子上带走。河南尹李膺上表请求审查羊元群；羊元群贿赂宦官，李膺反被判罪。单超的弟弟单迁为山阳太守，犯罪下狱，廷尉冯绲把他拷打致死；宦官群起攻击，一起上奏章诬陷冯绲有罪。中常侍苏康、管霸，强占天下良田美业，州郡官吏不敢谴责，大司农刘祐写信给有关州郡，按照法令没收了他们的田产；皇帝大怒，将刘祐和李膺、冯绲一起送到左校去做苦工。

夏季，四月十九日甲寅，安陵园寝失火。

四月二十二日丁巳，汉桓帝下诏拆除各郡各封国滥建的祭祠，只保留洛阳王涣、密县卓茂两地的祠堂。

五月二十二日丙戌，太尉杨秉去世。杨秉为人清心寡欲，曾经说：“有三样东西不能迷惑我：酒、色、财。”

杨秉死后，他推举的贤良广陵人刘瑜到京城上书说：“宦官不应当跟士人一样裂土受封，争先恐后养子为后嗣，继承爵位。另外，美女充满后宫，白吃闲饭，伤害生民，浪费国库。同时，扩增许多住宅府第，式样尽量奇异，挖山取石，用严刑逼迫。州郡官府，各自审案，奸人贿赂，诱引官吏。民众愁苦无处申诉而郁结在心里，只好群起加入盗贼之中，官府动辄兴兵征讨他们的罪行，贫困困顿的百姓，有的出卖首级，使其家人拿去报功邀赏，老父和兄长争着自杀，妻子儿女眼睁睁看着死别。另外，陛下喜欢穿着便服到近臣家里，私下到宦官的房舍去，近臣、宦官把皇上的光临作为炫耀资本，如同买了珍贵货物一样，招摇喧嚷，弄得街巷道路乌烟瘴气，暴虐放纵，什么事都干得出来。请求陛下广开言路，借鉴古代，疏离邪佞小人，舍弃郑、卫靡靡的音乐，这样朝廷政通人和，恩德将感召和祥之风。”汉桓帝下诏特别召见刘瑜问询灾异征兆。执政者想要刘瑜含糊其辞，就用其他事情策问，刘瑜却尽心写了八千字的对策，言辞比前面的上奏更加激烈，被任用为议郎。

荆州士兵朱盖等人叛乱，与桂阳贼人胡兰等再次攻击桂阳，太守任胤弃城逃离，贼众于是达到数万人。转攻零陵，太守下邳人陈球坚持抵抗。零陵地势低洼潮湿，树木桩为城墙，郡中人士惊恐。属吏请陈球把家人送出避难，陈球发怒说：“太守领有国家虎符，负责一邦安全，怎能为了顾及妻子儿女而使国家威严遭受损害？谁敢再说这样的话，处斩！”于是，士兵用大木制弓，在矛上粘羽毛当箭，用机械发射，杀伤了许多贼兵。贼人筑堤提高水位来灌城，陈球顺着城内地势，使大水反灌淹贼人，相互抗衡了十几天，贼人攻占不下。这时，度尚已回到京城，下诏任命度尚为中郎将，率领二万多人的步骑救助陈球，又派几个郡的军队两面夹击征讨，大败贼兵，杀死胡兰等三千多人，再次任命度尚为荆州刺史。苍梧太守张叙被叛贼活捉，和任胤一起被征召处死。胡兰的余部向南逃至苍梧，交趾刺史张磐攻破了他们，残部又回到荆州境内。度尚担心承受罪责，谎称苍梧贼人入侵荆州，于是朝廷就召张磐到廷尉。案子还未审定，遇到大赦而被宽免，张磐不肯出狱，反把刑具钉得更牢。狱吏对张磐说：“皇恩浩荡，而你却不肯出狱，行吗？”张磐说：“我身为刺史，如同方伯，被度尚冤枉，背着罪名下狱。事有真假，法有是非，我确实无辜，赦罪之令与我无关；如果忍心接受不明不白的赦免，将永远背黑锅蒙受耻辱，活着被指为恶吏，死后被骂为恶鬼。请求传召度尚到廷尉，与我当面对质，就可以明辨是非。如果度尚不来，我就死在牢中，不愿不明不白的出狱，蒙受冤枉。”廷尉把情况报告了汉桓帝，汉桓帝下诏征召度尚到廷尉，度尚无言以对，应当论罪，因从前立有大功，得到宽大。

闰七月初一日甲午，南宫朔平司马署失火。

段颎攻破西羌，穷追不舍，辗转于山谷之中，从春到秋季，没有一天不打仗，羌人终于溃败，官军共杀了二万三千多敌人，俘虏了几万人，归顺的有一万多户。册封段颎为都乡侯。

（以上为第八段，写刘祐、李膺、冯绲惩治贪残，反被下狱。刘瑜上奏，宦官不应裂土受封，子弟不应任职地方。）

秋季，七月，任命太中大夫陈蕃为太尉。陈蕃推让给太常胡广、议郎王畅、正在服刑役的李膺，汉桓帝不赞同。

王畅是王龚的儿子，曾任南阳太守，痛恨当地许多贵戚豪族，刚到任，就振奋法纪，严厉整顿。大族犯法，王畅就派属吏拆屋砍树，填井毁灶。功曹张敞奏记劝告说："文翁、召公、卓茂等人都以温厚治政，流传后世。拆屋砍树过于严厉，虽是为了惩治邪恶，难以留下声名流传后世。南阳是旧都，是京师邻近之地，皇室祖先园庙建在章陵，三位皇后都是新野人，自中兴以来，功臣将相，世代相承，代代兴隆。我认为严加用刑，不如广施恩德；积极捉奸，不如礼待贤能。虞舜把皋陶从众人中提拔出来，不仁的坏人就远远地躲开了，教化人在于使用恩德，不在于用刑。"王畅很赞同他的意见，改变做法，崇尚宽大，使教化施行。

八月初六日戊辰，首次下令各郡、各封国中有土地的人按亩征税。

九月十五日丁未，京师洛阳发生地震。

冬季，十月，司空周景被免职；任命太常刘茂为司空。刘茂是刘恺的儿子。

郎中窦武是窦融的玄孙，有女儿是贵人。采女田圣受汉桓帝宠爱，准备立为皇后。司隶校尉应奉上书说："皇后地位高贵，关系到国家兴亡；汉成帝立赵飞燕为后，后嗣灭绝。应当念及《关雎》中君子所追求的好配偶，疏离五种禁忌的女子。"太尉陈蕃也认为田氏卑微，窦氏是良家女子，竭力争求。汉桓帝不得已，十月二十日辛巳，立窦贵人为皇后，任命窦武为特进、城门校尉，册封槐里侯。

十一月二十一日壬子，黄门北寺狱失火。

陈番几次为李膺、冯绲、刘祐申冤，请求原谅过失，宽大处理，恢复原职，再三请求，言辞恳切，直至流涕；汉桓帝不理会。应奉上疏说："忠臣良将是国家的腹心和手臂。臣认为左校服刑徒冯绲、刘祐、李膺等人，揭发奸臣，绳之以法；陛下不但不调查，却轻信诬告，使忠臣良将与大奸大恶同罪，从春到冬季，未受到宽恕，远近看到听到此事的人士为之叹息。皇上施政的关键，就是牢记臣下的功绩，忘掉臣下的过失；因此，景帝直接从监狱中提拔韩安国，宣帝从逃犯中征召张敞。冯绲以前征讨荆蛮，可与西周尹吉甫同功；刘祐多次担任检查举证不法的主司官，具有刚正廉直的节操；李膺威震幽州、并州，遗爱北疆。现在，三面边陲蛮夷蠢动，而官军没有振奋，请求原谅李膺等人，以防意外。"奏章呈上后，汉桓帝才赦免了他们的罪行。过了好久，重新任命李膺为司隶校尉。当时小黄门张让的弟弟张朔为野王县令，贪婪残暴，不讲道义，害怕李膺的威严，逃回京城，藏匿在哥哥张让家的夹墙中。李膺知道了这一情况，带着吏卒到张让家，破坏柱子，抓走了张朔，送到洛阳狱中，审问完毕就杀了他。张让向汉桓帝诉冤，汉桓帝召见李膺，责备他不上奏就杀死张朔。李膺回答说："过去孔子在鲁国任司寇，到任七天就杀掉少正卯。如今，臣到任已十天了，暗自担忧会因积压案件而获罪，没想到会为办案迅速而获罪。

臣自知闯下大祸将受责，很快就要受死，特请让臣留职五天，铲除大奸，然后再受烹刑，这是臣一生的心愿。”汉桓帝无言以对，回头对张让说：“这都是你弟弟的罪过，司隶有何过错！”于是命令李膺退出。从此，黄门、常侍都小心谨慎，不敢出大气，休假日也不敢出宫门。汉桓帝觉得奇怪，问其中缘故，内侍都叩头流泪说：“害怕李校尉。”这时，朝廷日益衰败，纲纪松懈，而只有李膺坚持法纪，有清高正直的名誉，有被他接纳的士人，称之为登龙门。

征召东海相刘宽为尚书令。刘宽是刘崎的儿子，先后担任三个郡的郡守，温柔仁厚，多行宽恕，即使时间再匆忙，也从不疾言厉色。官吏和百姓有过失，只用蒲草鞭打，以示羞辱而已，始终不用酷刑。每次见到地方父老，就鼓励父老农耕，见到少年，就训勉他们孝顺友爱，人们都乐意接受他的教导。

（以上为第九段，写窦贵人立为皇后，其父窦武为特进、城门校尉，封槐里侯。李膺重新任职司隶校尉，惩治为恶的宦官亲戚，毫不手软。）

汉桓帝延熹九年（丙午，公元 166 年）

春季，正月初一日辛卯，发生日食。汉桓帝下诏令公卿、郡国举荐至孝的人才。太常赵典所推荐的荀爽对策说：“从前，圣人采集天地间的法则，称为礼。礼制中，婚礼为第一位。阳性纯正就能施行，阴性柔顺就能教化，用礼克制欢乐，用节制调适气血，所以能使子孙绵延祥瑞，导致长寿的福气。到了夏商周的末年，君主淫乱而没有节制，阳气衰竭于上，阴气隔闭于下，所以周公告诫说：‘从这以后，也就没有能够长寿的君王。’古书上说：‘把脚削小以适应鞋子的大小，都说他很愚蠢，跟为了淫欲而丧生的人相比呢？’这实在令人痛心。臣听说后宫有五六千采女，从官、侍使还在其外，榨取人民的财物，用来供奉这些无用的女子，百姓在外边穷困，阴阳在宫里隔离，所以有伤于天地和气，屡兴灾异。我认为，凡是没有被召幸过的女子，一律遣离皇宫，让她们早成婚配，这才真是国家的福气。”汉桓帝下诏，任命荀爽为郎中。

司隶、豫州发生饥荒，百姓饿死十分之四五，甚至有全家死光的。

下诏征召张奂任大司农，重新任命皇甫规代理度辽将军。皇甫规自认为连任高官，想请求退隐，几次称病，汉桓帝不准许。正好有位友人去世，灵柩运回安葬，皇甫规越界迎丧，趁机派人暗中向并州刺史胡芳报告，说皇甫规擅自远离军营，应当立即检举。胡芳说：“皇甫规想远避仕途，所以才激发我上奏。我应当为朝廷爱惜人才，怎能让他的计策得逞呢？”因而不追究此事。

夏季，四月，济阴郡、东郡、济北郡、平原郡黄河水清澈。

司徒许栩被免职；五月，任命太常胡广为司徒。

六月十二日庚午，汉桓帝到濯龙宫祭祀老子，用织花毛毡铺在祭坛上，用纯金镶边的祭器，摆设华盖座位，演奏祭天的乐曲。

鲜卑人听说张奂离职，就召集南匈奴和乌桓人共同背叛。六月，南匈奴、乌桓、鲜卑分别率兵入塞，劫夺缘边九郡。秋季，七月，鲜卑又入塞，引诱东羌和他们结盟设誓。于是，上郡的沈氐、安定的先零等部联合侵占武威、张掖，使沿边地区深受其害。朝廷下诏重新任命张奂为护匈奴中郎将，以九卿的级别督导幽州、并州、凉州，以及度辽、乌桓二营，并考察刺史、二千石官员的政绩。

当初，汉桓帝还是蠡吾侯时，向甘陵人周福学习，等到即位，擢升周福为尚书。那时同郡人河南尹房植在朝已很有名，乡人为他编歌谣说："天下规矩房伯武，因师获印周仲进。"房、周二家宾客互相讥讽猜度，于是各树朋党，逐渐形成了怨隙。从此甘陵有了南北两派，朋党的议论由此开始。

汝南太守宗资用范滂为功曹，南阳太守成瑨用岑晊为功曹，都十分信任他们，让他们扬善惩恶，整肃郡府的法纪。范滂尤为刚健正直，疾恶如仇。范滂的外甥李颂，一向行为不正，中常侍唐衡替他向宗资请托，宗资让他做一名小吏；范滂却将公文搁放不发。宗资发泄怒气，拷打文书员朱零，朱零仰叹说："范滂的裁决是公正的，今天我宁愿被打死，也不能违反范滂。"宗资这才停止拷打。郡中一般不了解范滂的人，没有不抱怨他的。于是两郡的人为他们编歌谣说："汝南太守是范孟博（范滂的字），南阳人宗资只是在公文上画押签字；南阳太守是岑公孝（岑晊的字），弘农人成瑨不过是闲坐啸咏，无所事事。"

太学里有三万多学生，郭泰和颍川人贾彪是他们的领袖，与李膺、陈蕃、王畅互相推崇。太学中有歌谣说："天下楷模李元礼，不畏强御陈仲举，天下俊秀王叔茂。"于是京师内外激发而形成一种风气，竞相崇尚褒贬善恶，自公卿以下，没有人不怕他们的贬议，接踵而来，登门趋附。

（以上为第十段，写郡功曹范滂、岑晊不接受宦官请托，惩治奸人。太学生与士大夫清流领袖清议朝政，褒贬人物，渐成风气。）

宛县有富商张汎，与后宫的人有亲戚关系，又爱好雕镂玩物，常拿来送给宦官作为贿赂，因此才做高官，仗势横行。岑晊与贼曹史张牧劝成瑨拘捕张汎等人；后来碰上赦免，成瑨竟然杀了张汎，并且抓了他的宗族与宾客，杀了二百多人，然后才报告给朝廷。小黄门晋阳人赵津，凶残放纵，成了全县的大害。太原太守平原人刘瓆派郡吏王允去抓他，也是在大赦后杀了他。于是中常侍侯览要张汎的妻子上书讼冤，宦官们乘机告发成瑨、刘瓆。汉桓帝生气，把成瑨、刘瓆都送进监狱。主管部门逢迎朝廷的意思，上奏成瑨、刘瓆罪该处死。

山阳太守翟超以当地人张俭为东部督邮。侯览家在防东，对待百姓残暴；侯览因母亲去世回家，大修坟墓。张俭上奏告发侯览的罪行，而侯览伺机拦阻，奏章最终也没有送上去。张俭于是拆掉了侯览的冢宅，没收资产，详细上奏告发侯览的罪状，奏章终究没能上达御览。徐璜哥哥的儿子徐宣为下邳县令，极端暴虐。徐宣曾经想占有前汝南太守李暠的女儿，未能得逞，就带领吏卒到李暠家，抢了李暠的女儿回来，玩游戏射杀了她。东海相汝南人黄浮听到此事，抓了徐宣家属，无论老少都拷打。掾史以下都极力反对他这样做，黄浮说："徐宣这个国贼，我今天要把他杀了，明天判我死罪，足以让我瞑目了！"当即判徐宣死罪，陈暴其尸。宦官于是向汉桓帝诉冤，汉桓帝大怒，翟超、黄浮都被判以髡钳重刑，送到左校做苦工。

太尉陈蕃、司空刘茂一同上书，请求宽恕成瑨、刘瓆、翟超、黄浮等人的罪责；汉桓帝不高兴。有关官吏弹劾陈蕃、刘茂，刘茂闭嘴不敢再说话。陈蕃于是单独上书说："现在，边疆的寇贼不过是四肢疾病；内地政务不能治理，才是心腹之患。臣睡不得安，食不能饱，实在担忧内侍一天天倍受亲信，忠言一天天减少，内患越积越多，外患正在发展。陛下由列侯超越直升而继承帝位，小民家庭积累百万钱家产，当子孙的尚且以败坏祖业为羞愧，何况陛下的产业兼及天下，承受先帝的托付，怎么能够怠惰政事，不看重皇位呢？即使真的不爱惜自己，不应当想到先帝创业的辛勤劳苦吗？先前，梁姓五位侯爵，祸害全国，上天启发圣意，收捕并杀死他们。天下人对此评议，盼望太平的日子；前车之鉴不远，覆车如在昨天，而陛下身边的亲信，重新相互煽动勾结。小黄门赵津、大奸贼张汎等人，肆行残暴，谄媚内侍。前太原太守刘瓆、南阳太守成瑨检举并杀了他们，虽说是大赦后不应当诛杀，推究他们的用心，意在为国除恶，陛下为什么要怨恨不平呢？可是小人得势，迷惑陛下的视听，才使得陛下为此事大发雷霆，一定要惩办刘瓆、成瑨，这已经够过分了，何况要从严重罚斩首处决！另外，前山阳太守翟超、东海相黄浮，秉公办事，不屈服于权势，疾恶如仇，翟超没收了侯览的财物，黄浮依法诛杀徐宣，竟然都受到惩处，不能得到赦令的宽恕。侯览的放纵横暴，只是没收财物，已是幸事；徐宣犯的大罪，死有余辜。先前，丞相申屠嘉征召斥责邓通；洛阳令董宣敢于折辱公主。而汉文帝只是出面请求从轻发落邓通；汉光武帝确对董宣加以重赏，没有听说这两位臣子蒙受专擅朝命而被杀。而今，陛下身边的小丑，怨恨党羽受到伤害，狂妄地交相进谗陷害，导致当前的刑狱，他们听到我的这些话，必定又会在陛下面前号哭倾诉。陛下应当杜绝近侍参与政务的祸根，亲信朝廷百官，选拔清高人士，排除佞邪小人。这样，上天和祥，人间融洽，祥瑞呈现，难道还会远吗？"汉桓帝不采纳。宦官因此更加痛恨陈蕃，凡是陈蕃推荐的人才或呈上的奏章，每每借用汉桓帝的旨意，斥责退还。长史以下的官员，很多被判刑。因为陈蕃是名臣，还不敢加害于他。

平原人襄楷到宫门上疏说："臣听说上天不发言，只用天象变异来设置教化。臣看见天廷五帝的星座间，竟有金星、火星这样的罚星在其中闪闪发光。依照五星占卜，表明天子有凶；金星、火星又侵入了房宿、心宿星座，警示着皇上没有后嗣。

前年冬季大寒，冻死鸟兽鱼鳖，京城旁边的竹和柏树叶有伤冻枯萎的现象。臣听术师说过：‘柏树凋敝，竹林枯萎，不出二年，天子必有灾祸。’今年自春夏以来，连续有霜雹和大雨雷电，这是因为有臣子作威作福，刑罚严酷，上感于天而出现的天谴。太原太守刘瓆、南阳太守成瑨，有志铲除奸邪，他们所诛杀的，都符合众望。而陛下轻信阉宦的谗言，把他们从远处征回洛阳拷问治罪，三公上书哀求宽恕刘瓆等人，不予采纳，反被斥责，为国担忧的臣子将闭口不言了。臣听说滥杀无辜，枉诛贤士的，要祸及三世。自从陛下即位以来，不断地诛杀，梁冀、寇荣、孙寿、邓万世都被满门抄斩，被牵连的不知有多少人。李云上书，圣明的君主不应当忌讳他人的言辞；杜众继而死谏，不过是希望使圣明的朝廷有所感悟；二人竟没有受到赦免而被处死，天下的人都知道他们受冤枉死。汉朝中兴以来，从未拒绝纳谏而诛杀贤士，刑罚没有苛刻得像今天这样！古代周文王只有一个妻子，却生了十个儿子；现在宫中有数千女子，却没有听说有谁生育，应修德减刑，子孙才会像螽斯一样繁衍。从春秋时代以来，以及古代帝王当政，黄河从来没有清澈过。臣认为，黄河象征着诸侯之位。清为阳，浊为阴。河水本当浑浊，属于阴，反而变得清澈，阴气要取代阳气，是诸侯想夺取帝位。京房《易传》说：‘河水清澈，天下太平。’现在，上天显示变异现象，地上有妖孽灾祸，人间有瘟疫，三种情况同时发生而河水居然清澈，犹如春秋时麒麟不应出现而出现，孔子记载下来作为怪异。请陛下在空闲时召见臣，详细陈述心中的话。”奏章呈上，汉桓帝不予理睬。

过了十几天，襄楷再次上书说：“臣听说殷纣贪色，所以出现了妲己；叶公喜欢龙，果然有真龙降临在庭院中。现在，黄门、常侍都是受到上天惩罚的阉人，而陛下宠幸他们反而超过正常人的一倍，陛下后嗣还没有苗头，岂不就是这个原因？又听说宫中建有黄帝、老子、佛祖的庙宇，黄老及佛都主张清心寡欲，崇尚安静无为，爱护生命，厌恶杀戮，戒除欲念，舍弃奢侈。而今陛下奢欲无度，杀罚过多. 已违反正道，岂能蒙受赐福！和尚不在一棵桑树下连住三夜，不愿久住以免萌生爱恋之情，这道理精妙绝伦；只因如此专心修行，才能修成正果。现在，陛下的美女，极尽天下美色，吃佳肴，喝玉液，极尽天下美味，怎能与黄帝、老子相比？”奏书呈上，即被召入宫中，诏令尚书问明情况。襄楷说：“古代本来没有宦官，汉武帝末年总是沉溺于后宫，才开始设立宦官。”尚书听从宦官旨意，上奏说：“襄楷的言辞道理不合正道，违背儒家经典礼义，假借星象，编造自己的私意，欺骗圣上，蒙蔽事实，请下令司隶确定他的罪责，押送到洛阳监狱。”汉桓帝认为襄楷的言辞虽然激厉，但都是正常的天文现象，所以不杀襄楷；仍判二年徒刑。自从永平年间以来，臣民中虽然有崇信佛教的人，但天子还不推崇此道；到了汉桓帝，才开始崇信此道，经常亲自祈祷祭祀，由此佛教日益传播开来，所以襄楷上书才谈到了它。

符节令汝南人蔡衍、议郎刘瑜上表救援成瑨、刘瓆，言辞激烈，也被论罪免官。

成瑨、刘瓆最终还是死在狱中。成瑨、刘瓆向来刚毅正直，通晓经学术数，在当世很出名，所以天下人都感到痛惜。岑晊、张牧逃匿在外，幸免于难。

岑晊逃亡期间，亲友们争着保护；只有贾彪闭门不肯收留，时人都指责他。贾彪说："《左传》说：'根据时机而行动，不要累及后人。'岑公孝（岑晊的字）因为得罪君王而遭祸，是他自取其祸，我已经不能举戈相对，岂能反过来隐藏他？"于是，人们都敬佩他做法公正。贾彪曾经担任新息县县长，百姓贫困，多半不想生育儿女；贾彪严格对此制定法令，不生养子女与杀人同罪。城南有盗贼害人，城北有妇人杀了孩子，贾彪前往检查案件，属吏想要引导他往南走，贾彪发脾气说："贼寇害人，这是正常现象；母亲和孩子相互残害，这是忤逆上天，违反道义！"于是赶车向北行，查明情况，判处杀子的罪名。城南的盗贼听到了，当面捆绑自己自首。数年之间，养育子女的人以千数，说："这都是贾父赐给我们的。"于是都以"贾"作为姓氏。

（以上为第十一段，写岑晊、张俭惩治为害地方的宦官亲属，引发党锢之祸。）

河南人张成擅长风角术，推算占卜朝廷要颁布赦令，教唆儿子杀人。司隶校尉李膺命令手下逮捕了张成父子，不久遇赦获免；李膺愤恨之极，还是判处张成父子死刑并杀了他们。张成向来以占候术勾结宦官，汉桓帝也时常向张成询问占卜。宦官怂恿张成的弟子牢脩上书，告发"李膺等人蓄养太学生和游士，勾结各郡的学生，互相驱逐奔驰，结成群党，诽谤朝廷，扰乱风俗"。汉桓帝因而大怒，下诏各郡国，逮捕党人，公布于天下，使人们都仇恨他们。公文过三府，太尉陈蕃拒绝签署，说："这次所要逮捕的人都是海内有名誉的人，是忧国忧民的忠臣，这些人即使犯了过失，也要宽恕十代，怎么能够没搞清罪名就收捕拷打！"不肯联名颁发诏令。汉桓帝更加生气，将李膺等人关进了黄门北寺狱，案子牵连太仆颍川人杜密、御史中丞陈翔以及陈寔、范滂等二百多人。有的人逃匿搜捕不到，就悬赏捉拿，派出使者四处搜捕。陈寔说："我不下狱，众人就会无所依靠。"于是自己前去请求下狱。范滂到了狱中，管监狱的官吏说："凡是坐牢的人都要先祭皋陶。"范滂说："皋陶是古代的耿直之臣，知道我无罪，就会在天帝面前为我诉理；如果我犯罪了，祭祀他又有什么用处！"众人因此都不祭祀皋陶。陈蕃又上书极力规劝，汉桓帝忌讳他言辞激切，就借口说陈蕃推荐的人不称职，下诏免去他的官。

当时，受党人案件牵连的都是天下知名的贤士，度辽将军皇甫规自认为是西州的豪杰，以没有被牵连为羞耻，因而上言说："臣以前举荐大司农张奂，这是附和党人。另外，臣当初被罚在左校做劳工时，太学生张凤等人上书为臣辩护，这是党人附和臣，臣应下狱。"朝廷知道这些事却不加追究。

杜密向来与李膺声名相同，时人并称他们为李、杜，所以同时被捕下狱。杜密曾经担任北海相，有一次春季出巡，到了高密，见到乡村小吏郑玄，知道他是个奇才，就把他召去郡中任职，又送他去学习，郑玄终于成为大儒。后来杜密辞官回家，每次拜谒太守、县令，总是拜托一些事情。同郡人刘胜也是从蜀郡告老乡里，闭门谢客，从不打扰地方官长。太守王昱对杜密说："刘季陵（刘胜的字）是位清高雅士，公卿总是推荐他。"杜密知道王昱在讥讽自己，就回答说："刘胜身为大夫，受到上宾之礼，可是，刘胜知道善良正直的人却不推荐，听到恶人坏事却不说，隐瞒真情，爱惜自己，如同不语的寒蝉，这是罪人。现在，我要举荐言行一致的贤人，要揭发违法乱纪的小人，使你赏罚得当，声名远扬，不是也尽到了万分之一的力量吗？"王昱羞愧佩服不已，对杜密愈加尊敬。

九月，任命光禄勋周景为太尉。

司空刘茂被免职。冬季，十二月，委任光禄勋汝南人宣酆为司空。

任命越骑校尉窦武为城门校尉。窦武在位，多方延聘知名人士，洁身自好，嫉恶如仇，不受贿赂；妻子儿女的衣食费用，仅够用就行。他得到皇帝和皇后的赏赐，全都分给太学生或赠送施舍给贫民，得到了众人的称誉。

匈奴人和乌桓人听说张奂来了，全都归降，总共有二十万人之多。张奂只杀了为首的恶人，其他的都善加接纳，唯有鲜卑出塞离去。朝廷担心不能制服檀石槐，派使者拿着印绶封檀石槐为王，想与他和亲，檀石槐不肯接受，反而扰边掠夺更加厉害。檀石槐把占领的地区分为三部：从右北平以东到辽东，连接夫余、濊貊二十多城邑，作为东部；从右北平以西到上谷有十几个城邑，作为中部；从上谷以西到敦煌、乌孙的二十几个城邑作为西部。每部设立大人统领。

（以上为第十二段，写司隶校尉李膺疾恶如仇，在教令中杀死蛊惑桓帝的风角师张成父子，宦官借机中伤，诬陷太学生与士大夫结成朋党，诽谤朝廷，扰乱风俗，桓帝大怒，以党人名义逮捕清流士大夫，第一次党锢之祸形成。）

【点评】

本卷点评两大史事：其一，汉末清议之风；其二，第一次党锢之祸。

一、汉末清议之风。东汉一朝有五位诸侯王子入继大统，七位皇太后临朝。太后临朝，贪权立幼，以诸侯子入继，使外来即位的小皇帝在朝官士大夫中根基不深，便于外戚擅权。幼君长成，不满傀儡地位，依靠宦官扳倒外戚，宦官得势。东汉政治长期是外戚与宦官两大势力博弈，轮番执政。朝官士大夫在夹缝中生存。由于儒学礼义是朝官士大夫的立身之本，通过征辟、举孝廉、皇帝求言对策、入太学明经等渠道入仕，称清流。宦官子弟亲戚宾友靠权力安排入仕称浊流。耿直的朝官士大夫标榜清高，看不起浊流入仕的官员，鄙夷那些依附宦官势力固宠的朝官士大夫。太学生不满宦官子弟侵夺士人的仕途，逐渐与耿直派朝官士大夫相互呼应形成清议之风，成为强大的社会舆论。社会名流互相标榜，指天下名士，为之称号。上曰“三君”，次曰“八俊”，次曰“八顾”，次曰“八及”，次曰“八厨”，比拟上古时代的“八元”“八恺”。《史记·五帝本纪》载，昔高阳氏有才子八人，世得其利，为之“八恺”。高辛氏有才子八人，世谓之“八元”。东汉清议的“三君”为窦武、刘淑、陈蕃。“君”指一代宗师。“八俊”为李膺、荀翌、杜密、王畅、刘祐、魏朗、赵典、朱寓。“俊”指人中英杰。“八顾”为郭林宗、宗慈、巴肃、夏馥、范滂、尹勋、蔡衍、羊陟。“顾”指德行为人楷模。“八及”为张俭、岑晊、刘表、陈翔、孔昱、苑康、檀敷、翟超。“及”指能引导人上进。“八厨”为度尚、张邈、王考、刘儒、胡母班、秦周、蕃向、王章。“厨”指能用财物救济人。这三十五人都是当时的社会精英，人中豪杰。他们是朝官士大夫耿直派的代表，国家栋梁，反宦官浊流第一线的斗士。陈蕃、窦武、李膺、范滂等在反宦官斗争中为国殉难，他们护持大义、高风亮节的精神，永垂千古。

二、第一次党锢之祸。东汉后期，于公元166—184年，发生了一场遍及全国的大冤狱，史称钩党之狱，又称党锢之祸。这场冤狱，前后有三次高潮，为祸近二十年，其持续之久，规模之大，迫害之虐，都是前所未有的。虽然，钩党之狱的直接受害者是士大夫儒生阶层，但罹其祸毒者，皆“天下善士”，又浩劫全国，故造成了社会的大倒退，使贤愚错位，是非颠倒，法制瓦解，道德沦丧。老百姓也不可避免地承受了社会动乱的实际灾难，生产停滞，经济崩溃，从而激化了阶级矛盾，加速了东汉政权的灭亡。因此，钩党之狱就成为中国古代史上一个引人注目的问题，自然也是本卷点评的一个重大事件。

学术界研究钩党之狱，主要有以下几种观点：1. 钩党之狱是君子与小人之争，士大夫是君子，宦官是小人。2. 党祸是商贾市籍豪强与世家地主争夺参政权的斗争。3. 东汉党争是统治集团内部的派性斗争。这些观点都有它的合理性，各自从不同的侧面揭示了钩党之狱的一些现象。但这些观点都未能揭示钩党之狱的本质。试问：作为皇帝家奴的宦官，士大夫眼里的刑余之人何以能专国？世家地主乃是东汉政权的基础，重农抑商又是两汉的国策，桓、灵二帝站在宦官一边，岂不是东汉皇帝作为商贾市籍豪强的代表来反对立国的基础吗？从理论上和实践上都是说不通的。说到派性斗争，离真理就更加遥远。东汉士大夫多贤人君子，不避斧钺之诛以急国家之难，光明磊落，彪炳史册，而钩党之狱，却专事残害忠良，这又是为什么？所谓派性斗争论，是20世纪60年代特殊背景下提出的观点，而这一观点，恰恰是钩党之狱研究中的一种倒退。因此，关于东汉钩党之狱，应予重新点评。

钩党之狱的实质是一场集权运动，它是桓、灵二帝与宦官合谋发动的。桓、灵二帝相继以诸侯王子身份入继大统，最初都受制于太后。宦官乘势诡称太后、朝官欲废帝诳惑君主，加剧桓、灵二帝的猜忌之心，以假权窃国。桓、灵二帝不仅依靠宦官之力杀逐外戚，而且还利用群小的无耻无行来排抑被猜忌的耿直大臣，以集中皇权。皇帝与宦官互相操纵和利用，为了集权而制造冤狱，这就是钩党之狱产生的直接原因。

论从史出，首先必须把钩党之狱的经过、规模及其影响搞清楚。下面先谈桓帝发动的第一次钩党之狱。

第一次钩党之狱发生在桓帝延熹九年，即公元166年。它的导火线由三大案引发。其一，汝南太守宗资任范滂为功曹，委以政事。滂外甥李颂素无行，范滂寝而不召。凡行违孝悌，不轨仁义者，范滂即逐斥之。郡中豪强莫不怨恨范滂，于是编造谣言，煽动舆论说："汝南太守范孟博，南阳宗资主画诺"，并指范滂所用之人为"范党"。其二，南阳太守成瑨，以岑晊为功曹，亦委以政事，宛地有富商张泛，是桓帝美人外亲，赂遗中官，横行乡里。岑晊劝成瑨捕拿张泛，诛杀其宾客二百余人。其时遇赦，晊先斩后奏。豪强贵戚造作飞语云："南阳太守岑公孝，弘农成瑨但坐啸。"其三，李膺为河南尹，河内张成善风角，因其推占当赦，教子杀人，其实是中官透露朝中消息，以显示张成之能。因张成不但交通宦竖，而且桓帝亦问其占。李膺收拿张成，既而果逢赦令，膺竟杀之。

河南、南阳、汝南是三个大郡，东汉王朝的政治中枢地区。河南是帝城，南阳是帝乡。皇亲贵戚，盘根错节，结纳宦竖，鱼肉百姓。李膺、范滂、岑晊等按治豪强，直接打击宦官势力，并以直行触犯龙颜。其时又值太原太守刘瓆捕讨小黄门晋阳赵津，瓆为除"一县巨患"，"亦于赦后杀之"；山阳太守翟超，籍没中常侍侯览"资财"，东海相黄浮收拿中常侍徐璜兄子下邳令徐宣，"案宣罪弃市，暴其尸"。宦官向桓帝诉冤，"帝大怒"，刘瓆、翟超、黄浮俱被捕拿，公卿大臣交章疏救。桓帝欲致极刑，苦其无辞。三大案发，于是中官讽张成弟子牢修上书诬告李膺结纳朋党，"诽讪朝廷，疑乱风俗"，侯览又使张泛妻上书讼冤。这样一来，本不相干的三大案被中官串联起来，说成是朋党为奸，有意犯禁树威。桓帝震怒，大捕党人。宗资、成瑨下狱死。岑晊遁逃。李膺、范滂等二百余人下狱。这就是第一次钩党之狱。

中常侍王甫治党狱，给党人的颈、手、脚加上"三木"的刑具，蒙头拷打，逼供牵引同党。"钩谓相牵引也"（《后汉书·灵帝纪》李贤注），所以史称党人为"钩党"。可见它完全是宦官诬加给李膺、范滂等人的一顶莫须有的政治帽子。但是一经圣旨钦定，便成法律，以颠倒黑白之事实，"布告天下，使同忿疾"。李膺、范滂等人，既没有组织，也没有什么宣言和主张，"旷年拘录，事无效验"（《后汉书·窦武列传》）。他们都是汉室忠臣。范滂临捕，对他的儿子说："吾欲使汝为恶，则恶不可为；使汝为善，则我不为恶。"所谓钩党之狱，就是这样的一场忠直遭殃、邪曲嚣张的政治大冤狱。

但是，派性斗争论者认为，钩党之狱是由于党人行事操切激怒了皇帝，似乎是咎由自取，这是值得商榷的。

单从权力斗争的现象来看，钩党之狱是东汉政局长期动荡的总爆发。东汉政局不稳是由于外戚、宦官、朝官士大夫三大势力互斗不已，水火不容。外戚借太后之力专国，宦官假皇权肆虐，士大夫标榜清流自重。所谓清流就是以儒学为正宗，凭着孝廉、征辟、策对的正途仕进。这三大势力实质上代表着太后、皇权、相权三种力量，它们之间的斗争，的确像是统治集团内部的派性斗争。但是历史研究绝不只是对历史现象的描述，而应深入地揭示历史发展的本质。东汉外戚、宦官、士大夫三种势力，由于所代表的社会阶层利益不同，因而各派掌权治国所影响的历史面貌也是不同的。派性斗争论不能说明这种区别，它抹杀正义与非正义之分，混淆进步与反动之别，这是不能苟同的。

汉纪四十八

汉桓帝永康元年至汉灵帝建宁四年（公元167—公元171）

【起强圉协洽（丁未，公元167年），尽重光大渊献（辛亥，公元171年），凡五年】

【大事提要】

本卷记事起公元167年，讫公元171年，凡五年，当汉桓帝永康元年至汉灵帝建宁四年，载桓灵二帝政权交替五年间史事。这一时期东汉政坛发生剧烈震动，短短五年，社会陷于大分裂，可以说东汉政治处于暴风骤雨、雷击电闪的深夜，最为黑暗。这一时期的重大事件，是第一次党锢之祸解禁，紧接着是第二次党锢之祸兴起，由京师波及全国，被诬为党人者数十万人，邪气旺炽，正义遭压迫，社会大分裂。颍川名士贾彪西行入京劝说外戚皇后父城门校尉窦武与朝官士大夫联手抗衡宦官，于是窦武与尚书令霍谞等共同上奏桓帝为党人申诉，桓帝释放了党人，释放范滂、李膺等二百余人出狱，但禁锢终身。桓帝死，灵帝立，窦太后临朝，窦武与太尉陈蕃等谋诛宦官。灵帝仍是由诸侯入继大统，不满太后临朝，倒向与宦官结盟夺权，宦官抢先发难，陈蕃、窦武被诛，窦太后迁居南宫。第二次党锢之祸兴起，布告天下，全国范围清理党人。李膺、范滂等人慷慨就义，张俭逃亡，祸及万家。州郡长官趋附宦官，抓捕党人并肆意扩大化。平原相史弼抗命，存活者数百上千人。灵帝御座出现青蛇，诏公卿以下各上封事，大司农张奂、郎中谢弼上封事为陈蕃、窦武申冤，张奂下狱，谢弼罢官，遣回乡里以他事诛杀。汉灵帝加冠，大赦天下，唯党人不赦。

孝桓皇帝下

汉桓帝永康元年（丁未，公元167年）

春季，正月，东羌先零围攻祋祤县，抢掠云阳县，当煎各族又叛乱。段颎在鸾鸟县攻击，大败他们，于是西羌平安。

夫余王夫台骚扰玄菟，玄菟太守公孙域打败他们。

夏季，四月，先零羌攻打三辅，攻破京兆虎牙营和扶风雍营两大军营，杀死一千多人。

五月三十日壬子，发生日食。

陈蕃最终被免职，朝臣惊惧，无人再敢为党人说话。贾彪说：“如果我不西去京城一趟，大祸不可能化解。”于是到了洛阳，游说城门校尉窦武、尚书魏郡人霍谞等人，请他们为党人诉讼。窦武上疏说：“自从陛下即位以来，没有听闻实行善政，而常侍、黄门争相欺诈，使不适宜的人封官晋爵。臣想到西汉时，奸佞之臣执政，终于丧失了天下。现在不借鉴前面的教训，反而重蹈覆辙，臣担心秦二世的灾祸必将重演，赵高的叛变早晚会发生。最近，奸臣牢修虚造党人之事，逮捕了前司隶校尉李膺等人拷打，牵连几百人，整年拘押审讯，没有可验证的事实。臣认为李膺等人都有忠心直节，志在经营朝廷，这实在是陛下的后稷、后契、伊尹、吕尚这样的辅臣，却枉为奸臣贼子诬害，使得天下寒心，举国失望。请求陛下留心明察，及时审理释放，以满足朝野上下人士的愿望。而今，尚书署臣僚，如尚书朱　、荀绲、刘祐、魏朗、刘矩、尹勋等人都是国家的忠贞之士、朝廷的辅佐良臣。尚书郎张陵、妫皓、苑康、杨乔、边韶、戴恢等人文雅朴素，熟知国家典制，内外官员，不缺良才。然而，陛下却委权于身边左右的小人，单独宠任凶狡的人，这些在外掌管州郡，在内作为心腹，应依次贬黜，调查罪状，揭发惩治；同时，应当信任忠正善良之人，明辨善恶，使得邪恶和正直、诋毁和名誉各得其所，珍惜官职，只授予贤才。这样，过失的征验就可以消除，上天祥瑞的感应就可以得到。近来有嘉禾、灵芝、黄龙等出现。瑞祥发生，必有贤才出现；福分降临，实在是因为有善人。祥瑞出现，有德便是吉祥，无德便是灾祸。陛下的作为不符天意，不应该庆祝。”奏章呈上，窦武就称病，交还城门校尉和槐里侯印绶。霍谞也上书请求宽恕党人。汉桓帝对党人的态度逐渐好转，派中常侍王甫到狱中审讯党人范滂等，范滂等人都头戴枷锁，脚手带着镣铐，脸上罩着黑布，暴露在大庭之中。王甫依次诘问：“你们互相标榜，唇齿相依，有什么意图？”范滂说：“孔子有言：‘看到善良的行为，就像赶不上似的，要努力追赶；见到邪恶的行为，就像伸手到沸水里一样，立即躲开。’我想使善良的人如同清水一样在一起，使邪恶的人如同污水一样归在一起，认为这样会受到朝廷的鼓励，从没想到这是结党。古人修德行善，可以得福。而今修德行善，却遭杀身之祸。我死那天，希望把我葬在首阳山旁，上不负皇天，下无愧于伯夷、叔齐。”王甫颇为感动，肃然起敬，就解除了所有党人罪徒的刑械。李膺等人的口供牵扯到宦官子弟，宦官恐慌，借口天时，请求汉桓帝赦免天下。六月初八日庚申，大赦天下，改年号为“永康”。二百多名党人放归乡里，在三公府登记姓名，终身不许当官。

（以上为第一段，写城门校尉窦武、尚书霍谞上奏党人之冤，汉桓帝下诏赦免二百余党人出狱，禁锢终身，故史称党锢之祸。）

范滂拜访霍谞，却不肯道谢。有人责备他，范滂说：“从前，晋国范宣子欲杀叔向，为祁奚所救，叔向没有去见祁奚致谢，我何必要谢霍谞。”范滂南归汝南，南阳士大夫迎接他，有几千辆车子，同乡人殷陶、黄穆在一旁侍卫，接待宾客。范滂对殷陶等人说：“现在你们跟从我，将加重我的罪过啊！”于是悄悄地返回乡里。

当初，诏令揭发党人，各郡国奏报牵连的人多达几百，只有平原相史弼未上报。诏书连续下达，催促州郡，对掾史施以髡刑鞭打。从事史在驿舍谴责史弼：“诏书对党人痛恨入骨，旨意诚恳凄恻。青州所属六郡，有五郡都有党人，平原郡怎么治理的，竟然没有一个党人？”史弼说：“先王经营天下，划分境界，水土有不同，风俗有异。其他的郡有党人，平原郡没有，怎能相提并论！如果仰承上司的旨意，诬害忠良，滥施刑罚，以满足不合理的要求，那么平原郡的百姓，家家有党人。我只有一死，不能做不该做的事！”从事史大怒，当即逮捕平原郡的一些掾史，上奏弹劾史弼。正逢党禁中途化解，准允史弼扣薪赎罪。当时，得解脱的人很多。

窦武所推举的人有：沛郡人朱　、勃海人苑康、会稽人杨乔、陈留人边韶。杨乔容貌俊伟，多次上书谈论国政，汉桓帝喜爱他的才识容貌，想把公主嫁给他，杨乔坚决推辞，汉桓帝不准许，杨乔于是就绝食七天而死。

秋季，八月，巴郡传言有黄龙出现。最初是郡中有人到池里去洗澡，见池水混浊，因此开玩笑恐吓说：“池里有黄龙。”这话于是流行民间，太守想以此事向汉桓帝献媚，所以上奏。郡吏傅坚劝谏说：“这不过是小民的一句玩笑话。”太守不听。

六月，发大水，渤海溢水。

冬季，十月，先零羌骚扰三辅，张奂派司马尹端、董卓对抗，大败先零羌，杀死先零羌的首领，俘虏一万多人，使幽州、并州、凉州平定。张奂论功应当受封，因为不会奉承宦官所以没有被封，只赐予他二十万钱，录用张奂家一人为郎。张奂辞谢不受，请求内迁到弘农郡。按照旧制，边郡人士不得迁往内地，因为张奂有功，下诏特许张奂的请求。任命董卓为郎中，董卓是陇西人，粗暴勇猛，颇有谋略，羌人和胡人都害怕他。

十二月二十三日壬申，再次任命瘿陶王刘悝为渤海王。

十二月二十八日丁丑，汉桓帝在德阳前殿去世。十二月二十九日戊寅，尊窦皇后为皇太后。窦太后临朝听政。最初，窦皇后受到册立，汉桓帝很少宠幸她，只有采女田圣等人受宠。窦太后向来妒忌残忍，汉桓帝的灵柩还停在前殿，窦太后就杀死田圣。城门校尉窦武商议新皇帝的人选，召侍御史河间人刘儵，询问刘姓皇族中的贤人，刘儵推举解渎亭侯刘宏。刘宏是河间孝王的曾孙，刘宏的祖父刘淑、父亲刘苌，世代受封为解渎亭侯。窦武就入宫报告窦太后，在皇宫中秘密决定皇位，任命刘儵为光禄大夫，自己与中常侍曹节共同持节，管理中黄门、虎贲武士、羽林军一千人，奉迎刘宏。当时，刘宏只有十二岁。

（以上为第二段，写汉桓帝驾崩，汉灵帝即位。）

孝灵皇帝上之上

汉灵帝建宁元年（戊申，公元 168 年）

春季，正月初三日壬午，委派城门校尉窦武为大将军，前太尉陈蕃为太傅。窦武、陈蕃、司徒胡广共同管理尚书事务。

这时正逢汉桓帝大丧，继位的皇帝还未确定，各尚书都很害怕，大多称病不上朝。陈蕃写信责备他们说："古人坚守志节，侍奉死者如同生时。现在，新皇帝还没有即位，国家的政事日益艰难，诸位怎可逃避艰辛，躺在床上安歇，在道义上能安心吗？"尚书们害怕，都入朝办公。

正月二十日己亥，解渎亭侯到达夏门亭，派窦武持节，用侯王专用的青盖车迎接入宫。正月二十一日庚子，汉灵帝即位，改年号为"建宁"。

二月十三日辛酉，安葬孝桓皇帝在宣陵，庙号为威宗。

二月二十三日辛未，大赦天下。

当初，护羌校尉段颎虽然平定西羌，但东羌、先零等部还没有归降。度辽将军皇甫规、中郎将张奂连年讨伐，羌人时降时叛。桓帝下诏问段颎："先零、东羌作恶反叛，皇甫规与张奂各拥有强兵，未能按时讨平，而今想令你率兵征讨东羌，不知是否合适，可以先制定谋略对策。"段颎上言说："臣听说先零、东羌虽然数次叛乱，但是，向皇甫规归降的已达二万多户；善恶泾渭分明，残余的叛贼所剩无几。现在，张奂之所以踌躇而久不进兵，只因考虑到已经归附的羌人和尚未归服的羌人交相呼应，大军一动，必然惊惧。何况，从去年冬季到今年春季，叛羌长久屯防不散，已经是人疲畜困，大有自取灭亡的态势，想改用招降的方式，以逸待劳牵制强敌。臣认为羌人狼子野心，很难用恩德感化。羌人薄弱时就降服，大兵一旦撤走就会重新暴动；唯一的办法是用长矛直刺他们的前胸，用大刀架在他们的脖子上！估计东羌余寇还有三万多户，集居在塞内附近，没有险隘的道路，更没有燕、齐、秦、赵的纵横势力，却长期干扰并、凉二州，屡次入侵三辅，使得西河、上郡治所已经被迫内迁，安定、北地势单力薄而重陷危境。从云中、五原西到汉阳两千多里，匈奴、诸羌占领这一地区，这等于脓疮暗疾隐藏在臂腋之下，如不诛灭，就会辗转迅速膨大。如果以五千骑兵、一万步兵、三千辆战车，有三个冬季和两个夏季，就足以平定他们，估计费用为五十四亿钱，这样就可使羌人全部歼灭，匈奴长期顺服，内迁的郡县得以返回本地。臣计算，永初年间羌人各部叛乱，长达十四年，耗费二百四十亿钱；永和末年，又经过七年，消耗八十多亿。如此庞大的耗费，还不能把贼寇全部歼灭，残余的贼寇又冒出来，直至今天，仍在作恶。如果现在不让百姓忍受暂时的困苦，永久的安宁，将遥遥无期。臣愿竭尽有限的能力，听候差遣。"汉桓帝同意了，完全按上述建议行事。于是段颎率领一万多士卒，带上十五天的军粮，从彭阳向高平行进，在逢义山与先零等羌人开战。敌兵强盛，段颎的部队都很恐惧。段颎下令士兵拿着长枪利刀，用长枪的编为三个梯队，拉强弓的弓箭手混编在长枪队伍中，把轻骑排列在左右两翼，对将士说："现在我们离家有几千里，前进就能成功，后退必然全部战死，大家一起努力争取功名吧！"于是大声呐喊，全部步骑随着杀敌的呐喊声，争相奔腾冲向敌人，段颎亲自骑马奔驰在队伍旁指挥，带头冲入敌阵骑兵中砍杀，敌军大败，被斩杀了八千多人。窦太后赐诏书表扬说："等到东羌全部平定之后，当一并论功行赏；今赐给段颎二十万钱，选用段颎家一人为郎中。"并敕令中藏府调拨金钱、彩缎等，增加军费，任命段颎为破羌将军。

（以上为第三段，写段颎大破西羌。）

闰三月甲午［四月十七日甲午］追尊皇祖为孝元皇，夫人夏氏为孝元后，皇父为孝仁皇，尊皇帝生母董氏为慎园贵人。

夏季，四月戊辰（疑为初三日庚辰之误），太尉周景去世，司空宣酆被免职；任命长乐卫尉王畅为司空。

五月初一日丁未朔，发生日食。

任命太中大夫刘矩为太尉。

六月，京师发大水。

六月十七日癸巳，奖赏策立新皇帝的功劳，封窦武为闻喜侯，窦武的儿子窦机为渭阳侯，窦武哥哥的儿子窦绍为鄠侯、窦靖为西乡侯，中常侍曹节为长安乡侯，共有十一人被封侯。

涿郡人卢植上书劝谏窦武："您对于汉朝，如周公旦、召公奭对于周室，拥戴圣主，维系天下人心，舆论认为您的功劳，以此最为重要。事实上，同宗相继，依照名牒，依亲疏关系确立人选，又有什么功绩可言！怎么可以把天功据为己有！应当推辞重赏，以保全你的声名。"窦武不采用。卢植身高八尺二寸，声如洪钟，性情刚毅，高风亮节。年轻时跟随马融，马融奢侈豪华，常令美女在庭前载歌载舞，卢植做了多年侍讲，从不偷看，于是马融非常敬重他。

窦太后因为陈蕃昔日的功德，特封他为高阳乡侯。陈蕃上疏辞让说："臣听说，割地分封，应该以功德为凭据。臣虽然不是一向具有清廉的德行，但也私心羡慕君子'不用正当的办法取得的东西，君子不接受'。如果臣接受封爵而不辞让，厚颜无耻地享用封邑、使得皇天震怒，灾祸转向人民，那么臣该到何处寄托渺渺之身？"窦太后不准许。陈蕃坚决辞让，前后上了十几次奏章，最终没有受封。

段颎率领轻兵追赶羌人，出了桥门，日夜兼行，在奢延泽、落川、令鲜水岸开战，连续打败羌人；又在灵武谷交战，羌人再次大败。秋季，七月，段颎到达泾阳，残余的四千多户羌人全都逃跑到汉阳山谷中。

护匈奴中郎将张奂上言：“东部的叛羌虽然被击破，残余却难以全部消灭。段颎轻率而果断，应当考虑打仗是胜败无常，应该在有利时恩德招降，才永远不会后悔。”诏书通知段颎，段颎又上书说：“臣原本就知道东羌虽然人口众多，但是涣散而容易驯服，所以再次陈述臣的愚见，打算为永久和平考虑，而中郎将张奂却说敌势强大，难以攻破该使用招降的方法。主上英明，采纳信用了臣的愚见，使臣的谋略得以施行，而张奂的计策没有被采用。事情的发展与他的猜想相反，于是心怀忌恨，听信叛羌的申诉，把叛军控诉臣的话做了一番修饰，说臣军队‘连吃败仗’，又说：‘羌人也是上天灵气所生，不可赶尽杀绝，山谷广阔，不可无人居住，血流污染原野，有伤和气，导致灾祸。’臣想到周、秦之际，戎狄为害，汉朝中兴以来，羌贼最为盛强，诛杀不尽，即使投降还会再次反叛。而今先零等部落，反复无常，攻占城邑，抢夺人民和财物，挖掘坟墓，暴露尸骨，祸及活人和死人，上天震怒，借用臣的双手进行诛罚。从前，邢国政治暴虐，卫国就去讨伐他们，大军出征之日，上天及时降雨；臣率军以来，酷夏连降雨水，谷物丰收，人民没有瘟疫。对上察考天意，不会降下灾害；对下省察人事，军民和谐，战无不胜。从桥门以西，到落川以东，故有的乡镇房舍连接，并不是深谷险峻、荒无人烟的地区，车辆马匹都可平安行驶，没有折损的事情发生。张奂身为汉朝官吏，担任武职，在边境驻军二年，不能平定敌寇，为了掩饰没有能力平定羌人，才提倡讲文息武，招降野蛮的敌人，夸大招降的效果，实际上虚妄而无验证。为什么这样说呢？从前先零侵犯，赵充国把他们迁至边塞境内；煎当犯边，马援把他们迁至三辅，他们先是归降，继而叛乱，至今为患，所以有卓见的人士深为忧虑。而今边郡人口稀少，屡次受到羌人祸害，而想把归降的羌人与汉人混住，这等于是在良田里种枳棘，在屋里养毒蛇。所以，臣依靠大汉权威，设立长久的策略，要剪断他们的根，使其不再生存。原来预计三年的军费，用五十四亿；现在刚满一年，军费还没用到一半，而残余的贼寇已像行将熄灭的灰烬一样，面临绝灭。臣每次接到诏书，表示军事行动，朝廷不做遥控，请求一直坚持这种态度，让臣全权处理，临机应变，不失军机。”

（以上为第四段，写太尉陈蕃辞封。讨伐西羌，段颎主伐，张奂主抚，两人主张相左，于是结怨。）

八月，司空王畅被免职，任命宗正刘宠为司空。

当初，窦太后被封为皇后，陈蕃曾经尽力。等到窦太后临朝听政，就把大小政事都交给陈蕃处理。陈蕃与窦武同心协力，辅助王室，征召天下有名的贤士李膺、杜密、尹勋、刘瑜等人，让他们在朝廷供职，一起参与政事。于是，天下的士人，无不渴望太平盛世，但是，汉灵帝的乳母赵娆和一些主事女官，日夜围着太后，中常侍曹节、王甫等人互相勾结成朋党，向窦太后献媚，窦太后宠信他们，数次下诏，封官拜爵。陈蕃、窦武憎恨这批人，曾在朝堂聚会时，陈蕃私下对窦武说："曹节、王甫等人从桓帝时就窃取朝政，扰乱天下，现在不把他们杀掉，后患无穷。"窦武非常赞同。陈蕃大喜，用手推开几案，兴奋地站了起来。窦武于是结纳志同道合的尚书令尹勋等人共商大策。

正好发生日食，陈蕃对窦武说："从前，御史大夫萧望之败在一个阉官石显手上，何况今日有几十个石显！我已经八十岁了，想为将军除害，现在可以借日食的灾变，罢除宦官，消解天变。"窦武于是对窦太后说："按照旧例，黄门、常侍只负责在宫里看门，主管宫中各部的财物；现在却让他们参与政事，委派大权，宦官子弟党羽遍布州郡，专门做些贪赃暴虐的事。天下舆论纷纷，正是为了这事，所以应当把他们诛杀或撤职，使朝政清明。"窦太后说："汉初以来，世代有宦官，只应当诛罚有罪的，怎么可以把他们全都废除？"当时，中常侍管霸颇有才能谋略，在宫中弄权，窦武请求先收捕了管霸和中常侍苏康等人，都处以死刑。窦武几次请求窦太后诛杀曹节等人，窦太后犹豫不决，所以事情拖了很久没有办成。陈蕃上疏说："现在京城舆论沸腾，传言侯览、曹节、公乘昕、王甫、郑飒等人，与赵夫人、尚书们一起扰乱天下，附和他们就升官晋爵，违背他们就被中伤，满朝大臣如同河中漂木，一会儿东，一会儿西，贪图俸禄，畏惧权势。如果陛下不赶快诛灭他们，必发生祸害，危及社稷，灾祸难于估算。请把我的奏章宣示近臣，并让天下所有的奸臣知道我对他们的痛恨。"窦太后没有采纳。

这一月，金星侵入房宿四星的上将星，接近太微天子庭。侍中刘瑜向来对天文有研究，认为这是凶兆，上书给窦太后说："按照《占书》，宫门应当紧闭，不利于将相，奸邪就在君主身边，请紧急防范"，又上书给窦武、陈蕃，认为星辰错乱，不利于大臣，应当立即决断大事。于是，窦武、陈蕃任命朱寓为司隶校尉，刘祐为河南尹，虞祁为洛阳县令。窦武又奏请免除了黄门令魏彪的职务，而以他的亲信小黄门山冰代理，令山冰奏请收捕长乐尚书郑飒，押至北寺狱。陈蕃对窦武说："这些家伙应当赶快收捕斩杀，为何还要审讯？"窦武不同意，命山冰和尹勋、侍御史祝瑨先后审讯郑飒，供词牵连到曹节、王甫。尹勋、山冰随即逮捕了曹节等人，让刘瑜向汉灵帝报告。

九月初七日辛亥，窦武因休假出宫回到大将军府。掌管中书的人早已得到消息，报告长乐宫五官史朱瑀，朱瑀偷看了窦武的奏章，骂道："对于放肆的宦官当然应该诛杀，我们有什么罪，竟要将我们杀尽灭族！"于是大声呼喊："陈蕃、窦武上奏，请太后废掉皇上，大逆不道！"连夜召集平日亲近、身体健壮的长乐宫从官史共普、张亮等十七人，喝血酒结盟，阴谋诛杀窦武等人。曹节报告汉灵帝说："外面的情况紧急，请出宫坐镇德阳前殿。"叫汉灵帝拔剑腾跳，以壮胆气，令乳母赵娆等人护在身边，收取所有印信，关闭宫门，召来尚书府的官员，拿着刀胁逼他们，要他们写诏书，任命王甫为黄门令，持节到北寺狱，逮捕尹勋、山冰。山冰怀疑诏书是伪造的，拒不接受，王甫当场杀了他，又杀死尹勋。放出郑飒，回兵劫持太后，夺了太后玺绶。命令中谒者把守南宫，关闭宫门，断绝通道。派郑飒等人持节和侍御中谒者逮捕窦武等人。窦武不接诏令，飞驰进入步兵营，和他哥哥的儿子窦绍合力射杀使者。召集北军五路校士数千人把守洛阳都亭，对兵士下令说："黄门、常侍反乱，尽力作战的人封侯重赏。"陈蕃听说有难，就带领属官和门生八十多人，一起手持大刀，冲入承明门，到尚书门前，举臂呼喊："大将军窦武忠心卫国，黄门宦官反叛，怎么能说窦氏大逆不道！"王甫正好出来遇见陈蕃，听到陈蕃的话，就谴责陈蕃："先帝去世不久，陵墓还没完工，窦武有什么功？兄弟父子三人同时封侯！又大摆筵席，饮酒作乐，带走了很多后宫宫女，十天之内，资财巨万，大臣做这样的事，难道还有理吗？你身为宰辅，苟且结党，还去何处抓贼！"于是命令武士逮捕陈蕃，陈蕃拔剑斥责王甫，声色俱厉。于是逮捕陈蕃，送到北寺狱。黄门从官用脚踢陈蕃，骂道："老不死的，还能裁减我们的人数，削夺我们的薪俸吗？"当天就杀死陈蕃。当时，护匈奴中郎将张奂征召回到京城，曹节等人以为张奂刚到，不知政变内幕，就假传汉灵帝诏令，派少府周靖代理车骑将军，持节，会同张奂率领五营校尉的士卒讨伐窦武。天刚亮，王甫率领虎贲武士、羽林军等总共一千多人出朱雀掖门布防，与张奂等人会合，会合的军队全部抵达宫门之下，与窦武对抗。王甫的兵势渐渐强盛，派军士向窦武军营喊话："窦武反叛，你们都是禁兵，应当保卫宫廷，为什么要追随叛贼呢？先归降的有赏！"营府的士兵向来害怕宦官，于是，窦武的士兵中慢慢地有人归降王甫，从清晨到上午，士兵几乎都归降了。窦武和窦绍逃跑，军队追捕包围，他们就都自杀了，之后士兵把他俩的头颅悬挂在洛阳都亭；逮捕了窦氏的宗亲宾客和姻属，全都杀了；侍中刘瑜、屯骑校尉冯述都被灭族。宦官又诬害虎贲中郎将河间人刘淑、前尚书会稽人魏朗，说他们与窦武串通同谋，迫使他们自杀。把皇太后迁入南宫，将窦武的家属流放到日南。从公卿以下，凡是陈蕃、窦武举荐的人及其门生故吏，全都免官，禁锢终身，不准做官。议郎勃海人巴肃，当初曾与窦武等人共谋，曹节等人不知道，只受到禁锢处分，后来知道实情，就下令逮捕巴肃。巴肃自己坐车到县府，县令见到巴肃，就引入后室，解下印绶，想和他一同离去。巴肃说："身为臣子，有谋略不敢隐瞒，有罪不逃避刑罚，我既不愿隐瞒原来的谋略，又怎敢逃避刑罚！"于是被诛杀。

曹节升任为长乐卫尉，册封育阳侯。王甫任为中常侍，仍任黄门令。朱瑀、共普、张亮等六人都被封为列侯，十一人为关内侯。于是众多小人得志，士大夫十分沮丧。

陈蕃的友人陈留人朱震安葬了陈蕃的尸体，隐匿了他的儿子陈逸，事情泄露，抓进大狱，全家都被捕，戴上刑具。朱震受到拷打，誓死不说，陈逸才得以免除死罪。窦武府中的官吏桂阳人胡腾为窦武收尸发丧，受到禁锢处分，窦武的孙子窦辅才两岁，胡腾假称他是自己的儿子，与令史南阳人张敞一起把他隐藏在零陵境内，也得以逃罪。

张奂升任大司农，因功封侯。张奂深深懊恼被曹节等人利用，坚决推卸不受官。

任命司徒胡广为太傅，处理尚书事务。任命司空刘宠为司徒，大鸿胪许栩为司空。

冬季，十月三十日甲辰晦，发生日食。

十一月，太尉刘矩被免职，任命太仆沛国人闻人袭为太尉。

十二月，鲜卑和濊貊侵犯幽州、并州。

这一年，疏勒王季父和得杀了疏勒王而自立为王。

乌桓酋长上谷难楼，拥有九千多帐落；辽西郡的丘力居有五千多帐落，都自立为王。辽东郡的苏仆延有一千多帐落，自称峭王。右北平郡的乌延有八百多帐落，自称汗鲁王。

（以上为第五段，写陈蕃、窦武谋诛宦官事泄，宦官抢先发难，陈蕃、窦武被诛，窦太后迁居南宫。陈蕃、窦武所举荐的门生故吏皆被禁锢，此为第二次党锢之祸。）

汉灵帝建宁二年（己酉，公元 169 年）

春季，二月初五日丁丑，大赦天下。

汉灵帝把董贵人从河间国迎到京城。三月初三日乙丑，尊董贵人为孝仁皇后，住在永乐宫。任命她的哥哥董宠为执金吾，董宠的儿子董重为五官中郎将。

夏季，四月二十一日壬辰，汉灵帝的御座上发现青蛇。四月二十二日癸巳，刮大风，降冰雹，响霹雳，拔起一百多株大树。汉灵帝下诏令公卿以下，各上密奏。大司农张奂上疏说：“从前，埋葬周公时违反了葬礼，上天发怒。现在，窦武、陈蕃一片忠诚，却未得到公开赦罪，妖异之所以发生，都是这个原因，应当迅速为他们安葬，召回家属，对受牵连而被禁锢的人，全赦免罪过。另外，皇太后虽住在南宫，但未受到皇恩礼遇，朝臣都不敢说话，远近的士人都感到失望。应当思念大义，回报父母的亲恩。”汉灵帝很赞同张奂的建议，询问诸位常侍，宦官们都很反感，汉灵帝不好自作主张。张奂又与尚书刘猛等人共同举荐王畅、李膺担任三公要职，曹节等人更加痛恶，于是下诏严厉责备。张奂等人都自己到廷尉府囚禁，过了几天才被释放，以三个月的俸禄赎罪。

郎中东郡人谢弼上密奏说：“臣听说‘毒蛇是女子的象征’。想到当初太后在宫内定策，拥立圣明的陛下继位，《尚书》说：‘父子兄弟犯罪，不相牵连。’窦武被诛，怎么能祸及太后？把太后隔绝在空荡的宫中，哀愁感应了上天，如果发生意外的疾病，陛下还有什么面目见天下人！孝和皇帝不割断窦氏的养育之恩，前代引以为美谈。《礼记》说：‘继承谁的香火，就是谁的儿子。’既然以桓帝为父，又怎能不以太后为母？愿陛下仰慕虞舜孝行淳厚的样子，怀念《凯风》歌颂思念母亲的恩情。臣又听说‘开创国家、继承家业，不任用小人’。现在，功臣久居外地，未蒙赐爵晋级，而乳母赵娆受到私宠，竟然享受封爵，之所以刮风、下雨、降冰雹，原因也是在此。另外，前太傅陈蕃，辛勤地为王室效力，却被一群邪恶小人诬害，一旦被杀，滥施酷刑，使天下震动惧之；而陈蕃的门生和部属，全都遭到流放、禁锢。陈蕃已经死去，即使用一百个人的生命也赎不回他的性命。应当迁回他的家属，解去禁锢的大网。台阁宰臣是国家的重要职位，关系国家命脉，目前在位的四公，只有司徒刘宠谨守善道，其余的都是白吃闲饭、招引盗贼的人，必将导致折断鼎足、食物倾覆的凶事。建议趁着灾异，应当把闻人袭、胡广、许栩三人免职，征召前司空王畅、长乐少府李膺共同管理国政，这些灾异差不多就可以消解，国家永昌。”左右宦官对谢弼的话很痛恨，把谢弼调离京城，贬斥为广陵府丞，谢弼告官，返回家乡。曹节的侄子曹绍在东郡担任太守，用其他罪名逮捕谢弼，把他打死在狱中。

汉灵帝向光禄勋杨赐询问蛇妖的事情，杨赐上密奏说：“福善不会凭空而降，凶灾不会无故发生。君王心里所想的，虽然没有显现在脸上，而五星却为此推移，阴阳为之变化。君王的权威没有树立，就会有龙蛇妖孽，《诗经》上说：‘毒蛇是女子的象征。’请陛下思虑阳刚之道，应该内外有别，压制皇后家族的权力，割断美妻艳妾的宠幸，那么，蛇妖出现的灾异就可消解，福祥随即就应验。”杨赐是杨秉的儿子。

（以上为第六段，写灵帝御座出现青蛇，诏公卿以下各上封事，大司农张奂、郎中谢弼上封事为陈蕃、窦武、窦太后申冤，张奂下狱，谢弼被罢官，遣回乡里，以他罪掠死狱中。）

五月，太尉闻人袭、司空许栩被免职。六月，任命司徒刘宠为太尉，太常汝南人许训为司徒，太仆长沙人刘嚣为司空。刘嚣向来依附于宦官，所以能够官至公卿宰辅。

下诏派谒者冯禅前往汉阳郡，说服羌人归降。段颎认为春季正是耕种的季节，百姓遍布田野，羌人虽然暂时归降，官府却没有粮食安抚他们，羌人必会再叛为盗贼，不如乘虚纵兵进击，势必将羌人全部歼灭。段颎于是亲自进入前线军营，距羌人屯聚的凡亭山四五十里扎营，派骑司马田晏、假司马夏育率领五千人作先锋，打垮羌人。羌人溃散，向东逃跑，又屯聚在射虎谷，分兵把守射虎谷的上下口。段颎计划一举歼灭羌人，不让羌人再逃散。秋季，七月，段颎派一千人在西县编木为栅，宽二十步，长四十里，用以阻拦羌人。分别派田晏、夏育等率领七千人口衔木片，乘夜攀登西山，在距离敌人一里多的地方驻营、挖壕沟，又派司马张恺等率领三千人直上东山，羌人这才发现被围。段颎于是与张恺分别由东西两山夹攻，率兵奋力进攻，打败羌人，追赶到射虎谷的上下门以及穷山深谷之中，处处破贼，杀了羌帅以下等一万九千多人。把冯禅所归降的四千羌人，分别安排在安定、汉阳、陇西三郡中。于是，东部羌人全部平定。段颎先后经历一百八十次战斗，杀死三万八千多人，捕获各种牲畜四十二万七千多头，花费四十四亿，军士死亡四百多人；于是改封段颎为新丰侯，食邑一万户。

臣司马光评论说：《尚书》说："天地是万物的父母。只有人是万物的精灵，绝顶聪明的人做帝王，帝王是百姓父母。"蛮夷戎狄虽为异族，但他们趋利避害、喜好生厌恶死的特性，与汉族人是一样的。以正确的方式治理蛮夷，蛮夷就会顺从，治理不得法，蛮夷就会叛乱，这本来是合理的。所以，先王为政，对叛乱加以征伐，对顺服加以安抚，把蛮夷安置在四方边境，不使蛮夷扰乱中原礼义之邦。如果把蛮夷看作草木禽兽，不分善恶，不明顺逆，一律杀害，这难道是作百姓父母的心意吗？何况羌人之所以叛乱，是郡县侵扰、使羌人受冤的缘故；对于叛乱者不能及时处决，这是所用将帅不当的缘故。如果能选任良将，把叛贼驱逐到塞外，然后选用良吏管理羌人，那么，边疆战场上的武将又怎么会以大肆杀戮为快乐呢？如果治理不合正道，即使是华夏汉人，也会蜂拥为寇，岂能杀尽？段纪明（段颎的字）身为将领，虽然有克敌报捷的功勋，但君子不赞成他的行为。

（以上为第七段，写段颎用歼灭战平定羌乱，杀人众多，受到司马光的批评。）

九月，江夏蛮反叛，州郡讨伐平定了叛蛮。

丹杨郡山越人围攻太守陈夤，陈夤击败山越人。

当初，李膺虽然被禁锢，但天下士大夫都推崇李膺而蔑视朝廷，追随李膺的人，唯恐赶不上，就互相称扬，为他们取雅号：称呼窦武、陈蕃、刘淑为三君，"君"的意思是一代宗师；称呼李膺、荀翌、杜密、王畅、刘祐、魏朗、赵典、朱　为八俊，"俊"的意思是人中英杰；称呼郭泰、范滂、尹勋、巴肃以及南阳人宗慈、陈留人夏馥、汝南人蔡衍、泰山人羊陟为八顾，"顾"的意思是以德行引导别人；称呼张俭、翟超、岑晊、苑康以及山阳人刘表、汝南人陈翔、鲁国人孔昱、山阳人檀敷为八及，"及"的意思是引导别人追求宗师；又称呼度尚和东平人张邈、王孝，东郡人刘儒、泰山人胡母班、陈留人秦周、鲁国人蕃向、东莱人王章为八厨，"厨"的意思是说能施财救人。后来，陈蕃、窦武执政，又推荐了李膺等人；当陈蕃、窦武被杀，李膺等人就再次被罢黜而遭禁锢。

宦官非常仇恨李膺等人，每次下诏书都重申对党人的禁锢。侯览对张俭特别仇恨，侯览的同乡人朱并一向谄媚奸邪，被张俭驱逐，就逢迎侯览的意旨，上书诬告张俭与同乡二十四人互相起称号，结成同党，企图危害国家，而以张俭为首。下诏隐去告发人的姓名，公布名单，逮捕张俭等人。

冬季，十月，大长秋曹节唆使有关官员上奏："以钩党人之名罗列前司空虞放和李膺、杜密、朱　、荀翌、翟超、刘儒、范滂等人，请下诏书责成州郡拷问治罪。"这时，汉灵帝才十四岁，问曹节等人："什么叫钩党？"曹节回答："钩党就是勾结在一起的党人。"汉灵帝问道："党人有什么罪非杀不可？"曹节回答："党人相互勾结，图谋不轨。"汉灵帝问道："图谋不轨又想怎么样？"曹节回答："党人想要夺权窃国。"汉灵帝这才批准了奏章。

有人对李膺说："你可以逃跑。"李膺说："做事不辞艰难，犯罪不逃避刑罚，这是臣子的节操。我已经六十岁了，生死自有天命，又能逃到何地！"于是自投狱中，被拷打而死；他的门生和旧属都被禁锢。侍御史蜀郡人景毅的儿子景顾是李膺的学生，禁锢的名册上没有记录他，因而没有受到惩罚，景毅感叹地说："本认为李膺是个贤才，才教我儿子拜他为师，怎么能够因为名册上脱漏了名字而苟且偷安？"于是上表检举自己，被免官回乡。

汝南督邮吴导奉诏逮捕范滂，到范滂的家乡征羌县，关闭驿舍，抱着诏书，伏在床上流泪。全县的人都不知道为了什么事。范滂听到这事就说："这必定是为了我。"就自己到狱中。县令郭揖大惊，走出县衙，解下印绶，要与范滂一起逃走，说："天下这么大，你为什么一定要在这里！"范滂说："我死了，灾祸就停止了，怎敢以罪牵连你。而又让我的老母流离失所呢？"范滂的母亲与范滂诀别，范滂对母亲说："仲博很孝敬，足以奉养您。我跟随龙舒君到黄泉之下，生死各得其所。求母亲割舍母子不忍之情，不要过于悲痛！"仲博是范滂的弟弟。龙舒君是范滂的父亲范显，范显曾做过龙舒侯国的国相。范滂的母亲说："你今天能与李膺、杜密齐名，死也无憾。已经得到美名，又想求长寿，岂能两者兼而有之。"范滂跪着接受教训，再次拜辞。母亲又回头对儿子说："我要使你作恶，恶不可作；我要教你行善，而我不作恶。"路人听见了，无不流泪。

钩党之狱蒙冤而死的有一百多人，妻儿都发配边疆。天下豪杰和学行兼优的儒士，都被宦官指责为党人；有仇怨的人，乘机陷害，甚至连瞪一眼的小积忿也被滥指为党人。州郡奉承旨意，有些没有和党人交结的人，也遭遇祸害荼毒，受死刑、放逐、废黜、禁锢的人达六七百人之多。

郭泰听到党人惨死，暗中悲痛说："《诗经》说：'人才消失，国家危亡。'汉室就要灭亡了，只是不知'乌鸦飞翔，将落在谁家屋上！'"郭泰虽然喜好评论人物，但从不说尖刻触及对方隐私的话，所以处于乱世而未受灾祸。

张俭流亡，穷困窘迫，漫无目的乱跑，见有人家就请求收容，主人无不尊重他的名望与德行，冒着家破人亡的危险收容他。后来张俭流亡到东莱郡，住在李笃家。外黄县县令毛钦带着兵器来到李家，李笃请毛钦入座，说："张俭犯罪逃亡，我怎敢窝藏！如果他真的在此，对这样一位名士，你认为应当逮捕吗？"毛钦因此起身，摸着李笃的肩膀说："蘧伯玉不愿独为君子，你怎么想独行仁义呢？"李笃说："我现在就想与你平分，你已经得到了一半。"毛钦慨叹告辞。于是，李笃带着张俭投奔到北海戏子然家，又从渔阳郡逃至塞外。张俭逃亡期间，牵连被杀的人以十计，被逮捕、拷讯的遍及天下，张俭的宗族亲戚都被杀尽，郡县受到残害。张俭与鲁国的孔褒是旧交，张俭投奔孔褒，孔褒不在家，孔褒的弟弟孔融才十六岁，就做主藏起张俭。事情后来泄露，张俭幸得逃走，鲁国国相就收捕了孔褒、孔融，关进监狱，不知该判谁有罪。孔融说："保护收纳而藏匿张俭在家里的是我，应当判我的罪。"孔褒说："张俭是来找我的，这并不是弟弟的过错。"官吏问孔褒、孔融的母亲，说："家长负责家事，我当其罪。"全家人都争着承担死罪，县官犹疑不决，上报朝廷，下诏最终判处孔褒有罪。直到解除党锢，张俭才返回家乡，后来担任卫尉，死时八十四岁。当初，夏馥听说张俭逃命，叹息说："张俭自己作孽，却凭空牵连善良之人，一个人逃亡，使万家受祸，何必活着！"于是夏馥剃发化妆，躲到林虑山中，隐姓埋名，受雇于铁铺做工，亲身受烟熏火燎，面容憔悴，二三年之后，没人认出他。夏馥的弟弟夏静在车上装着缣帛，到处找他、救济他，夏馥不肯接受，说："你怎么带着灾祸来给我？"党禁还没有解除，夏馥就去世了。

当初，中常侍张让的父亲去世，回颍川埋葬，虽然郡里去了许多人，却没有名士去吊丧，张让认为这是耻辱，只有陈寔单独致吊唁。等到大杀党人的时候，张让为了回报陈寔，尽量保全饶恕他。南阳人何颙，向来与陈蕃、李膺友善，也被搜捕，何颙于是变换姓名，躲在汝南一带，与袁绍结交，替党人奔走，常常潜入洛阳，和袁绍策议，为被卷入党祸的名士救援，想计谋，让他们逃跑，使很多人得以保全。

当初，太尉袁汤有三个儿子：袁成、袁逢、袁隗。袁成的儿子名绍，袁逢的儿子名术。袁逢、袁隗都有名声，年少就当高官。中常侍袁赦认为袁逢、袁隗出身于相府，和自己同姓，特别推举和接纳作为自己的外援势力，所以袁氏家族在当时显贵得宠，富有奢华，不同于其他公族。袁绍健壮而有威仪，喜欢交往贤士，声名远扬，宾客盈门，有篷的大车和木头车填满街巷。袁术也以侠义而闻名。袁逢堂兄的儿子袁闳从小品行良好，以躬耕读书为业，袁逢、袁隗多次赠财物，袁闳一概不接受。袁闳见时局险恶混乱，而家族显贵富足，常对兄弟慨叹息说："我们的先祖开创的福分，后代不能以德行守家，反而竞相骄奢，在乱世争权，这就好像晋国的三郤大夫一样。"等到党祸事发，袁闳想逃入深山密林，因母亲年迈，不宜远行遁世，就在院子里筑了一间土屋，有窗无门，从窗口递送食物。母亲思念他时，就从窗口向里看，母亲离开后，就关闭窗子，兄弟妻子都不见。袁闳藏身土室十八年，最后在土室中去世。

当初，范滂等人抨击朝政，自公卿以下都放下架子礼敬范滂等人，太学生争相追慕范滂等人的风范，认为学术将会兴盛，隐逸之士会被重新任用。唯有申屠蟠独自慨叹："从前，战国时代的名士放言高论，列国之君尊礼为贵宾，甚至亲自拿着扫帚在前引导，终于演出了焚书坑儒的大祸，现在正是历史的重演。"于是申屠蟠隐藏在梁国、砀县之间，靠着大树筑屋，像佣人一样劳动。过了二年，范滂等人果真陷入党禁大祸，只有申屠蟠超然事外，免受议论。

臣司马光评论说：天下合乎正道，君子就可以在朝廷上宣扬正义，谴责小人的罪行，而无人敢不服从。天下不合乎正道，君子闭口不言，以避免小人诬害，仍有一些人不能免祸。党人生于昏乱的世道，没有显贵的位置，四海混乱，却想以言辞挽救时弊，评论人物，扬善惩恶，实在是拨弄毒蛇的头，踢虎狼的屁股，以至于身受酷刑，祸及朋友，知识分子被消灭光，国家也跟着灭亡，这不是很可悲吗？只有郭泰明哲保身，申屠蟠见机行事，不到天黑就回头，见识卓然，实是无人可比。

庚子［十月三十日戊戌］，发生日食。

十一月，太尉刘宠被免职；任命太仆扶沟人郭禧为太尉。

鲜卑人侵犯并州。

长乐太仆曹节病重，诏令拜曹节为车骑将军。不久，曹节病愈，交还印绶，仍任中常侍，赐位特进，俸禄二千石。

高句骊王伯固侵扰辽东，玄菟太守耿临讨伐，伯固归降。

（以上为第八段，追述第二次党锢之祸党人心态。李膺、范滂慷慨就义，张俭逃亡，祸及万家。）

汉灵帝建宁三年（庚戌，公元170年）

春季，三月三十日丙寅晦，发生日食。

汉灵帝下诏征段颎回京城，任命他为侍中。段颎在边塞十几年，从未在席垫上睡过一个安稳觉，与将士同甘共苦，所以将士都乐于为他拼死作战，所到之处都建有功勋。

夏季，四月，太尉郭禧被罢官，任命太中大夫闻人袭为太尉。

秋季，七月，司空刘嚣被罢官；八月，任命大鸿胪梁国人桥玄为司空。

九月，执金吾董宠伪称永乐太后的懿旨，托人办事，事泄后下狱处死。

冬季，郁林太守谷永以恩德信誉招降了十几万乌浒人，授予冠带，设立了七个县。

凉州刺史扶风人孟佗派遣从事任涉，率领五百名敦煌士兵，与戊己校尉曹宽、西域长史张晏率领的焉耆、龟兹以及车师前、后部，总共三万多人征讨疏勒，攻打桢中城四十多天，不能攻克，退兵。后来，疏勒王相继被杀害，朝廷也无法制服他们。

当初，中常侍张让养有管家奴，管理家务，威势显赫。孟佗资产富足，与管家奴结交为好友，拿出所有家产来馈赠贿赂奴仆们，毫不吝惜。奴仆们都称赞孟佗，问孟佗想要什么，孟佗说："我只希望你们向我一拜。"当时，求见张让的宾客每天常有成百上千的车辆，孟佗去拜访张让，因迟到排在后头，不能进门，管家奴就率领一群管家奴头到路上迎拜孟佗，一同乘车进入大门，宾客都很惊讶，认为孟佗与张让关系很好，都抢着送珍玩贿赂孟佗。孟佗把一部分珍玩分给张让，张让大喜，于是任命孟佗为凉州刺史。

（以上为第九段，写凉州刺史孟佗矫情结交中常侍张让管家奴，用钱财贿买得任凉州刺史。）

汉灵帝建宁四年（辛亥，公元 171 年）

春季，正月初三日甲子，汉灵帝加冠礼，赦免天下，只有党人不赦免。

二月十三日癸卯，发生地震。

三月初一日辛酉，发生日食。

太尉闻人袭被免职；任命太仆汝南人李咸为太尉。

瘟疫流行。司徒许训被免职；任命司空桥玄为司徒；夏季，四月，任命太常南阳人来艳为司空。

秋季，七月，司空来艳被免职。

八月二十五日癸丑，册立贵人宋氏为皇后，皇后是执金吾宋酆的长女。

司徒桥玄被免职；任命太常南阳人宗俱为司空，前司空许栩为司徒。

汉灵帝因为窦太后有推立自己即位的功绩，冬季，十月初一日戊子，率领群臣到南宫朝见窦太后，亲自为窦太后进食祝寿。黄门令董萌趁机一再陈述窦太后的冤枉，汉灵帝都采纳了，增加供养窦太后的待遇标准。曹节、王甫仇恨董萌，诬陷董萌诽谤住在永乐宫的皇帝生母，董萌被下狱处死。

鲜卑人侵犯并州。

（以上为第十段，写灵帝加冠，赦天下，唯党人不赦。）

【点评】

本卷史事点评，仍以党锢之祸为重心。因本卷所载为桓灵二帝政权交替五年间的史事，最重大事件是党锢之祸扩大化，成为全国性的一场政治大迫害，广大社会精英人士遭荼毒，黑白颠倒，是非混淆，邪气旺炽，正义遭压迫，社会大分裂。可以说这一时期东汉处于最黑暗时期，具体点评两个问题。其一，第一次党锢之祸解禁。其二，第二次党锢之祸。

一、第一次党锢之祸解禁。东汉外戚专权，梁冀权势达于巅峰。桓帝与宦官推倒梁冀，宦官势力达于巅峰，独霸政坛。党锢之祸是宦官向朝官士大夫开刀，下了狠手，置党人于死地，全没了政治的妥协空间，双方成了你死我活的仇敌。失势的外戚站在朝官士大夫一边。第一次党锢解禁，就是外戚与朝官士大夫联盟取得的成果。朝官士大夫可以与外戚联合，但绝不与宦官妥协，这是外戚与宦官不同的政治品质与根基所决定的。外戚是靠裙带关系专权，一心谋取的是皇亲国戚这个小集团的利益，所以窦宪、梁冀等专权误国，终被诛灭，无可非议。但外戚的根基是朝官士大夫，他们沾了皇亲，有了特权，从朝官士大夫中分化出来，失势后回归朝官士大夫，所以当宦官势力独大时，外戚与朝官士大夫自然地联手对抗。至于宦官，原本就是一群不学无术的皇帝家奴，他们深居皇宫，与世隔绝，“不知稼穑之艰难，不恤征戍之劳苦”，至于治国良策更是茫然不知。也就是说，宦官专权，不仅广大劳动人民受到更沉重的剥削和压迫，而且统治阶级本身的大多数也遭受压迫，国家失去了组织生产、调节社会矛盾的职能，只代表一小撮凶恶狡猾人的利益，成为他们专政的工具。正途仕进的朝官士大夫为了维护整个地主阶级的长远利益，他们既忠君，也忧国忧民。他们敢于置个人生死于度外，抗愤而起，排抑宦官，完全是正义的行为。由于宦官为祸全国，他们在有限的权力下，迫不得已果断地采取了先斩后奏的激烈手段来打击宦官，表示正邪不两立，为国除奸，为民除害。“原其诚心，在乎去恶”，士大夫的行为是值得肯定的。

正因为士大夫排抑宦官是正义的行为，所以被禁党人赢得了广泛的社会支持和民众的拥护。于是这次冤狱的严重后果，就是造成了社会的大分裂。一是“正直废放，邪枉炽结”，宦官更加得意，“举动回山海，呼吸变霜露。阿旨曲求，则光宠三族”，无耻之徒，竞相比附。南阳樊陵，“阿附宦官，致位太尉”。扶风孟佗，交结中常侍张让家奴，得凉州刺史。“州牧郡守，承顺风旨，辟召选举，释贤取愚。”法制瓦解，道德沦丧。二是“海内希风之流，遂共相标榜，指天下名士，为之称号”。全国有“三君”“八俊”“八顾”“八及”“八厨”等称号三十五人为学人士子公认的道德楷模。南阳太守王畅敢于纠发豪右；桓帝下令逮捕党人，太尉陈蕃不肯平署。于是王畅、陈蕃与李膺齐名。京师太学生三万余人与诸郡生徒结合成强大的在野舆论集团，转相传颂党人的品德节操，与宦官的“布告天下，使同忿疾”唱对台戏！太学中语曰：“天下模楷李元礼，不畏强御陈仲举，天下俊秀王叔茂。”范滂出狱南归，“始发京师，汝南、南阳士大夫迎之者车数千辆”。李膺免归乡里，居阳城山中，“天下士大夫皆高尚其道，而污秽朝廷”。由此可见，宦官制造的这场冤狱，不但没有加重自己的权威，反而激发了正义。桓帝利用和支持宦官肆虐，使他转化成黑暗势力的总代表，而李膺等人的声名却日益高涨。这生动地说明，公道真理自在人心，至高无上的皇权也不能强奸民意。

中官王甫审讯所谓党人，李膺等连引宦官子弟，宦官恐惧。桓帝皇后父窦武与尚书令霍谞上疏劝桓帝赦党人，宦官顺势下坡，亦“请帝以天时宜赦”，公元167年党人出狱，而党人之名，犹书王府，禁锢终身。所以钩党之狱又称党锢之祸，或党锢之狱。从禁锢党人的角度讲所谓的党人出狱，恰恰是党禁的形成，党禁即禁锢党人。其后又发生了第二次党锢之祸和第三次党锢之祸，是党禁的扩大化。李膺等出狱后，不久桓帝崩殂，十二岁的灵帝以诸侯王子解渎亭侯入继大统，窦太后临朝，窦武执政，起用党人，党禁之锢无形自解。所以第一次党锢之祸解禁，是朝官士大夫与外戚联手对抗宦官的一个事实成果，而法律名义并没有解禁，宦官咬牙切齿，岂能容忍党人东山再起。一场更大的暴风骤雨即将来临，那就是第二次党锢之祸。

二、第二次党锢之祸。第二次党锢之祸发生在灵帝建宁二年（169）。这一次株连面进一步扩大化，无辜受害者成千累万，遍及全国。

中常侍侯览家在山阳防东，“贪侈奢纵”、强夺人宅，“残暴百姓，所为不轨”。延熹九年（166），督邮张俭助太守翟超破侯览家宅，籍没资财，举劾侯览及母罪恶，声名大振。建宁二年（169），侯览丧母还家，大起茔冢。“制度重深，僭类宫省”，“又豫作寿冢，石椁双阙，……虏夺良人，妻略妇子”。张俭具言罪状，再劾侯览，被侯览截留。侯览指使张俭乡人朱并诬告张俭联结钩党，谋大逆。“灵帝诏刊章捕俭等。”大长秋曹节唆使有司奏捕前党，李膺、范滂等百余人，“皆死狱中”。李膺被非法打死，“妻子徙边，门生、故吏及其父兄”均遭株连，“并被禁锢”。宦竖阉丑还肆意扩大打击面，凡“天下豪杰及儒学有行义者，宦官一切指为党人；有怨隙者，因相陷害，睚眦之忿，滥入党中。州郡承旨，或有未尝交关，亦离祸毒，其死、徙、废、禁者，又六七百人”。这仅仅是京师诏狱拷讯的人数。这次党狱波及全国范围，州郡被冤遭屠者不可胜数。“时诏书下举钩党，郡国所奏相连及者多至数百。”青州六郡，五郡有党，“唯弼独无所上”。平原相史弼舍命保护，抗旨不报，“济活者千余人”。由于民众保护党人，于是出现了“一人逃死，祸及万家”的惨况。“俭等亡命，经历之处，皆被收考，辞所连引，布遍天下。”“其所经历，伏重诛者以十数，宗亲并皆殄灭，郡县为之残破。”宦官何以有这样大的能量，使全国成千累万的无辜者惨遭杀害呢？只因“诏书疾恶党人，旨意恳恻”，整个国家机器以专制君主的名义被发动起来制造冤案，海内生灵，在劫难逃。

第一次钩党之狱，桓帝指名逮捕的只是李膺、范滂等二百余名士大夫上层人物。第二次钩党之狱，双方动了杀机。宦官包围了灵帝，不容党人东山再起，陈蕃、窦武，即朝官士大夫与外戚联手谋诛宦官。双方磨刀霍霍，都想一举歼灭对方，这就是第二次党锢之祸的背景。由于灵帝猜忌，又急于铲除外戚势力，夺取太后手中的政权，因而全力支持宦官制造冤狱，所以第二次钩党之狱，一爆发就是暴风骤雨之势，洒向人间都是怨。只有平原一郡，平原相史弼抗旨，存活一千余人，全国一百多郡国，蒙冤罹难者数十万人。灵帝直接过问的诏狱，杀李膺、范滂一百余人，禁锢六七百人，太学生被捕一千余人。党人五服内亲属以及门生故吏凡有官职的人全部免官禁锢。灵帝建宁四年（171），灵帝加冠，大赦天下，唯党人不赦。

资治通鉴（白话本） 卷第五十七

汉纪四十九

汉灵帝熹平元年至光和三年（公元 172—公元 180）

【起玄黓困敦（壬子，公元 172 年），尽上章涒滩（庚申，公元 180 年），凡九年】

【大事提要】

本卷记事起公元 172 年，讫公元 180 年，凡九年，当汉灵帝熹平元年至光和三年，载灵帝一朝中期史事。此时期的重大事件仍是清理党人扩大化，熹平五年（176），兴起了第三次党锢之祸。先是窦太后忧死，汉灵帝俯从舆情，礼葬窦太后。民间流言宦官曹节、王甫幽杀太后。段颎投靠宦官任司隶校尉，在京师大捕所谓流言者一千余人，使党锢之祸扩大化。熹平五年，永昌太守曹鸾上书请求赦免党人，灵帝盛怒，诏令追究党人，罪及五服，这是第三次党锢之祸。公元 166 年、公元 169 年、公元 176 年，连续三次党锢之祸，是非颠倒，正义受摧残。五侯余孽唐衡弟弟唐珍任司空。灵帝立熹平石经，以示倡导儒学，颁布三互法，以示清吏治。所谓三互法，是任官回避制度，指两地相邻有婚姻关系或士人之间有密切关系者，不能交互做官。司马光评论说，国之将亡，法令滋章。灵帝好文学，另设鸿都门学，招收经学以外士人，善言辞、技艺者入学，与太学相抗。灵帝又在西园设立卖官所，三公九卿皆标价出售。司徒刘郃、少府陈球、司隶校尉阳球谋诛宦官，泄密，皆下狱死。

孝灵皇帝上之下

汉灵帝熹平元年（壬子，公元 172 年）

春季，正月，汉灵帝祭祀光武帝陵墓。司徒掾陈留人蔡邕说："以前臣听说古代天子不到墓前祭祀。朝廷设有到陵前祭祀的礼节，起初，臣认为可以废除，现在见到了这种祭祀的威严，体察祭礼的本意，才知道孝明皇帝非常孝顺，有恻隐之心，不容废掉。有些礼仪虽然繁缛，但仍不可减省，这种墓祭就是一个例证。"

三月初八日壬戌，太傅胡广去世，终年八十二岁。胡广先后担任过太傅、太尉、司徒、司空，任职三十多年，经历安、顺、冲、质、桓、灵六位皇帝，受到朝廷极其优厚的礼遇，每次免职不到一年，就又高升。他所征召的多是天下名士，与故吏陈蕃、李咸并列三公。胡广精通典章制度，熟悉史事，所以京城有谚语说："任何事情理不清，就去问伯始（胡广的字）；天下的中和之道，可以向胡广请教。"胡广温柔敦厚，谨慎小心，态度谦和，言语谦逊，迎合了当时人的喜好，可是胡广没有耿直的气节，天下人又因此轻视他。

五月十六日己巳，大赦天下，改年号为熹平。

长乐宫太仆侯览专权骄横奢侈，汉灵帝下令收回他的印信，侯览自杀。

六月，京师发大水。

窦太后的母亲在比景去世，窦太后十分怀念、悲痛异常，一病不起，六月初十日癸巳，在南宫云台去世。宦官仇恨窦氏，用行李车拖着窦太后的尸体，拉到洛阳城南的房舍中，停尸数日，曹节、王甫想用贵人的礼节埋葬窦太后。汉灵帝说："窦太后亲自扶持朕，让朕继承帝业，怎么能用贵人的仪式为窦太后送终？"于是按太后礼仪发丧。

曹节等人想把窦太后葬在别处，把冯贵人的牌位放在桓帝宗庙里配享。汉灵帝下诏令公卿都在朝堂聚会，让中常侍赵忠主持会议。太尉李咸当时正在生病，挣扎着上了车，带着毒药，对妻儿说："如果皇太后不能配桓帝祭享，我就不活着回来了！"会议开始，几百人坐着，互相观望了很久，谁都不肯先发言。赵忠说："没人发言，议案就这么决定了。"廷尉陈球说："窦太后以盛德和良好的家世，作为国母，应该配享先帝，无可怀疑。"赵忠笑着说："陈廷尉，请写出你的理由。"陈球随即写下议案说："窦太后早在做皇后时，具有聪明贤淑的德行；后来，遭遇先帝去世的不幸，她就扶立当今皇帝继承宗庙，功绩伟大；先帝去世不久，受到大狱牵连，谪居冷宫，不幸过早地去世，窦家虽有罪，但事与太后无关，现在如果把她葬在别处，会使天下人失望。况且冯贵人的墓地曾经被人挖掘，尸骨暴露。与贼人尸体混在一起，而且对国家没有功劳，怎么能够配享天子！"赵忠审查陈球的奏折，脸色大变，同时上下打量陈球，做出一副威迫的样子，嘲笑陈球说："陈廷尉的建议真是好啊！"陈球说："陈、窦两家受到冤枉，窦太后无故被幽禁，我非常痛心，天下人愤慨！今天说这些话，即使将会受到报复获罪，也是我自愿的。"李咸说："我的本意也是如此，真是跟我志同道合。"于是公卿们同意陈球的意见。曹节、王甫仍然争辩，他们认为："从前梁皇后家犯了大罪，就把梁皇后另外葬在懿陵；汉武帝废除了卫皇后，就以李夫人配享。现在窦氏罪恶深重，怎能和先帝合葬。"李咸又上疏说："臣认为，从前章德窦皇后杀害恭怀梁皇后、安思阎皇后家犯了大罪，而和帝没有改葬她的议论，也没有贬降她的诏书。至于卫皇后，是孝武皇帝亲自废除，不可以用来类比。如今，长乐太后一直拥有太后尊号，曾经临朝听政，并且扶立当今皇帝即位，光大皇族，太后以陛下为儿子，陛下怎能不以太后为母亲？儿子不应嫌弃母亲，臣子不应贬斥君王，应当把窦太后与先帝合葬在宣陵，一切遵守旧例。"汉灵帝看了奏章，接受了李咸的提议。

秋季，七月初二日甲寅，安葬窦太后于宣陵。

（以上为第一段，写汉灵帝俯从舆论，礼葬窦太后。）

有人在朱雀门上写着："天下大乱，曹节、王甫暗杀太后，满朝大臣没有人做出实质政绩，也没有人敢说忠言实话。"诏令司隶校尉刘猛逮捕，十天讨论一次。刘猛认为朱雀门阙上诽谤的无头告示切中要害，说了真话，不肯迅速破案缉拿犯人。一个多月，主犯仍然没有找到；刘猛被降为谏议大夫，由御史中丞段颎代理他的职务。段颎到处搜捕，包括太学学生，总共抓了一千多人。曹节又令段颎用别的事情弹劾刘猛，刘猛被判罪送到左校做苦工。

当初，司隶校尉王寓依赖宦官，请太常张奂举荐，张奂拒绝了，王寓于是诬陷张奂，使张奂受到党锢之祸。张奂曾经与段颎争着进攻羌人，互相怨恨不平，段颎任司隶校尉，想把张奂驱逐到敦煌然后杀害；张奂写了封公函，向段颎哀求，才得以免于一死。

当初，魏郡人李暠任司隶校尉，因为旧仇杀了扶风人苏谦；苏谦的儿子苏不韦把父亲的尸体偷偷掩埋，不建造坟冢，改变姓名，交结宾客想要报仇。李暠升任大司农，苏不韦藏在草料房中，挖掘地道，直通李暠寝室，杀死他的妾和小儿。李暠十分害怕，用木板铺地，一夜搬迁九次。苏不韦又挖了李暠父亲的坟墓，斩下头颅，标明身份，陈列在闹市。李暠要求捕拿苏不韦，愤怒怨恨，吐血而死。后来，苏不韦遇到大赦回家，才按丧礼安葬了父亲。张奂向来和苏家和睦，而段颎和李暠关系很好，段颎征召苏不韦为司隶从事，苏不韦害怕，装病不肯就职。段颎发怒，命令属吏张贤到苏家杀了苏不韦。行前，把毒酒交给张贤的父亲说："如果张贤杀不了苏不韦，你就得喝掉它。"张贤于是抓了苏不韦，并将其全家六十多人全部杀害。

勃海王刘悝被贬为瘿陶王，通过中常侍王甫请求恢复封国，答应给钱五千万为酬礼；不久，桓帝有遗诏，恢复刘悝的封国，刘悝知道这不是王甫的功劳，不愿酬谢钱财。中常侍郑飒、中黄门董腾多次与刘悝交结，王甫暗中察访，向段颎报告。冬季，十月，逮捕郑飒，送到北寺狱，要尚书令廉忠诬陷说："郑飒等人图谋迎立刘悝为皇帝，大逆不道。"于是汉灵帝下诏，命令冀州刺史逮捕刘悝拷打审讯，逼问刘悝，要刘悝自杀；刘悝的妻妾十一人、子女七十人、女仆二十四人都死在狱中，封国的师傅、国相以下的官吏都被杀死。王甫等十二人因功封为列侯。

十一月，会稽贼人许生在句章县反叛，自称为阳明皇帝，部众达数万人；朝廷委派扬州刺史臧旻、丹阳太守陈寅讨伐他们。

十二月，司徒许栩被罢免；任命大鸿胪袁隗为司徒。

鲜卑人侵犯并州。

这年，南匈奴单于车儿去世，其子屠特若尸逐就继位为单于。

（以上为第二段，写京师流言宦官王甫、曹节幽杀窦太后。段颎投靠宦官任司隶校尉，以流言为借口，大捕清流士大夫及太学生一千余人，使党锢之祸扩大化。）

汉灵帝熹平二年（癸丑，公元 173 年）

春季，正月，发生瘟疫。

正月二十七日丁丑，司空宗俱去世。

二月初三日壬午，大赦天下。

任命光禄勋杨赐为司空。

三月，太尉李咸被免职。

夏季，五月，任命司隶校尉段颎为太尉。

六月，北海郡发生地震。

秋季，七月，司空杨赐被免职；任命太常颍川人唐珍为司空。唐珍是唐衡的弟弟。

冬季，十二月，太尉段颎被罢免。

鲜卑人侵犯幽州、并州。

十二月二十九日癸酉晦，发生日食。

汉灵帝熹平三年（甲寅，公元 174 年）

春季，二月二十六日己巳，大赦天下。

任命太常东海人陈耽为太尉。

三月，中山穆王刘畅去世，没有儿子，撤销封国。

夏季，六月，册封河间王刘利的儿子刘康为济南王，祀奉孝仁皇帝宗庙。

吴郡司马富春人孙坚召募勇士，获得一千多人，协助州郡征讨许生。冬季，十一月，臧旻、陈寅在会稽大败许生，杀死他。

任城王刘博去世，没有儿子，封国被废除。

十二月，鲜卑人侵犯北地郡，郡守夏育率领屠各部落追击，大败鲜卑，升迁夏育为护乌桓校尉。鲜卑人又侵犯并州。

司空唐珍被罢官，任命永乐少府许训为司空。

（以上为第三段，写五侯余孽唐衡弟弟唐珍任司空。鲜卑侵犯北地郡。）

汉灵帝熹平四年（乙卯，公元 175 年）

春季，三月，下诏儒士校正“五经”文字，命令议郎蔡邕用古文、篆、隶三种文体抄写“五经”，刻在石碑上，树立在太学门外，让后代儒士和学生把它作为标准。石碑刚立，前来观看和摹写经文的车子，每天达一千多辆，挤满了大街小巷。

当初，朝廷为避免州郡之间互相勾结，讲究私情而互相包庇，就规定有婚姻关系的家族，以及两州之间的人士不得相互做官，到这时，正式颁布这些规定，称为三互法，禁忌趋向严密，很难选拔人才，导致幽、冀两州的刺史长期空缺无人填补。蔡邕上疏说："臣注意到幽、冀两州原来出产铠甲和良马，近年因为兵灾饥荒，渐渐空乏。现在一直没有任命州官，百姓引颈相望，而三公府所提人选，一个多月都不能决定。臣很奇怪，问三公府是什么原因，都说为了回避三互法。全国十一个州有三互的禁令，但只有幽、冀这两个州执行最为严格。另外，对这两州人士，又加上限以年资的规定，拖延太久，州官空缺，使两州一片萧条，没有人治理。臣认为三互的禁令是最不值得提倡的。现在，只要用朝廷权威，申明法令，两州两郡的人士交互做官，尚且畏惧法律，不敢营私；何况三互关系，不值得防嫌。从前，韩安国从囚徒中被提升，朱买臣以卑微之身被任官，都因为有才干而做官，均是本郡人在本地做官，哪里会受到三互的限制而被约束？臣希望陛下效法先帝，废除现在的三互禁令，对各州刺史有才能可更换的，不要受年资、三互的约束，这是比较中和的办法。"朝廷没有采纳。

臣司马光评论说：叔向说过："国家将亡时，法令规章必定繁多。"圣明君主的政治，是要小心地选用忠贤而任命，对朝廷内外的臣子，有功就赏，有罪就诛杀，没有偏袒，法令不复杂而天下太平。为什么这样呢？因为是掌握了治政根本的缘故。等到世道衰微，百官的任用不能选用适当的人，而禁令越来越多，防范越来越严密，有功的人受到条文拘束，得不到赏赐；作恶的人巧妙地钻法律的空子，得以免于惩罚，上上下下各级政府十分辛苦，而天下大乱。为什么如此？这是舍本逐末的缘故。孝灵帝时，刺史、二千石的官员贪婪得如同豺狼，剥削百姓，而朝廷还在严守三互的禁令。现在看来，岂不是足以令人发笑，应以此为戒！

册封河间王刘建的孙子刘佗为任城王。

夏季，四月，七个郡和封国发大水。

五月初一日丁卯，大赦天下。

延陵失火。

鲜卑人侵犯幽州。

六月，弘农郡和三辅地区出现蝗灾。

于阗王安国攻打拘弥，打败了拘弥，杀死拘弥国王。戊己校尉、西域长史各自发兵，辅佐送到汉朝为人质的拘弥王子定兴为拘弥王，拘弥的人口减少了一千户。

（以上为第四段，写朝廷立熹平石经，颁布三互之法。司马光评论认为国之将亡，法令烦琐。）

汉灵帝熹平五年（丙辰，公元 176 年）

夏季，五月初三日癸亥，大赦天下。

益州郡夷人造反，太守李颙讨平了叛乱。

举行隆重的求雨大典。

五月，太尉陈耽被罢官，任命司空许训为太尉。

闰月，永昌郡太守曹鸾上奏说："所谓党人，有些是年高德厚的人，有些是杰出的知识分子，他们都应当是辅佐王室、在陛下身边参决谋议的人，却被长期禁锢，屈辱埋没。即使是大逆不道的谋反者都受到宽恕，党人又有什么罪得不到宽恕呢？因此灾异屡次出现，水灾旱灾不断，都是由于这个原因。应赐下恩典，以合天意。"汉灵帝看了奏书，大怒，诏令司隶校尉、益州刺史用囚车逮捕曹鸾，送到槐里县的监狱，活活打死。又诏令各州郡重新拷问追查党人的学生、属吏、父子、兄弟，凡在官位的都被免职禁锢，一直追究到五服之内的亲族。

六月初三日壬戌，任命太常南阳人刘逸为司空。

秋季，七月，太尉许训被罢官；任命光禄勋刘宽为太尉。

冬季，十月，司徒袁隗被罢官；十二月三十日丙戌，任命光禄大夫杨赐为司徒。

这一年，鲜卑人侵犯幽州。

（以上为第五段，写永昌太守曹鸾上奏请赦免党人，灵帝大怒，诏令追究党人五服之内的亲族。此为第三次党锢之祸。）

汉灵帝熹平六年（丁巳，公元 177 年）

春季，正月十五日辛丑，大赦天下。

夏季，四月，发生旱灾，七个州出现蝗灾。

汉灵帝下诏令三公分别揭发贪污暴虐的地方官员，罢免了他们。平原国相渔阳人阳球被控用法严酷，征召到廷尉受审。汉灵帝因为阳球以前任九江太守时讨贼有功，特别赦免了他，任命他为议郎。

鲜卑人侵犯边境。

有几十个市井小民聚集在一起，到桓帝陵前守丧，自称是桓帝的孝子，下诏将他们任命为太子舍人。

秋季，七月，司空刘逸被免职，任命卫尉陈球为司空。

当初，汉灵帝喜好文学，自己写了《皇羲篇》五十章，又引进太学中能够写文章辞赋的人，召集在鸿都门下；后来，一些能写公文书信及擅写鸟篆的人，都加以引进，于是有数十人之多。侍中祭酒乐松、贾护又引入一些品德低下、趋炎附势的人，这些人喜欢讲一些街头巷尾的琐事；汉灵帝很喜欢听，不按照程序越级提升他们；汉灵帝很久没有举行祭天祭祖之礼。正好，此时诏令群臣陈述对朝廷的意见，蔡邕上密奏说："在五郊迎接节气，在清静的宗庙祭祀，在太学里举行敬养三老、五老的礼仪，都是皇帝的大事，是祖宗所敬奉的事。而有关部门总是用蕃国远亲的丧事、宫内妇女的生产、小吏宫卫的病亡等为禁忌，废缺祭礼，忘记了行礼敬重的大事，信任那些讲禁忌的邪书，拘泥于黄道吉日小信的理由，而不举行祭祀大典。从现在起，一切斋戒祭祀制度，应当恢复从前的典制，这样差不多可以平息上天的震怒、雷霆等灾异之变。而且，古代选拔人才都是使各诸侯每年向朝廷推举，汉武帝时，由郡国举孝廉，还有贤良、文学人才的选用，于是不断出现名臣。汉代选举人才，就是用孝廉、贤良和文学这几条道路。书画辞赋不过是小才，对治国治民无能为力。陛下即位之初先阅读儒家经典，听政的闲暇之余，观览文学篇章取代博戏、围棋，不是教化人民、选取士人的根本。那些儒生竞逐利益，雅好文艺的人如鼎中沸水，踊跃异常。才高的文艺之士，还能够引用经书、训诰教化风俗；才艺低的人，造几句对偶的俗语，就好像演戏一样，有的甚至抄袭拼凑成文，假冒别人的名字。臣每次在盛化门接受诏书，一一定出名次，加以录用，那些没有取得名次的，也因为他们追随在后而被授予官职。朝廷的恩典既然已经施加，就很难收回更改，只给他们发放俸禄，已经是很大的恩义，万万不可让他们去州郡做官，任职治民。从前，孝宣皇帝在石渠阁会聚众儒，章帝在白虎观集合学士、统一经义，影响至为重大，文治武功的道理都要符合经义。至于小的才能和小的善行，虽有一定价值，但孔子认为推广太远就行不通，君子应当追求大道。而且，前不久把愿意做桓帝孝子的人都拜为舍人，我听说孝文皇帝规定丧制，服丧只须三十六日，即使是继位的君主、父子之亲，以及身受重恩的大臣，都应克制感情、遵守制度，不敢超越三十六日。而今，这些虚伪的市井小人，与桓帝不是骨肉至亲，既没有受到桓帝宠幸的恩惠，又没有做官食禄的实惠，孝心何来？他们的孝心，没有产生的依据，甚至有些奸邪小人混在其中。窦太后出葬时，东郡有个通奸犯也混在孝子行列，本县追捕缉拿，才定罪伏法。类似这种虚伪肮脏的事情，难以言尽。太子的属官，应选用品德高尚的人，怎么可以用一些在墓陵假冒孝子的凶丑之徒？这样做是不吉利的，没有比这更严重的了，应当把这些人遣还乡里，让人们明白他们的诈伪行为。"奏书呈上，汉灵帝亲自到北郊迎接冬气，并在太学举行礼仪。又诏令那些被任命为舍人的宣陵孝子，一律改为县丞、县尉。

（以上为第六段，写汉灵帝好文学而兴办鸿都门学，好虚名而滥施恩自称桓帝孝子的趋炎附势之徒为县丞、县尉。）

护乌桓校尉夏育上书说："鲜卑侵入边境，自从春季以来已有三十多次，请求征用幽州等郡的兵出塞攻打，只需一个冬季、两个春季，定能歼灭他们。"原先，护羌校尉田晏犯罪被判刑，受到宽恕，想立功效劳，就请托中常侍王甫谋取将领职务。于是王甫建议他出兵，与夏育协力讨贼，汉灵帝就任命田晏为破鲜卑中郎将。许多大臣不同意，于是召集百官在朝堂议论。蔡邕议论说："征讨周边异族，由来已久。然而，时候不同，形势也不同，所有计谋有得有失，战事有成功有失败，不可齐观。汉武帝那样英明神武、良将勇猛，财源充足，开拓了广远的疆域，但经过数十年用兵，政府与百姓都陷入了贫困，汉武帝尚且后悔出兵。何况今日人力财力都很匮乏，国力不如汉武帝时强大。自从匈奴逃走，鲜卑强盛后占领匈奴故地，拥有十万军队，才智武力勇猛刚健，智慧谋略优于匈奴。加上关卡要塞修缮不固，禁令不严，精良的钢铁被贼人占有，逃亡的汉人成为鲜卑人的谋划者，鲜卑武器锋利，战马雄健，胜过匈奴。从前，良将段颎熟悉军事，善于作战，对西羌用兵尚且经过十几年才有成效。现在，夏育、田晏的才智策略未必能超过段颎，鲜卑族不比过去柔弱，而且妄说两年时间能够讨平，如果一旦展开战事，怎么可以中途收兵，那就必然要再次征兵，运输不止，这就是耗尽国力，以此来全力对付蛮夷。边境的祸患，就像手脚的癣疥小疮；而国内的困顿，就好比长在胸上、背上的毒瘤，现在连各郡县的盗贼都无法禁止，又怎能降伏鲜卑那样的野蛮异族？从前，汉高祖忍受平城被困的耻辱，吕后忍受匈奴无礼信件的羞辱，当初的国力同现在相比，哪个强大？上天创设山川，秦朝建筑长城，汉代兴修关塞，是用来划分内外，区别不同的风俗。只要没有损害国家疆土，内地不遭受祸患就行了，岂能与像昆虫蚂蚁一样的野蛮部落计较长短呢？即使击败他们，难道可以将他们全部歼灭吗？只是让朝廷忧心不安而已。从前，淮南王刘安劝阻进攻越地说：'如果迫使越人拼死迎战，只要服役的士卒有一个没有回来，那么纵然得到越王的头颅，仍然是汉朝的羞耻。'现在却想以大汉的平民交换胡虏，屈辱皇家威严与蛮夷同列，真是这样，即使打了胜仗也是危险的。何况胜败得失还不可预料呢。"汉灵帝不听从，八月，派夏育率军从高柳县出发，田晏率军从云中郡出发，匈奴中郎将臧旻率领南单于从雁门郡出发，各自率领一万骑兵，分三路出塞两千多里。鲜卑首领檀石槐命令三部大人各自率众迎战，夏育等人大败，大将符节和辎重丧失殆尽，各人带领几十个骑兵逃回，军队死者十之七八。三个将领用囚车押到狱中，缴钱赎罪，废为庶民。

冬季，十月初一日癸丑朔，发生日食。

太尉刘宽被免职。

辛丑日，京师发生地震。

十一月，司空陈球被免职。

十二月初三日甲寅，任命太常河南人孟戫为太尉。

十二月二十九日庚辰，司徒杨赐被免职。

任命太常陈耽为司空。

辽西太守甘陵人赵苞到职，派人迎接他的母亲和妻儿，将要到郡，经过柳城，碰到一万多鲜卑人内犯骚扰，赵苞的母亲和妻儿，被抢作为人质，用车载着攻打辽西郡。赵苞率领两万骑兵与贼人对阵，贼人把赵苞的母亲给他看，赵苞痛哭，对母亲说："儿子不孝，原想用少量俸禄朝夕奉养您，不料为您引来大祸。从前我是您的儿子，现在我是皇帝的臣子，道义不得顾及私恩，毁弃忠节，我只求一死，不然难以弥补罪过。"母亲远远地对他说："赵苞，人各有命，何必顾及私恩而损忠义，你要努力啊！"赵苞即刻进兵，把贼人全部击败，他的母亲和妻子也都遇害。赵苞自动离职，上书请求回家埋葬，汉灵帝派人吊问，册封他为鄃侯。赵苞安葬完毕，对乡人说："拿国家的俸禄而逃避灾难，不是忠臣；杀了母亲成全大义，不是孝子。如此，我有什么面目活在世上！"不久赵苞吐血而死。

（以上为第七段，写汉灵帝不纳忠言，任用智略不备的夏育、田晏讨伐鲜卑，官兵大败。）

汉灵帝光和元年（戊午，公元 178 年）

春季，正月，合浦郡、交趾郡乌浒的蛮人叛乱，招引九真、日南的民众攻占郡县。

太尉孟彧被罢免。

二月初一日辛亥朔，发生日食。

二月初三日癸丑，任命光禄勋陈国人袁滂为司徒。

二月初三日己未，发生地震。

设立鸿都门学，其学生都是各州郡、三公推荐征召来的，有的派出担任刺史、太守，有的在朝廷担任尚书、侍中，有的封侯、赐爵；士大夫君子认为与他们为伍很可耻。

三月二十一日辛丑，大赦天下，改换年号。

任命太常常山人张颢为太尉。张颢是中常侍张奉的弟弟。

夏季，四月初七日丙辰，发生地震。

侍中寺里的母鸡叫鸣。

司空陈耽被免职，任命太常来艳为司空。

六月二十九日丁丑，有黑色雾气笼罩汉灵帝所在的温德殿东庭，长达十多丈，形状很像龙。

秋季，［八月初五日壬子］在玉堂后殿的庭中看见青虹。诏令光禄大夫杨赐等到金商门，策问灾异情况，以及消除灾祸、恢复正常的办法。杨赐对策说："《春秋谶》

说：‘天上投下彩虹，天下抱怨，海内混乱。’加上刘氏四百年的期限，又快到来。如今，宫女和宦官共同专断朝政，欺诈天子；而且，鸿都门下招集一群小人，写作辞赋，受到宠幸，互相推荐，很快就被举用。乐松位居侍中，任芝官居尚书，郤俭、梁鹄各自得到很高的封爵和特殊的恩幸，而那些正直的士大夫君子却被埋没在乡间，口中诵读尧、舜的话，亲身实践超越世俗的高尚品德，却被抛弃在山谷，不被国家录用。如同帽子和鞋子颠倒了位置，山峰和山谷交换了地方，幸亏上天显示天象加以谴告。《周书》说：‘天子见到怪异就修明德行，诸侯看见怪异就修明政治，卿大夫看见怪异就修明职守，士庶人看见怪异就修明行为。’但愿陛下罢黜奸贼，迅速征用品德高尚、为时所称的士人，杜绝假传圣旨的渠道，节制放纵的娱乐，乞求上天平息愤怒，所有的灾变都会消解。”

（以上为第八段，写汉灵帝建立鸿都门学，因灾异求言。）

议郎蔡邕对策说：“臣认为所有的灾异，都是亡国的征兆。上天对汉朝很殷勤，不断显示怪异作为谴责，希望君主感悟，转危为安。如今霓虹从天上降落，母鸡变成公鸡叫鸣，都是女人参政导致的。从前，乳母赵娆无比贵宠，说人坏话、阿谀奉承、骄淫放纵；接着又有永乐宫通报门官霍玉，依仗董太后，为非作歹。现在，路上议论纷纷，说宫中有位姓程的宦官，观察他的风望和名声，将会成为国家的祸害，皇上应特别提防，明确禁令，应当深切地思量赵娆、霍玉的前车之鉴，引以为鉴。现在的太尉张颢就是霍玉引进的；光禄勋伟璋是出名的贪官污吏；另外，长水校尉赵玹、屯骑校尉盖升都因为一时侥幸，享受荣华富贵。皇上要思考，小人在高位必有祸患；再回想一下，引用贤能必得幸福。臣注意到廷尉郭禧忠厚老成，光禄大夫桥玄聪明正直，前太尉刘宠朴实守正，都应当作为主要的谋臣，常常询问他们的意见。宰相大臣是君主的四肢，委任他们完成职责，才能分辨优劣，不应听从小吏的言辞，责难大臣。另外，皇家工匠的技巧作品，鸿都学生的辞赋文章，可以暂时停止，以表示为国事担虑。宰府里的孝廉是士人中的高才，近来因为荐拔征召不严，严加斥责三公，而今因雕虫小技的文章，越级升任，开启了请托升官的后门，违反了圣明君主的制度，众心不服，无人敢说真话；但愿陛下忍痛屏绝，集中精力处理国家大事，以报上天的厚望。圣明的君主既然已经自我约束上进，左右的臣子自然就会受到感化，人人都约束自己，用以消除灾害的警戒。这样，天道就会把灾难降给骄傲的人，鬼神就会把福分赐给谦谨的人。君臣对话要严守秘密，君不守秘密，会受到泄密的批评；臣子不守秘密，会遭杀身之祸，请陛下不要泄露臣的奏章，以免忠臣受到小人的报复。”奏章呈上，汉灵帝看后叹息；起身去厕所时，曹节在后面偷看，把内容向左右亲近的人传播，事情败露，那些被蔡邕指责的人，都横目冷视，图谋报复。

当初，蔡邕与大鸿胪刘郃向来不和，蔡邕的叔父卫尉蔡质和将作大匠阳球有仇恨。阳球是中常侍程璜的女婿。程璜于是派人匿名上奏章说："蔡邕、蔡质常向刘郃托付私事，刘郃不肯。蔡邕怀恨在心，一心想中伤刘郃。"下诏命令尚书责问蔡邕。蔡邕上书说："臣实在愚昧厚直，不顾后患，陛下不顾念忠臣说实话，本应当加以保护，诽谤突然兴起，却对臣猜疑。臣今年已经四十六岁，孤单一人，能够得到忠臣的名声，即使是死，也感到荣耀，只是担心陛下从此再也听不到忠言了。"后来蔡邕、蔡质被关进洛阳监狱，认为他们"公报私仇，陷害大臣，犯大不敬罪，应斩首弃市"。事情上报，中常侍河南人吕强同情蔡邕无罪，尽力为他求情，汉灵帝也重新考虑蔡邕的那篇奏章，下诏说："免死，减刑一等，与家属剃发、戴上刑具，流放到朔方郡，不得因赦令而免刑。"阳球派人在路上刺杀蔡邕，刺客因蔡邕的正直，都不愿做这种事。阳球又贿赂地方官员，要他们害死蔡邕，受贿的人反而把真情告诉了蔡邕，使他幸免灾难。

（以上为第九段，写议郎蔡邕对策建言汉灵帝亲近朝官，举用孝廉及士人，远离奸佞，罢斥请托任官的小人，被宦官飞书诬罔，流放朔方郡。）

八月，在天市星区出现孛星。

九月，太尉张颢被罢官，任命太常陈球为太尉。

司空来艳去世。冬季，十月，任命屯骑校尉袁逢为司空。

宋皇后不受宠幸，后宫受到宠爱的姬妃一起诬害她。勃海王刘悝的妃子宋氏是宋皇后的姑妈，中常侍王甫恐怕宋皇后怨恨他，就诬告宋皇后用邪术诅咒汉灵帝；汉灵帝相信了王甫，收回了宋皇后的印信。宋皇后自行到宫廷监狱暴室投案，忧郁而死。其父亲不其乡侯宋酆和兄弟都被诛杀。

十月三十日丙子晦，发生日食。

尚书卢植上书说："因党人案件受禁锢的人大多无罪，可以赦免，申诉冤枉而宽恕。另外，宋皇后的家属都是无辜的，但是尸体暴露，没有收敛安葬，应当准予收拾尸体，使游魂得以安宁。还有，郡守、刺史在一个月中几次受到提拔，应当依照任免制度考察能与不能，即使不满九年，也应满三年。而且，朝臣的私人请托以求非分之想，应一律阻止，选拔官员的事情应由主管官员负责。另外，天子以国为家，按理不应该有个人私产，应当致力于国家大政，不要计较小事。"汉灵帝不理睬。

十一月，太尉陈球被免职。十二月十二日丁巳，任命光禄大夫桥玄为太尉。

鲜卑人侵犯酒泉郡。部落人数日益增多，周边地区没有不受害的。

诏令中尚方给鸿都门文学家乐松、江览等三十二人画像、写赞辞，用以鼓励学者。尚书令阳球劝谏说："臣认为乐松、江览等人出身低微，气量狭小的人，借着外戚的关系，依靠权势，阿谀奉承，在这圣明之世侥幸得以上进。有的献上一篇辞赋，有的只写满一简的草书，竟然升任郎中，还要用丹青画像。有的根本不会用笔写字，有的辞不达意，请别人代写，作伪花样上百种方式，却没有不蒙受特殊恩宠的，就好像鸣蝉脱壳一样。因此天下有识之士掩口嘲笑，人人嗟叹。臣听说画像是为了发扬劝诫，使君主的行动借鉴前人的得失，从没听说小人狡猾地写了几篇文章，竟可以窃取高官，留下画像。现在太学、东观足以宣扬圣明的教化，请停止鸿都门的选举，用以消除天下人的诽谤。”奏章呈上，汉灵帝不理睬。

这一年开始允许在西邸卖官，价格不等：二千石的官员是二千万，四百石的官员是四百万。按德行应选的官员出一半钱，有的出三分之一钱。在西园设立库府贮藏这些钱财。有的人到宫门上书，出钱买县官，按照县的好坏，决定官价高低。有钱人先交钱，无钱的先上任再加倍偿还。汉灵帝又私下命令身边的人卖公卿职位，三公的价格是一千万，卿的价格是五百万。当初，汉灵帝还在做王侯时，常为没有钱而痛苦，等到即位，又感叹桓帝不能经营私人产业，没有私房钱，所以卖官聚钱作为私人积蓄。

汉灵帝曾问侍中杨奇：“朕同桓帝相比如何？”杨奇回答：“陛下和桓帝比，就像虞舜比唐尧一样。”汉灵帝不高兴地说：“你的脖子太硬，不随便低头，真是杨震的子孙，死后一定会引来大鸟。”杨奇是杨震的曾孙。

南匈奴屠特若尸逐就单于去世，其子呼征被立为单于。

（以上为第十段，写汉灵帝重用鸿都门学乐松、江览等人，大臣劝谏不听，又公然设西园卖官所，三公九卿皆标价出售。）

汉灵帝光和二年（己未，公元179年）

春季，发生大瘟疫。

三月，司徒袁滂被免职，任命太鸿胪刘郃为司徒。

三月二十二日乙丑，罢免桥玄太尉的官职，改任太中大夫；任命太中大夫段颎为太尉。桥玄的小儿子在门外玩，被贼人劫夺，贼人上楼要求赎金，桥玄不给。司隶校尉、河南尹包围桥玄的住宅，不敢逼近。桥玄瞪眼大喊：“贼人无法无天，我岂能因为一个儿子的命而放掉国贼呢？”督促进攻贼人，贼死，桥玄的儿子也死了。桥玄因此上书说：“凡是劫夺为人质，都一起杀掉，不许用钱财赎回，为奸贼开路。”从此，劫持人质的事件断绝。

京兆发生地震。

司空袁逢被罢官，任命太常张济为司空。

夏季，四月初一日甲戌朔，发生日食。

王甫、曹节等人滥用权力，煽动朝廷内外，太尉段颎阿附他们。曹节、王甫的父子兄弟任九卿、校官、州牧、郡守、县长的布满全国各地，贪婪残暴。王甫的养子王吉任沛国相，尤其残酷，凡是杀人，都要把尸体卸成几大块装在囚车上，张贴罪名，在沛国所属各县巡回展示，夏天尸体腐烂，就用绳索把骨架绑在囚车上，游遍全郡才算了事，看见的人无不震骇恐惧。王吉任沛国相五年，杀了一万多人。尚书令阳球常常拍着大腿，发愤地说："如果我做司隶校尉，怎么会容忍这种人。"不久，阳球果然迁为司隶校尉。

王甫派门生在京兆境内搜刮公家财物七千多万，京兆尹杨彪揭露他们的恶行，报告给司隶校尉。杨彪是杨赐的儿子。这时，王甫正好在家休假，段颎正因为日食而弹劾自己。阳球到宫门谢恩，趁机向天子上告王甫、段颎以及中常侍淳于登、袁赦、封昺等人的罪恶。四月初八日辛巳，把王甫、段颎，以及王甫的儿子永乐少府王萌、沛国相王吉等都送进洛阳监狱。阳球亲自审讯王甫等人，用了五种毒刑。王萌曾经担任司隶校尉，就对阳球说："我们父子既然已经认罪受诛，只求想到我们先后为同僚的情面上，宽恕老父，让他少受点苦。"阳球说："你罪大恶极，万死也不能抵消你的罪过，还想以同官之情请求宽宥！"王萌就骂："从前，你像奴仆一样巴结我们父子，奴仆竟然反叛主子！今天，你乘人之危落井下石，加劲排挤，你很快会受到报应的！"阳球要人用泥巴堵住王萌的嘴巴，鞭棍齐下，王甫父子都被打死，段颎自杀。阳球派人把王甫的尸体砍成几大块暴露在夏城门，贴出大布告，写着"贼臣王甫"，没收他所有财产，妻儿都发配到比景。

阳球已杀王甫，又想依次揭露曹节等人，就命令中都官从事："暂且先除去权贵大奸，再考虑其余的人。像袁家这样的公卿大族，你们自己处置，何必要我出面！"权贵们听了，没有谁敢大声出气的。曹节等人都不敢出宫休假。正逢顺帝的虞贵人出葬，百官出丧回来，曹节看见王甫的尸体一块块地堆在路旁，慨叹流泪说："我们可以自相残杀，怎么能让狗来舐我们的血！"对常侍们说："我们今天一起进宫，不要回家。"曹节一直走进宫中，对汉灵帝说："阳球本是个酷吏，以前三公曾经上奏要罢免他，因为他在九江有微小功劳，再次受到提升。犯过错误的人，胆大妄为，不宜担任司隶校尉，纵容他恣意横行。"汉灵帝就改任阳球为卫尉。当时，阳球出城拜谒先帝陵墓，曹节命令尚书令召阳球拜谢，不许拖延诏令。阳球受到征召，趁机求见汉灵帝，叩头说："臣没有清高的德行，总算是蒙恩作皇家的猎鹰走狗，前不久杀了王甫、段颎，他们不过是狐狸小丑，不足以告示天下。臣希望给臣一个月时间，臣必定让豺狼、猫头鹰凶鸟之类，受到应得的惩治。"叩得流血。殿上的侍从呵斥说："卫尉该不是要反抗圣旨吧！"一连几次，阳球才接受新职。

（以上为第十一段，写阳球任司隶校尉，矢志除去宦官，只诛杀了王甫，半途而废。）

于是，曹节、朱瑀等人的权势再次旺盛。曹节兼管尚书令。郎中梁国人审忠上书说："陛下当初即位时，不能管理国政，皇太后顾念养育之情，权且摄政，所以中常侍苏康、管霸即时伏诛。太傅陈蕃、大将军窦武审查他们的余党，志在清理朝政。华容侯朱瑀知道事情败露，灾祸就要降临，于是兴起逆谋，扰乱王室，发动宫廷政变，强夺印绶，胁逼陛下，会聚群臣，离间陛下的骨肉母子恩情，杀了陈蕃、窦武和尹勋等人。共同分裂国土，互相封赏赐爵，父子兄弟，都受到尊崇荣耀。平时亲信的人，散布在州郡为官，有的当上九卿，有的做了三公。不仅没有想到俸禄厚重、职位崇高的责任，而且还专门经营私事，积蓄大量钱财，修建住宅，连街接巷，偷取皇宫禁苑的水作为渔池钓鱼，车马衣服玩物可以和君王相比拟。所有的公卿大臣都闭口噤声，无人敢说话，州牧郡守听从奸人指挥，征召选举放弃贤才，取用愚昧之人。所以，蝗虫成灾，夷寇作乱，皇天愤怒到了极点，已经积累十几年，所以连年上有日食，下有地震，用来谴责警告人君，想使皇上觉悟，清除奸贼。从前，殷高宗武丁因为野鸡停在鼎上鸣叫，于是修政，实现了中兴大业。近来，神灵启悟陛下，勃然发怒，所以王甫父子及时被诛杀了，路上行人男男女女，没有不叫好的，好像是报了杀父之仇。只是抱怨陛下还能容忍残余的奸贼，不一网打尽。当初秦二世相信赵高，危及国家；吴王余祭信任受刑的人，身遭毒手。现在，陛下不忍心诛杀他们，赦免他们灭族的大罪，一旦他们计谋得逞，后悔莫及啊！臣做了十五年官，耳闻目睹朱瑀的所作所为，实在是皇天不能宽恕的。但愿陛下用片刻时间听臣陈奏，察看臣的奏章，肃清奸邪之徒，来平息上天的愤怒。敢和朱瑀对证，如果有不实的言辞，臣甘愿接受烹煮的刑罚，发配妻儿，断绝胡言乱语的发生。"奏章呈上被搁置，没有回音。

中常侍吕强清廉忠正一心奉公，汉灵帝按照惯例，册封吕强为都乡侯，吕强坚决推辞不肯接受，因而上书陈述政事说："臣听说，高祖严格规定，不是功臣不封侯，为的是尊重国家的爵位，使惩奖鲜明。中常侍曹节等人身为宦官，福分微薄，品格低劣，谗言谄媚，使用奸佞邪恶的手段，邀取恩宠。犯有赵高的祸害，却未遭到车裂的刑法。陛下一直不觉悟，随意封给他们土地，建立封国世袭，小人受宠，而且推及家人，个个佩戴尊贵的金印紫绶，结成党羽。阴阳颠倒，农田荒废，人事不和，都是由此产生的。臣完全知道对宦官封爵的事情已经成为事实了，说话也于事无补，臣之所以冒着死罪，干犯触怒忌讳，陈述一片愚忠，实在是希望陛下改正过错，到此为止。臣又听说，后宫美女有几千人，衣食费用每天耗费几百金。近来，尽管谷价很低，而贫困的百姓还有受饥挨饿的，按理说百姓饥饿，粮价应该上涨，反而如此便宜，实在是因为政府不断征收赋税，百姓只好抛售粮食来向县官缴税造成的，天寒不敢多穿，饥饿不敢多吃，百姓如此困窘却不抚恤。宫女一无用处，却充满后宫，即使全国都尽力耕种纺织，还是无法满足。前些时召议郎蔡邕到金商门策问，蔡邕不敢把治国之道藏起来而让国家走入迷途，就直言不讳地答对，讥讽了权贵，批评了宦官。陛下没有为他保守秘密泄露出来，一群小人伸着脖子，舔着嘴唇，伸出舌头，争着想把蔡邕一口吞噬，制造匿名信诬告蔡邕。陛下相信小人的诽谤，判处了蔡邕重罪，全家流放，老少分离，岂不辜负了忠臣！现在，群臣都以蔡邕为戒，上怕飞来横祸，下怕刺客暗杀！臣知道朝廷再也听不到忠言良语了。前太尉段颎英勇盖世，熟悉边疆事务，孩提时就从军，到头发白才完成功业，历事桓帝、灵帝两位君主，功业昭著，为功臣之冠。陛下已经叙录其功，逐级提升他，位列三公，却被司隶校尉阳球陷害，身既死亡，妻儿流放到远方，天下人叹息，功臣感到绝望。应当召回蔡邕，重新任用，召回段颎的家属，这样忠贞的道路才能开启，众人的怨恨才会消失。”汉灵帝知道吕强忠诚，但未采用吕强的建议。

四月二十四日丁酉，大赦天下。

（以上为第十二段，写郎中审忠与中常侍吕强上奏，述曹节奸佞，后宫太盛，平反陈蕃、窦武冤狱，召还蔡邕及段颎家属，灵帝皆充耳不闻。）

上禄县长和海上书说：“按照礼制，同曾祖父的兄弟，可以分开居住，分开财产，因为亲情已经淡薄，亲情关系已经疏远。如今，党人受禁锢延及五族，既不合乎经典，又违反正常的法律。”汉灵帝看了奏章，有所感悟，于是，解除党人同曾祖父兄弟以下的禁锢。

五月，任命卫尉刘宽为太尉。

护匈奴中郎将张脩和南单于呼征不相容，张脩擅自杀死呼征，改立右贤王羌渠为单于。秋季，七月，张脩被指控不先请示而擅自诛杀呼征，被送到廷尉，处死。

当初，司徒刘郃的哥哥侍中刘儵和窦武同谋，一同被处死，永乐少府陈球对刘郃说：“你出身皇族，位居三公，天下人瞻望，是国家栋梁，怎么能够随波逐流，唯唯诺诺，惧怕得罪人？现在，曹节等人放纵肆虐，长期在皇帝身边，你的哥哥侍中受曹节等人陷害，你现在可以上表推荐阳球担任司隶校尉，依次逮捕曹节等人把他们杀掉，使政令出自天子，天下太平，翘首可待。”刘郃说：“宦官的耳目众多，恐怕事情还没有成功，就先受到祸害。”尚书刘纳说：“身为国家栋梁，国家有危而不扶持，何必还要你辅佐？”刘郃答应了，就和阳球密谋。阳球的小妾是程璜的女儿，因此曹节等人知道了这事，就重重贿赂程璜，并且威吓他。程璜害怕，就把阳球等人的计划告诉了曹节，曹节等人共同报告汉灵帝说：“刘郃和刘纳、陈球、阳球来往书信，图谋不轨。”汉灵帝大怒。冬季，十月十四日甲申，刘郃、陈球、刘纳、阳球入狱被处死。

巴郡板楯蛮叛乱，派遣御史中丞萧瑗督领益州刺史征讨他们，失败。

十二月，任命光禄勋杨赐为司徒。

鲜卑人侵犯幽州、并州。

（以上为第十三段，写司徒刘郃、少府陈球、司隶校尉阳球谋诛宦官不密，皆下狱死。）

汉灵帝光和三年（庚申，公元 180 年）

春季，正月，癸酉日，大赦天下。

夏季，四月，江夏蛮反叛。

秋季，酒泉郡发生地震。

冬季，在东井东南的狼、弧星区出现孛星。

鲜卑人侵犯幽州、并州。

十二月初五日己巳，立贵人何氏为皇后。征召皇后的哥哥颍川太守何进为侍中。何皇后本是南阳屠户的女儿，因选入宫中，生了皇子刘辨，所以被立为皇后。

这年，修造毕圭苑、灵昆苑。司徒杨赐劝谏说："先帝的制度，左边开鸿池，右边造上林苑，不奢侈也不简约，合乎中庸之礼。现在随意规划京郊的土地来建造苑囿，破坏沃土，抛弃田园，驱逐居民，畜养禽兽，这不是爱民如子的大道。如今，京城外的苑囿已有五六处，可以尽情欢乐，顺应四时。应想到夏禹宫室简单，太宗（汉文帝）不建露台的用意，以安抚小民的劳苦。"奏书呈上，汉灵帝准备停建苑囿，询问侍中任芝和乐松，他们回答说："从前，周文王有百里苑囿，人民认为太小；齐宣王有五里苑囿，人民认为很大。现在，陛下和人民一起享受，不会危害国政。"汉灵帝很高兴，于是决定建造。

巴郡板楯蛮反叛。

苍梧、桂阳的贼民进攻郡县，零陵太守杨琁造了几十辆马车，用袋子装石灰放在车上，在马尾系上布条；又制造射箭矢的专用战车。临战时，他命令马车在前，顺着风洒石灰，贼人睁不开眼，趁机用火点燃布条，布条燃烧，马惊而奔，直冲贼人阵营，于是命令后面的车子射箭，战鼓齐擂，众贼惊慌溃逃，像水波一样扩散开，追杀贼人，死伤不计其数，割下首领的脑袋示众，郡境太平。荆州刺史赵凯诬奏杨琁实际上未亲自打败贼人，妄报军功；杨琁上书答辩。赵凯有朋党相助，终于用囚车逮捕杨琁，防犯严密，杨琁无法申诉；于是杨琁就咬破手臂，用血在衣服上写奏章，详细说明打败贼人的形势，以及赵凯诬奏的情况，秘密交给亲属到宫门上书。下诏宽恕了杨琁，任命为议郎。赵凯被判处诬告罪。杨琁是杨乔的弟弟。

（以上为第十四段，写汉灵帝册立何皇后，大建苑囿。零陵太守杨琁平定叛乱，荆州刺史赵凯忌功诬奏杨琁冒功，事核，赵凯被判诬告罪。）

【点评】

本卷点评三大史事：一、汉灵帝立熹平石经，二、开办鸿都门学，三、第三次党锢之祸。

一、灵帝立熹平石经。汉灵帝熹平四年，公元175年，春季，三月，汉灵帝下诏，命儒家大师校定“五经”文字，命议郎蔡邕用古文、篆、隶三体书写，刻石立碑于太学门外，使太学生员和全国儒生参观抄写，每天有车千余辆，从四面八方云集，填满大街小巷，热闹非凡。石经之刻，是官方写定的经书标准本。这是中国学术史、经学史上的一件大事。灵帝立熹平石经，对倡导学术严谨与推动学术发展有重大意义，应该肯定。

经书石刻，不始于灵帝，嗣后历代有继承发展，至今立于西安市碑林博物馆。借此，将历代石经的沿革发展与内容，略述于下。

古代明经取士，而经学传写多误，故刻石立于太学以为定本。由于石经之刻，引发而有雕版印刷术之发明，影响至深且远。最早的石经，始刻于王莽。西汉平帝末年，莽命甄丰摹古文《易》《书》《诗》《左传》于石。东汉灵帝时，诏诸儒正定、蔡邕书写《易》《书》《诗》《仪礼》《公羊传》《论语》六经，刻石于太学门外，称为《熹平石经》。魏废帝曹芳时，所刻石经称《正始石经》。东汉和魏所立石经均用古文、篆、隶三体书法以相对照，又称《三体石经》。唐文宗时又立《开成石经》，所刻增至十二经，无《孟子》。五代时蜀主孟昶立《蜀石经》，所刻凡十一经，无《孝经》《尔雅》而有《孟子》。北宋太宗刻十三经石经。南宋高宗御书石经，立于临安太学。清十三经石刻刻于高宗乾隆时，仁宗嘉庆时磨改。今存于西安碑林中十三经石刻即唐《开成石经》十二经，《孟子》朱注石经为康熙年间补刻。《开成石经》中之《孝经》四石为唐玄宗御书，天宝时立，是碑林现存石经中最早的石经。碑林创始于北宋哲宗元祐二年（1087）。石经于元祐五年（1090）移入碑林。十三经石刻共114碑，计经、注刻石65.5万字。其中，《易经》，王弼注；《尚书》，伪孔传；《毛诗》《周礼》《仪礼》《礼记》，均郑玄注；《春秋》三传，《左氏》杜预集解，《公羊传》何休注，《穀梁》范宁注；《论语》，何晏集解；《孝经》，唐玄宗注；《尔雅》，郭璞注；《孟子》，朱熹集解。

汉灵帝立《熹平石经》，在文化上有进步意义，在政治上是为了缓解太学生的愤怒，转移他们攻击宦官的专注力。本来“五经”文字与宦官毫不相干，由于太学生考试争等第高下，抄写经书文本有差异，往往闹到官府里去争讼。太学生与朝官士大夫的清议，蔑视宦官的高傲，已经让宦官们发疯发狂，乱杀一气。太学生纠缠经学，吵吵闹闹随时可转为对宦官的攻击。六经石刻一立，引导太学生去钻故纸堆，确实使宦官清静了许多，也给汉灵帝脸上增添了一层光彩。

二、汉灵帝立鸿都门学。光和元年（178），汉灵帝在洛阳鸿都门创办学校，收文学艺术类士子入学，与太学相抗，史称鸿都门学。鸿都门学讲习辞赋、小说、绘画、书法。汉灵帝本人爱好文学艺术，加以提倡，无可厚非。文学艺术登上大雅之堂，还成为入仕资本，对中国传统文化的发展有进步意义。但灵帝创办鸿都门学，招收杂家九流，旨在与太学对抗，或者说是扶植制衡太学的新兴力量。汉灵帝为鸿都文学艺术家乐松、江览等三十二人画像题赞，用来对抗党人的“八俊”“八顾”“八及”“八厨”三十二大名士。鸿都学生考试及格给大官做，三公举用辟召，外放为刺史、太守，回朝为侍中、尚书，乃至封侯。考试不及格的就给小官做。但朝官士大夫都鄙视他们为出身“微蔑”，称其品性为“斗筲小人”。太学生不肯与鸿都门学生为伍。鸿都门学是宦官的舆论阵地，自然名声很臭，在世家大族处于上升时期的风头上，根本不是对手。伴随灵帝之死，东汉之灭，鸿都门学式微了。

三、第三次党锢之祸。宦官杀逐党人，引用大批下层豪强和宦官子弟夺占士族官职，激起双方的尖锐矛盾。一方是宦官继续利用各种借口把党锢之祸扩大化，打击士族。熹平五年（176），窦太后死，有流言说王甫杀太后。宦官追查流言，大捕清流朝官士大夫和太学生一千余人。另一方朝官士大夫也是抓住机会就大杀宦官。灵帝光和二年四月，阳球任司隶校尉，一上任就杀了王甫，把王甫尸体砍成肉块在夏城门示众，用大大的字写布告说：“这就是贼臣王甫的下场。”宦官与朝官士大夫如同针尖对麦芒，双方势不两立，这是第三次党锢之祸的背景。

第三次钩党之狱发生在灵帝熹平五年，即公元176年，这次是灵帝为了饰过而加重对钩党的迫害，株连党人的远亲旁支。学术界已往的论著一般称东汉两次钩党之狱，把第三次看作是前两次的余波，这是应当辩证的。这一次冤狱发生在灵帝加元服，即亲掌政权之后，分析它的内容，有助于我们对钩党之狱性质的认识和评述，因此是很重要的。

建宁四年，即公元171年，灵帝加元服，大赦天下，唯党人不赦。熹平五年（176），永昌太守曹鸾上书，为党人说话鸣不平，说他们有的年高德重，有的是治国人才，应该解除党禁，“股肱王室”。曹鸾质问说：“党人何罪，独不开恕乎！”曹鸾的方切直言恰恰触到了灵帝的忌讳。灵帝览奏，勃然大怒，“即诏司隶、益州槛车收鸾”，关押在槐里狱中，活活打死，又“诏州郡更拷党人门生、故吏、父子、兄弟在位者，悉免官禁锢，爰及五属”。

桓帝制造钩党之狱，造成了社会的分裂，灵帝继位后愈演愈烈，这是形势所逼，已非个人能力所能控制。但是历史背景并不能洗刷昏暴之君制造并扩大冤狱的责任。在专制政体下，掌握了国家权力的最高统治者，其个人的修养、品德将给历史打下善善恶恶的烙印，这是客观的存在。灵帝是比较聪明能干的，还懂一点文学，故其智更能饰诈拒谏。但他并无真才伟略，又是一个贪财鬼，所以与群阉小丑臭味相依，合伙经营西园卖官所。他曾经宣言：“张常侍是我公，赵常侍是我母”，纵放张让、赵忠等十二中常侍专国乱政，达到了顶点。史称灵帝是“以小人而乘君子之器”。所以第二次党狱穷治，扩大成为全国性的大冤狱。曹鸾上书，道明真相，这无异于是在给专制的淫威火上加油，于是灵帝变本加厉地导演了株连五服的第三次钩党之狱。从公元166年至公元176年，十年之间，三次钩党之狱，浩劫全国。生灵涂炭，纲纪荡然；是非颠倒，廉耻相冒；天下钳口，人心思乱。汉室江山，气数已尽。灵帝一再扩大冤狱，伴随着正义的被剿杀，他的威信也降到零点。于是中平元年（184）爆发了黄巾大起义，灵帝惧，“乃大赦党人，诛徙之家皆归故郡”。

以上就是东汉三次钩党之狱的始末，范晔评论称之为“主荒政谬”。无疑，范晔的观点是应该肯定的。但是为什么桓、灵二帝相继演出钩党之祸？宦官为恶，二帝不是不知，尤其是十常侍与黄巾通谋，灵帝亦未加责罚而独对于起而矫弊的士大夫横加屠戮呢？难道桓、灵二帝不想把江山传之万世，以至无穷吗？这才是问题的本质所在。

追本溯源，东汉钩党之狱是秦汉专制制度消极因素的必然发展。秦汉中央集权制度，在加强统一全国、发展经济和繁荣共同文化等方面发挥了巨大作用。但是家天下的中央集权是靠君主独裁政体的形式来维系的，它就不可避免地要产生以意为法、权落群小的弊端。秦始皇集权，不辨赵高之奸；汉武帝集权，不明江充之佞，其结果都给国家带来了灾难。光武帝不悟个人过度集权之害，反其道而行之，致有外戚、宦官、士大夫之争，愈演愈烈而有钩党之狱，这是光武帝始料所不及之事。

太后之权、皇权、相权，这三权的鼎立是封建专制政体的必然产物。三种权力平衡，国家政局稳定；失去平衡，政局动荡。三种权力平衡的关键是加重相权，使皇帝、太后受到牵制，依照封建之法秉政。反之，削弱相权，皇权过分集中，皇帝为所欲为，就会形成以意为法的多中心权力结构，大权必然旁落群小，宦竖小丑成了皇权的代理，国家怎不衰败？东汉政局不稳，主要是“危自上起”，其源盖出于光武帝集权过度，使帝相权力失去了平衡。东汉政论家仲长统早有极中肯的评论。他在《昌言·法诫篇》中说：光武皇帝愠数世之失权，忿强臣之窃命，矫枉过直，政不任下，虽置三公，事归台阁。自此以来，三公之职，备员而已；然政有不治，犹加谴责。而权移外戚之家，宠被近习之竖，亲其党类，用其私人，内充京师，外布州郡，颠倒贤愚，贸易选举，疲驽守境，贪残牧民，挠扰百姓，忿怒四夷，招致乖叛，乱离斯瘼，怨气并作……此皆戚宦之臣所致然也……

但是，仲长统的议论也仍然只是表象。他只看到了光武帝的集权，却没有看到这是秦汉专制政体的必然发展。当然仲长统更看不到宦官之祸是封建专制政体不可割除的肿瘤。因为宦官专政或群小误国，实质不过就是君主独裁的一种折射。割除这一肿瘤，岂不意味着君主独裁的终结！这是古代政论家不可思议的，所以我们不能苛求前人。

秦汉初制，丞相权大，其职“掌丞天子助理万机”（《汉书·百官公卿表》），君权受到相权牵制，大权不得旁落群小。秦末赵高弄权，拥立二世，须得丞相李斯同意。西汉公卿操废立之权，当国统断续之际，大臣以社稷为重，所立之君既长且贤。周勃诛诸吕，迎立文帝，而有“文景之治”。霍光拥昭立宣，“摧燕王，仆上官，因权制敌，以成其忠”(《汉书·霍光传》)，而有“昭宣中兴”。西汉前期没有宦官之祸。汉文帝与宦官赵谈同载，郎中袁盎变色；丞相申屠嘉责罚邓通，文帝改容谢过。汉武帝封禅改制，削夺相权，以侍中参议朝政，又设中书令出纳章奏，形成了皇帝近侍左右决策的机构，称为“中朝”。“中朝”直接代表皇帝，所以凌驾在以丞相为首的“外朝”之上，这就为宦竖阉丑的登台扫清了道路。光武中兴进一步削弱相权，废丞相，事归台阁。东汉三公只是荣衔，毫无实权。东汉三公诛一宦竖，须得请旨而行。故有陈蕃、窦武之谋泄，何进议诛宦官之败，但是朝廷有过，天象变异，却要策免三公。外朝大臣成了皇帝犯过的替罪羊，于是外戚、宦官乘隙而起。东汉皇帝废立操于外戚、宦官之手。太后贪权立幼，权落外家。幼帝长成与外戚争权，重用宦官。因此宫廷政变，迭次发生，造成了东汉政局长期动荡不稳。士大夫有感于此，激扬气节，以正色立于朝堂，外戚专权与外戚斗，宦官窃柄与宦官争。但是公卿无实权裁抑外戚和群阉小丑，只能以气节相尚，争取舆论。舆论“污秽朝廷”，更加激起皇帝对外朝官僚的猜忌。因此，愈是清廉之臣，就愈是罪尤之臣。皇帝要杀逐这些忠正清廉之臣以释猜忌，就要大兴冤狱，这就是钩党之狱产生的根本原因。

汉纪五十

汉灵帝光和四年至中平四年（公元 181—公元 187）

【起重光作噩（辛酉，公元 181 年），尽强圉单阏（丁卯，公元 187 年），凡七年】

【大事提要】

本卷记事起公元 181 年，讫公元 187 年，凡七年，当汉灵帝光和四年至中平四年，是灵帝执政的后期。这一时期的最大事件是东汉末黄巾大起义。汉灵帝解除党禁，汉朝士大夫一致镇压起义。皇甫嵩、朱俊、傅燮、卢植等人，建立殊勋。黄巾大起义，很快被扑灭，但边境事变方兴未艾。叛贼边章、韩遂、马腾、张纯等，勾结羌人、乌桓，祸乱西北雍凉和北疆幽并，官军征讨乏力，久不建功。昏暴贪残的汉灵帝，没有一丝悔悟，乱政的十常侍不但毫发未损，反而封侯拜爵，立功将士遭斥逐，鲠正大臣遭诛杀，吕强、张钧、刘陶、陈耽蒙冤屈死，汉家气数，不可复振。最大弊政是皇帝登上前台，公然卖官。皇帝如此贪婪，汉祚能够久长吗?

孝灵皇帝中

汉灵帝光和四年（辛酉，公元 181 年）

春季，正月，首次创立騄骥厩丞，接受郡国征拨的马匹。由于豪强的垄断，马价一匹高达二百万钱。

夏季，四月庚子日，大赦天下。

交趾乌浒蛮夷长久叛乱，州牧郡守不能控制。交趾人梁龙等又加入叛乱，攻破郡县。于是诏命兰陵县令会稽人朱儁任交趾刺史，朱儁击败并杀死梁龙，归降的蛮夷民众有几万人，一月之间暴乱就彻底平定；朱儁因功被封为都亭侯，征召京师任谏议大夫。

六月十九日庚辰，天降冰雹像鸡蛋一样大。

秋季，九月初一日庚寅，发生日食。

太尉刘宽被免职，任命卫尉许馘为太尉。

闰九月初二日辛酉，北宫东厢房永巷署发生火灾。

司徒杨赐被罢免；冬季，十月，任命太常陈耽为司徒。

鲜卑进犯幽、并两州。鲜卑首领檀石槐死。檀石槐的儿子和连继位。和连的才能赶不上父亲，却又贪婪淫乱，后来，他出兵进攻北地，被北地人射死。和连的儿子骞曼年幼，就让和连哥哥的儿子魁头继位。后来骞曼长大，和魁头争夺王位，鲜卑民众于是分离。魁头死去，弟弟步度根继位。

这一年，孝灵皇上在后宫修建成排的店铺，选出一批宫女买卖货物，宫女们相互偷拿争斗；孝灵皇上身穿商人的衣服，跟她们一起饮酒作乐。孝灵皇上又在西园玩狗，头戴进贤冠，身佩文官印绶。还驾着四驴，亲自操纵缰绳，驱车来回奔跑；京师中辗转相互仿效，驴的价格于是上涨与马相等。

孝灵皇上喜好收藏天下的珍奇宝物，每有郡国进贡，要先献纳宫内官署，名叫“导行费”。中常侍吕强上疏劝谏说：“天下的财物，无不生于阴阳二气，全都归于陛下，哪还有公私的分别？但现在宫中尚方署收敛各郡的珍宝，中御府聚积天下的缯帛，西园索取大司农的贮藏，中厩集中太仆的马匹，而且那些进贡的郡府，总有导行的费用，征调太多将造成民众贫困，耗费太大国库就少。奸诈的官吏由此获利，老百姓却蒙受祸害。再有，阿谀谄媚的臣子，喜欢进贡他们的私蓄；谄媚苟安的小人，由此得到晋升。原有的典章规定：选举大事交给三公衙府，尚书只是接纳僚属参与评议，奏书上呈皇帝罢了；人才任用，需接受考核才能委任，还要责成被用的人做出成绩，如果没有贡献，就把他们交给尚书纠举弹劾，送至廷尉反复审查核实，然后实施惩罚。于是三公每次选用人才，三公僚属参与评议，三公咨询所选人才的品行业绩，量才使用，即使这样，还有不称职的官吏，荒废了整个部门的工作。现今只委任尚书选才，有的甚至直接下诏书任用，如此，三公免去了选举的责任，尚书也不再有失职罪，惩处与奖励都没了归属，这样谁还肯辛勤劳苦呢？”谏书上奏后，孝灵皇上没有理会。

何皇后性情倔强妒忌，后宫王美人生下皇子刘协，皇后用毒酒杀死了王美人。孝灵皇上大怒，要废掉皇后；众宦官苦苦求情，才得罢休。

大长秋华容侯曹节死了，中常侍赵忠被授命为大长秋。

（以上为第一段，写朱俊崭露头角，平乱入京任谏大夫。汉灵帝聚敛财货珍宝。）

汉灵帝光和五年（壬戌，公元 182 年）

春季，正月十四日辛未，全国大赦。

下诏公卿依据民间流传的歌谣，调查刺史、二千石高官中祸害民众的官吏。

太尉许馘、司空张济谄媚宦官，收取贿赂，这些宦官们的子弟、宾客，虽然贪污肮脏，却无人过问，反而毫无根据地揭发逮捕了边远小郡中清廉有德行的官吏二十六人，官民到京师陈情申诉。司徒陈耽上奏说：“公卿所揭发的，大都偏私，这正是所谓放走了鸱枭而囚住了鸾凤。”孝灵皇上以此责备许馘、张济，那些因谣言而被揭发征调入京的官员，全都被任命为议郎。

二月，发生大瘟疫。

三月，司徒陈耽被免职。

夏季，四月，大旱。

任命太常袁隗为司徒。

五月初五日庚申，永乐宫署发生火灾。

秋季，七月，太微星区出现彗星。

板楯蛮侵扰巴郡，连年讨伐，没能平定。孝灵皇上想大规模出兵，便询问益州计吏汉中人程包，程包回答说："板楯有七个大姓，从秦朝起建立了功业，免除了租赋。板楯蛮勇猛善战。从前永初年间，羌人侵入汉川，郡县遭到破坏，得到板楯蛮的援救，羌人死伤殆尽，羌人称他们是神兵，传话给自己的同胞，不要再南进。到建和二年，羌人再次大举入侵，还是依靠板楯连续击败了羌人。前车骑将军冯绲征伐南方的武陵，也依靠板楯蛮才建立了功勋。近来益州郡县叛乱，太守李颙也是用板楯蛮来平定叛乱。板楯蛮忠诚有功，本无坏心。只是那些长吏、乡长、亭长的更赋太重，还把他们当作奴仆使用，随意鞭打，残暴的程度超过了对待奴隶和俘虏。有的人嫁妻卖子，甚至割颈自杀，虽然向州郡申诉冤情，而州牧郡守却不予受理，朝廷离得又远，他们的冤情不能上达，含冤呼号，无处申诉，所以村邑部落相聚叛乱，其实并不是想要僭号称王，图谋不轨。如今只要选用贤明能干的州牧郡守，自然会平安和谐，无须征战讨伐！"孝灵皇上采纳了程包的建言，选用太守曹谦，颁布诏书赦免板楯蛮，他们很快都归降了。

八月，在阿亭道修建了四百尺高的台观。

冬季，十月，太尉许馘被免职，太常杨赐接任太尉。

孝灵皇上在上林苑围猎，经过幽谷关，就到广成苑狩猎。十二月，回到京师，巡视太学。

宦官们害怕桓典任职侍御史。桓典经常骑一匹青白杂色的骢马，京师人为此编了一句歌谣："走走停停，为的是避开骑骢马的御史！"桓典是桓焉的孙子。

（以上为第二段，写宦官庇护贪吏。巴郡板楯蛮民变，亦由贪吏激起，廉吏到任，民变平定。）

汉灵帝光和六年（癸亥，公元183年）

春季，三月二十一日辛未，大赦天下。

夏季，大旱。

册封何皇后之母为舞阳君。

秋季，金城河水暴涨，溢出二十余里。

五原山发生山体滑坡。

当初，巨鹿人张角信奉黄老道，用妖术传教，号称“太平道”。张角用念过咒语的符水治病，让病人跪拜忏悔自己的罪过，有时病人还真的被治好，因而大家都把张角当作神来信奉。张角分别派信徒周游四方，辗转传授。十多年间，有几十万信徒，青、徐、幽、冀、荆、扬、兖、豫八州的人，无不响应。有的人变卖财产，投奔张角，皈依他的人阻塞了道路。没有赶到而病死半道的人也数以万计。郡县的官吏们不知晓张角的意图，反而替张角说话，说他用道教感化天下，为民心所向。

太尉杨赐此时为司徒，上书说：“张角煽动百姓，受到赦免却不悔过，逐渐扩展势力。现在如果下诏州郡追捕讨伐，恐怕引起更大骚乱，加速酿成祸害。当前适宜的办法是皇上颁布严厉的命令，要各州郡的刺史、二千石官吏检查流民，护送他们各归本郡，以此来削弱他们的党羽，然后杀掉他们的首领，便可以不用大力气而平定动乱。”适逢杨赐免职，所奏之事便滞留宫中，没有实施。司徒掾刘陶又上疏申述杨赐免职前的奏议，说：“张角等人的阴谋活动日趋严重，四方传言张角等已经偷偷进入京师，窥探朝政。他们像鸟声兽心一样，彼此呼应。州郡官吏忌讳此事，捂住盖子不想使朝廷知道，只是相互转告，没有谁愿行文上奏。朝廷应下诏明示，重新悬赏抓捕张角等人，赏赐国土，有谁敢回避的，与张角同罪。”孝灵皇上仍不在意，甚至还在这时下诏刘陶编次《春秋条例》。

张角于是把信徒编制成三十六方。方相当于将军，大方一万多人，小方六七千人，各方设置首领。他们散布谣言说：“苍天已死，黄天当立，岁在甲子，天下大吉。”用白土在京师各衙门和州郡官府的门上，写“甲子”二字。大方马元义等先集结荆、扬两州的几万信徒，约定日期，在邺地发难。马元义多次来往京师，策动中常侍封谞、徐奉等作为内应，定在明年甲子年的三月五日内外一起行动。

（以上为第三段，写黄巾领袖张角用太平道组织民众起义。）

汉灵帝中平元年（甲子，公元 184 年）

春季，张角弟子济南人唐周上书告密。于是逮捕了马元义，在洛阳车裂示众。诏令三公、司隶校尉审讯宫中宿卫及百姓中信奉张角太平教的人，判一千多人死刑。下令冀州追查抓捕张角等人。张角等知道起义的事已败露，派人日夜奔驰告令各方，同时提前起事，全都头戴黄巾作标志，因此当时人们称他们是“黄巾贼”。二月，张角自称天公将军，张角的弟弟张宝称地公将军，张宝的弟弟张梁称人公将军，他们所到之处，烧毁官府，抢掠城镇，州郡失守，长官大多逃跑；一月之间，全国响应，京城震惊。安平、甘陵两个侯国的人，起来抓了侯王响应“黄巾贼”。

三月初三日戊申，诏命河南尹何进为大将军，封慎侯，率领左右羽林军和五营的士兵驻守都亭，修造兵器，镇守京城；并设立函谷、太谷、广成、伊阙、轘辕、旋门、孟津、小平津八关都尉。

孝灵皇上召集群臣商议。北地太守皇甫嵩认为应当解除对党人的禁锢，拿出大笔中藏府里的钱财、西园厩中的马来分发给士兵。皇甫嵩是皇甫规哥哥的儿子。孝灵皇上向中常侍吕强询问对策，吕强回答说："党锢之祸积久，人心怨恨，如果不赦免，党人很容易与张角合流同谋，危害更大，那时后悔就来不及了。现在请皇上先诛杀身边的贪官，大赦党人，选拔刺史、二千石中贤能的官吏留任，那么盗贼自然平定。"孝灵皇上恐惧，于是采纳了吕强的建议。三月初七日壬子，赦免天下党人，招回被流放的人，唯独张角不予赦免。征调全国的精锐部队，派北中郎将卢植征讨张角，左中郎将皇甫嵩、右中郎将朱儁征讨颍川黄巾贼。

（以上为四段，写公元 184 年黄巾大起义，党人蒙赦。）

这时中常侍赵忠、张让、夏恽、郭胜、段珪、宋典等都被封为列侯，尊贵得宠，孝灵皇上常说："张常侍是我父亲，赵常侍是我母亲。"因此宦官毫无畏惧，一齐建造住宅，模仿宫室。皇上曾经想登上永安宫的瞭望台，宦官们害怕皇上看见他们豪华的住宅，就让老资格的宦官中大人尚但劝谏皇上说："天子不宜登高，天子登高老百姓会逃散。"皇上从此不敢再登上台榭。直到封谞、徐奉叛乱的事情发生，皇上才责问众常侍说："你们经常说党人图谋不轨，要把党人全都禁锢，有的还被诛杀，如今党人却被国家任用，而你们反与张角勾结，可不可以杀你们的头？"赵忠等全都叩头说："这是王甫、侯览他们干的。"于是众常侍人人以求退保，招回在州郡中同宗的亲属和子弟。

接着赵忠、夏恽等一起诬害吕强，说他与党人一起议论朝政，经常读《霍光传》。吕强的兄弟所在之处都贪污受贿。孝灵皇上派中黄门手执兵器宣召吕强。吕强听到皇帝传召，气愤地说："我死后，祸乱就要发生了！大丈夫要为国家尽忠，怎么能去面对狱吏的审讯呢？"于是自杀。赵忠、夏恽又诬陷说："吕强被召，不知道要问他什么就在外自杀了，他有奸邪的事太明显了。"于是逮捕了吕强同宗的亲属，没收了他们的财产。

侍中河内人向栩上书建言国家应急须办的事宜，讥讽了皇帝左右的人。张让就诬陷向栩和张角同心，要做内应，于是逮捕向栩送到黄门北寺监狱，杀死了他。郎中中山人张钧上书说："我认为张角之所以能兴兵作乱，成千上万的民众乐于追随他，根源就是十常侍安排他们的父兄、子弟、姻亲、朋友把持州郡，垄断财富，掠取百姓，而百姓却无处申冤，所以才图谋不轨，成群结伙做盗贼。应当杀掉十常侍，将他们的头悬挂南郊，向百姓道歉，再派使者公告全国，这样无须军队，大乱自然会解除。"孝灵皇上把张钧的奏章拿给众常侍看，他们人人摘下帽子，打着赤脚向皇上叩头认罪，主动请求把自己送到洛阳诏狱，愿意拿出家财来资助军费。皇上下诏，命他们戴上帽子，穿上鞋子，官复原职，却对张钧发怒说：“这真是个狂人！十常侍里竟连一个好人都没有吗？”御史秉承皇上旨意，于是诬奏张钧学黄巾道，将他逮捕拷问，死在狱中。

（以上为第五段，写汉灵帝尊宠宦官，导致十常侍乱政，颠倒黑白，陷害忠良，黄巾乱起，灵帝仍执迷不悟。）

三月庚子日，南阳黄巾张曼成攻杀了太守褚贡。

孝灵皇上询问太尉杨赐黄巾变乱的事，杨赐据实回答，皇上很不高兴。夏季，四月，因盗贼乱起，杨赐被免职。任命太仆弘农人邓盛为太尉。不久，皇上翻阅先前的档案，看到杨赐与刘陶上奏张角的事，于是就封杨赐为临晋侯，刘陶为中陵乡侯。

罢免了司空张济，任命大司农张温为司空。

皇甫嵩、朱儁合兵率领四万多将士，共同征讨颍川黄巾。皇甫嵩与朱儁，各自统领一军。朱儁与黄巾波才交战，便失败了。皇甫嵩进兵保卫长社。

汝南黄巾在邵陵击败太守赵谦。广阳黄巾杀死幽州刺史郭勋和太守刘卫。

波才在长社包围了皇甫嵩。皇甫嵩兵少，军中将士都很恐惧。盗贼靠着草垛扎营，正巧刮起了大风。皇甫嵩布置士兵们都用苇草扎成火炬，登上城楼，派精锐的战士悄悄地潜出包围圈，放火大喊，城楼上的士兵举火炬响应，皇甫嵩带兵从城里击鼓呐喊着杀出，奔袭盗贼的阵地，盗贼惊恐，四处乱跑。正巧骑都尉沛国人曹操这时率兵赶到。五月，皇甫嵩、曹操与朱儁合兵，再与盗贼交战，大败盗贼，杀了几万人。于是封皇甫嵩为都乡侯。

曹操的父亲曹嵩是中常侍曹腾的养子，不能详知他的身世，有人说他是夏侯姓的后嗣。曹操从小机灵，有权术，而且行侠仗义，放纵不拘，不喜欢从事生计职业；当时的人不看重他，只有太尉桥玄和南阳人何颙认为他非同一般。桥玄对曹操说：“天下将要动乱，不是治世之才的人，不能拯救天下。能安定天下的人，恐怕就是你曹操了！”何颙见到曹操，惊奇感叹地说：“汉室将要灭亡，安定天下的人，一定是这个人了。”桥玄告诉曹操说：“你还没有名气，可以和许子将结交。”许子将是许训的侄子许劭，他喜欢结交各种人物，能辨别人的品性和能力，和堂兄许靖都有很大的声望，他们喜欢共同评论乡里人物，每个月两人总要轮换品评，因此汝南形成了每月初一评品人物的风气。许子将曾做过汝南郡的功曹，郡府里的人听到他的事迹，没有人不注重自己的操守品行。曹操去拜访许劭，询问他：“我是一个什么样的人？”许劭看不起曹操的为人，不肯回答。曹操就强逼他回答，许劭说：“你是一个治世之能臣，乱世之奸雄。”曹操非常高兴地离开了。

朱儁进击黄巾军的时候，他的护军司马北地人傅燮上奏说：“我听说天下的祸乱不是源于外部，而是起源于内部。所以虞舜首先除掉四凶，然后任用十六位贤人，这说明恶人不除掉，好人就无路进用。如今张角在赵、魏之地起事，黄巾军在六个州叛乱，这都是根源于宫廷内部而祸患蔓延四海的结果。臣受任军务，奉命征伐罪逆，刚到颍川，战无不胜；黄巾军虽然强大，但不足以成为国家的忧患。我担心治水不从它的源头开始，那么下游会更加泛滥成灾。陛下仁德宽容，常怀不忍之心，让宦官钻空子专权弄势，致使忠臣得不到进用。即便把张角枭首，让黄巾军顺服，而臣所担忧的，反而更加严重。为什么呢？大凡奸邪小人与正人君子不应在朝廷共存，就像寒冰、炭火不能同处一个容器一样。那些人知道正人君子的功绩显赫，就是他们危亡的征兆，所以花言巧语，修饰虚伪作风。说谎言的人多了，连曾参那样的孝子也会受到怀疑；连续三个人都说市上有虎，人们就会相信。如果不细致地考察识别真伪，忠臣当中将再次发生白起在杜邮自杀的悲剧！陛下应当反思虞舜驱逐四凶的举动，迅速诛灭谗言奸佞的小人，那么贤人才会奋起为朝廷效命，恶人就会自然消失。”赵忠看见傅燮的奏疏非常痛恨他。傅燮攻打黄巾军，立了很多战功，应受到封赏，赵忠却说他的坏话。孝灵皇上尚还记得傅燮奏疏说的话，因而没有加罪于他，但始终也没有封赏他。

张曼成围困宛城一百多天。六月，南阳太守秦颉攻击张曼成，砍了他的头。

交趾的土地盛产珍贵宝物，前后刺史行为不清廉，他们估算搜刮够了财物，就要求调任，所以官民怨恨反叛，捉拿了刺史与合浦太守来达，首领自称为柱天将军；三府选派京县令东郡人贾琮为交趾刺史。贾琮到任，调查人民反叛的原因，都说：“赋税太重，百姓无不被搜刮一空。京城遥远，百姓无处申冤，民不聊生，因此聚众为盗贼。”贾琮就贴出告示，劝说百姓各自安心生产，招收安抚逃荒在外的流民，免去徭役，诛杀罪大恶极的头目，挑选试用一批良吏镇守各县。一年之内就平定了动乱，百姓安居。大街小巷可以听到赞颂贾琮的歌谣：“贾父来晚了，致使我们先反；如今太平了，官吏不敢吃百姓的饭！”

皇甫嵩、朱儁乘胜进军征讨汝南郡和陈国的黄巾军，把波才追赶到阳翟，又在西华攻击彭脱，将他们全都打败，残余的黄巾有的投降，有的逃散，颍川、汝南、陈国三郡全部平定。皇甫嵩上书报告战况，将战功归于朱儁，于是进封朱儁为西乡侯，提升为镇贼中郎将。诏令皇甫嵩进军征讨东郡的黄巾军，朱儁征讨南阳的黄巾军。

北中郎将卢植连续打败张角，斩杀俘获一万多人，张角等逃窜退保广宗。卢植筑起围墙，挖壕沟，制造登城的云梯，即将攻破广宗城。灵帝派小黄门左丰来视察军队，有人劝卢植贿赂左丰，卢植不肯。左丰回到京师向孝灵皇上报告说：“广宗的黄巾军贼容易攻破，卢中郎将却守在营垒中休息，等待黄巾贼自行消亡。”皇上愤怒，用囚车把卢植押送回京，减罪一等，免去死刑，派东中郎将陇西人董卓取代卢植。

巴郡人张修用妖术给人治病，他的方法与张角大致相同，让病人的家出五斗米，因此号称“五斗米师”。秋季，七月，张脩聚众造反，劫掠郡县，当时的人称他们是“米贼”。

八月，皇甫嵩与黄巾军在苍亭交战，俘获黄巾军首领卜巳。董卓攻打张角没有战果，受到处罚。八月初三日乙巳，诏令皇甫嵩征讨张角。

九月，安平王刘续被判大逆不道的罪，杀头，封国被削除。

当初，刘续被黄巾军俘虏，国人把他赎回，朝廷商议恢复他的封国。议郎李燮说：“刘续守卫藩国不称职，损害了圣朝的声誉，不应当恢复封国。”朝廷没有听从。李燮反而被判处诽谤宗室之罪，被送到左校官署做苦工。不到一年，安平王刘续犯罪被杀，于是李燮官复原职为议郎。京城人为此编了一首顺口溜，说：“父亲不肯立皇帝，儿子不肯立藩王。”

冬季，十月，皇甫嵩和张角的弟弟张梁在广宗交战，张梁的部众精良勇敢，皇甫嵩无法取胜。第二天，就闭营休兵来观察敌情，发现敌寇稍稍有些松懈，于是暗中在夜晚部署兵马，鸡叫时，奔赴敌阵，一直战斗到黄昏时分，大破敌军，杀了张梁，斩杀三万首级，把敌人赶进河里淹死的有五万多。张角在这之前已病死，被开棺碎尸，首级被送到京师。十一月，皇甫嵩又在下曲阳攻击张角的弟弟张宝，杀了张宝，斩杀俘虏十多万人。皇甫嵩因功升任左车骑将军，兼任荆州牧，封为槐里侯。皇甫嵩能体贴抚慰士兵，每次行军休息时，一定要等到士兵的营帐建好，才回到自己的住处，士兵们全都吃了饭，自己才吃饭，因此所到之处都能建立战功。

（以上为第六段，写皇甫嵩、朱儁等将领平定了黄巾起义。）

北地的先零羌和枹罕、河关的群盗造反，共同拥护湟中归服汉朝的羌人首领北宫伯玉、李文侯为将军，杀死护羌校尉泠征。金城人边章、韩遂在西州很有名望，群盗引诱并劫持了边章、韩遂，逼迫他们两人主管军政，杀死金城太守陈懿，焚烧州郡。

当初武威太守倚靠权贵，专横跋扈，贪赃残暴，凉州从事武都人苏正和考察追究武威太守的罪行。刺史梁鹄害怕，想杀死苏正和来免除自己的职责，就去询问汉阳郡长史敦煌人盖勋的意见。盖勋一向与苏正和有私仇，有人劝盖勋乘机报复。盖勋说：“替人谋事而杀害好人，不是忠诚；乘人之危，不是仁道。”于是劝告梁鹄说：“大凡人们豢养猎鹰是想让它捕捉猎物，捕捉了猎物就将它烹杀，那么养它将有什么用处呢？”梁鹄于是打消了杀苏正和的念头。苏正和到盖勋那里致谢，盖勋不见他，说：“我是为梁使君谋事，不是帮你苏正和。”还是像当初一样仇恨苏正和。

后任凉州刺史左昌盗窃军粮几万石，盖勋劝阻他。左昌发怒，派盖勋和从事辛曾、孔常另外驻守河阳抗拒叛贼，想要利用军事上的失利来惩治盖勋，可是盖勋屡建战功。等到北宫伯玉攻打金城的时候，盖勋劝左昌救援金城，左昌不听。陈懿死后，边章等进军冀县包围左昌，左昌召盖勋等来救援自己，辛曾等迟疑不肯出兵，盖勋愤怒地说："从前庄贾贻误军期，司马穰苴挥剑杀了他。今天的从事难道大于古代的监军吗？"辛曾等畏惧军法便接受了。盖勋到达冀县，斥责边章等人的背叛罪行，边章等都说："左使君如果早听从你的话，率兵来攻击我们，或许我们可以改过，如今罪恶已深重，无法归降了。"终于解围离去。

叛乱的羌人在官办畜牧场包围了护羌校尉夏育，盖勋与州郡合兵来救援夏育，到达狐槃，被羌人击败。盖勋的余部不到百人，身受三处创伤，但坚坐着不动，指着路边竖立的木牌标记说："把我的尸体放在这里！"句就种羌人首领滇吾用兵器拦截众人说："盖长史是个贤人，你们谁杀了他，就会得罪上天。"盖勋昂头骂道："该死的叛贼，你们知道什么，还不快来杀我！"羌众互相对视吃惊。滇吾下马让马给盖勋，盖勋不肯上马，于是被羌人抓获。羌人敬佩他的节义和勇敢，不敢杀害他，就送他回汉阳。后任凉州刺史杨雍上表推举盖勋兼任汉阳太守。

（以上为第七段，写雍凉边事，表彰盖勋的忠勇节义。）

张曼成的余党又拥护赵弘为首领，贼众又强盛起来，达十几万人，占领了宛城。朱儁和荆州刺史徐璆等合兵包围宛城，从六月到八月，没能攻下。主管部门上奏征召朱儁回京师。司空张温上奏说："从前秦国任用白起，燕国任用乐毅，都是经过长年累月，才能克敌制胜。朱儁征伐颍川的黄巾军已见成效，率师南进，方案已定；临阵换将乃是兵家大忌，应当宽限时日，责令他取得成功。"孝灵皇上才停止征召。朱儁进攻赵弘，将他杀死。

叛贼首领韩忠再次夺取宛城抗拒朱儁，朱儁擂起战鼓进攻宛城西南，叛贼全部奔向西南；朱儁亲自率领精兵突袭城东北，登上城墙攻入。韩忠于是退守小城，惊惧求降；众将领都想接受韩忠的请求，朱儁说："打仗原本就有形势相同而实质各异的情况。从前秦末、项羽的时代，民众没有确定的君主，所以奖励归附者用来鼓励前来归服的人。如今海内统一，只有黄巾军反叛。接受归降就无法勉励守法的好人，讨伐他们才可以惩罚叛逆。倘若现在接受了归降，就助长了叛贼的叛逆心理，叛贼有利就进攻开战，不利就求降，放纵敌人就是助长贼寇的气焰，这不是良策。"朱儁趁敌乞降，急攻猛打，不停地攻击仍不能攻克。朱儁登上土山观察敌军，回头对司马张超说："我知道破城的原因了。叛贼现在被严密围困，军营内部形势危急，求降不被接受，想出来又不能，只好拼死决战。万人一心，就势不可挡，何况十万人呢。不如撤除包围，合兵进城，韩忠见包围解开，势必亲自出战，亲自出战，就会斗志涣散，这就是攻破他的方法。"随即解除包围，韩忠果然出来作战，朱儁趁机进攻，大破叛贼，杀了一万多人。

南阳太守秦颉杀死韩忠，残余贼众又拥立孙夏为首领，回军驻守宛城。朱儁猛攻宛城，司马孙坚率领突击士兵首先登上城墙。十一月二十二日癸巳，攻占宛城。孙夏逃走，朱儁追击到西鄂县的精山，又击败孙夏，杀死一万多人。于是黄巾军被击破分散，残余叛贼被州郡收捕诛杀，每郡诛杀了几千人。

十二月二十九日己巳，大赦天下，改年号为中平元年。

豫州刺史太原人王允击破黄巾军，获得张让的门客与黄巾军交往的书信，呈报孝灵皇上。皇上责备张让，张让叩头告罪，竟然没被治罪。张让怀恨，利用他事中伤王允，最终将王允收捕下狱，适逢赦免，王允回到豫州复任刺史。十天之内，他又因其他罪名被捕。杨赐不想让王允再受屈辱，派人去劝他说："你因为揭发张让，所以在一月之中两次入狱，凶险难测，你要好好地想一想做好安排。"王允属下的那些崇尚气节的人，都流着泪捧着毒药送给他。王允厉声道："我身为人臣，得罪了君主，应当受到正式处决，公告天下，哪里有服毒自杀的道理！"甩掉杯子，奋然起身，出去登上囚车。到了京师，大将军何进与杨赐、袁隗共同上奏说情，王允才得以减去死罪。

（以上为第八段，写黄巾余党覆灭，豫州刺史王允揭露宦官而蒙冤。）

汉灵帝中平二年（乙丑，公元 185 年）

春季，正月，发生大瘟疫。

二月初十日己酉，南宫云台发生火灾。二月十一日庚戌，乐城门发生火灾。

中常侍张让、赵忠劝说灵帝加征天下田赋，每亩十钱，用来修造宫室，铸造铜人。乐安太守陆康上奏疏劝谏说："从前鲁宣公按亩征税引起了蝗灾，鲁哀公增加赋税受到孔子的批评，怎么可以搜刮民众的财物来营造无用的铜人？哪有抛开圣人的训诫，去效法亡国君主的法典呢？"宦官们抓住陆康引用亡国君主的例子来比附圣明的孝灵皇上，诽谤陆康犯了大不敬的罪，用囚车把陆康押解到京城交给廷尉治罪。侍御史刘岱上书解释，陆康才得免死放逐家乡。陆康是陆续的孙子。

又诏令征发州郡的木材和纹理美观的石料送达京城。宫中黄门常侍等总是呵斥不合格，乘机强迫贱卖，价格仅是原价的十分之一，于是宦官便把已验收的木材再回卖给州郡官吏，州郡官吏又拿这些木材交纳时，宦官们仍然刁难不马上接受，导致木材积压腐烂，宫室连年建不成。刺史、太守又私自增加赋税，百姓叫苦连天，又令西园的皇家卫士分别到各地督促采办，使各州郡受到恐吓惊动，勒索了许多贿赂。刺史、二千石官吏以及茂才、孝廉升迁、任命时，都要交拿一笔助军或修建宫室的费用，大郡的太守达到二三千万，其余的依官职级别不同而多少不等。即将上任的官吏，都要先到西园议定交付的价钱，然后才能去上任；那些清廉之士请求辞职不赴任，则被强迫去上任、交钱。当时巨鹿太守河内人司马直被委任新职，因为有清廉美名，减去三百万的应交数额。司马直被诏，慨然地说道："做官本来是为民父母，却反而要剥削百姓来迎合时弊的勒索，我不忍心这样做。"于是借口生病辞职，但未获批准。赴任途中，行到孟津时，上书批评时政的过失，然后就服毒自杀。奏书呈上，孝灵皇上因此暂时停止征收修造宫室费。

任命朱儁为右车骑将军。

自从张角叛乱后，各地盗贼纷纷兴起，博陵人张牛角、常山人褚飞燕以及黄龙、左校、于氐根、张白骑、刘石、左髭丈八、平汉大计、司隶缘城、雷公、浮云、白雀、杨凤、于毒、五鹿、李大目、白绕、眭固、苦蝤等之流，不可胜数，势力大的达到二三万人，势力小的有六七千人。

张牛角、褚飞燕联合进攻瘿陶，张牛角被流箭射中，临死时，他命令部众拥戴褚飞燕为首领，让褚飞燕改姓张，号张飞燕。褚飞燕原名为褚燕，因作战骁勇，来去如飞，所以军中称为"飞燕"。山区的贼寇大多归附他，部众逐渐增多，将近百万人，被称为"黑山贼"，河北各郡、县都受到黑山贼的侵扰，朝廷无力讨伐。张飞燕派使者到京师洛阳，上书求降，于是朝廷任命张飞燕为平难中郎将，统领河北各山区的事务，每年可向朝廷选举孝廉，派出上计吏向朝廷汇报。

司徒袁隗被免职。三月，任命廷尉崔烈为司徒。崔烈是崔寔的堂兄。

这时，三公的职位常常是通过中常侍、孝灵皇上乳母送钱到西园才能取得。段颎、张温等虽有功有声誉，但也要事先进献财物，才能登上三公的职位。崔烈通过孝灵皇上乳母送了五百万钱，所以取得了司徒的职位。到了任命那天，天子亲临殿前，百官们都来参加仪式。孝灵皇上回头对亲信说："真后悔没有稍吝惜一些，不然可以得到一千万！"乳母程夫人在一旁应道："崔公是冀州的名士，怎么肯用钱买官！是靠了我他才肯这样的，你还不觉得满意吗？"因此崔烈声誉顿然下跌。

北宫伯玉等侵扰三辅地区，诏令左车骑将军皇甫嵩镇守长安以讨伐他们。

此时凉州不断发生兵变，朝廷为了进行征讨无休止地征收天下的徭役和赋税。崔烈认为应该放弃凉州。孝灵皇上诏令公卿百官商议这事，议郎傅燮厉声辩驳说："只有杀掉司徒崔烈，天下才能安定。"尚书上奏傅燮在朝廷上侮辱大臣。孝灵皇上问傅燮，傅燮回答说："樊哙因为匈奴单于冒顿悖逆，出于义愤，请求出兵，尚未失去人臣的节义，季布还说'樊哙可杀'。如今凉州是天下的要塞，是保卫国家西面的门户。高祖初定天下时，派郦商分兵去平定陇右；武帝开拓疆域，设立了河西四郡，当时谋议的人认为这是切断了匈奴的右臂。现在州郡地方官管理不当，导致全州叛乱；崔烈身为宰相，不考虑替国家制定平定叛乱的方略，反而要割弃这一块广阔万里的国土，臣真是感到疑惑。如果让胡人占领了这块土地，胡兵勇健，铠甲坚牢，乘机作乱，这将是天下最大的祸害，是社稷最深的忧患。如果崔烈不懂得这些，他就是最大的傻瓜；如果他知道却故意说出这种话，就是不忠诚。”灵帝认为傅燮的话很有道理，同意不放弃凉州。

夏季，四月十二日庚戌，降落冰雹。

五月，太尉邓盛被免职。任命太仆河南人张延为太尉。

六月，因为征讨张角有功，册封中常侍张让等十二人为列侯。

秋季，七月，三辅地区发生虫灾。

皇甫嵩征讨张角，路经邺城，发现中常侍赵忠的宅第超过规制，奏请没收宅第。又有中常侍张让私下索求五千万钱，皇甫嵩不给。赵忠、张让两人因此上奏诬陷皇甫嵩久战无功，耗费太大，孝灵皇上召回皇甫嵩，收了左车骑将军的印绶，削减封邑六千户。八月，任命司空张温为车骑将军，执金吾袁滂为副将，讨伐北宫伯玉。任命中郎将董卓为破虏将军，与荡寇将军周慎一同受张温节制。

九月，任命特进杨赐为司空。冬季，十月庚寅日，临晋文烈侯杨赐去世。任命光禄大夫许相为司空。许相是许训的儿子。

谏议大夫刘陶上奏说：“国家前遇张角之乱，后遭边章为寇，如今西羌叛众已在进攻河东，恐怕事态还要扩大，冒犯京师。百姓想尽办法四处逃散免遭死亡，却毫无一丝向前拼命求生的办法，西边寇贼渐渐推进，车骑将军张温危难孤立，假如他战场失利，国家就无法救亡。臣自知说多了令人讨厌，但不能克制自己不说话。臣认为国家安宁，臣才能蒙受幸福；国家危亡，臣就会先行灭亡。所以臣现在又来陈述当今紧急的八件事务。”大意是说天下大乱都是由宦官造成的。宦官们共同诬害刘陶，说：“先前张角叛乱，下诏恩威并施，自此以后，叛逆们各自改悔。现在四方安宁平静，而刘陶毁谤圣明的朝政，专说那些妖孽作祟的怪事。再说州郡没有上报这些事情，刘陶是怎么知道的？我们怀疑刘陶与叛贼勾结。”于是逮捕刘陶，囚禁在黄门北寺监狱，拷打审讯，一天比一天厉害。刘陶对皇上的使者说：“臣恨不能和伊尹、吕尚同类，却与‘三仁’为伍。如今国家在上杀害忠诚正直的臣子，在下有苦难贫困的人民，这样的局面也不会长期维持，到时恐怕后悔都来不及了！”于是自己闭气而死。前司徒陈耽为人忠良正直，宦官怨恨他，也遭到诬害，死在狱中。

张温率领各郡的步兵骑兵十几万驻守美阳，边章、韩遂也追逼进攻美阳，张温与贼交战总是失败。十一月，董卓和右扶风人鲍鸿等合兵攻打边章、韩遂，大败贼兵，边章、韩遂逃到榆中县。

张温派周慎率领三万人追击边章、韩遂，参军事孙坚献计周慎说：“叛贼的城中没有粮食，一定会从外面转运粮食，我愿率领一万人截断贼人的运粮通道，将军统帅大军紧随其后，叛贼一定困顿饥饿而不敢交战，只能逃入羌中，我们再合力征讨他们，凉州就可以平定了！”周慎不听，率军包围榆中城，而边章、韩遂分兵驻守葵园峡，反而断绝了官兵的运粮通道，周慎惊慌恐惧，丢弃车辆辎重撤离。

张温又派董卓率兵三万讨伐先零羌，羌人、胡人在望垣的北面包围了董卓。董卓军中粮尽，于是董卓命人在要渡河的地方筑起堤堰，假装捕鱼，而暗地里在堤堰掩护下撤退军队。等到叛贼追来时，决开堤堰，水已很深，贼兵无法渡河。董卓于是安全回师驻守扶风。

张温以皇帝诏书的名义召见董卓，董卓过了许久才来拜见张温，张温责备董卓，董卓应答时态度不恭敬。孙坚向前对张温耳语说："董卓对自己的罪行不表示畏惧，反而气焰嚣张，出言不逊，应当以奉召迟慢的罪名，依照军法杀掉他。"张温说："董卓在黄河、陇山一带颇负威名，今天杀了他，西征就没有依赖了。"孙坚说："明公您亲自率领的朝廷大军，威震天下，为何要依靠董卓呢？看看董卓刚才所讲的话，对您满不在乎，轻视上级，毫无礼貌，这是第一条罪状；边章、韩遂跋扈多年，应当及时讨伐，但董卓说时机不行，阻止发兵，动摇军心，这是第二条罪状；董卓受命无功，应召迟缓，而且态度傲慢，这是第三条罪状。古代的名将受王命统帅军队，没有不依赖断然诛杀来获得成功的。现在您对董卓如此谦下，不立刻诛杀，损害军法的威严，这仅仅是一个开头。"张温不忍心发令处死董卓，便说："你还是回去吧，免得董卓疑心我们。"于是孙坚离去。

这一年，孝灵皇上在西园建造万金堂，调出司农的金钱、丝帛堆积在堂里，又把钱存放在小黄门、常侍的家中，每家寄存了几千万，还在河间买田买房，建造宅第楼阁。

（以上为第九段，写黄巾军失败，国家稍事安宁，而边患未靖，灵帝又故态复发，聚敛无度，宠幸宦官，杀害忠良。）

汉灵帝中平三年（丙寅，公元 186 年）

春季，二月，江夏官兵赵慈反叛，杀死南阳太守秦颉。

二月十六日庚戌，大赦天下。

太尉张延被免职。孝灵皇上派使者持节到长安授命张温为太尉。三公在京师外被委任，从张温开始。

任命中常侍赵忠为车骑将军。孝灵皇上委派赵忠论定讨伐黄巾军的战功，执金吾甄举对赵忠说："傅燮先前在东征的战事中，立下功劳没有被封侯，天下人失望。现在将军亲自担任重职，应该举荐贤才，审理冤屈，以合民心。"赵忠采纳了甄举的意见，派遣弟弟城门校尉赵延向傅燮表示亲近和关切。赵延对傅燮说："只要你对我哥哥赵常侍略有答谢，封万户侯不值一提。"傅燮神色严肃地回答说："有功无赏，这是命。我傅燮怎么能私下乞求赏赐呢？”赵忠愈发怀恨傅燮，但顾忌到他的名望，不敢加害，便调他外出做汉阳太守。

孝灵皇上派钩盾令宋典修建南宫的玉堂殿，又派掖庭令毕岚铸造四个铜人，再铸造四口铜钟，容量都为二千斛。又铸造天禄、蛤蟆吐水的铜器放置在平门外的桥东，从它们的口中吐出的水转流进皇宫之内。又制作翻车、渴乌，安置在桥西，用来喷洒南北大路，认为可以节省百姓喷洒大路的费用。

五月三十日壬辰，发生日食。

六月，荆州刺史王敏征讨赵慈，将其斩杀。

车骑将军赵忠被罢免。

冬季，十月，武陵蛮反叛，郡兵打败了叛军。

前太尉张延遭到宦官的诬陷，被捕，死在狱中。

十二月，鲜卑侵犯幽、并两州。

孝灵皇上下诏，征召张温回到京师。

（以上为第十段，写鲠直朝官傅燮拒绝与宦官同流合污。）

汉灵帝中平四年（丁卯，公元 187 年）

春季，正月二十一日己卯，大赦天下。

二月，荥阳的叛贼杀死中牟县令。三月，河南尹何苗率军讨伐荥阳叛贼，大败叛贼。孝灵皇上任命何苗为车骑将军。

韩遂杀死边章及北宫伯玉、李文侯，拥兵十余万，进兵包围陇西郡，太守李相如叛变朝廷，与韩遂联合。

凉州刺史耿鄙率领六郡的兵力讨伐韩遂，耿鄙信任治中程球，但程球贪污，官民痛恨。汉阳太守傅燮对耿鄙说：“使君你在职不久，民众还没有受到你的教化。叛贼听到大军将到，一定万众一心，边疆的士兵又大多勇猛，其锋利锐不可当，而刚刚从各郡集结的官兵，上下不和谐，万一内部有变动，后悔就来不及了。不如休兵，蓄养士气，严明赏罚，让叛贼看到形势缓和，一定认为官兵胆怯，叛贼首领就会开始争权夺利，必然离心离德。然后使君率领已教化的军民，讨伐离心离德的叛贼，这样便可坐等大功了！”耿鄙不听。夏季，四月，耿鄙进兵到狄道，凉州别驾反叛，响应叛贼，先杀死程球，后杀死耿鄙，叛兵乘势进攻包围汉阳。城中兵少粮竭，傅燮仍坚守城池。

当时北地的几千名胡人骑兵追随叛贼攻击汉阳郡，这些胡人都怀念傅燮的旧恩，一起在城外叩头，请求送傅燮回乡。傅燮的儿子傅干才十三岁，向傅燮进言道：“国家政治腐败昏乱，导致父亲大人不能在朝廷中容身。如今官兵不足以驻防，应听从羌人、胡人的请求，回到故乡，静候有道的君主出世后再去辅佐他。”傅干的话还没讲完，傅燮慨叹说：“你知道我必须去死的原因吗？最高的圣人对节操可通达权变，次等的只能坚守节操。商纣王暴虐，忠臣伯夷不吃周朝的粮食而死。我正逢乱世，不能修养出崇高的志向和节操，既然已经领受了国君的俸禄，又怎能躲避危难呢？再说我能跑到哪里去呢？我一定要死在这里！你有才学，好好自勉吧！主簿杨会是我的程婴。”

狄道人王国派前酒泉太守黄衍劝说傅燮说：“天下已不再是汉朝所有，府君您有意当我们的首领吗？”傅燮握着剑柄斥责黄衍说：“你是汉朝的臣子，怎么反而替叛贼游说呢？”于是指挥左右进军，临阵战死。耿鄙的司马扶风人马腾也拥兵反叛，与韩遂联合，共同选举王国为首领，侵扰三辅一带。

太尉张温由于没能平定叛贼，被罢免，朝廷任命司徒崔烈出任太尉。五月，任命司空许相为司徒，光禄勋沛国人丁宫为司空。

起初，张温征调幽州乌桓的三千突击骑兵讨伐凉州叛贼，前中山相渔阳人张纯请求率领突骑，张温不听，而派涿县县令辽西人公孙瓒去统率。这支军队行进到蓟城时，由于粮饷拖欠，乌桓骑兵大多逃回部落。张纯愤恨没有获得统帅的权力，就和同郡人前泰山太守张举及乌桓的部落酋长丘力居等联盟，抢掠蓟县，杀死护乌桓校尉公綦稠、右北平太守刘政、辽东太守阳终等，部众达十几万，驻扎在肥如县。张举自称天子，张纯称弥天将军、安定王，向各州郡发布文告，说张举将代换汉朝，命天子退位，敕令公卿来迎接张举。

冬季，十月，长沙叛贼区星自称将军，部众一万多人；孝灵皇上下诏派议郎孙坚出任长沙太守，讨伐平定叛贼，册封孙坚为乌程侯。

十一月，太尉崔烈被罢官；任命大司农曹嵩为太尉。

十二月，屠各胡反叛。

这一年，售卖关内侯，价值五百万钱。

前太丘县县长陈寔去世，全国来吊丧的有三万多人。陈寔为人处事公平正直，民众有了争执诉讼，总是请求他裁决，他把是非曲直说得明明白白，事后没有人抱怨；甚至人们叹息说：“宁可遭受刑罚，也不愿受陈君批评！”杨赐、陈耽每次被任命为公卿，百官们都来祝贺，二人总是感叹陈寔没有登上高位，而为自己先担当要职感到惭愧。

（以上为第十一段，写忠臣傅燮赴义而死，名士陈寔大志不伸，黯然凋谢。）

【点评】

黄巾大起义与东汉王朝的关系。黄巾大起义是借助宗教形式发动的。东汉统治者为了加强对人民的思想控制，极力宣扬谶纬迷信思想，以火德自命，用来表示天命所在。农民群众深受谶纬迷信的束缚，反过来以其人之道还治其人之身。顺帝时，琅邪人于吉造了一部《太平清领书》，后称之为《太平经》。东汉末年，《太平经》广泛流传于民间，《太平经》中宣扬的平均、平等以及变革天命的思想为困苦的农民群众所接受，在传经布道中分为几个流派，其中最主要的是“太平道”和“五斗米道”。

太平道的教主是巨鹿人张角，他自称“大贤良师”，通过用符水给人治病传播太平道，在冀州吸引了许多徒众，十余年间，信徒达到十多万人，遍于青、徐、幽、冀、荆、扬、豫等州。张角把信徒组织起来，按地区分为36方，大方一万多人，小方六七千人，各立首领，由他统一指挥。张角利用宗教把他的触角深入统治集团的最高中枢，吸纳皇宫中的宦官入道。经过周密准备，决定在中平元年（184）发动起义。事先向各地道徒传播“苍天已死，黄天当立，岁在甲子，天下大吉”。这是一道谶语，张角用作发动起义的口号，并在各地官府墙壁上用隐语写上“甲子”二字，作为一致起事的时间。张角要从京师心脏地区发动起义，宦官封谞、徐奉等愿做内应。由于弟子叛徒唐周告密，计划泄露，张角被迫通知各方提前在二月起义。波才在颍川，张曼成、赵弘、韩忠、孙夏等人在南阳，彭脱等人在汝南陈国，张角、张宝、张梁兄弟在巨鹿，杀逐太守，攻占城池，形成了几支强大的黄巾军。黄巾军人数极多，遍布大江南北，声势浩大，京师震动。

灵帝以诸侯入继大统，他与太后争权，依靠宦官，宠信张让、赵忠、封谞、段珪、曹节、侯览、蹇硕、程旷、夏恽、郭胜等十常侍。十常侍假借皇权，排斥外戚，打压朝官和士大夫，党羽子弟遍布州郡，残暴百姓，侵夺民宅。十常侍朋比为奸，蛊惑圣心，灵帝竟然称“张常侍是我公，赵常侍是我母”。宦官专权的黑暗政治是激发黄巾大起义的重要原因，而宦官却在“黄天当立”的谶语威胁下倒戈助黄巾。汉灵帝感到士大夫有用，于是质问十常侍说：“你们说党人要造反，杀的杀，禁锢的禁锢，而今倒是你们勾结黄巾军造朝廷的反，该不该杀呢？”十常侍叩头请罪，灵帝信任如故。但灵帝还是采纳了中常侍吕强的谏言，大赦党人，解除党禁，于是各地豪强地主纷纷起兵，配合朝廷所遣中郎将皇甫嵩、朱俊、卢植、董卓等率领的大军，分路镇压黄巾军，到十一月，各路黄巾军均被打败。张角病死，张宝、张梁被杀害。但黄巾军余部坚持战斗了近二十年。青徐黄巾军和冀州黑山军，一度部众达一百万，最终青徐黄巾军被曹操收编为青州兵，冀州黑山军被袁绍击败，此时已进入军阀大混战阶段，东汉已经名存实亡。

波澜壮阔的黄巾军如同暴风骤雨，突然兴起，而短短九个月就遭败绩，根本原因是东汉末年地主与农民两大对立阶级的矛盾还未到你死我活的地步，农民群众还未到不能生活的地步，黄巾大起义前夕没有重大的天灾人祸，黄巾军是靠宗教形式组织起来的，又计划泄露，匆匆而起，黄巾军是乌合之众，而官军与地方豪强则训练有素，且统治阶级一致对抗黄巾军，所以黄巾军很快失败了。东汉末年的腐败政治，表现为统治阶级上层集团的尖锐斗争，宦官专政，制造党锢冤狱，士大夫受到人民的同情。而党锢解禁，士大夫一致起来镇压黄巾起义，宦官一时收敛，人心还向着朝廷。一方面是黄巾基础不牢固，另一方面是汉家旗帜有士大夫的一致拥护而为人心所望。不过黄巾军虽然失败，却沉重地打击了东汉政权，而黄巾军余众的继续反抗，导致豪强集团兴起，为军阀混战打下了基础。由于黄巾军的过快失败，灵帝依然故我，宦官势力立即抬头，宦官集团反攻倒算，杀逐正直士大夫，还杀了吕强。灵帝比宦官还要贪婪，公然设立西园卖官所，朝官、郡守均标价拍卖。于是天下人心失望，诸侯打起了废立的主意，东汉的覆亡不可避免。但以怎样的形式改朝换代，那要看时局怎样发展。总之，黄巾军的沉重一击，注定了东汉政权一蹶不振。黄巾军虽然失败了，却扮演了改朝换代清道夫的角色。

资治通鉴（白话本） 卷第五十九

汉纪五十一

汉灵帝中平五年至汉献帝初平元年（公元188—公元190）

【起著雍执徐（戊辰，公元188年），尽上章敦牂（庚午，公元190年），凡三年】

【大事提要】

本卷记事起公元188年，讫公元190年，凡三年，当汉灵帝中平五年至汉献帝初平元年。三年间，东汉王朝发生剧烈震荡，影响历史的重大事件连续不断发生。主要有五大事件：一、灵帝英年早逝；二、朝士大夫诛灭宦官；三、董卓入京擅废立；四、关东诸侯起兵讨董卓；五、董卓挟帝西迁长安。这一系列大事件，导致东汉王朝在灵帝死后两年间换了两个皇帝，发生了两次宫廷政变，年号换了四个，政局动荡，权臣窃国，天子蒙尘，京都播迁，东汉由治世转入乱世，军阀形成，东汉名存实亡。东汉政治，宦官、外戚、朝士大夫三大势力长期并存。东汉新皇帝继位，年幼的居多，有五任皇帝是诸侯入继大统。桓、灵二帝相继以诸侯入继大统，桓帝十五岁即位，灵帝十二岁即位。少年登基，外戚得势，皇帝长成，依靠宦官抗衡外戚。宦官、外戚分羹，朝士大夫不满。于是，宦官、外戚、朝士大夫三大势力既相争又共存，是东汉政权的三大支柱。灵帝在位，虽然昏暴，正在英年，三大势力尚能维持平衡。灵帝三十四岁突然病逝，皇子年幼，长子刘辩仅十五岁，加之智力平庸，无法掌控政权。皇权出现真空。所以灵帝一死，失去皇权掩蔽的三大势力的斗争立即由明争暗斗转为公开白热化，宦官与朝士大夫势不两立，水火不容。此时外戚代表皇权，却又内部分裂。刘辩即位，史称少帝。少帝母何太后临朝，太后之兄大将军何进掌控朝政。何进倒向朝士大夫，谋诛宦官，而何氏是借助宦官势力登上政治舞台的，因此何太后庇护宦官，何进之弟何苗也党佑宦官。何进本人优柔寡断，执政能力差。于是外戚夹在宦官、朝士大夫两股势力中间左右摇摆。何进没有决断力，也就使朝廷失去了制衡能力。何进宣召董卓等诸侯带兵入洛，想借用外力挟制太后，诛灭宦官。结果宦官先下手为强，杀了何进，袁绍借机兴兵入宫，尽杀宦官，造成一场浩劫，宦官、外戚两股势力均被消灭。三大势力，只剩下朝士大夫一股力量，独木难支，朝政大权落入董卓之手。董卓为了进一步削弱朝士大夫，擅自废立，少帝刘辩被废杀，何太后亦死，九岁的陈留王刘协被立为帝，史称献帝。反对废立的袁绍、曹操等人被逼出京。如果说袁绍诛宦官是第一次宫廷政变，董卓废少帝、立献帝则是第二次宫廷政变。两次宫廷政变，发生在一年之内，年号换了四个：光熹、昭宁、永汉、初平，表明政权动荡激烈。两次宫廷政变，皇权遭践踏，统治集团大洗牌。公元190年，关东兵起，董卓西迁，东汉洛阳二百年帝京，董卓一把火把它化作了瓦砾场。随即，关东诸侯罢兵，各归州郡，互相征伐，形成了军阀混战，东汉也就名存实亡了。

孝灵皇帝下

汉灵帝中平五年（戊辰，公元188年）

春季，正月十五日丁酉，大赦天下。

二月，有异星出现在紫微星旁。

郭大率领的残余黄巾军，在河西白波谷起兵，侵扰太原、河东。

三月，屠各胡攻杀了并州刺史张懿。

太常江夏人刘焉看到王室多难，向朝廷建议："四方兵乱，原因是刺史威望太低，本已无能力禁止地方变乱，且又用人不当，以致叛变。朝廷应当改设州级军政，为州牧、州伯，还应选举有清名的重臣担任。"刘焉心里想得到交趾牧。侍中广汉人董扶私下对刘焉说："京师将发生变乱，益州地区有天子气象。"刘焉改求益州牧。适逢益州刺史郤俭赋敛繁重，扰乱百姓，讥讽的民谣远近流传，而且耿鄙、张懿又都被盗贼杀死，于是朝廷听从了刘焉的建议，选任列卿、尚书出任州牧，各人以原有的品秩上任。任命刘焉为益州牧，太仆黄琬为豫州牧，宗正东海人刘虞为幽州牧。州牧地位的上升与重要性自此开始。刘焉是鲁恭王的后裔，刘虞是东海恭王的五世孙。刘虞曾经担任幽州刺史，汉民夷狄都想念他的恩德和信义，所以任用他为幽州牧。董扶和太仓令赵韪都抛开官职，追随刘焉进蜀。

诏令征发南匈奴兵协同刘虞讨伐张纯，匈奴单于羌渠派左贤王率领骑兵到幽州听候调遣。匈奴人害怕没完没了征发军队，于是右部醯落反叛，与屠各胡联合，总计十多万人，攻占并杀死羌渠单于。匈奴人拥护羌渠的儿子右贤王於扶罗继位，称为持至尸逐侯单于。

夏季，四月，太尉曹嵩被免职。

五月，任命永乐少府南阳人樊陵为太尉。六月，樊陵被免职。

益州盗贼马相、赵祇等人在绵竹起兵，自称黄巾军，杀死刺史郤俭，进兵攻击巴郡、犍为，一个月里，攻破三郡，有徒众几万，自称天子。益州从事贾龙率领官吏百姓打败马相等人，几天内马相等人兵败逃散，益州境内安静。于是贾龙选派官兵迎接刘焉。

刘焉到任，把益州治所迁到绵竹，安抚招纳离乡背井的叛乱民众，推行宽大恩惠的政策，用来收取人心。

有七个郡国发生大水灾。

（以上为第一段，写东汉末初置州牧，刘焉入蜀任益州牧。）

前太傅陈蕃的儿子陈逸和术士襄楷在冀州刺史王芬的宾座上相见。襄楷说："天文之象不利于宦官，黄门、常侍将要被灭族了。"陈逸十分高兴。王芬说："如果这样的话，我愿意驱除他们！"于是招引豪杰交通，上奏书说黑山贼攻打抢劫郡县，想借此举兵。适逢灵帝想去北方巡视在河间的旧居，王芬等阴谋用兵拦截，杀死那些常侍、黄门，趁机废除灵帝，迎立合肥侯，王芬把他的计划告诉了议郎曹操。曹操说："废立皇帝的事，是天下最不吉祥的大事。古代有权衡成败、估量轻重后才实行的人，伊尹、霍光便是。伊尹、霍光都怀着最大的忠诚，依靠宰相的势力，凭借把持的重权，顺同众人的心愿，所以能按计算成就大事。今日各位只看到过去的容易，没看见现在的困难，而要做非常之举，想着一定成功，难道不是很危险的吗？"王芬又邀请平原人华歆、陶丘洪共同商定计划，陶丘洪打算投奔，华歆阻拦他说："废立皇帝的大事，伊尹、霍光都很为难。王芬生性粗忽又不果断，这事一定不能成功。"于是陶丘洪没有去。恰巧北方半夜里有股赤气，从东至西横贯天空，太史上书说："北方有阴谋活动，不宜去北方。"于是灵帝取消了北巡。诏令王芬收兵，不久征召王芬。王芬惧怕，卸下印绶逃亡，逃到平原自杀了。

秋季，七月，任命射声校尉马日磾为太尉。马日磾是马融的同族孙子。

八月，灵帝创立西园八校尉，派小黄门蹇硕为上军校尉，虎贲中郎将袁绍为中军校尉，屯骑校尉鲍鸿为下军校尉，议郎曹操为典军校尉，赵融为助军左校尉，冯芳为助军右校尉，谏议大夫夏牟为左校尉，淳于琼为右校尉，全都接受蹇硕节制。灵帝从黄巾军起事后，关心军事；蹇硕身强体健又有武勇策略，灵帝亲近信任他，即使大将军何进也要从属于他。

九月，司徒许相被罢官；任命司空丁宫为司徒，光禄勋南阳人刘弘为司空。

任命卫尉条侯董重为骠骑将军。董重是永乐太后哥哥的儿子。

冬季，十月，青州、徐州的黄巾重新起事，寇掠郡县。

观察云气用以推测吉凶的术士认为京都有兵乱，两宫会出现流血事件。灵帝想压制这种事件的发生，于是大举征集四方兵力，在平乐观下讲习武事，修建一个大坛，坛上树立起十二层彩色的坛盖，盖高十丈；大坛的东北面建筑一个小坛，坛上也树起九层的彩色坛盖，高九丈。排列步骑兵几万人，列队布阵。十日十六日甲子，灵帝亲自临坛检阅军队，站立于大坛盖下，大将军何进站立在小坛盖下。灵帝亲自披上甲胄，跨上披有铠甲的战马，自称"无上将军"巡行军阵三圈回到坛位，将兵权授给何进。灵帝问讨虏校尉盖勋说："朕如此讲习武事，怎么样？"盖勋回答说："臣听说先王只宣扬德政，不检阅军队。现在寇贼在远方而皇上却在这里布阵，这不足以表明果敢和坚强，是滥用武力罢了。”灵帝说：“好！只恨见你太晚，群臣以前没有这样的言论。”盖勋对袁绍说：“皇上很聪明，只是被他左右的人蒙蔽了。”盖勋和袁绍密谋一起诛杀皇帝左右的亲信宦官。蹇硕惧怕，把盖勋外放为京兆尹。

十一月，王国攻围陈仓。诏令重新启用皇甫嵩出任左将军，统领前将军董卓，合兵四万人抵御王国。

张纯和乌桓酋长丘力居在青、徐、幽、冀四州抢掠侵扰，诏令骑都尉公孙瓒讨伐他们。公孙瓒在辽东属国石门山与张纯等交战，张纯等大败，丢弃妻子儿女，越过边塞逃跑；被虏掠的男女全部被官兵夺回。公孙瓒深入敌后没有后援，反而被丘力居等围困于辽西管子城二百多天，粮尽而全军溃散，士兵死亡的有十分之五六。

董卓对皇甫嵩说：“陈仓危急，请赶快救援。”皇甫嵩说：“不必去救，百战百胜，不如不战而胜，陈仓虽小，但城池坚固守备严密，不易被攻克。王国虽然兵强，却攻不下陈仓，他的部众一定疲困，疲困后再进攻他，这是获胜的策略，何必匆忙去救援呢？”王国攻围陈仓八十多天，果然不能攻克。

（以上为第二段，写王芬议废立，虽然胎死腹中，却标志汉室天命已摇摇欲坠。灵帝讲武，设置新军西园八校尉，无补于政局稳定。）

汉灵帝中平六年（己巳，公元 189 年）

春季，二月，王国部众疲敝，解陈仓之围离去，皇甫嵩进兵追击。董卓说：“不可。兵法说：‘穷寇勿迫，归众勿追。’”皇甫嵩说：“不对，以前我不进击，是为了避开敌人的锐气；现今我要出击，正是等待敌人的士气衰弱；我们所进攻的是一支疲惫的军队，不是归兵；王国的部队一心逃遁，缺乏斗志，这是用我们整齐的部队去攻击溃逃的军队，而不是穷寇。”于是皇甫嵩单独追击，派董卓断后，连续战斗，大胜王国，杀敌一万多。董卓非常羞耻恼怒，因此和皇甫嵩有了仇怨。

韩遂等共同废掉王国的头领地位，劫持胁迫前信都令汉阳人阎忠统领各部。阎忠病死，韩遂等争权夺利，相互残杀，因此他们日渐衰弱。

幽州牧刘虞到任，派使者到鲜卑部落，晓以利害，责令鲜卑派使者送上张举、张纯的人头，悬以重赏。丘力居等人听说刘虞到任，很高兴，各派译员来联络，自己带兵回去。张举、张纯逃出边塞，余部或降或散。刘虞上奏朝廷请求裁撤各处防卫点的屯兵，只留下降虏校尉公孙瓒，率领步兵骑兵一万人屯守右北平。三月，张纯的门客王政杀掉张纯，把首级送给刘虞。公孙瓒立志要消灭乌桓，而刘虞想用恩德和信义来招降，因此与公孙瓒有了仇怨。

夏季，四月初一日丙子［丙午］，发生日食。

太尉马日磾被免职，朝廷派使者到幽州任命幽州牧刘虞为太尉，封容丘侯。

蹇硕忌刻大将军何进，便与众常侍一起劝说灵帝派何进西征韩遂，灵帝接受了众宦官的意见。何进心中清楚他们的阴谋，上奏请求委派袁绍集结徐、兖两州的官兵，等到袁绍回来再西征，以此来拖延行期。

先前，灵帝多次失去皇子，何皇后生下儿子刘辩，把他放在道人史子眇家养育，称为“史侯”。王美人生下儿子刘协，由董太后亲自养育，称为“董侯”，群臣请求确立太子。灵帝认为刘辩轻浮没有威严，想立刘协，犹豫不决。灵帝恰逢病重，就把刘协托付给蹇硕。四月十一日丙辰，灵帝在嘉德殿去世。当时蹇硕在宫内，想先杀死何进然后立刘协，派人去迎请何进，说要与他商讨事情；何进马上驾车前往。蹇硕的司马潘隐和何进早有交谊，潘隐出宫迎接何进，用眼神暗示。何进心领神会，大惊失色，赶紧从捷径飞马回营，率兵进驻各郡国在京城的官邸，称病不入宫。

（以上为第三段，写幽州公孙瓒与刘虞因政见不同而有隙。灵帝崩于嘉德殿。）

四月十三日戊午，皇子刘辩即皇帝位，年仅十四岁。尊皇后为皇太后，太后临朝听政，大赦天下，改元年号为光熹，册封皇帝的弟弟刘协为勃海王。刘协当时只有九岁。任命后将军袁隗为太傅，与大将军何进共同管理尚书事务。

何进执掌朝政后，愤恨蹇硕曾想谋害自己，暗中策划诛杀他。袁绍通过何进的亲信门客张津，劝说何进杀灭全部宦官。何进认为袁氏历代显贵受宠幸，而且袁绍和他的堂弟虎贲中郎将袁术都是豪杰归附的英雄，十分信任重用袁氏兄弟。何进又广泛地征求智谋之士何颙、荀攸以及河南人郑泰等二十多人，委任何颙出为北军中候，荀攸为黄门侍郎，郑泰为尚书，把他们视作自己的心腹。荀攸是荀爽的堂孙。

蹇硕疑虑不安，和中常侍赵忠、宋典等通信说：“大将军兄弟俩掌握国政，现今正与天下党人策划诛杀先帝左右的亲信，要全部消灭我辈，只是因为我掌管了禁军，所以暂且不敢妄动。现今应当一起关闭宫门，赶快捕杀何进。”中常侍郭胜与何进是同郡人，太后和何进得以显贵宠幸，郭胜起了很大作用，所以依附何氏；于是和赵忠等商议，不听从蹇硕的策划，反倒把蹇硕的书信给何进看。四月二十五日庚午，何进派黄门令收捕蹇硕，立即诛杀，趁势夺取了屯守京师的全部兵权。

骠骑将军董重与何进发生权力冲突，宫中宦官依靠董重来增强自己的势力。董太后每次要参与政事，何太后就要加以阻挠，董太后很愤恨，骂道：“你现在这样猖狂，还不是仗着你的哥哥！我下令骠骑将军斩下何进的头颅，易如反掌！”何太后听到这话，就告诉了何进。五月，何进和三公共同上奏：“董太后派前中常侍夏恽等勾结州郡官府，独霸财物，全部纳入她住的永乐宫。依据惯例，藩国的王后不能留住京城，请把董太后迁回本国。”奏章得到准许。五月初六日辛巳，何进举兵包围骠骑将军府，逮捕董重，罢免他的官职，董重自杀。六月初七日辛亥，董太后由于忧惧，突然死去。从此民心不归向何氏。

六月十七日辛酉，安葬汉灵帝于文陵。何进鉴于蹇硕加害自己的教训，称病不出，既不入宫守灵，也不送葬汉灵帝的棺椁到墓地。

发生大水灾。

秋季，七月，迁徙勃海王刘协为陈留王。

司徒丁宫被免职。

袁绍再次劝说何进说："从前窦武想诛杀宦官，结果反为宦官所害，只因语言泄露，北军的五营士兵都害怕而服从宦官，而窦武反要利用他们，自取灭亡。现在将军兄弟俩共同统领精锐部队，部属将帅都是英雄豪杰，乐于效命，大事全在您的掌控之中，这是天赐良机。将军应当果断地为天下除害，留名后世，不可失去这个机会。"何进于是禀报太后，请求罢免所有中常侍以下的宦官，用三署中的郎官补其缺。太后不听从，说："既是从古到今的制度，也是汉家的传统，不能废掉。况且先帝刚去世，我怎能去抛头露面和群僚相处共事呢？"何进难以违抗太后的意见，就只想杀掉那些飞扬跋扈的宦官。袁绍认为宦官亲近皇帝，诏书敕令全由他们传递，如果现在不彻底消灭，将来祸害无穷。但太后的母亲舞阳君与何苗多次接受众宦官的贿赂，知道何进要诛杀他们，多次呈请太后保护他们。又说："大将军要专门杀害太后亲近的人，目的是专擅权力以削弱国家。"太后起了疑心，认为此话有理。何进刚刚显贵，一向害怕宦官，虽然对外表示要诛杀宦官建立伟大的功名，内心却下不了决断，所以此事长久不能决定下来。

袁绍等又为何进出谋划策，多招募四方猛将和众豪杰，要他们都带兵向京城进发，以此胁逼太后，何进同意了。主簿广陵人陈琳劝谏说："谚语说'掩目捕雀'，即使是一件小事尚且不能用欺骗手段来达到目的，何况国家大事，怎么可以用欺骗的方式去完成呢？现在将军身居高位，手握军权，龙行虎步，为所欲为，消灭宦官就像鼓起大火炉烧掉毛发一样容易。只要行动迅速如雷霆闪电，行使权力果敢坚决，那么天意民心都会顺服。如果放弃手中兵权，转而向外求援，大兵一旦聚集，强者就要称雄，这就像倒着拿兵器，把刀柄送给别人一样，一定不能成功，只会酿成祸乱。"何进不听从。典军校尉曹操听到后大笑着说："宦官古今都应当有，只有天子不应给予权势宠幸，导致现在的局面。既然要治他们的罪，就应消灭元凶，只留一个狱官就足够了，何至于纷纷去征召外地的军队呢？要想完全诛灭宦官，事情一定会败露，我看这事一定失败。"

当初，灵帝征召董卓任少府，董卓上奏说："臣所率领的湟中义从羌兵和秦、胡的士兵都对臣说：'没有发给足额的粮饷，赏赐也断了，使得妻子儿女饥寒交迫。'他们拉着臣的车子，使臣不能前进一步。羌人、胡人的心肠就像狗一样急躁，无法禁止，只好顺情安慰。将来情况有变，再上奏章。"朝廷对他无可奈何。等到灵帝病重，下诏书任命董卓为并州牧，要他把军队交给皇甫嵩。董卓又上奏说："臣错蒙皇帝恩惠，掌管军事十年，官兵上下，长期共处，产生情感，他们眷念臣培育的恩惠，乐意为臣流血效命，臣请求率领他们北上并州，为国家的边防效力。”皇甫嵩的侄子皇甫郦劝告皇甫嵩说：“天下兵权握在您和董卓的手中，其势无法共存。董卓受诏令交出兵权却上奏自请率兵，这是违抗诏命的大罪，他敢于这样，其实是在审度京城的政治动乱，所以才拖延不进，这是怀有奸心。抗旨、拖延，这两种行为都是刑律不能赦免的。况且他凶残暴虐不讲亲情，将士不依附。大人现在身为元帅，凭仗国家的威严去讨伐他，对上表示忠义，对下消除凶害，没有不成功的。”皇甫嵩说：“违反诏命虽然有罪，但擅自诛伐也有罪责。不如清楚地奏报此事，让朝廷来裁决。”于是上书呈报汉灵帝。汉灵帝以此斥责董卓。董卓仍不肯接受诏书，驻兵河东以观望时局变化。

何进召董卓率兵到京城。侍御史郑泰劝谏说：“董卓强暴残忍缺少仁义，欲望无边，倘若他掌管朝政，处理国家大事，那将会助长他的凶残和欲望，必定危害朝廷。明公您凭着皇亲国戚、德高望重，掌握国家大权，可以按照意愿独断专行，惩除罪犯，真不该借重董卓为援助，再说事情延迟会生变故，前不久窦武的教训可作殷鉴，应尽快决断。”尚书卢植也说不应征召董卓，何进俱不听从。郑泰辞职离去，对荀攸说：“何公是个难以辅助的人。”

何进的僚属王匡、骑都尉鲍信都是泰山人，何进派他们回故乡去招募军队；又召东郡太守桥瑁屯驻成皋，委派武猛都尉丁原率领几千人骚扰河内，火烧孟津，火光照到洛阳城中。这些行动都打着诛除宦官的名义。

董卓接到征召诏令，立即上路，同时上书说：“中常侍张让等人，依靠皇帝的宠幸，扰乱天下。臣听说扬汤止沸，不如釜底抽薪；挑破脓包，虽然疼痛，但胜过它向内腐蚀肌体。从前有赵鞅兴晋阳之兵去驱赶国君身边的恶人，如今臣擂响钟鼓进兵洛阳，请求收捕张让等扫清奸邪！”太后还是不听从。何苗对何进说：“当初我们一起从南阳来，出身贫贱，依靠了宦官才获得富贵，国家的事情，谈何容易。覆水难收，你应当深思熟虑，还是和宦官们议和吧。”董卓到了渑池，何进却更加狐疑，拿不定主意，便派谏议大夫种劭宣布诏书阻拦董卓。董卓不接受诏令，竟进军到河南。种劭出迎慰劳军队，趁此宣明圣谕令其回师。董卓怀疑有变故，下令他的部下用武器威吓胁迫种劭。种劭愤怒，用皇帝诏书的名义呵斥士兵，士兵们都跑散了，于是种劭向前质问董卓；董卓理屈词穷，只好撤回夕阳亭。种劭是种暠的孙子。

（以上为第四段，写少帝刘辩即位，大将军何进与袁绍谋诛宦官，召董卓入京。）

袁绍害怕何进改变计划，因而威吓他说：“冲突已经形成，情势已经显露，将军还要等待什么而不早做决断？事情拖久了就会发生变故，难道要重演窦氏的悲剧吗？”何进于是委任袁绍为司隶校尉、持节，专门负责隔断内外的消息。又委任从事中郎王允为河南尹。袁绍派出洛阳方略武吏观察宦官动静，又督促董卓等快马上奏章，说要进兵平乐观。太后惊恐，罢免所有的中常侍、小黄门，让他们返回自己的住所，只留下何进亲信的人守卫在宫中。中常侍、小黄门都到何进那里请罪，任凭处置。何进说："天下纷乱不安，正是由于厌恨你们。现在董卓就要来了，诸位为何不早点到自己的封国。"袁绍劝何进趁此机会除掉他们，一而再，再而三，何进不同意。袁绍又发出公文到各州郡，假称是何进的意见，要他们收审宦官的亲属。

何进的计划拖延许久，有所泄露，宦官们因为恐惧转而想发动政变。张让的儿媳是何太后的妹妹，张让向儿媳叩头说："老臣已犯罪，应和儿媳一起返回故里。只是蒙受几代的皇恩，如今要远离宫殿，心中留恋，希望能再一次进宫值宿，暂时侍奉太后、皇帝，然后退归乡野，死而无憾！"儿媳将这话转告舞阳君，舞阳君入宫禀告何太后；何太后诏令众常侍都重新入宫值宿。

八月二十五日戊辰，何进进入长乐宫，报告太后，请求诛杀所有常侍。中常侍张让、段珪相互商议说："大将军称病，不参加守丧，不去送葬，现在突然进宫，他要干什么？难道又要重演窦氏的事件吗？"于是派人去窃听，获知全部谈话内容。率领他们的同党几十人手持兵器偷偷地从侧门进去，埋伏在宫门下，何进出来，趁机诈称太后征召何进，何进复入宫坐定，张让等斥责何进说："天下混乱，也不仅仅是我们的罪过。先帝曾与太后不和睦，几乎到了决裂的地步，我们流泪挽救和解，各人拿出家财千万作为礼物，取悦皇帝，只是想依附在你们的门下罢了。现今你却要消灭我们一族，不是也太过分了吗！"于是尚书监渠穆拔剑在嘉德殿前杀了何进。张让、段珪等起草诏书，任命前太尉樊陵为司隶校尉，少府许相为河南尹。尚书得到诏书，觉得可疑，说："请大将军出来共同商量。"中黄门把何进的人头扔给尚书说："何进谋反，已被诛杀！"

何进部将吴匡、张璋在宫外，听到何进被害，想率兵冲入宫内，但宫门已经关闭。虎贲中郎将袁术和吴匡一起攻击，用刀劈宫门，中黄门手持兵器守护。适逢天黑，袁术趁机火烧南宫青琐门，想以此胁迫张让等出来。张让等入后宫禀报太后，说大将军的军队谋反，焚烧皇宫，攻打尚书府，张让等趁机挟持太后、少帝和陈留王，以及宫内的其他官属从阁道逃向北宫。尚书卢植手持长戈在阁道的窗下，迎面数落段珪罪状；段珪害怕，于是释放太后，太后从阁道窗口跳下，才幸免被劫持。袁绍和叔父袁隗伪造诏书征召樊陵、许相，杀死他们。袁绍与何苗率兵驻守朱雀阙下，将抓获的赵忠等人全杀了。吴匡等一向怨恨何苗不与何进同心，而且又疑心他与宦官同谋，于是在军中下令说："杀死大将军的人就是车骑将军何苗，你们能为大将军报仇吗？"官兵们都流泪说："我们愿意拼命致死！"吴匡率兵和董卓的弟弟奉车都尉董旻进攻杀死了何苗，把他的尸体扔在宫苑中。于是袁绍关闭北宫门，率兵捕捉所有的宦官，无论长幼统统杀掉，总计两千多人，有些还是小孩。袁绍乘势进兵宫禁，有的士兵爬上端门，冲进宫内。

八月二十七日庚午，张让、段珪走投无路，于是劫持少帝和陈留王几十人走出正北门，夜晚，来到小平津，御用的六玺没有带在身边，没有一个公卿跟随，只有尚书卢植、河南中部掾闵贡夜里追赶到黄河边。闵贡一边厉声呵斥张让等，一边说："你们现在还不赶快自杀，我就要杀死你们！"于是挥剑杀了几个人。张让等惊惧，拱手一再作揖，向少帝叩头告辞说："臣等要死了，请陛下自己保重！"于是投河而死。

闵贡扶着少帝和陈留王乘夜借着萤火虫的光向南步行，想返回皇宫，走了几里，得到百姓一辆没有帷盖的车子，一起乘坐到洛舍歇息。八月二十八日辛未，少帝独乘一匹马，陈留王和闵贡同乘一匹马，从洛舍向南走，逐渐有少数公卿赶来。董卓到显阳苑，远远看见火光亮起，知道有了变故，率兵急进；天还未亮，董卓到达洛阳城西，听说少帝在北面，就与公卿们赶往北芒阪下迎接。少帝看见董卓率兵来到，惊恐涕泣。大臣们对董卓说："有诏令，命你退兵。"董卓说："诸位自为国家大臣，不能辅佐王室，导致国家动荡，哪有退兵这一说！"董卓和少帝交谈，少帝不懂董卓的话；于是董卓和陈留王交谈，问起祸乱原因，陈留王一一回答，自始到终，没有什么遗漏。董卓十分高兴，认为陈留王贤能，又是董太后养育，董卓自认为与太后同族，于是产生了废立的念头。

这一天，少帝回宫，大赦天下，改年号光熹为昭宁。只丢了传国玉玺，其余的玉玺都找到了。任命丁原为执金吾。骑都尉鲍信从泰山招募军队刚好赶到，劝袁绍说："董卓拥持强兵，将来会有野心，现今若不早点下手，将来一定受他控制；趁他刚来还很疲惫，偷袭他，可以把他抓到。"袁绍害怕董卓，不敢发兵。鲍信便率兵返回泰山。

（以上为第五段，写大将军何进优柔寡断，为宦官所害。袁绍趁机清宫杀灭宦官，实质是一场震动京师的宫廷政变。）

董卓刚进京城，步兵骑兵不过三千，自己嫌兵力太少，忧虑不能使远近害怕，大约每隔四五日就在夜里偷偷地派出近一营兵士，第二天早晨，再大张旗鼓地回来，使人认为西军又来了，这一情况洛阳城中没人知晓。不久何进及弟弟何苗的部队都归属董卓，董卓又暗中派丁原的部下司马五原人吕布杀死丁原，吞并了他的部队，董卓的兵力空前扩大。他暗示朝廷，以久雨不晴为借口，下诏罢免司空刘弘，让自己代理。

起初，蔡邕流放到朔方，遇到大赦得以返回。五原大守王智是王甫的弟弟，上奏蔡邕诽谤朝廷；蔡邕四处逃亡达十二年。董卓闻知蔡邕的名声而征召辟举他，蔡邕装病不应征。董卓发怒，骂道："我可以灭掉蔡邕全族！"蔡邕害怕从而应召，到了洛阳，被任命为祭酒，很受敬重，对策评为高第，三日之内升迁三次，历任三个不同官署的官职，后升为侍中。

董卓对袁绍说："天下的君主应由贤明的人来登位，每每想到灵帝，令人愤恨。董侯似乎可以，现在我打算拥立他，不知他是否能胜过史侯？有的人小事聪明大事糊涂，也不知他将怎么样？现在暂且如此，刘氏的后代不值得再辅佐。"袁绍说："汉家统治天下约四百年了，恩泽深厚，万民拥戴。现在皇上年轻，没有什么不良的行为显露天下。您想废嫡立庶，恐怕众人不会接受您的意见。"董卓按剑呵斥袁绍说："小子胆敢如此！天下的事情，难道不是由我来定夺？我想做的，谁敢不服从？你认为董卓的刀不锐利吗？"袁绍也大怒说："天下的英雄难道仅只有你董公吗？"他抽出佩刀，横向作个揖，径直走出。董卓刚到京师，见袁绍是累代显贵的大家，所以不敢加害他。袁绍把司隶校尉的符节悬挂在上东门，逃到冀州。

九月癸酉日［八月三十日癸酉］，董卓召集百官，抬头说道："皇帝昏庸懦弱，不可以继承宗庙，做天下的君主，现今我想按照伊尹、霍光的故事，改立陈留王，怎么样？"公卿以下的大臣都很惊惧，没有谁敢回答。董卓又高声说："从前霍光定夺废立大计时，田延年手握剑柄。今天敢阻止大事，就按军法论处。"在座的人惊骇震动。只有尚书卢植说："从前太甲继位后昏庸不明，昌邑王罪过一千有余，所以有废立的事情。现今皇上年轻，没有失德的行为，不能与前面的事情相比。"董卓大怒，宣布休会，将要诛杀卢植，蔡邕为卢植说情，议郎彭伯也谏劝董卓说："卢尚书是海内大儒，人人仰望；如今先杀了他，天下震惊。"董卓这才罢手，但免去了卢植的官职，卢植于是逃跑隐居上谷。董卓把废立的计划告诉太傅袁隗，袁隗回报赞同。

九月初一日甲戌，董卓又在崇德前殿召集群臣会议，于是威逼太后策令废除少帝，诏令说："皇帝守丧期间，未尽孝子之心，威仪不像国君的样子，现今废为弘农王，立陈留王刘协为皇帝。"袁隗解下皇帝的玉玺印绶，呈献给陈留王，扶持弘农王下殿，面北称臣。太后哽咽流涕，群臣悲痛，但没人敢说话。

董卓又提议："何太后曾逼迫董太后，使她忧郁而死，违反了媳妇侍奉婆母的礼节。"于是把何太后迁至永安宫。大赦天下，改年号昭宁为永汉。九月初三日丙子，董卓毒死何太后，公卿以下大臣都不能穿丧服，到参加葬礼那一天，也只让穿白色的衣服。董卓又挖掘何苗的棺材，拖出他的尸体，分裂截断，扔到路边，杀死何苗的母亲舞阳君，将其尸首扔在宫苑的枳木篱笆中。

下诏令任命公卿以下百官的儿子或兄弟为郎官，用来弥补宦官被诛杀后的缺位，在殿上侍奉。

九月十三日乙酉，任命太尉刘虞为大司马，封襄贲侯。董卓自己就任太尉，兼任前将军，加赐节传、斧钺、虎贲，改封为郿侯。

九月十四日丙戌，任命太中大夫杨彪为司空。

（以上为第六段，写董卓大权独揽，擅自废立。）

九月二十一日甲午，任命冀州牧黄琬为司徒。

董卓领衔大臣上奏，请求重新审查陈蕃、窦武以及所有党人的案件，平反昭雪，全部恢复他们的爵位，派出使者吊唁祭祀，启用他们的子孙。

从六月下雨不停，直到九月。

冬季，十月初三日乙巳，安葬何皇后。

白波贼党徒侵扰河东，董卓派部将牛辅征剿。

当初，南单于於扶罗即位后，杀死他父亲的匈奴国人反叛，拥立须卜骨都侯为单于。於扶罗到京师控告反叛者。正碰上灵帝去世，天下大乱，于是於扶罗率领几千骑兵和白波贼党合兵侵扰郡县。当时百姓都组织起来修筑坞壁聚众自保，於扶罗单于抢劫不到什么东西，反而伤亡不少部众。於扶罗想再回国，国人不予接受，他只好停留在河东平阳。须卜骨都侯做了一年的单于就死了，南匈奴的王庭空下单于位置，由老王代行国事。

十一月，册命董卓为相国，给予董卓在朝拜时不称名，上朝时也不必趋步快行，还可以佩剑穿鞋上殿的权利。

十二月戊戌日［十一月二十六日戊戌］，任命司徒黄琬为太尉，司空杨彪为司徒，光禄勋荀爽为司空。

起初，尚书武威人周毖、城门校尉汝南人伍琼，劝说董卓矫正桓帝、灵帝的政治，任用天下名士以收拾民心，董卓听从了，便命令周毖、伍琼和尚书郑泰、长史何颙等淘汰贪官污吏，选拔被压抑的人才。于是朝廷征用隐士荀爽、陈纪、韩融、申屠蟠。又委任荀爽为平原相，荀爽赴任走到宛陵时，又改任升迁为光禄勋，上任才三天，再次升迁为司空。自从他被征召到登上三公之位，总共才九十三日。又任命陈纪为五官中郎将，韩融为大鸿胪。陈纪是陈寔的儿子，韩融是韩韶的儿子。荀爽等都害怕董卓的凶残，没有谁敢不来。只有申屠蟠得到征召令时，别人劝他赴任，申屠蟠却笑而不答，董卓始终没能让他屈服，他活了七十多岁，寿终正寝。董卓又委任尚书韩馥为冀州牧，侍中刘岱为兖州刺史，陈留人孔伷为豫州刺史，东平人张邈为陈留太守，颍川人张咨为南阳太守。董卓所宠爱的人并不担任显要官职，只是做将校罢了。

下诏令废除光熹、昭宁、永汉三个年号。

董卓天性残忍，一旦大权在握，控制了国家的军队、珍宝，威震天下，权势欲望更是没有止境，他对宾客们说："我的相貌，尊贵无比！"侍御史扰龙宗到董卓那里汇报政务，没有卸下佩剑，立即被打死。当时，洛阳城中的豪门贵戚，宅第相望，金银财宝，家家充足，董卓放纵士兵，冲入他们的住宅，掠夺财宝，奸污、抢走妇女，不回避皇亲国戚；人人自危，朝不保夕。

董卓悬赏急于捉拿袁绍，周毖、伍琼劝谏董卓说："废立大事不是一般的人所能理解的。袁绍不识大体，恐惧出逃，没有其他野心。现今悬赏捉拿，逼迫太急，势必促成他叛乱。袁氏四代显贵，门生故吏遍布天下，如果他收揽豪杰，聚集徒众，英雄随之四处兴起，那么崤山以东就不属于您了。不如赦免他，任命他为一个郡守，袁绍高兴被免罪，一定不会有祸害。”董卓同意这个办法，马上任命袁绍为勃海太守，封邟乡侯。又任命袁术为后将军，曹操为骁骑校尉。

袁术害怕董卓，逃到南阳。曹操改名换姓，走小路东逃，经过中牟县时，被亭长怀疑，抓捕送到县衙。当时县衙已接到董卓缉拿曹操的文书，只有功曹心里知道他是曹操，认为天下正乱，不应抓捕天下的英雄豪杰，因此向县令建议释放了他。曹操回到陈留，散发家财招兵，聚集起五千人马。

这时，豪杰大多想起兵征讨董卓，袁绍在勃海郡，冀州牧韩馥派出几个州牧从事监管他，使他不得起兵。东郡太守桥瑁，假托京师三公的名义给州郡发下声讨董卓的檄文，列举董卓罪恶，说：“皇上被逼迫，无法自救，盼望地方兴起义兵，除去国家祸害。”韩馥得到檄文，请从事们商量，韩馥问大家：“现今应帮助袁氏还是董氏？”治中从事刘子惠说：“现今兴兵是为了国家，怎么能说是为袁绍还是为董卓？”韩馥面有愧色。刘子惠又说：“战争是凶事，不能带这个头；现今应当关注其他各州的动静，有起兵的，我们再响应。冀州不比其他州弱，建功立名，没有哪个州能超过冀州的。”韩馥认为有理。韩馥于是写信给袁绍，陈述董卓的罪恶，听任袁绍起兵。

（以上为第七段，写董卓平反党人冤狱，征用名士，外示宽柔，而放纵部属肆意抢掠皇亲国戚和大户，野心勃勃，觊觎神器。）

孝献皇帝甲

汉献帝初平元年（庚午，公元 190 年）

春季，正月，关东各州郡都起兵征讨董卓，推举勃海太守袁绍为盟主；袁绍自称车骑将军，各将领都临时授予官号。袁绍与河内太守王匡驻屯河内，冀州牧韩馥驻屯邺城，供给各军的军粮。豫州刺史孔伷驻屯颍川，兖州刺史刘岱、陈留太守张邈、张邈的弟弟广陵太守张超、东郡太守桥瑁、山阳太守袁遗、济北相鲍信和曹操都驻屯酸枣，后将军袁术驻屯鲁阳，各路兵马都有几万人。豪杰大多拥护袁绍，只有鲍信对曹操说：“谋略超群，能拨乱反正的人就是您。如果不是非凡的人，即使他现在强盛也一定会失败。您恐怕是上天派来拯救乱世的人吧！”

正月初十日辛亥，大赦天下。

[二月初三日] 癸酉，董卓派郎中令李儒毒死弘农王刘辩。

董卓提议大举发兵征讨山东的各路诸侯。尚书郑泰说：“政治在于德行，不在于军队众多”，董卓不高兴地说：“按您的说法，军队没有用了！”郑泰说：“我说的不是这个意思，只是认为山东不值得用大军征讨罢了。明公您来自西州，年轻时就担任将帅，通晓军事。袁本初是公卿子弟，生长在京城；张邈是东平的忠厚长者，坐下之后目不斜视；孔伷高谈阔论，能把死的说成活的，他们都没有军事才能，临阵打仗，他们不是明公您的对手。况且没有受封王爵，无尊卑次序，如果他们依靠人多势众，就会各自独立坐观成败，不肯同心协力，共进共退。况且山东长期太平，人民不熟习战事；函谷关以西刚遭羌人侵扰，妇女都能持弓战斗，天下最不怕死的人，没有超过并州、凉州的人和羌人、胡人的义从战士，而明公您却拥有这些人作为自己的爪牙，犹如驱赶老虎犀牛扑向犬羊，鼓动狂风横扫枯叶一样，谁敢抗拒你呢？没有特大事情而征召兵马来惊动天下，恰恰是把害怕当兵的人聚集起来正好闹事，抛弃德政依仗军队，这是自己损害自己的威望。”董卓听完才高兴起来。

（以上为第八段，写关东诸侯起兵讨董卓。）

董卓认为山东兵力强大，想迁都避开锋芒，公卿大臣们都不愿意，却没人敢说话。董卓上书推举河南尹朱儁为太仆作为自己的副手，使者宣召，朱儁推辞并趁机说：“国家西迁，势必要辜负天下人的希望，而且会成为山东联合抗命的借口，我不认为这是可行的。”使者说：“召您接受任命您却拒绝，没有询问您迁都的事您却评论它，这是为什么？”朱儁说：“辅佐相国，不是我能胜任的；迁都不是好办法，事情紧急。我推辞自己不能胜任的，说出当务之急的建议，是我作为臣子的本分。”因此董卓不再勉强朱儁做自己的副手。

董卓召集公卿大臣商议，说：“高祖建都关中传世十一代，光武帝建都洛阳，至今也有十一代了。按照《石包谶》的说法，应迁都长安来应合天意。”百官全都沉默。司徒杨彪说：“迁移京都改革制度是国家大事，所以盘庚迁都亳邑，殷代的百姓都抱怨。从前关中地区遭到王莽的毁坏，所以光武帝改洛邑，历时已久，百姓安居乐业，今天无故抛弃祖宗祠庙，远离先帝陵园，恐怕百姓受到惊动，势必引发天下混乱。《石包谶》是妖邪之书，怎么能相信！”董卓说：“关中地区土地肥沃，所以秦国能吞并六国。况且陇右地区出产木材，杜陵地区有武帝时烧陶器的窑灶，合起来经营，很快就见成效。老百姓的议论，不值得考虑，如果敢来阻止，我用大兵驱赶百姓，把他们统统赶下海。”杨彪说：“要天下动荡很容易，要天下安定很难，希望明公要三思！”董卓变脸说：“你要败坏国家大计吗？”太尉黄琬说：“这是国家大事，杨公所言，还是值得考虑。”董卓不回答。司空荀爽见董卓肝火正旺，恐怕他杀害杨彪等，因而和气地劝道：“相国哪里乐意这样呢？只是山东起兵，不是一天两天能够平息的，所以应该迁都来对付他们，这和秦汉当初的形势一样。”董卓的怒气才稍有平息。黄琬退朝后，又上书反对。二月初五乙亥，董卓用灾异为借口上奏罢免黄琬、杨彪等，任命光禄勋赵谦为太尉，太仆王允为司徒。城门校尉伍琼、督军校尉周毖坚决谏阻迁都，董卓大怒说："我当初入朝，二位劝我任用贤良的名士，所以我听从了，而这些人到任后，却起兵反对我，你们二位出卖我，我董卓没有什么对不起你们！"二月初十庚辰，董卓逮捕伍琼、周毖，杀了他们。杨彪、黄琬恐惧，到董卓那里谢罪，董卓也后悔杀死伍琼、周毖，又上表任用杨彪、黄琬为光禄大夫。

董卓征召京兆尹盖勋为议郎；当时左将军皇甫嵩率领三万兵众屯驻扶风，盖勋秘密和皇甫嵩谋划征讨董卓。恰好董卓正在征召皇甫嵩为城门校尉，皇甫嵩的长史梁衍劝皇甫嵩说："董卓抢劫京师，随意废立皇帝，现在征召将军，大则有祸，小则受辱。现在趁董卓还在洛阳，天子将西迁，用将军的大军迎接天子，奉天子之命讨伐逆贼，征召各路统帅的兵马，袁氏从东面进攻董卓，将军从西面逼迫，这样一定能抓获董卓。"皇甫嵩不听，终于接受了征召。盖勋因兵弱势孤，不能独自行动，也返回京师。董卓任命盖勋为越骑校尉。河南尹朱儁向董卓陈说军事，董卓蔑视朱儁说："我百战百胜，胸有成竹，你不要胡说，免得你的血玷污了我的刀！"盖勋说："从前武丁那样圣明，还征求别人的意见，何况像你这样的人，反而要堵塞别人的口！"董卓于是向他道歉。

董卓派军队到阳城，碰上老百姓在社下进行祭祀，就把男人们全杀掉，驾着他们的车辆辎重，装着他们抢掠的妇女，还割下被杀人的头颅绑在车辕上，歌唱呼喊着返回洛阳，说是攻打叛贼大获全胜。董卓焚烧这些头颅，把妇女配给兵士做婢妾。

二月十七日丁亥，天子西迁，董卓收捕众富豪，捏造罪名诛杀他们，没收其财产，死人不计其数，董卓驱赶剩余的几百万人全都迁往长安，步兵骑兵裹胁逼迫，人马践踏，加上饥饿和抢夺，沿途尸首遍地。董卓自己留屯毕圭苑中进行督促，焚烧掉所有的宫殿、陵庙、官府、民房，洛阳二百里内，屋室尽毁，鸡犬不留。又派吕布挖掘各皇帝的陵墓和大臣的墓地，收罗珍宝。董卓擒获山东的士兵，用猪油涂在十几匹布上，把它裹在俘虏的身上，然后从脚下点火，活活烧死他们。

三月初五日乙巳，天子进入长安，暂住在京兆尹的府宅，等到把宫室稍加修整后才迁入。此时董卓还没有到长安，大小朝政都由王允处置。王允对外协调各方，安抚王室，颇有大臣风度，从天子到百官都依靠他；王允委屈奉承董卓，董卓也很信任他。

（以上为第九段，写董卓胁迫献帝西迁长安，火烧洛阳，东汉二百年帝京，成了一片废墟。）

董卓因为袁绍起兵，三月十八日戊午，杀死太傅袁隗、太仆袁基及其家中婴孩以上五十多人。

起初，荆州刺史王睿与长沙太守孙坚共同攻击零陵、桂阳的贼党，王睿认为孙坚是个武夫，话里颇有轻蔑之意。到了州郡起兵讨伐董卓时，王睿与孙坚也一同起兵。王睿一向与武陵太守曹寅不和，扬言首先要杀的就是曹寅。曹寅害怕，伪造一份按行使者的公文给孙坚，数说王睿的罪过，令孙坚逮捕王睿，先斩后奏。孙坚接到公文，立刻整兵袭击王睿。王睿听到孙坚的兵到了，登上城楼察看，派人寻问："你想要干什么？"孙坚的前锋回答说："士兵们长久作战非常辛苦，想来见您，向您讨生活费用。"王睿看到孙坚惊讶地说："士兵们自己来求赏，孙府君为何在当中？"孙坚说："受使者的公文来诛杀你！"王睿说："我犯有什么罪？"孙坚说："犯了无知的罪！"王睿被迫无奈，只好刮下金屑吞饮而死。孙坚前进到南阳，部众已有几万人。南阳太守张咨不肯供给军粮，孙坚把张咨诱出杀死；郡中人人惊恐，孙坚要什么就给什么。孙坚又到鲁阳，与袁术汇合兵力。因此袁术占据了南阳，上表举荐孙坚为破虏将军，兼豫州刺史。

朝廷诏令北军中侯刘表为荆州刺史。此时寇贼遍布，道路不通。刘表单骑进入宜城，邀请南郡的名士蒯良、蒯越，与他们谋划，刘表说："现今江南宗族贼党，势力强盛，各自拥兵独立，如果袁术利用他们，必降祸患。我想征召兵马，担心不能召集起来，用什么办法呢？"蒯良说："民众不归附，是仁德不厚；归附后不能治理，是恩义不足。如果推行仁义之道，百姓归顺就如同水往下流一样，怎么还怕征召不到兵呢？"蒯越说："袁术骄横而无谋略，宗族贼党大多贪婪残暴，一盘散沙，常常遭部下祸害。如果派人用财利来引诱他们，一定会率众前来。使君你诛杀其中无道的，安抚后加以任用，州内百姓都想安居生存，听说使君你的威望德行，一定用襁褓背负子女来投奔。兵马聚集民众归附，南据江陵，北守襄阳，这样荆州境内的八郡只要一纸檄文便可平安，袁术虽然赶来，他也无能为力了。"刘表说："好！"于是派蒯越引诱宗族贼党首领，来了五十五人，刘表把他们全部杀掉，并收编了他们的部众。于是迁移荆州治所到襄阳，镇压各郡县的叛乱，安抚百姓，江南全部平定下来。

董卓在洛阳，袁绍等各军都害怕他的强大，没有人敢先进兵。曹操说："兴起义兵，为的是消灭暴乱，现在大军已汇合，诸位还迟疑什么！假如当初董卓倚仗王室，据守旧京，东向进兵来控制天下，尽管他行使的是无道政治，仍然会成为我们的祸害。如今他焚烧宫殿房屋，劫持天子西迁，国内震动，百姓不知所从，这是上天要灭绝董卓的时候，一战就可以平定天下。"于是曹操率兵西进，打算战领成皋，张邈派卫兹率兵跟随。曹操进军到荥阳汴水，遭遇了董卓部将玄菟人徐荣，双方开战，曹操兵败，被流箭射中，他骑的马也受了伤。堂弟曹洪把自己的乘马给曹操，曹操不接受。曹洪说："天下可以没有曹洪，但不能没有你！"曹洪于是步行跟随曹操，趁夜逃跑。徐荣见曹操率兵很少，却苦战了一整天，认为酸枣不容易攻占，也就率兵撤退。

曹操回到酸枣，见各路军队十多万人，天天置酒宴会，不思进取。曹操一面责备他们，一面献计说："诸位能听从我的计谋，请勃海太守袁绍率领河内之军到孟津，酸枣各将据守成皋，占领敖仓，封锁轘辕、太谷，控制全部险要地方，让袁术将军率领南阳之军驻屯丹水、析县，进攻武关，用以震动三辅地区，各军都高筑壁垒，不与董卓交战，广设疑兵，向他们显示天下形势，然后名正言顺地讨伐，这样很快就可以平定了。如今我们因道义而起兵，却迟疑不前，辜负天下厚望，我为诸位感到羞耻！"张邈等不采纳。曹操于是和司马沛国人夏侯惇等到扬州，招募兵马，获得一千多人回来驻守河内。

不久，酸枣各军粮尽四散。刘岱和桥瑁互相怨恨，刘岱杀了桥瑁，命王肱兼领东郡太守。青州刺史焦和也起兵征讨董卓，他急于进军想赶上酸枣的各路将领一起西征，不保障青州民众的安全，青州军刚刚渡过黄河，黄巾军就侵入青州境内。青州历来富庶，军队很强大，可是焦和每次一见贼寇就逃跑，从不与对方交锋作战。他生性喜欢占卜，相信鬼神，内观其人，喜欢高谈阔论，外察其政，赏罚混乱，于是青州萧条衰落，成了一片废墟。不久，焦和病死，袁绍派广陵人臧洪兼治青州以安抚百姓。

夏季，四月，朝廷任命幽州牧刘虞为太傅，由于道路阻断，使者和诏令竟不能到达。先前，幽州要照应接济边远地区，所需费用很多，每年都要从青、冀二州的赋税中拨出两亿多来补充幽州的不足。此时处处隔绝，财物运送不进来，刘虞本人也穿破衣草鞋，吃饭没有肉食，却仍然尽力于推行仁厚的政治，鼓励百姓从事农桑，开放上谷的关市与胡人做生意，发展渔阳郡的盐、铁生产，百姓欢悦，粮食丰收，每石谷价只有三十钱，青、徐二州为避战乱归顺刘虞的难民有一百多万人，刘虞全部收容、悉心安抚，使他们安居立业，流民都忘记了自己是逃亡在外的难民。

五月，司空荀爽去世。六月，辛丑日，任命光禄大夫种拂为司空。种拂是种劭的父亲。

董卓派大鸿胪韩融、少府阴修、执金吾胡毋班、将作大匠吴修、越骑校尉王瓌安抚关东、晓谕袁绍等。胡毋班、吴修、王瓌到了河内，袁绍派王匡把他们全部杀掉。袁术也杀了阴修，只有韩融因德高望重得免。

董卓废除五铢钱，改铸琴

小钱，全部收缴洛阳和长安的铜人、钟虡、飞廉、铜马之类的东西来铸造，从此货币贬值，物价飞涨，每石谷价高达数万钱。

冬季，孙坚正与部属在鲁阳城东饮酒聚会，董卓的几万步兵、骑兵突然出现，孙坚仍从容不迫敬酒，谈笑风生，同时整顿军队不得妄动。后来敌骑逐渐增加，孙坚才慢慢离开座位，引导部队进城，这时才说："刚才我之所以不立即起身的原因是恐怕兵卒惊慌拥挤，诸位进不了城。"董卓的部队看见孙坚部队整齐严密，不敢进攻就撤退了。

王匡驻守河阳津，董卓进击，大败王匡。

左中郎将蔡邕建议："从孝和帝以后庙号称宗的，都应省去，以遵守传统的典章制度。"献帝同意了。

中郎将徐荣把同郡人前冀州刺史公孙度推荐给董卓，董卓委任他为辽东太守。公孙度上任后，依法诛杀了郡中名豪大姓一百多家，全郡惊恐，然后东征高句丽，西击乌桓，对他亲信的官吏柳毅、阳仪等说："汉朝将亡，我应和诸位图谋王业了。"于是分辽东为辽西、中辽郡，各设立太守，又渡海占领东莱各县，设置营州刺史。公孙度自称为辽东侯、平州牧，建立汉高祖、汉世祖的宗庙，承袭以前的制度，在郊外祭祀天地，举行籍田之礼，乘坐鸾车，设立旄头、羽林骑。

（以上为第十段，写董卓西迁后，关东诸侯散归各自领属的州郡，互相征伐，初步形成军阀混战的态势。）

【点评】

窃国大盗董卓。本卷点评东汉末大军阀董卓窃国乱政、祸害两京带给人们的历史思考。

董卓字仲颖，陇西郡临洮县（今甘肃岷县）人。临洮为陇西郡南部都尉治，在西汉时是一个防御羌人的边陲重镇。这一带的地理形势山高水险，本是羌中之地。这里的人民与羌人交接，骑马弯弓，养成了勇武剽悍的习性。董卓就是在这样的地理环境和社会习俗中成长起来的雄略人物。

董卓出生于一个武官家族。他父亲董君雅是颍川纶氏县尉。县尉领县兵，维持地方治安。董卓生来力大体壮，有一副好身躯，粗猛有谋。史称他"膂力过人，双带两鞬，左右驰射，为羌胡所畏"（《后汉书·董卓传》）。他青年时游历羌中，尽与羌豪相结，精通羌胡事，被羌胡人视为豪侠好汉。董卓成为大军阀，他的基干队伍就是以羌胡为主体的凉州兵。公元 184 年黄巾大起义，董卓被起用为东中郎将，与北中郎将卢植并击河北、山东黄巾军。公元 185 年董卓被任为破虏将军，受司空张温节制，西征韩遂。汉军六路征讨，五路皆败，董卓独全众而返，屯驻扶风，拜为前将军。公元 189 年，灵帝征董卓为少府，要他交出兵权，董卓抗旨不就。灵帝无奈，只好调派他做并州刺史，而董卓仍不交出凉州兵，以前将军头衔拥众驻屯河东观变。当年四月灵帝死，太子刘辩即位，年十七，史称少帝，朝廷大权旁落外戚何进手中。何进任大将军，与袁绍谋诛宦官，而何进无能，擅召董卓入京相助，实际上是引狼入室，给早就怀有异心的董卓创造了千载难逢的好时机。宦官得知董卓入京，抢先下手杀了何进，袁绍兵围皇宫，尽诛宦官。董卓身经百战，当时东汉朝廷里，没有一个将军是他的对手，因镇压黄巾军而负有盛名的两个中郎将，皇甫嵩和朱俊都十分害怕董卓，听其摆布，于是董卓不把任何朝官放在眼里。

董卓入洛，步骑不过三千。当时京师官兵甚盛。司隶校尉袁绍拥有西园八校尉禁军的指挥权，当时曹操是八校尉之一，任典军校尉。大将军何进被宦官杀了以后，何氏部曲为后将军袁术所控制。济北相鲍信又募来一支山东兵，执金吾丁原有骁将吕布。这些力量合起来十倍于董卓而有余。董卓觉察自己势单力弱，过四五天就将部众在夜里暗地拉出军营，天明又大张旗鼓而还，造成援军不断入京的假象。董卓这一手竟镇住了一时人杰袁绍、袁术、曹操等人，他们纷纷逃出京师，禁军及何进部曲统归于董卓。曹操欲刺杀董卓，董卓防范严密，不得下手，董卓又离间丁原部曲，收买吕布为义子，使吕布杀丁原而并其众，于是董卓势力大盛。

董卓的政治手腕也不凡，且雄略过人。他进兵洛阳，冠冕堂皇发表清君侧诛讨宦官的表章，争取舆论，但是未等董卓入京，二袁已诛除了宦官，少帝派公卿去阻止董卓入京，董卓趁此威迫公卿大臣，堂而皇之施以强权。他对公卿大臣说："诸公大人不能匡正王室，致使国家倾危，有什么资格来阻止我进京！"俗话说：来者不善。董卓入洛，他办的第一件事就是废了少帝，更立少帝弟陈留王刘协为献帝，控制皇权。当时献帝只有九岁，成为董卓任意摆弄的傀儡。他毫不手软地杀了何太后，拔掉了朝官和名士所凭借的旗帜。与之同时，董卓外示宽柔，起用党人名士做朝官，外放大臣为牧伯太守，平反党人冤狱，"以从人望"（《后汉书·董卓传》）。董卓自为太尉，统掌兵权，以朱俊为副，但不让他掌握一兵一卒。

关西是董卓的根本。董卓挟天子以令诸侯，招抚了凉州的马腾、韩遂，又征召了关中潜在的政敌皇甫嵩和京兆尹盖勋。左将军皇甫嵩屯驻扶风，有雄兵三万。盖勋鼓动皇甫嵩起兵响应关东军夹击董卓。本来皇甫嵩的兵谋比董卓还高一筹。但皇甫嵩雄略不足以驾驭董卓，他乖乖地交出了兵权，到洛阳去做城门校尉。董卓为了使皇甫嵩屈服，先给了他一个下马威，逮捕皇甫嵩入狱，然后放出来用为御史中丞。盖勋孤掌难鸣，也只好接受征召，到洛阳去任越骑校尉。这样董卓就有了一个安定的后方。公元 190 年，关东诸侯起兵讨董卓，于是董卓挟持献帝，迁都到长安。

董卓完成废帝更立后，大权在握，自为相国，入朝时可以带剑穿鞋上殿，朝见皇帝也可以大摇大摆慢步行进。东汉两百年承平，京师贵戚宅地相望，金帛财物，家家殷实。董卓放纵士兵剽掳，随意抄没，淫掠妇女，叫作"搜牢"，意思是牢固封藏的财物也要搜索出来。何太后合葬灵帝文陵，董卓趁机掠取陵中随葬珍宝，又"奸乱公主，妻略宫人"，严刑挟众，公报私仇，国家法纪全被践踏。董卓公开宣言，"我的面相，无比尊贵"。由于关东兵起，才未能篡逆。

董卓退出洛阳，挟帝西迁，更加暴露了他的凶残。他发掘了诸帝寝陵及公卿冢墓，收其珍宝。董卓是中国历史上最大的一个盗墓贼。董卓还把洛阳及其周围二百里内几百万居民驱赶入关中，将房屋烧光，鸡犬杀尽。被驱赶的人民，沿途缺粮，遭到野蛮的凉州兵的践踏和抢掠，死亡无算，积尸满路。史称“旧京空虚，数百里中无烟火”(《孙坚传》裴注引《江表传》)。东汉两百年政治、经济、文化中心的巍峨帝京，成了一片瓦砾场。接着，董卓又把关中弄得残破不堪，他大肆搜刮，敲剥黎民，筑坞于郿县，高厚七丈，与长安城相同，号曰“万岁坞”，积屯了三十年的军粮，珍藏黄金二三万斤，银八九万斤，绫罗绸缎堆积如山。董卓得意扬扬地声称：“事成，雄据天下；不成，守此足以毕老。”足以看出，董卓把个人的荣辱完全建立在百姓的尸骨上。

董卓为了满足他无止境的贪欲，还椎破了秦时所铸的铜人，又废除了汉时流行的五铢钱，更铸小钱，造成物价飞涨，米谷一斛数十万。平民百姓又蒙受了一次残害。

公元 192 年四月，司徒王允利用吕布与董卓的矛盾，谋杀了董卓，长安士女出卖衣装首饰，沽酒相庆，士卒皆呼万岁，百姓歌舞于道。董卓的尸体被暴露在街头示众，守尸的士兵，用草绳盘结在卓尸肚脐上，点燃作灯，光明达旦，一直到整个尸体成了一堆灰烬。